作者简介

李高明

浙江财经学院法学院法学学士。现任浙江省文成县纪委监委第一纪检监察室主任，从事职务犯罪调查工作多年。在《人民检察》《河北法学》等刊物以及最高检内部刊物《反贪工作指导》《检察调研与指导》《职务犯罪预防指引》上发表多篇文章，编著《职务犯罪办案手册（程序与技巧篇）》一书。

戴　奎

中南财经政法大学法律硕士。从事职务犯罪调查工作多年。曾出版《网络犯罪办案手册》《纪检监察办案实务指南》《纪检监察干部必备核心技能》等书籍。

职务犯罪研究 出品

职务犯罪办案手册

实体篇

第三版

李高明
戴　奎 编著

法律出版社 LAW PRESS · CHINA
北京

图书在版编目(CIP)数据

职务犯罪办案手册. 实体篇 / 李高明, 戴奎编著. --3 版. --北京: 法律出版社, 2024(2025.10 重印)
ISBN 978-7-5197-8163-7

Ⅰ. ①职… Ⅱ. ①李… ②戴… Ⅲ. ①职务犯罪-中国-手册 Ⅳ. ①D924.3-62

中国国家版本馆 CIP 数据核字(2023)第 138562 号

职务犯罪办案手册(实体篇)
ZHIWU FANZUI BAN'AN SHOUCE
(SHITI PIAN)

李高明
戴　奎　编著

策划编辑 董　昱
责任编辑 董　昱
装帧设计 汪奇峰

出版发行 法律出版社
编辑统筹 法规出版分社
责任校对 张红蕊
责任印制 耿润瑜
经　　销 新华书店

开本 A5
印张 22.5　　字数 698 千
版本 2024 年 4 月第 3 版
印次 2025 年 10 月第 5 次印刷
印刷 天津嘉恒印务有限公司

地址:北京市丰台区莲花池西里 7 号(100073)
网址:www.lawpress.com.cn
投稿邮箱:info@lawpress.com.cn
举报盗版邮箱:jbwq@lawpress.com.cn
销售电话:010-83938349
客服电话:010-83938350
咨询电话:010-63939796

书号:ISBN 978-7-5197-8163-7　　定价:96.00 元
凡购买本社图书,如有印装错误,我社负责退换。电话:010-83938349

第三版编写说明

承蒙法律出版社编辑及有关同志的大力支持和精心策划、组织和实施,《职务犯罪办案手册》于2019年10月出版后,得到了纪检监察人员、检察官、法官、刑事律师等各方的好评,该书还获得法律出版社2019年法律实务类畅销榜第二名。2021年11月本书进行第一次修订,将原书名《职务犯罪办案手册》更名为《职务犯罪办案手册:实体篇》,另外出版《职务犯罪办案手册:程序与技巧篇》,形成职务犯罪办案体系书籍。离第一次修订时间转眼又过去了两年,《职务犯罪办案手册:实体篇》已经售罄。为了满足读者的阅读需求,同时为了使本书的内容与时俱进,符合现行的法律、司法解释等规定,在《中华人民共和国刑法修正案(十二)》出台后,我们对《职务犯罪办案手册:实体篇》进行了全面的修订,对其中共计13章的内容进行增加或者修改,同时增加能够解决司法办案难题的典型案例。

当然,书中可能尚存讹误,恳请读者将相关内容发至邮箱44205027@qq.com予以批评指正,我们力争将本书做得越来越好,切实服务于职务犯罪办案一线,为法治反腐贡献自己的一份力量。

第二版编写说明

承蒙法律出版社编辑及有关同志的大力支持和精心策划、组织和实施,《职务犯罪办案手册》于2019年10月出版后,得到了纪检监察人员、检察官、法官、刑事律师等各方的好评,当年该书还获得法律出版社法律实务类畅销榜第二名。时间转眼过去了两年,在此期间《中华人民共和国刑法修正案(十一)》《中华人民共和国监察法实施条例》《最高人民法院、最高人民检察院关于常见犯罪的量刑指导意见(试行)》等相关法律法规出台,需要对本书进行一次修订,从而能够使本书的内容与时俱进,全部内容符合现行的法律规定。在修订过程中,我们根据最新的法律法规、司法解释等规定,对本书中共计12章的相应内容进行增加或者修改,同时增加了一些最新的典型案例。

当然,书中可能尚存讹误,恳请读者批评指正。

第一版编写说明

本书以长期在检察机关从事职务犯罪侦查工作、国家监察体制改革后在纪委监委从事审查调查工作的办案人员的知识需求为出发点进行编写，内容力求权威、全面、实用，目的是为案件的调查或者侦查工作提供法律、案例支持的同时，提供具体的取证方向。

本书内容：第一部分是犯罪主体问题，监委开展调查或者检察机关开展侦查工作时，要明确犯罪主体是国家工作人员、国家机关工作人员、公职人员还是其他人员这一基本问题，确定是否属于管辖的范围。第二部分是监委管辖的101个具体罪名及办案中出现妨碍监委调查可能涉及的8个罪名等的相关法律适用，为办案提供全方面的法律适用支持。第三部分是案件后续处理的法定情节，主要包括追诉时效、自首、立功三部分，在《刑法修正案（九）》之后，一些贪污受贿的线索都要考虑是否已过追诉时效，才能对罪与非罪进行准确把握。

本书收录：一是《刑法》条文、立法解释、司法解释及其理解与适用、最高人民法院和最高人民检察院的答复文件等权威内容；二是最高人民法院和最高人民检察院发布的指导性案例、公报案例，以及《刑事审判参考》《人民法院案例选》《人民司法》中权威、针对性案例；三是最高人民法院、最高人民检察院参与司法解释制定或长期从事刑事案件办理的工作人员观点；四是其他一些实务问题的处理。

本书特色：本书把《刑法》条文、司法解释及其理解与适用、司法文件等内容和相关权威案例分门别类地拆分到各个知识点或者罪名下，达到让办案人员快速地学懂、弄通、悟透相关知识的目的。

由于本书收录内容众多,再加上是利用笔者零散的业余时间进行撰写,虽经过多次审核校对,但仍不免会存在一些纰漏,请各位同仁予以批评和指正,书中任何问题请发邮箱 44205027@qq.com 进行交流。

目　　录

第一章　主体等术语详解

第一节　监委管辖的主体范围

2018 年 3 月 20 日第十三届全国人民代表大会第一次会议通过《监察法》,《监察法》第三条规定:各级监察委员会是行使国家监察职能的专责机关,依照本法对所有行使公权力的公职人员进行监察,调查职务违法和职务犯罪,开展廉政建设和反腐败工作,维护宪法和法律的尊严。

行使公权力是公职人员的本质特征。《刑法》很少用“公职人员”的概念,大多使用“国家工作人员”和“国家机关工作人员”的表述。从《监察法》第十五条监察机关对公职人员和有关人员进行监察的规定来看,公职人员的范围最广,其次是国家工作人员,最后是国家机关工作人员。也就是说,国家机关工作人员 ∈ 国家工作人员 ∈ 公职人员(∈ 为数学符号,“属于”的意思),他们的关系还可以用图 1 – 1 来说明。

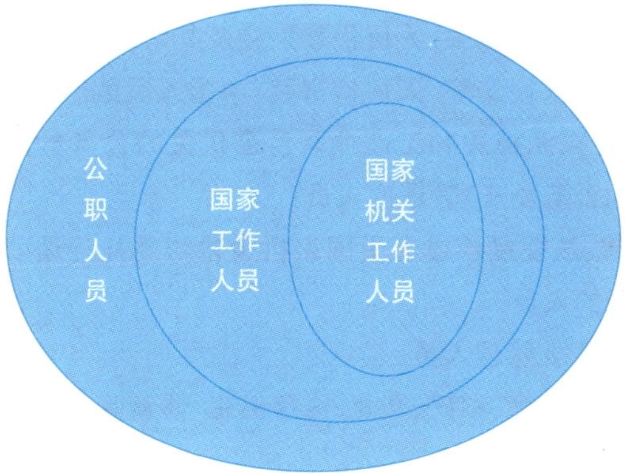

图 1 – 1

从图1－1可以清晰地看出,监察委员会管辖的主体是公职人员,公职人员的范围比国家工作人员的范围广,也就是说,公职人员由在《刑法》上被认定为国家工作人员和部分被认定为非国家工作人员的两类人员组成,如《监察法》规定的公职人员包括基层群众性自治组织中从事管理的人员,当这些人员从事集体事务管理时就属于非国家工作人员,其利用职务之便侵吞集体财产或者收受他人贿赂构成职务侵占罪或者非国家工作人员受贿罪的,监委可以行使管辖权。

第二节 公职人员

公职人员＝国家工作人员＋国家出资企业及其下属单位中除国家工作人员身份以外的在国有资产负有经营管理、监督等重要岗位上工作的人员、企业中层和基层管理人员＋国有教育、科研、文化、医疗卫生、体育等单位及其下属单位中除国家工作人员身份以外的中层和基层管理人员＋基层群众性自治组织中从事集体事务的人员。

一、监察法规定

1.《中华人民共和国监察法》*

第十五条 监察机关对下列公职人员和有关人员进行监察:

(一)中国共产党机关、人民代表大会及其常务委员会机关、人民政府、监察委员会、人民法院、人民检察院、中国人民政治协商会议各级委员会机关、民主党派机关和工商业联合会机关的公务员,以及参照《中华人民共和国公务员法》管理的人员;

(二)法律、法规授权或者受国家机关依法委托管理公共事务的组织中从事公务的人员;

(三)国有企业管理人员;

(四)公办的教育、科研、文化、医疗卫生、体育等单位中从事管理的

---

* 本书中所有被解析的内容均加注色框。

人员；

（五）基层群众性自治组织中从事管理的人员；

（六）其他依法履行公职的人员。

2.《中华人民共和国监察法实施条例》（2021 年 9 月 20 日起施行　国家监委）

第三十七条　监察机关依法对所有行使公权力的公职人员进行监察，实现国家监察全面覆盖。

第三十八条　监察法第十五条第一项所称公务员范围，依据《中华人民共和国公务员法》（以下简称公务员法）确定。

监察法第十五条第一项所称参照公务员法管理的人员，是指有关单位中经批准参照公务员法进行管理的工作人员。

第三十九条　监察法第十五条第二项所称法律、法规授权或者受国家机关依法委托管理公共事务的组织中从事公务的人员，是指在上述组织中，除参照公务员法管理的人员外，对公共事务履行组织、领导、管理、监督等职责的人员，包括具有公共事务管理职能的行业协会等组织中从事公务的人员，以及法定检验检测、检疫等机构中从事公务的人员。

第四十条　监察法第十五条第三项所称国有企业管理人员，是指国家出资企业中的下列人员：

（一）在国有独资、全资公司、企业中履行组织、领导、管理、监督等职责的人员；

（二）经党组织或者国家机关，国有独资、全资公司、企业，事业单位提名、推荐、任命、批准等，在国有控股、参股公司及其分支机构中履行组织、领导、管理、监督等职责的人员；

（三）经国家出资企业中负有管理、监督国有资产职责的组织批准或者研究决定，代表其在国有控股、参股公司及其分支机构中从事组织、领导、管理、监督等工作的人员。

第四十一条　监察法第十五条第四项所称公办的教育、科研、文化、医疗卫生、体育等单位中从事管理的人员，是指国家为了社会公益目的，由国家机关举办或者其他组织利用国有资产举办的教育、科研、文化、医疗卫生、体育等事业单位中,从事组织、领导、管理、监督等工作的人员。

第四十二条　监察法第十五条第五项所称基层群众性自治组织中从事管理的人员,是指该组织中的下列人员:

(一)从事集体事务和公益事业管理的人员;

(二)从事集体资金、资产、资源管理的人员;

(三)协助人民政府从事行政管理工作的人员,包括从事救灾、防疫、抢险、防汛、优抚、帮扶、移民、救济款物的管理,社会捐助公益事业款物的管理,国有土地的经营和管理,土地征收、征用补偿费用的管理,代征、代缴税款,有关计划生育、户籍、征兵工作,协助人民政府等国家机关在基层群众性自治组织中从事的其他管理工作。

第四十三条　下列人员属于监察法第十五条第六项所称其他依法履行公职的人员:

(一)履行人民代表大会职责的各级人民代表大会代表,履行公职的中国人民政治协商会议各级委员会委员、人民陪审员、人民监督员;

(二)虽未列入党政机关人员编制,但在党政机关中从事公务的人员;

(三)在集体经济组织等单位、组织中,由党组织或者国家机关,国有独资、全资公司、企业,国家出资企业中负有管理监督国有和集体资产职责的组织,事业单位提名、推荐、任命、批准等,从事组织、领导、管理、监督等工作的人员;

(四)在依法组建的评标、谈判、询价等组织中代表国家机关,国有独资、全资公司、企业,事业单位,人民团体临时履行公共事务组织、领导、管理、监督等职责的人员;

(五)其他依法行使公权力的人员。

以上规定在纪委监委审查调查中的理解与适用①

《监察法》第十五条第三项规定的是国有企业管理人员。根据有关规

① 参见中共中央纪律检查委员会法规室、中华人民共和国国家监察委员会法规室编写:《〈中华人民共和国监察法〉释义》,中国方正出版社2018年版,第108-114页。

定和实践需要，作为监察对象的国有企业管理人员，主要是国有独资企业、国有控股企业（含国有独资金融企业和国有控股金融企业）及其分支机构的领导班子成员，包括设董事会的企业中由国有股权代表出任的董事长、副董事长、董事，总经理、副总经理，党委书记、副书记、纪委书记，工会主席等；未设董事会的企业的总经理（总裁）、副总经理（副总裁），党委书记、副书记、纪委书记，工会主席等。此外，对国有资产负有经营管理责任的国有企业中层和基层管理人员，包括部门经理、部门副经理、总监、副总监、车间负责人等；在管理、监督国有财产等重要岗位上工作的人员，包括会计、出纳人员等；国有企业所属事业单位领导人员，国有资本参股企业和金融机构中对国有资产负有经营管理责任的人员，也属于国有企业管理人员的范畴，涉嫌职务违法和职务犯罪的，监察机关可以依法调查。

《监察法》第十五条第四项规定的是公办教科文卫体单位管理人员。作为监察对象的公办的教育、科研、文化、医疗卫生、体育等单位中从事管理的人员，主要是该单位及其分支机构的领导班子成员，以及该单位及其分支机构中的国家工作人员，比如，公办学校的校长、副校长，科研院所的院长、所长，公立医院的院长、副院长等。

公办教育、科研、文化、医疗卫生、体育等单位及其分支机构的中层和基层管理人员，包括管理岗六级以上职员，从事与职权相联系的管理事务的其他职员；在管理、监督国有财产等重要岗位上工作的人员，包括会计、出纳人员，采购、基建部门人员涉嫌职务违法和职务犯罪，监察机关可以依法调查。此外，临时从事与职权相联系的管理事务，包括依法组建的评标委员会、竞争性谈判采购中谈判小组、询价采购中询价小组的组成人员，在招标、政府采购等事项的评标或者采购活动中，利用职权实施的职务违法和职务犯罪行为，监察机关也可以依法调查。

3.《中华人民共和国监察法》

第二十二条　被调查人涉嫌贪污贿赂、失职渎职等严重职务违法或者职务犯罪，监察机关已经掌握其部分违法犯罪事实及证据，仍有重要问题需要进一步调查，并有下列情形之一的，经监察机关依法审批，可以将其留置在特定场所：

（一）涉及案情重大、复杂的；

(二)可能逃跑、自杀的;

(三)可能串供或者伪造、隐匿、毁灭证据的;

(四)可能有其他妨碍调查行为的。

对涉嫌行贿犯罪或者共同职务犯罪的涉案人员,监察机关可以依照前款规定采取留置措施。

留置场所的设置、管理和监督依照国家有关规定执行。

二、监察机关管辖罪名

1.《中华人民共和国监察法》

第十一条第二项　监察委员会依照本法和有关法律规定履行监督、调查、处置职责:

(二)对涉嫌贪污贿赂、滥用职权、玩忽职守、权力寻租、利益输送、徇私舞弊以及浪费国家资财等职务违法和职务犯罪进行调查;

2.《中华人民共和国监察法实施条例》(2021 年 9 月 20 日起施行　国家监委)

第二十五条　监察机关依法对监察法第十一条第二项规定的职务犯罪进行调查。

第二十六条　监察机关依法调查涉嫌贪污贿赂犯罪,包括贪污罪,挪用公款罪,受贿罪,单位受贿罪,利用影响力受贿罪,行贿罪,对有影响力的人行贿罪,对单位行贿罪,介绍贿赂罪,单位行贿罪,巨额财产来源不明罪,隐瞒境外存款罪,私分国有资产罪,私分罚没财物罪,以及公职人员在行使公权力过程中实施的职务侵占罪,挪用资金罪,对外国公职人员、国际公共组织官员行贿罪,非国家工作人员受贿罪和相关联的对非国家工作人员行贿罪。

第二十七条　监察机关依法调查公职人员涉嫌滥用职权犯罪,包括滥用职权罪,国有公司、企业、事业单位人员滥用职权罪,滥用管理公司、证券职权罪,食品、药品监管渎职罪,故意泄露国家秘密罪,报复陷害罪,阻碍解救被拐卖、绑架妇女、儿童罪,帮助犯罪分子逃避处罚罪,违法发放林木采伐许可证罪,办理偷越国(边)境人员出入境证件罪,放行偷越国(边)境人员罪,挪用特定款物罪,非法剥夺公民宗教信仰自由罪,侵犯少数民族风俗习惯罪,打击报复会计、统计人员罪,以及司法工作人员以外的公职人员利用职权实施的非法拘禁罪、虐待被监管人罪、非法搜查罪。

第二十八条 监察机关依法调查公职人员涉嫌玩忽职守犯罪,包括玩忽职守罪,国有公司、企业、事业单位人员失职罪,签订、履行合同失职被骗罪,国家机关工作人员签订、履行合同失职被骗罪,环境监管失职罪,传染病防治失职罪,商检失职罪,动植物检疫失职罪,不解救被拐卖、绑架妇女、儿童罪,失职造成珍贵文物损毁、流失罪,过失泄露国家秘密罪。

第二十九条 监察机关依法调查公职人员涉嫌徇私舞弊犯罪,包括徇私舞弊低价折股、出售国有资产罪,非法批准征收、征用、占用土地罪,非法低价出让国有土地使用权罪,非法经营同类营业罪,为亲友非法牟利罪,枉法仲裁罪,徇私舞弊发售发票、抵扣税款、出口退税罪,商检徇私舞弊罪,动植物检疫徇私舞弊罪,放纵走私罪,放纵制售伪劣商品犯罪行为罪,招收公务员、学生徇私舞弊罪,徇私舞弊不移交刑事案件罪,违法提供出口退税凭证罪,徇私舞弊不征、少征税款罪。

第三十条 监察机关依法调查公职人员在行使公权力过程中涉及的重大责任事故犯罪,包括重大责任事故罪,教育设施重大安全事故罪,消防责任事故罪,重大劳动安全事故罪,强令、组织他人违章冒险作业罪,危险作业罪,不报、谎报安全事故罪,铁路运营安全事故罪,重大飞行事故罪,大型群众性活动重大安全事故罪,危险物品肇事罪,工程重大安全事故罪。

第三十一条 监察机关依法调查公职人员在行使公权力过程中涉及的其他犯罪,包括破坏选举罪,背信损害上市公司利益罪,金融工作人员购买假币、以假币换取货币罪,利用未公开信息交易罪,诱骗投资者买卖证券、期货合约罪,背信运用受托财产罪,违法运用资金罪,违法发放贷款罪,吸收客户资金不入账罪,违规出具金融票证罪,对违法票据承兑、付款、保证罪,非法转让、倒卖土地使用权罪,私自开拆、隐匿、毁弃邮件、电报罪,故意延误投递邮件罪,泄露不应公开的案件信息罪,披露、报道不应公开的案件信息罪,接送不合格兵员罪。

第四十六条第四款　监察机关调查公职人员涉嫌职务犯罪案件,可以依法对涉嫌行贿犯罪、介绍贿赂犯罪或者共同职务犯罪的涉案人员中的非公职人员一并管辖。非公职人员涉嫌利用影响力受贿罪的,按照其所利用的公职人员的管理权限确定管辖。

第五十二条　监察机关必要时可以依法调查司法工作人员利用职权实施的涉嫌非法拘禁、刑讯逼供、非法搜查等侵犯公民权利、损害司法公正的犯罪,并在立案后及时通报同级人民检察院。

监察机关在调查司法工作人员涉嫌贪污贿赂等职务犯罪中,可以对其涉嫌的前款规定的犯罪一并调查,并及时通报同级人民检察院。人民检察院在办理直接受理侦查的案件中,发现犯罪嫌疑人同时涉嫌监察机关管辖的其他职务犯罪,经沟通全案移送监察机关管辖的,监察机关应当依法进行调查。

第五十三条　监察机关对于退休公职人员在退休前或者退休后,或者离职、死亡的公职人员在履职期间实施的涉嫌职务违法或者职务犯罪行为,可以依法进行调查。

对前款规定人员,按照其原任职务的管辖规定确定管辖的监察机关;由其他监察机关管辖更为适宜的,可以依法指定或者交由其他监察机关管辖。

以上规定在纪委监委审查调查中的理解与适用

中央纪委国家监委网站及相关网站公开报道以下内容:《监察法实施条例》明确监察机关调查范围,分别对监察机关调查违法和犯罪职责作出规定,列出了职务违法的客观行为类型,列举了监察机关有权管辖的101个职务犯罪罪名。这101个罪名既是监察机关调查职务犯罪的责任清单,也是对公职人员特别是领导干部履行职责的最底线要求和负面清单,是公权力行使的制度笼子,有利于教育警示公职人员特别是领导干部敬畏纪法、尊崇纪法,做到依法用权、秉公用权、廉洁用权。从这些权威渠道我们可以看出监察机关管辖的罪名有101个,本书2019年10月出版的第一版中监察机关管辖的100个罪名都被包含在上述罪名内,现在《监察法实施条例》增加一个罪名的原因是2021年3月1日施行《刑法修正案(十一)》在第一百三十四条之后增加一条,增加了危险作业罪,这次条例出台也加入了这个罪名。

根据2018年10月修改后的《刑事诉讼法》《关于人民检察院立案侦查司法工作人员相关职务犯罪案件若干问题的规定》等相关规定,检察机关可以对司法工作人员利用职权实施的侵犯公民权利、损害司法公正的14个罪名(其中5个管辖罪名跟监委管辖罪名相同,即滥用职权罪、玩忽职守罪、非法拘禁罪、虐待被监管人罪、非法搜查罪)进行管辖,《监察法实施条例》第二十六条到第三十一条共列举了92个罪名,第五十二条中规定“监察机关必要时可以依法调查司法工作人员利用职权实施的涉嫌非法拘禁、刑讯逼供、非法搜查等侵犯公民权利、损害司法公正的犯罪,并在立案后及时通报同级人民检察院”,结合权威报道说监察委员会管辖101个罪名来看,监察委员会管辖的罪名包括检察机关管辖的14个罪名,即92+14-5(即两边管辖罪名相同的有5个)=101。

3.《关于人民检察院立案侦查司法工作人员相关职务犯罪案件若干问题的规定》(2018年11月24日起施行)

2018年10月26日,第十三届全国人民代表大会常务委员会第六次会议审议通过了《关于修改〈中华人民共和国刑事诉讼法〉的决定》。修改后的《刑事诉讼法》第十九条第二款规定:“人民检察院在对诉讼活动实行法律监督中发现的司法工作人员利用职权实施的非法拘禁、刑讯逼供、非法搜查等侵犯公民权利、损害司法公正的犯罪,可以由人民检察院立案侦查。”为做好人民检察院与监察委员会案件管辖范围的衔接,对在诉讼监督中发现的司法工作人员利用职权实施的侵犯公民权利、损害司法公正的犯罪依法履行侦查职责,作出如下规定:

一、案件管辖范围

人民检察院在对诉讼活动实行法律监督中,发现司法工作人员涉嫌利用职权实施的下列侵犯公民权利、损害司法公正的犯罪案件,可以立案侦查:

1. 非法拘禁罪(刑法第二百三十八条)(非司法工作人员除外);

2. 非法搜查罪(刑法第二百四十五条)(非司法工作人员除外);

3. 刑讯逼供罪(刑法第二百四十七条);

4. 暴力取证罪(刑法第二百四十七条);

5. 虐待被监管人罪(刑法第二百四十八条);

6. 滥用职权罪(刑法第三百九十七条)(非司法工作人员滥用职权侵犯公民权利、损害司法公正的情形除外);

7. 玩忽职守罪(刑法第三百九十七条)(非司法工作人员玩忽职守侵犯公民权利、损害司法公正的情形除外);

8. 徇私枉法罪(刑法第三百九十九条第一款);

9. 民事、行政枉法裁判罪(刑法第三百九十九条第二款);

10. 执行判决、裁定失职罪(刑法第三百九十九条第三款);

11. 执行判决、裁定滥用职权罪(刑法第三百九十九条第三款);

12. 私放在押人员罪(刑法第四百条第一款);

13. 失职致使在押人员脱逃罪(刑法第四百条第二款);

14. 徇私舞弊减刑、假释、暂予监外执行罪(刑法第四百零一条)。

二、级别管辖和侦查部门

本规定所列犯罪案件,由设区的市级人民检察院立案侦查。基层人民检察院发现犯罪线索的,应当报设区的市级人民检察院决定立案侦查。设区的市级人民检察院也可以将案件交由基层人民检察院立案侦查,或者由基层人民检察院协助侦查。最高人民检察院、省级人民检察院发现犯罪线索的,可以自行决定立案侦查,也可以将案件线索交由指定的省级人民检察院、设区的市级人民检察院立案侦查。

本规定所列犯罪案件,由人民检察院负责刑事检察工作的专门部门负责侦查。设区的市级以上人民检察院侦查终结的案件,可以交有管辖权的基层人民法院相对应的基层人民检察院提起公诉;需要指定其他基层人民检察院提起公诉的,应当与同级人民法院协商指定管辖;依法应当由中级人民法院管辖的案件,应当由设区的市级人民检察院提起公诉。

三、案件线索的移送和互涉案件的处理

人民检察院立案侦查本规定所列犯罪时,发现犯罪嫌疑人同时涉嫌监察委员会管辖的职务犯罪线索的,应当及时与同级监察委员会沟通,一般应当由监察委员会为主调查,人民检察院予以协助。经沟通,认为全案由监察委员会管辖更为适宜的，人民检察院应当撤销案件，将案件和相应职务犯罪线索一并移送监察委员会；认为由监察委员会和人民检察院分别管辖更为适宜的，人民检察院应当将监察委员会管辖的相应职务犯罪线索移送监察委员会，对依法由人民检察院管辖的犯罪案件继续侦查。人民检察院应当及时将沟通情况报告上一级人民检察院。沟通期间，人民检察院不得停止对案件的侦查。监察委员会和人民检察院分别管辖的案件，调查（侦查）终结前，人民检察院应当就移送审查起诉有关事宜与监察委员会加强沟通，协调一致，由人民检察院依法对全案审查起诉。

人民检察院立案侦查本规定所列犯罪时，发现犯罪嫌疑人同时涉嫌公安机关管辖的犯罪线索的，依照现行有关法律和司法解释的规定办理。

四、办案程序

（一）人民检察院办理本规定所列犯罪案件，不再适用对直接受理立案侦查案件决定立案报上一级人民检察院备案，逮捕犯罪嫌疑人报上一级人民检察院审查决定的规定。

（二）对本规定所列犯罪案件，人民检察院拟作撤销案件、不起诉决定的，应当报上一级人民检察院审查批准。

（三）人民检察院负责刑事检察工作的专门部门办理本规定所列犯罪案件，认为需要逮捕犯罪嫌疑人的，应当由相应的刑事检察部门审查，报检察长或者检察委员会决定。

（四）人民检察院办理本规定所列犯罪案件，应当依法接受人民监督员的监督。

最高人民检察院此前印发的规范性文件与本规定不一致的，以本规定为准。

第三节　国家工作人员

国家工作人员＝国家机关工作人员＋国有单位除国家机关工作人员身份之外从事公务的人员＋国有单位委派到其他单位从事公务的人员＋其他依照法律从事公务的人员。

一、刑法规定

《刑法》

第九十三条 本法所称国家工作人员,是指国家机关中从事公务的人员。

国有公司、企业、事业单位、人民团体中从事公务的人员和国家机关、国有公司、企业、事业单位委派到非国有公司、企业、事业单位、社会团体从事公务的人员,以及其他依照法律从事公务的人员,以国家工作人员论。

二、重点、疑难问题界定

(一)从事公务的认定

《全国法院审理经济犯罪案件工作座谈会纪要》(2003 年 11 月 13 日起施行 法〔2003〕167 号)

一、关于贪污贿赂犯罪和渎职犯罪的主体

(四)关于"从事公务"的理解

从事公务,是指代表国家机关、国有公司、企业、事业单位、人民团体等履行组织、领导、监督、管理等职责。公务主要表现为与职权相联系的公共事务以及监督、管理国有财产的职务活动。如国家机关工作人员依法履行职责,国有公司的董事、经理、监事、会计、出纳人员等管理、监督国有财产等活动,属于从事公务。那些不具备职权内容的劳务活动、技术服务工作,如售货员、售票员等所从事的工作,一般不认为是公务。

【典型案例裁判指引 1】《刑事审判参考》第 1430 号①吴某文贪污案:高校科研课题组负责人属于国家工作人员

科研经费根据项目及经费来源不同,分为纵向科研经费和横向科研经费。纵向科研经费系由各级政府部门批准立项的科研项目经费,来源于国家财政拨款,属于中央或地方财政资金。横向科研项目一般是指高校或科研院所接受第三方委托进行的各类科研开发、科技服务、科技研究等项目,

---

① 参见最高人民法院刑事审判第一、二、三、四、五庭编:《刑事审判参考》(总第 128 辑),人民法院出版社 2021 年版,第 117-121 页。

双方权利义务依照科研服务合同加以界定。虽然纵向科研项目与横向科研项目的经费来源不同，管理机构层级、相关规定也有较大差异，但是在项目承担单位均为高校而非具体科研人员的情形下，项目科研经费总体属于公共财产的性质没有改变。因此无论纵向科研经费还是横向科研经费均属于公共财产，科研人员仅拥有使用权而非所有权。

无论是纵向科研项目还是横向科研项目，国家主管部门、省市相关部门及高校各层级制定的对科研项目及资金进行管理的各类规范性文件，除规定不同层级的主管部门对科研项目及资金进行监管、监督外，还规定科研项目课题组负责人必须对科研经费的使用等进行具体管理。因此，课题组负责人不仅是科研的负责人，而且还是科研经费管理环节中的重要一环。课题组负责人使用发票等财务凭证向所在高校报销相关经费时，其实质上就经手了科研经费的使用、处置等。经手是管理职权的一种表现方式。高校的科研经费属于公共财产，明确地说属于国有财产，经手国有财产属于管理国有财产的一种方式，属于从事公务。因此，即使科研项目课题组负责人本身不具有国家工作人员的身份，但其被授权具体管理科研经费，即具有了从事公务的职务便利。根据刑法规定，即符合贪污罪的主体要件。

【典型案例裁判指引2】《刑事审判参考》第399号[①]钱某德受贿案：在国家机关设立的非常设性工作机构中从事公务的非正式在编人员属于国家工作人员

地方人民政府设立的行使特定管理职能的非常设性机构，是地方人民政府的组成部分，亦属于国家行政机关，即使是非正式在编人员，从事公务的，亦属于国家工作人员。

【典型案例裁判指引3】《刑事审判参考》第406号[②]刘某挪用公款案：国有公司长期聘用的管理人员属于国家工作人员

长期受聘用人员与所在单位已经形成了较为固定的劳动关系，尤其是

---

① 参见中华人民共和国最高人民法院刑事审判一、二、三、四、五庭主办：《中国刑事审判指导案例》（第6卷），法律出版社2017年版，第228页。

② 参见中华人民共和国最高人民法院刑事审判一、二、三、四、五庭主办：《中国刑事审判指导案例》（第6卷），法律出版社2017年版，第166页。

受聘担任较高职务的情况,其享有的权利义务与正式在编人员没有大的差别,将其直接视为国家工作人员符合当前国有单位工作人员构成来源变化的特点,所以应认定为国家工作人员;而对于临时聘用人员,由于尚未与国有单位形成固定劳动关系,难以认定为国家工作人员,将临时聘用人员纳入《刑法》第三百八十二条第二款规定的受委托人员范畴,符合立法的精神和国有资产保护的实际。

【典型案例裁判指引4】《刑事审判参考》第422号[①]王某贪污、挪用公款案:已办退休手续但还从事公务的人员属于国家工作人员

"从事公务"是国家工作人员的本质属性,是构成国家工作人员和界定《刑法》第九十三条规定的以国家工作人员论的主体范围的核心因素。一般而言,国家工作人员从事公务的时间始于具备一定身份职责,终于退休离职。对于离退休阶段的人员是否属于国家工作人员的认定,应从实际出发,从单纯以身份本身来判断主体性质的标准转变为以职权和职责为主、兼顾身份作为判断主体性质的标准,强调职权和职责对于主体性质的关键性。具体而言,应以行为人实际交接工作的时间为准,认定其是否具有国家工作人员相应的职权和应履行相应的职责,确定其行为是否属于"从事公务"。

【典型案例裁判指引5】《刑事审判参考》第608号[②]李某、唐某成受贿案:对公共事务行使舆论监督权的国有媒体记者属于国家工作人员

将有关舆论监督界定为公务活动,应该具备两个条件:一是定位在国有媒体的舆论监督权;二是定位在对公共事务行使的舆论监督,对私务进行舆论监督不具备行使公务的实质特征,自然不应界定为公务活动。本案中,被告人李某和唐某成是国有媒体《经济日报农村版》报社派出机构广西记者站的工作人员,符合从事公务的身份条件。同时,二人采访的广西壮族自治区的粮食直补工作,是落实中央"三农"政策的重要措施,也是广

---

① 参见中华人民共和国最高人民法院刑事审判一、二、三、四、五庭主办:《中国刑事审判指导案例》(第6卷),法律出版社2017年版,第100页。

② 参见中华人民共和国最高人民法院刑事审判一、二、三、四、五庭主办:《中国刑事审判指导案例》(第6卷),法律出版社2017年版,第257页。

西政府掌握粮源情况、确保粮食安全工作的重要组成部分,涉及面广,意义重大,属于公共事务。二被告人受所在单位委派进行的相关采访报道工作完全符合从事公务的实质特征。

【典型案例裁判指引6】《刑事审判参考》第692号[①]黄某惠贪污案:受国家税务机关委托行使代收税款的个人属于国家工作人员

征税权是国家权力的当然组成部分,税收征管活动也是国家行政管理活动的重要组成部分,属于一种执行公务活动。根据《税收征收管理法实施细则》第四十四条的规定,税务机关根据有利于税收控管和方便纳税的原则,可以按照国家有关规定委托有关单位和人员代征零星分散和异地缴纳的税收,并发给委托代征证书。受委托代征税款的单位和人员应当按照代征证书的要求,以税务机关的名义依法征收税款,纳税人不得拒绝;纳税人拒绝的,受委托单位和个人应当及时报告税务机关。由该规定不难分析,受国家税务机关委托代征税款的单位和人员代为征收相关税款的行为,实质上就是代表国家税务机关征收税款,是一种依照《税收征收管理法实施细则》从事公务的行为。本案中,黄某惠及其经营的食品站在与税务机关签订《委托代征税款协议》、接受税务机关依法作出的代征税款的委托之后,以税务机关的名义进行的代征生猪流通环节增值税的行为,属于在特定条件下行使国家税收征管权,符合《刑法》第九十三条第二款规定的"依照法律从事公务"活动。黄某惠在从事代征税款时,应以国家工作人员论。

【典型案例裁判指引7】《刑事审判参考》第693号[②]黄某斌受贿案:国企改制期间与企业解除劳动关系后仍然从事监督、管理国有资产等公务的人员属于国家工作人员

是否属于国家工作人员,应以其是否从事公务为依据,国有企业在改制期间仍然是国有企业,其资产仍然是国有资产,其中从事监督、管理国有

---

① 参见中华人民共和国最高人民法院刑事审判一、二、三、四、五庭主办:《中国刑事审判指导案例》(第6卷),法律出版社2017年版,第120页。

② 参见中华人民共和国最高人民法院刑事审判一、二、三、四、五庭主办:《中国刑事审判指导案例》(第6卷),法律出版社2017年版,第259页。

资产等公务的人员依然应认定为国家工作人员,即使其与企业已经解除了劳动关系。

【典型案例裁判指引 8】《刑事审判参考》第 806 号[1]吕某受贿案:对信息进行维护并行使监督职责的社区卫生服务中心网管员属于国家工作人员

本案的审理过程中,对吕某负责采购计算机及设备系从事公务没有争议,但对于吕某对社区卫生服务中心的信息进行维护是否属于从事公务争议较大。经查,吕某对社区卫生服务中心的网络信息予以维护的范围包括对医生的工作量、业务总金额、看病人次、人均费用、药品所占业务总金额的比例等进行统计、汇总,监控医生超量或者异常用药情况,及时向院办公室汇报,并确保统计数据的真实性、安全性和保密性。可见,吕某在事业单位中履行了对国有资产的管理及对公共事务的监督职责,其从事的活动具有公务性质,应当将其认定为国家工作人员。

【典型案例裁判指引 9】上海市嘉定区人民检察院诉丁某康受贿案[2]:国有医疗机构中从事医疗数据统计、传输、维护等信息管理工作的事业编制人员属于国家工作人员

国有医疗机构中,从事医疗数据统计、传输、维护等信息管理工作的事业编制人员,其统计、传输、维护的信息和数据系国有医疗机构对医疗业务进行管理、监督、决策的重要依据,属于医保信息,工作内容具有公务性质,该人员系国有事业单位中从事公务的人员,应以国家工作人员论。该类人员利用从事信息管理的职务便利,非法收受医药营销人员财物,向其提供本医疗机构药品使用情况统计数据等信息,为相关药品生产、销售企业以不正当手段销售药品提供便利的行为,应当依照《刑法》第三百八十五条第一款的规定,以受贿罪定罪处罚。

---

① 参见中华人民共和国最高人民法院刑事审判一、二、三、四、五庭主办:《中国刑事审判指导案例》(第 6 卷),法律出版社 2017 年版,第 273 页。

② 上海市嘉定区人民检察院诉丁利康受贿案,载《最高人民法院公报》2014 年第 9 期。

(二)委派和国家出资企业国家工作人员的认定

1.《全国法院审理经济犯罪案件工作座谈会纪要》(2003 年 11 月 13 日起施行　法〔2003〕167 号)

一、关于贪污贿赂犯罪和渎职犯罪的主体

(二)国家机关、国有公司、企业、事业单位委派到非国有公司、企业、事业单位、社会团体从事公务的人员的认定

所谓委派,即委任、派遣,其形式多种多样,如任命、指派、提名、批准等。不论被委派的人身份如何,只要是接受国家机关、国有公司、企业、事业单位委派,代表国家机关、国有公司、企业、事业单位在非国有公司、企业、事业单位、社会团体中从事组织、领导、监督、管理等工作,都可以认定为国家机关、国有公司、企业、事业单位委派到非国有公司、企业、事业单位、社会团体从事公务的人员。如国家机关、国有公司、企业、事业单位委派在国有控股或者参股的股份有限公司从事组织、领导、监督、管理等工作的人员,应当以国家工作人员论。国有公司、企业改制为股份有限公司后,原国有公司、企业的工作人员和股份有限公司新任命的人员中,除代表国有投资主体行使监督、管理职权的人外,不以国家工作人员论。

以上规定在司法实务中的理解与适用①

在具体认定是否属于受委派从事公务的人员时,应当从以下三个方面进行把握:一是委派不问来源,无论行为人在受委派以前是否具有国家工作人员身份,也无论行为人是委派单位或者接受委派单位的原有职工,还是为了委派而临时从社会上招聘的人员(如农民),都能成为国有单位委派人员。二是委派的形式多种多样,既可以是事前、事中的提名、推荐、指派、任命,也可以是事后的认可、同意、批准等,但应当注意的是,单纯的事后备案行为不属于受委派从事公务的人员。三是受委派后必须代表国有

① 参见郭清国:《〈全国法院审理经济犯罪案件工作座谈会纪要〉的理解与适用》,载中华人民共和国最高人民法院刑事审判一、二、三、四、五庭主办:《中国刑事审判指导案例》(第 6 卷),法律出版社 2017 年版。

单位在非国有单位中从事组织、领导、监督、管理等职责。

2.《最高人民法院研究室关于国家工作人员在农村合作基金会兼职从事管理工作如何认定身份问题的答复》[2000年6月29日起施行 法(研)明传〔2000〕12号]

国家工作人员自行到农村合作基金会兼职从事管理工作的,因其兼职工作与国家工作人员身份无关,应认定为农村合作基金会一般从业人员;国家机关、国有公司、企业、事业单位委派到农村合作基金会兼职从事管理工作的人员,以国家工作人员论。

3.《最高人民法院关于在国有资本控股、参股的股份有限公司中从事管理工作的人员利用职务便利非法占有本公司财物如何定罪问题的批复》(2001年5月26日起施行 法释〔2001〕17号)

在国有资本控股、参股的股份有限公司中从事管理工作的人员,除受国家机关、国有公司、企业、事业单位委派从事公务的以外,不属于国家工作人员。对其利用职务上的便利,将本单位财物非法占为己有,数额较大的,应当依照刑法第二百七十一条第一款的规定,以职务侵占罪定罪处罚。

4.《最高人民检察院法律政策研究室关于国家机关、国有公司、企业委派到非国有公司、企业从事公务但尚未依照规定程序获取该单位职务的人员是否适用刑法第九十三条第二款问题的答复》(2004年11月3日起施行 〔2004〕高检研发第17号)

对于国家机关、国有公司、企业委派到非国有公司、企业从事公务但尚未依照规定程序获取该单位职务的人员,涉嫌职务犯罪的,可以依照刑法第九十三条第二款关于"国家机关、国有公司、企业委派到非国有公司、企业、事业单位、社会团体从事公务的人员","以国家工作人员论"的规定追究刑事责任。

5.《最高人民法院关于如何认定国有控股、参股股份有限公司中的国有公司、企业人员的解释》(2005年8月11日起施行 法释〔2005〕10号)

国有公司、企业委派到国有控股、参股公司从事公务的人员,以国有公司、企业人员论。

6.《最高人民法院、最高人民检察院关于办理国家出资企业中职务犯罪案件具体应用法律若干问题的意见》(2010年11月26日起施行　法发〔2010〕49号)

五、关于改制前后主体身份发生变化的犯罪的处理

国家工作人员在国家出资企业改制前利用职务上的便利实施犯罪，在其不再具有国家工作人员身份后又实施同种行为，依法构成不同犯罪的，应当分别定罪，实行数罪并罚。

国家工作人员利用职务上的便利，在国家出资企业改制过程中隐匿公司、企业财产，在其不再具有国家工作人员身份后将所隐匿财产据为己有的，依照刑法第三百八十二条、第三百八十三条的规定，以贪污罪定罪处罚。

国家工作人员在国家出资企业改制过程中利用职务上的便利为请托人谋取利益，事先约定在其不再具有国家工作人员身份后收受请托人财物，或者在身份变化前后连续收受请托人财物的，依照刑法第三百八十五条、第三百八十六条的规定，以受贿罪定罪处罚。

六、关于国家出资企业中国家工作人员的认定

经国家机关、国有公司、企业、事业单位提名、推荐、任命、批准等，在国有控股、参股公司及其分支机构中从事公务的人员，应当认定为国家工作人员。具体的任命机构和程序，不影响国家工作人员的认定。

经国家出资企业中负有管理、监督国有资产职责的组织批准或者研究决定，代表其在国有控股、参股公司及其分支机构中从事组织、领导、监督、经营、管理工作的人员，应当认定为国家工作人员。

国家出资企业中的国家工作人员，在国家出资企业中持有个人股份或者同时接受非国有股东委托的，不影响其国家工作人员身份的认定。

七、关于国家出资企业的界定

本意见所称"国家出资企业"，包括国家出资的国有独资公司、国有独资企业，以及国有资本控股公司、国有资本参股公司。

是否属于国家出资企业不清楚的，应遵循"谁投资、谁拥有产权"的原则进行界定。企业注册登记中的资金来源与实际出资不符的，应根据

实际出资情况确定企业的性质。企业实际出资情况不清楚的,可以综合工商注册、分配形式、经营管理等因素确定企业的性质。

以上规定在司法实务中的理解与适用①

(1)关于改制前后主体身份发生变化的犯罪处理

适用"国家工作人员在国家出资企业改制前利用职务上的便利实施犯罪,在其不再具有国家工作人员身份后又实施同种行为,依法构成不同犯罪的,应当分别定罪,实行数罪并罚"的规定时,在具体执行和量刑上可能会出现个别不合理现象,比如,行为人在改制前或者改制后的行为,均未达到职务犯罪的立案标准,但总数额却达到任何一个罪名所要求的数额,对这样的行为将不能作为犯罪处理。

如何确定国有企业改制的完成时间,关系到主体身份、行为性质及犯罪既未遂认定等定罪量刑的重要问题,故《最高人民法院、最高人民检察院关于办理国家出资企业中职务犯罪案件具体应用法律若干问题的意见》未作规定,而是留给司法实践自行掌握。我们基本倾向于实质认定的意见,即变更注册登记之前,产权交易已经完成的,可以实事求是地视为企业改制已经完成。同时,需要注意避免认定标准过于靠前。比如,有意见提出以"产权交易合同生效"为改制完成的认定标准。很明显,合同生效不意味着产权已经交割、公司性质已经发生变化,相关改制工作并未最后完成,仍具有不确定性,仍有相关的公务活动需要继续处理,故该意见存在不妥之处。

(2)关于国家出资企业中国家工作人员的认定

①委派的形式,经研究,对于委派的内涵及外延,应从两个方面的特征来加以理解和把握:一是形式特征,委派在形式上可以不拘一格,如任命、指派、提名、推荐、认可、同意、批准等均可以;二是实质特征,需代表国家机关、国有公司、企业、事业单位在非国有公司、企业、事业单位、社会团体中从事组织、领导、监督、管理等公务活动,亦即国有单位意志的直接代表性。区分是否委派的关键不在于行为人管理职位的直接来源,而是在于其管理

---

① 参见刘为波:《〈关于办理国家出资企业中职务犯罪案件具体应用法律若干问题的意见〉的理解与适用》,载中华人民共和国最高人民法院刑事审判一、二、三、四、五庭主办:《中国刑事审判指导案例》(第6卷),法律出版社2017年版,第395-400页。

职位与相关国有单位的意志行为是否具有关联性和延续性。此种情形中行为人之所以能够在非国有企业中的经营管理层获得职位,与国有出资单位的指派密不可分。具体依照何种程序、形式取得非国有企业的管理职位,对于成立委派与否的认定不具有决定性意义。

②委派的主体,在具体适用“经国家出资企业中负有管理、监督国有资产职责的组织批准或者研究决定,代表其在国有控股、参股公司及其分支机构中从事组织、领导、监督、经营、管理工作的人员,应当认定为国家工作人员”的规定时,应注意以下几个问题:一是关于负有管理、监督国有资产职责的组织。这里所谓的“组织”,除国有资产监督管理机构、国有公司、企业、事业单位之外,主要是指上级或者本级国有出资企业内部的党委、党政联席会。二是关于代表性。有无代表性是认定委派来源的一个内含要件。虽经有关组织研究决定,但任职与该组织没有必然联系,被委派人对该组织亦无职责义务关系的,不应认定为国家工作人员。三是关于公务性。国家出资企业的公务活动主要体现为国有资产的组织、领导、监督、经营、管理活动,企业中的具体事务活动一般不应当认定为公务。

③国有企业改制后,不再含有任何国有股份,但是出于习惯等原因,原主管部门仍然以行政审批方式任命企业负责人。鉴于此种情形较为特殊,仅属特例,故《最高人民法院、最高人民检察院关于办理国家出资企业中职务犯罪案件具体应用法律若干问题的意见》未作规定。讨论中倾向于根据具体从事的活动是否具有公务性质进行具体认定。一般情况下因不存在国有资产监管这个前提,无从谈起公务活动,故可不认定为国家工作人员。但是,党政部门出于公共管理活动需要而委派从事公务活动,比如党团工作,特定时期的整改监督等,仍应认定为国家工作人员。

(3)关于国家出资企业的界定

针对企业注册登记中的资金来源与实际出资不符、企业实际出资情况不清楚以及出资人各方均未实际出资等产权性质难以界定的问题,根据相关规定,对于下列情形一般可以视为国家出资企业:①由国家出资企业以银行贷款或者借款等形式筹措资金开办的公司、企业;②由国家出资企业担保借款创办、按照国家出资企业注册和经营管理的公司、企业;③国家出资企业开办、按照国家出资企业注册和经营管理,以所开办的公司、企业名义筹措资金开展经营的公司、企业。

【典型案例裁判指引10】《刑事审判参考》第1055号[1]王某洋非国家工作人员受贿、挪用资金案:判断国家出资企业中人员是否属于国家工作人员,首先要判断其所任职务是否经上级或者本级国家出资企业内部的党委、党政联席会批准或者研究决定

《最高人民法院、最高人民检察院关于办理国家出资企业中职务犯罪案件具体应用法律若干问题的意见》第六条第二款规定:"经国家出资企业中负有管理、监督国有资产职责的组织批准或者研究决定,代表其在国有控股、参股公司及其分支机构中从事组织、领导、监督、经营、管理工作的人员,应当认定为国家工作人员。"根据该规定,对于国家出资企业中的工作人员是否属于"国家工作人员",应当从以下两个方面进行认定:一是形式要件,即经国家出资企业中负有管理、监督国有资产职责的组织批准或者研究决定。这里的"组织"主要是指上级或者本级国家出资企业内部的党委、党政联席会。二是实质要件,即代表负有管理、监督国有资产职责的组织在国有控股、参股公司及其分支机构中从事组织、领导、监督、经营、管理工作,实质要件具有"代表性"和"公务性"两个特征。在判断层次上,对于形式要件、实质要件的判断分别属于形式判断和实质判断,首先要进行形式判断,形式判断是进行实质判断的重要前提和依据。本案中,被告人任职本公司西客站交通枢纽项目部商务经理是经本公司总经理办公会研究决定任命,并非经国家出资企业中负有管理、监督国有资产职责的组织批准或者研究决定任命。综上,本案被告人王某洋不是国家工作人员。

【典型案例裁判指引11】《刑事审判参考》第974号[2]章某钧受贿案:国家出资企业中经本级国家出资企业内部的党委批准或者研究决定的中层干部属于国家工作人员

首先,"负有管理、监督国有资产职责的组织"如何界定。根据《最高

---

① 参见中华人民共和国最高人民法院刑事审判第一、二、三、四、五庭主办:《刑事审判参考》(总第102集),法律出版社2016年版,第5页。

② 参见中华人民共和国最高人民法院刑事审判第一、二、三、四、五庭主办:《刑事审判参考》(总第97集),法律出版社2014年版,第114－116页。

人民法院、最高人民检察院关于办理国家出资企业中职务犯罪案件具体应用法律若干问题的意见》的精神，这里所谓的"组织"，除国家资产监督管理机构、国有公司、企业、事业单位外，主要是指上级或者本级国家出资企业内部的党委、党政联席会。因为，根据党管干部的组织原则，国家出资企业中一般设有党委，以国家出资企业中负有管理、监督国有资产职责的组织作为委派主体，既反映了当前国家出资企业的经营管理实际，又体现了从事公务活动这一认定国家工作人员的实质要求，可以保证认定范围的正当性、确定性和内敛性。其次，代表其从事组织、领导、监督、经营、管理工作如何理解。在认定国家工作人员身份时，不仅要审查"党委任命"这一形式要件，还要审查行为人是否具有"代表性"，以及所从事工作的性质是否属于"从事公务"这两个实质要件。一方面，行为人必须对任命其的组织具有一定的"代表性"，行为人虽经有关组织研究决定任命，但是如果该任职与委派组织没有必然的联系，行为人对委派组织亦无职责义务关系的，则不应认定为国家工作人员；另一方面，行为人必须要在国家出资企业中"从事公务"。一般认为，在国家出资企业中，中层以上的管理人员可以被视为代表管理、监督国有资产职责的组织从事公务，中层以下的管理人员如果主要从事事务性、技术性、业务性等方面的工作，则一般不宜认定为从事公务。

章某钧属于"国家出资企业中的国家工作人员"。第一，章某钧受交通银行湖州分行党委任命。第二，章某钧代表交通银行湖州分行党委从事公务。章某钧作为新天地支行的业务管理经理和行长助理，其工作职责可以分为两部分：一部分是对客户经理进行日常考核和管理，以及协助行长从事一般的管理工作，该部分工作可以理解为是一般的事务性工作；另一部分则是其工作的重点，即对贷款的审查和监管，通过对贷款客户进行评估和初审等贷前审查，确定贷款客户的经济状况和信誉度，再将贷款申报到授信部和审贷会进行最终的贷款审批。章某钧在贷款客户的贷款审批通过之后，根据贷款通知书具体与企业进行放贷操作，并在贷款发放后，通过对贷款的贷后监控与实地查访，考察贷款客户的经济状况是否正常稳定，以确保国有资产的保值增值。章某钧对贷款审查和监管的工作职责属于对国有资产的管理、监督，属于"从事公务"，系代表委派组织从事监督、经营、管理工作,符合国家工作人员的本质要求。

【典型案例裁判指引12】《刑事审判参考》第959号[①]宋某非国家工作人员受贿案:国有控股企业中未经国家出资企业中负有管理、监督国有资产职责的组织(本级党委等)批准或者研究决定的中层管理干部不属于国家工作人员

判断宋某是否具有国家工作人员身份,可以从以下两个方面展开分析:一方面是形式要件,即要经国家出资企业中负有管理、监督国有资产职责的组织批准或者研究决定,我们认为,"负有管理、监督国有资产职责的组织"一般是指上级或者本级国家出资企业的领导部门和联席会议。根据有关组织原则,改制后的国家出资企业一般仍设有领导部门,并由本级或者上级领导部门决定人事任免事项。由其任命并代表其从事公务的人员,应当认定为国家工作人员。而国家出资公司的股东会、董事会、监事会,包括公司的人事组织部门,均不是适格的任命主体。就宋某而言,其职务的任命并不具有"经国家出资企业中负有管理、监督国有资产职责的组织批准或者研究决定"的形式要件。另一方面是实质要件,即要代表负有管理、监督国有资产职责的组织在国有控股、参股公司及其分支机构中从事组织、领导、监督、经营、管理工作。就实质层面而言,将国家出资企业中的"代表人员"认定为国家工作人员,还要求其所从事的工作同时具备以下两个特征:一是代表性。作为授权方的负有管理、监督国有资产职责的组织,与作为被授权方的国家工作人员,通过批准、研究决定等方式,产生一种委托法律关系;换言之,在国家出资企业中,国家工作人员系代表国有资产的监督、管理组织从事工作,这种代表性是认定国家工作人员身份的首要特征。二是公务性。在实践认定中,要注意考察公务与职权的关联性。公务首先是管理性的事务,而不是一般的技术性、业务性的活动,与劳务相比其具有明显的管理属性。值得注意的是,在国家出资企业中,公务有公司性的公务和国家性的公务之分,前者是代表公司整体利益的行为,而后者仅是代表国有资产的监督、管理组织进行管理的行为。

---

① 参见中华人民共和国最高人民法院刑事审判第一、二、三、四、五庭主办:《刑事审判参考》(总第97集),法律出版社2014年版,第16-18页。

实践中的一般做法是,行为人的身份如果符合形式要件,即经国家出资企业中负有管理、监督国有资产职责的组织批准或者研究决定,即使从事的是公司性的公务,也应以国家工作人员从事公务论。因为在国家出资企业中,国家性的公务必然包含在公司性的公务中。比较难处理的是,如果行为人的身份不符合形式要件,但从事本质上属于国家性的公务,是否以国家工作人员从事公务论。我们认为,这种情况较少,如果出现,原则上也应以国家工作人员从事公务论。本案中,被告人宋某的任职,由公司总裁批准任命,但公司总裁行使的批准权,主要体现其代表股份公司行使职权,而非代表国有资产监督、管理部门行使管理职权。因此,宋某不符合国家工作人员身份认定的一般形式要件特征。宋某负责上港集团下属港区码头货物装卸、船舶到港、浮吊作业计划、分配、调度和管理,系经股份公司授权代表股份公司利益从事相关活动,属于公司性的公务活动,但不属于专门从事国有资产监督、管理的活动,即不属于国家性的公务。

【典型案例裁判指引13】《刑事审判参考》第937号[①]陈某旋受贿案:省农村信用合作社联合社委派到没有国有资产成分的市、县、乡、镇农村信用合作社联合社、农村信用合作联社的人员不属于国家工作人员

2009年1月阳东农村信用合作社联合社改为阳东农村信用合作联社后,性质为其他企业(股份合作制),发起人为县联社与辖区内10家基层法人农村信用合作社,注册资本由自然人和法人股本构成,不接受各级财政资金入股。从公司章程、企业工商登记的情况看,阳东农村信用合作社联合社为集体企业,阳东农村信用合作联社为股东出资入股,并没有国有资产成分,是具有独立企业法人资格的地方性金融机构。虽然阳东农村信用合作社联合社在2005—2007年获得省财政不良贷款压降奖励,省、市、县三地财政增资扩股应补贴资金及兑付专项中央银行票据7818.5万元,但这只是反映政府对农村信用合作社的支持和扶持,并不能改变企业的产权性质。因此,阳东农村信用合作社联合社、阳东农村信用合作联社均非

① 参见中华人民共和国最高人民法院刑事审判一、二、三、四、五庭主办:《中国刑事审判指导案例》(第6卷),法律出版社2017年版,第290页。

国家出资企业,陈某旋不属于在国有公司、企业、事业单位、人民团体中从事公务的人员。

【典型案例裁判指引14】王某青等贪污案[①]:注册资金来自全民事业单位的全额拨款的公司管理人员属于国家工作人员

江苏省南通市中级人民法院认为:关于仁达拍卖公司的企业性质的上诉理由、辩护意见,经查:仁达拍卖公司的开办单位仁达实业公司的注册资金来源于全民事业单位人才服务中心的全额拨款,虽然登记为集体所有制性质,但实为全民单位独资创办的企业,应认定为国有企业。1996年11月,由原仁达实业公司投资设立并进行了增资的仁达拍卖行改由人才服务中心投资,经济性质变更登记为全民所有制,并在同期进行了国有资产产权登记,确认为国有法人股权,实际上是主管部门对企业经济性质的准确核定。另一股东全民事业单位人才资源公司于1999年4月向仁达拍卖行增资的10万元亦为国有资产的投入,已经国有资产变动产权登记确认为国有法人股权。审计报告、银行进账单、记账凭证及附件等证据证实,增资的68万元货币资金均进入仁达拍卖公司实收资本账户,说明国有资产的投资实际到位。虽然国有投资款之后被抽走,但抽走投资并不能改变仁达拍卖公司实由国有资产投资开办的本质。此外,国有投资款虽被抽走,但仁达拍卖公司在财务处理上仍挂账记为其他应收款,且改制后的仁达拍卖公司收到公司改制前的应收款118万元,也说明国有资产的投资是实际到位的。况且,无证据证明还有其他成分的资产(包括上诉人王某青、曹某梅个人资产)向仁达拍卖行、仁达拍卖公司进行过注资。故仁达拍卖行、仁达拍卖公司的经济性质应认定为国有企业,其在改制前的经营收入应认定为国有资产。上诉人王某青、曹某梅分别系仁达拍卖公司的经理、会计,具有履行管理、监督国有资产的职责,均为在国有公司中从事公务的人员,均应以国家工作人员论。

---

① 参见郭庆茂:《出资瑕疵国有公司、企业的产权界定》,载《人民司法》2009年第22期。

（三）其他依照法律从事公务的人员的认定

1.《全国法院审理经济犯罪案件工作座谈会纪要》（2003 年 11 月 13 日起施行　法〔2003〕167 号）

一、关于贪污贿赂犯罪和渎职犯罪的主体

（三）“其他依照法律从事公务的人员”的认定

刑法第九十三条第二款规定的“其他依照法律从事公务的人员”应当具有两个特征：一是在特定条件下行使国家管理职能；二是依照法律规定从事公务。具体包括：（1）依法履行职责的各级人民代表大会代表；（2）依法履行审判职责的人民陪审员；（3）协助乡镇人民政府、街道办事处从事行政管理工作的村民委员会、居民委员会等农村和城市基层组织人员；（4）其他由法律授权从事公务的人员。

以上规定在司法实务中的理解与适用①

“其他依照法律从事公务的人员”，既不属于国有单位工作人员，也不是受国有单位委派从事公务的人员，但行使了国家管理职能，如在人民代表大会闭会期间持代表证就地进行视察，并向本级或者下级有关国家机关负责人提出建议、批评和意见的农民人大代表；在法院担任职务的人民陪审员；“协助人民政府或者它的派出机构做好与居民利益有关的公共卫生、计划生育、优抚救济、青少年教育等项工作”的城市居民委员会成员，等等。根据《刑法》第九十三条的规定，这类人员在行使国家管理职权时实施与其职责有关的犯罪行为时，应当适用刑法关于国家工作人员的规定。应当注意的是，“其他依照法律从事公务的人员”是一种兜底性规定，其范围不是固定不变的，而是随着我国政治、经济体制的改革而不断发展变化的。

---

① 参见郭清国：《〈全国法院审理经济犯罪案件工作座谈会纪要〉的理解与适用》，载中华人民共和国最高人民法院刑事审判一、二、三、四、五庭主办：《中国刑事审判指导案例》（第 6 卷），法律出版社 2017 年版。

2.《全国人民代表大会常务委员会关于〈中华人民共和国刑法〉第九十三条第二款的解释》①(2000年4月29日起施行　第九届全国人民代表大会常务委员会第十五次会议通过)

全国人民代表大会常务委员会讨论了村民委员会等村基层组织人员在从事哪些工作时属于刑法第九十三条第二款规定的"其他依照法律从事公务的人员",解释如下:

村民委员会等村基层组织人员协助人民政府从事下列行政管理工作,属于刑法第九十三条第二款规定的"其他依照法律从事公务的人员":

(一)救灾、抢险、防汛、优抚、扶贫、移民、救济款物的管理;

(二)社会捐助公益事业款物的管理;

(三)国有土地的经营和管理;

(四)土地征收、征用补偿费用的管理;

(五)代征、代缴税款;

(六)有关计划生育、户籍、征兵工作;

(七)协助人民政府从事的其他行政管理工作。

村民委员会等村基层组织人员从事前款规定的公务,利用职务上的便利,非法占有公共财物、挪用公款、索取他人财物或者非法收受他人财物,构成犯罪的,适用刑法第三百八十二条和第三百八十三条贪污罪、第三百八十四条挪用公款罪、第三百八十五条和第三百八十六条受贿罪的规定。

以上规定在司法实务中的理解与适用②

(1)村委会等农村基层组织人员在从事哪些工作时,属于《刑法》第九十三条第二款规定的"其他依照法律从事公务的人员"?

---

① 《全国人民代表大会常务委员会关于〈中华人民共和国刑法〉第九十三条第二款的解释》由第九届全国人民代表大会常务委员会第十五次会议通过,于2000年4月29日起施行。根据2009年8月27日起施行的《全国人民代表大会常务委员会关于修改部分法律的决定》将其中的第一款第四项中的"征用"修改为"征收、征用",其他内容没变。

② 参见黄太云:《〈关于《中华人民共和国刑法》第九十三条第二款的解释〉的理解与适用》,载中华人民共和国最高人民法院刑事审判一、二、三、四、五庭主办:《中国刑事审判指导案例》(第6卷),法律出版社2017年版。

①救灾、抢险、防汛、优抚、扶贫、移民、救济款物的管理，主要是指村委会等村基层组织在协助人民政府管理发放通过政府渠道下发的救灾、抢险、防汛、优抚、扶贫、移民、救济款物，不包括村民自筹或者直接与村对口支援所获得的有关款物的管理。②社会捐助公益事业款物的管理，主要是指协助人民政府管理通过政府下发的社会捐助公益事业款物。③国有土地的经营和管理，主要是指根据《土地管理法》的有关规定，协助政府对国有土地进行的经营和管理，不包括村民委员会根据《村民委员会组织法》《农业法》《土地管理法》等的规定，对村集体所有土地的承包经营、管理、宅基地的管理等工作。④土地征用补偿费用的管理，包括对国家征用土地后所发给的土地补偿费、安置补助费以及地上附着物和青苗补偿费等费用的管理。⑤协助人民政府从事的其他行政管理工作，比如协助政府组织县、乡人大代表的选举等，但是村委会等村基层组织人员在进行对村基层群众自治组织领导人员的选举工作的组织、管理时，不能认为是在协助政府从事行政管理工作。

(2)村委会等村基层组织人员的范围。

“村委会等村基层组织人员”主要指村党支部、村委会和村经联社、经济合作社、农工商联合企业等掌管村经济活动的组织的人员。

【典型案例裁判指引15】《刑事审判参考》第594号[①]廖某伦贪污、受贿案：协助人民政府从事征地拆迁工作的村民小组长属于国家工作人员

对农村基层组织组成人员，不能简单地从外在身份来判断其是否为国家工作人员，而应当主要从其是否“依照法律从事公务”这一国家工作人员的本质属性来进行判断。如果所从事的仅是集体经济组织中的事务，由于村民自治范围内的村、组集体事务不属于公务的范畴，其就不能以国家工作人员论；如果所从事的是行政管理事务，其工作则体现了政府对社会的组织、管理职能，就是在依法从事公务，其就应当属于“其他依照法律从事公务的人员”的范围，以国家工作人员论。虽然征地拆迁安置工作不在《全国人民代表大会常务委员会关于〈中华人民共和国刑法〉第九十三条

① 参见中华人民共和国最高人民法院刑事审判一、二、三、四、五庭主办：《中国刑事审判指导案例》(第6卷)，法律出版社2017年版，第113页。

第二款的解释》中列明的6项具体行政管理工作中,但根据《征用土地公告办法》第十一条有关征地补偿、安置方案经批准后,由有关市、县人民政府土地行政主管部门组织实施的规定,征地拆迁安置工作具有政府管理性质,应当属于《全国人民代表大会常务委员会关于〈中华人民共和国刑法〉第九十三条第二款的解释》第一款第七项所规定的"协助人民政府从事的其他行政管理工作"的范围。廖某伦基于村民小组副组长的特定身份,应赵镇人民政府的要求和村委会的指派,在征地拆迁行政管理工作中,具体从事被拆迁户资料收集、统计上报,指认被拆迁房屋及附属物,带领拆迁工作人员丈量、核实被拆迁房屋及附属物等协助工作,均是协助人民政府从事的行政管理工作。因此,被告人廖某伦在从事上述协助工作时,属于《刑法》第九十三条第二款规定的"其他依照法律从事公务的人员",应当以国家工作人员论。

【典型案例裁判指引16】《刑事审判参考》第872号[①]曹某亮等职务侵占案:协助政府从事土地核准、测算以及向因土地征用受损方发放补偿费用的村委会等村基层组织人员属于国家工作人员

土地征用补偿费用在拨付和分配阶段的性质不同,故准确认定协助人民政府进行土地征收补偿费用的管理阶段,是准确认定案件性质的前提。《全国人民代表大会常务委员会关于〈中华人民共和国刑法〉第九十三条第二款的解释》第四项所列的协助人民政府从事"土地征收、征用补偿费用的管理"的公务,应当限于协助政府核准、测算以及向因土地征用受损方发放补偿费用的环节。一旦补偿到位,来自政府的补偿费用就转变为因出让集体土地所有权和个人土地使用权而获得的集体财产和个人财产,之后对该款项的处理属于村自治事务和个人财产处置。如果村干部在协助政府管理土地征用补偿费用过程中,采用虚报冒领的手段,套取超额土地补偿费用的,因这种情况实质上是利用公务便利侵吞了国家财产,故构成贪污罪;而如果村干部在土地征用补偿费用到位后,没有利用公务便利,侵吞的只是属于村民集体所有的财产,由于侵犯的是集体财产权,故只能构

---

① 参见中华人民共和国最高人民法院刑事审判一、二、三、四、五庭主办:《中国刑事审判指导案例》(第6卷),法律出版社2017年版,第130页。

成职务侵占罪。

【典型案例裁判指引17】霍某某非国家工作人员受贿案[①]：村委会等基层组织人员利用的职务便利同时包括协助政府从事行政管理和集体自治事务，难以确定性质时可以从有利于被告人的角度认定处罚较轻的罪名

在城中村改造过程中，村（居）委会承担了绝大部分工作，既有来自政府的授权也有其作为村（居）委会的管理职权，改造的土地性质又是多元的，被告人的谋利事项又是复杂的，既有要利用协助政府方面职权也有要利用集体自治的职权谋利，难以区分哪一部分钱款是针对哪一事项进行的行贿、受贿，在无法区分被告人究竟是利用哪种职务便利时，从有利于被告人的角度以刑罚处罚较轻的罪名论处。

【典型案例裁判指引18】蔡某某受贿案[②]：法院指定的破产管理人属于国家工作人员

准确认定法院指定的破产管理人工作人员利用职务便利收受贿赂的行为性质，关键在于正确理解刑法意义上的国家工作人员身份。是否认定国家工作人员，需要从两个方面分析判断：一看形式要件，即是否经过法定程序任命、国有委派、法律授权等方式从事公务；二看实质要件，即是否从事公务。破产案件涉及社会方方面面的利益，作为法院指定的破产管理人工作人员，所从事的不仅是技术专业性工作更是涉及社会公共利益，应认定系其他依照法律从事公务的人员，在行使管理人相关职权过程中为他人谋取利益并收受贿赂的行为应认定构成受贿罪。

3.《最高人民检察院法律政策研究室关于集体性质的乡镇卫生院院长利用职务之便收受他人财物的行为如何适用法律问题的答复》（2003年4月2日起施行　〔2003〕高检研发第9号）

经过乡镇政府或者主管行政机关任命的乡镇卫生院院长，在依法从事本区域卫生工作的管理与业务技术指导，承担医疗预防保健服务工作等公

① 参见最高人民法院刑事审判第二庭编：《职务犯罪审判指导》（第1辑），法律出版社2022年版，第1－5页。

② 参见最高人民法院刑事审判第二庭编：《职务犯罪审判指导》（第1辑），法律出版社2022年版，第50页。

务活动时,属于刑法第九十三条第二款规定的其他依照法律从事公务的人员。对其利用职务上的便利,索取他人财物的,或者非法收受他人财物,为他人谋取利益的,应当依照刑法第三百八十五条、第三百八十六条的规定,以受贿罪追究刑事责任。

4.《最高人民法院研究室关于对行为人通过伪造国家机关公文、证件担任国家工作人员职务并利用职务上的便利侵占本单位财物、收受贿赂、挪用本单位资金等行为如何适用法律问题的答复》(2004 年 3 月 20 日起施行　法研〔2004〕38 号)

行为人通过伪造国家机关公文、证件担任国家工作人员职务以后,又利用职务上的便利实施侵占本单位财物、收受贿赂、挪用本单位资金等行为,构成犯罪的,应当分别以伪造国家机关公文、证件罪和相应的贪污罪、受贿罪、挪用公款罪等追究刑事责任,实行数罪并罚。

第四节　国家机关工作人员

一、法律规定

1.《宪法》

宪法第三章规定的国家机构有:人大机关、行政机关、军事机关、监察机关、审判机关、检察机关。①

2.《〈中华人民共和国公务员法〉实施方案》②(2006 年 4 月 9 日起施行)

附件一:《公务员范围规定》

第三条　下列机关中除工勤人员以外的工作人员列入公务员范围:

(一)中国共产党各级机关;

① 上述机关中从事公务的人员属于国家机关工作人员,根据宪法规定,中国共产党领导是中国特色社会主义最本质的特征,所以中国共产党机关属于国家机关范围,其中从事公务人员属于国家机关工作人员。

② 从该实施方案可以看出,中国共产党各级机关、各级人民代表大会及其常务委员会机关、各级行政机关、中国人民政治协商会议各级委员会机关、各级审判机关、各级检察机关、各民主党派和工商联的各级机关中从事公务的人员,属于国家机关工作人员。

（二）各级人民代表大会及其常务委员会机关；

（三）各级行政机关；

（四）中国人民政治协商会议各级委员会机关；

（五）各级审判机关；

（六）各级检察机关；

（七）各民主党派和工商联的各级机关。

第四条　中国共产党各级机关中列入公务员范围的人员：

（一）中央和地方各级党委、纪律检查委员会的领导人员；

（二）中央和地方各级党委工作部门、办事机构和派出机构的工作人员；

（三）中央和地方各级纪律检查委员会机关和派出机构的工作人员；

（四）街道、乡、镇党委机关的工作人员。

第五条　各级人民代表大会及其常务委员会机关中列入公务员范围的人员：

（一）县级以上各级人民代表大会常务委员会领导人员，乡、镇人民代表大会主席、副主席；

（二）县级以上各级人民代表大会常务委员会工作机构和办事机构的工作人员；

（三）各级人民代表大会专门委员会办事机构的工作人员。

第六条　各级行政机关中列入公务员范围的人员：

（一）各级人民政府的领导人员；

（二）县级以上各级人民政府工作部门和派出机构的工作人员；

（三）乡、镇人民政府机关的工作人员。

第七条　中国人民政治协商会议各级委员会机关中列入公务员范围的人员：

（一）中国人民政治协商会议各级委员会的领导人员；

（二）中国人民政治协商会议各级委员会工作机构的工作人员。

第八条　各级审判机关中列入公务员范围的人员：

（一）最高人民法院和地方各级人民法院的法官、审判辅助人员；

（二）最高人民法院和地方各级人民法院的司法行政人员。

第九条　各级检察机关中列入公务员范围的人员：

(一)最高人民检察院和地方各级人民检察院的检察官、检察辅助人员;

(二)最高人民检察院和地方各级人民检察院的司法行政人员。

第十条 各民主党派和工商联的各级机关中列入公务员范围的人员:

(一)中国国民党革命委员会中央和地方各级委员会的领导人员,工作机构的工作人员;

(二)中国民主同盟中央和地方各级委员会的领导人员,工作机构的工作人员;

(三)中国民主建国会中央和地方各级委员会的领导人员,工作机构的工作人员;

(四)中国民主促进会中央和地方各级委员会的领导人员,工作机构的工作人员;

(五)中国农工民主党中央和地方各级委员会的领导人员,工作机构的工作人员;

(六)中国致公党中央和地方各级委员会的领导人员,工作机构的工作人员;

(七)九三学社中央和地方各级委员会的领导人员,工作机构的工作人员;

(八)台湾民主自治同盟中央和地方各级委员会的领导人员,工作机构的工作人员。

中华全国工商业联合会和地方各级工商联的领导人员,工作机构的工作人员。

二、重点、疑难问题界定

(一)立法解释中关于国家机关工作人员的认定

《全国人民代表大会常务委员会关于〈中华人民共和国刑法〉第九章渎职罪主体适用问题的解释》(2002年12月28日起施行 第九届全国人民代表大会常务委员会第三十一次会议通过)

全国人大常委会根据司法实践中遇到的情况,讨论了刑法第九章渎职罪主体的适用问题,解释如下:

在依照法律、法规规定行使国家行政管理职权的组织中从事公务的人员，或者在受国家机关委托代表国家机关行使职权的组织中从事公务的人员，或者虽未列入国家机关人员编制但在国家机关中从事公务的人员，在代表国家机关行使职权时，有渎职行为，构成犯罪的，依照刑法关于渎职罪的规定追究刑事责任。

【典型案例裁判指引 19】《刑事审判参考》第 126 号[①]杨某才帮助犯罪分子逃避处罚案：被借用到公安机关参与案件侦查工作的企业保卫科人员属于国家机关工作人员

渎职罪的本质是只要求有"职"可"渎"即可，没有国家干部身份，却在国家机关中实际行使特定的国家公权力的人，与在国家机关中从事公务的有国家干部身份的人，在从事国家公务、行使国家权力方面并没有什么实质的区别，都可以成为渎职罪的主体。因此，认定是否为国家机关工作人员，关键要看其是否在国家机关中从事一定的公务，行使一定的公权力，而不在于其是否具有国家干部身份。当然从事公务仍应以具有一定身份为前提，但这种身份以"能使其具有从事公务必需的权力"即可，而不必一定是国家干部，只要是国家机关依法通过录用、聘用、委派甚至借用的途径给予一定的工作岗位并赋予一定的公务职责，该主体就应该视为国家机关工作人员。

【典型案例裁判指引 20】崔某环境监管失职案[②]：受国家机关委托代表国家机关行使职权的组织中从事公务的人员属于国家机关工作人员

实践中，一些国有公司、企业和事业单位经合法授权从事具体的管理市场经济和社会生活的工作，拥有一定管理公共事务和社会事务的职权，这些实际行使国家行政管理职权的公司、企业和事业单位的工作人员，符合渎职罪主体要求；对其实施渎职行为构成犯罪的，应当依照《刑法》关于渎职罪的规定追究刑事责任。

---

① 参见中华人民共和国最高人民法院刑事审判一、二、三、四、五庭主办：《中国刑事审判指导案例》（第 6 卷），法律出版社 2017 年版，第 603－604 页。

② 崔某环境监管失职案，最高人民检察院指导案例第 4 号（2012 年）。

【典型案例裁判指引21】陈某、林某、李某滥用职权案[①]:村民委员会、居民委员会等基层组织人员协助人民政府从事行政管理工作时属于国家机关工作人员

随着我国城镇建设和社会主义新农村建设的逐步深入推进,村民委员会、居民委员会等基层组织在协助人民政府管理社会方面发挥着越来越重要的作用。实践中,对村民委员会、居民委员会等基层组织人员协助人民政府从事行政管理工作时,滥用职权、玩忽职守构成犯罪的,应当依照《刑法》关于渎职罪的规定追究刑事责任。

(二)司法解释等关于国家机关工作人员的认定

1.《全国法院审理经济犯罪案件工作座谈会纪要》(2003年11月13日起施行 法〔2003〕167号)

一、关于贪污贿赂犯罪和渎职犯罪的主体

(一)国家机关工作人员的认定

刑法中所称的国家机关工作人员,是指在国家机关中从事公务的人员,包括在各级国家权力机关、行政机关、司法机关和军事机关中从事公务的人员。

根据有关立法解释的规定,在依照法律、法规规定行使国家行政管理职权的组织中从事公务的人员,或者在受国家机关委托代表国家行使职权的组织中从事公务的人员,或者虽未列入国家机关人员编制但在国家机关中从事公务的人员,视为国家机关工作人员。在乡(镇)以上中国共产党机关、人民政协机关中从事公务的人员,司法实践中也应当视为国家机关工作人员。

以上规定在司法实务中的理解与适用[②]

2002年12月28日《全国人民代表大会常务委员会关于〈中华人民共

---

① 陈某、林某、李甲滥用职权案,最高人民检察院指导案例5号(2012年)。

② 参见郭清国:《〈全国法院审理经济犯罪案件工作座谈会纪要〉的理解与适用》,载中华人民共和国最高人民法院刑事审判一、二、三、四、五庭主办:《中国刑事审判指导案例》(第6卷),法律出版社2017年版。

和国刑法〉第九章渎职罪主体适用问题的解释》中明确规定:“在依照法律、法规规定行使国家行政管理职权的组织中从事公务的人员,或者在受国家机关委托代表国家机关行使职权的组织中从事公务的人员,或者虽未列入国家机关人员编制但在国家机关中从事公务的人员,在代表国家机关行使职权时,有渎职行为,构成犯罪的,依照刑法关于渎职罪的规定追究刑事责任。”实践中,对于这部分国家机关工作人员的认定应把握以下三点:一是行为人是否有行使国家管理的职权。需要注意的是,依照法律、法规规定行使国家行政管理职权的组织或者受国家机关委托代表国家行使职权的组织本身不是国家机关,在这些组织中的工作人员不是当然的国家机关工作人员,只有在代表国家行使管理职权,并且有渎职行为,需要追究行为人的渎职犯罪行为时,才适用刑法关于国家机关工作人员的规定。二是行使国家行政管理职权是否有法律、法规的规定,或者国家机关的授权、委托。三是行为人所在的组织的性质不影响国家机关工作人员的认定,不能完全看身份,既不能看他是不是过去所说的干部,也不能看所在的单位是行政编制机关,还是事业单位;既不能看个人的身份,也不能看单位的身份。乡(镇)以上中国共产党机关、人民政协机关是指中国共产党中央委员会和全国政协,省、自治区、直辖市、市、县(区)、乡(镇)党委和政协,不包括基层党支部,也不包括公司、企业等单位中的党组织。

2.《最高人民检察院对〈关于中国证监会主体认定的请示〉的答复函》(2000 年 4 月 30 日起施行　高检发法字〔2000〕7 号)

中国证券监督管理委员会为国务院直属事业单位,是全国证券期货市场的主管部门。其主要职责是统一管理证券期货市场,按规定对证券期货监管机构实行垂直领导,所以,它是具有行政职责的事业单位。据此,北京证券监督管理委员会干部应视同为国家机关工作人员。

3.《最高人民检察院关于镇财政所所长是否适用国家机关工作人员的批复》(2000 年 5 月 4 日起施行　高检发研字〔2000〕9 号)

对于属行政执法事业单位的镇财政所中按国家机关在编干部管理的工作人员,在履行政府行政公务活动中,滥用职权或玩忽职守构成犯罪的,应以国家机关工作人员论。

4.《最高人民检察院关于合同制民警能否成为玩忽职守罪主体问题的批复》(2000 年 10 月 9 日起施行　高检发研字〔2000〕20 号)

根据刑法第九十三条第二款的规定,合同制民警在依法执行公务期间,属其他依照法律从事公务的人员,应以国家机关工作人员论。对合同制民警在依法执行公务活动中的玩忽职守行为,符合刑法第三百九十七条规定的玩忽职守罪构成条件的,依法以玩忽职守罪追究刑事责任。

5.《最高人民检察院关于属工人编制的乡(镇)工商所所长能否依照刑法第 397 条的规定追究刑事责任问题的批复》(2000 年 10 月 31 日起施行　高检发研字〔2000〕23 号)

根据刑法第 93 条第 2 款的规定,经人事部门任命,但为工人编制的乡(镇)工商所所长,依法履行工商行政管理职责时,属其他依照法律从事公务的人员,应以国家机关工作人员论。如果玩忽职守,致使公共财产、国家和人民利益遭受重大损失,可适用刑法第 397 条的规定,以玩忽职守罪追究刑事责任。

6.《关于工人等非监管机关在编监管人员私放在押人员行为和失职致使在押人员脱逃行为适用法律问题的解释》(2001 年 3 月 2 日起施行　高检发释字〔2001〕2 号)

工人等非监管机关在编监管人员在被监管机关聘用受委托履行监管职责的过程中私放在押人员的,应当依照刑法第四百条第一款的规定,以私放在押人员罪追究刑事责任;由于严重不负责任,致使在押人员脱逃,造成严重后果的,应当依照刑法第四百条第二款的规定,以失职致使在押人员脱逃罪追究刑事责任。

7.《最高人民检察院关于企业事业单位的公安机构在机构改革过程中其工作人员能否构成渎职侵权犯罪主体问题的批复》(2002 年 5 月 16 日起施行　高检发释字〔2002〕3 号)

企业事业单位的公安机构在机构改革过程中虽尚未列入公安机关建制,其工作人员在行使侦查职责时,实施渎职侵权行为的,可以成为渎职侵权犯罪的主体。

8.《最高人民检察院关于对海事局工作人员如何使用法律问题的答复》(2003 年 1 月 13 日起施行　〔2003〕高检研发第 1 号)

根据国办发〔1999〕90 号、中编办函〔2000〕184 号等文件的规定，海事局负责行使国家水上安全监督和防止船舶污染及海上设施检验、航海保障的管理职权，是国家执法监督机构。海事局及其分支机构工作人员在从事上述公务活动中，滥用职权或者玩忽职守，致使公共财产、国家和人民利益遭受重大损失的，应当依照刑法第三百九十七条的规定，以滥用职权罪或者玩忽职守罪追究刑事责任。

9.《最高人民法院研究室关于对行为人通过伪造国家机关公文、证件担任国家工作人员职务并利用职务上的便利侵占本单位财物、收受贿赂、挪用本单位资金等行为如何适用法律问题的答复》(2004 年 3 月 20 日起施行　法研〔2004〕38 号)

行为人通过伪造国家机关公文、证件担任国家工作人员职务以后，又利用职务上的便利实施侵占本单位财物、收受贿赂、挪用本单位资金等行为，构成犯罪的，应当分别以伪造国家机关公文、证件罪和相应的贪污罪、受贿罪、挪用公款罪等追究刑事责任，实行数罪并罚。①

第五节　单位犯罪

一、刑法规定

《刑法》

第三十条　公司、企业、事业单位、机关、团体实施的危害社会的行为，法律规定为单位犯罪的，应当负刑事责任。

第三十一条　单位犯罪的，对单位判处罚金，并对其直接负责的主管人员和其他直接责任人员判处刑罚。本法分则和其他法律另有规定的，依照规定。

---

① 同理，通过伪造的国家机关公文、证件担任国家机关工作人员职务的，行使相应职权过程中渎职构成犯罪的，应以渎职罪追究其刑事责任。

二、重点、疑难问题界定

(一)单位的认定

1.《最高人民法院关于审理单位犯罪案件具体应用法律有关问题的解释》(1999 年 7 月 3 日起施行　法释〔1999〕14 号)

为依法惩治单位犯罪活动,根据刑法的有关规定,现对审理单位犯罪案件具体应用法律的有关问题解释如下:

第一条　刑法第三十条规定的公司、企业、事业单位,既包括国有、集体所有的公司、企业、事业单位,也包括依法设立的合资经营、合作经营企业和具有法人资格的独资、私营等公司、企业、事业单位。

第二条　个人为进行违法犯罪活动而设立的公司、企业、事业单位实施犯罪的,或者公司、企业、事业单位设立后,以实施犯罪为主要活动的,不以单位犯罪论处。

第三条　盗用单位名义实施犯罪,违法所得由实施犯罪的个人私分的,依照刑法有关自然人犯罪的规定定罪处罚。

【典型案例裁判指引 22】《刑事审判参考》第 725 号①上海新客派信息技术有限公司、王某强虚开增值税专用发票案:依法成立的一人公司可以成为单位犯罪的主体

一人公司可以成为单位犯罪的主体要满足以下条件:一人公司必须严格依法成立,取得法人资格;一人公司必须具有独立人格,公司的财产必须和股东的财产能够分离;一人公司必须具有公司法所要求的法人治理结构,一人公司应当有自己的章程,股东行使公司法所规定的职权时必须以书面形式作出,并置于公司备案;一人公司成立的目的必须是依法从事经营活动,且客观上确实从事了一定的合法经营活动。

---

①　参见中华人民共和国最高人民法院刑事审判第一、二、三、四、五庭主办:《刑事审判参考》(总第 82 集),法律出版社 2012 年版,第 12 - 14 页。

2.《最高人民法院研究室关于企业犯罪后被合并应当如何追究刑事责任问题的答复》(1998 年 11 月 18 日起施行)

人民检察院起诉时该犯罪企业已被合并到一个新企业的,仍应依法追究原犯罪企业及其直接负责的主管人员和其他直接人员的刑事责任。人民法院审判时,对被告单位应列原犯罪企业名称,但注明已被并入新的企业,对被告单位所判处的罚金数额以其并入新的企业的财产及收益为限。

3.《最高人民法院研究室关于外国公司、企业、事业单位在我国领域内犯罪如何适用法律问题的答复》(2003 年 10 月 15 日起施行　法研〔2003〕153 号)

符合我国法人资格条件的外国公司、企业、事业单位,在我国领域内实施危害社会的行为,依照我国《刑法》构成犯罪的,应当依照我国《刑法》关于单位犯罪的规定追究刑事责任。

个人为在我国领域内进行违法犯罪活动而设立的外国公司、企业、事业单位实施犯罪的,或者外国公司、企业、事业单位设立后在我国领域内以实施违法犯罪为主要活动的,不以单位犯罪论处。

4.《最高人民法院、最高人民检察院关于办理商业贿赂刑事案件适用法律若干问题的意见》(2008 年 11 月 20 日起施行　法发〔2008〕33 号)

二、刑法第一百六十三条、第一百六十四条规定的"其他单位",既包括事业单位、社会团体、村民委员会、居民委员会、村民小组等常设性的组织,也包括为组织体育赛事、文艺演出或者其他正当活动而成立的组委会、筹委会、工程承包队等非常设性的组织。

三、刑法第一百六十三条、第一百六十四条规定的"公司、企业或者其他单位的工作人员",包括国有公司、企业以及其他国有单位中的非国家工作人员。

以上规定在司法实务中的理解与适用[①]

刑法中的单位,既有作为犯罪主体的犯罪单位,也有作为被害人的被

① 参见逄锦温:《〈关于办理商业贿赂刑事案件适用法律若干问题的意见〉的理解与适用》,载中华人民共和国最高人民法院刑事审判一、二、三、四、五庭主办:《中国刑事审判指导案例》(第 6 卷),法律出版社 2017 年版,第 462 页。

害单位。从《刑法》第一百六十三条、第一百六十四条的规定看,这里的“其他单位”,是被告人所在的单位,可以看作被害单位。单位犯罪的主体《刑法》有明确规定,作为被害人的单位则法无明文,对此有的同志认为二者范围相同,有的则认为前者小于后者。笔者认为,二者在内涵和外延上不尽相同,作为被害人的单位,其成立条件、形式要件较之作为犯罪主体的单位相对宽松,因而范围也相对广泛。由于单位的形式多样,组织结构不尽相同,全面、准确地抽象出其一般性特征从而对“其他单位”作一般性定义存在一定困难,因而在《最高人民法院、最高人民检察院关于办理商业贿赂刑事案件适用法律若干问题的意见》起草过程中,吸收了有关部门的意见,只对没有争议形成共识的“其他单位”加以列举。从司法实践看,《刑法》第一百六十三条、第一百六十四条中的“其他单位”,既包括事业单位、社会团体、村民委员会、居民委员会、村民小组等常设性的组织,也包括为组织体育赛事、文艺演出或者其他正当活动而成立的组委会、筹委会、工程承包队等临时性的组织。其他没有列举的临时性组织,如债权人会议、清算组等是否属于其他单位,需要在实践中具体把握。

(二)单位分支机构或者内设机构、部门可以成为单位犯罪的主体

《全国法院审理金融犯罪案件工作座谈会纪要》(2001年1月21日起施行 法〔2001〕8号)

(一)关于单位犯罪问题

根据刑法和《最高人民法院关于审理单位犯罪案件具体应用法律有关问题的解释》的规定,以单位名义实施犯罪,违法所得归单位所有的,是单位犯罪。

1. 单位的分支机构或者内设机构、部门实施犯罪行为的处理。以单位的分支机构或者内设机构、部门的名义实施犯罪,违法所得亦归分支机构或者内设机构、部门所有的,应认定为单位犯罪。不能因为单位的分支机构或者内设机构、部门没有可供执行罚金的财产,就不将其认定为单位犯罪,而按照个人犯罪处理。

2. 单位犯罪直接负责的主管人员和其他直接责任人员的认定。直

接负责的主管人员，是在单位实施的犯罪中起决定、批准、授意、纵容、指挥等作用的人员，一般是单位的主管负责人，包括法定代表人。其他直接责任人员，是在单位犯罪中具体实施犯罪并起较大作用的人员，既可以是单位的经营管理人员，也可以是单位的职工，包括聘任、雇佣的人员。应当注意的是，在单位犯罪中，对于受单位领导指派或奉命而参与实施了一定犯罪行为的人员，一般不宜作为直接责任人员追究刑事责任。对单位犯罪中的直接负责的主管人员和其他直接责任人员，应根据其在单位犯罪中的地位、作用和犯罪情节，分别处以相应的刑罚，主管人员与直接责任人员，在个案中，不是当然的主、从犯关系，有的案件，主管人员与直接责任人员在实施犯罪行为的主从关系不明显的，可不分主、从犯。但具体案件可以分清主、从犯，且不分清主、从犯，在同一法定刑档次、幅度内量刑无法做到罪刑相适应的，应当分清主、从犯，依法处罚。

3. 对未作为单位犯罪起诉的单位犯罪案件的处理。对于应当认定为单位犯罪的案件，检察机关只作为自然人犯罪案件起诉的，人民法院应及时与检察机关协商，建议检察机关对犯罪单位补充起诉。如检察机关不补充起诉的，人民法院仍应依法审理，对被起诉的自然人根据指控的犯罪事实、证据及庭审查明的事实，依法按单位犯罪中的直接负责的主管人员或者其他直接责任人员追究刑事责任，并应引用刑罚分则关于单位犯罪追究直接负责的主管人员和其他直接责任人员刑事责任的有关条款。

4. 单位共同犯罪的处理。两个以上单位以共同故意实施的犯罪，应根据各单位在共同犯罪中的地位、作用大小，确定犯罪单位的主、从犯。

【典型案例裁判指引 23】《刑事审判参考》第 377 号①李某清等被控贪污案：国有单位内部科室可以成为单位犯罪的主体

此案从行为方式看，被告人所得的款项都是人事科负责人李某清决定或经商量，并以补助、年终福利等名义发放的，被告人李某清、刘某梅在笔

① 参见中华人民共和国最高人民法院刑事审判一、二、三、四、五庭主办：《中国刑事审判指导案例》（第 6 卷），法律出版社 2017 年版，第 305 页。

记本上作了详细记录,且有领款签名条和李某清保留的现金账页,在科室内部完全是公开的。从主观方面看,三被告人不具有共同利用职务便利,采取盗窃、欺骗等手段贪污公款的意思联络和主观故意,而是一种相对公开的私分故意。从参与主体看,人事科的所有人都参与了而且都是以科里的名义平均分发,应视为单位集体行为。按照最高人民法院印发的《全国法院审理金融犯罪案件工作座谈会纪要》第二条第一项的规定精神,大悟县教育局人事科属于国家机关内设机构,符合单位犯罪的主体资格。

(三)单位犯罪中的责任认定

《最高人民法院关于审理单位犯罪案件对其直接负责的主管人员和其他直接责任人员是否区分主犯、从犯问题的批复》(2000 年 10 月 10 日起施行　法释〔2000〕31 号)

在审理单位故意犯罪案件时,对其直接负责的主管人员和其他直接责任人员,可不区分主犯、从犯,按照其在单位犯罪中所起的作用判处刑罚。

【典型案例裁判指引 24】《刑事审判参考》第 251 号[①]北京匡达制药厂偷税案:未参加策划、组织、实施单位犯罪行为的单位法定代表人,不能因单位犯罪而追究其刑事责任

司法实践中,主管人员主要包括单位法定代表人、单位的主要负责人、单位的部门负责人等。但以上单位的管理人员并非在任何情况下都要对单位犯罪承担刑事责任,只有当其在单位犯罪中起着组织、指挥、决策作用,所实施的行为与单位犯罪行为融为一体,成为单位犯罪行为组成部分之时,上述人员才能成为单位犯罪的处罚主体,对单位犯罪承担刑事责任。单位的法定代表人应否承担刑事责任,仍需视其是否具体介入了单位犯罪行为,在单位犯罪过程中是否起到了组织、指挥、决策作用而定。如主持单位领导层集体研究、决定或者依职权个人决定实施单位犯罪的情况下,当属"直接负责的主管人员";反之,在由单位其他领导决定、指挥、组织实施

---

① 参见中华人民共和国最高人民法院刑事审判一、二、三、四、五庭主办:《中国刑事审判指导案例》(第 2 卷),法律出版社 2012 年版,第 276 页。

单位犯罪、不在其本人职权分工范围之内、本人并不知情的情况下，则不应以单位犯罪直接负责的主管人员追究其刑事责任。当然，单位的法定代表人因失职行为，依法构成其他犯罪的，另当别论。

（四）刑法未规定追究单位刑事责任的如何处理

《全国人民代表大会常务委员会关于〈中华人民共和国刑法〉第三十条的解释》（2014年4月24日起施行　第十二届全国人民代表大会常务委员会第八次会议通过）

全国人民代表大会常务委员会根据司法实践中遇到的情况，讨论了刑法第三十条的含义及公司、企业、事业单位、机关、团体等单位实施刑法规定的危害社会的行为，法律未规定追究单位的刑事责任的，如何适用刑法有关规定的问题，解释如下：

公司、企业、事业单位、机关、团体等单位实施刑法规定的危害社会的行为，刑法分则和其他法律未规定追究单位的刑事责任的，对组织、策划、实施该危害社会行为的人依法追究刑事责任。

【典型案例裁判指引25】《刑事审判参考》第1420号[①]刘某荣、刘某杰、刘某辉诈骗案：村干部采用隐瞒真相的手段骗取工程建设的拆迁补偿款给村集体构成诈骗罪

本案中，三被告人时任刘畔村民委员会干部，在办理该村迁坟事宜过程中，和其他村干部合谋骗取迁坟补偿款，该犯意应当视为刘畔村委会的集体意志体现，而后三被告人又以刘畔村民委员会的名义实施上述行为，所骗得的款项也归村集体所有，用于村开支。因此，我们认为该诈骗行为的实施主体是刘畔村民委员会。依照《全国人民代表大会常务委员会关于〈中华人民共和国刑法〉第三十条的解释》的规定，公司、企业、事业单位、机关、团体等单位实施刑法规定的危害社会的行为，刑法分则和其他法律未规定追究单位的刑事责任的，对组织、策划、实施该危害社会行为的人依法追究刑事责任。三被告人属于刘畔村民委员会实施诈骗行为过程中

---

① 参见最高人民法院刑事审判第一、二、三、四、五庭编：《刑事审判参考》（总第128辑），人民法院出版社2021年版，第43－44页。

的组织、策划、实施人员,应当对诈骗罪承担刑事责任。

【典型案例裁判指引 26】《刑事审判参考》第 1445 号[①]杜某亚、李某舵贪污、非法转让土地使用权、诈骗案:村委会集体决策、实施虚构事实骗取补助给村集体构成诈骗罪但可以层报最高人民法院在法定刑以下量刑

被告人杜某亚、李某舵犯罪的主观动机是解决村内学校建设资金,犯罪系村委会集体决策、实施,犯罪所得亦被实际用于学校建设,二人所犯诈骗罪存在单位犯罪的因素。由于刑法分则并未规定单位可以成为诈骗罪的主体,根据《全国人民代表大会常务委员会关于〈中华人民共和国刑法〉第三十条的解释》的规定,公司、企业、事业单位、机关、团体等单位实施刑法规定的危害社会的行为,刑法分则和其他法律未规定追究单位的刑事责任的,对组织、策划、实施该危害社会行为的人依法追究刑事责任。杜某亚、李某舵直接组织、策划、实施了相关诈骗行为,应当依法对此承担个人责任,但是在量刑中可以充分考虑单位犯罪的因素。

对于被告人犯数罪的,对其中一罪在法定刑以下量刑,原则上审理案件的法院应当将法定刑以下量刑的罪名和综合刑期部分层报最高人民法院核准,但上级法院发现被告人其他罪名在正常幅度内的量刑部分明显不当的,也应当指出。

(五)国家机关单位犯罪案件中的司法实务处理[②]

考虑到刑事立法修改的复杂性,刑事立法修改到位并非一朝一夕之事,需要有一个过程。在刑事立法修改之前,鉴于将国家机关作为单位犯罪主体难以实现较好的法律效果、社会效果和政治效果,司法机关在办理此类案件时,要防止机械办案、就案办案、孤立办案,确保裁判结果实现“三个效果”的统一。原则上说,案件审理的法律效果、社会效果、政治效果是完全统一的;在特殊情况下,如果三者之间存在不一致的地方,在严格的规则和程序导向下,可以变通适用法律,在法律之内或通过法律实现社

① 参见最高人民法院刑事审判第一、二、三、四、五庭编:《刑事审判参考》(总第 129 辑),人民法院出版社 2022 年版,第 90 – 94 页。

② 裴显鼎:《国家机关单位犯罪的困境与变革——对 190 份生效刑事裁判文书的实证研究》,载《法律适用》2021 年第 12 期。

会效果和政治效果的最大化。也就是说,人民法院可以在法律允许的范围内适当调整裁判思路,从而取得更好的社会效果和政治效果。

根据现行刑法,对于确有可能构成国家机关单位犯罪的,人民检察院和人民法院可以依照职权或经过协商,对涉嫌犯罪的国家机关依法做出撤回起诉、变更起诉、宣告无罪、变更罪名等处理方式。

(1)变更起诉。

人民检察院将国家机关作为单位犯罪主体予以起诉,后将指控的犯罪主体由国家机关变更为直接责任人员的,人民法院应当按照自然人犯罪进行审理。例如,备受瞩目的某铁路运输中级法院涉嫌单位受贿案。2000年至2005年,某铁路运输中级法院以拍卖佣金分成、评估作价费分成及"感谢费"的名义,向某拍卖有限公司、某投资咨询有限公司、某价格事务所等索取、收受人民币451万余元,为其谋取利益。昌吉回族自治州人民检察院以某铁路运输中级法院及原院长杨某某、原执行局局长蔡某某、原办公室财务会计王某某涉嫌单位受贿罪起诉。昌吉州中级人民法院建议公诉机关昌吉州人民检察院变更、补充起诉书,后昌吉回族自治州人民检察院变更、补充了起诉书内容,将起诉对象从某铁路运输中级法院变更为参与犯罪行为的直接责任人员。最终,审理法院认定,杨某某、蔡某某犯滥用职权罪,王某某犯玩忽职守罪,均判处有期徒刑。无疑,该案的处理结果是适当的,既有效惩罚了犯罪、警示了后人,又避免了国家审判机关被认定为罪犯。

(2)变更罪名。

人民检察院将国家机关作为单位犯罪主体予以起诉,人民法院认为确实不当的,可以依职权将单位犯罪罪名变更为自然人犯罪罪名。已有案件采取该处理方式,人民检察院起诉国家机关犯单位受贿罪,人民法院认定直接责任人员犯滥用职权罪,具体原因为指控罪名不妥。例如,牛某某在担任某国土所所长期间,开展危房改造专项工作,违反规定,收取费用30余万元用于单位开支。审理法院认为,牛某某的行为系超越职权,致使国家和人民的利益遭受重大损失,其行为构成滥用职权罪,公诉机关指控该国土所和牛某某犯单位受贿罪罪名不妥,不予确认。

渎职与腐败如影相随,国家机关腐败犯罪往往也是渎职犯罪,从已有案例来看,大量单位受贿行为同时也是该单位直接责任人员滥用职权的行为。而滥用职权罪、玩忽职守罪系渎职犯罪的一般性罪名,对于以私分罚没财物罪、私分国有资产罪、单位受贿罪乃至单位行贿罪等罪名起诉的,以渎职罪一般罪名审理、追究直接责任人员刑事责任较为妥当。根据2006年7月《最高人民检察院关于渎职侵权犯罪案件立案标准的规定》,除了人员伤亡和经济损失以外,“严重损害国家声誉,或者造成恶劣社会影响的”也是滥用职权罪和玩忽职守罪的立案标准之一。国家机关中直接责任人员属于国家机关工作人员,其实施的单位受贿、单位行贿、私分国有资产、私分罚没财物等犯罪行为,可以被解释为严重损害国家声誉或者造成恶劣社会影响,构成滥用职权罪或玩忽职守罪。

按照自然人犯罪罪名追究直接责任人员刑事责任的话,直接责任人员所涉及事实基本上已经被国家机关单位犯罪所涉及事实覆盖,实际上已经给予被告方以防御的准备和机会。因此,法官的中立性、被告方的防御权等都不会因变更罪名而受到损害。

值得注意的是,在此情形下变更罪名,属于指控轻罪名认定重罪名,存在不利于被告人的风险。对于此种情形,有人提出了名重刑不重原则,即在被控罪名与拟选用罪名之间呈相异关系时,法官可以为了准确评价犯罪而选用刑量相等乃至较重的罪名取代原罪名,但量刑应尽可能不重于变更前的罪名。因此,按照自然人犯罪罪名处理的话,应当参照单位犯罪罪名的法定刑设置处罚,在量刑时酌予从轻,从而保持变更罪名后的量刑均衡。

第六节　其他术语

一、共同犯罪

(一)刑法规定

《刑法》

第二十五条　共同犯罪是指二人以上共同故意犯罪。

二人以上共同过失犯罪,不以共同犯罪论处;应当负刑事责任的,按照他们所犯的罪分别处罚。

第二十六条　组织、领导犯罪集团进行犯罪活动的或者在共同犯罪中起主要作用的，是主犯。

三人以上为共同实施犯罪而组成的较为固定的犯罪组织，是犯罪集团。

对组织、领导犯罪集团的首要分子，按照集团所犯的全部罪行处罚。

对于第三款规定以外的主犯，应当按照其所参与的或者组织、指挥的全部犯罪处罚。

第二十七条　在共同犯罪中起次要或者辅助作用的，是从犯。

对于从犯，应当从轻、减轻处罚或者免除处罚。

第二十八条　对于被胁迫参加犯罪的，应当按照他的犯罪情节减轻处罚或者免除处罚。

第二十九条　教唆他人犯罪的，应当按照他在共同犯罪中所起的作用处罚。教唆不满十八周岁的人犯罪的，应当从重处罚。

如果被教唆的人没有犯被教唆的罪，对于教唆犯，可以从轻或者减轻处罚。

（二）主犯、从犯的从宽政策把握

1.《最高人民法院关于贯彻宽严相济刑事政策的若干意见》（2010年2月8日起施行　法发〔2010〕9号）

四、准确把握和正确适用宽严“相济”的政策要求

31.对于一般共同犯罪案件，应当充分考虑各被告人在共同犯罪中的地位和作用，以及在主观恶性和人身危险性方面的不同，根据事实和证据能分清主从犯的，都应当认定主从犯。有多名主犯的，应在主犯中进一步区分出罪行最为严重者。对于多名被告人共同致死一名被害人的案件，要进一步分清各被告人的作用，准确确定各被告人的罪责，以做到区别对待；不能以分不清主次为由，简单地一律判处重刑。

33.在共同犯罪案件中，对于主犯或首要分子检举、揭发同案地位、作用较次犯罪分子构成立功的，从轻或者减轻处罚应当从严掌握，如果从轻处罚可能导致全案量刑失衡的，一般不予从轻处罚；如果检举、揭发的是其他犯罪案件中罪行同样严重的犯罪分子，或者协助抓获的是同案中的其他主犯、首要分子的，原则上应予依法从轻或者减轻处罚。对于从犯或犯罪

集团中的一般成员立功,特别是协助抓获主犯、首要分子的,应当充分体现政策,依法从轻、减轻或者免除处罚。

2.《最高人民法院、最高人民检察院关于常见犯罪的量刑指导意见(试行)》(2021年7月1日起施行　法发〔2021〕21号)

三、常见量刑情节的适用

(五)对于从犯,综合考虑其在共同犯罪中的地位、作用等情况,应当予以从宽处罚,减少基准刑的20%—50%;犯罪较轻的,减少基准刑的50%以上或者依法免除处罚。

二、公共财产

(一)刑法规定

《刑法》

第九十一条　本法所称公共财产,是指下列财产:

(一)国有财产;

(二)劳动群众集体所有的财产;

(三)用于扶贫和其他公益事业的社会捐助或者专项基金的财产。

在国家机关、国有公司、企业、集体企业和人民团体管理、使用或者运输中的私人财产,以公共财产论。

(二)公共财产的认定

【典型案例裁判指引27】《刑事审判参考》第312号[①]尚某多等贪污案:违规收取的"点招费"属于公共财产

无论基于合法还是非法事由,在行为当时处于国家机关、国有公司、企业、集体企业和人民团体等单位占有、持有状态下的私人财产,均应认定为公共财产,因为此时的责任主体是这些单位,如果期间财产遭受到了损失,这些单位将需承担赔偿责任。在本案中,"点招费"的收取系经原商专校务会研究决定,并以商专学校的名义作出的,且收取后的"点招费"实际处

① 参见中华人民共和国最高人民法院刑事审判一、二、三、四、五庭主办:《中国刑事审判指导案例》(第6卷),法律出版社2017年版,第77页。

于原商专学校的占有、支配下，如果学生家长依法提起诉讼，原商专学校负有依规定返还或者赔偿的对外责任，同时考虑到原商专属于国有事业单位，故在有关部门查处之前将之视为公共财产是妥当的，也是符合刑法第九十一条第二款规定精神的。

【典型案例裁判指引 28】《刑事审判参考》第 385 号[1]鞠某文挪用公款、受贿案：国有单位的"小金库""账外账"的资金应视为公款

实践中，不少单位违反财经纪律私设"小金库""账外账"，这些"小金库""账外账"的资金主要还是与单位的职责相关，往往是国家投资等正当渠道的资金，辗转被改头换面变成体现部门利益或者团体利益的"小金库""账外账"。因此，国家工作人员利用职务便利，挪用"小金库""账外账"的资金，本质上仍是对国有财产权益的侵犯，"小金库""账外账"的资金应视为公款，可以成为挪用公款罪的对象。被告人对账外资金性质的误解，属于刑法意义上的"认识错误"，不知道账外资金就是公款，对其刑事责任不发生影响。

【典型案例裁判指引 29】赵某明贪污案[2]：隐瞒优惠事实违规收取的审图费应认定为公共财产

2005 年 9 月至 2007 年 3 月，上诉人赵某明在担任无锡市建设工程设计审查中心滨湖区审查部主任、无锡市滨湖区建设局安置管理科科长期间，利用负责和受无锡市滨湖区建设局领导授权受理审图业务的职务之便，在办理审图业务过程中，在取得本单位领导或无锡市建设工程设计审查中心领导同意对送审单位审图费予以优惠后，为侵吞部分审图费，向送审单位隐瞒了上述事实而与送审单位商定收取高于优惠标准的审图费；并要求送审单位将商定的审图费分两部分支付，其中一部分为按优惠收费标准收取的审图费，该部分用支票交至无锡市滨湖区建设局账户或无锡市建设工程设计审查中心账户入账；剩余部分则要求送审单位开具收款单位为

---

① 参见中华人民共和国最高人民法院刑事审判一、二、三、四、五庭主办：《中国刑事审判指导案例》（第 6 卷），法律出版社 2017 年版，第 162 页。

② 参见楼炯燕：《隐瞒优惠事实违规收取的审图费能否认定为公共财产》，载《人民司法》2011 年第 8 期。

无锡市某学社科技咨询服务部的转账支票。

无锡市中级人民法院裁定,赵某明截留的审图费是利用职务之便以单位名义收取,性质上应认定为公共财物,而非个人技术咨询服务费,其行为确已构成贪污罪。

【典型案例裁判指引 30】《刑事审判参考》第 377 号[①]李某清等被控贪污案:行政事业单位乱收费、乱摊派、乱罚款所得的款项应认定为国有资产

行政事业单位违反行政法规,滥用职权而乱收费、乱摊派、乱罚款所得的款项,应认定为国有资产,其理由是:第一,从所有权的取得方式看。国家从社会的公共利益出发,凭借其依法享有的公共权力,采用征税、国有化、没收、征收等强制手段取得的财产所有权,这是国家财产取得的主要来源。"三乱"收入在表现形式上符合国有资产取得的法定形式,其法律效力在有关部门查处之前是毋庸置疑的。因此,行政机关各种违法收取的费用符合国有资产取得的规定,属于国有资产。第二,根据我国法律规定,一切违法所得都应没收上缴国库,收款单位根本没有支配、处分权。同时,这些款项都是收款单位以国家名义强制收取的,被收款方也认为是国有单位收取的,如要举报控告也是控告国有单位,最终由国家负责清退和赔偿。同时,根据《刑法》第九十一条第二款规定的精神,对于国家实际上占有、使用处分的资产,应视为国有资产。第三,财产犯罪的对象范围不以合法所有或者持有的财物为限,《刑法》上的财产,强调更多的是财产的经济价值性,而非合法性。即便是不受民法保护或者为相关行政法规所明文禁止的财物,如赌资、赃物、违禁品等,只要具有一定的经济价值,并且与《刑法》的基本保护精神不相违背,则同样可以成为财产犯罪的对象,并应当受到《刑法》的保护。

【典型案例裁判指引 31】《刑事审判参考》第 1401 号[②]林某私分国有资产案:无形资产属于国有资产范围

出租车营运牌照作为一项特许经营权,其可行使占有、使用和收益的

---

① 参见中华人民共和国最高人民法院刑事审判一、二、三、四、五庭主办:《中国刑事审判指导案例》(第 6 卷),法律出版社 2017 年版,第 306 页。

② 参见最高人民法院刑事审判第一、二、三、四、五庭编:《刑事审判参考》(总第 125 辑),人民法院出版社 2020 年版,第 131 - 132 页。

权利，也能够以金钱计算其经济价值，具有经济利益，是一项能为经营者带来效益或者收益的资产。因此，该部分资产应属于《刑法》及其相关司法解释所规定的“财产性利益”，或者说，属于无形资产，其应当属于国有资产的范畴，在企业改制时应当纳入改制时的国有资产。

三、司法工作人员

（一）刑法规定

《刑法》

第九十四条　本法所称司法工作人员，是指有侦查、检察、审判、监管职责的工作人员。

（二）司法工作人员的认定

《最高人民法院、最高人民检察院、公安部、国家安全部、司法部关于对司法工作人员在诉讼活动中的渎职行为加强法律监督的若干规定（试行）》（2010 年 7 月 26 日起施行　高检会〔2010〕4 号）

第十六条　本规定所称的司法工作人员，是指依法负有侦查、检察、审判、监管和判决、裁定执行职责的国家工作人员。

四、违反国家规定

（一）刑法规定

《刑法》

第九十六条　本法所称违反国家规定，是指违反全国人民代表大会及其常务委员会制定的法律和决定，国务院制定的行政法规、规定的行政措施、发布的决定和命令。

（二）违反国家规定的认定

《最高人民法院关于准确理解和适用刑法中“国家规定”的有关问题的通知》（2011 年 4 月 8 日起施行　法发〔2011〕155 号）

日前，国务院法制办就国务院办公厅文件的有关规定是否可以认定为刑法中的“国家规定”予以统一、规范。为切实做好相关刑事案件审判工作,准确把握刑法有关条文规定的“违反国家规定”的认定标准,依法惩治犯罪,统一法律适用,现就有关问题通知如下:

一、根据刑法第九十六的规定,刑法中的“国家规定”是指,全国人民代表大会及其常务委员会制定的法律和决定,国务院制定的行政法规、规定的行政措施、发布的决定和命令。其中,“国务院规定的行政措施”应当由国务院决定,通常以行政法规或者国务院制发文件的形式加以规定。以国务院办公厅名义制发的文件,符合以下条件的,亦应视为刑法中的“国家规定”:(1)有明确的法律依据或者同相关行政法规不相抵触;(2)经国务院常务会议讨论通过或者经国务院批准;(3)在国务院公报上公开发布。

二、各级人民法院在刑事审判工作中,对有关案件所涉及的“违反国家规定”的认定,要依照相关法律、行政法规及司法解释的规定准确把握。对于规定不明确的,要按照本通知的要求审慎认定。对于违反地方性法规、部门规章的行为,不得认定为“违反国家规定”。对被告人的行为是否“违反国家规定”存在争议的,应当作为法律适用问题,逐级向最高人民法院请示。

五、以上、以下、以内的界定

《刑法》

第九十九条 本法所称以上、以下、以内,包括本数。

第二章　贪污侵占类罪名释义及定罪量刑标准

第一节　贪污罪

一、犯罪主体

国家工作人员和受委托管理、经营国有财产人员。

二、刑法规定

《刑法》

第三百八十二条　国家工作人员利用职务上的便利，侵吞、窃取、骗取或者以其他手段非法占有公共财物的，是贪污罪。

受国家机关、国有公司、企业、事业单位、人民团体委托管理、经营国有财产的人员，利用职务上的便利，侵吞、窃取、骗取或者以其他手段非法占有国有财物的，以贪污论。

与前两款所列人员勾结，伙同贪污的，以共犯论处。

第三百九十四条　国家工作人员在国内公务活动或者对外交往中接受礼物，依照国家规定应当交公而不交公，数额较大的，依照本法第三百八十二条、第三百八十三条的规定定罪处罚。

第一百八十三条第二款　国有保险公司工作人员和国有保险公司委派到非国有保险公司从事公务的人员有前款行为①的，依照本法第三百八十二条、第三百八十三条的规定定罪处罚。

---

① 前款行为指“利用职务上的便利，故意编造未曾发生的保险事故进行虚假理赔，骗取保险金归自己所有的”。

第二百七十一条第二款 国有公司、企业或者其他国有单位中从事公务的人员和国有公司、企业或者其他国有单位委派到非国有公司、企业以及其他单位从事公务的人员有前款行为①的,依照本法第三百八十二条、第三百八十三条的规定定罪处罚。

第二百八十七条 利用计算机实施金融诈骗、盗窃、贪污、挪用公款、窃取国家秘密或者其他犯罪的,依照本法有关规定定罪处罚。

三、重点、疑难问题界定

(一)受委托管理、经营国有财产的认定

1.《全国法院审理经济犯罪案件工作座谈会纪要》(2003 年 11 月 13 日起施行 法〔2003〕167 号)

二、关于贪污罪

(二)"受委托管理、经营国有财产"的认定

刑法第三百八十二条第二款规定的"受委托管理、经营国有财产",是指因承包、租赁、临时聘用等管理、经营国有财产。

以上规定在司法实务中的理解与适用②

受委托管理、经营国有财产的人员不是国家工作人员,也不能以国家工作人员论,因此,只能成为贪污犯罪的主体,不能成为受贿、挪用公款等其他国家工作人员职务犯罪的主体。

对于国有单位中非从事公务的工作人员,即使是合同工,一旦在国有单位内部承担管理、经营国有财产的职责,则应当直接认定为国有单位中从事公务的人员,而不是受委托管理、经营国有财产的人员。

所谓管理,是指具有监守或者保管公共财物的职权。经营者在经营期间通常同时行使管理职权,对公共财物具有处置权。所谓经营,是指将公

---

① 前款行为指"利用职务上的便利,将本单位财物非法占为己有"。

② 参见郭清国:《〈全国法院审理经济犯罪案件工作座谈会纪要〉的理解与适用》,载中华人民共和国最高人民法院刑事审判一、二、三、四、五庭主办:《中国刑事审判指导案例》(第 6 卷),法律出版社 2017 年版。

共财物投放市场并作为资本使其增值的商业活动，或者利用公共财物从事营利性活动。

2.《最高人民检察院关于人民检察院直接受理立案侦查案件立案标准的规定（试行）》（1999 年 9 月 16 日起施行　高检发释字〔1999〕2 号）

（一）贪污案

“受委托管理、经营国有财产”是指因承包、租赁、聘用等而管理、经营国有财产。

【典型案例裁判指引 32】《刑事审判参考》第 274 号[①]**张某贵、黄某章职务侵占案：受委托管理、经营国有财产的认定**

受委托管理、经营国有财产中的“委托”是基于信任或者合同等其他关系而产生的权利义务关系，被委托人与委托单位是一种平等的关系。受委托最典型的，就是公民个人与国有企业签订承包、租赁合同，依照合同约定对国有企业进行管理、经营。

受委托管理、经营不同于国有单位非国家工作人员从事的不具有公务性质的生产、服务等劳务活动。委托的内容必须限于对国有资产进行管理、经营。所谓管理，是指依委托行使监守或保管国有资产职权的活动；所谓经营，是指行为人在对国有资产具有管理职权的前提下，将国有资产投入市场，作为资本使其增值的商业活动，也就是对国有财物具有处分权。如果受委托的事项不是管理、经营国有财产，而是从事具体的保管、经手、生产、服务等劳务活动，不能适用《刑法》第三百八十二条第二款的规定（不构成贪污罪）。

【典型案例裁判指引 33】《刑事审判参考》第 355 号[②]**朱某岩贪污案：租赁国有企业的人员盗卖国有资产的行为构成贪污罪**

委托方式多种多样，实践中除了承包、租赁和临时聘用以外，不排除其

---

① 参见中华人民共和国最高人民法院刑事审判一、二、三、四、五庭主办：《中国刑事审判指导案例》（第 6 卷），法律出版社 2017 年版，第 57 页。

② 参见中华人民共和国最高人民法院刑事审判一、二、三、四、五庭主办：《中国刑事审判指导案例》（第 6 卷），法律出版社 2017 年版，第 89 页。

他形式存在的可能,但其共同的特征在于,委托双方属于平等的民事主体关系,这种委托是国有单位以平等主体身份就国有财产的管理、经营与被委托者达成的协议,本质上是民事委托关系,因此有别于《刑法》第九十三条规定的"委派"。委派的实质是任命,具有一定的行政性,被委派者在委派事项及是否接受委派方面,与委派方不是处于平等地位而是具有行政隶属性质,两者间的关系具有隶属性和服从性。本案被告人朱某岩与泗阳县食品总公司破产清算组签订了租赁经营泗阳县食品总公司肉联厂的合同,属于一种典型的民事委托方式,因此,朱某岩符合"受委托"管理、经营国有财产的要件,一审、二审法院对朱某岩的以贪污罪定罪是正确的。

(二)利用职务上的便利的认定

1.《最高人民检察院关于人民检察院直接受理立案侦查案件立案标准的规定(试行)》(1999 年 9 月 16 日起施行　高检发释字〔1999〕2 号)

(一)贪污案

"利用职务上的便利"是指利用职务上主管、管理、经手公共财物的权力及方便条件。

【典型案例裁判指引 34】杨某虎等贪污案[①]:贪污罪中利用职务上的便利的认定

贪污罪中的"利用职务上的便利",是指利用职务上主管、管理、经手公共财物的权力及方便条件,既包括利用本人职务上主管、管理公共财物的职务便利,也包括利用职务上有隶属关系的其他国家工作人员的职务便利。

【典型案例裁判指引 35】薄某来受贿、贪污、滥用职权案[②]:升任上级单位职务后其职权范围覆盖原任职地方,侵吞原任职地方公共财物的,仍然属于利用职务便利

本案中,指控被告人薄某来贪污事实发生时,薄某来已担任辽宁省人

① 杨某虎等贪污案,最高人民法院指导案例 11 号(2012 年)。

② 参见中华人民共和国最高人民法院刑事审判第一、二、三、四、五庭主办:《刑事审判参考》(总第 118 集),法律出版社 2019 年版,第 268 页。

民政府省长一职。据此，辩护人提出，此时薄某来已不能直接决定、支配大连市的财政事务，故其不具有贪污的职务便利。人民法院经审理认为，在上级单位决定向大连市人民政府拨付涉案款项时，被告人薄某来虽已调任辽宁省人民政府省长，但其职权范围仍覆盖辽宁省所辖的大连市，且其作为涉密工程的原负责人，仍对该工程负有特定的延续管理职责，具有管理、支配涉案款项的职务便利。法院据此认定被告人利用职务便利，非法占有公共财物，构成贪污罪是正确的。

2. 贪污罪中的"职务"包括行为人利用其国家工作人员的特定身份冒用"职务"之便①

职务行为的合法性包括实质合法性和形式合法性两个层面，一般而言，两者是一致、重合的，也即行为人行使职权的程序和内容均具有法定授权。但由于实践中职务行为各种各样，两者也可能发生分离，甚至出现冲突，发生行为看似有权、合法，实质却无权、非法。当行为的实质合法性与形式合法性发生冲突，在判断该行为是职务行为还是单纯的个人行为时，该行为只需要具备形式的合法性就可以认定贪污罪中的"利用职务便利"这一要件，而不需要探究行为实质上究竟是否合法。当然，认定形式上的合法性应当满足一定的条件：第一，行为人具有国家工作人员的身份，这是认定职务行为的前提条件。第二，行为内容本身虽然不合法，但与合法职务具有直接的、现实的紧密联系，这是认定职务行为的充分条件。在符合上述条件的情况下，形式上的合法性同样为行为人利用职务上的便利提供了空间，行为人正是利用这种现实存在的职权之便而非法占有公共财物；对于被占有财物的相对方（包括国有单位等）来说，他们均认为行为人所行使的职权是合法的，故行为人的行为客观上造成了对职务行为廉洁性的侵害。因此，贪污罪中的"职务"不仅包括选任或委任单位明确规定的职责范围，在特定情况下还包括行为人利用其国家工作人员的特定身份，冒用"职务"之便侵吞公款的行为。本案中，自2004年1月起，税务机关已停止收取监印费，从实质的角度分析，被告人杨某虎已无权代表税务机关收取监印费，但其隐瞒停止收费的事实，继续收取所谓监印费并据为己有，鉴

---

① 参见沈志先主编：《职务犯罪审判实务》，法律出版社2013年版，第155页。

于其担任稽征管理科科长这一职务的特殊身份以及税务机关以前一直收取这一费用的具体事实,其隐瞒事实继续收取所谓"监印费"的行为即具有形式上的合法性,仍然可以认定为贪污罪中的"职务便利"。

(三)共犯的认定

1.《最高人民法院关于审理贪污、职务侵占案件如何认定共同犯罪几个问题的解释》(2000 年 7 月 8 日起施行　法释〔2000〕15 号)

为依法审理贪污或者职务侵占犯罪案件,现就这类案件如何认定共同犯罪问题解释如下:

第一条　行为人与国家工作人员勾结,利用国家工作人员的职务便利,共同侵吞、窃取、骗取或者以其他手段非法占有公共财物的,以贪污罪共犯论处。

第二条　行为人与公司、企业或者其他单位的人员勾结,利用公司、企业或者其他单位人员的职务便利,共同将该单位财物非法占为己有,数额较大的,以职务侵占罪共犯论处。

第三条　公司、企业或者其他单位中,不具有国家工作人员身份的人与国家工作人员勾结,分别利用各自的职务便利,共同将本单位财物非法占为己有的,按照主犯的犯罪性质定罪。

以上规定在司法实务中的理解与适用①

关于利用国家工作人员的职务便利共同侵吞、窃取、骗取或者以其他手段非法占有公共财物以贪污罪的共犯论处问题,《最高人民法院关于审理贪污、职务侵占案件如何认定共同犯罪几个问题的解释》中虽然只规定与国家工作人员共同贪污的情况,但不能据此得出只有与"国家工作人员"共同贪污的,才能认定为贪污共犯。该解释这样规定只是为了表述上的简明而已,实际的含义应当理解为:行为人与贪污罪的主体共同非法占有公共财物的,均以贪污罪共犯论处。也就是说,行为人与受委托管理、经

① 参见孙军工:《〈关于审理贪污、职务侵占案件如何认定共同犯罪几个问题的解释〉的理解与适用》,载中华人民共和国最高人民法院刑事审判一、二、三、四、五庭主办:《中国刑事审判指导案例》(第 6 卷),法律出版社 2017 年版。

营国有财产人员勾结,利用受委托管理、经营国有财产的人员的职务便利,共同侵吞、窃取、骗取或者以其他手段非法占有公共财物的,也要以贪污罪共犯论处。

【典型案例裁判指引 36】《刑事审判参考》第 121 号[①]徐某、罗某德贪污案:共同故意时不需要证明共犯之间有积极的共谋行为

对于共同故意的成立,理论上要求具备两个条件:一是各共犯都出于故意;二是各被告人的故意之间有联络,即共同犯罪人不但认识到自己在实施故意犯罪,而且认识到其在配合其他共同犯罪人实施故意犯罪。因此,认定共同故意时,不需要证明共犯之间有积极的共谋行为。此案中,虽然没有证据证明二被告人曾经商量过要占有该 47 万余元资产,但二被告人在隐瞒真相的前提下于 2000 年 9 月 7 日缴清国资款,并后来共同积极办理资产转移手续,足以表明其有非法占有的共同故意。

2.《全国法院审理经济犯罪案件工作座谈会纪要》(2003 年 11 月 13 日起施行　法〔2003〕167 号)

二、关于贪污罪

(三)国家工作人员与非国家工作人员勾结共同非法占有单位财物行为的认定

对于国家工作人员与他人勾结,共同非法占有单位财物的行为,应当按照《最高人民法院关于审理贪污、职务侵占案件如何认定共同犯罪几个问题的解释》的规定定罪处罚。对于在公司、企业或者其他单位中,非国家工作人员与国家工作人员勾结,分别利用各自的职务便利,共同将本单位财物非法占有的,应当尽量区分主从犯,按照主犯的犯罪性质定罪。司法实践中,如果根据案件的实际情况,各共同犯罪人在共同犯罪中的地位、作用相当,难以区分主从犯的,可以贪污罪定罪处罚。

(四)共同贪污犯罪中“个人贪污数额”的认定

刑法第三百八十三条第一款规定的“个人贪污数额”,在共同贪污犯罪案件中应理解为个人所参与或者组织、指挥共同贪污的数额,不能只按

---

① 参见中华人民共和国最高人民法院刑事审判一、二、三、四、五庭主办:《中国刑事审判指导案例》(第 6 卷),法律出版社 2017 年版,第 43 页。

个人实际分得的赃款数额来认定。对共同贪污犯罪中的从犯,应当按照其所参与的共同贪污的数额确定量刑幅度,并依照刑法第二十七条第二款的规定,从轻、减轻处罚或者免除处罚。

(四)既遂与未遂的认定

《全国法院审理经济犯罪案件工作座谈会纪要》(2003年11月13日起施行 法〔2003〕167号)

二、关于贪污罪

(一)贪污罪既遂与未遂的认定

贪污罪是一种以非法占有为目的的财产性职务犯罪,与盗窃、诈骗、抢夺等侵犯财产罪一样,应当以行为人是否实际控制财物作为区分贪污罪既遂与未遂的标准。对于行为人利用职务上的便利,实施了虚假平账等贪污行为,但公共财物尚未实际转移,或者尚未被行为人控制就被查获的,应当认定为贪污未遂。行为人控制公共财物后,是否将财物据为己有,不影响贪污既遂的认定。

【典型案例裁判指引37】《刑事审判参考》第216号[①]于某红贪污案:公有不动产脱离公有产权人实际控制并被行为人现实占有即可认定为贪污罪既遂

作为以非法占有为目的的直接故意犯罪,贪污罪存在未遂形态;其既、未遂的判断标准,与盗窃、诈骗、抢夺等财产犯罪一样,应当视行为人是否实际取得财物而定。具体到贪污不动产犯罪,只要行为人利用职务之便,采取欺骗等非法手段,使公有不动产脱离了公有产权人的实际控制,并被行为人现实地占有的,或者行为人已经就所有权的取得进行了变更登记的,即可认定为贪污罪的既遂,而且,在办理不动产转移登记之后,即使不动产尚未实现事实上的转移,也不影响贪污罪既遂的成立。在本案中,被告人于某红虽未就其所截留的公有房屋进行私有产权登记,但因该截留行

---

① 参见中华人民共和国最高人民法院刑事审判一、二、三、四、五庭主办:《中国刑事审判指导案例》(第6卷),法律出版社2017年版,第49页。

为系在房屋移交过程中、房屋的所有权人不知情的情况下实施的，房屋所有权的代表人——房管所在一般情况下是不可能对该房屋主张权利的，被告人于某红弄虚作假、欺瞒所在单位截留公房的行为本身即意味着被告人于某红实现了对该公房事实上的占有。由于该公房已经实际脱离了房管所的控制，因此，被告人于某红将来是否进行私有产权登记，并不影响对其已经将该公房据为己有事实的认定。

【典型案例裁判指引 38】《刑事审判参考》第 1142 号[①]王某龙挪用公款、贪污案：行为人取得对公共财物的实际控制与支配即构成贪污罪的既遂

根据贪污罪既遂标准的通说“控制说”，只要行为人取得对公共财物的实际控制与支配，就构成贪污罪的既遂。本案中，通阳公司、厚缘公司属于财务独立核算的私营企业，王某龙将本应由神牛公司收取的款项转由两家公司分别收取以后，便实际实现了对这部分款项的控制、支配，其贪污犯罪行为已经既遂。行为人将赃款用于公务性支出的，不影响对其贪污行为的认定，用于公务支出的部分不能从贪污数额中扣除。根据犯罪既遂理论，犯罪既遂即代表着行为人的行为已经齐备了某种犯罪的全部构成要件，对其应以既遂状态下的行为及其结果定罪处罚。此后行为人对赃款、赃物的处分以及退赃、退赔等情形，不影响对其行为的定性，也不影响对犯罪数额的认定。这些事后行为只能在量刑时酌情考虑。

（五）非法占有的认定

1.《最高人民法院关于审理挪用公款案件具体应用法律若干问题的解释》（1998 年 5 月 9 日起施行　法释〔1998〕9 号）

第六条　携带挪用的公款潜逃的，依照刑法第三百八十二条、第三百八十三条的规定定罪处罚。

---

① 参见中华人民共和国最高人民法院刑事审判第一、二、三、四、五庭主办：《刑事审判参考》（总第 106 集），法律出版社 2017 年版，第 45 页。

以上规定在司法实务中的理解与适用[①]

挪用公款罪与贪污罪的界限问题。一是行为人不是携带挪用的公款潜逃,而是因为挪用公款案发,客观原因不能归还,行为人畏罪潜逃的,仍应定为挪用公款罪。

二是只有挪用公款后,把公款带着潜逃的定贪污罪;没有带着潜逃的,不定贪污罪。行为人挪用公款后采取虚假发票平账、销毁有关账目等手段,使所挪用的公款已难以在单位财务账目上反映出来,且没有归还行为的,应当以贪污罪定罪处罚。这时行为人的主观犯意已经发生了变化,即由暂时使用公款转化为非法占有公款。这与行为人截取单位收入不入账,非法占有,使所占有的公款难以在单位财务账目上反映出来,且没有归还行为的,以贪污罪定罪处罚,是一个道理。因此,根据司法实践以及《刑法》主客观一致的原则,如果行为人平账以后没有归还行为的,只能把这种平账的行为认定是贪污的手段;没有平账的,原则上按挪用公款处理。

有证据证明行为人有能力归还挪用的公款而拒不归还,并隐瞒挪用的公款去向的,应当以贪污罪定罪处罚。

2.《全国法院审理经济犯罪案件工作座谈会纪要》(2003年11月13日起施行　法〔2003〕167号)

(八)挪用公款转化为贪污的认定

挪用公款罪与贪污罪的主要区别在于行为人主观上是否具有非法占有公款的目的。挪用公款是否转化为贪污,应当按照主客观相一致的原则,具体判断和认定行为人主观上是否具有非法占有公款的目的。在司法实践中,具有以下情形之一的,可以认定行为人具有非法占有公款的目的:

1. 根据《最高人民法院关于审理挪用公款案件具体应用法律若干问题的解释》第六条的规定,行为人"携带挪用的公款潜逃的",对其携带挪用的公款部分,以贪污罪定罪处罚。

---

① 参见熊选国:《〈关于审理挪用公款案件具体应用法律若干问题的解释〉的理解与适用(一)》,载中华人民共和国最高人民法院刑事审判一、二、三、四、五庭主办:《中国刑事审判指导案例》(第6卷),法律出版社2017年版。

2. 行为人挪用公款后采取虚假发票平账、销毁有关账目等手段，使所挪用的公款已难以在单位财务账目上反映出来，且没有归还行为的，应当以贪污罪定罪处罚。

3. 行为人截取单位收入不入账，非法占有，使所占有的公款难以在单位财务账目上反映出来，且没有归还行为的，应当以贪污罪定罪处罚。

4. 有证据证明行为人有能力归还所挪用的公款而拒不归还，并隐瞒挪用的公款去向的，应当以贪污罪定罪处罚。

以上规定在司法实务中的理解与适用①

挪用公款行为转化为贪污行为的转化标志就是行为人在主观上已由准备以后归还，不打算永久占有，转变为永久占有其挪用的公款，不打算归还。

3. 非法占有在司法实务中的认定②

【典型案例裁判指引 39】沈某伟贪污案③：行为人明知没有偿还能力截留本单位巨额钱款用于赌博等高风险活动可以推定具有非法占有的间接故意

被告人沈某伟自 2002 年 12 月起，先后担任沪北供电公司市场部电费账务组账务员、市场开发组营销员、市场开发组组长、市场营销部客户服务专职等职，负责收取沪北供电公司相关客户单位的电费。2004 年 2 月至

---

① 参见郭清国：《〈全国法院审理经济犯罪案件工作座谈会纪要〉的理解与适用》，载中华人民共和国最高人民法院刑事审判一、二、三、四、五庭主办：《中国刑事审判指导案例》（第 6 卷），法律出版社 2017 年版。

② 对非法占有的认定有两种不同观点，一种观点认为：贪污罪中的非法占有目的不仅包括本人非法占有，而且包括使第三者（包括单位）非法占有，具有处分权限的国家工作人员将补偿款违规发放给他人的，即使没有分赃，也成立贪污罪，而不是仅构成滥用职权罪，具体内容参见张明楷：《通过职务行为套取补偿款的行为性质》，载《法学评论》2021 年第 2 期；另一种观点认为：贪污罪要求国家工作人员以本人或者其特定关系人非法占有为目的，国家机关工作人员违规将补偿款发放给其他人员的则构成滥用职权罪，具体内容参见王勇、姚国梅：《贪污罪的成立应以国家工作人员占有财物为前提》，载陈国庆主编：《刑事司法指南》（2015 年第 1 集），法律出版社 2015 年版。

③ 参见肖晚祥：《贪污罪主观故意包括间接故意》，载《人民司法》2010 年第 2 期。

2007年12月,沈某伟利用职务便利,以收缴电费为名,采用收取福德公司等单位向沪北供电公司缴纳的电费不入账的方式,将截留的主要款项用以赌博、小部分用于归还个人债务、套取现金等。至2007年12月案发,沈某伟的上述行为共计造成沪北供电公司损失5,774,801.33元。上海市第二中级人民法院经审理认为:被告人沈某伟在担任国有企业沪北供电公司电费账务组账务员、市场营销部客户服务专职等职期间,身为国家工作人员,利用负责收取沪北供电公司相关客户单位电费的职务便利,采用收款不入账的方法,截留福德公司等多家单位缴纳的电费后个人花用,侵吞沪北供电公司577万余元国有资产,其行为已构成贪污罪,依法应予惩处。公诉机关指控沈某伟犯贪污罪的罪名成立。

【典型案例裁判指引40】《刑事审判参考》第1088号[①]赵某贪污、挪用公款案:要避免把虚开票据、虚列支出平账的客观行为与非法占有主观目的之间直接挂钩

非法占有目的是对被告人主观心态的评价,审判实践中一定要避免把虚开票据、虚列支出平账的客观行为与非法占有主观目的之间直接挂钩。平账是指把各个分类账户的金额与其汇总账户的金额互相核算,将原本不相等的情况调整为相等,只是账目处理的一种技术性手段,不能取代对被告人的主观心态评价。在缺乏直接证据印证时,推定被告人具有非法占有目的,需要结合被告人实施犯罪过程中的具体行为,以对被告人的内心想法和真实目的作出综合性判断。合理评价实施虚开票据的平账行为,应当遵循以下审查标准:

第一,平账行为是否造成挪用的公款从单位账目上难以反映出来。本案中,赵某在公司账目上虚列支出与现金取款的次数及数额并不一一对

---

① 参见中华人民共和国最高人民法院刑事审判第一、二、三、四、五庭主办:《刑事审判参考》(总第103集),法律出版社2016年版,第94－95页。本案同时是2014年1月15日《最高人民法院研究室关于上诉不加刑原则具体运用有关问题的批复》(法研〔2014〕6号)"对于原判数罪并罚的上诉案件,在不超过原判决定执行的刑罚,且对刑罚执行也无不利影响的情况下,可以将其中两个或者两个以上的罪名改判为一罪并加重该罪的刑罚"的规定适用到现实中的一个案例,给司法实践确定一个参考原则:对数罪并罚的案件,在不超过一审判决决定执行刑罚,且对刑罚执行也无不利影响的情况下,将多个罪名改判为一罪并加重该罪判处刑罚,不违背上诉不加刑原则。

应,反映其虚列的支出并不针对某一笔挪用的款项,对于“现金取款人是赵某本人”这一事实,赵某在账目票据中没有作假和隐瞒,因此虚列支出仅能从宏观上反映出“收支平衡”的假象,仔细查账立刻就能查出问题。

第二,对财务账目的处理能否达到掩盖涉案款项去向的效果。本案中,赵某虚列支出的收款单位均与本单位有业务往来且本单位有到期付款义务,天津城建隧道股份公司所欠业务单位的款项均有相关证人证言可以证实。赵某虚列支出处理财务账目的行为,尽管从表面上掩盖了公司总账目的差额,但这种账目平衡仅仅是账目总额结果的收支平衡,只能起到暂时性掩饰作用。从账目本身上看,各明细条目中并未实现一一对应,虚列支出项目在工程结算时无法核销,相关单位在盾构管片项目工程结束后结款清算时必然能够查出赵某挪用公款的行为。赵某不可能通过这种虚列支出行为实现侵吞公款目的,不符合挪用转化贪污案件中“平账为了永久占有公款”的特征。

第三,从有无归还行为上判断被告人是否有非法占有目的。赵某在挪用公款的每一年度均有相同方式的还款行为,与挪用转化贪污案件相关司法解释中“且没有归还行为”的要件相矛盾。特别是在2009年赵某是以环美混凝土制造有限公司的名义现金还款,反映出其主观上明知其虚列支出的行为造成本单位与债权单位的债务额发生变化,其通过债权单位给付现金避免账目混乱,因此还款行为进一步证明其主观故意没有发生转化。

【典型案例裁判指引41】《刑事审判参考》第236号[①]彭某军贪污、挪用公款案:贪污罪和挪用公款罪区别的关键在于行为人主观上是否以非法占有为目的

非法占有的目的是主观要件,然而,在审判实践中有些案件往往很难认定行为人主观上是否具有非法占有目的,因此在审理案件中应当根据主客观相一致的原则,不仅要考虑被告人的供述,而且要从行为人的客观行为分析认定。贪污行为由于行为人的主观意图在于永久占有公款,其必然尽其所能掩盖、隐匿公款的真实去向,尽量在有关账目上不留痕迹;挪用公

① 参见中华人民共和国最高人民法院刑事审判一、二、三、四、五庭主办:《中国刑事审判指导案例》(第6卷),法律出版社2017年版,第52－53页。

款行为由于行为人的初衷只是临时性地使用公款,所以一般总要给使用的款项留个"后门",使其在有条件的情况下可以顺利归还。司法实践中,应当根据以下客观事实判定是否构成贪污:其一,行为人是否采取弄虚作假的手段,使自己占有公款的事实在账目上难以发现。如使用虚假发票、对账单等会计凭证的,使其占用的公款已难以在单位财务账目上反映出来的,一般应当认定为贪污行为。其二,行为人销毁有关账目的。该行为不仅是逃避侦查的行为,也是掩饰公款去向,试图隐匿公款的行为,反映出行为人主观上有非法占有的目的,是侵吞公款的贪污行为。其三,行为人截取收入不入账的。行为人利用职务上的便利,将本单位的收入直接截留,使账目上不能反映该款项,是直接侵吞公款的贪污行为。

行为人案发前有归还公款的行为,一般被认为是其主观上有归还公款的意愿,没有非法占有的目的。但是,不能一概而论,不能凡有归还行为就一概以挪用公款论。归还行为是与挪用行为相对应的,正是因为行为人出于挪用的目的,而不是非法占有的目的,才会发生归还行为,因此,这种归还行为一般具有主动性、自觉性的特征。在有些案件中,行为人虽然"归还"了部分公款,但不是主动、自觉地归还,而是出于其他目的,为了使其犯罪行为不被发现的一种掩盖行为,所以其所谓的"归还"行为实质上是掩盖其犯罪的行为,不能据此认定其没有非法占有的目的。但是已"归还"的部分不应再计算为侵吞公款的数额。

【典型案例裁判指引42】《刑事审判参考》第1430号[①]吴某文贪污案:套取科研经费的非法占有目的的认定

行为人通过虚列支出、虚开发票等手段套取科研经费转入个人实际控制的公司或关联公司,公司确有参与科研合作的,应从公司参与科研项目实施和完成情况、公司实际为科研项目的支出情况、科研经费真实去向等方面,综合认定行为人对套取的科研经费是否具有非法占有目的。被告人吴某文利用职务上的便利,违反国家、省及学校关于科研、教育等经费的管理规定,通过虚增支出、虚开发票,从科研项目、教育经费中骗取资金,以自

---

① 参见最高人民法院刑事审判第一、二、三、四、五庭编:《刑事审判参考》(总第128辑),人民法院出版社2021年版,第121-124页。

己控制的公司或者关联公司参与科研合作为掩护,将相关科研经费归个人使用或用于其个人控制、经营的私营企业经营性支出,具有非法占有目的,属于贪污行为。该案认定吴某文、徐某英贪污的犯罪数额,并非二被告人套取的全部科研教育经费,而是根据在案证据,结合案件实际,审查套取资金的实际用途,将在科研项目真实开支之外虚列支出、虚开发票套取后用于个人日常开支、归还个人借款及用于大海洋公司的日常运转和经营活动的部分认定为贪污,计入犯罪数额。

(六)贪污罪中特定款物的范围

1.《最高人民法院、最高人民检察院关于办理贪污贿赂刑事案件适用法律若干问题的解释》(2016 年 4 月 18 日起施行　法释〔2016〕9 号)

第一条第二款第一项　贪污数额在一万元以上不满三万元,具有下列情形之一的,应当认定为刑法第三百八十三条第一款规定的“其他较重情节”,依法判处三年以下有期徒刑或者拘役,并处罚金:

(一)贪污救灾、抢险、防汛、优抚、扶贫、移民、救济、防疫、社会捐助等特定款物的;

【典型案例裁判指引 43】《刑事审判参考》第 1139 号[①]周某武、周某贪污案:贪污罪特定款物的认定

判断一种款物是否属于特定款物,首先要看其是否属于司法解释明确规定的类型,如果符合条文列举的 9 种类型(救灾、抢险、防汛、优抚、扶贫、移民、救济、防疫、社会捐助)则当然属于特定款物。如果不属于前述 9 种类型,则看其是否与列举的款物具有同样的性质。当然,这种解释应当贯彻谦抑原则,审慎对待。本案中两被告人采取虚报人数的方式从政府多领取服务券,然后按照实有人数发放,没有侵犯特定的老年人或者残疾人的受救济权利,没有妨害国家的救济制度,只是导致了财政款的流失,所以犯罪对象应当认定为普通款物。

① 参见中华人民共和国最高人民法院刑事审判第一、二、三、四、五庭主办:《刑事审判参考》(总第 106 集),法律出版社 2017 年版,第 22 - 23 页。

司法实践中认定犯罪对象是否属于特定款物,不仅要看具体款物的表现形式,还要通过贪污方式看其本质特征,只有在公款已经类型化为特定款物,且妨害了特定事项办理或者特殊群体权利的情况下,才可认定为特定款物。

2.《最高人民检察院关于贪污养老、医疗等社会保险基金能否适用〈最高人民法院最高人民检察院关于办理贪污贿赂刑事案件适用法律若干问题的解释〉第一条第二款第一项规定的批复》(2017 年 8 月 7 日起施行　高检发释字〔2017〕1 号)

养老、医疗、工伤、失业、生育等社会保险基金可以认定为《最高人民法院、最高人民检察院关于办理贪污贿赂刑事案件适用法律若干问题的解释》第一条第二款第一项规定的"特定款物"。

根据刑法和有关司法解释规定,贪污罪和挪用公款罪中的"特定款物"的范围有所不同,实践中应注意区分,依法适用。①

以上规定在司法实务中的理解与适用②

国家建立基本养老保险、基本医疗保险、工伤保险、失业保险、生育保险等社会保险制度的目的,是保障公民在年老、疾病、工伤、失业、生育等情况下依法从国家和社会获得物质帮助的权利。根据我国《社会保险法》的规定,社会保险基金有基本养老保险基金(含企业职工基本养老保险金、城乡居民基本养老保险金)、基本医疗保险基金(含企业职工基本医疗保险金、城乡居民基本医疗保险金)、工伤保险基金、失业保险基金、生育保险基金。基本养老保险等 5 种社会保险基金性质相同、作用

---

① 贪污罪中的特定款物为救灾、抢险、防汛、优抚、扶贫、移民、救济、防疫、社会捐助以及养老、医疗、工伤、失业、生育等社会保险基金等特定款物;而挪用公款罪中的特定款物只有 7 种:救灾、抢险、防汛、优抚、扶贫、移民、救济款物。根据 2003 年 1 月 30 日起施行的《最高人民检察院关于挪用失业保险基金和下岗职工基本生活保障资金的行为适用法律问题的批复》的规定,失业保险基金、下岗职工基本生活保障金属于救济款物范围。

② 参见卢宇蓉、杨建军:《社会保险基金属于贪污罪中的"特定款物"——〈最高人民检察院关于贪污养老、医疗等社会保险基金能否适用《最高人民法院、最高人民检察院关于办理贪污贿赂刑事案件适用法律若干问题的解释》第一条第二款第一项规定的批复的理解与适用〉》,载《检察日报》2017 年 8 月 28 日,第 3 版。

类似，适用统一的运营模式与监督管理制度，按照预算法规定纳入预决算统一管理。社会保险基金部分来自政府财政拨付，部分来自公民个人自缴和单位缴纳的费用，其征收征缴、发放、管理、投资运营等均由各级人民政府社会保险机构具体负责。根据有关规定，社会保险经办机构根据工作需要，经所在地的社会保险行政主管部门和机构编制管理机关批准，可以在本统筹地区设立分支机构和服务网点，具体负责办理统筹地区社会保险相关事宜。《社会保险法》明确规定，社会保险基金专款专用，任何组织和个人不得侵占或者挪用。可见，《最高人民检察院关于贪污养老、医疗等社会保险基金能否适用〈最高人民法院最高人民检察院关于办理贪污贿赂刑事案件适用法律若干问题的解释〉第一条第二款第一项规定的批复》从严惩治贪污社会保险基金的行为具有现实必要性和法律依据。

值得注意的是，随着我国社会经济的发展，社会保险制度也在逐步完善，如根据 2016 年 1 月《国务院关于整合城乡居民基本医疗保险制度的意见》，我国绝大多数省份都已将城镇居民医疗保险和新农合基金统一整合为城乡居民基本医疗保险基金，城乡二元化的社会保险模式逐步走向统一。因此，我们认为，对于贪污新农合基金的行为也应当适用上述批复。

3.《最高人民检察院关于挪用失业保险基金和下岗职工基本生活保障资金的行为适用法律问题的批复》(2003 年 1 月 30 日起施行　高检发释字〔2003〕1 号)

挪用失业保险基金和下岗职工基本生活保障资金属于挪用救济款物。挪用失业保险基金和下岗职工基本生活保障资金，情节严重，致使国家和人民群众利益遭受重大损害的，对直接责任人员，应当依照刑法第二百七十三条的规定，以挪用特定款物罪追究刑事责任；国家工作人员利用职务上的便利，挪用失业保险基金和下岗职工基本生活保障资金归个人使用，构成犯罪的，应当依照刑法第三百八十四条的规定，以挪用公款罪追究刑事责任。

(七)国家出资企业案件中贪污罪的认定

《最高人民法院、最高人民检察院关于办理国家出资企业中职务犯罪案件具体应用法律若干问题的意见》(2010年11月26日起施行　法发〔2010〕49号)

一、关于国家出资企业工作人员在改制过程中隐匿公司、企业财产归个人持股的改制后公司、企业所有的行为的处理

国家工作人员或者受国家机关、国有公司、企业、事业单位、人民团体委托管理、经营国有财产的人员利用职务上的便利,在国家出资企业改制过程中故意通过低估资产、隐瞒债权、虚设债务、虚构产权交易等方式隐匿公司、企业财产,转为本人持有股份的改制后公司、企业所有,应当依法追究刑事责任的,依照刑法第三百八十二条、第三百八十三条的规定,以贪污罪定罪处罚。贪污数额一般应当以所隐匿财产全额计算;改制后公司、企业仍有国有股份的,按股份比例扣除归于国有的部分。

所隐匿财产在改制过程中已为行为人实际控制,或者国家出资企业改制已经完成的,以犯罪既遂处理。

第一款规定以外的人员实施该款行为的,依照刑法第二百七十一条的规定,以职务侵占罪定罪处罚;第一款规定以外的人员与第一款规定的人员共同实施该款行为的,以贪污罪的共犯论处。

在企业改制过程中未采取低估资产、隐瞒债权、虚设债务、虚构产权交易等方式故意隐匿公司、企业财产的,一般不应当认定为贪污;造成国家资产重大损失,依法构成刑法第一百六十八条或者第一百六十九条规定的犯罪的,依照该规定定罪处罚。

二、关于国有公司、企业在改制过程中隐匿公司、企业财产归职工集体持股的改制后公司、企业所有的行为的处理

国有公司、企业违反国家规定,在改制过程中隐匿公司、企业财产,转为职工集体持股的改制后公司、企业所有的,对其直接负责的主管人员和其他直接责任人员,依照刑法第三百九十六条第一款的规定,以私分国有资产罪定罪处罚。

改制后的公司、企业中只有改制前公司、企业的管理人员或者少数

职工持股，改制前公司、企业的多数职工未持股的，依照本意见第一条的规定，以贪污罪定罪处罚。

四、关于国家工作人员在企业改制过程中的渎职行为的处理

国家出资企业中的国家工作人员在公司、企业改制或者国有资产处理过程中严重不负责任或者滥用职权，致使国家利益遭受重大损失的，依照刑法第一百六十八条的规定，以国有公司、企业人员失职罪或者国有公司、企业人员滥用职权罪定罪处罚。

国家出资企业中的国家工作人员在公司、企业改制或者国有资产处置过程中徇私舞弊，将国有资产低价折股或者低价出售给其本人未持有股份的公司、企业或者其他个人，致使国家利益遭受重大损失的，依照刑法第一百六十九条的规定，以徇私舞弊低价折股、出售国有资产罪定罪处罚。

国家出资企业中的国家工作人员在公司、企业改制或者国有资产处置过程中徇私舞弊，将国有资产低价折股或者低价出售给特定关系人持有股份或者本人实际控制的公司、企业，致使国家利益遭受重大损失的，依照刑法第三百八十二条、第三百八十三条的规定，以贪污罪定罪处罚。贪污数额以国有资产的损失数额计算。

国家出资企业中的国家工作人员因实施第一款、第二款行为收受贿赂，同时又构成刑法第三百八十五条规定之罪的，依照处罚较重的规定定罪处罚。①

---

① 该意见第四条第四项规定的渎职同时收受贿赂依照处罚较重的规定定罪处罚的条款，已被2016年4月18日起施行的《最高人民法院、最高人民检察院关于办理贪污贿赂刑事案件适用法律若干问题的解释》第十七条“国家工作人员利用职务上的便利，收受他人财物，为他人谋取利益，同时构成受贿罪和刑法分则第三章第三节、第九章规定的渎职犯罪的，除刑法另有规定外，以受贿罪和渎职犯罪数罪并罚”所修改，即以受贿罪和国有公司、企业、事业单位人员失职罪或者国有公司、企业、事业单位人员滥用职权罪、徇私舞弊低价折股、出售国有资产罪数罪并罚。但根据2001年12月17日起施行的《最高人民法院、最高人民检察院关于适用刑事司法解释时间效力问题的规定》第三条规定，即“对于新的司法解释实施前发生的行为，行为时已有相关司法解释，依照行为时的司法解释办理，但适用新的司法解释对犯罪嫌疑人、被告人有利的，适用新的司法解释”，注意办理国家出资企业案件中要以2016年4月18日为时间点根据司法解释从旧兼从轻原则准确适用该条司法解释的规定。

以上规定在司法实务中的理解与适用[①]

1. 关于国家出资企业工作人员在改制过程中隐匿公司、企业财产归个人持股的改制后公司、企业所有的行为的定性处理

国家出资企业改制过程中故意通过低估资产、隐瞒债权、虚设债务、虚构产权交易等方式隐匿公司、企业财产,转为本人持有股份的改制后公司、企业所有的行为以贪污罪定罪处罚具有法律依据。此类行为的基本特征是财产所有权已经发生转移,国有资产已经受到实质侵害,且处于行为人的实际控制之下。对于贪污罪中非法占有,不应狭隘地理解为非法据为己有。行为人将隐匿的资产转归改制后企业所有或者处分给其他股东,属于对赃物的具体处置,不影响行为性质的认定。所以,此类行为具有明显的非法侵占国有资产的主观故意,客观上行为人已经实际控制了非法利益,符合刑法关于贪污罪的本质规定。在具体适用本款规定时,应当注意以下问题:第一,本款规定的行为在客观方面需同时具备两个要件。一是行为人在改制后的企业拥有股份,否则一般应以渎职犯罪处理(详见《最高人民法院、最高人民检察院关于办理国家出资企业中职务犯罪案件具体应用法律若干问题的意见》第四条规定);二是属于个人或者少数管理层的行为,如出于改制前企业的单位意志,改制后职工均享利益的行为,一般应以私分国有资产罪论处(详见《最高人民法院、最高人民检察院关于办理国家出资企业中职务犯罪案件具体应用法律若干问题的意见》第二条规定)。第二,此规定的行为在主观方面需出于故意。只有采取弄虚作假的手段故意隐匿、侵吞国有资产的行为才构成本款规定的犯罪。改制过程中因工作失误造成资产流失,比如因财务账册、资产管理方面的原因造成资产清查不全面、不准确,资产评估价格偏低或者漏估等,或者经地方政府同意将国有资产处分给改制后企业,行为人未实施故意隐匿企业财产的行为,因不符合贪污罪的基本特征要件,不能以贪污罪定罪处罚,其中符合渎职犯罪构成要件的,可以渎职犯罪追究刑事责任。第三,隐匿债权不影响贪污罪的认定。刑事司法判断侧重于实质性而非形式性判断,刑法中的财

---

① 参见刘为波:《〈关于办理国家出资企业中职务犯罪案件具体应用法律若干问题的意见〉的理解与适用》,载中华人民共和国最高人民法院刑事审判一、二、三、四、五庭主办:《中国刑事审判指导案例》(第6卷),法律出版社2017年版。

物包括财产性利益,已为刑事司法实践广泛认可。

2. 国有公司、企业在改制过程中隐匿公司、企业财产归职工集体持股的改制后公司、企业所有的行为的处理

改制后的公司、企业只有改制前公司、企业的管理人员或者少数职工持股,改制前公司、企业的多数职工未持股的,依照《最高人民法院、最高人民检察院关于办理国家出资企业中职务犯罪案件具体应用法律若干问题的意见》第一条的规定,以贪污罪定罪处罚。这有两方面的意义:一是通过明确管理层或少数职工持股的情形应以贪污罪定罪处罚,来间接说明职工集体持股的含义;二是为前述虽然名为职工集体持股但持股比例极小的案件进行实质理解进而以贪污处理提供参考。在职工集体持股的理解当中,还应注意这里的职工是指改制企业中的职工,行为人将改制当中隐匿的财产通过再次股权分配处分给改制后企业职工的,则属于赃物的处分问题,不能理解为职工集体持股。私分国有资产罪和贪污罪的区分关键在于是单位行为还是个人行为。企业领导集体研究决定并由单位统一组织实施,在企业内部一定程度范围内公开,企业不同层面的多数人员获得利益的,一般应当认定为私分国有资产罪;少数人共同实施,企业其他人员不知情或者不知实情,分取利益范围以参与决策、具体实施贪污行为以及为贪污行为提供帮助等少数某一层面的人员如企业管理层为限的,一般应当认定为贪污罪。其中,部分共同贪污犯罪人未分取赃物或者将赃物交给共同犯罪人之外的个别其他人的,不影响贪污罪的认定。

3. 关于国家工作人员在企业改制过程中的渎职行为的定性处理

国家出资企业中的国家工作人员在公司、企业改制或者国有资产处置过程中徇私舞弊,将国有资产低价折股或者低价出售给特定关系人持有股份或者本人实际控制的公司、企业,致使国家利益遭受重大损失的依照《刑法》第三百八十二条、第三百八十三条的规定,以贪污罪定罪处罚。贪污数额以国有资产的损失数额计算。对于本款规定中的"特定关系人",实践中需注意从严掌握。《最高人民法院、最高人民检察院关于办理受贿刑事案件适用法律若干问题的意见》规定,特定关系人是指"与国家工作人员有近亲属、情妇(夫)以及其他共同利益关系的人"。据此,认定是否属于"特定关系人",关键在于该第三人是否与行为人有共同利益关系。

这里的共同利益关系,主要是指经济利益关系,不得将一般的同学、同事、朋友、亲戚关系理解为共同利益关系。

(八)损害本单位利益为他人谋利的情况下如何区分构成贪污罪还是受贿罪

【典型案例裁判指引44】《刑事审判参考》第275号[①]胡某能贪污案:收受的回扣或者手续费实质上属于本单位的额外支出或者应得利益构成贪污罪

一般而言,通过犯罪对象,可以对贪污与受贿作出清楚的界定。行为人所取得的财物系他人(包括单位)的财物,即为受贿;所取得的财物系本单位的公共财物(包括本单位管理、使用或者运输中的私人财物),即为贪污。但是,在经济往来中,国家工作人员利用签订、履行合同的职务便利,经由交易对方以各种名义的回扣、手续费等形式给付其个人的财物,不能不加区别地一概认定为《刑法》第三百八十五条第二款规定的受贿行为,而应当结合交易的真实情况,具体分析行为人所获得的财物实际上是属于经济往来的对方单位,还是行为人单位,审慎加以区分,然后准确认定其行为的性质。在购销活动中,如果购入方行为人收受的各种名义的回扣、手续费等实际上来源于虚增标的金额,或者卖出方行为人收受的各种名义回扣、手续费,实际上来源于降低标的金额者,因该回扣或者手续费实质上属于本单位的额外支出或者应得利益,实际上侵犯的是本单位的财产权利,就应当特别注意是否是一种变相的贪污行为。

(九)如何区分是贪污罪还是吸收客户资金不入账罪

《全国法院审理金融犯罪案件工作座谈会纪要》(2001年1月21日起施行 法〔2001〕8号)

(二)关于破坏金融管理秩序罪

3. 用账外客户资金非法拆借、发放贷款行为的认定和处罚

银行或者其他金融机构及其工作人员以牟利为目的,采取吸收客户资

---

① 参见中华人民共和国最高人民法院刑事审判一、二、三、四、五庭主办:《中国刑事审判指导案例》(第6卷),法律出版社2017年版,第64页。

金不入账的方式，将客户资金用于非法拆借、发放贷款，造成重大损失的，构成用账外客户资金非法拆借、发放贷款罪。① 以牟利为目的，是指金融机构及其工作人员为本单位或者个人牟利，不具有这种目的，不构成该罪。这里的“牟利”，一般是指谋取用账外客户资金非法拆借、发放贷款所产生的非法收益，如利息、差价等。对于用款人为取得贷款而支付的回扣、手续费等，应根据具体情况分别处理：银行或者其他金融机构用账外客户资金非法拆借、发放贷款，收取的回扣、手续费等，应认定为“牟利”；银行或者其他金融机构的工作人员利用职务上的便利，用账外客户资金非法拆借、发放贷款，收取回扣、手续费等，数额较小的，以“牟利”论处；银行或者其他金融机构的工作人员将用款人支付给单位的回扣、手续费秘密占为已有，数额较大的，以贪污罪定罪处罚；银行或者其他金融机构的工作人员利用职务便利，用账外客户资金非法拆借、发放贷款，索取用款人的财物，或者非法收受其他财物，或者收取回扣、手续费等，数额较大的，以受贿罪定罪处罚。

（十）如何区分是贪污罪还是私分国有资产罪

【典型案例裁判指引45】《刑事审判参考》第313号② 杨某芳贪污、受贿案：从实施主体、行为方式、受益人员等方面区分贪污罪和私分国有资产罪

私分国有资产罪和贪污罪在以下几个构成方面的差别是明显的：第一，实施主体方面。私分国有资产罪是单位犯罪，贪污罪则是自然人犯罪。第二，行为方式方面。私分国有资产罪一般表现为本单位领导集体研究决定并由单位统一组织实施，尽管往往需要采取一定的欺骗手段以逃避有关部门的监管，但就本单位内部而言是相对公开的，因而具有较大程度和较大范围的公开性；贪污罪表现为行为人利用职务便利，以侵吞、窃取、骗取

---

① 2006年6月29日起施行《刑法修正案（六）》后，根据2007年11月6日起施行的《最高人民法院、最高人民检察院关于执行〈中华人民共和国刑法〉确定罪名的补充规定（三）》已将“用账外客户资金非法拆借、发放贷款罪”修改为“吸收客户资金不入账罪”。

② 参见中华人民共和国最高人民法院刑事审判一、二、三、四、五庭主办：《中国刑事审判指导案例》（第6卷），法律出版社2017年版，第81页。

等不为人所知或者他人不知实情的方式实施,除了行为人或者共同行为人之外,其他人并不知情,因而具有相当的秘密性和隐蔽性。第三,受益人员的数量、构成方面。私分国有资产属于集体私分行为,表现为单位多数员工甚至所有员工均实际分取了财物,在受益人员的数量上具有多数性特征,而且,一般不以某一特定层面为限,在受益人员的构成上具有广泛性特征。在私分国有资产行为当中,决策和具体执行的人员可以不是实际受益人,但是,实际受益人员不能仅仅局限在决策和具体执行等少数人员。贪污罪属于个人侵占行为,分取赃物人与贪污行为人是直接对应的,具有一致性。在共同贪污犯罪中,分取赃物人仅限于参与决策、具体实施贪污行为以及为贪污行为提供帮助等共同犯罪人。实践中也存在部分共同贪污犯罪人未分取赃物或者将赃物交给共同犯罪人之外的其他人的情形,但这属于赃物的事后分割和处理问题。多数性和广泛性的判断,不能单纯地以人数的多寡为依据,应当结合决策、执行人员与其他人员的比例关系加以具体分析,从而区分究竟是为了个人利益,还是为了单位多数人利益。

【典型案例裁判指引46】《刑事审判参考》第1281号[①]刘某春贪污案:从发放程序、发放范围、受益人对发放钱款的性质、来源是否知晓等方面区分贪污罪和私分国有资产罪

1. 从客观要件的不同把握二者的关键区别

二者的区别在于,共同贪污是有权决定者共同利用职权便利,为少数人牟私利;私分国有资产罪是有权决定者利用职权便利,非法为多数人牟私利。因此,共同贪污通常表现为有权决定者与公司财务、营销或其他少数公款知情者相勾结,各自利用职权,共同侵吞公共财产;而私分国有资产罪则通常表现为有权决定者集体决定将国有资产私分给单位员工,犯罪意志具有整体性特征,受益人一般也不以某一特定层面为限且具有广泛性特征。本案中,从发放程序来看,虽然被告人刘某春辩解发放奖金之前召开过班子会议,但并无会议记录、决议等相关文件,发放奖金的人员范围、数额标准均由刘某春个人随意决定,未经正常决策程序和发放程序,亦无具

---

① 参见中华人民共和国最高人民法院刑事审判第一、二、三、四、五庭主办:《刑事审判参考》(总第115集),法律出版社2019年版,第95-96页。

体发放标准和考核办法，发放额外奖金实为刘某春个人意志而非单位意志的体现。从发放范围来看，发放对象仅限所有领导班子成员、财务人员，相对于全体职工而言范围很小，且对其他职工保密，不具备一定的公开性。从奖金来源来看，发放的奖金均系由虚增支出等倒账形式套取出来的钱款，且使用未真实发生的发票进行虚假平账。综上，刘某春的行为不符合私分国有资产罪的犯罪构成，实则是以发放奖金之名行贪污之实。

2. 从受益人对发放钱款的性质、来源是否知晓来判断其主观内容

共同贪污表现的是个人犯罪意志，主观上要求每个成员均具有将公共财产非法占为己有的故意，故需对发放钱款的性质、来源均明知。而私分国有资产罪体现的是单位犯罪意志，单位决策人员应对所分钱款的性质、来源知悉，其他受益人则不要求必须知晓。本案中，发放额外奖金的数额、范围均由被告人刘某春个人决定，系刘某春个人意志的体现。刘某春明知奖金的正常决策及发放程序、规定，仍违反相关流程和规定发放额外奖金，并授意会计虚假记账，两名财务人员明知奖金发放不合常规，仍积极套取钱款、虚假记账，故两名财务人员对该钱款的性质和来源是明知的，主观上具有相互勾结共同侵吞公款的共同贪污故意。

综上，一、二审人民法院认定被告人刘某春指使单位员工套取公款，以发放奖金的名义予以非法侵占的行为构成贪污罪，是正确的。

（十一）如何区分是贪污罪还是非法经营同类营业罪

【典型案例裁判指引47】《刑事审判参考》第1087号[①]祝某财等贪污案：增设中间环节截留国有财产的贪污认定

获取购销差价的非法经营同类营业行为与增设中间环节截留国有财产的贪污行为在增设中间环节、获取购销差价上具有共同性，但同时存在以下四点区别：

第一，对增设的中间环节是否客观存在要求不同。两种犯罪行为都人为地增设了中间环节，使国有公司、企业原本与业务单位的直接购销关系

① 参见中华人民共和国最高人民法院刑事审判第一、二、三、四、五庭主办：《刑事审判参考》（总第103集），法律出版社2016年版，第86-90页。

变成了有其他公司、企业参与的间接购销关系,这个中间环节不是因经营的客观需要而自然产生的,本来不应存在,属于行为人故意设置。但是就获取购销差价的非法经营同类营业行为而言,由于需要从事同类营业,故增设的中间环节通常是客观所需,且中间环节所涉及的公司、企业往往成立并从事同类或者类似的经营行为已有一定时日;而对增设中间环节截留国有财产的贪污行为而言,由于虚设的中间环节不是用于正常的经营活动,故增设的中间环节通常是为了截留国有资产而虚构的。在经济活动中,尽管有时增设的中间环节涉及的公司、企业真实存在,但这些公司、企业往往是为了承揽相关业务而成立,并无从事同类或者类似经营行为的经历。

第二,对增设的中间环节是否具有经营能力要求不同。如果增设的中间环节都是客观存在的,则要看增设的中间环节是否具有经营能力。一般而言,贪污罪中为截留国有财产而增设的中间环节的经营,往往是无经营投资、无经营场地和无经营人员,即属于"三无"经营;而非法经营同类营业罪中增设的中间环节的经营,是有投资、有经营场所、有经营人员的经营,即具有经营同类营业的完全能力。

第三,对增设的中间环节是否进行了实际经营活动并承担一定的经营责任风险要求不同。如果增设的中间环节都客观存在且具有经营能力,则要看增设的中间环节是否进行了实际经营活动并承担一定的经营责任风险。有经营就有风险,就可能存在盈亏。如果增设的中间环节进行了实际经营活动并承担了一定的经营责任风险,则行为人所获取的购销差价系通过利用国有公司、企业让渡的商业机会所进行的经营所得,属于获取购销差价的非法经营同类营业行为;如果增设的中间环节没有进行实际经营活动,而是由国有公司、企业一手操办,或者进行了相关的经营活动,但只管盈利,而由国有公司、企业承担经营责任风险的,则此时行为人所获取的购销差价不是经营所得而是截留的国有财产,属于增设中间环节截留国有财产的贪污行为。

第四,对所获取的购销差价是否合理要求不同。如果增设的中间环节不仅客观存在、具有经营能力,而且进行了实际经营活动并承担了一定的经营责任风险,则要看所获取的购销差价是否合理。获取的购销差价合理的，属于获取购销差价的非法经营同类营业行为；不合理的，则为增设中间环节截留国有财产的贪污行为，因为此时的差价不再是经营行为的对价。当然，在法律没有明确规定的情况下，其合理范围需要司法人员根据经验具体把握。

一言以蔽之，区分获取购销差价的非法经营同类营业行为与增设中间环节截留国有财产的贪污行为的关键，在于行为人是采取何种方式取得非法利益的。如果行为人直接通过非法手段将国有公司、企业的财产转移到兼营公司、企业中，属于截留国有财产的贪污行为，构成贪污罪；如果行为人没有直接转移财产，而是利用职务便利将任职国有公司、企业的营利性商业机会交由兼营公司、企业经营，获取数额巨大的非法利益的，则构成非法经营同类营业罪。因为国有公司、企业让渡给兼营公司、企业的是商业机会，商业机会本身并非财物，不能成为贪污罪的对象。而且兼营公司、企业所获取的非法利益，系利用让渡的商业机会所进行的经营所得，这种经营行为本身就存在一定的风险，并不意味着会百分之百地获利，与采取非法手段将国有公司、企业的财产直接转移到兼营公司、企业中的贪污行为方式不同。

（十二）以单位名义向其他单位或者个人索要“赞助费”并据为己有的定性

【典型案例裁判指引48】《刑事审判参考》第334号[①]阎某民、钱某芳贪污、受贿案：以单位名义索要“赞助费”并据为己有的构成贪污罪

在具体的受贿犯罪中，国家工作人员（受贿或索贿主体）与“他人”（行贿主体）间，应当具有主观认知上的对应性和客观行为上的互动性。本案的特殊性在于，被告人没有利用职务上的便利直接占有本单位原有的公共财物，而是将以单位名义向其他单位索要的财物占为己有。由于阎某民是以市场协会需投资为名向苏交所拉“赞助”，而作为其相对方的苏交所，也是考虑到苏交所系市场协会的会员，阎某民作为省体改委的领导及市场协

① 参见中华人民共和国最高人民法院刑事审判一、二、三、四、五庭主办：《中国刑事审判指导案例》（第6卷），法律出版社2017年版，第86－87页。

会对苏交所一向多有帮助,故向市场协会提供赞助亦属情理之中,遂按阎某民的要求为市场协会办理了80万元的付款转账手续。无论被告人阎某民的“借款”之说能否成立,都不影响该80万元系市场协会公款的认定。从阎某民开户转账行为的后果看,由于苏交所的本意系应阎某民的要求向市场协会提供赞助,故尽管阎某民事后以市场协会的名义出具了借款手续,但案发前苏交所从未向市场协会提出还款要求。假如苏交所在诉讼时效内,依据上述真实的银行转账票据和借款收据主张该债权,市场协会显然不能对该债务提出抗辩。既然市场协会对该80万元负有偿还责任,与之相应,市场协会对苏交所“出借”之80万元资金即应享有所有权。由此可见,阎某民利用职务之便开设并被其控制的单位账户,就其本质而言无异于单位使用的其他银行账户,因而是有效的市场协会之账户。苏交所依其真实的意思表示将赞助市场协会的80万元转账至该账户后,该款的所有权即转移至市场协会,故阎某民伙同钱某芳占有该80万元系非法占有本单位财产的行为。

(十三)证券交易中损害国有利益时的贪污罪认定

【典型案例裁判指引49】上海市黄浦区人民检察院诉窦某颖、冼某玲贪污案①:将个人损失转嫁给国有单位的行为构成贪污罪

被告人窦某颖、冼某玲身为国有企业中工作人员,在为各自单位从事期货交易活动过程中,利用职务便利,采取欺骗手段,将私人账户上的期货合约在价格下跌时分别转入国有企业账户,造成国有企业在转入当天的持仓亏损分别为3.84万元和2.8万元。这种向国有企业转嫁个人损失的做法,虽然没有表现为直接地占有国有财物,但实质是以国有企业亏损来弥补个人损失的手段占有国有财物,是非法占有的一种行为。依照《刑法》第三百八十二条的规定,窦某颖、冼某玲的行为构成贪污罪,公诉机关指控罪名成立。本案的贪污数额,应按窦某颖、冼某玲移仓当日的结算价计算。

---

① 上海市黄浦区人民检察院诉窦某颖、冼某玲贪污案,载《最高人民法院公报》2003年第2期。

【典型案例裁判指引50】沈某某、郑某某贪污案[①]：期货交易中通过增设相互交易环节侵吞公款构成贪污，贪污犯罪数额可以实际获利数额予以认定

一是被告人增设期货交易环节获利并非正常的市场交易行为，职务行为与交易获利之间具有高度关联。从基本交易模式看，沈某某等人利用职务便利获知国有公司相关交易指令后随即操纵个人控制账户提前建仓埋单，在数秒至数分钟后即操作公司账户挂单与个人控制账户成交，具有时间上的紧密关联性和交易种类的一致性；从交易手数看，沈某某等人控制账户与公司成交手数相比其他主体明显增加，手数倍数差达10倍至50倍，具有交易习惯的异常性；从交易盈亏情况看，沈某某等人所控制账户盈利比例高达91%以上，部分账户甚至100%盈利，具有盈利比例的异常性；从交易对象看，在沈某某和郑某某合谋前，二人控制账户几乎没有和公司有过交易，合谋后即开始与公司有大量成交，具有交易对象的异常性。

二是被告人通过期货交易侵吞国有公司财产，国有公司因交易成本增加造成实际损失。由于公司交易指令仅包括交易对象、方向、区间价格及总手数，被告人通过个人控制账户以更有利价格先与其他市场主体交易后，再报单以低买高卖（个人控制账户先买后卖）或高卖低买（个人控制账户先卖后买）方式与本公司成交，虽然并未违反指令单操作，但是直接导致公司以更高价格买入期货合约或者以更低价格卖出期货合约，造成公司交易成本提高，使本应归属于公司的利益归个人所有，属于侵吞国有公司财产的行为。

三是被告人使用个人控制账户与公司相互交易获利部分应认定为贪污数额。本案中，公司在被告人控制账户提前埋单后与个人账户成交，直接造成公司在该相互交易中多支出成本，该部分数额与被告人实际获利数额相一致，具体应以公司交易成本扣减被告人提前埋单支付的交易成本的差额计算贪污数额。此外，本案中被告人控制账户交易亏损部分不应从犯罪数额中扣除。个人控制账户提前“埋单”后，由于市场行情突然发生反向变化，无法以预设盈利价格转让给公司，此时如果以正常市场价交易必

---

① 沈某某、郑某某贪污案，最高人民检察院指导案例第187号（2023年）。

然产生较大亏损。被告人遂操作公司账户以优于当时市场价的价格"接盘",与个人控制账户成交,使被告人减少了部分交易损失。对于被告人的实际损失部分,公司交易成本并未因此降低,故被告人交易亏损部分属于其在非法牟利过程中所支出的犯罪成本,不应从犯罪金额中扣除。

(十四)内外勾结骗取征地拆迁补偿款、政府补助款等的行为定性

1.第一种情况:国家工作人员与非国家工作人员勾结进行骗取,双方均有分到赃款

国家工作人员伙同他人勾结,事后由本人或特定关系人瓜分到骗取的补偿款、补助款的,实践中以贪污罪定罪处罚无争议。

2.第二种情况:国家工作人员与非国家工作人员勾结进行骗取,但国家工作人员未从中分到赃款

国家工作人员与非国家工作人员勾结骗取补偿款、补助款但国家工作人员未从中分赃的,实践中有的法院对国家工作人员和非国家工作人员均以贪污罪定罪处罚,也有法院对国家工作人员以滥用职权罪定罪处罚,对非国家工作人员以诈骗罪定罪处罚。

【典型案例裁判指引51】陆某、王某贪污案①:国家工作人员与非国家工作人员勾结骗取补偿款但未从中分到赃款的双方以共同贪污罪定罪处罚

2011年10月,在南京市玄武区某拆迁地段,已拆迁的王某认为自己的房屋拆迁补偿款少,多次找到身为拆迁审核员的朋友陆某帮忙。在陆某的授意下,王某制作了假离婚证等分户证明材料,交给陆某操作。后陆某以王某"离异"妻子名义伪造了总额47万余元的分户拆迁补偿安置协议,并加盖自己掌握的审核章,交财务支付。在将首批补偿款104,375元领出交给王某持有后不久,陆某的行为暴露,剩余款项王某未能取得。2012年11月23日,南京市玄武区人民法院以被告人陆某、王某等人犯贪污罪,一审判处有期徒刑10年,并处没收财产人民币5万元。陆某不服,以自己的

---

① 参见钱叶六:《内外勾结共同骗取征地拆迁补偿款的定性研究》,载《南京工业大学学报(社会科学版)》2014年第3期。

行为是渎职性质，依法不构成犯罪为由提出上诉。2013年7月5日，南京市中级人民法院二审裁定驳回被告人的上诉，维持原判。

【典型案例裁判指引52】涂某华贪污、滥用职权案[①]：国家工作人员与非国家工作人员勾结骗取补偿款但本人未从中分到赃款的，对国家工作人员以滥用职权罪、对非国家工作人员以诈骗罪定罪处罚

2010年2月，浦口区江浦街道办事处下文授权各村为控违拆违的责任单位，村书记系第一责任人，负责对新增违法建筑做到早发现、早制止、早上报、早拆除等工作。2009年至2010年上半年，被告人涂某华在担任南京市浦口区江浦街道光明村党支部书记、村委会主任期间，利用其全面负责光明村控违拆违工作的职务便利，先后以光明村委会名义分别与被告人李某正、邓某龙、刘某林等人签订《土地租赁合同》，约定租期内固定资产由李某正等人投资使用，纳入光明村委会的资产，固定资产在遇到国家或上级政府征用时，拆迁补偿费的40%归光明村委会所有，60%归个人所有。2010年上半年，光明村委会明知被告人李某正、刘某林、邓某龙没有办理合法手续，仍违规让李某正等人在光明村所租赁的土地上新建了厂房、工棚等建筑。

2010年2月，浦口区江浦街道办事处下文授权征地拆迁案所在村为拆迁责任单位，负责组织实施征地拆迁工作。2010年7月，浦口区政府正式确定征地拆迁案为江浦街道光明村环城西路项目，光明村委会受江浦街道的委托，负责组织实施对该项目的征地拆迁工作。2010年8月至2011年3月，在浦口区江浦街道光明村环城西路项目拆迁过程中，光明村委会与江浦街道拆迁办项目负责人卓某（已判刑）等人共谋后，由卓某将李某正、邓某龙、刘某林、谢某等人的无证厂房、工棚等以光明村委会名义进行登记、丈量，后因担心江浦街道会向光明村分取部分拆迁补偿款，又以李某正的百全公司名义重新登记并申请了拆迁补偿款，骗取国家拆迁补偿款共计人民币490.78万元。上述款项由光明村委会控制与分配，其中：200万元转入江浦街道会计核算中心归光明村委会所有，被告人李某正非法获取98.6万元，被告人刘某林非法获取90.96万元，被告人邓某龙非法获取

---

① 江苏省高级人民法院刑事判决书，(2014)苏刑二终字第00043号。

65.2 万元,余款 36 万余元分给了谢某等人。

一审法院判决涂某华的行为构成贪污罪(共同犯罪)。二审判决认为:涂某华出于为光明村集体谋取非法利益的目的,利用协助人民政府从事公务的职务便利,和卓某等人共谋,将上诉人李某正等人违法搭建的临时建筑虚假登记为合法建筑申报拆迁补偿,所骗得的 490 余万元拆迁补偿款分别被光明村集体和李某正等个人非法占有,应当整体认定为与国家机关工作人员共同滥用职权、造成国家资产重大损失的行为,应以滥用职权罪追究其刑事责任。而对于李某正等其他人明知自己违法搭建建筑不符合拆迁补偿的政策,出于非法获利的目的,仍同意将违法建筑交由光明村拆迁,主观上均具有非法占有国家拆迁补偿款的概括故意,各自骗取国家拆迁补偿款数额特别巨大,应当以诈骗罪分别追究刑事责任,而并非滥用职权罪的共犯。

3. 第三种情况:国家机关工作人员与协助政府从事行政管理工作的农村基层组织成员(法律上的国家工作人员)勾结进行骗取,但未从中分到赃款的,对双方均以贪污罪定罪处罚

政府工作人员与协助政府从事征地拆迁工作的村干部共谋利用职务便利给村干部虚增面积等虚假形式骗取国家补偿款或者补助款,即使政府工作人员未获利,这种行为属于国家工作人员(政府工作人员)与国家工作人员(村干部)共谋,并在双方利用各自的职务便利的共同作用下才能骗取补偿款、补助款,完全符合贪污罪共同犯罪的构成要件,也符合《最高人民法院、最高人民检察院关于办理渎职刑事案件适用法律若干问题的解释(一)》第四条第二款"国家机关工作人员与他人共谋,利用其职务行为帮助他人实施其他犯罪行为,同时构成渎职犯罪和共谋实施的其他犯罪共犯的,依照处罚较重的规定定罪处罚"的规定。

【典型案例裁判指引 53】张某斌、周某行贪污案①:国家工作人员为协助政府征地工作的村干部虚增面积,即使未获利也属于为他人贪污提供帮助构成贪污罪共犯

2012 年 11 月,时任某乡镇人民政府村镇规划建设办公室主任的被告

---

① 浙江省温州市中级人民法院刑事判决书,(2014)浙温刑终字第 744 号。

人张某斌利用自己负责征地工作的职务之便，与协助人民政府从事征地工作的某村村委会主任周某行进行共谋，利用各自的职务之便为被告人周某行骗取征地权益，将周某行名下的征地面积75.96m^2的小数点向后移动一位变为759.6m^2。经操作，虚增的759.6m^2征地面积经某镇人民政府审批确定的征地权益为征地补偿款65,857.3元和留地面积113.94m^2，经评估，留地的市场价格为3500元/m^2。

一审法院认定张某斌、周某行构成共同贪污罪。二审法院认为：周某行身为其他依照法律从事公务的人员，利用协助人民政府从事征地的职务便利，侵吞、骗取征地补偿款项及安置留地补偿权益，张某斌身为国家机关工作人员，利用职务便利为他人贪污提供帮助，二上诉人的行为均已构成贪污罪。

（十五）价值无法鉴定的情况下贪污数额的认定

【典型案例裁判指引54】杨某明贪污案①：价值无法鉴定的情况下根据其明确获利的数额认定贪污数额

杨某明于2001年11月至2002年年初，在中国美术出版总社出版发行部工作期间，利用担任出版发行部样书库库管员的职务便利，将其负责保管的该社于1950年至1965年发行的连环画《三打祝家庄》等样书1800余册盗出并销售，共获销赃款人民币16万元。

北京市东城区人民法院审理认为，杨某明身为国有企业中从事公务的人员，利用职务便利窃取公共财产，其行为侵犯了公共财产的所有权，已构成贪污罪，依法应予刑罚处罚。

杨某明贪污的手段为窃取公共财产，在无其他方法可以鉴定贪污数额的情况下，依据其明确获得的16万元的数额认定贪污数额是适宜的，解决了鉴定机构因无实物而无法作价的问题。

---

① 参见最高人民法院中国应用法学研究所编：《人民法院案例选》（2017年第7辑），人民法院出版社2017年版，第3832页。

(十六)截留收入中有单位应给的奖励款是否从贪污的数额中予以扣除

【典型案例裁判指引55】王某贪污案[①]:截留收入中有单位应给的奖励款不应从贪污的数额中予以扣除

实践中,大量存在行为人侵吞单位货款或其他收入,而单位本身又有规定或惯例,会将货款、收入的一定比例作为资金返还给行为人的情形。如被告人王某系某国有企业车间主任,为鼓励创收,该企业规定在保障职工月基本工资的前提下,每月进行财务核算,各车间超额完成收入的5%返给车间主任作为其个人的奖金,其余95%留给企业统一调配管理。2007年,王某在完成各月规定任务后,利用一些客户不需要发票的机会,私揽数笔业务在该车间完成,累计获利10万元,全部据为己有。

我们认为,此种情形下行为人应得的奖励款不应当从贪污数额中予以扣除,应认定王某的贪污数额为10万元。主要理由是:第一,该笔超收的10万元属于企业的经营所得,在未作出处理分配前仍然是企业所有的财产,所有权当然归于单位,依法应当受到《刑法》独立保护。行为人王某无权依据单位的所谓规定,直接处分企业财产。第二,企业规定本身随时可能进行修改,行为人王某超收的10万元并不代表其必然得到5000元的奖励。第三,股东侵吞公司财产的,对于股东在公司中所持有的个人份额,尚不能从贪污数额中予以扣除,类似于本案所涉奖金、合理分红等就更不应从贪污数额中予以扣除。

(十七)如何认定"小金库"性质的公司为单位所有还是个人所有

【典型案例裁判指引56】《刑事审判参考》第1142号[②]王某龙挪用公款、贪污案:从知情面、经费使用、受益方等判断"小金库"公司的性质

从公司设立知情面来看,虽然从表面上看知情面较窄,具有一定的隐蔽性,但由于"小金库"性质公司的设立体现的是单位意志,单位的决策管

---

① 参见沈志先主编:《职务犯罪审判实务》,法律出版社2013年版,第86-87页。

② 参见中华人民共和国最高人民法院刑事审判第一、二、三、四、五庭主办:《刑事审判参考》(总第106集),法律出版社2017年版,第43-44页。

理层应当对该公司的设立知情，而绝非仅个别领导知情。本案中，转制前的通阳公司由神牛公司出资设立，此时神牛公司管理层对通阳公司的设立是知情的。从公司管理来看，“小金库”及“小金库”性质公司的管理同样应体现单位意志，在“小金库”资金的收入、支出，或者“小金库”性质公司的人、财、物管理等方面都应体现单位的集体决策。因为从本质来讲，单位“小金库”中的资金仍属于单位财产，即使成立了独立的“小金库”性质公司，该公司的财产也属于设立该公司的单位所有，公司事务也应由设立该公司的单位管理。从经费的使用及受益方来看，“小金库”或者“小金库”性质公司中的资金由设立其的单位支配、使用，受益方也是设立该“小金库”的单位，这是由“小金库”的性质决定的。

（十八）其他法律适用

1.《最高人民法院研究室关于对行为人通过伪造国家机关公文、证件担任国家工作人员职务并利用职务上的便利侵占本单位财物、收受贿赂、挪用本单位资金等行为如何适用法律问题的答复》（2004 年 3 月 30 日起施行　法研〔2004〕38 号）

行为人通过伪造国家机关公文、证件担任国家工作人员职务以后，又利用职务上的便利实施侵占本单位财物、收受贿赂、挪用本单位资金等行为，构成犯罪的，应当分别以伪造国家机关公文、证件罪和相应的贪污罪、受贿罪、挪用公款罪等追究刑事责任，实行数罪并罚。

2.《最高人民法院、最高人民检察院关于办理虚假诉讼刑事案件适用法律若干问题的解释》（2018 年 10 月 1 日起施行　法释〔2018〕17 号）

第一条　采取伪造证据、虚假陈述等手段，实施下列行为之一，捏造民事法律关系，虚构民事纠纷，向人民法院提起民事诉讼的，应当认定为刑法第三百零七条之一第一款[①]规定的“以捏造的事实提起民事诉讼”：

（一）与夫妻一方恶意串通，捏造夫妻共同债务的；

---

① 《刑法》第三百零七条之一第一款规定：“以捏造的事实提起民事诉讼，妨害司法秩序或者严重侵害他人合法权益的，处三年以下有期徒刑、拘役或者管制，并处或者单处罚金；情节严重的，处三年以上七年以下有期徒刑，并处罚金。”

(二)与他人恶意串通,捏造债权债务关系和以物抵债协议的;

(三)与公司、企业的法定代表人、董事、监事、经理或者其他管理人员恶意串通,捏造公司、企业债务或者担保义务的;

(四)捏造知识产权侵权关系或者不正当竞争关系的;

(五)在破产案件审理过程中申报捏造的债权的;

(六)与被执行人恶意串通,捏造债权或者对查封、扣押、冻结财产的优先权、担保物权的;

(七)单方或者与他人恶意串通,捏造身份、合同、侵权、继承等民事法律关系的其他行为。

隐瞒债务已经全部清偿的事实,向人民法院提起民事诉讼,要求他人履行债务的,以"以捏造的事实提起民事诉讼"论。

向人民法院申请执行基于捏造的事实作出的仲裁裁决、公证债权文书,或者在民事执行过程中以捏造的事实对执行标的提出异议、申请参与执行财产分配的,属于刑法第三百零七条之一第一款规定的"以捏造的事实提起民事诉讼"。

第四条 实施刑法第三百零七条之一第一款行为,非法占有他人财产或者逃避合法债务,又构成诈骗罪,职务侵占罪,拒不执行判决、裁定罪,贪污罪等犯罪的,依照处罚较重的规定定罪从重处罚。

四、定罪量刑标准

(一)刑法及司法解释等相关规定

1.《刑法》

第三百八十三条[①] 对犯贪污罪的,根据情节轻重,分别依照下列规

---

① 《刑法》第三百八十三条相关内容被《刑法修正案(九)》修改,2015 年 11 月 1 日起施行。对于 2015 年 11 月 1 日之前犯罪适用法律时要注意新旧两条规定的不同,准确适用从旧兼从轻等《刑法》条款,《刑法修正案(九)》颁布以前,刑法对贪污贿赂罪没有设置罚金刑但主刑重,《刑法修正案(九)》对贪污贿赂罪设立了罚金刑但主刑轻,对《刑法修正案(九)》实施前的贪污贿赂犯罪行为,《刑法修正案(九)》的主刑轻,根据从旧兼从轻原则,适用《刑法修正案(九)》,要并处罚金。相关案例详见《刑事审判参考》第 1139 号周某武、周某贪污案。

定处罚：

（一）贪污数额较大或者有其他较重情节的，处三年以下有期徒刑或者拘役，并处罚金。

（二）贪污数额巨大或者有其他严重情节的，处三年以上十年以下有期徒刑，并处罚金或者没收财产。

（三）贪污数额特别巨大或者有其他特别严重情节的，处十年以上有期徒刑或者无期徒刑，并处罚金或者没收财产；数额特别巨大，并使国家和人民利益遭受特别重大损失的，处无期徒刑或者死刑，并处没收财产。

对多次贪污未经处理的，按照累计贪污数额处罚。

犯第一款罪，在提起公诉前如实供述自己罪行、真诚悔罪、积极退赃，避免、减少损害结果的发生，有第一项规定情形的，可以从轻、减轻或者免除处罚；有第二项、第三项规定情形的，可以从轻处罚。

犯第一款罪，有第三项规定情形被判处死刑缓期执行的，人民法院根据犯罪情节等情况可以同时决定在其死刑缓期执行二年期满依法减为无期徒刑后，终身监禁，不得减刑、假释。

2.《最高人民法院关于〈中华人民共和国刑法修正案（九）〉时间效力问题的解释》（2015 年 11 月 1 日起施行　法释〔2015〕19 号）

第八条　对于 2015 年 10 月 31 日以前实施贪污、受贿行为，罪行极其严重，根据修正前刑法判处死刑缓期执行不能体现罪刑相适应原则，而根据修正后刑法判处死刑缓期执行同时决定在其死刑缓期执行二年期满依法减为无期徒刑后，终身监禁，不得减刑、假释可以罚当其罪的，适用修正后刑法第三百八十三条第四款的规定。根据修正前刑法判处死刑缓期执行足以罚当其罪的，不适用修正后刑法第三百八十三条第四款的规定。

3.《最高人民法院、最高人民检察院关于办理贪污贿赂刑事案件适用法律若干问题的解释》（2016 年 4 月 18 日起施行　法释〔2016〕9 号）

第一条第一款、第二款　贪污或者受贿数额在三万元以上不满二十万元的，应当认定为刑法第三百八十三条第一款规定的“数额较大”，依法判处三年以下有期徒刑或者拘役,并处罚金。

贪污数额在一万元以上不满三万元,具有下列情形之一的,应当认定为刑法第三百八十三条第一款规定的"其他较重情节",依法判处三年以下有期徒刑或者拘役,并处罚金:

(一)贪污救灾、抢险、防汛、优抚、扶贫、移民、救济、防疫、社会捐助等特定款物的;

(二)曾因贪污、受贿、挪用公款受过党纪、行政处分的;

(三)曾因故意犯罪受过刑事追究的;

(四)赃款赃物用于非法活动的;

(五)拒不交待赃款赃物去向或者拒不配合追缴工作,致使无法追缴的;

(六)造成恶劣影响或者其他严重后果的。

第二条第一款、第二款　贪污或者受贿数额在二十万元以上不满三百万元的,应当认定为刑法第三百八十三条第一款规定的"数额巨大",依法判处三年以上十年以下有期徒刑,并处罚金或者没收财产。

贪污数额在十万元以上不满二十万元,具有本解释第一条第二款规定的情形之一的,应当认定为刑法第三百八十三条第一款规定的"其他严重情节",依法判处三年以上十年以下有期徒刑,并处罚金或者没收财产。

第三条第一款、第二款　贪污或者受贿数额在三百万元以上的,应当认定为刑法第三百八十三条第一款规定的"数额特别巨大",依法判处十年以上有期徒刑、无期徒刑或者死刑,并处罚金或者没收财产。

贪污数额在一百五十万元以上不满三百万元,具有本解释第一条第二款规定的情形之一的,应当认定为刑法第三百八十三条第一款规定的"其他特别严重情节",依法判处十年以上有期徒刑、无期徒刑或者死刑,并处罚金或者没收财产。

第四条　贪污、受贿数额特别巨大,犯罪情节特别严重、社会影响特别恶劣、给国家和人民利益造成特别重大损失的,可以判处死刑。

符合前款规定的情形,但具有自首,立功,如实供述自己罪行、真诚悔罪、积极退赃，或者避免、减少损害结果的发生等情节，不是必须立即执行的，可以判处死刑缓期二年执行。

符合第一款规定情形的，根据犯罪情节等情况可以判处死刑缓期二年执行，同时裁判决定在其死刑缓期执行二年期满依法减为无期徒刑后，终身监禁，不得减刑、假释。

第十六条第一款　国家工作人员出于贪污、受贿的故意，非法占有公共财物、收受他人财物之后，将赃款赃物用于单位公务支出或者社会捐赠的，不影响贪污罪、受贿罪的认定，但量刑时可以酌情考虑。

第十八条　贪污贿赂犯罪分子违法所得的一切财物，应当依照刑法第六十四条的规定予以追缴或者责令退赔，对被害人的合法财产应当及时返还。对尚未追缴到案或者尚未足额退赔的违法所得，应当继续追缴或者责令退赔。

第十九条第一款　对贪污罪、受贿罪判处三年以下有期徒刑或者拘役的，应当并处十万元以上五十万元以下的罚金；判处三年以上十年以下有期徒刑的，应当并处二十万元以上犯罪数额二倍以下的罚金或者没收财产；判处十年以上有期徒刑或者无期徒刑的，应当并处五十万元以上犯罪数额二倍以下的罚金或者没收财产。

以上规定在司法实务中的理解与适用①

（1）关于贪污罪、受贿罪定罪量刑的情节标准

《最高人民法院、最高人民检察院关于办理贪污贿赂刑事案件适用法律若干问题的解释》第一条第二款第三项对因故意犯罪受过刑事追究的情形一并作出规定。文字表述上之所以用“刑事追究”而非“刑事处罚”，主要是考虑到较轻的刑事犯罪还有不起诉或者免予刑事处罚等处理措施，“刑事追究”一词更具包容性。第四项是赃款赃物用于非法活动的。适用本项规定时要注意避免绝对化理解：一方面，不要求赃款赃物全部或者大部分用于非法活动；另一方面，用于非法活动的赃款赃物数额需要达到一

① 参见裴显鼎、苗有水等：《〈关于办理贪污贿赂刑事案件适用法律若干问题的解释〉的理解与适用》，载中华人民共和国最高人民法院刑事审判一、二、三、四、五庭主办：《中国刑事审判指导案例》（第6卷），法律出版社2017年版。

定程度,对于用于非法活动的赃款赃物占比较小的,不宜适用本项规定。“度”的具体把握,实践中可以根据个案情况结合非法活动的比例数和绝对数综合判断。第五项是拒不交代赃款赃物去向致使赃款赃物无法追缴或者拒不配合追缴工作,致使无法追缴的。这是综合行为人认罪悔罪态度和损害后果而提出的,不同于因客观原因不能追缴。

(2)关于贪污、受贿犯罪故意的认定

赃款赃物去向与贪污、受贿故意的认定关系问题。上述解释明确规定,只要基于个人非法占有为目的而实施贪污、受贿行为,不管事后赃款赃物的去向如何,均不影响贪污、受贿罪的认定。该规定的道理在于,贪污、受贿犯罪既已实施完毕,赃款赃物的事后处分不影响刑事定罪。适用本规定时需要注意以下两点:一是赃款赃物的具体去向,在一些情形下特别是用于公务支出的情形下与贪污、受贿故意的认定是存在关联的,这也是该解释强调只有当贪污、受贿的故意得以认定时,用于公务支出或者社会捐赠才不影响定罪的原因所在。对于行为时犯罪故意不明确或者不能证明存在贪污或者个人受贿故意的,则应根据案件事实并结合赃款赃物具体去向实事求是地加以认定。二是对于赃款赃物用于公务支出或者社会捐赠的,量刑时应予酌情考虑。

4.《最高人民法院、最高人民检察院关于办理危害生产安全刑事案件适用法律若干问题的解释》(2015 年 12 月 16 日起施行　法释〔2015〕22 号)

第十四条　国家工作人员违反规定投资入股生产经营,构成本解释规定的有关犯罪的,或者国家工作人员的贪污、受贿犯罪行为与安全事故发生存在关联性的,从重处罚;同时构成贪污、受贿犯罪和危害生产安全犯罪的,依照数罪并罚的规定处罚。

5.《最高人民法院、最高人民检察院关于办理职务犯罪案件严格适用缓刑、免予刑事处罚若干问题的意见》(2012 年 8 月 8 日起施行　法发〔2012〕17 号)

为进一步规范贪污贿赂、渎职等职务犯罪案件缓刑、免予刑事处罚的适用,确保办理职务犯罪案件的法律效果和社会效果,根据刑法有关规定并结合司法工作实际,就职务犯罪案件缓刑、免予刑事处罚的具体适用问题，提出以下意见：

一、严格掌握职务犯罪案件缓刑、免予刑事处罚的适用。职务犯罪案件的刑罚适用直接关系反腐败工作的实际效果。人民法院、人民检察院要深刻认识职务犯罪的严重社会危害性，正确贯彻宽严相济刑事政策，充分发挥刑罚的惩治和预防功能。要在全面把握犯罪事实和量刑情节的基础上严格依照刑法规定的条件适用缓刑、免予刑事处罚，既要考虑从宽情节，又要考虑从严情节；既要做到刑罚与犯罪相当，又要做到刑罚执行方式与犯罪相当，切实避免缓刑、免予刑事处罚不当适用造成的消极影响。

二、具有下列情形之一的职务犯罪分子，一般不适用缓刑或者免予刑事处罚：

（一）不如实供述罪行的；

（二）不予退缴赃款赃物或者将赃款赃物用于非法活动的；

（三）属于共同犯罪中情节严重的主犯的；

（四）犯有数个职务犯罪依法实行并罚或者以一罪处理的；

（五）曾因职务违纪违法行为受过行政处分的；

（六）犯罪涉及的财物属于救灾、抢险、防汛、优抚、扶贫、移民、救济、防疫等特定款物的；

（七）受贿犯罪中具有索贿情节的；

（八）渎职犯罪中徇私舞弊情节或者滥用职权情节恶劣的；

（九）其他不应适用缓刑、免予刑事处罚的情形。

三、不具有本意见第二条规定的情形，全部退缴赃款赃物，依法判处三年有期徒刑以下刑罚，符合刑法规定的缓刑适用条件的贪污、受贿犯罪分子，可以适用缓刑；符合刑法第三百八十三条第一款第（三）项①的规定，依

① 《刑法》第三百八十三条相关内容被2015年11月1日起施行的《刑法修正案（九）》修改，注意《刑法》从旧兼从轻原则在具体案件中的应用。《刑法修正案（九）》修改前的第三百八十三条第一款第（三）项内容为：（三）个人贪污数额在五千元以上不满五万元的，处一年以上七年以下有期徒刑；情节严重的，处七年以上十年以下有期徒刑。个人贪污数额在五千元以上不满一万元，犯罪后有悔改表现、积极退赃的，可以减轻处罚或者免予刑事处罚，由其所在单位或者上级主管机关给予行政处分。

法不需要判处刑罚的,可以免予刑事处罚。

不具有本意见第二条所列情形,挪用公款进行营利活动或者超过三个月未还构成犯罪,一审宣判前已将公款归还,依法判处三年有期徒刑以下刑罚,符合刑法规定的缓刑适用条件的,可以适用缓刑;在案发前已归还,情节轻微,不需要判处刑罚的,可以免予刑事处罚。

四、人民法院审理职务犯罪案件时应当注意听取检察机关、被告人、辩护人提出的量刑意见,分析影响性案件案发前后的社会反映,必要时可以征求案件查办等机关的意见。对于情节恶劣、社会反映强烈的职务犯罪案件,不得适用缓刑、免予刑事处罚。

五、对于具有本意见第二条规定的情形之一,但根据全案事实和量刑情节,检察机关认为确有必要适用缓刑或者免予刑事处罚并据此提出量刑建议的,应经检察委员会讨论决定;审理法院认为确有必要适用缓刑或者免予刑事处罚的,应经审判委员会讨论决定。

6.《最高人民法院、最高人民检察院关于办理妨害预防、控制突发传染病疫情等灾害的刑事案件具体应用法律若干问题的解释》(2003 年 5 月 15 日起施行　法释〔2003〕8 号)

第十四条第一款　贪污、侵占用于预防、控制突发传染病疫情等灾害的款物或者挪用归个人使用,构成犯罪的,分别依照刑法第三百八十二条、第三百八十三条、第二百七十一条、第三百八十四条、第二百七十二条的规定,以贪污罪、侵占罪、挪用公款罪、挪用资金罪定罪,依法从重处罚。

第十八条　本解释所称"突发传染病疫情等灾害",是指突然发生,造成或者可能造成社会公众健康严重损害的重大传染病疫情、群体性不明原因疾病以及其他严重影响公众健康的灾害。

(二)定罪量刑对应表

表2－1　贪污罪定罪量刑对应表

贪污罪		贪污数额	数额＋贪污6种情形之一①
第一档	3年以下有期徒刑或者拘役,并处罚金(处10万元以上50万元以下)	3万元≤贪污数额＜20万元	1万元≤贪污数额＜10万元且有贪污6种情形之一
第二档	3年以上10年以下有期徒刑,并处罚金(20万元以上犯罪数额2倍以下)或者没收财产	20万元≤贪污数额＜300万元	10万元≤贪污数额＜150万元且有贪污6种情形之一
第三档	10年以上有期徒刑或者无期徒刑,并处罚金(50万元以上犯罪数额2倍以下)或者没收财产	≥300万元	贪污数额≥150万元且有贪污6种情形之一
第四档	无期徒刑或者死刑,并处没收财产;被判死刑缓期执行可以决定死刑缓期执行二年期满减为无期徒刑后,终身监禁,不得减刑、假释	数额≥300万元并使国家和人民利益遭受特别重大损失	

① 贪污的6种情形为:(1)贪污救灾、抢险、防汛、优抚、扶贫、移民、救济、防疫、社会捐助等特定款物的;(2)曾因贪污、受贿、挪用公款受过党纪、行政处分的(国家监察体制改革后,行政处分改称为政务处分);(3)曾因故意犯罪受过刑事追究的;(4)赃款赃物用于非法活动的;(5)拒不交代赃款赃物去向或者拒不配合追缴工作,致使无法追缴的;(6)造成恶劣影响或者其他严重后果的。2017年8月7日起施行的《最高人民检察院关于贪污养老、医疗等社会保险基金能否适用〈最高人民法院最高人民检察院关于办理贪污贿赂刑事案件适用法律若干问题的解释〉第一条第二款第一项规定的批复》规定,养老、医疗、工伤、失业、生育等社会保险基金可以认定为"特定款物"。

第二节 职务侵占罪

一、犯罪主体

公司、企业或者其他单位中的非国家工作人员,其中在刑法上被认定为非国家工作人员身份的公职人员涉嫌该罪的归监察委员会管辖。

二、刑法规定

《刑法》

第二百七十一条第一款[①] 公司、企业或者其他单位的工作人员,利用职务上的便利,将本单位财物非法占为己有,数额较大的,处三年以下有期徒刑或者拘役,并处罚金;数额巨大的,处三年以上十年以下有期徒刑,并处罚金;数额特别巨大的,处十年以上有期徒刑或者无期徒刑,并处罚金。

第一百八十三条第一款[②] 保险公司的工作人员利用职务上的便利,故意编造未曾发生的保险事故进行虚假理赔,骗取保险金归自己所有的,依照本法第二百七十一条的规定定罪处罚。

三、重点、疑难问题界定

(一)公司、企业、其他单位的认定

1.《最高人民法院关于审理单位犯罪案件具体应用法律有关问题的解释》(1999 年 7 月 3 日起施行 法释〔1999〕14 号)

为依法惩治单位犯罪活动,根据刑法的有关规定,现对审理单位犯罪

---

① 《刑法》第二百七十一条第一款被 2021 年 3 月 1 日起施行的《刑法修正案(十一)》修改,注意《刑法》从旧兼从轻原则在具体案件中的应用。《刑法修正案(十一)》修改前的条文内容为:公司、企业或者其他单位的人员,利用职务上的便利,将本单位财物非法占为己有,数额较大的,处五年以下有期徒刑或者拘役;数额巨大的,处五年以上有期徒刑,可以并处没收财产。

② 《刑法》第一百八十三条第一款中的"保险公司"是指非国有保险公司,《刑法》第一百八十三条第二款规定:"国有保险公司工作人员和国有保险公司委派到非国有保险公司从事公务的人员有前款行为的,依照本法第三百八十二条、第三百八十三条的规定定罪处罚。"

案件具体应用法律的有关问题解释如下：

第一条　刑法第三十条规定的“公司、企业、事业单位”，既包括国有、集体所有的公司、企业、事业单位，也包括依法设立的合资经营、合作经营企业和具有法人资格的独资、私营等公司、企业、事业单位。

第二条　个人为进行违法犯罪活动而设立的公司、企业、事业单位实施犯罪的，或者公司、企业、事业单位设立后，以实施犯罪为主要活动的，不以单位犯罪论处。

第三条　盗用单位名义实施犯罪，违法所得由实施犯罪的个人私分的，依照刑法有关自然人犯罪的规定定罪处罚。

2.《最高人民法院、最高人民检察院关于办理商业贿赂刑事案件适用法律若干问题的意见》(2008 年 11 月 20 日起施行　法发〔2008〕33 号)

二、刑法第一百六十三条、第一百六十四条规定的“其他单位”，既包括事业单位、社会团体、村民委员会、居民委员会、村民小组等常设性的组织，也包括为组织体育赛事、文艺演出或者其他正当活动而成立的组委会、筹委会、工程承包队等非常设性的组织。

三、刑法第一百六十三条、第一百六十四条规定的“公司、企业或者其他单位的工作人员”，包括国有公司、企业以及其他国有单位中的非国家工作人员。

以上规定在司法实务中的理解与适用[①]

《刑法》中的单位，既有作为犯罪主体的犯罪单位，也有作为被害人的被害单位。从《刑法》第一百六十三条、第一百六十四条的规定看，这里的“其他单位”，是被告人所在的单位，可以看作被害单位。单位犯罪的主体《刑法》有明确规定，作为被害人的单位则法无明文，对此有的同志认为二者范围相同，有的则认为前者小于后者。我们认为，二者在内涵和外延上不尽相同，作为被害人的单位，其成立条件、形式要件较之作为犯罪主体的

① 参见逄锦温：《〈关于办理商业贿赂刑事案件适用法律若干问题的意见〉的理解与适用》，载中华人民共和国最高人民法院刑事审判一、二、三、四、五庭主办：《中国刑事审判指导案例》(第 6 卷)，法律出版社 2017 年版。

单位相对宽松,因而范围也相对广泛。由于单位的形式多样,组织结构不尽相同,全面、准确抽象其一般性特征从而对“其他单位”作一般性定义存在一定困难,因而在《最高人民法院、最高人民检察院关于办理商业贿赂刑事案件适用法律若干问题的意见》起草过程中,吸收了有关部门的意见,只对没有争议形成共识的“其他单位”加以列举。从司法实践看,《刑法》第一百六十三条、第一百六十四条中的“其他单位”,既包括事业单位、社会团体、村民委员会、居民委员会、村民小组等常设性的组织,也包括为组织体育赛事、文艺演出或者其他正当活动而成立的组委会、筹委会、工程承包队等临时性的组织。其他没有列举的临时性组织,如债权人会议、清算组等是否属于其他单位,需要在实践中具体把握。

【典型案例裁判指引57】《刑事审判参考》第320号[①]杨某华企业人员受贿案:筹建中的公司、企业工作人员利用职务上的便利侵吞财物构成职务侵占罪

只要是依法设立的企业,其工作人员利用职务便利实施受贿犯罪活动的,就应当适用该条款。同时,企业的成立需要一个过程,不能将依法设立理解为取得营业执照。实践中,筹建中的公司、企业因管理不规范,更容易出现侵占、受贿、挪用等腐败问题,如不将筹建中的公司、企业认定为《刑法》意义上的公司、企业,会放纵大量此类犯罪行为。

3.《最高人民法院研究室关于个人独资企业员工能否成为职务侵占罪主体问题的复函》(2011年2月15日起施行　法研〔2011〕20号)

刑法第二百七十一条第一款规定中的“单位”,包括“个人独资企业”。主要理由是:刑法第三十条规定的单位犯罪的“单位”与刑法第二百七十一条第一款职务侵占罪的单位概念不尽一致,前者是指作为犯罪主体应当追究刑事责任的“单位”,后者是指财产被侵害需要刑法保护的“单位”,责任追究针对的是该“单位”中的个人。有关司法解释之所以规定,不具有

① 参见中华人民共和国最高人民法院刑事审判一、二、三、四、五庭主办:《中国刑事审判指导案例》(1999－2011)(第2卷),法律出版社2012年版,第117页。《刑法修正案(六)》之后,最高人民法院、最高人民检察院2007年11月5日联合公布刑法确定罪名补充规定,取消“公司、企业人员受贿罪”罪名,由“非国家工作人员受贿罪”替代。

法人资格的独资企业不能成为单位犯罪的主体,主要是考虑此类企业因无独立财产、个人与企业行为的界限难以区分;不具备独立承担刑事责任的能力。刑法第二百七十一条第一款立法的目的基于保护单位财产,惩处单位内工作人员利用职务便利,侵占单位财产的行为,因此该款规定中的"单位"应当也包括独资企业。

4.《最高人民法院研究室关于对通过虚假验资骗取工商营业执照的"三无"企事业能否成为职务侵占罪客体问题征求意见的复函》(2008 年 6 月 17 日起施行　法研〔2008〕79 号)

根据 1999 年 7 月 3 日施行的《最高人民法院关于审理单位犯罪案件具体应用法律若干问题的解释》第一条的规定,私营、独资等公司、企业、事业单位只有具有法人资格才属于我国刑法中所指单位,其财产权才能成为职务侵占罪的客体。也就是说,是否具有法人资格是私营、独资等公司、企业、事业单位成为我国刑法中"单位"的关键。行为人通过虚假验资骗取工商营业执照成立的企业,即便为"三无"企业,只要具有法人资格,并且不是为进行违法犯罪活动而设立的公司、企业、事业单位,或公司、企业、事业单位设立后,不是以实施犯罪为主要活动的,能够成为《刑法》第 271 条第 1 款规定的"公司、企业或者其他单位"。这些单位中的人员,利用职务上的便利,将单位财物非法占为己有,数额较大的,构成职务侵占罪。

5.《公安部经济犯罪侦查局关于宗教活动场所工作人员能否构成职务侵占或挪用资金犯罪主体的批复》(2004 年 4 月 30 日起施行　公经〔2004〕643 号)

根据《宗教活动场所管理条例》(国务院令第 145 号令)等有关规定,宗教活动场所属于刑法第 271 条和第 272 条所规定的"其他单位"的范围。宗教活动场所的财产属于公共财产或信教公民共有财产,受法律保护,任何组织和个人不得侵占、哄抢、私分和非法处分宗教团体、宗教活动场所的合法财产。宗教活动场所的管理人员利用职务之便,侵占或挪用宗教活动场所公共财产的,可以构成职务侵占罪或挪用资金罪。

(二)利用职务上的便利的认定

【典型案例裁判指引58】《刑事审判参考》第516号[①]刘某职务侵占案:只要是利用职务上的便利不管是采用何种形式将本单位财物非法占有的均构成职务侵占罪

成立职务侵占罪客观方面要求必须利用职务上的便利,即利用自己主管、管理、经手单位财物的便利条件,将单位财物非法占为己有。“主管”是指行为人虽不具体管理、经手单位财物,但对单位财物的调拨、安排、使用具有决定权。“管理”是指行为人对单位财物直接负有保管、处理、使用的职责,亦即对单位财物具有一定的处置权。“经手”是指行为人虽不负有管理、处置单位财物的职责,但因工作需要,单位财物一度由其经手,行为人对单位财物具有临时的实际控制权。

实践中,主管、管理、经手单位财物的通常不是一人,出于相互制约、相互监督的需要,单位财物的支配权、处置权及管理权往往由两人或两人以上共同行使。这种情况下,行为人对单位财物的管理权限仍及于职责范围的全部,其管理权能以及因该管理权所产生的便利亦不因有其他共同管理人而受到影响,其单独利用其管理职务便利窃取本单位财物的行为不影响“利用职务上的便利”的认定。

本案中,艾米公司车间及仓库大门的钥匙分别由刘某和刘某文共同保管。虽然管理权由刘某和刘某文共同行使,但刘某对车间仓库财物的管理范围及于仓库财物全部,并不因有刘某文作为共同管理人而使管理职责降低。本案的特殊性在于,要进入艾米公司金加工车间内的仓库必须同时使用刘某和刘某文各自保管的两把钥匙,打开车间和仓库两道大门上的挂锁。因此,刘某采取了用自己保管的两把钥匙打开挂锁,同时撬开另外两把挂锁的方式,窃取自己所保管的公司仓库的财物。从刘某行为的外在特征分析,其使用自己保管的钥匙打开挂锁的行为自不待言属于利用职务便利的行为,但其同时使用撬锁的方式打开另外两把挂锁的行为又与一般盗

---

① 参见中华人民共和国最高人民法院刑事审判一、二、三、四、五庭主办:《中国刑事审判指导案例》(第1卷),法律出版社2009年版,第698-699页。

窃行为无异。属于一般盗窃的撬锁行为的存在是导致本案对如何定性产生分歧的原因,我们认为,对于这种混合采用多种手段实施的侵财犯罪,应当根据其主行为的本质特征定罪。所谓主行为,即是直接侵害法益的行为,也即直接实现其犯罪目的的行为,如诈骗罪中实施的虚构事实的诈骗方法行为,抢劫罪中的暴力劫财行为。本案中,应当说刘某进入厂区打开车间仓库的挂锁进入仓库窃取财物的行为是主行为,车间仓库共有4把挂锁,在实施过程中,其利用自身负责保管的两把钥匙打开两把挂锁,又借助了类似于一般盗窃的撬锁方式最终进入仓库窃得财物,貌似撬锁行为也起了主要作用,但是从整个行为过程来分析,刘某能够顺利实现非法占有单位财物目的的关键还是利用了其作为车间主任对仓库财物直接负有保管职责的便利。换句话说,没有其职务便利,其犯罪不可能顺利得逞。因为本案发生在车间停产期间,由于车间大门紧锁,非本单位人员进出厂区是被门卫限制的,正是由于刘某担任金加工车间的代理主任,持有车间钥匙,又负有保管车间仓库财物的职责,才可以在车间停产期间多次驾车进出厂区并接近作案目标实施犯罪,这与盗窃罪中的行为人熟悉作案环境及在工作中容易接近单位财物的方便条件是有区别的。由此出发,刘某具有的职务便利才是其顺利实现犯罪的本质特征,这一点决定了其与那些普通撬锁盗窃行为具有本质区别。

需要指出的是,盗窃方法也是职务侵占罪的侵占行为方式之一,利用职务便利采取秘密窃取方法取得本公司财物,应当认定为职务侵占罪。与贪污罪法条中明确规定"侵吞、窃取、骗取或者以其他手段"不同,《刑法》第二百七十一条第一款对职务侵占罪的手段没有细致规定,但并不妨碍我们得出上述结论。职务侵占罪的侵占行为方式多种多样,可以是采取盗窃方法取得,也可以使用诈骗手段或其他方式获取,凡是能够实现将单位财物非法占为已有的方法,只要是利用了职务之便,都是职务侵占罪的行为方式。

【典型案例裁判指引59】《刑事审判参考》第274号[①]张某贵、黄某章职务侵占案:对货物只负有看管职责的劳务工作人员窃取财物构成职务侵占罪

职务侵占罪中的利用职务便利,是指行为人利用主管、管理、经营、经手本单位财物之职的便利条件,这里的职务不限于经营、管理活动,同时还包括劳务活动。但工作过程中形成的对环境及人员较为熟悉的有利条件不能视为职务便利。黄某章窃取货物出场单及张某贵将门岗室里的货物出场单及货物出区登记表偷出销毁的行为,所利用的是工作中形成的对环境及人员较为熟悉的方便条件,不属于职务便利。但张某贵利用门卫之职,与黄某章合谋把货柜偷运出验货场的行为,虽然利用的是从事劳务的便利,但仍属职务便利。被告人张某贵的辩护人以张某贵从事的具体劳务,不属于管理事务为由,认为张某贵在客观上没有职务便利可资利用,只是秘密窃取而已,不恰当地将职务理解为管理性的公务,缩小了职务的范围,不符合法律规定。应当认定本案的实施利用了张某贵职务上的便利。对于公司人员利用职务上的便利,与他人勾结共同将本单位的财物占为己有的行为应当如何定性,《最高人民法院关于审理贪污、职务侵占案件如何认定共同犯罪几个问题的解释》第二条有着明确规定,即以职务侵占罪共同犯罪处理。

【典型案例裁判指引60】《刑事审判参考》第716号[②]杨某承合同诈骗案:以公司代理人的身份通过骗取方式侵吞收取的公司贷款构成合同诈骗罪

职务是一项由单位分配给行为人为单位所从事的一种持续的、反复进行的工作,担任职务应当具有相对稳定性的特点,而非单位临时一次性地委托行为人从事某项事务。本案中,杨某承仅系威士文公司临时一次性授权的、仅负责杭州市市民中心工程空调配件的跟踪及业务洽谈的代理人,故杨某承在威士文公司并无职务,不属于该公司的工作人员,其身份不符合职务侵占罪、挪用资金罪的主体特征,不能认定其行为构成职务侵占罪、挪用资金罪。

---

① 参见中华人民共和国最高人民法院刑事审判一、二、三、四、五庭主办:《中国刑事审判指导案例》(第6卷),法律出版社2017年版,第58页。

② 参见中华人民共和国最高人民法院刑事审判第一、二、三、四、五庭主办:《刑事审判参考》(总第81集),法律出版社2012年版,第12页。

(三)本单位财物[①]的认定

1.《全国人民代表大会常务委员会法制工作委员会对关于公司人员利用职务上的便利采取欺骗等手段非法占有股东股权的行为如何定性处理的批复的意见》(2005年12月1日起施行　法工委发函〔2005〕105号)

据刑法第九十二条的规定,股份属于财产。采用各种非法手段侵吞、占有他人依法享有的股份,构成犯罪的,适用刑法有关非法侵犯他人财产的犯罪规定。

2.本单位财物包括本单位管理、使用、运输中的财物

【典型案例裁判指引61】黄某、段某职务侵占案[②]:职务侵占罪中“本单位财物”不仅包括本单位所有还包括本单位管理、使用、运输中的财物

实践中,对职务侵占罪中“本单位财物”的认定一直以来存在是单位“所有”还是“持有”的争议。从侵害法益看,无论侵占本单位“所有”还是“持有”的财物,实质上均侵犯了单位财产权,对其主客观行为特征和社会危害性程度均可作统一评价。参照《刑法》第九十一条第二款对“公共财产”的规定,对非公有制公司、企业管理、使用、运输中的财物应当以本单位财物论,对职务侵占罪和贪污罪掌握一致的追诉原则,以有力震慑职务侵占行为,对不同所有制企业财产权平等保护,切实维护民营企业正常生产经营活动。

(四)共犯的认定

《最高人民法院关于审理贪污、职务侵占案件如何认定共同犯罪几个问题的解释》(2000年7月8日起施行　法释〔2000〕15号)

为依法审理贪污或者职务侵占犯罪案件,现就这类案件如何认定共同犯罪问题解释如下:

---

① 贪污罪、挪用公款罪中并不限于贪污、挪用本单位的财物或资金等,还包括贪污、挪用隶属的下级单位财物或资金等,而职务侵占罪、挪用资金罪因为刑法明确规定为本单位财物或资金等,因此在司法实践中要注意区别,做到准确适用。

② 参见最高人民检察院2019年1月17日发布的首批涉民营企业司法保护典型案例。

第一条　行为人与国家工作人员勾结,利用国家工作人员的职务便利,共同侵吞、窃取、骗取或者以其他手段非法占有公共财物的,以贪污罪共犯论处。

第二条　行为人与公司、企业或者其他单位的人员勾结,利用公司、企业或者其他单位人员的职务便利,共同将该单位财物非法占为己有,数额较大的,以职务侵占罪共犯论处。

第三条　公司、企业或者其他单位中,不具有国家工作人员身份的人与国家工作人员勾结,分别利用各自的职务便利,共同将本单位财物非法占为己有的,按照主犯的犯罪性质定罪。

以上规定在司法实务中的理解与适用

详见本书第二章“第一节贪污罪”“三、重点、疑难问题界定”“(三)共犯的认定”相关内容。

(五)国家出资企业案件中职务侵占罪的认定

《最高人民法院、最高人民检察院关于办理国家出资企业中职务犯罪案件具体应用法律若干问题的意见》(2010 年 11 月 26 日起施行　法发〔2010〕49 号)

一、关于国家出资企业工作人员在改制过程中隐匿公司、企业财产归个人持股的改制后公司、企业所有的行为的处理

国家工作人员或者受国家机关、国有公司、企业、事业单位、人民团体委托管理、经营国有财产的人员利用职务上的便利,在国家出资企业改制过程中故意通过低估资产、隐瞒债权、虚设债务、虚构产权交易等方式隐匿公司、企业财产,转为本人持有股份的改制后公司、企业所有,应当依法追究刑事责任的,依照刑法第三百八十二条、第三百八十三条的规定,以贪污罪定罪处罚。贪污数额一般应当以所隐匿财产全额计算;改制后公司、企业仍有国有股份的,按股份比例扣除归于国有的部分。

所隐匿财产在改制过程中已为行为人实际控制,或者国家出资企业改制已经完成的,以犯罪既遂处理。

第一款规定以外的人员实施该款行为的,依照刑法第二百七十一条的

规定，以职务侵占罪定罪处罚；第一款规定以外的人员与第一款规定的人员共同实施该款行为的，以贪污罪的共犯论处。

（六）其他法律适用

1.《最高人民法院关于村民小组组长利用职务便利非法占有公共财物行为如何定性问题的批复》（1999 年 7 月 3 日起施行　法释〔1999〕12 号）

对村民小组组长利用职务上的便利，将村民小组集体财产非法占为己有，数额较大的行为，应当依照刑法第二百七十一条第一款的规定，以职务侵占罪定罪处罚。

2.《最高人民法院关于在国有资本控股、参股的股份有限公司中从事管理工作的人员利用职务便利非法占有本公司财物如何定罪问题的批复》（2001 年 5 月 26 日起施行　法释〔2001〕17 号）

在国有资本控股、参股的股份有限公司中从事管理工作的人员，除受国家机关、国有公司、企业、事业单位委派从事公务的以外，不属于国家工作人员。对其利用职务上的便利，将本单位财物非法占为己有，数额较大的，应当依照刑法第二百七十一条第一款的规定，以职务侵占罪定罪处罚。

3.《最高人民法院、最高人民检察院关于办理虚假诉讼刑事案件适用法律若干问题的解释》（2018 年 10 月 1 日起施行　法释〔2018〕17 号）

第一条　采取伪造证据、虚假陈述等手段，实施下列行为之一，捏造民事法律关系，虚构民事纠纷，向人民法院提起民事诉讼的，应当认定为刑法第三百零七条之一第一款①规定的“以捏造的事实提起民事诉讼”：

（一）与夫妻一方恶意串通，捏造夫妻共同债务的；

（二）与他人恶意串通，捏造债权债务关系和以物抵债协议的；

（三）与公司、企业的法定代表人、董事、监事、经理或者其他管理人员恶意串通，捏造公司、企业债务或者担保义务的；

（四）捏造知识产权侵权关系或者不正当竞争关系的；

---

① 《刑法》第三百零七条之一第一款规定：“以捏造的事实提起民事诉讼，妨害司法秩序或者严重侵害他人合法权益的，处三年以下有期徒刑、拘役或者管制，并处或者单处罚金；情节严重的，处三年以上七年以下有期徒刑，并处罚金。”

(五)在破产案件审理过程中申报捏造的债权的;

(六)与被执行人恶意串通,捏造债权或者对查封、扣押、冻结财产的优先权、担保物权的;

(七)单方或者与他人恶意串通,捏造身份、合同、侵权、继承等民事法律关系的其他行为。

隐瞒债务已经全部清偿的事实,向人民法院提起民事诉讼,要求他人履行债务的,以“以捏造的事实提起民事诉讼”论。

向人民法院申请执行基于捏造的事实作出的仲裁裁决、公证债权文书,或者在民事执行过程中以捏造的事实对执行标的提出异议、申请参与执行财产分配的,属于刑法第三百零七条之一第一款规定的“以捏造的事实提起民事诉讼”。

第四条 实施刑法第三百零七条之一第一款行为,非法占有他人财产或者逃避合法债务,又构成诈骗罪,职务侵占罪,拒不执行判决、裁定罪,贪污罪等犯罪的,依照处罚较重的规定定罪从重处罚。

四、定罪量刑标准

(一)司法解释等相关规定

1.《最高人民法院、最高人民检察院关于办理贪污贿赂刑事案件适用法律若干问题的解释》(2016年4月18日起施行 法释〔2016〕9号)

第十一条第一款 刑法第一百六十三条规定的非国家工作人员受贿罪、第二百七十一条规定的职务侵占罪中的“数额较大”“数额巨大”的数额起点,按照本解释关于受贿罪、贪污罪相对应的数额标准规定的二倍、五倍执行。

以上规定在司法实务中的理解与适用[①]

一是第一款规定的非国家工作人员受贿罪、职务侵占罪的数额较大、

---

① 参见裴显鼎、苗有水等:《〈关于办理贪污贿赂刑事案件适用法律若干问题的解释〉的理解与适用》,载中华人民共和国最高人民法院刑事审判一、二、三、四、五庭主办:《中国刑事审判指导案例》(第6卷),法律出版社2017年版。

数额巨大的认定，严格以受贿罪、贪污罪中的数额较大、数额巨大的数额标准为基准，而不得考虑其中“数额＋情节”的情形，即数额较大为6万元(3万元×2)；二是数额巨大为100万元(20万元×5)。

2.《最高人民法院、最高人民检察院关于常见犯罪的量刑指导意见(试行)》(2021年7月1日起施行　法发〔2021〕21号)

(十四)职务侵占罪

1.构成职务侵占罪的，根据下列情形在相应的幅度内确定量刑起点：(1)达到数额较大起点的，在一年以下有期徒刑、拘役幅度内确定量刑起点。(2)达到数额巨大起点的，在三年至四年有期徒刑幅度内确定量刑起点。(3)达到数额特别巨大起点的，在十年至十一年有期徒刑幅度内确定量刑起点。依法应当判处无期徒刑的除外。

2.在量刑起点的基础上，根据职务侵占数额等其他影响犯罪构成的犯罪事实增加刑罚量，确定基准刑。

3.构成职务侵占罪的，根据职务侵占的数额、危害后果等犯罪情节，综合考虑被告人缴纳罚金的能力，决定罚金数额。

4.构成职务侵占罪的，综合考虑职务侵占的数额、手段、危害后果、退赃退赔等犯罪事实、量刑情节，以及被告人的主观恶性、人身危险性、认罪悔罪表现等因素，决定缓刑的适用。

3.《最高人民检察院、公安部关于公安机关管辖的刑事案件立案追诉标准的规定(二)》(2022年5月15日起施行　2022年4月6日修订)

第七十六条[①]　〔职务侵占案(刑法第二百七十一条第一款)〕公司、企业或者其他单位的人员，利用职务上的便利，将本单位财物非法占为己有，数额在三万元以上的，应予立案追诉。

---

①　注意刑法从旧兼从轻原则。2016年4月18日起施行的《最高人民法院、最高人民检察院关于办理贪污贿赂刑事案件适用法律若干问题的解释》规定职务侵占罪立案标准为6万元。

(二)定罪量刑对应表

表 2-2　职务侵占罪定罪量刑对应表

职务侵占罪		数额
第一档	3 年以下有期徒刑或者拘役,并处罚金	≥3 万元
第二档	3 年以上 10 年以下有期徒刑,并处罚金	≥100 万元
第三档	10 年以上有期徒刑或者无期徒刑,并处罚金	未规定

第三章　挪用类罪名释义及定罪量刑标准

第一节　挪用公款罪

一、犯罪主体

国家工作人员。

二、刑法规定

《刑法》

第三百八十四条　国家工作人员利用职务上的便利，挪用公款归个人使用，进行非法活动的，或者挪用公款数额较大、进行营利活动的，或者挪用公款数额较大、超过三个月未还的，是挪用公款罪，处五年以下有期徒刑或者拘役；情节严重的，处五年以上有期徒刑。挪用公款数额巨大不退还的，处十年以上有期徒刑或者无期徒刑。

挪用用于救灾、抢险、防汛、优抚、扶贫、移民、救济款物归个人使用的，从重处罚。

第一百八十五条第二款　国有商业银行、证券交易所、期货交易所、证券公司、期货经纪公司、保险公司或者其他国有金融机构的工作人员和国有商业银行、证券交易所、期货交易所、证券公司、期货经纪公司、保险公司或者其他国有金融机构委派到前款规定中的非国有机构从事公务的人员有前款行为的，依照本法第三百八十四条的规定定罪处罚。

第二百七十二条第二款　国有公司、企业或者其他国有单位中从事公务的人员和国有公司、企业或者其他国有单位委派到非国有公司、企业以及其他单位从事公务的人员有前款行为的，依照本法第三百八十四条的规定定罪处罚。

第二百八十七条 利用计算机实施金融诈骗、盗窃、贪污、挪用公款、窃取国家秘密或者其他犯罪的,依照本法有关规定定罪处罚。

三、重点、疑难问题界定

(一)归个人使用的认定

1.《全国人民代表大会常务委员会关于〈中华人民共和国刑法〉第三百八十四条第一款的解释》(2002年4月28日起施行 第九届全国人民代表大会常务委员会第二十七次会议通过)

有下列情形之一的,属于挪用公款"归个人使用":

(一)将公款供本人、亲友或者其他自然人使用的;

(二)以个人名义将公款供其他单位使用的;

(三)个人决定以单位名义将公款供其他单位使用,谋取个人利益的。

以上规定在司法实务中的理解与适用一①

对于以单位名义挪用的,不管使用公款的对象是单位还是个人都不构成犯罪。对"以个人名义"的理解,应当包括以下三种情况:一是国家工作人员超出其职权范围挪用的;二是未超出其职权范围,但以其他非法手段将公款挪用给他人使用,如逃避会计监管挪用的;三是挪用人与使用公款人相互有约定,通过个人打交道的。"谋取个人利益"既包括非法利益也包括合法利益;既包括物质利益也包括非物质利益。

挪用公款罪侵犯的是单位对于公款的使用权,其实质是将单位公款非法置于个人的支配之下,也就是公款私用。这里所说的"私用",不是看最终的公款使用者是个人还是单位,而是指个人非法支配、使用单位公款的行为,侵犯了本单位对于公款的正常使用权。以个人名义将公款供其他单

---

① 参见黄太云:《〈关于《中华人民共和国刑法》第三百八十四条第一款的解释〉的背景说明及具体理解》,载中华人民共和国最高人民法院刑事审判一、二、三、四、五庭主办:《中国刑事审判指导案例》(第6卷),法律出版社2017年版,第423-424页。

位使用的，该种行为的关键是“以个人名义”，它是指打着个人的旗号。实践中多表现为在单位的出借款条上或者其他提供款项的文件上签的是个人的名字，且无单位的公章。这样，虽然把单位的公款借给了其他单位，但手续上反映的却是个人把钱借出。解释中的“供”是提供的意思，包括借出或者赠与。《全国人民代表大会常务委员会关于〈中华人民共和国刑法〉第三百八十四条第一款的解释》中的“以个人名义将公款供其他单位使用的”规定，主要是根据行为人是如何将单位公款提供出去的，从而进一步判断是否侵犯了本单位对于公款的占有、使用权。“个人决定以单位名义将公款供其他单位使用，谋取个人利益的”中“个人决定”，既包括行为人在其职权范围内决定，也包括超越职权决定。但是，单位集体讨论决定的，不属于“个人决定”。“以单位名义”，是指出借、提供公款的款条上清楚地写着单位的名称，而非个人的名字。这里所说“其他单位”中的“单位”，与《刑法》第三十条中单位的范围是一致的，即包括公司、企业、事业单位、机关、团体。“谋取个人利益”，既包括合法利益，也包括非法利益；既包括谋取财产性利益，如钱物，也包括谋取非财产性利益，如为子女解决住房等。“个人利益”是指具体利益，而不是指挪用人和用款单位的负责人相互认识，关系不错，是好朋友等。

以上规定在司法实务中的理解与适用二①

《全国人民代表大会常务委员会关于〈中华人民共和国刑法〉第三百八十四条第一款的解释》中的“以个人名义将公款供其他单位使用”包括挪用人私自将自己经手或者管理的公款以个人的名义借给其他单位使用，也包括虽然通过集体决定的方式，但行为人以自己的名义，而不是以单位名义将公款借给其他单位使用。这种情况，行为人个人实际上对公款进行了控制和支配，是利用单位的钱为自己做人情，使借钱的单位承行为人个人的情，实质上属于行为人自己使用了公款。

---

① 参见王尚新、王宁：《关于对刑法第二百九十四条第一款和第三百八十四条第一款的立法解释的理解与适用》，载中华人民共和国最高人民法院刑事审判一、二、三、四、五庭主办：《中国刑事审判指导案例》（第6卷），法律出版社2017年版，第425页。

【典型案例裁判指引 62】《**刑事审判参考**》**第 805 号**[①]**姚某文贪污、受贿案:个人决定以单位名义将公款借给其他单位使用并收受贿赂应当按照想象竞合犯从一重罪处罚**

行为人挪用公款的行为属于"个人决定以单位名义将公款供其他单位使用,谋取个人利益的",则挪用公款罪的构成必须以行为人谋取个人利益为要件,该情形下收受贿赂的行为,可能同时被认定为谋取个人利益,即一行为同时构成挪用公款罪和受贿罪,应当按照想象竞合犯从一重罪处断原则,以受贿罪[②]定罪处罚。如果在此种情况下仍然机械地照搬适用《最高人民法院关于审理挪用公款案件具体应用法律若干问题的解释》第七条的规定,对行为人以挪用公款罪和受贿罪实行并罚,则实质上是对谋取个人利益的事实(包括挪用公款的事实)进行了双重评价,违反了《刑法》禁止重复评价的原则。

【典型案例裁判指引 63】《**刑事审判参考**》**第 574 号**[③]**杨某珍挪用公款案:没有侵犯公款使用权不构成挪用公款罪**

挪用公款犯罪侵害公款的本质特征在于使单位公款失控、处于风险之中。侵犯本单位公款使用权是挪用公款罪的必备条件。归还可能性是挪用公款罪的成立前提。

【典型案例裁判指引 64】郑某胜挪用公款案[④]**:挪用国有公司和非国有公司设立的银行共管账户的资金如何定性**

国家工作人员与非国家工作人员分别利用自己的职务便利,挪用国有

---

① 参见中华人民共和国最高人民法院刑事审判一、二、三、四、五庭主办:《中国刑事审判指导案例》(第 6 卷),法律出版社 2017 年版,第 269 页。

② 《刑法修正案(九)》实施后,挪用公款罪和受贿罪的追诉时效不同,对个人决定以单位名义将公款借给其他单位收受贿赂按想象竞合从一重罪处罚,有可能要以挪用公款罪定罪处罚,如行为人 2012 年 1 月个人决定以单位名义挪用公款 100 万元给其他单位用于经营并收受贿赂 10 万元,2019 年 1 月案发,由于受贿罪已过追诉时效,对行为人根据想象竞合从一重应以挪用公款罪追究刑事责任。

③ 参见中华人民共和国最高人民法院刑事审判一、二、三、四、五庭主办:《中国刑事审判指导案例》(第 6 卷),法律出版社 2017 年版,第 178 页。

④ 参见最高人民法院中国应用法学研究所编:《人民法院案例选》(2017 年第 7 辑),人民法院出版社 2017 年版,第 3950 页。

公司与非国有公司共同设立的银行共管账户的资金的行为，应当区分主从犯，根据主犯的性质认定；如果罪责相当，无法区分主从犯，一般成立挪用公款罪。

【典型案例裁判指引65】李某等人挪用公款案[①]：公款形式上归单位使用，但是实质上为个人使用的，可以认定挪用公款"归个人使用"

（1）依法惩治金融领域挪用公款犯罪，应准确把握"个人决定""归个人使用"的本质特征。检察机关应将打击金融领域职务犯罪与防范化解金融风险紧密结合，针对内外勾结、手段复杂隐蔽的挪用公款犯罪，要从实质上把握犯罪构成要件。对于为下一步个人擅自挪用公款做铺垫准备，相关负责人在集体研究时采取虚构事实、隐瞒真相的方式，引导形成错误决策的，不影响对个人责任的认定。对于为个人从事营利活动而违规使用单位公款的行为，应重点审查使用公款目的、公款流转去向、公款潜在风险、违法所得归属等要素，如公款形式上归单位使用、实质上为个人使用的，可以认定挪用公款"归个人使用"。

（2）对于挪用公款犯罪中"归个人使用"后进行营利活动取得的财物和孳息，如能排除系善意取得，应依法追缴。对于行为人实施挪用公款犯罪取得的非法获利，应按照犯罪所得依法予以追缴。在特定情况下，其他不构成犯罪或未被追究刑事责任的相关人员也可能因行为人实施挪用公款行为获利，如能够证实该获利系因挪用公款犯罪行为而直接产生，相关人员主观上对收益的违法性有认知，不属于善意取得，检察机关可以建议监察机关根据《刑法》《监察法》《监察法实施条例》等相关法律法规的规定，将该部分获利作为违法所得，依法予以没收、追缴。

2.《最高人民法院关于审理挪用公款案件具体应用法律若干问题的解释》（1998年5月9日起施行　法释〔1998〕9号）

第一条　刑法第三百八十四条规定的"挪用公款归个人使用"，包括挪用者本人使用或者给他人使用。

挪用公款给私有公司、私有企业使用的，属于挪用公款归个人使用。

---

① 李某等人挪用公款案，最高人民检察院指导案例第189号（2023年）。

以上规定在司法实务中的理解与适用①

挪用公款归单位使用,下列两种情况要按挪用公款罪处理:

第一种情况,以个人名义将单位公款借给其他单位使用。因为是以个人名义,类似于先将公款挪给自己,自己再处分公款,那是对赃款的处置问题。这种情况属于"挪用公款归个人使用"。如何认定是"以个人名义",司法实践中主要有三种情况:一是行为人超越职权,并逃避财务监管。如某公司的老总,他的朋友开的公司向他借钱,他就让财务将钱划出去,财务不肯,说没有名目。他就虚构了一个名目,说子公司需要钱,然后先将钱划到子公司的账上,再由子公司将钱打出去。这种情况实际上就是以个人名义。二是行为人与使用人约定以个人名义进行。三是尽管没有约定,但实际上借款、还款都是以个人名义进行的。

第二种情况,行为人以单位名义将公款借给他人使用,谋取个人利益的。这种情况构成犯罪有两个条件:一是个人决定,不是集体决定;二是谋取个人利益。这里的个人决定,既包括职权范围内的决定,也包括超越权范围的决定。"谋取个人利益",既包括双方约定了(不管行为人实际上是否获取了利益),也包括双方没有约定,但实际上行为人获取了个人利益。这里的个人利益,既包括正当的利益,也包括不正当的利益;既包括物质性的利益,也包括非物质性的利益。物质性的利益,如钱财等;非物质性的利益,如解决就业指标等。但谋取的利益,应该是具体的、实际的利益,可以用证据证明的利益,不能把友情关系等都放进去。但也要防止过于机械,如国家工作人员擅自将公款借给自己或其家属参股的公司、企业使用,行为人实际上是谋取了私利或者是为了谋取私利,应以挪用公款行为论处。

3.《全国法院审理经济犯罪案件工作座谈会纪要》(2003年11月13日起施行　法〔2003〕167号)

四、关于挪用公款罪

(一)单位决定将公款给个人使用行为的认定

经单位领导集体研究决定将公款给个人使用,或者单位负责人为了单

---

① 参见熊选国:《〈关于审理挪用公款案件具体应用法律若干问题的解释〉的理解与适用(二)——兼论挪用公款罪的认定与处罚》,载中华人民共和国最高人民法院刑事审判一、二、三、四、五庭主办:《中国刑事审判指导案例》(第6卷),法律出版社2017年版。

位的利益，决定将公款给个人使用的，不以挪用公款罪定罪处罚。上述行为致使单位遭受重大损失，构成其他犯罪的，依照刑法的有关规定对责任人员定罪处罚。

（二）挪用公款供其他单位使用行为的认定

根据全国人大常委会《关于〈中华人民共和国刑法〉第三百八十四条第一款的解释》的规定，“以个人名义将公款供其他单位使用的”“个人决定以单位名义将公款供其他单位使用，谋取个人利益的”，属于挪用公款“归个人使用”。在司法实践中，对于将公款供其他单位使用的，认定是否属于“以个人名义”，不能只看形式，要从实质上把握。对于行为人逃避财务监管，或者与使用人约定以个人名义进行，或者借款、还款都以个人名义进行，将公款给其他单位使用的，应认定为“以个人名义”。“个人决定”既包括行为人在职权范围内决定，也包括超越职权范围决定。“谋取个人利益”，既包括行为人与使用人事先约定谋取个人利益实际尚未获取的情况，也包括虽未事先约定但实际已获取了个人利益的情况。其中的“个人利益”，既包括不正当利益，也包括正当利益；既包括财产性利益，也包括非财产性利益，但这种非财产性利益应当是具体的实际利益，如升学、就业等。

（三）国有单位领导向其主管的具有法人资格的下级单位借公款归个人使用的认定

国有单位领导利用职务上的便利指令具有法人资格的下级单位将公款供个人使用的，属于挪用公款行为，构成犯罪的，应以挪用公款罪定罪处罚。

（二）挪用公款罪的认定

1.《最高人民法院关于审理挪用公款案件具体应用法律若干问题的解释》（1998 年 5 月 9 日起施行　法释〔1998〕9 号）

第二条　对挪用公款罪，应区分三种不同情况予以认定：

（一）挪用公款归个人使用，数额较大、超过三个月未还的，构成挪用公款罪。

挪用正在生息或者需要支付利息的公款归个人使用，数额较大，超过三个月但在案发前全部归还本金的,可以从轻处罚或者免除处罚。给国家、集体造成的利息损失应予追缴。挪用公款数额巨大,超过三个月,案发前全部归还的,可以酌情从轻处罚。

(二)挪用公款数额较大,归个人进行营利活动的,构成挪用公款罪,不受挪用时间和是否归还的限制。在案发前部分或者全部归还本息的,可以从轻处罚;情节轻微的,可以免除处罚。

挪用公款存入银行、用于集资、购买股票、国债等,属于挪用公款进行营利活动。所获取的利息、收益等违法所得,应当追缴,但不计入挪用公款的数额。

(三)挪用公款归个人使用,进行赌博、走私等非法活动的,构成挪用公款罪,不受"数额较大"和挪用时间的限制。

挪用公款给他人使用,不知道使用人用公款进行营利活动或者用于非法活动,数额较大、超过三个月未还的,构成挪用公款罪;明知使用人用于营利活动或者非法活动的,应当认定为挪用人挪用公款进行营利活动或者非法活动。

第三条[①]第四款 挪用救灾、抢险、防汛、优抚、扶贫、移民、救济款物归个人使用的数额标准,参照挪用公款归个人使用进行非法活动的数额标准。

第四条 多次挪用公款不还,挪用公款数额累计计算;多次挪用公款,并以后次挪用的公款归还前次挪用的公款,挪用公款数额以案发时未还的实际数额认定。

第五条 "挪用公款数额巨大不退还的",是指挪用公款数额巨大,因客观原因在一审宣判前不能退还的。

第七条 因挪用公款索取、收受贿赂构成犯罪的,依照数罪并罚的规定处罚。

挪用公款进行非法活动构成其他犯罪的,依照数罪并罚的规定处罚。

---

① 该解释第三条第一款、第二款规定的立案标准已被2016年4月18日起施行的《最高人民法院、最高人民检察院关于办理贪污贿赂刑事案件适用法律若干问题的解释》中相关内容替代,本书不再引用。

以上规定在司法实务中的理解与适用①

(1)构成挪用公款罪的形式

明知使用人用于营利活动或者非法活动的,应当认定为挪用人挪用公款进行营利活动或者非法活动。根据上述规定精神,如果行为人挪用公款用于个人贷款或者私人借款的,也应当根据个人贷款或者私人借款的具体用途,认定其挪用公款的性质。如果个人贷款或者私人借款用于营利活动或者用于非法活动的,对其挪用行为应当视为挪用公款进行营利活动或者进行非法活动。

(2)"挪用公款数额巨大不退还的"认定问题

挪用公款数额巨大不退还的,限定于因客观原因不能退还的情况,如果行为人主观上不想退还的,如行为人将挪用的公款存入银行拒不交出的,应当按照贪污罪定罪处罚。

(3)正确认定挪用公款罪的客观形式②

关于挪用公款用途的认定。一般来说,挪用公款搞非法活动,搞营利活动,或者归其他个人使用,用途是不难认定的。司法实践中主要有以下几种情况不好认定:一是挪用人和使用人不一致的情况。行为人挪用公款以后给他人使用,如果他人使用的用途行为人知道,那么应视为行为人挪用公款,挪用人如果不知使用人使用挪用的公款的用途,那么就视为挪用公款是归个人使用,按数额较大,超过三个月未还这个原则来处理。二是挪用公款以后归还了贷款或归还了他人的借款,应根据行为人借款的用途或者贷款的用途来确定他挪用公款的用途,如果原来贷款就是为了做生意,搞营利活动,那么这次挪用公款还贷款就视为挪用公款搞营利活动。三是挪用公款为营利活动作准备,应当视为挪用公款进行营利活动,不受时间的限制,因为这种准备活动是进行营利活动的组成部分。四是挪用

---

① 参见熊选国:《〈关于审理挪用公款案件具体应用法律若干问题的解释〉的理解与适用(一)》,载中华人民共和国最高人民法院刑事审判一、二、三、四、五庭主办:《中国刑事审判指导案例》(第6卷),法律出版社2017年版。

② 参见熊选国:《〈关于审理挪用公款案件具体应用法律若干问题的解释〉的理解与适用(二)——兼论挪用公款罪的认定与处罚》,载中华人民共和国最高人民法院刑事审判一、二、三、四、五庭主办:《中国刑事审判指导案例》(第6卷),法律出版社2017年版。

公款后尚未投入实际使用的行为性质的认定。有的行为人挪用公款后尚未投入实际使用,如果行为人事先有明确的具体目的,且有证据证明,则应当根据其事先的目的认定其挪用公款的用途;如果没有证据证明行为人将挪用公款用于营利活动或者非法活动的,应当根据从轻的原则,只有同时具备"数额较大"和"超过三个月未还"的构成要件,才能认定为挪用公款罪。

关于挪用公物归个人使用能否构成挪用公款罪的问题。挪用一般公物的行为不能按挪用公款罪定罪处罚,挪用用于救灾、抢险、防汛、优抚、扶贫、移民、救济物品的行为较挪用一般公物具有较大的社会危害性,而且《刑法》第三百八十四条第二款有明确规定,对挪用上述特定公物归个人使用构成犯罪的,应按照挪用公款罪从重处罚。

(4)挪用公款罪主体的认定

关于受委托管理、经营国有财产的人员能否作为挪用公款罪主体的问题。对于受委托管理、经营国有财产的非国家工作人员,利用职务上的便利,挪用国有资金归个人使用,构成犯罪的,应当依照《刑法》第二百七十二条第一款的规定,以挪用资金罪定罪处罚。

国有单位领导向其主管的具有法人资格的下级单位借公款归个人使用的认定。挪用公款并没有限于挪用本单位的公款,刑法上的挪用资金,是指挪用本单位的资金,而挪用公款,并没有规定是挪用本单位的公款。也就是说,挪用公款罪中的"利用职务上的便利",不限于利用本人职务上主管、经手、管理本单位某项公共事务的职权。利用职务上的便利,通过有隶属关系的下级单位国家工作人员的职权挪用公款的,也构成挪用公款罪。如果下级单位人员与上级单位领导共谋,给上级领导挪用公款出谋划策,帮助上级单位领导完成挪用公款的,下级单位人员已具有帮助上级单位领导挪用公款的主观故意和行为,应以挪用公款罪共犯论处;如果下级单位人员不知道上级单位领导划拨款项的真实意图,仅仅出于执行上级单位领导的指示而办理划拨手续的,下级单位人员不应承担刑事责任;如果上级单位的领导将挪用公款的意图告诉下级单位人员,下级单位人员迫于上级单位领导的压力而挪用公款归上级领导使用的,一般也不宜以挪用公款罪论处,构成其他渎职犯罪的,依照《刑法》有关规定处理。

(5)关于挪用公款罪定罪处罚的数额

关于多次挪用公款数额的计算。"多次挪用公款,并以后次挪用的公款归还前次挪用的公款,挪用公款数额以案发时未还的实际数额认定。"正确理解《最高人民法院关于审理挪用公款案件具体应用法律若干问题的解释》的上述规定,应注意三个问题:一是挪用公款的时间以挪用公款数额达到构成犯罪的标准那天开始计算。二是解释规定的"案发时未还的实际数额",实际上是指的案发时,行为人挪用公款的总数额扣除了已经归还的数额,不能简单地理解为如果案发时行为人全部归还了就不定罪。三是正确认定"以后次挪用的公款归还前次挪用的公款"的情形。如行为人第一次挪用公款5万元,第二次又挪用了5万元,挪用5万元以后不是挪用后次还前次,而是挪用以后他做生意,赚了钱以后把前面那次还了。这种情况挪用公款的数额还是要累计计算的,因为他是通过赚的钱来还前一次挪用的款,不属于拆东墙补西墙的情形,其主观恶性与社会危害性与司法解释规定的情形有较大差别,数额应当累计计算。

(6)关于"挪用公款数额巨大不退还"的认定问题

不退还的时间限制在一审宣判前。挪用公款数额巨大不退还的,限定于因客观原因不能退还的情况。如果行为人主观上不想退还的,如行为人将挪用的公款存入银行拒不交出的,就说明行为人已从挪用公款的故意转化为非法占有的目的,应当按照贪污罪定罪处罚。

【典型案例裁判指引66】《刑事审判参考》第563号[①]张某生滥用职权案:以单位名义擅自出借公款给其他单位使用造成巨大损失的行为如何定性

本案中,有关证据显示,张某生作为单位财会人员,擅自决定将公款借给地方公司使用,但因其是以单位名义借款,且用款单位也是向张某生所在单位出具借条,不能认定张某生是"以个人名义将公款供其他单位使用";张某生与借款单位约定了利息,借款单位也支付了45万余元的利息款,因此款并非被张某生获得,而是入了张某生所在单位的账户。本案中

① 参见中华人民共和国最高人民法院刑事审判一、二、三、四、五庭主办:《中国刑事审判指导案例》(第6卷),法律出版社2017年版,第561-562页。

也没有证据显示张某生谋取其他个人利益,因此也不符合"个人决定以单位名义将公款供其他单位使用,谋取个人利益"的情形,不符合挪用公款罪要求的"挪用公款归个人使用"的本质特征。"以个人名义将公款供其他单位使用",其实质是先将公款挪给自己使用,然后自己再处分公款;"个人决定以单位名义将公款供其他单位使用,谋取个人利益的",实际上是个人将公款作为谋取利益的手段。因此,两种行为本质上仍然属于挪用公款"归个人使用"。

张某生为给单位赚取利息谋取利益,违反国家和单位财务管理规定,未请示单位领导,擅自决定并实施了多次从单位财务账户支取转账支票出借资金,借给地方公司使用,属于过度行使自己的职权,且最终给单位造成500余万元的损失,符合滥用职权罪的构成要件。

2.《全国法院审理经济犯罪案件工作座谈会纪要》(2003年11月13日起施行 法〔2003〕167号)

四、关于挪用公款罪

(一)单位决定将公款给个人使用行为的认定

经单位领导集体研究决定将公款给个人使用,或者单位负责人为了单位的利益,决定将公款给个人使用的,不以挪用公款罪定罪处罚。上述行为致使单位遭受重大损失,构成其他犯罪的,依照刑法的有关规定对责任人员定罪处罚。

(二)挪用公款供其他单位使用行为的认定

根据全国人大常委会《关于〈中华人民共和国刑法〉第三百八十四条第一款的解释》的规定,"以个人名义将公款供其他单位使用的""个人决定以单位名义将公款供其他单位使用,谋取个人利益的",属于挪用公款"归个人使用"。在司法实践中,对于将公款供其他单位使用的,认定是否属于"以个人名义",不能只看形式,要从实质上把握。对于行为人逃避财务监管,或者与使用人约定以个人名义进行,或者借款、还款都以个人名义进行,将公款给其他单位使用的,应认定为"以个人名义"。"个人决定"既包括行为人在职权范围内决定,也包括超越职权范围决定。"谋取个人利益",既包括行为人与使用人事先约定谋取个人利益实际尚未获取的情况,也包括虽未事先约定但实际已获取了个人利益的情况。其中的"个人利益”,既包括不正当利益,也包括正当利益;既包括财产性利益,也包括非财产性利益,但这种非财产性利益应当是具体的实际利益,如升学、就业等。

（三）国有单位领导向其主管的具有法人资格的下级单位借公款归个人使用的认定

国有单位领导利用职务上的便利指令具有法人资格的下级单位将公款供个人使用的,属于挪用公款行为,构成犯罪的,应以挪用公款罪定罪处罚。

（四）挪用有价证券、金融凭证用于质押行为性质的认定

挪用金融凭证、有价证券用于质押,使公款处于风险之中,与挪用公款为他人提供担保没有实质的区别,符合刑法关于挪用公款罪规定的,以挪用公款罪定罪处罚,挪用公款数额以实际或者可能承担的风险数额认定。

（五）挪用公款归还个人欠款行为性质的认定

挪用公款归还个人欠款的,应当根据产生欠款的原因,分别认定属于挪用公款的何种情形。归还个人进行非法活动或者进行营利活动产生的欠款,应当认定为挪用公款进行非法活动或者进行营利活动。

（六）挪用公款用于注册公司、企业行为性质的认定

申报注册资本是为进行生产经营活动作准备,属于成立公司、企业进行营利活动的组成部分。因此,挪用公款归个人用于公司、企业注册资本验资证明的,应当认定为挪用公款进行营利活动。

（七）挪用公款后尚未投入实际使用的行为性质的认定

挪用公款后尚未投入实际使用的,只要同时具备“数额较大”和“超过三个月未还”的构成要件,应当认定为挪用公款罪,但可以酌情从轻处罚。

3.《最高人民法院、最高人民检察院关于办理国家出资企业中职务犯罪案件具体应用法律若干问题的意见》(2010 年 11 月 26 日起施行　法发〔2010〕49 号)

三、关于国家出资企业工作人员使用改制公司、企业的资金担保个人贷款,用于购买改制公司、企业股份的行为的处理

国家出资企业的工作人员在公司、企业改制过程中为购买公司、企

业股份,利用职务上的便利,将公司、企业的资金或者金融凭证、有价证券等用于个人贷款担保的,依照刑法第二百七十二条或者第三百八十四条的规定,以挪用资金罪或者挪用公款罪定罪处罚。

行为人在改制前的国家出资企业持有股份的,不影响挪用数额的认定,但量刑时应当酌情考虑。

经有关主管部门批准或者按照有关政策规定,国家出资企业的工作人员为购买改制公司、企业股份实施前款行为的,可以视具体情况不作为犯罪处理。

以上规定在司法实务中的理解与适用①

关于国家出资企业工作人员使用改制公司、企业的资金担保个人贷款,用于购买改制公司、企业股份的行为的定性处理。在理解本款规定时,需注意担保物的范围问题。我国刑法仅规定挪用公款罪而未规定挪用公物的刑事责任,尽管挪用公物作担保会使被挪用单位面临同样的损失风险,但从司法解释的角度,不宜对公款的理解作过度引申,故《最高人民法院、最高人民检察院关于办理国家出资企业中职务犯罪案件具体应用法律若干问题的意见》将挪用的对象限定为资金或者金融凭证、有价证券等资金凭证。

(三)共犯的认定

《最高人民法院关于审理挪用公款案件具体应用法律若干问题的解释》(1998 年 5 月 9 日起施行　法释〔1998〕9 号)

第八条　挪用公款给他人使用,使用人与挪用人共谋,指使或者参与策划取得挪用款的,以挪用公款罪的共犯定罪处罚。

---

① 参见刘为波:《〈关于办理国家出资企业中职务犯罪案件具体应用法律若干问题的意见〉的理解与适用》,载中华人民共和国最高人民法院刑事审判一、二、三、四、五庭主办:《中国刑事审判指导案例》(第 6 卷),法律出版社 2017 年版。

以上规定在司法实务中的理解与适用①

使用人在什么情况下构成挪用公款罪的共犯？根据《最高人民法院关于审理挪用公款案件具体应用法律若干问题的解释》的规定，使用人构成挪用公款罪的共犯主要有两种情况：一是使用人与挪用人共同策划挪用公款，然后他自己用。比如，使用人需要钱，然后和国家工作人员两人共同策划怎么从他单位挪用公款给自己用，他参与了共同策划。二是使用人指使挪用人挪用公款。实践中比较多的是使用人没有参与策划挪用公款，但他知道是挪用的公款仍然使用，或者他开始不知道这笔钱是挪用的公款，后来知道了这笔钱是挪用的公款但仍然继续使用，对使用人怎么处理？笔者认为，这种情况使用人不能构成挪用公款罪的共同犯罪，因为挪用人实施挪用公款行为的时候他没有参与，这时挪用公款的行为已经实施完了，所以不能按共同犯罪来处理。司法解释对这种情况没有规定，但这种行为情节严重的，可以按窝藏赃物罪②追究刑事责任。

第三人是否可以构成挪用公款罪的共犯？司法实践中，有的人不是使用人，也不是挪用人，是第三人，类似于介绍挪用公款。如甲、乙、丙三人是好朋友，甲找乙借钱，乙主动就说他去找丙，让丙给甲挪用点公款，后来丙确实给甲挪用了公款，乙能不能构成犯罪？笔者认为，这种情况实际上符合共同犯罪的原理，乙尽管没有得到好处，但实际上他参与了挪用公款的犯罪，可以按挪用公款罪的共同犯罪来处理。

（四）挪用公款转化为贪污的认定

1.《最高人民法院关于审理挪用公款案件具体应用法律若干问题的解释》（1998 年 5 月 9 日起施行　法释〔1998〕9 号）

第六条　携带挪用的公款潜逃的，依照刑法第三百八十二条、第三百八十三条的规定定罪处罚。

---

① 参见熊选国：《〈关于审理挪用公款案件具体应用法律若干问题的解释〉的理解与适用（二）——兼论挪用公款罪的认定与处罚》，载中华人民共和国最高人民法院刑事审判一、二、三、四、五庭主办：《中国刑事审判指导案例》（第 6 卷），法律出版社 2017 年版。

② 2006 年 6 月 29 日起施行的《刑法修正案（六）》将窝藏赃物罪改为掩饰、隐瞒犯罪所得、犯罪所得收益罪。

以上规定在司法实务中的理解与适用

详见本书第二章第64页相关内容。

2.《全国法院审理经济犯罪案件工作座谈会纪要》(2003年11月13日起施行 法〔2003〕167号)

(八)挪用公款转化为贪污的认定

挪用公款罪与贪污罪的主要区别在于行为人主观上是否具有非法占有公款的目的。挪用公款是否转化为贪污,应当按照主客观相一致的原则,具体判断和认定行为人主观上是否具有非法占有公款的目的。在司法实践中,具有以下情形之一的,可以认定行为人具有非法占有公款的目的:

1. 根据《最高人民法院关于审理挪用公款案件具体应用法律若干问题的解释》第六条的规定,行为人"携带挪用的公款潜逃的",对其携带挪用的公款部分,以贪污罪定罪处罚。

2. 行为人挪用公款后采取虚假发票平账、销毁有关账目等手段,使所挪用的公款已难以在单位财务账目上反映出来,且没有归还行为的,应当以贪污罪定罪处罚。

3. 行为人截取单位收入不入账,非法占有,使所占有的公款难以在单位财务账目上反映出来,且没有归还行为的,应当以贪污罪定罪处罚。

4. 有证据证明行为人有能力归还所挪用的公款而拒不归还,并隐瞒挪用的公款去向的,应当以贪污罪定罪处罚。

以上规定在司法实务中的理解与适用①

关于挪用公款罪转化为贪污罪的问题。挪用公款行为转化为贪污行为的转化标志就是行为人在主观上已由准备以后归还,不打算永久占有,转变为永久占有其挪用的公款,不打算归还。

① 参见郭清国:《〈全国法院审理经济犯罪案件工作座谈会纪要〉的理解与适用》,载中华人民共和国最高人民法院刑事审判一、二、三、四、五庭主办:《中国刑事审判指导案例》(第6卷),法律出版社2017年版。

【典型案例裁判指引67】《刑事审判参考》第194号[①]梁某挪用公款、张某挪用公款、盗窃案：判断贪污罪还是挪用公款罪的关键看其主观上是非法占有还是非法使用

是否平账只是判断构成贪污罪还是挪用公款罪的一般标准，而不是唯一标准。例如，行为人挪用公款后为应付查账而暂时平账，不能因其暂时平账改变挪用公款的定性；又如行为人直接侵吞公款并挥霍殆尽，即使未平账也应认定其构成贪污罪。因此，对行为人行为定性的关键还在于看其主观上对于公共财物是具有非法占有还是非法使用的故意。判断行为人的主观故意时，除了行为人自己的供述外，更重要的是通过客观外现的行为表现来分析，其中包括行为人动用公款的手段、对账目的处理、公款的用途和归还情况等。“不想还”与“不能还”反映了行为人不同的主观故意和主观恶性，“不想还”是行为人有能力归还而不归还，反映出其主观上非法占有的故意，有较大的主观恶性；“不能还”是指行为人想归还但客观上没有能力归还，行为人主观上只有挪用公款的故意，其主观恶性相对较小，不能因公款未还而不问缘由就推定行为人主观上要非法占有公款。

（五）挪用公款罪中特定款物的范围

1.《最高人民检察院关于挪用失业保险基金和下岗职工基本生活保障资金的行为适用法律问题的批复》（2003年1月30日起施行　高检发释字〔2003〕1号）

挪用失业保险基金和下岗职工基本生活保障资金属于挪用救济款物。挪用失业保险基金和下岗职工基本生活保障资金，情节严重，致使国家和人民群众利益遭受重大损害的，对直接责任人员，应当依照刑法第二百七十三条的规定，以挪用特定款物罪追究刑事责任；国家工作人员利用职务上的便利，挪用失业保险基金和下岗职工基本生活保障资金归个人使用，构成犯罪的，应当依照刑法第三百八十四条的规定，以挪用公款罪追究刑事责任。

---

① 参见中华人民共和国最高人民法院刑事审判一、二、三、四、五庭主办：《中国刑事审判指导案例》（第6卷），法律出版社2017年版，第145页。

2.《最高人民法院研究室关于挪用退休职工社会养老金行为如何适用法律问题的复函》(2004年7月9日起施行 法研〔2004〕102号)

退休职工养老保险金不属于我国刑法中的救灾、抢险、防汛、优抚、扶贫、移民、救济等特定款物的任何一种。因此,对于挪用退休职工养老保险金的行为,构成犯罪时,不能以挪用特定款物罪追究刑事责任,而应当按照行为人身份的不同,分别以挪用资金罪或者挪用公款罪追究刑事责任。

3.《最高人民检察院关于贪污养老、医疗等社会保险基金能否适用〈最高人民法院最高人民检察院关于办理贪污贿赂刑事案件适用法律若干问题的解释〉第一条第二款第一项规定的批复》(2017年8月7日起施行 高检发释字〔2017〕1号)

养老、医疗、工伤、失业、生育等社会保险基金可以认定为《最高人民法院、最高人民检察院关于办理贪污贿赂刑事案件适用法律若干问题的解释》第一条第二款第一项规定的"特定款物"。

根据刑法和有关司法解释规定,贪污罪和挪用公款罪中的"特定款物"的范围有所不同,实践中应注意区分,依法适用。[1]

以上规定在司法实务中的理解与适用[2]

该批复在司法实务中的理解与适用同本书第二章"第一节贪污罪""三、重点、疑难问题界定""(六)贪污罪中特定款物的范围"第2点相关内容。

---

① 贪污罪中的特定款物为:救灾、抢险、防汛、优抚、扶贫、移民、救济、防疫、社会捐助以及养老、医疗、工伤、失业、生育等社会保险基金等特定款物;而挪用公款罪中特定款物只有7种:救灾、抢险、防汛、优抚、扶贫、移民、救济款物。根据2003年1月30日起施行的《最高人民检察院关于挪用失业保险基金和下岗职工基本生活保障资金的行为适用法律问题的批复》的规定,失业保险基金、下岗职工基本生活保障金属于救济款物范围。

② 参见卢宇蓉、杨建军:《社会保险基金属于贪污罪中的"特定款物"——〈最高人民检察院关于贪污养老、医疗等社会保险基金能否适用《最高人民法院、最高人民检察院关于办理贪污贿赂刑事案件适用法律若干问题的解释》第一条第二款第一项规定的批复的理解与适用〉》,载《检察日报》2017年8月28日,第3版。

（六）挪用公款罪的追诉期限计算

《最高人民法院关于挪用公款犯罪如何计算追诉期限问题的批复》（2003 年 10 月 10 日起施行　法释〔2003〕16 号）

根据刑法第八十九条、第三百八十四条的规定，挪用公款归个人使用，进行非法活动的，或者挪用公款数额较大、进行营利活动的，犯罪的追诉期限从挪用行为实施完毕之日起计算；挪用公款数额较大、超过三个月未还的，犯罪的追诉期限从挪用公款罪成立之日起计算。挪用公款行为有连续状态的，犯罪的追诉期限应当从最后一次挪用行为实施完毕之日或者犯罪成立之日起计算。

（七）其他法律适用

1.《最高人民检察院关于人民检察院直接受理立案侦查案件立案标准的规定（试行）》（1999 年 9 月 16 日起施行　高检发释字〔1999〕2 号）

四、附则

（四）本规定中有关挪用公款罪案中的“非法活动”，既包括犯罪活动，也包括其他违法活动。

2.《最高人民检察院关于挪用国库券如何定性问题的批复》（1997 年 10 月 13 日起施行　高检发释字〔1997〕5 号）

国家工作人员利用职务上的便利，挪用公有或本单位的国库券的行为以挪用公款论；符合刑法第 384 条、第 272 条第 2 款规定的情形构成犯罪的，按挪用公款罪追究刑事责任。

3.《最高人民检察院关于国家工作人员挪用非特定公物能否定罪的请示的批复》（2000 年 3 月 15 日起施行　高检发释字〔2000〕1 号）

刑法第 384 条规定的挪用公款罪中未包括挪用非特定公物归个人使用的行为，对该行为不以挪用公款罪论处。如构成其他犯罪的，依照刑法的相关规定定罪处罚。

4.《全国法院审理金融犯罪案件工作座谈会纪要》(2001 年 1 月 21 日起施行 法〔2001〕8 号)

(二)关于破坏金融管理秩序罪

3. 用账外客户资金非法拆借、发放贷款行为的认定和处罚

审理银行或者其他金融机构及其工作人员用账外客户资金非法拆借、发放贷款案件,要注意将用账外客户资金非法拆借、发放贷款的行为与挪用公款罪和挪用资金罪区别开来。对于利用职务上的便利,挪用已经记入金融机构法定存款账户的客户资金归个人使用的,或者吸收客户资金不入账,却给客户开具银行存单,客户也认为将款已存入银行,该款却被行为人以个人名义借贷给他人的,均应认定为挪用公款罪或者挪用资金罪。

5.《最高人民法院研究室关于对行为人通过伪造国家机关公文、证件担任国家工作人员职务并利用职务上的便利侵占本单位财物、收受贿赂、挪用本单位资金等行为如何适用法律问题的答复》(2004 年 3 月 30 日起施行 法研〔2004〕38 号)

行为人通过伪造国家机关公文、证件担任国家工作人员职务以后,又利用职务上的便利实施侵占本单位财物、收受贿赂、挪用本单位资金等行为,构成犯罪的,应当分别以伪造国家机关公文、证件罪和相应的贪污罪、受贿罪、挪用公款罪等追究刑事责任,实行数罪并罚。

四、定罪量刑标准

(一)司法解释等相关规定

1.《最高人民法院、最高人民检察院关于办理贪污贿赂刑事案件适用法律若干问题的解释》(2016 年 4 月 18 日起施行 法释〔2016〕9 号)

第五条 挪用公款归个人使用,进行非法活动,数额在三万元以上的,应当依照刑法第三百八十四条的规定以挪用公款罪追究刑事责任;数额在三百万元以上的,应当认定为刑法第三百八十四条第一款规定的"数额巨大"。具有下列情形之一的,应当认定为刑法第三百八十四条第一款规定的"情节严重":

(一)挪用公款数额在一百万元以上的;

（二）挪用救灾、抢险、防汛、优抚、扶贫、移民、救济特定款物，数额在五十万元以上不满一百万元的；

（三）挪用公款不退还，数额在五十万元以上不满一百万元的；

（四）其他严重的情节。

第六条 挪用公款归个人使用，进行营利活动或者超过三个月未还，数额在五万元以上的，应当认定为刑法第三百八十四条第一款规定的"数额较大"；数额在五百万元以上的，应当认定为刑法第三百八十四条第一款规定的"数额巨大"。具有下列情形之一的，应当认定为刑法第三百八十四条第一款规定的"情节严重"：

（一）挪用公款数额在二百万元以上的；

（二）挪用救灾、抢险、防汛、优抚、扶贫、移民、救济特定款物，数额在一百万元以上不满二百万元的；

（三）挪用公款不退还，数额在一百万元以上不满二百万元的；

（四）其他严重的情节。

第十八条 贪污贿赂犯罪分子违法所得的一切财物，应当依照刑法第六十四条的规定予以追缴或者责令退赔，对被害人的合法财产应当及时返还。对尚未追缴到案或者尚未足额退赔的违法所得，应当继续追缴或者责令退赔。

以上规定在司法实务中的理解与适用①

关于挪用公款、行贿等其他职务犯罪的定罪量刑标准。1998年《最高人民法院关于审理挪用公款案件具体应用法律若干问题的解释》规定"情节严重"时，除单纯数额标准外，对于"多次挪用""因挪用公款严重影响生产、经营，造成严重损失"等情形未明确数额要求。为避免实践理解分歧，防止出现数额刚达到追诉标准但具有规定情形的即被认定为情节严重，在5年以上有期徒刑判处刑罚的不当做法，《最高人民法院、最高人民检察院关于办理贪污贿赂刑事案件适用法律若干问题的解释》（以下简称《关于

---

① 参见裴显鼎、苗有水等：《〈关于办理贪污贿赂刑事案件适用法律若干问题的解释〉的理解与适用》，载中华人民共和国最高人民法院刑事审判一、二、三、四、五庭主办：《中国刑事审判指导案例》（第6卷），法律出版社2017年版。

办理贪污贿赂案件的解释》)对情节标准明确了数额要求。①

实践中存在挪用公款部分进行非法活动,部分进行营利活动或者超过三个月未还,分别均未达到《关于办理贪污贿赂案件的解释》规定的相应入罪数额标准的情形。对此,可以按照"轻行为吸收重行为"的原则合并计算挪用数额,即将"进行非法活动"的数额计入"进行营利活动或者超过三个月未还"的数额,如合并计算后达到后者入罪标准的,应当依法定罪处罚。

2.《最高人民法院关于审理挪用公款案件具体应用法律若干问题的解释》(1998 年 5 月 9 日起施行　法释〔1998〕9 号)

第三条第四款　挪用救灾、抢险、防汛、优抚、扶贫、移民、救济款物归个人使用的数额标准,参照挪用公款归个人使用进行非法活动的数额标准。

3.《最高人民法院、最高人民检察院关于办理妨害预防、控制突发传染病疫情等灾害的刑事案件具体应用法律若干问题的解释》(2003 年 5 月 15 日起施行　法释〔2003〕8 号)

第十四条第一款　贪污、侵占用于预防、控制突发传染病疫情等灾害的款物或者挪用归个人使用,构成犯罪的,分别依照刑法第三百八十二条、第三百八十三条、第二百七十一条、第三百八十四条、第二百七十二条的规定,以贪污罪、侵占罪、挪用公款罪、挪用资金罪定罪,依法从重处罚。

第十八条　本解释所称"突发传染病疫情等灾害",是指突然发生,造成或者可能造成社会公众健康严重损害的重大传染病疫情、群体性不明原因疾病以及其他严重影响公众健康的灾害。

---

① 即 1998 年《最高人民法院关于审理挪用公款案件具体应用法律若干问题的解释》中规定的"多次挪用""因挪用公款严重影响生产、经营,造成严重损失"等情节属于挪用公款罪"情节严重"内容不再适用。

(二)定罪量刑对应表

表 3－1 挪用公款罪定罪量刑对应表

挪用公款罪		进行非法活动	进行营利活动或者超过三个月未还
第一档	5 年以下有期徒刑或者拘役	3 万元≤挪用公款数额＜100 万元;或 3 万元≤特定款物①＜50 万元	5 万元≤挪用公款数额＜200 万元;或 3 万元≤特定款物＜100 万元
第二档	5 年以上有期徒刑	≥100 万元;或挪用特定款物数额≥50 万元;或 50 万元≤挪用不退还数额＜300 万元	≥200 万元;或挪用特定款物数额≥100 万元;或 100 万元≤挪用不退还数额＜500 万元
第三档	10 年以上有期徒刑或者无期徒刑	挪用不退还:≥300 万元	挪用不退还:≥500 万元

第二节 挪用特定款物罪

一、犯罪主体

自然人,其中具有公职人员身份的人员涉嫌该罪的归监察委员会管辖。

二、刑法规定

《刑法》

第二百七十三条 挪用用于救灾、抢险、防汛、优抚、扶贫、移民、救济款物,情节严重,致使国家和人民群众利益遭受重大损害的,对直接责任人员,处三年以下有期徒刑或者拘役;情节特别严重的,处三年以上七年以下

① 挪用公款罪中的特定款物指:救灾、抢险、防汛、优抚、扶贫、移民、救济特定款物。根据 2003 年 1 月 30 日起施行的《最高人民检察院关于挪用失业保险基金和下岗职工基本生活保障资金的行为适用法律问题的批复》的规定,失业保险基金、下岗职工基本生活保障金属于救济款物范围。

有期徒刑。

三、重点、疑难问题界定

(一)挪用特定款物罪中特定款物的范围

1.《最高人民检察院关于挪用失业保险基金和下岗职工基本生活保障资金的行为适用法律问题的批复》(2003年1月30日起施行　高检发释字〔2003〕1号)

挪用失业保险基金和下岗职工基本生活保障资金属于挪用救济款物。挪用失业保险基金和下岗职工基本生活保障资金,情节严重,致使国家和人民群众利益遭受重大损害的,对直接责任人员,应当依照刑法第二百七十三条的规定,以挪用特定款物罪追究刑事责任;国家工作人员利用职务上的便利,挪用失业保险基金和下岗职工基本生活保障资金归个人使用,构成犯罪的,应当依照刑法第三百八十四条的规定,以挪用公款罪追究刑事责任。

2.《最高人民法院、最高人民检察院关于办理妨害预防、控制突发传染病疫情等灾害的刑事案件具体应用法律若干问题的解释》(2003年5月15日起施行　法释〔2003〕8号)

第十四条第二款　挪用用于预防、控制突发传染病疫情等灾害的救灾、优抚、救济等款物,构成犯罪的,对直接责任人员,依照刑法第二百七十三条的规定,以挪用特定款物罪定罪处罚。

3.《最高人民法院研究室关于挪用退休职工社会养老金行为如何适用法律问题的复函》(2004年7月9日起施行　法研〔2004〕102号)

退休职工养老保险金不属于我国刑法中的救灾、抢险、防汛、优抚、扶贫、移民、救济等特定款物的任何一种。因此,对于挪用退休职工养老保险金的行为,构成犯罪时,不能以挪用特定款物罪追究刑事责任,而应当按照行为人身份的不同,分别以挪用资金罪或者挪用公款罪追究刑事责任。

4.《最高人民检察院关于贪污养老、医疗等社会保险基金能否适用〈最高人民法院最高人民检察院关于办理贪污贿赂刑事案件适用法律若干问题的解释〉第一条第二款第一项规定的批复》(2017 年 8 月 7 日起施行　高检发释字〔2017〕1 号)

养老、医疗、工伤、失业、生育等社会保险基金可以认定为《最高人民法院、最高人民检察院关于办理贪污贿赂刑事案件适用法律若干问题的解释》第一条第二款第一项规定的“特定款物”。

根据刑法和有关司法解释规定,贪污罪和挪用公款罪中的“特定款物”的范围有所不同,实践中应注意区分,依法适用①。

以上规定在司法实务中的理解与适用

详见本书第二章第 70 页相关内容。

5.《最高人民法院、最高人民检察院、公安部、司法部关于依法惩治妨害新型冠状病毒感染肺炎疫情防控违法犯罪的意见》(2020 年 2 月 6 日起施行　法发〔2020〕7 号)

(七)(第四款)国家工作人员,受委托管理国有财产的人员,公司、企业或者其他单位的人员,利用职务便利,侵吞、截留或者以其他手段非法占有用于防控新型冠状病毒感染肺炎的款物,或者挪用上述款物归个人使用,符合刑法第三百八十二条、第三百八十三条、第二百七十一条、第三百八十四条、第二百七十二条规定的,以贪污罪、职务侵占罪、挪用公款罪、挪用资金罪定罪处罚。挪用用于防控新型冠状病毒感染肺炎的救灾、优抚、救济等款物,符合刑法第二百七十三条规定的,对直接责任人员,以挪用特定款物罪定罪处罚。

---

① 贪污罪中的特定款物为:救灾、抢险、防汛、优抚、扶贫、移民、救济、防疫、社会捐助以及养老、医疗、工伤、失业、生育等社会保险基金等特定款物;而挪用公款罪和挪用特定款物罪中的特定款物只有 7 种:救灾、抢险、防汛、优抚、扶贫、移民、救济款物。根据 2003 年 1 月 30 日起施行的《最高人民检察院关于挪用失业保险基金和下岗职工基本生活保障资金的行为适用法律问题的批复》的规定,失业保险基金、下岗职工基本生活保障金属于救济款物范围。

(二)挪用特定款物罪的认定

将特定款物挪作其他公共用途构成挪用特定款物罪①

挪用公款罪中的"挪用"表现为挪用公款归个人或者他人使用,其实质是公款私用,以拟归还为前提;而挪用特定款物罪中的"挪用"表现为违反专款专物专用的原则,将特定款物挪作其他公共用途,未能专款专物专用,其实质是公款公物公用。将特定款物挪作他用,一般是挪用后被消耗或者生成、置换成仍归单位所有的其他动产或者不动产,如挪用特定款物建造宾馆、办公楼,挪用特定款物购买小汽车等。因此,不论事后是否归还均以挪用特定款物罪论处。

如国家工作人员陈某挪用特定款物案。陈某原系某市劳动局局长,其利用职务上的便利,违反国家财经管理制度,先后5次挪用其下属劳动服务公司管理的用于救济的失业保险金共计200万元分别用于购买公车和建造办公楼。法院经审理认为,被告人陈某违反国家财经管理制度,挪用救济款物,情节严重,其行为构成挪用特定款物罪。再如高某、喻某挪用特定款物案。高某原系某村委会支部书记,喻某原系村委会主任,两人在负责村移民建镇工作期间,利用领取和发放移民资金的职务便利将代领的移民资金25万余元不及时发放给农户,而用于村集体开支,致使群众意见很大,引起群体上访。法院经审理认为,被告人高某、喻某违反国家专款专用管理制度,将移民建镇资金用于村集体的其他开支,情节严重,其行为构成挪用特定款物罪。

【典型案例裁判指引68】《刑事审判参考》第75号②王某言挪用公款案:挪用特定物品归非个人使用的可以以挪用特定款物罪追究刑事责任

侵犯财产使用权的挪用性质犯罪,在我国刑法中共有三种,分属侵犯财产罪和贪污贿赂罪,前者为挪用资金罪、挪用特定款物罪,后者为挪用公款罪。对于国家工作人员挪用公物的行为,一般认为,如果挪用救灾、抢险、防汛、优抚、

---

① 参见沈志先主编:《职务犯罪审判实务》,法律出版社2013年版,第205-206页。

② 参见中华人民共和国最高人民法院刑事审判一、二、三、四、五庭主办:《中国刑事审判指导案例》(第6卷),法律出版社2017年版,第139页。

扶贫、移民、救济等特定物品归非个人使用的，可以按照《刑法》第二百七十三条规定的挪用特定款物罪追究刑事责任；如果挪用特定款物归个人包括私有公司、企业①使用，则按照《刑法》第三百八十四条规定的挪用公款罪定罪处刑。刑法中没有规定挪用一般公物罪，所以挪用一般公物的，不能以犯罪论处。

四、定罪量刑标准

（一）司法解释等相关规定

《最高人民检察院、公安部关于公安机关管辖的刑事案件立案追诉标准的规定（二）》②（2010 年 5 月 7 日起施行　公通字〔2010〕23 号）

第八十六条　［挪用特定款物案（刑法第二百七十三条）］挪用用于救灾、抢险、防汛、优抚、扶贫、移民、救济款物，涉嫌下列情形之一的，应予立案追诉：

（一）挪用特定款物③数额在五千元以上的；

（二）造成国家和人民群众直接经济损失数额在五万元以上的；

（三）虽未达到上述数额标准，但多次挪用特定款物的，或者造成人民群众的生产、生活严重困难的；

（四）严重损害国家声誉，或者造成恶劣社会影响的；

（五）其他致使国家和人民群众利益遭受重大损害的情形。

第八十七条　本规定中的“多次”，是指三次以上。

---

①　这里的私人公司、企业是指不具有法人资格，若具有法人资格的则属于单位，要满足“以个人名义将公款供其他单位使用”或是“个人决定以单位名义将公款供其他单位使用，谋取个人利益的”条件，才能构成挪用公款罪。

②　2010 年司法解释被 2022 年 5 月 15 日起修订施行的《最高人民检察院、公安部关于公安机关管辖的刑事案件立案追诉标准的规定（二）》废止，但 2022 年司法解释对挪用特定款物罪立案标准未做规定，办案时可参考 2010 年司法解释的标准。

③　挪用特定款物罪中的特定款物和挪用公款罪中的特定款物内容相同，但与贪污罪中的特定款物不一样，少了防疫、社会捐助、社会保险基金（养老、医疗、工伤、生育等）这三类特定款物。同时 2016 年 4 月 18 日起施行的《最高人民法院、最高人民检察院关于办理贪污贿赂刑事案件适用法律若干问题的解释》对挪用公款罪立案数额中的挪用用于非法活动数额调整为 3 万元，根据挪用公款中挪用特定款物归个人使用比照挪用非法活动数额 3 万元标准，因此在司法实践中把挪用特定款物罪立案数额掌握在 3 万元比较合适。

第八十八条 本规定中的“虽未达到上述数额标准”,是指接近上述数额标准且已达到该数额的百分之八十以上的。

第九十一条 本规定中的“以上”,包括本数。

(二)定罪量刑对应表

表3-2 挪用特定款物罪定罪量刑对应表

挪用特定款物罪		数额	数额+情节	经济损失	其他
第一档	3年以下有期徒刑或者拘役	≥0.5万元(实践宜≥3万元)	≥0.4万元(宜≥2.4万元)且多次挪用≥3次或造成群众生产生活困难	≥5万元	严重损害国家声誉或造成恶劣社会影响或其他致使国家和人民群众利益遭受重大损害
第二档	3年以上7年以下有期徒刑	未规定	未规定	未规定	未规定

第三节 挪用资金罪

一、犯罪主体

公司、企业或者其他单位中的非国家工作人员,其中在刑法上被认定为非国家工作人员身份的公职人员涉嫌该罪的归监察委员会管辖。

二、刑法规定

《刑法》

第二百七十二条第一款①、第三款 公司、企业或者其他单位的工作

① 本条第一款被2021年3月1日起施行的《刑法修正案(十一)》修改,注意从旧兼从轻原则。修改前的条文为:公司、企业或者其他单位的工作人员,利用职务上的便利,挪用本单位资金归个人使用或者借贷给他人,数额较大、超过三个月未还的,或者虽未超过三个月,但数额较大、进行营利活动的,或者进行非法活动的,处三年以下有期徒刑或者拘役;挪用本单位资金数额巨大的,或者数额较大不退还的,处三年以上十年以下有期徒刑。

人员，利用职务上的便利，挪用本单位资金归个人使用或者借贷给他人，数额较大、超过三个月未还的，或者虽未超过三个月，但数额较大、进行营利活动的，或者进行非法活动的，处三年以下有期徒刑或者拘役；挪用本单位资金数额巨大的，处三年以上七年以下有期徒刑；数额特别巨大的，处七年以上有期徒刑。

有第一款行为，在提起公诉前将挪用的资金退还的，可以从轻或者减轻处罚。其中，犯罪较轻的，可以减轻或者免除处罚。

第一百八十五条第一款　商业银行、证券交易所、期货交易所、证券公司、期货经纪公司、保险公司或者其他金融机构的工作人员利用职务上的便利，挪用本单位或者客户资金的，依照本法第二百七十二条的规定定罪处罚。

三、重点、疑难问题界定

（一）归个人使用的认定

1.《全国人民代表大会常务委员会法制工作委员会刑法室关于挪用资金罪有关问题的答复》（2004年9月8日起施行　法工委刑发〔2004〕第28号）

刑法第二百七十二条规定的挪用资金罪中的“归个人使用”与刑法第三百八十四条规定的挪用公款罪中的“归个人使用”的含义基本相同。97年修改刑法时，针对当时挪用资金中比较突出的情况，在规定“归个人使用时”的同时，进一步明确了“借贷给他人”属于挪用资金罪的一种表现形式。

2.《全国人民代表大会常务委员会关于〈中华人民共和国刑法〉第三百八十四第一款的解释》（2002年4月28日起施行　第九届全国人民代表大会常务委员会第二十七次会议通过）

有下列情形之一的，属于挪用公款“归个人使用”：

（一）将公款供本人、亲友或者其他自然人使用的；

（二）以个人名义将公款供其他单位使用的；

（三）个人决定以单位名义将公款供其他单位使用，谋取个人利益的。

以上规定在司法实务中的理解与适用

详见本书第三章“第一节挪用公款罪”“三、重点、疑难问题界定”“(一)归个人使用的认定”第1点相关内容。

【典型案例裁判指引69】《刑事审判参考》第1189号①李某挪用资金案:挪用资金超过三个月未还的认定不受介入因素而中断

挪用型犯罪的成立,不存在截止日的问题。无论是被害单位报案时,还是公安机关立案时,抑或是对被告人采取强制措施时,甚至是提起公诉抑或法院宣判之日,都不是界定是否满三个月的时间节点。行为人自挪用之日起在三个月内归还的,无论中间发生什么,其行为均不构成犯罪。超过三个月才归还甚至还处于未归还状态的,挪用犯罪即已成立。

3.《最高人民检察院、公安部关于公安机关管辖的刑事案件立案追诉标准的规定(二)》(2022年5月15日起施行 2022年4月6日修订)

第七十七条第二款 〔挪用资金案(刑法第二百七十二条第一款)〕具有下列情形之一的,属于本条规定的“归个人使用”:

(一)将本单位资金供本人、亲友或者其他自然人使用的;

(二)以个人名义将本单位资金供其他单位使用的;

(三)个人决定以单位名义将本单位资金供其他单位使用,谋取个人利益的。

(二)其他单位的认定

1.《最高人民法院研究室关于村民小组是否属于刑法第二百七十二条规定的“其他单位”问题的研究意见》

刑法第二百七十二条规定的“其他单位”包括村民小组,村民小组组长可以成为挪用资金罪的犯罪主体。村民小组组长利用职务上的便利,挪用本单位资金归个人使用或者借贷给他人,数额较大、超过三个月未还的,或者虽未超过三个月,但数额较大、进行营利活动的,或者进行非法活动的,应当依照刑法第二百七十二条第一款的规定,以挪用资金罪定罪处罚。

---

① 参见中华人民共和国最高人民法院刑事审判第一、二、三、四、五庭主办:《刑事审判参考》(总第109集),法律出版社2017年版,第60页。

2.《最高人民法院、最高人民检察院关于办理商业贿赂刑事案件适用法律若干问题的意见》(2008 年 11 月 20 日起施行 法发〔2008〕33 号)

二、刑法第一百六十三条、第一百六十四条规定的“其他单位”,既包括事业单位、社会团体、村民委员会、居民委员会、村民小组等常设性的组织,也包括为组织体育赛事、文艺演出或者其他正当活动而成立的组委会、筹委会、工程承包队等非常设性的组织。

以上规定在司法实务中的理解与适用一①

关于《刑法》第一百六十三条、第一百六十四条规定的“公司、企业或者其他单位的工作人员”的认定。刑法中的单位,既有作为犯罪主体的犯罪单位,也有作为被害人的被害单位。从《刑法》第一百六十三条、第一百六十四条的规定看,这里的“其他单位”,是被告人所在的单位,可以看作被害单位。单位犯罪的主体《刑法》有明确规定,作为被害人的单位则法无明文,对此有的同志认为二者范围相同,有的则认为前者小于后者。我们认为,二者在内涵和外延上不尽相同,作为被害人的单位,其成立条件、形式要件较之作为犯罪主体的单位相对宽松,因而范围也相对广泛。由于单位的形式多样,组织结构不尽相同,全面、准确抽象其一般性特征从而对“其他单位”作一般性定义存在一定困难,因而在《最高人民法院、最高人民检察院关于办理商业贿赂刑事案件适用法律若干问题的意见》起草过程中,吸收了有关部门的意见,只对没有争议形成共识的“其他单位”加以列举。从司法实践看,《刑法》第一百六十三条、第一百六十四条中的“其他单位”,既包括事业单位、社会团体、村民委员会、居民委员会、村民小组等常设性的组织,也包括为组织体育赛事、文艺演出或者其他正当活动而成立的组委会、筹委会、工程承包队等临时性的组织。其他没有列举的临时性组织,如债权人会议、清算组等是否属于其他单位,需要在实践中具体把握。

---

① 参见逄锦温:《〈关于办理商业贿赂刑事案件适用法律若干问题的意见〉的理解与适用》,载中华人民共和国最高人民法院刑事审判一、二、三、四、五庭主办:《中国刑事审判指导案例》(第 6 卷),法律出版社 2017 年版。

以上规定在司法实务中的理解与适用二[①]

挪用公款罪主体的认定。对于受委托管理经营国有财产的非国家工作人员,利用职务上的便利,挪用国有资金归个人使用,构成犯罪的,应当依照《刑法》第二百七十二条第一款的规定,以挪用资金罪定罪处罚。挪用公款并没有限于挪用本单位的公款,刑法上挪用资金,是指挪用本单位的资金,而挪用公款,并没有规定是挪用本单位的公款。

【典型案例裁判指引70】《刑事审判参考》第454号[②]陈某林等挪用资金、贪污案:无法区分款项性质以挪用资金罪追究村民委员会等村基层组织人员的刑事责任

在农村基层组织人员所挪用款项的具体性质以及利用何种职务之便无法查清的情况下,由于无法区分他们究竟是利用何种职务便利挪用何种款项,主体身份无法明确,因此根据刑法的谦抑原则,应该从有利于被告人的角度出发,以刑罚较轻的罪名对被告人进行定罪处罚(以挪用资金罪定罪处罚)。

(三)其他法律适用

1.《最高人民法院关于对受委托管理、经营国有财产人员挪用国有资金行为如何定罪问题的批复》(2000年2月24日起施行　法释〔2000〕5号)

对于受国家机关、国有公司、企业、事业单位、人民团体委托,管理、经营国有财产的非国家工作人员,利用职务上的便利,挪用国有资金归个人使用构成犯罪的,应当依照刑法第二百七十二条第一款的规定定罪处罚。

2.《最高人民检察院关于挪用尚未注册成立公司资金的行为适用法律问题的批复》(2000年10月9日起施行　高检发研字〔2000〕19号)

筹建公司的工作人员在公司登记注册前,利用职务上的便利,挪用准

---

① 参见熊选国:《〈关于审理挪用公款案件具体应用法律若干问题的解释〉的理解与适用(二)——兼论挪用公款罪的认定与处罚》,载中华人民共和国最高人民法院刑事审判一、二、三、四、五庭主办:《中国刑事审判指导案例》(第6卷),法律出版社2017年版。

② 参见中华人民共和国最高人民法院刑事审判一、二、三、四、五庭主办:《中国刑事审判指导案例》(第6卷),法律出版社2017年版,第169－170页。

备设立的公司在银行开设的临时账户上的资金,归个人使用或者借贷给他人,数额较大、超过三个月未还的,或者虽未超过三个月,但数额较大、进行营利活动的,或者进行非法活动的,应当根据刑法第二百七十二条的规定,追究刑事责任。

3.《全国法院审理金融犯罪案件工作座谈会纪要》(2001年1月21日起施行 法〔2001〕8号)

(二)关于破坏金融管理秩序罪

3. 用账外客户资金非法拆借、发放贷款行为的认定和处罚

审理银行或者其他金融机构及其工作人员用账外客户资金非法拆借、发放贷款案件,要注意将用账外客户资金非法拆借、发放贷款的行为与挪用公款罪和挪用资金罪区别开来。对于利用职务上的便利,挪用已经记入金融机构法定存款账户的客户资金归个人使用的,或者吸收客户资金不入账,却给客户开具银行存单,客户也认为将款已存入银行,该款却被行为人以个人名义借贷给他人的,均应认定为挪用公款罪或者挪用资金罪。

4.《最高人民法院、最高人民检察院关于办理国家出资企业中职务犯罪案件具体应用法律若干问题的意见》(2010年11月26日起施行 法发〔2010〕49号)

三、关于国家出资企业工作人员使用改制公司、企业的资金担保个人贷款,用于购买改制公司、企业股份的行为的处理

国家出资企业的工作人员在公司、企业改制过程中为购买公司、企业股份,利用职务上的便利,将公司、企业的资金或者金融凭证、有价证券等用于个人贷款担保的,依照刑法第二百七十二条或者第三百八十四条的规定,以挪用资金罪或者挪用公款罪定罪处罚。

行为人在改制前的国家出资企业持有股份的,不影响挪用数额的认定,但量刑时应当酌情考虑。

经有关主管部门批准或者按照有关政策规定,国家出资企业的工作人员为购买改制公司、企业股份实施前款行为的,可以视具体情况不作为犯罪处理。

以上规定在司法实务中的理解与适用①

在理解上述规定时,需注意担保物的范围问题。我国刑法仅规定挪用公款罪而未规定挪用公物的刑事责任,尽管挪用公物作担保同样会使被挪用单位面临同样的损失风险,但从司法解释的角度,不宜对公款的理解作过度引申,故《最高人民法院、最高人民检察院关于办理国家出资企业中职务犯罪案件具体应用法律若干问题的意见》将挪用的对象限定为资金或者金融凭证、有价证券等资金凭证。

四、定罪量刑标准

(一)司法解释等相关规定

1.《最高人民法院、最高人民检察院关于办理贪污贿赂刑事案件适用法律若干问题的解释》(2016 年 4 月 18 日起施行　法释〔2016〕9 号)

第十一条第二款　刑法第二百七十二条规定的挪用资金罪中的“数额较大”“数额巨大”以及“进行非法活动”情形的数额起点,按照本解释关于挪用公款罪“数额较大”“情节严重”以及“进行非法活动”的数额标准规定的二倍执行。

2.《最高人民检察院、公安部关于公安机关管辖的刑事案件立案追诉标准的规定(二)》(2022 年 5 月 15 日起施行　2022 年 4 月 6 日修订)

第七十七条第一款②　〔挪用资金案(刑法第二百七十二条第一款)〕公司、企业或者其他单位的工作人员,利用职务上的便利,挪用本单位资金归个人使用或者借贷给他人,涉嫌下列情形之一的,应予立案追诉:

(一)挪用本单位资金数额在五万元以上,超过三个月未还的;

(二)挪用本单位资金数额在五万元以上,进行营利活动的;

(三)挪用本单位资金数额在三万元以上,进行非法活动的。

---

① 参见刘为波:《〈关于办理国家出资企业中职务犯罪案件具体应用法律若干问题的意见〉的理解与适用》,载中华人民共和国最高人民法院刑事审判一、二、三、四、五庭主办:《中国刑事审判指导案例》(第 6 卷),法律出版社 2017 年版。

② 注意刑法从旧兼从轻原则。2016 年 4 月 8 日起施行的《最高人民法院、最高人民检察院关于办理贪污贿赂刑事案件适用法律若干问题的解释》规定挪用资金用于营利活动或者 3 个月未还的立案标准为 10 万元,挪用资金用于非法活动的立案标准为 6 万元。

(二)定罪量刑对应表

表 3-3　挪用资金罪定罪量刑对应表

挪用资金罪		进行非法活动	进行营利活动或者超过3个月未还
第一档	3年以下有期徒刑或者拘役	3万元≤挪用资金数额<200万元;3万元≤挪用不退还数额<100万元	5万元≤挪用资金数额<400万元;5万元≤挪用不退还数额<200万元
第二档	3年以上7年以下有期徒刑	≥200万元;挪用不退还数额≥100万元	≥400万元;挪用不退还数额≥200万元
第三档	7年以上有期徒刑	未规定	未规定

第四章　受贿罪、行贿罪罪名释义及定罪量刑标准

第一节　受贿罪

一、犯罪主体

国家工作人员。

二、刑法规定

《刑法》

第三百八十五条[①]　国家工作人员利用职务上的便利，索取他人财物的，或者非法收受他人财物，为他人谋取利益的，是受贿罪。

国家工作人员在经济往来中，违反国家规定，收受各种名义的回扣、手续费，归个人所有的，以受贿论处。

第三百八十八条[②]　国家工作人员利用本人职权或者地位形成的便利条件，通过其他国家工作人员职务上的行为，为请托人谋取不正当利益，索取请托人财物或者收受请托人财物的，以受贿论处。

第三百九十九条　司法工作人员徇私枉法、徇情枉法，对明知是无罪的人而使他受追诉、对明知是有罪的人而故意包庇不使他受追诉，或者在刑事审判活动中故意违背事实和法律作枉法裁判的，处五年以下有期徒刑或者拘役；情节严重的，处五年以上十年以下有期徒刑；情节特别严重的，

---

①　普通受贿：利用职务之便＋为他人谋取利益。

②　斡旋受贿：利用本人职权或者地位形成的便利条件＋为他人谋取不正当利益。

处十年以上有期徒刑。

在民事、行政审判活动中故意违背事实和法律作枉法裁判，情节严重的，处五年以下有期徒刑或者拘役；情节特别严重的，处五年以上十年以下有期徒刑。

在执行判决、裁定活动中，严重不负责任或者滥用职权，不依法采取诉讼保全措施、不履行法定执行职责，或者违法采取诉讼保全措施、强制执行措施，致使当事人或者其他人的利益遭受重大损失的，处五年以下有期徒刑或者拘役；致使当事人或者其他人的利益遭受特别重大损失的，处五年以上十年以下有期徒刑。

司法工作人员收受贿赂，有前三款行为的，同时又构成本法第三百八十五条规定之罪的，依照处罚较重的规定定罪处罚。

第一百六十三条第三款　国有公司、企业或者其他国有单位中从事公务的人员和国有公司、企业或者其他国有单位委派到非国有公司、企业以及其他单位从事公务的人员有前两款行为[①]的，依照本法第三百八十五条、第三百八十六条的规定定罪处罚。

第一百八十四条第二款　国有金融机构工作人员和国有金融机构委派到非国有金融机构从事公务的人员有前款行为[②]的，依照本法第三百八十五条、第三百八十六条的规定定罪处罚。

三、重点、疑难问题界定

（一）利用职务上的便利的认定

《全国法院审理经济犯罪案件工作座谈会纪要》（2003 年 11 月 13 日起施行　法〔2003〕167 号）

三、关于受贿罪

（一）关于"利用职务上的便利"的认定

刑法第三百八十五条第一款规定的"利用职务上的便利"，既包括

① 利用职务上的便利，索取他人财物或者非法收受他人财物，为他人谋取利益；在经济往来中，利用职务上的便利，违反国家规定，收受各种名义的回扣、手续费，归个人所有的。

② 在金融业务活动中索取他人财物或者非法收受他人财物，为他人谋取利益的，或者违反国家规定，收受各种名义的回扣、手续费，归个人所有的。

利用本人职务上主管、负责、承办某项公共事务的职权,也包括利用职务上有隶属、制约关系的其他国家工作人员的职权。担任单位领导职务的国家工作人员通过不属自己主管的下级部门的国家工作人员的职务为他人谋取利益的,应当认定为“利用职务上的便利”为他人谋取利益。

以上规定在司法实务中的理解与适用一①

从实际看,所谓“利用职务上有隶属、制约关系的其他国家工作人员的职权”,主要有以下四种常见情形:

第一,利用自己分管、主管的下属国家工作人员的职权。

第二,利用不属自己分管、主管的下级部门国家工作人员的职权,即利用与自己没有直接分管、隶属关系但客观上存在制约关系的下级部门国家工作人员职务上的行为,为请托人谋利益。比较典型的是,组织部长对辖区内组织人事以外的其他领域的权力渗透,虽然与利用对象可能没有直接的分管、主管关系,但明显存在制约关系,仍应属于利用职务上的便利受贿。

第三,利用自己处于上级领导机关的地位而形成的对下级部门的制约力。例如詹某受贿案:被告人詹某是某省教育厅高教处的处长,其接受他人请托,要求设立在该省的某大学校长将请托人的孩子招收入校。有的观点认为此种情形不属于“利用职务上的便利”,而是《刑法》第三百八十八条“利用本人职权或者地位形成的便利条件”。笔者认为,对此种情况进行正确判断的关键是,行为人的职务对下级单位或者下级单位的国家工作人员有无实际制约力。形式上,教育厅的处长与大学校长之间,很难说有规范意义上的领导与被领导的关系,并且大学校长的行政级别还可能比行为人高,但是现实的体制是,只要是上级部门的工作人员到下属单位,就是上级单位的“领导”,会对下级单位有一定的制约力。所以,通常可认定为“利用职务上的便利”。如果客观上不存在制约力,那就要考虑是否属于

---

① 参见于同志:《监察法实施后职务犯罪案件审理的若干问题三——“利用职务上便利”的认定》,载2018年7月25日最高人民法院刑二庭法官于同志博士为河南省三级法院刑事法官所做的一场题为“监察法实施后职务犯罪案件审理的若干问题”的讲座,相关内容为学术探讨,仅供办案参考。

《刑法》第三百八十八条规定的“斡旋受贿”了。

第四，利用自己处于监管地位所形成的对被监管对象（非国家工作人员）的制约力，通过被监管对象为请托人谋利益。例如，甘某受贿案：被告人甘某是某市安监局的处长，负责某重点基建工程的安全监督。甘某接受他人请托后，与承包基建工程的某工程公司总经理商量，将该工程的土方业务转包给了请托人，为此收受了请托人的20万元。此情况与居于上级领导地位的国家工作人员通过下级国家工作人员为请托人谋利益的情况是同样性质，只不过被利用的对象不是国家工作人员罢了。

需要提及的是，上述情形属于典型情况，实践中的受贿犯罪表现形式则多种多样。比如，在我们办理的案件中，有的被告人为一些企业“站台”，自己不直接出面，而是让企业的负责人即请托人打着跟自己关系要好的旗号去找下属部门或辖区单位办事。别人都知道请托人与被告人关系好，可能代表着被告人的意思，所以都给面子、都给办事，被告人以此收受或索取请托人的贿赂。这种情况认定受贿，也没有问题。不能把这里的“职权便利”予以机械化理解，仅限于直接的主管、管理或经手，这是片面的。要看到行为人的职权对相关事项的实际影响力、制约力，这是判断的关键。受贿罪的本质在于“权”与“利”的交易，而受贿人所具有的“职务上的便利”能够在不法交易中换利，其职务行为势必与行贿人的利益之间有某种制约关系，我们要重视考察这种制约关系，对利用职务便利的表现形式的把握不能太窄。

以上规定在司法实务中的理解与适用二①

制约关系，一般是指一个国家工作人员的职权对另一个国家工作人员的职权行使具有相当的制约力和影响力。基于此，该国家工作人员通常会按照其要求，利用本人职权为请托人谋取相应的利益。需要注意的是，一个国家工作人员可能担任多个职务，只要其中一个职务可以制约到其他国家工作人员即可，如市政协副主席对政协委员的制约关系，即便该政协委员系私企老板，并非国家工作人员，也可以为存在制约关系。笔者认为，在国家工作人员通过非国家工作人员为请托人谋利的情况下，虽然不是一律

---

① 参见郭竹梅：《受贿罪司法适用研究》，法律出版社2018年版，第107页。

不能视为“利用职务上的便利”,但应作严格限制,即谋利事项的实现必须是国家工作人员职权的直接或自然延伸。在其职务范围内国家工作人员对非国家工作人员具有直接的约束力,可以令非国家工作人员实现谋利事项。因为,受贿罪是国家工作人员“利用职务上的便利”为他人谋取利益,利用的必须是国家公权力,公权力是谋利事项得以实现的充分条件,无论如何,利用职务上的便利不能是利用其基于人格因素和社交因素产生的影响力,更不能是利用亲友关系为他人办事。

(二)为他人谋取利益的认定

1.《全国法院审理经济犯罪案件工作座谈会纪要》(2003 年 11 月 13 日起施行 法〔2003〕167 号)

三、关于受贿罪

(二)“为他人谋取利益”的认定

为他人谋取利益包括承诺、实施和实现三个阶段的行为。只要具有其中一个阶段的行为,如国家工作人员收受他人财物时,根据他人提出的具体请托事项,承诺为他人谋取利益的,就具备了为他人谋取利益的要件。明知他人有具体请托事项而收受其财物的,视为承诺为他人谋取利益。

以上规定在司法实务中的理解与适用[①]

国家工作人员非法收受他人财物,或者国家机关、国有公司、企业、事业单位、人民团体索取、非法收受他人财物,构成受贿罪,必须具有“为他人谋取利益”这一条件。这种利益既可以是正当利益,也可以是不正当利益;既可以是物质利益,也可以是非物质利益。至于“为他人谋取利益”的时间是在非法收受他人财物的同时还是之前或者之后,不影响受贿罪的成立。考虑到受贿罪的社会危害性主要体现在侵害了国家工作人员职务行为的廉洁性,只要是以谋取利益作为收受财物的交换条件,无论有无实际

---

① 参见郭清国:《〈全国法院审理经济犯罪案件工作座谈会纪要〉的理解与适用》,载中华人民共和国最高人民法院刑事审判一、二、三、四、五庭主办:《中国刑事审判指导案例》(第 6 卷),法律出版社 2017 年版。

的谋取利益行为或者所谋取的利益是否实现,均不影响受贿罪的成立。《全国法院审理经济犯罪案件工作座谈会纪要》明确:刑法规定的“为他人谋取利益”应当包括承诺、实施和实现三个阶段的行为。只要具有其中一个阶段的行为,就具备了为他人谋取利益的要件。明知他人有具体请托事项而收受其财物的,视为承诺为他人谋取利益。换言之,只要国家工作人员明知他人所送财物是希望自己利用职务上的便利为他人谋取利益而予以收受的,就构成刑法意义上的受贿。

【典型案例裁判指引71】王某金受贿案①:口头承诺收受他人财物并有相应具体行为的构成受贿既遂

口头承诺收受钱款的行为属于“非法收受”行为,能构成受贿罪。理由如下:第一,本案中王某金对李某义每年报送的钱款及对钱款的处置均同意,可见王某金明知收受此钱款是不廉洁的行为而并不拒收,是符合受贿罪犯罪构成表述中“非法收受”情形的。第二,该承诺为真实意思的表示。结合本案具体案情,王某金是愿意接收李某义所给付的“好处费”的。接收“好处费”是王某金真实意思的表示。从给付者来说,也是其真实意思的表示。李某义为了长期向“古井”集团供应基础酒,是愿意给付这笔“好处费”的。第三,口头承诺背后双方都有具体行为。从此案的全过程来看,在该笔钱款的来源、计提的标准、存放地点等方面双方都事前约定好或事后意见达成一致。根据王某金的供述和李某义的证言,二人在事前约定了收受“好处费”一事。李某义8年间每年都按约定的标准计算出计提的具体数额,并且把每年的计提数额记录在笔记本上,把该款从公司“内账”中提出,兑换成美元后存到自己或自己家人的个人账户上,向王某金汇报该款数额,听从王某金对该钱款的安排,并按王某金的意思办理。王某金对李某义每年计提的钱数以及处理方式均表示接受,并且指示李某义动用了其中的15.1万美元,帮助儿子王某林完成存款任务。第四,承诺收受该“好处费”有相应的对价。即王某金利用自己职务的便利,使李某义的公司能够长期向“古井”集团供应基础酒,为李某义的公司谋取了巨大

① 参见最高人民法院中国应用法学研究所编:《人民法院案例选》(2017年第8辑),人民法院出版社2017年版,第4027页。

利益。综上所述,王某全承诺收受财物的行为实质上是一种权钱交易的行为,符合受贿罪的客观构成要件。

2.《最高人民法院、最高人民检察院关于办理贪污贿赂刑事案件适用法律若干问题的解释》(2016 年 4 月 18 日起施行　法释〔2016〕9 号)

第十三条　具有下列情形之一的,应当认定为"为他人谋取利益",构成犯罪的,应当依照刑法关于受贿犯罪的规定定罪处罚:

(一)实际或者承诺为他人谋取利益的;

(二)明知他人有具体请托事项的;

(三)履职时未被请托,但事后基于该履职事由收受他人财物的。

国家工作人员索取、收受具有上下级关系的下属或者具有行政管理关系的被管理人员的财物价值三万元以上,可能影响职权行使的,视为承诺为他人谋取利益。

以上规定在司法实务中的理解与适用①

关于受贿犯罪中"为他人谋取利益"要件的认定。

《最高人民法院、最高人民检察院关于办理贪污贿赂刑事案件适用法律若干问题的解释》第十三条第一项规定明确,承诺为他人谋取利益即可认定为为他人谋取利益,是否着手为他人谋取利益以及为他人谋利事项是否既已完成均在所不问,既不影响定罪也不影响既遂的认定。

第十三条第二项规定"明知他人有具体请托事项",要点在于"具体请托事项",只要收受财物与职务相关的具体请托事项建立起关联,即应以受贿犯罪处理。具体包括两种情况:一是行贿人告知受贿人具体请托事项,或者受贿人基于客观情况能够判断出行贿人有请托事项,受贿人收受对方财物的,虽然尚未实施具体谋取利益行为,也应认定为受贿人"为他人谋取利益";二是受贿人知道或应当知道行贿人的具体请托事项,但并不想具体实施为对方谋取利益的行为,此种情形同样属于基于具体职务行

---

① 参见裴显鼎、苗有水等:《〈关于办理贪污贿赂刑事案件适用法律若干问题的解释〉的理解与适用》,载中华人民共和国最高人民法院刑事审判一、二、三、四、五庭主办:《中国刑事审判指导案例》(第 6 卷),法律出版社 2017 年版。

为的权钱交易行为（明知他人请托事情，收钱不办事），国家工作人员的职务廉洁性同样受到侵害，故也应认定为受贿人“为他人谋取利益”。

第十三条第三项是针对事后受贿作出的新规定。履行职责时没有受贿故意，双方亦未就请托事项进行意思沟通，但在履行职责后收取他人财物的，只要该收受财物与其先前职务行为存在关联，其收受财物的行为同样侵犯了国家工作人员的职务廉洁性。适用本项规定时需要注意以下两点：一是根据此前司法解释等文件的规定，国家工作人员离职、退休后收受财物，认定受贿需以离职、退休之前即国家工作人员身份存续期间有事先约定为条件。本项规定同样受此约束，不能认为本项规定修改了此前文件的规定。二是对事“后”的时间间隔没有限制，但收受财物与履职事项之间应存在实质关联。

【典型案例裁判指引72】潘某梅、陈某受贿案①：明知他人有请托事项而收受其财物视为承诺为他人谋取利益

请托人许某某向潘某梅行贿时，要求在受让金桥大厦项目中减免100万元的费用，潘某梅明知许某某有请托事项而收受贿赂；虽然该请托事项没有实现，但“为他人谋取利益”包括承诺、实施和实现不同阶段的行为，只要具有其中一项，就属于为他人谋取利益。承诺“为他人谋取利益”，可以从为他人谋取利益的明示或默示的意思表示予以认定。潘某梅明知他人有请托事项而收受其财物，应视为承诺为他人谋取利益，至于是否已实际为他人谋取利益或谋取到利益，只是受贿的情节问题，不影响对受贿的认定。

【典型案例裁判指引73】霍某某受贿案②：斡旋受贿中只要行为人承诺为对方谋取不正当利益就构罪，即使行为人未向其他国家工作人员转达请托事项

国家工作人员有利用本人职权或者地位形成的便利条件，向其他国家工作人员转达请托事项，仍然成立斡旋受贿罪。

对于行为人虚假承诺的，即行为人承诺但未实施斡旋行为，且系行为

---

① 潘玉梅、陈宁受贿案，最高人民法院指导案例第3号（2011年）。

② 参见最高人民法院刑事审判第二庭编：《职务犯罪审判指导》（第1辑），法律出版社2022年版，第19－23页。

人一开始就不打算实施斡旋行为的,应当如何处理?我们认为一般应认定为受贿罪。但是,在虚假承诺中还有一种情况,如果请托事项是正当的,那么根据犯罪构成要件,收受财物的国家工作人员就不构成斡旋受贿罪,且由于国家工作人员不是利用自己职务上的便利,也不构成一般受贿罪。在这种情况下,我们认为,对于构成诈骗罪的,可以认定为诈骗罪。

【典型案例裁判指引 74】《刑事审判参考》第 1019 号[①]凌某敏受贿案:明知他人有与自己职务相关的请托事项而高价出租给请托人视为承诺为他人谋取利益

为他人谋取利益是一个行为过程,包括主观故意的发生,即行贿、受贿双方形成合意,具体的谋取利益行为,即利用职务便利实际为他人谋取利益和最终的结果,即行贿人因受贿人的职务行为谋取到了利益三个部分。为他人谋取利益包括承诺、实施和实现三个阶段的行为,只要具有其中一个阶段的行为,就应认定为为他人谋取利益。值得注意的是,实施谋利行为并不一定要经过承诺或者合意阶段。国家工作人员在正常工作中,通过职务行为为他人谋利后,获利人为感谢而送与财物,国家工作人员予以收受的,尽管事前获利人没有专门请托国家工作人员利用职务为其谋利,双方没有就谋利和收送财物进行共谋,也不影响受贿罪的成立。承诺可以是明示的方式,也可以是默示的方式。明示的方式就是当请托人请托时,明确答应帮忙办事;默示的方式是当请托人请托时,国家工作人员不明确表态是否帮忙,但通过行为可以判断出其态度,如收下了请托人的财物。谋取利益的行为方式可以是积极的作为,也可以是消极的不作为。作为就是按照请托人的请托,利用职务便利,为请托人实施谋利行为;不作为就是发现请托人的行为存在违规之处,负有调查处理责任的国家工作人员有意不履行自己的职责,不查处请托人的违规行为,从而实现请托人的利益。谋取利益的行为可以是非正常履职行为,即谋取不正当利益,也可以是正常履职行为;可以是决定性行为,也可以是非决定性行为。国家工作人员的职务行为可能只是请托人谋取利益过程中所经历的一个环节,如需要层层审批的行

---

① 参见中华人民共和国最高人民法院刑事审判第一、二、三、四、五庭主办:《刑事审判参考》(总第 99 集),法律出版社 2015 年版,第 128 – 129 页。

政事务，最终的批准权可能在于某个领导，但在交由领导审批前，也需要经过各部门相关人员的审查。虽然这种审查只是工作程序中的一个环节，并不能最终决定事项是否批准，但这一审查程序同样是这些人员的职务行为。

【典型案例裁判指引75】《刑事审判参考》第64号[①]陈某受贿案：事后明知对方送财物的目的与自己的职务行为有关构成受贿罪

没有证据证明被告人陈某利用职务便利为李某峰谋取利益是以收受对方的财物为目的，但事后陈某收受财物时，却明知李某峰送财物是因为自己的行为使其获取了利益。被告人陈某在实施有关职务行为前，与李某峰并无以后收受财物的约定。从陈某的客观行为中也难以推定出陈某具有期望以后收受财物的故意。但陈某对李某峰送钱的原因是明知的，这一点陈某本人有供述，李某峰亦有相应的陈述，那就是，陈某为李某峰在新分配办法试点、做原油业务等方面给予了不小的帮助。这一故意在陈某收受钱款时没有通过语言表达出来，但根据二人的陈述足以认定。受贿罪中的行为可以由手段行为和目的行为两部分组成，前者就是指利用职务上的便利，为他人谋取利益，而后者则是指收受他人贿赂，二者联系紧密。由于收受财物时双方均明知是基于受贿方此前利用职务便利为行贿方谋取利益的行为，因此，两个阶段的行为与后来表现出来的故意构成了一个有机的整体。本案中，虽然无充分证据证实陈某在实施职务行为时具有收受财物的故意，但在后来收受财物时，其受贿的故意是明显的，即其明知收受的财物是因为此前为行贿人谋取了好处，故应当认定其具备受贿犯罪的故意。

（三）利用本人职权或者地位形成的便利条件的认定

《全国法院审理经济犯罪案件工作座谈会纪要》（2003年11月13日起施行　法〔2003〕167号）

三、关于受贿罪

（三）“利用职权或地位形成的便利条件”的认定

刑法第三百八十八条规定的“利用本人职权或者地位形成的便利

---

① 参见中华人民共和国最高人民法院刑事审判一、二、三、四、五庭主办：《中国刑事审判指导案例》（第6卷），法律出版社2017年版，第195－196页。

条件”,是指行为人与被其利用的国家工作人员之间在职务上虽然没有隶属、制约关系,但是行为人利用了本人职权或者地位产生的影响和一定的工作联系,如单位内不同部门的国家工作人员之间、上下级单位没有职务上隶属、制约关系的国家工作人员之间、有工作联系的不同单位的国家工作人员之间等。

以上规定在司法实务中的理解与适用一①

《全国法院审理经济犯罪案件工作座谈会纪要》明确了斡旋贿赂构成受贿罪的两个特点:一是接受请托、索取或者收受财物的国家工作人员与利用职务行为为请托人谋取不正当利益的国家工作人员之间没有职务上的隶属、制约关系,如单位内不同部门的国家工作人员之间、上下级单位没有隶属、制约关系的国家工作人员之间、有工作联系的不同单位的国家工作人员之间等;二是索取或者收受财物的国家工作人员对于被利用的国家工作人员职务行为存在一定的影响,但这种影响应当是间接的,如果能够直接影响,则应适用《刑法》第三百八十五条第一款。

以上规定在司法实务中的理解与适用二②

区分“利用职务便利”与“利用职权或者地位形成的便利条件”的关键在于行为人与被其利用的国家工作人员之间在职务上有没有隶属、制约关系,如果存在隶属、制约关系,则一般认定为“利用职务上的便利”;反之,可考虑“利用本人职权或者地位形成的便利条件”。比如,中央某部纪检组长受贿案,被告人接受他人的请托后,向其原任职地有关领导打招呼,并帮助协调请托人在某地银行的贷款业务等。如果被告人与被其利用的对象之间没有职务上的隶属、制约关系,其应属于“利用职权或者地位形成的便利条件”。

---

① 参见郭清国:《〈全国法院审理经济犯罪案件工作座谈会纪要〉的理解与适用》,载中华人民共和国最高人民法院刑事审判一、二、三、四、五庭主办:《中国刑事审判指导案例》(第6卷),法律出版社2017年版。

② 参见于同志:《监察法实施后职务犯罪案件审理的若干问题三——“利用职务上便利”的认定》,载2018年7月25日最高人民法院刑二庭法官于同志博士为河南省三级法院刑事法官所做的一场题为“监察法实施后职务犯罪案件审理的若干问题”的讲座,相关内容为学术探讨,仅供办案参考。

所谓斡旋，本意即为平等地进行居间调停，而制约关系则具有一定的隶属性、强制性。从实际看，上下级之间的制约关系有单向性。当上级利用下级的职权时，一般属于“利用职务上的便利”；但当下级利用上级的职权时，则宜认定为“斡旋”。至于不存在隶属、制约关系的国家工作人员之间的斡旋，即“平行斡旋”，实质上就是一种权权交换、相互利用，通常属于典型的“利用职权或者地位形成的便利条件”。行为人实施斡旋的条件是因为自己属于具有一定职权和地位的国家工作人员，这种职权和地位虽然不能直接用来制约对方，但将来可以给予对方以“好处”。与一般受贿中行为人利用的是“现权”不同，斡旋受贿行为人利用的是“期权”，即将来可能被他人所用的权力。而被利用的国家工作人员接受斡旋，往往出于编织关系网，“多个朋友多条路”，将来好办事等考虑。这与存在隶属、制约关系的“利用职务上的便利”，是明显不同的。

（四）不正当利益的认定

详见本书第四章“第二节行贿罪”中关于“不正当利益的认定”的相关内容。

（五）财物的范围

1.《最高人民法院、最高人民检察院关于办理贪污贿赂刑事案件适用法律若干问题的解释》（2016 年 4 月 18 日起施行　法释〔2016〕9 号）

第十二条　贿赂犯罪中的“财物”，包括货币、物品和财产性利益。财产性利益包括可以折算为货币的物质利益如房屋装修、债务免除等，以及需要支付货币的其他利益如会员服务、旅游等。后者的犯罪数额，以实际支付或者应当支付的数额计算。

以上规定在司法实务中的理解与适用一①

关于贿赂犯罪对象“财物”范围的理解，《最高人民法院、最高人民检

① 参见裴显鼎、苗有水等：《〈关于办理贪污贿赂刑事案件适用法律若干问题的解释〉的理解与适用》，载中华人民共和国最高人民法院刑事审判一、二、三、四、五庭主办：《中国刑事审判指导案例》（第 6 卷），法律出版社 2017 年版。

察院关于办理贪污贿赂刑事案件适用法律若干问题的解释》将财产性利益作了进一步的归类细分,明确财产性利益包括可以折算为货币的物质利益和需要支付货币才能获得的其他利益两种。前者如房屋装修、债务免除等,其本质上是一种物质利益;后者如会员服务、旅游,就其性质而言不属于物质利益,但由于取得这种利益需要支付相应的货币对价,故应当在法律上视同为财产性利益。

实践中提供或者接受后者利益主要有两种情形:一种是行贿人支付货币购买后转送给受贿人消费;另一种是行贿人将在社会上作为商品销售的自有利益免费提供给受贿人消费。两种情形实质相同,均应纳入贿赂犯罪处理,但因表现形式不同有可能导致第二种情形数额认定上的意见分歧,故该解释同时明确:"后者的犯罪数额,以实际支付或者应当支付的数额计算。"

以上规定在司法实务中的理解与适用二①

关于获得"商业机会"或"交易机会"是否可以作为贿赂的问题。国家工作人员为请托人的子女就业问题提供了帮助,请托人为表示感谢,经与国家工作人员商议,由国家工作人员的家属承揽了请托人公司的盈利工程项目,国家工作人员家属通过该工程获利500万元。该案中,官员是否构成受贿罪,取决于能否将其家属承揽该工程的行为理解为财产性利益。承揽工程并获益,从表面来看,无论如何具有财产性,是种巨大的经济利益,很容易被理解成财产性利益。但笔者认为,上例中请托人让国家工作人员家属承揽工程属于给予"商业机会",是一种好处,但不属于财产性利益。商业机会和财产性利益的区别主要在于:一是商业机会只是一种获取利益的机会和可能,并非直接经济利益,无法折算成具体的、确定的金额,在转变成现实利益的过程中,也存在亏损的风险;财产性利益可能将来也存在盈亏问题,但在收受时是纯粹的经济利益,具有确定的价值。二是商业机会要想转变为经济利益,需要投入资金以及进行经营、管理等;财产性利益则一般体现为"纯粹的好处",无须再进行额外投入。因此,国家工作人员收受商业机会这一财产性"不正当好处"的行为,不能轻易认定为受贿犯罪。

---

① 参见郭竹梅:《受贿罪司法适用研究》,法律出版社2018年版,第56页。

以上规定在司法实务中的理解与适用三①

对于“挂名领薪”等方式受贿过程中行贿人支付的个人所得税和以交易形式的受贿中产生的各种税费应否计入受贿数额，经最高人民法院刑事审判第二庭法官会议讨论，并征求相关专家意见，一致认为，一般情况下，上述税费不应计入受贿数额。如果有确切证据证实受贿人对税款部分明知，如行受贿双方对于税费已经明确达成合意由行贿人缴纳的，根据主客观一致原则，可考虑计入受贿数额。

2.《最高人民法院、最高人民检察院关于办理商业贿赂刑事案件适用法律若干问题的意见》(2008年11月20日起施行　法发〔2008〕33号)

七、商业贿赂中的财物，既包括金钱和实物，也包括可以用金钱计算数额的财产性利益，如提供房屋装修、含有金额的会员卡、代币卡(券)、旅游费用等。具体数额以实际支付的资费为准。

八、收受银行卡的，无论受贿人是否实际取出或者消费，卡内的存款数额一般应全额认定为受贿数额。使用银行卡透支的，如果由给予银行卡的一方承担还款责任，透支数额也应当认定为受贿数额。

十、办理商业贿赂犯罪案件，要注意区分贿赂与馈赠的界限。主要应当结合以下因素全面分析、综合判断：(1)发生财物往来的背景，如双方是否存在亲友关系及历史上交往的情形和程度；(2)往来财物的价值；(3)财物往来的缘由、时机和方式，提供财物方对于接受方有无职务上的请托；(4)接受方是否利用职务上的便利为提供方谋取利益。

以上规定在司法实务中的理解与适用②

应当注意的是，对收受银行卡的，在具体认定受贿数额时要区别以下情形：

第一，行贿人、受贿人对以送卡的方式行贿、受贿的意思明确(包括明示或暗示)、真实，且行贿人提供了完全充分的信息足以保证受贿人完全

---

① 参见最高人民法院刑事审判第二庭编：《职务犯罪审判指导》(第1辑)，法律出版社2022年版，第88－89页。

② 参见逄锦温：《〈关于办理商业贿赂刑事案件适用法律若干问题的意见〉的理解与适用》，载中华人民共和国最高人民法院刑事审判一、二、三、四、五庭主办：《中国刑事审判指导案例》(第6卷)，法律出版社2017年版。

取出卡内存款或者消费的,无论受贿人是否实际取出或者消费,卡内的存款数额应全额认定为受贿数额。使用银行卡透支的,如果由给予银行卡的一方承担还款责任,透支数额也应当认定为受贿数额。

第二,行贿人提供了完全充分的信息足以保证受贿人完全取出卡内存款或者消费的,由于银行方面的原因如技术故障导致受贿人暂时不能全额取出存款或者消费的,或者由于受贿人自身操作技术问题如记错密码操作错误导致受贿人暂时不能全额取出存款或者消费的,或者由于认识错误如认为已经将卡内存款用完而没有完全取出或者消费的,未取出或者未消费的卡内存款余额应当认定为受贿数额。

第三,行贿人送卡后抽回存款或者以挂失等方式阻碍受贿人取款或者消费的,受贿数额以实际取款或者消费的数额计算。因行贿人的上述行为未能实际取款或者消费的按受贿未遂论处。

3.《最高人民法院、最高人民检察院关于办理受贿刑事案件适用法律若干问题的意见》(2007 年 7 月 8 日起施行　法发〔2007〕22 号)

八、关于收受贿赂物品未办理权属变更问题

国家工作人员利用职务上的便利为请托人谋取利益,收受请托人房屋、汽车等物品,未变更权属登记或者借用他人名义办理权属变更登记的,不影响受贿的认定。

认定以房屋、汽车等物品为对象的受贿,应注意与借用的区分。具体认定时,除双方交代或者书面协议之外,主要应当结合以下因素进行判断:(1)有无借用的合理事由;(2)是否实际使用;(3)借用时间的长短;(4)有无归还的条件;(5)有无归还的意思表示及行为。

以上规定在司法实务中的理解与适用[①]

关于收受贿赂物品未办理权属变更问题。刑法上非法占有的认定标准与物权法上的合法所有的认定标准应当有所区别,非法占有目的的实现并不

① 参见刘为波:《〈关于办理受贿刑事案件适用法律若干问题的意见〉的理解与适用》,载中华人民共和国最高人民法院刑事审判一、二、三、四、五庭主办:《中国刑事审判指导案例》(第 6 卷),法律出版社 2017 年版。

以得到法律上的确认为条件，是否在法律上取得对房屋、汽车等的所有权，并不能对事实上占有房屋、汽车等的认定构成障碍。反之，即便行贿人以受贿人的名义办理了产权证书，但未及时交付的，应当视情况分别认定为受贿未遂或者不构成受贿。同时，考虑到未办理权属登记情形下受贿罪认定当中的潜在风险，《最高人民法院、最高人民检察院关于办理受贿刑事案件适用法律若干问题的意见》特别强调认定以房屋、汽车等物品为对象的受贿，应注意与借用的区分，并规定"具体认定时，除双方交代或者书面协议之外，主要应当结合以下因素进行判断：(1)有无借用的合理事由；(2)是否实际使用；(3)借用时间的长短；(4)有无归还的条件；(5)有无归还的意思表示及行为"。需要指出的是，这些因素是一个有机判断体系，在司法实践中应注意综合考虑。其中，核心精神有两点：一是有无借用的必要；二是有无归还的真实意思。对于在借用关系中由对方支付实际发生的有关费用的，现实生活中的表现较为复杂，比如，有些费用是因使用而发生的，有些费用则即便不使用也同样需要支付，而且这些费用通常情况下数额较小，认定起来也有一定难度，故该意见未作明确规定，而是留待办案机关根据个案情况具体处理。

（六）特定关系人的范围及挂名领薪等问题的处理

1.《最高人民法院、最高人民检察院关于办理受贿刑事案件适用法律若干问题的意见》（2007 年 7 月 8 日起施行　法发〔2007〕22 号）

十一、关于"特定关系人"的范围

本意见所称"特定关系人"，是指与国家工作人员有近亲属、[1]情妇（夫）以及其他共同利益关系的人。

以上规定在司法实务中的理解与适用[2]

根据上述意见，认定是否属于"特定关系人"，关键在于该第三人是否

---

① 《刑事诉讼法》第一百零八条第六项规定，"近亲属"是指夫、妻、父、母、子、女、同胞兄弟姊妹。要注意跟民法、行政法上的近亲属概念上的区别。

② 参见刘为波：《〈关于办理受贿刑事案件适用法律若干问题的意见〉的理解与适用》，载中华人民共和国最高人民法院刑事审判一、二、三、四、五庭主办：《中国刑事审判指导案例》（第 6 卷），法律出版社 2017 年版。

与国家工作人员有共同利益关系。对于共同利益关系的理解,应注意把握两点:一是共同利益关系主要是指经济利益关系,而纯粹的同学、同事、朋友关系不属于共同利益关系;二是共同利益关系不限于共同财产关系,意见规定的“特定关系人”的范围,明显要宽于《全国法院审理经济犯罪案件工作座谈会纪要》基于共同财产关系所确定的近亲属的范围。

2.《最高人民法院、最高人民检察院关于办理受贿刑事案件适用法律若干问题的意见》(2007年7月8日印发 法发〔2007〕22号)

六、关于特定关系人“挂名”领取薪酬问题

国家工作人员利用职务上的便利为请托人谋取利益,要求或者接受请托人以给特定关系人安排工作为名,使特定关系人不实际工作却获取所谓薪酬的,以受贿论处。

以上规定在司法实务中的理解与适用[①]

(1)关于特定关系人“挂名”领取薪酬问题

在《最高人民法院、最高人民检察院关于办理受贿刑事案件适用法律若干问题的意见》的研究起草过程中争议较大的是对于特定关系人虽然参与工作但领取的薪酬明显高于该职位正常薪酬水平的,是否应当认定为国家工作人员受贿。一种意见主张此种情形应以受贿处理,认为在特定关系人实际从事工作的情况下,特定关系人的薪酬是否明显超出其应得利益,对国家工作人员的行为性质也会产生影响,这与以交易形式收受贿赂问题在性质上一样。经研究,特定关系人虽然参与工作但领取的薪酬明显高于该职位正常薪酬水平的,其性质属于变相受贿。但考虑到当前一些企业,尤其是私营企业薪酬发放不规范,认定薪酬是否明显不成比例,实践中存在一定难度。另外,实际从事工作的,也应当有一部分合理薪酬,认定具体的受贿数额也将是一个问题。故该意见第六条仅明确,“国家工作人员利用职务上的便利为请托人谋取利益,要求或者接受请托人以给特定关系

---

① 参见刘为波:《〈关于办理受贿刑事案件适用法律若干问题的意见〉的理解与适用》,载中华人民共和国最高人民法院刑事审判一、二、三、四、五庭主办:《中国刑事审判指导案例》(第6卷),法律出版社2017年版,第454页。

人安排工作为名,使特定关系人不实际工作却获取所谓薪酬的,以受贿论处”,而对特定关系人虽然参与工作但领取的薪酬明显高于该职位正常薪酬水平的则暂不作规定。在理解本条规定时,应注意以下两点:第一,特定关系人是否实际从事工作,是一个实体判断问题,形式性、象征性的工作,如名义上的顾问等,不能认定为实际从事工作;第二,特定关系人不实际从事工作领取薪酬,须以基于国家工作人员的意思或者国家工作人员有主观明知为条件,否则,不能将特定关系人的行为归之于国家工作人员。

【典型案例裁判指引76】《刑事审判参考》第1399号①赵某受贿案:特定关系人“挂名”领薪方式受贿的认定

实践中,一些人为了“感谢”或者请托国家工作人员为自己谋利,采取给后者的特定关系人安排工作。从实际情况看,大致可分为三种情形:一是特定关系人没有实际工作,仅是“挂名”领取薪酬;二是特定关系人实际参与工作,但所领取的薪酬明显高于该职位正常的薪酬水平或与其业务能力、业绩明显不相符;三是特定关系人正常工作并领取相应薪酬。对此种行为如何定性,学界、司法实务部门分歧较大。司法实践中对第一、三种情况处理基本一致,即对第一种情况认定国家工作人员受贿,第三种情况不认定为受贿,但对于第二种情况如何认定,争议较大。当前薪酬体系标准不一,较为混乱,尤其一些私营企业,部分岗位薪酬差别较大且不透明,此种情况下如何认定所领取的薪酬与正常薪酬明显不成比例,进而确定受贿数额存在困难。但就一审判决查明的事实看,在两年聘用期内,赵某的儿子赵某某从未到法国CVS公司在中国的分公司工作,仅在北京与林某尔见面寥寥,既没有陪同法国CVS公司代表出席商务活动、完成口译任务,也没有按照协议约定开展相应的信息搜集、整理及翻译工作,仅为应付法国CVS公司总部检查,配合林某尔完成邮件接收、转发等毫无实际意义的工作,其所从事的少量辅助性工作也与获取的高额薪酬严重失衡。而在此期间,黄某平另行出资为法国CVS公司聘请翻译、接待法国CVS公司高层管理人员及商业伙伴等,前后花费约130万元。赵某某所获取的薪酬表

---

① 参见最高人民法院刑事审判第一、二、三、四、五庭编:《刑事审判参考》(总第125辑),人民法院出版社2020年版,第108-109页。

面看源自法国 CVS 公司,但究其实质源自黄某平,即黄某平通过林某尔,假法国 CVS 公司“聘用”赵某某兼职,以较为隐蔽的方式,兑现其之前作出的资助赵某家在北京购房的承诺,与直接送与赵某财物并无本质区别。因此,一审判决认定黄某平安排赵某某挂名领薪,相应“薪酬”全额计入受贿数额是准确的。

3. 收受情人钱款的定性

【典型案例裁判指引 77】《刑事审判参考》第 1464 号[①]王甲受贿案:收受情人钱款性质的认定

收受情人款项的行为应当综合案件进行判断,如果仅仅是在权钱交易的同时进行权色交易,那么情人关系不影响受贿行为性质的判断,但如果像本案这种,双方有共同生活的基础且有共同组成家庭的计划,则应当进一步研判,排除其他可能性。本案中,应当考虑二人具有重组家庭的计划和感情基础,在此情形下,情人一方为另一方在事业提拔和责任追究方面建言献策、通风报信出面斡旋有关领导,虽有违纪之嫌,但确属人之常情。同样,王乙送钱给被告人王甲根据二人的供述、证言,既有基于以后共同生活的想法也有基于感情为了取悦、赢得对方信任或者不能离婚为了补偿对方而支付的因素,本案现有证据无法证实王甲收受行为与为王乙谋利之间存在对应性,合理怀疑足以动摇事实认定,故不宜将被告人王甲收受王乙钱款的行为认定为受贿行为。

(七)共犯的认定

1.《最高人民法院、最高人民检察院关于办理贪污贿赂刑事案件适用法律若干问题的解释》(2016 年 4 月 18 日起施行　法释〔2016〕9 号)

第十六条第二款　特定关系人索取、收受他人财物,国家工作人员知道后未退还或者上交的,应当认定国家工作人员具有受贿故意。

---

① 参见最高人民法院刑事审判第一、二、三、四、五庭编:《刑事审判参考》(总第 130 辑),人民法院出版社 2022 年版,第 118－125 页。

以上规定在司法实务中的理解与适用①

《最高人民法院、最高人民检察院关于办理贪污贿赂刑事案件适用法律若干问题的解释》第十六条第二款规定的是国家工作人员办事、“身边人”收钱行为的刑事定罪问题。此行为能否认定国家工作人员构成受贿犯罪,关键看其对收钱一事是否知情及知情后的态度。适用本规定时需要注意以下四点:一是此情形以国家工作人员接受特定关系人转请托为前提,特定关系人未将转请托事项告知国家工作人员的不适用本规定。二是不同于刑法在影响力贿赂犯罪中规定的“关系密切的人”,对于“特定关系人”的认定范围要依照《最高人民法院、最高人民检察院关于办理受贿刑事案件适用法律若干问题的意见》的相关规定从严掌握,即“特定关系人”仅指“与国家工作人员有近亲属、情妇(夫)以及其他共同利益关系的人”。三是“知道后未退还或者上交”强调的是对主观故意的判断,因赃款赃物被特定关系人挥霍等,知道时确实已经不具备退还或者上交的客观条件的,则应当有所区别慎重适用。四是影响力贿赂犯罪以国家工作人员不构成受贿罪为前提,在认定国家工作人员构成受贿罪的情况下,相关行受犯罪的罪名适用应当保持协调一致,对特定关系人不得另以利用影响力受贿罪处理,对行贿罪人也不得以对有影响力的人行贿罪处理。

2.《最高人民法院、最高人民检察院关于办理商业贿赂刑事案件适用法律若干问题的意见》(2008 年 11 月 20 日起施行　法发〔2008〕33 号)

十一、非国家工作人员与国家工作人员通谋,共同收受他人财物,构成共同犯罪的,根据双方利用职务便利的具体情形分别定罪追究刑事责任:

(1)利用国家工作人员的职务便利为他人谋取利益的,以受贿罪追究刑事责任。

(2)利用非国家工作人员的职务便利为他人谋取利益的,以非国家工作人员受贿罪追究刑事责任。

---

① 参见裴显鼎、苗有水等:《〈关于办理贪污贿赂刑事案件适用法律若干问题的解释〉的理解与适用》,载中华人民共和国最高人民法院刑事审判一、二、三、四、五庭主办:《中国刑事审判指导案例》(第 6 卷),法律出版社 2017 年版。

(3)分别利用各自的职务便利为他人谋取利益的,按照主犯的犯罪性质追究刑事责任,不能分清主从犯的,可以受贿罪追究刑事责任。

【典型案例裁判指引78】《刑事审判参考》第1145号[①]朱某平受贿案:在事先未通谋的情况下如何判定特定关系人与国家工作人员构成共同受贿罪

国家工作人员和特定关系人没有事前通谋,国家工作人员利用职务上的便利为请托人谋取利益,特定关系人索取或收受请托人财物的,在判定国家工作人员是否具有受贿的故意时,关键看其对收钱一事是否知情以及知情后的态度。具体可以分为以下几种情形:第一种情形,特定关系人索取、收受请托人财物后一直未告知国家工作人员,直至案发国家工作人员才知道其收钱的事实。在这种情况下,由于国家工作人员主观上对收受财物没有认知,并无受贿之故意,显然不能以受贿罪追究其刑事责任。第二种情形,特定关系人索取、收受他人财物,国家工作人员知道后及时退还或者上交。国家工作人员在知晓特定关系人收受财物后,及时退还或者上交的,表明国家工作人员对收受请托人财物持反对、否定的态度,主观上没有受贿的故意,不能以受贿罪追究其刑事责任。第三种情形,国家工作人员知道特定关系人索取、收受请托人财物后,虽有退还的意思表示,但发现特定关系人未退还后予以默认的。此种情形也就是朱某平受贿一案中存在的情况,应当认定国家工作人员主观上具有受贿的故意。对受贿故意的考察判断,不能孤立地看国家工作人员得知特定关系人收受他人财物这一时间节点的个别言语和行为,而要综合考察国家工作人员知情后,是否积极敦促、要求特定关系人退还财物,最终对收受他人财物是否持认可、默许的态度。国家工作人员和特定关系人处于同一利益共同体,共同体中的任何一方收受他人财物的行为,客观上应视为"利益共同体"的整体行为。当国家工作人员发现特定关系人未按要求退还财物仍然默许的,表明其对共同体另一方收受财物的行为总体上持认可态度,当然应对这种客观上未退

---

① 参见中华人民共和国最高人民法院刑事审判第一、二、三、四、五庭主办:《刑事审判参考》(总第106集),法律出版社2017年版,第61-65页。

还的不法后果担责。第四种情形，国家工作人员知道特定关系人索取、收受请托人财物后，要求特定关系人退还，特定关系人欺骗国家工作人员财物已经退还。若国家工作人员知道特定关系人收受财物后强烈反对，坚决要求特定关系人及时退还财物并多次提醒、督促，特定关系人欺骗国家工作人员财物已经退还，根据案件的具体情况，确有合理理由相信国家工作人员被蒙蔽，确信财物已经退还的，不宜认定其主观上具有受贿的故意。第五种情形，国家工作人员知道特定关系人索取、收受请托人财物后，口头要求特定关系人退还财物，事后不再过问此事，特定关系人实际未退还财物的。这种情形比较复杂，需要结合具体案情，包括国家工作人员有无积极监督、督促特定关系人退还财物，国家工作人员事后有无接触并问询请托人，有无亲自向请托人退还财物的条件，有无上交财物的条件等，综合判断国家工作人员要求特定关系人退还财物的意思表示是随口说说，还是确有此意。如果国家工作人员对退还财物本无真心，实际上持“还不还根本无所谓”的心态，事后也不再过问财物是否退还，甚至在得知特定关系人再次索要、收受请托人财物后仍默许和收受的，应当认定其主观上具有受贿的故意。第六种情形，国家工作人员知道特定关系人索取、收受请托人财物后，坚决要求特定关系人退还，而特定关系人始终不肯退还并和国家工作人员就此发生矛盾、冲突，最终财物未退还或者上交。由于国家工作人员和特定关系人利益的一致性和关系的亲密性，法律对国家工作人员提出了“退还或者上交财物”的严格要求，只要客观上财物未退还或者上交的，我们在考察国家工作人员是否具有受贿意图时通常会做出不利于国家工作人员的推断，但这种情形也不能一概而论。例如，国家工作人员的情妇收受请托人一块翡翠，国家工作人员知道后坚决要求情妇退还，情妇不肯退还并和国家工作人员发生争吵甚至大打出手，情妇将翡翠藏匿并以揭发其与国家工作人员的特殊关系相要挟，拒绝退还翡翠，国家工作人员为此和情妇断交。在此情况下，国家工作人员坚持要求退还、和情妇断交等一系列的行为，反映其主观上并没有受贿的故意，但由于情妇藏匿翡翠，国家工作人员客观上无法退还和上交翡翠，又因情妇以告发关系相威胁，我们很难期待国家工作人员会主动揭发情妇从而造成鱼死网破的后果。在类似案例中，我们应从案件的基本情况出发，客观、公正地认定国家工作人员是否具有受贿故意,谨慎地判断是否以受贿罪追究国家工作人员的刑事责任。

【典型案例裁判指引79】陈某受贿案[①]:受贿人具有利用手中职权收受贿赂的概括故意,即使没有经手具体的受贿事项,不影响受贿的认定

在概括型受贿案件中,受贿人的认知因素通常明确而不具体,往往表现为受贿人对于收受财物有确定、笼统、大概的认识,但对于收受财物的具体金额、收受形式、时间等细节不清楚。同时,受贿人的意志因素是清晰的,即行为人希望或者默许收受他人财物,积极或者放任权钱交易的发生。受贿人具有利用手中职权收受贿赂的概括故意,即使没有直接经手具体的受贿事项,也不影响对其受贿犯罪的认定。在概括故意下,应当考虑行为人的客观行为及其结果,按照主客观统一的原则认定受贿犯罪数额;并考虑行为人对所得财物的所有权转移是否存在明知,结合财物转移的实际情况认定既未遂。

3.《最高人民法院、最高人民检察院关于办理受贿刑事案件适用法律若干问题的意见》(2007年7月8日起施行　法发〔2007〕22号)

七、关于由特定关系人收受贿赂问题

国家工作人员利用职务上的便利为请托人谋取利益,授意请托人以本意见所列形式,将有关财物给予特定关系人的,以受贿论处。

特定关系人与国家工作人员通谋,共同实施前款行为的,对特定关系人以受贿罪的共犯论处。特定关系人以外的其他人与国家工作人员通谋,由国家工作人员利用职务上的便利为请托人谋取利益,收受请托人财物后双方共同占有的,以受贿罪的共犯论处。

以上规定在司法实务中的理解与适用[②]

在理解和适用上述意见第七条第二款规定时,应注意把握“通谋”要

---

① 参见最高人民法院刑事审判第二庭编:《职务犯罪审判指导》(第1辑),法律出版社2022年版,第42-43页。

② 参见刘为波:《〈关于办理受贿刑事案件适用法律若干问题的意见〉的理解与适用》,载中华人民共和国最高人民法院刑事审判一、二、三、四、五庭主办:《中国刑事审判指导案例》(第6卷),法律出版社2017年版。

件以及特定关系人与非特定关系第三人两者在成立受贿共犯要件上的不同。一方面,关于通谋。通谋是特定关系人和非特定关系第三人成立受贿共犯均具备的主观要件。所谓通谋,是指共同谋划。之所以在这里规定较一般共同犯罪更为严格的主观条件,主要是考虑到受贿行为具有一定的复合性,也就是说,受贿行为由两部分组成:一是为他人谋利;二是收受他人财物,如第三人未参与为请托人谋利行为,或者对国家工作人员为请托人谋利不知情,仅仅是奉命收受财物的,因不具有在为他人谋利方面的意思联络,故不宜将第三人作为共犯处理。另一方面,关于共同占有。区分特定关系人与非特定关系第三人,并规定后者须以"共同占有"为条件,主要是出于主客观相一致原则与刑事打击面的考虑,考虑到特定关系人与国家工作人员已有共同利益关系,故不再要求"共同占有"要件。

【典型案例裁判指引 80】《刑事审判参考》第 1143 号[1]罗某受贿案:特定关系人和国家工作人员共同故意包括事前通谋和事中通谋

根据现行《刑法》规定及共同犯罪理论,二人以上基于共同的故意实施共同的犯罪行为即成立共同犯罪。这里的共同故意既包括事前通谋的情况,也包括事中通谋的情况。同时,同一犯罪可以由不同行为环节构成,各行为人在共同犯罪故意的支配下分别实施了构成共同犯罪整体行为的某一部分行为,即可认定为共同参与了犯罪实施。就受贿罪而言,受贿行为由两部分组成:一是为他人谋利,二是收受他人财物。据此,特定关系人只要主观上与国家工作人员形成受贿的通谋,客观上实施了部分受贿行为,对其以受贿罪共犯论处是符合刑法规定和共同犯罪理论的。

对于特定关系人成立受贿罪共犯的认定,虽然根据《全国法院审理经济犯罪案件工作座谈会纪要》的有关规定,国家工作人员的近亲属收受请托人财物构成受贿罪共犯的前提条件是其向国家工作人员代为转达请托事项,但司法实践中不能将此规定作为认定特定关系人成立受贿罪共犯的排他性标准。该纪要同时也有总则性规定,即"根据刑法关于共同犯罪的规定,非国家工作人员与国家工作人员勾结,伙同受贿的,应当以受贿罪的

---

① 参见中华人民共和国最高人民法院刑事审判第一、二、三、四、五庭主办:《刑事审判参考》(总第 106 集),法律出版社 2017 年版,第 50 - 52 页。

共犯追究刑事责任。非国家工作人员是否构成受贿罪共犯,取决于双方有无共同受贿的故意和行为"。据此,虽不具有代为转达请托事项行为,但特定关系人与国家工作人员具有受贿通谋和行为的,仍构成受贿罪共犯。

2007年《最高人民法院、最高人民检察院关于办理受贿刑事案件适用法律若干问题的意见》中就专门予以强调,特定关系人与国家工作人员通谋,共同实施前款行为(国家工作人员利用职务上的便利为请托人谋取利益,授意请托人将有关财物给予特定关系人)的,对特定关系人以受贿罪的共犯论处。该规定就未再提及代为转达请托事项这一条件,符合刑法共同犯罪理论的一般要求,进一步明确了受贿罪共犯"通谋+行为"的认定标准。这里的"通谋"指的是双方对于受贿故意的意思联络、沟通。从"通谋"发生的时段上看,既包括事先通谋,也包括事中通谋,即虽然特定关系人与国家工作人员事先未就为请托人谋利并收受财物形成共同的犯意联络,但其在对国家工作人员利用职务便利为他人谋利的事实明知的情况下仍代国家工作人员收受财物,应认定与国家工作人员具有通谋。从"通谋"的形式上看,既有特定关系人与国家工作人员之间明示性的谋议,也有心照不宣的默契配合,当然,后一种情况要求相互对对方行为和意思具有确定性明知。从"通谋"的内容上看,特定关系人与国家工作人员不仅对收受请托人财物具有共同的意思沟通,而且对由国家工作人员利用职务便利为请托人谋利具有共同的意思联络。需要指出的是,对于特定关系人没有事先与国家工作人员通谋,仅是在请托人给予国家工作人员财物时在场的,一般不宜认定为受贿罪共犯。2016年4月18日公布实施的《最高人民法院、最高人民检察院关于办理贪污贿赂刑事案件适用法律若干问题的解释》第十六条第二款规定:"特定关系人索取、收受他人财物,国家工作人员知道后未退还或者上交的,应当认定国家工作人员具有受贿故意。"此规定实际上将认定"通谋"成立的时段进一步予以延伸,因为该规定针对的情况,往往是国家工作人员已经利用职务便利为请托人谋取了利益,其特定关系人收受请托人财物的行为已经完成,只不过国家工作人员在为请托人谋利时对其特定关系人收受财物并不知情(此时如果案发,则特定关系人可能构成利用影响力受贿罪,国家工作人员可能构成渎职犯罪，但因为彼此缺乏受贿犯意的沟通并不构成受贿罪共犯），如果事后特定关系人将其收受请托人财物的情况告知了国家工作人员，则国家工作人员具有退还或上交财物的法定义务，否则就视为其与特定关系人之间具有了受贿的共同故意，双方就应以受贿罪共犯论处。

此案中，被告人罗某系国家工作人员张某光的特定关系人。在案证据证实，罗某对于请托人杨某宇与张某光之间具有请托谋利关系知情，即罗某明知杨某宇系为感谢和讨好张某光并得到张某光在职务上的帮助、关照而给予其财物，明知张某光利用职务便利为杨某宇谋取了利益的情况下，仍收受杨某宇给予的财物并于事先征得张某光的同意或事后告知了张某光，张某光对之予以认可，足以认定其与张某光形成了受贿"通谋"，二人具有共同受贿的故意，罗某收受杨某宇财物的行为系张某光受贿行为的组成部分，因此，法院对罗某以受贿罪共犯定罪处罚是正确的。

4.《全国法院审理经济犯罪案件工作座谈会纪要》（2003 年 11 月 13 日起施行　法〔2003〕167 号）

三、关于受贿罪

（五）共同受贿犯罪的认定

根据刑法关于共同犯罪的规定，非国家工作人员与国家工作人员勾结，伙同受贿的，应当以受贿罪的共犯追究刑事责任。非国家工作人员是否构成受贿罪共犯，取决于双方有无共同受贿的故意和行为。国家工作人员的近亲属向国家工作人员代为转达请托事项，收受请托人财物并告知该国家工作人员，或者国家工作人员明知其近亲属收受了他人财物，仍按照近亲属的要求利用职权为他人谋取利益的，对该国家工作人员应认定为受贿罪，其近亲属以受贿罪共犯论处。近亲属以外的其他人与国家工作人员通谋，由国家工作人员利用职务上的便利为请托人谋取利益，收受请托人财物后双方共同占有的，构成受贿罪共犯。国家工作人员利用职务上的便利为他人谋取利益，并指定他人将财物送给其他人，构成犯罪的，应以受贿罪定罪处罚。

以上规定在司法实务中的理解与适用[①]

认定非国家工作人员是否构成受贿罪共犯,应当取决于是否符合《刑法》关于共同犯罪的规定,即“双方有无共同受贿的故意和行为”。对于与国家工作人员通谋,由国家工作人员利用职务上的便利为请托人谋取利益,非国家工作人员索取或者非法收受请托人财物,并被双方共同占有的,非国家工作人员当然构成受贿罪的共犯。《全国法院审理经济犯罪案件工作座谈会纪要》明确以下的两种情形可以认定近亲属构成共同受贿犯罪:一是国家工作人员的近亲属向国家工作人员代为转达请托事项,收受请托人财物并告知该国家工作人员;二是国家工作人员明知其近亲属收受了他人财物,仍按照近亲属的要求利用职权为他人谋取利益。在第一种情形中,近亲属实际上是共同受贿犯罪的帮助犯,即为国家工作人员收受贿赂创造了必要的便利条件,如与国家工作人员共同商议收受贿赂,传递信息,沟通关系并收受财物,帮助国家工作人员向行贿人索取贿赂等。在第二种情形中,近亲属则是共同受贿犯罪的教唆犯,主要表现在诱导、劝说、催促甚至威逼国家工作人员利用职务上的便利为请托人谋取利益,国家工作人员在近亲属的教唆下产生了受贿犯罪的故意,并实施了受贿行为。只要能证明国家工作人员的近亲属实施了相应的帮助或者教唆行为,就可以认定双方具有共同受贿的故意和行为,构成共同受贿犯罪。但是,对于近亲属明知他人所送财物系国家工作人员为他人谋取利益的结果而代为收受,但事前没有教唆行为,或者明知系国家工作人员受贿所得而与其共享的,属于知情不举,不能以受贿罪的共犯追究刑事责任。

【典型案例裁判指引81】《刑事审判参考》第585号[②]蒋某、唐某受贿案:国家工作人员和特定关系人共谋收受请托人财物应当认定为共同受贿

本案中,唐某在蒋某的帮助下成立重庆嘉汇置业顾问有限公司,为让该公司顺利开展代办规划“业务”,蒋某要求下属陈某关照唐某的“业务”,

---

① 参见郭清国:《〈全国法院审理经济犯罪案件工作座谈会纪要〉的理解与适用》,载中华人民共和国最高人民法院刑事审判一、二、三、四、五庭主办:《中国刑事审判指导案例》(第6卷),法律出版社2017年版。

② 参见中华人民共和国最高人民法院刑事审判一、二、三、四、五庭主办:《中国刑事审判指导案例》(第6卷),法律出版社2017年版,第249页。

陈某表示同意。之后,唐某多次直接通过陈某的职务行为为他人谋取利益并收受财物。受贿罪的本质是权钱交易,只要国家工作人员的行为符合权钱交易的本质,并不要求利用职务之便为他人谋取利益的行为必须在接受请托人请托事项之后。虽然蒋某对唐某通过陈某职务行为收受贿赂的具体过程不知情,但蒋某与唐某事前有通谋,二人主观上形成了利用蒋某的职务之便为他人谋取利益、由唐某收受财物的共同故意,并且,蒋某在利用下属的职务行为为请托人谋取利益的主观目的支配下,客观上也实施了让下属陈某为唐某的“业务”提供便利的行为。唐某之后接受请托事项,并通过陈某的职务行为收受他人财物的行为均不超出蒋某、唐某二人共谋的故意范围,也不超出蒋某利用职务之便的范围。因此,此种情形下的蒋某、唐某二人的行为符合受贿罪权钱交易的本质,构成受贿共犯。

(八)领导秘书通过其他国家工作人员为请托人谋利后收受财物是直接受贿还是斡旋受贿[①]

受贿罪中的“职权”应包括法定职权和实际职权,只要国家工作人员的法定或实际职权对请托人的请托事项具有实现的决定权,就可以认为其具有职务上的便利。实践中,有一种比较突出的实际职权远大于法定职权的情况就是领导秘书的职权。按照领导秘书的法定职权,一般就是为领导提供事务性服务,有的还包括起草相关稿件,但秘书的实际职权远远大于其法定职权,秘书往往自带了背后领导的权力光环。我国干部管理体制中能够配备秘书的,往往都是具有一定级别的高级领导干部,秘书因此也具备相当大的能量和影响力,所以近年来一些领导秘书“狐假虎威”乱政和大肆受贿的现象频发。对于领导秘书通过其他国家工作人员为请托人谋利的情况是认定直接受贿还是斡旋受贿,笔者认为,应主要通过其背后领导的职权进行判断。如果其转请托的其他国家工作人员系其领导的下级或下属,或者谋利的事项是领导的职权范围内的事务,则可以认定为“利用职务上的便利”,以直接受贿定性;如果其转请托的其他国家工作人员与其领导同级或是其领导的上级,则应认定为“利用职权或地位形成的便

---

① 参见郭竹梅:《受贿罪司法适用研究》,法律出版社 2018 年版,第 103 页。

利条件”以斡旋受贿定性。

(九)感情投资型受贿的认定

《最高人民法院、最高人民检察院关于办理贪污贿赂刑事案件适用法律若干问题的解释》(2016年4月18日起施行 法释〔2016〕9号)

第十三条第二款 国家工作人员索取、收受具有上下级关系的下属或者具有行政管理关系的被管理人员的财物价值三万元以上,可能影响职权行使的,视为承诺为他人谋取利益。

第十五条 对多次受贿未经处理的,累计计算受贿数额。

国家工作人员利用职务上的便利为请托人谋取利益前后多次收受请托人财物,受请托之前收受的财物数额在一万元以上的,应当一并计入受贿数额。

以上规定在司法实务中的理解与适用①

《最高人民法院、最高人民检察院关于办理贪污贿赂刑事案件适用法律若干问题的解释》(以下简称《贪污贿赂刑事案件适用法律的解释》)第十三条第二款规定的是受贿犯罪与“感情投资”的界限划分问题。在《刑法》没有规定赠贿、收受礼金方面犯罪的情况下,受贿犯罪谋利要件的认定需要把握住一个底线,这个底线就是《全国法院审理经济犯罪案件工作座谈会纪要》确立的具体请托事项。鉴于此,纯粹的感情投资不能以受贿犯罪处理。同时,对于日常意义上的“感情投资”,又有必要在法律上作进一步区分:一种是与行为人的职务无关的感情投资;另一种是与行为人职务行为有具体关联的所谓的“感情投资”。对于后者,由于双方在职务活动中日常而紧密的关系,谋利事项要么已经通过具体的职务行为得以实现,要么可以推断出给付金钱有对对方职务行为施加影响的意图,这种情况下要够排除正常人情往来的,同样应认定为受贿。具体适用本款规定时,要注意把“价值三万元以上”和“可能影响职权行使”结合起来作整体

① 参见裴显鼎、苗有水等:《〈关于办理贪污贿赂刑事案件适用法律若干问题的解释〉的理解与适用》,载中华人民共和国最高人民法院刑事审判一、二、三、四、五庭主办:《中国刑事审判指导案例》(第6卷),法律出版社2017年版。

理解：一方面，"价值三万元以上"可以累计计算，而不是以单笔为限；另一方面，对于确实属于正常人情往来、不影响职权行使的部分，不宜计入受贿数额。

《贪污贿赂刑事案件适用法律的解释》第十五条第一款主要针对的是小额贿款的计算问题。《贪污贿赂刑事案件适用法律的解释》明确多次受贿未经处理的，累计计算受贿数额，这主要借鉴了《刑法》对于多次贪污的数额计算规定。这里的"未经处理"，既包括达到定罪标准未受处理，也包括未达到定罪标准未受处理。受贿人多次收受小额贿款，虽每次均未达到《贪污贿赂刑事案件适用法律的解释》规定的定罪标准，但多次累计后达到定罪标准的，也应当依法定罪处罚，这里的"处理"包括刑事处罚和党纪、行政处分，已经受到处理的原则上不再累计。

《贪污贿赂刑事案件适用法律的解释》第十五条第二款针对的是行贿人长期连续给予受贿人超出正常人情往来范围的财物，收受财物与具体请托事项不能一一对应情况下受贿数额如何计算的问题。笔者认为，行贿人长期连续给予受贿人财物，且超出正常人情往来，其间只要发生过具体请托事项，则可以把这些连续收受财物的行为视为一个整体行为，全额认定受贿数额。适用本款规定时要注意多次收受财物之间应具有连续性，这是得以在法律上将收受财物与谋利事项建立联系进而将之作为整体受贿行为对待的事实基础。起草过程中有意见指出，规定中的"一万元以上"是否限于单笔收受在"一万元以上"需进一步明确。经研究能否认定受贿的关键不在于单笔金额的大小，而在于收受时是否与具体职务行为相关，能够证明与具体请托或者谋利事项相关且数额超过1万元的，不管是单笔还是多笔累计，都应一并计入受贿数额。另有意见提出，受请托之前收受财物的数额累计不足1万元但有其他受贿事实的，是否需要按照第一款的规定计入受贿数额？我们认为第二款解决的是受贿事实的认定问题；第一款解决的是受贿数额的计算问题，以受贿事实业已确定为前提。未达到第二款规定的1万元数额标准的，意味着性质上不属于受贿，故不宜计入受贿数额。

【典型案例裁判指引82】《刑事审判参考》第470号[①]马某、沈某萍受贿案:以“感情投资”方式多次收受财物后为请托人谋利的应当将收受的财物数额予以累计

本案中,金江水泥项目开始之前,天龙公司总经理刘某华对被告人马某虽无具体请托事项,但正是看中了马某作为县委书记所拥有的权力地位有可能为其公司谋取利益,才多次以房产交易形式送给马某数额巨大的财物以“联络感情”,为日后谋取利益进行“先期投资”。对此,天龙公司的总经理刘某华、副总经理叶某军的证言证实了其这种“感情投资”的主观动机;在金江水泥项目开始之前多次接受天龙公司“感情投资”的过程中,马某明确作出过承诺“以后有什么事找我,能帮的一定帮”,沈某萍对此亦曾多次供认,因此马某、沈某萍主观上对对方为何多次给予其购买房产的大幅优惠的原因是明知的。在金江水泥项目工程开始后,天龙公司总经理刘某华等人就向马某提出到铜梁县投资水泥项目希望其给予帮助,马某多次利用其职务之便为天龙公司在铜梁县投资的金江水泥项目的引进、文件审批、用地审批、办理采矿许可证、贷款、道路建设等方面谋取了利益。也就是说,从一开始,本案的行、受贿双方就清楚地知道这种财物的给予是建立在“权钱交易”的基础之上的,行贿人正是看重这样的“投资”具有可期待的利益,受贿人亦通过明示或暗示承诺以日后利用职务之便为行贿人谋利作为“回报”,一旦行贿人提出具体请托,收受人接受具体请托为“投资人”谋利,那么这种“投资”就实现了“回报”,行贿、受贿双方的“权钱交易”就告完成。这种接受先期“感情投资”的受贿方式是当前贿赂犯罪不断演化的一个新形式,具有更大的隐蔽性和危害性,完全符合受贿罪的构成要件,应当依照《刑法》以受贿罪论处。对于受贿数额,应当将历次收受的财物予以累计计算。

【典型案例裁判指引83】《刑事审判参考》第1149号[②]毋某良受贿案:收受“感情投资”如何认定为受贿

行贿人长期连续给予受贿人财物,且超出正常的人情往来,其间只要

---

① 参见中华人民共和国最高人民法院刑事审判一、二、三、四、五庭主办:《中国刑事审判指导案例》(第6卷),法律出版社2017年版,第232－233页。

② 参见中华人民共和国最高人民法院刑事审判第一、二、三、四、五庭主办:《刑事审判参考》(总第106集),法律出版社2017年版,第91－92页。

发生过具体请托事项,就可以把这些连续收受的财物视为一个整体,全额认定为受贿数额。在认定时应当注意以下两点:一是收受的连续性,这是得以在法律上将之作为整体行为对待的事实基础;二是排除人情往来因素。本案中,被告人收受财物在时间上较为连贯,权钱交易性质明显,故不能将前期无请托事项时给予财物的行为与之后的关照、提拔割裂开来,而应作为同一整体对待,将多次收受的财物累计计算,以受贿论处。值得注意的是,《最高人民法院、最高人民检察院关于办理贪污贿赂刑事案件适用法律若干问题的解释》对国家工作人员利用职务上的便利为请托人谋取利益,受请托之前收受的应计入受贿数额的财物数额予以了明确,即在1万元以上的,应当一并计入受贿数额。

日常意义上的"感情投资",通常分为两种情形:一种是与行为人当前职务无关的感情投资;另一种是与当前行为人职务行为有着具体关联的所谓的"感情投资"。对于后者,由于双方行为人在日常职务活动中的紧密关系,谋利事项要么已经通过具体的职务行为得以体现,要么可以直接推断出给付金钱有对对方职务行为施加影响的图谋,在这种情况下只要能够排除正常人情往来的,即可认定为受贿。综观此案,给予毋某良数额较大甚至巨大财物者,或为已在或欲在萧县境内从事经营活动的商人,或为与毋某良存在职务隶属关系的萧县乡镇、科局干部,这些人员除了商业经营、工作需要可能与毋某良发生联系外,并无证据证明他们与毋某良存在长期的、深厚的亲情、友情等特殊关系;毋某良既没有给予他们大体相当的款物,也不能作出合理解释。上述人员无一不是谋求与毋某良处好关系,由毋某良对现行或将来请托事项给予帮助,而实际上毋某良亦实际给予或承诺给予相关人员帮助,实质仍为权钱交易,并非正常的人情往来,故相应款物依法应计入受贿数额。

【典型案例裁判指引84】胡某清受贿、行贿、巨额财产来源不明案[①]:接受亲友财物构成受贿罪的认定

接受亲友财物通常包括两种情况:一是亲友出于亲情或友谊,单方面、

---

① 参见中华人民共和国最高人民法院刑事审判第一、二、三、四、五庭主办:《刑事审判参考》(总第118集),法律出版社2019年版,第150页。

无条件地赠与财物;二是单纯利用亲友关系,为请托人办事,收受了请托人的答谢礼物。前者属于馈赠行为,后者属于亲友间的礼尚往来,均是正常合法行为。区分馈赠行为、礼尚往来与受贿罪的界限的关键在于行为人接受亲友的财物是否利用职务上的便利为亲友谋取利益。利用职务上的便利为亲友谋取利益,从而接受亲友财物的,构成受贿罪,否则,属于正常人情往来。在司法实践中,法院一般根据以下事实和情节加以综合分析认定:(1)行贿人的动机;(2)受贿人的动机;(3)受贿人受贿的事实;(4)受贿的数额和情节;(5)行贿人与受贿人的关系,存续时间;(6)请托事项的办理时间与收受贿赂的时间。本案中,胡某清收受的小部分财物是来源于乡友,但并非亲友对其的无偿馈赠,而是为了让其利用手中职权解决就业、就医等问题,为他们谋利益,本质上仍然是一种权钱交易。胡某清利用职务之便,接受请托为他人办事,主观上有为请托人谋利的故意,客观上也实施了谋利行为,应认定为受贿。

(十)受贿后用于单位公务支出或者受贿后退还的处理

1.《最高人民法院、最高人民检察院关于办理贪污贿赂刑事案件适用法律若干问题的解释》(2016 年 4 月 18 日起施行　法释〔2016〕9 号)

第十六条　国家工作人员出于贪污、受贿的故意,非法占有公共财物、收受他人财物之后,将赃款赃物用于单位公务支出或者社会捐赠的,不影响贪污罪、受贿罪的认定,但量刑时可以酌情考虑。

特定关系人索取、收受他人财物,国家工作人员知道后未退还或者上交的,应当认定国家工作人员具有受贿故意。

以上规定在司法实务中的理解与适用①

《最高人民法院、最高人民检察院关于办理贪污贿赂刑事案件适用法律若干问题的解释》第十六条第一款规定了赃款赃物去向与贪污、受贿故意的认定关系问题。该解释明确,只要基于个人非法占有为目的而实施贪

---

① 参见裴显鼎、苗有水等:《〈关于办理贪污贿赂刑事案件适用法律若干问题的解释〉的理解与适用》,载中华人民共和国最高人民法院刑事审判一、二、三、四、五庭主办:《中国刑事审判指导案例》(第 6 卷),法律出版社 2017 年版。

污、受贿行为，不管事后赃款赃物的去向如何，均不影响贪污罪、受贿罪的认定。适用本规定时需要注意以下两点：一是赃款赃物的具体去向，在一些情形下特别是用于公务支出的情形下与贪污、受贿故意的认定是存在关联的，这也是该解释强调只有当贪污、受贿故意得以认定时，用于公务支出或者社会捐赠才不影响定罪的原因所在。对于行为时犯罪故意不明确或者不能证明存在贪污或者个人受贿故意的，则应根据案件事实并结合赃款赃物具体去向实事求是地加以认定。二是对赃款赃物用于公务支出或者社会捐赠的，量刑时应予酌情考虑。

【典型案例裁判指引85】《刑事审判参考》第1149号①毋某良受贿案：受贿后将部分赃款用于公务支出仍以受贿论处

《最高人民法院、最高人民检察院关于办理受贿刑事案件适用法律若干问题的意见》第九条第一款“国家工作人员收受请托人财物后及时退还或者上交的，不是受贿”的规定，是针对实践中国家工作人员主观上没有受贿故意，但客观上收受了他人财物，并及时退还或者上交，并非针对受贿既遂后退还或者上交的情形。没有及时退还或上交，且没有任何无法退还或上交的客观理由，应认定其实际收受财物后，主观心理发生了变化，产生了非法占有故意，应认定为受贿。就此案所查明的全部犯罪事实而言，毋某良均具有受贿故意，并为他人实际谋取或承诺谋取利益，部分谋利行为积极主动，甚至置法律、组织原则于不顾，不惜严重损害国家利益。再就毋某良交存款项的数额、时间及来源看，其2003～2005年分文未交，2009年收少交多，其他年份收多交少，并非及时、全部交存且差额明显，部分源于所查明的受贿事实和非法礼金，部分并不在查明事实之列而是源于其他收入甚至非法收入。从交存款物的部门、知情范围及处分情况来看，也能证明毋某良有受贿故意及心存侥幸：一是交存款物的部门既非纪律检查部门，亦非廉政专用账户，而是毋某良主管、便于控制的县招商局和县委办；二是知情者极少且知情内容有限，通报相关情况系迫于压力；三是交存款物的支取，必须经过毋某良同意或安排，毋某良对此具有绝对的控制、处分

---

① 参见中华人民共和国最高人民法院刑事审判第一、二、三、四、五庭主办：《刑事审判参考》(总第106集)，法律出版社2017年版，第89－90页。

权。因此,毋某良案发前退还、交存部分款物,不属于该意见第九条“及时退还或者上交”,而是借此混淆视听,逃避查处,相应数额不应从受贿数额中扣除。毋某良交存款物后主要用于公共支出,系其受贿犯罪既遂后对赃款、赃物的处置,属自由行使处分权的范畴,不影响受贿犯罪的性质及故意犯罪完成形态的认定,仅作为量刑情节酌情考虑。

2.《最高人民法院、最高人民检察院关于办理受贿刑事案件适用法律若干问题的意见》(2007 年 7 月 8 日起施行　法发〔2007〕22 号)

九、关于收受财物后退还或者上交问题

国家工作人员收受请托人财物后及时退还或者上交的,不是受贿。

国家工作人员受贿后,因自身或者与其受贿有关联的人、事被查处,为掩饰犯罪而退还或者上交的,不影响认定受贿罪。

以上规定在司法实务中的理解与适用①

“及时”不仅限于当时当刻,如果主观上有归还或者上交的意思,但因为客观方面的原因未能立即归还或者上交,在客观障碍消除后立即归还或者上交的,同样应当理解为“及时”。

【典型案例裁判指引 86】《刑事审判参考》第 1017 号②周某受贿案:受贿行为完成后其在案发前主动退还贿赂款不影响受贿罪的认定

2010 年 7 月时任三亚市海棠湾镇委副书记周某收受林某瑜 24 万元,2010 年年底,周某认为不能给林某瑜帮忙解决鱼排补偿事宜,害怕事情暴露,于 2010 年 12 月 6 日将 24 万元退还给林某瑜,2012 年 11 月案发。《最高人民法院、最高人民检察院关于办理受贿刑事案件适用法律若干问题的意见》列举了案发前退还(上交)财物的两种情形:一种是“及时退还或者上交的”,可简称为“及时退还”;另一种是“为掩饰犯罪而退还或者上交的”,可简称为“被动退还”。其中“及时退还”情形,要求行为人主观上没

① 参见刘为波:《〈关于办理受贿刑事案件适用法律若干问题的意见〉的理解与适用》,载中华人民共和国最高人民法院刑事审判一、二、三、四、五庭主办:《中国刑事审判指导案例》(第 6 卷),法律出版社 2017 年版。

② 参见中华人民共和国最高人民法院刑事审判第一、二、三、四、五庭主办:《刑事审判参考》(总第 99 集),法律出版社 2015 年版,第 112－116 页。

有受贿的故意,客观上表现为及时退还或者上交,不存在犯罪故意,故不构成犯罪。值得注意的是,判断行为人是否具有受贿故意,不能仅根据其本人的供述,还应当结合其收受和退还财物的具体行为进行综合分析。首先,"及时退还"情形的行为人收受他人财物并非本人意愿,往往受当时的时空条件限制不得已接收或者"误收",如请托人放下财物即离开,无法追及的;掺夹到正常物品中当时无法发现的;等等。其次,退还必须"及时",在条件允许的情况下,一般是指即时退还。如将礼盒拿回家后发现里面放有现金,第二天即退还的。实践中,对"及时"不能作绝对化理解,只要在客观障碍条件消除后退还都算"及时"。如行为人因病无法即时退还,待数月后身体痊愈退还也应视为"及时"。而"被动退还"情形,行为人在接受财物时存在受贿故意,后因自身或者与受贿相关联的人、事被查处,为了掩饰犯罪,才被动退还或者上交。这种情形下,行为人退还的时间距离接受财物的时间相对较长,距离被正式查处的时间相对较短,行为人对犯罪并没有真实悔意,一般不影响受贿罪的认定和处罚。另外,因请托人索要财物而不得已退还的,也应属于"被动退还"情形。

除上述意见列举的两种退还情形外,在实践中还有一种情形,即行为人虽未及时退还或者上交,但在收受财物后至案发前的期间内主动退还或者上交的。此种情形可以简称为"主动退还"。在该情形下,行为人在接受财物时存在受贿的故意,但经过一定时间段后,因主客观原因等诸多因素的变化,自己主动退还或者上交收受的财物。从法理分析,行为人既具有受贿的故意,又具有受贿的行为,且犯罪过程已经完成,因此,应当构成受贿罪(既遂),至于后面的退还行为,应当视为犯罪后的"退赃",可以作为处罚时的量刑情节,但不能改变已然犯罪的性质。对于"主动退还"情形,可以结合收受财物的时间长短、数额大小以及是否谋利等具体情况,选择适用不以犯罪论处,依法从轻、减轻或者免除处罚。"主动退还"一般不会影响构成犯罪,但在少数情况下,行为人虽然接受财物时存在受贿故意,但在较短时间内即出现悔悟,且未为对方谋取利益即主动退还财物,情节显著轻微危害不大的,可不以犯罪论处。如某公职人员收受他人财物回家后,经亲属规劝或者自己权衡利害得失,旋即将财物退还。这种情形,就不应以犯罪论处。在构成犯罪的前提下,考虑到行为人"主动退还"虽然属于“退赃”情节,但表明其有悔罪表现,主观恶性较小,对职务廉洁性的损害也相应减小,故对其从宽处罚往往能获得民众认同。在具体案件中,对从宽处罚幅度的把握应当考虑以下三个方面的因素:一是从退还的时间来看,“主动退还”一般介于“及时退还”和“被动退还”之间,退还时间的早晚反映了悔罪程度的大小,一般而言,越接近“及时退还”情形的,从宽处罚的幅度就越大;越接近“被动退还”情形,退还越晚的,从宽处罚的幅度就越小;二是从是否为请托人谋取利益来看,“主动退还”时已为请托人谋取了利益,尤其是非法利益的,从宽的幅度就越小,没有或者不愿为请托人谋取利益的,从宽的幅度就越大;三是收受财物数额的大小,也影响从宽的幅度。根据以上三个方面的因素,结合行为人到案后的认罪态度等情况,分别确定从轻、减轻或免予刑事处罚。对案发前“主动退还”的,首先应当考虑从轻处罚;对数额不大,且没有为他人牟利,退还时间早,犯罪情节轻微的,可免予刑事处罚;根据案件的实际情况,如果在法律规定的幅度内处罚仍明显偏重的,可以依照《刑法》第六十三条第二款“犯罪分子虽然不具有本法规定的减轻处罚情节,但是根据案件的特殊情况,经最高人民法院核准,也可以在法定刑以下判处刑罚”的规定,在法定刑以下判处刑罚。

(十一)以借为名受贿和民间借贷形式受贿的认定

1.《全国法院审理经济犯罪案件工作座谈会纪要》(2003 年 11 月 13 日起施行 法〔2003〕167 号)

三、关于受贿罪

(六)以借款为名索取或者非法收受财物行为的认定

国家工作人员利用职务上的便利,以借为名向他人索取财物,或者非法收受财物为他人谋取利益的,应当认定为受贿。具体认定时,不能仅仅看是否有书面借款手续,应当根据以下因素综合判定:(1)有无正当、合理的借款事由;(2)款项的去向;(3)双方平时关系如何、有无经济往来;(4)出借方是否要求国家工作人员利用职务上的便利为其谋取利益;(5)借款后是否有归还的意思表示及行为;(6)是否有归还的能力;(7)未归还的原因;等等。

以上规定在司法实务中的理解与适用[①]

在司法实践中，除了《全国法院审理经济犯罪案件工作座谈会纪要》明确列举的因素外，判断"以借为名"的受贿还可以参考以下方面：

(1)双方的职业。对发生于国家工作人员与社会企业主、个体经营者之间的所谓借款行为，要结合双方的工作情况予以详细查证。如果出借人系企业主、个体经营者，而借款人系国家工作人员，且出借人曾在借款人的相应职权范围内从事过有关经营活动，则借款关系的实质情况有待结合其他证据予以进一步查证。

(2)借款手续是否相对完备。一般不能仅凭书面借款手续来判断，有书面借款的，不一定就是民事意义上的借款行为；但没有书面借款的，结合案件具体情况系受贿的可能性更高。

(3)有无催款行为。正常的借款关系中，如果借款人逾期未还款，出借人往往会以电话、短信、微信等形式或者当面催要。所以要注意审查出借人有无向借款人要求还款的行为，如果从未催要，则需要结合出借人的证言来分析判断该借款的真实性。

(4)借款与履职行为之间有无内在联系。这是司法判断的重点和关键，要重视审查当事人之间仅是单纯的借款行为，还是在借款前后发生了特定的职务行为，以及是否因为有了被告人的相应履职行为双方才发生了借款关系等。这里需要强调的是，无论是《全国法院审理经济犯罪案件工作座谈会纪要》明确的因素，还是以上提及的方面，其判断都需要建立在确实、充分的证据及事实基础之上。办案中要深入贯彻证据裁判原则，善于通过现象看本质，并依据行为的本质属性进行司法认定，不拘泥于形式与细枝末节。

【典型案例裁判指引87】《刑事审判参考》第1147号[②]吴某徕受贿案：以虚假事实向行贿人施加压力进而索要财物构成索贿

认定行为人是否构成索贿关键看其是否主动要求对方交付财物作为

---

① 参见于同志：《刑事实务十堂课》，法律出版社2020年版，第289－290页。

② 参见中华人民共和国最高人民法院刑事审判第一、二、三、四、五庭主办：《刑事审判参考》（总第106集），法律出版社2017年版，第76－77页。

对价。本案中,被告人吴某徕表面上似乎并未直接向行贿人徐某某索要财物,而是以要给"领导的朋友"好处费为由主动要求徐某某交付财物给第三人。这一行为能否认定为索贿?我们认为,吴某徕虽然采取欺骗手段使徐某某相信确有"领导的朋友"介入并"自愿"向"领导的朋友"支付好处费,但吴某徕在徐某某"自愿"交付之前已向其传递出明确的信号,即徐某某不付出一定代价不可能顺利承揽业务,徐某某面对这种情况并无多少选择余地。在徐某某表示愿意给对方好处费后,吴某徕立即提出100万元的数额要求。该起受贿事实中,吴某徕与徐某某的沟通过程符合索贿犯罪中受贿人积极地主导权钱交易进程,而行贿人比较被动地按照受贿人的要求给付财物的特点,犯罪情节较一般的被动接受贿赂的受贿犯罪更为恶劣,理应认定为索贿并酌情从重处罚。至于吴某徕使用的欺骗手段,并不改变其主动向徐某某索要巨额贿赂的实质。对索贿行为必须结合行为人利用职务上的便利实施犯罪的背景准确定性,单纯地看该起事实,形式上似乎也符合诈骗罪的犯罪构成,但吴某徕实施上述行为时充分利用了职务上的便利,徐某某也是基于对吴某徕职权的信任交付财物,后在吴某徕的帮助下承接了相关业务。徐某某虽误以为其所送财物交给了"领导的朋友",但其对送出财物以满足吴某徕的要求,进而借助吴某徕的权力谋取利益有清晰的认识,其关注的重点不在于何人收取贿赂,而在于能否用贿赂换取利益,事实上徐某某也确实通过行贿获得了巨额利益。因此,以索贿而不是诈骗来评价吴某徕在本起事实中的行为性质更为准确。

【典型案例裁判指引88】王某受贿案①:为他人谋取利益后以急事需要用钱等为由向他人索要钱款的构成受贿罪

2000年下半年至2003年2月,被告人王某利用职务便利,接受中裕煤层气公司北京办事处主任王甲的请托,通过向国家开发银行郑州分行负责人打招呼、在该行贷款委员会审议贷款项目时发表有条件同意的意见等方式,为河南省郑州市经济技术开发区向国家开发银行申请贷款人民币3亿元提供帮助,使王甲从中获取好处费人民币300万元。为此,2005年3月,王某以急需用钱为由向王甲索取人民币30万元。

---

① 参见《最高人民检察院公报》2010年第6期。

本院认为，被告人王某身为国家工作人员，利用职务上的便利，索取和非法收受他人财物，为他人谋取利益，其行为已构成受贿罪。

【典型案例裁判指引89】杨某亮受贿案①：根据国家工作人员与出借方的主观心态、客观行为等判断是否为“以借为名”的受贿行为

2007年年初，广东省茂名市常务副市长杨某亮提出向柯某某和杨某某借款。为了与杨某亮搞好关系以便得到生意上的照顾，柯某某和杨某某以支持杨某亮竞争茂名市市长的名义，分别送给杨某亮100万港元，共计200万港元。

杨某亮构成受贿理由如下：

第一，从行、受贿人双方的主观心态来看。虽然证人柯某某、黄某某证实当时杨某亮确实是向他们提出借款，但与此同时，柯某某也承认其是考虑到杨某亮是茂名市副市长，为了得到杨某亮日后对其生意的关照才应杨某亮的要求将钱给杨某亮。柯某某主动行贿的犯意是显而易见的。而证人黄某某则证实，杨某亮虽然向其提出借款，但既没有写借据，也没有约定借款利息和还款日期，杨某亮一直到案发都没有还款，其明白杨某亮是以借为名向其要钱。杨某亮作为茂名市副市长，一方面，在明知自己职务“能量”可以为柯某某、黄某某带来利益的前提下向其提出借款，实际上也为解决柯某某、黄某某公司生意的相关矛盾给予关照；另一方面，杨某亮在获得“借款”后分两次存入银行，表明其完全具有还款能力，但直至案发时也没有还款的意思表示及行为。由此可见，杨某亮的“借款”一开始就是行贿、受贿双方心理之间的一种特殊默契关系，即权钱交易动机明确，各有所求，互相理解。

第二，从行、受贿人双方的客观行为来看。一般情况下，正常的民间借贷关系中借款双方通常存在较为稳固的信任关系，借款的理由往往比较正当、合理，对归还的日期、方式等有明确约定，借款后出借方有催促还款行为、借款方有归还的意思表示和行为，等等。此案中，现有证据不能证实杨某亮与柯某某、黄某某平时有经济往来，杨某亮借款亦无正当、合理的理

---

① 参见最高人民法院中国应用法学研究所编：《人民法院案例选》（刑事卷），人民法院出版社2017年版，第4040-4042页。

由;双方借款时,对借款的利息、还款的日期均没有约定,杨某亮也没有向借款人出具相应的借款借据;杨某亮在完全具备还款能力的情况下却一直没有还款的意思表示及行为。而且,杨某亮在收受"借款"后也为解决柯某某、黄某某公司生意的相关矛盾给予关照,本质上仍然是国家工作人员具有利用职务便利为他人谋取利益的行为。综上所述,应当认定杨某亮的行为构成受贿。

【典型案例裁判指引 90】《刑事审判参考》第 1431 号[①]吴某宝受贿案:索贿的认定

受贿犯罪中应当根据被告人的职务、地位及其影响,是否为行贿人谋取利益,是否主动提起犯意,行贿人的利益是否违法等多个情节来综合判断行贿是否违背了行贿人的意愿,进而确定是否构成索贿。具体办案中可以从以下几点进行把握:(1)并非国家工作人员先提出的均构成索贿,但是索贿应当是国家工作人员率先通过明示或者暗示的方式向请托人表达了收取财物的意图。(2)索贿的本质是违背了行贿人的意愿,虽然不要求达到被胁迫、勒索的程度,但是应当能够反映出行贿人是出于压力、无奈、不情愿才交付财物。(3)实践中可以根据受贿人给请托人谋取利益的大小,受贿人提出的财物要求是否在请托人心理预期之内,请托人请托的事项是否违法等进行综合判断。比如,请托人本来就是谋取违法的利益,对于让渡部分"利润"早有心理预期,双方对于行受贿事实属于"心知肚明",此时即使是受贿人率先提出受贿的具体数额,一般也不宜认定为索贿。

【典型案例裁判指引 91】周某某受贿案[②]:以借为名受贿的认定

周某某,中共党员,某省消防救援总队党委常委、防火监督部部长。2007 年 1 月至 2019 年 5 月,周某某在先后任某省公安消防总队防火部技术处处长、某市公安消防支队支队长、某省消防救援总队党委常委及防火监督部部长期间,在明知自己债台高筑,已无偿还能力的情况下,仍虚构投

---

① 参见最高人民法院刑事审判第一、二、三、四、五庭编:《刑事审判参考》(总第 128 辑),人民法院出版社 2021 年版,第 132 – 133 页。

② 参见陈国浒、虞泽春:《准确界定以借为名受贿与诈骗》,载中央纪委国家监委网站,www.ccdi.gov.cn/yaowenn/202108/t20210825_145410.html。

资、购房等借款理由，隐瞒归还赌债及高利贷的借款用途，大肆“借款”达数千万元之巨。借款对象多为具有行政管理关系的被管理人员，同时其利用职务上的便利，为部分人员在消防产品生产许可证核发、消防产品抽检、消防器材采购、消防验收等方面谋取利益。至案发时，其“借款”仅极少数归还被管理人员，其余均用于归还赌债、高利贷以及继续赌博挥霍。

根据《全国法院审理经济犯罪案件工作座谈会纪要》对以借为名受贿行为的相关规定，结合借款事由、约定还款时间及利息、款项的去向、双方平时关系、有无具体请托事项、借款后是否有归还的意思表示及行为、归还能力、“出借人”到期后催讨的频率及强度等因素，经归纳可就全案“借款”行为划分为以下几类：

(1)有谋利无催讨。尽管周某某虚构了借款事由并出具借条，但“出借人”提出了具体谋利事项，“借款”金额与所谋利益价值相当，且“借款”到期后一直无催讨行为，由此可佐证，双方在交付财物时心照不宣地形成了权钱交易的行受贿合意，符合受贿罪构成要件。换言之，“出借人”并没有因为周某某虚构的借款事由陷入错误认识，进而处分自己的财产，周某某不构成诈骗罪。

(2)有谋利有催讨终放弃。此类情形尽管存在具体谋利事项，但由于“借款”金额大于所谋之利益，“出借人”在提供“借款”时，并不十分明确周某某意在受贿还是真的借款，但对周某某受贿的可能已有所认识，且并不排斥此结果。随着借款逾期未还以及催讨无果，“出借人”对周某某受贿意图的认识、对“债权”的放弃从盖然性最终演变为确定性，行受贿合意逐渐明确。由于放弃“债权”是基于具体谋利事项及行政管理关系等职权因素，“出借人”处分财产的本质同样是权钱交易，而非陷入错误认识，对周某某宜以受贿罪论处。

(3)无谋利有职权制约无催讨，或有催讨终放弃。此类情形缺乏具体谋利事项，而成立索贿型受贿须达到必要的强制程度，所以在认定上有一定争议。由于周某某系消防系统领导，对有关企业在消防检查验收、生产许可证核发等方面均具有行政管理职权，而“出借人”经营消防类产品企业，系具有行政管理关系的被管理人员，故可考虑适用“两高”《关于办理贪污贿赂刑事案件适用法律若干问题的解释》第十三条第二款“感情投资型受贿”有关规定。本类情形中,“出借人”虽未在发生“借款”行为当下即确定对方具体意图,但后期见周某某毫无还款表示,或经催讨无果,逐渐明确其索财本质。鉴于周某某职权的直接制约,以及为搞好关系等利弊权衡,最终放弃“债权”而不再催讨,言明“就当送给他了”,行受贿的交易合意在此刻明确达成。这也表明,“出借人”处分财产是出于周某某职权因素,而非认识错误。

(4)无谋利无职权制约频催讨不放弃。此种情形的定性较为明晰。“出借人”没有提出具体请托事项,周某某职权对其制约也并不直接,其提供“借款”的行为主要是基于周某某捏造的买房、投资等事由,以及公职人员还款能力等因素,系因周某某虚构的事实陷入错误认识,进而处分财产,造成损失,符合诈骗罪构成要件。此外,“出借人”后期频繁的催讨行为,进一步证实其并不忌惮周某某的职权,表明其仍积极主张债权,权钱交易的基础不成立。

(5)无谋利有职权制约催讨态度模糊。此类情形颇具争议,值得探讨。相关“借款”行为主要出现在临近案发前,正如周某某所言,“能借的都已经借了”,因此对后期的“借款”对象,其职权制约性已有所松弛。同时,“出借人”在约定的“借款”期限到期后,虽有提及钱款,但催款的意愿并不强烈,被周某某的三言两语轻易打发。于是出现了“出借人”既想与周某某搞好关系、不能撕破脸,又不承认放弃“债权”,对钱款持“不强求也不放弃”的态度。透过这种反常的表象,双方能够安于现状的背后,是都已将该“债权”视为维持彼此关系的纽带,随时可能通过职权实现“预期收益”的本质。正如周某某所言,其已无力偿还那些所谓的“借款”,甚至希望这些“出借人”来请他帮忙,这样就可以缓解或者抵销那些“借款”。所以,双方已然形成一种投桃报李的关系,行受贿之合意已经形成,“出借人”处分财产仍是基于对职权因素的“预期收益”,而非认识错误,对周某某宜认定为受贿罪。

2.《最高人民法院、最高人民检察院关于办理受贿刑事案件适用法律若干问题的意见》(2007年7月8日起施行　法发〔2007〕22号)

八、关于收受贿赂物品未办理权属变更问题

国家工作人员利用职务上的便利为请托人谋取利益,收受请托人房屋、汽车等物品,未变更权属登记或者借用他人名义办理权属变更登记的，不影响受贿的认定。

认定以房屋、汽车等物品为对象的受贿，应注意与借用的区分。具体认定时，除双方交代或者书面协议之外，主要应当结合以下因素进行判断：(1)有无借用的合理事由；(2)是否实际使用；(3)借用时间的长短；(4)有无归还的条件；(5)有无归还的意思表示及行为。

以上规定在司法实务中的理解与适用①

刑法上非法占有的认定标准与物权法上的合法所有的认定标准应当有所区别，非法占有目的的实现并不以得到法律上的确认为条件，是否在法律上取得对房屋、汽车等的所有权，并不能对事实上占有房屋、汽车等的认定构成障碍。反之，即便行贿人以受贿人的名义办理了产权证书，但未及交付的，应当视情况分别认定为受贿未遂或者不构成受贿。同时，考虑到未办理权属登记情形下受贿罪认定当中的潜在风险，《最高人民法院、最高人民检察院关于办理受贿刑事案件适用法律若干问题的意见》特别强调认定以房屋、汽车等物品为对象的受贿，应注意与借用的区分，并规定“具体认定时，除双方交代或者书面协议之外，主要应当结合以下因素进行判断：(1)有无借用的合理事由；(2)是否实际使用；(3)借用时间的长短；(4)有无归还的条件；(5)有无归还的意思表示及行为”。需要指出的是，这些因素是一个有机判断体系，在司法实践中应注意综合考虑。其中，核心精神有两点：一是有无借用的必要；二是有无归还的真实意思。对于在借用关系中由对方支付实际发生的有关费用的，现实生活中的表现较为复杂，比如，有些费用是因使用而发生的，有些费用则即便不使用也同样需要支付，而且这些费用通常情况下数额较小，认定起来也有一定难度，故该意见不作明确规定，而是留待办案机关根据个案情况具体处理。

3. 国家工作人员借请托人钱生钱的行为如何处理②

对“借鸡生蛋”的行为如何认定，即国家工作人员借请托人的钱生钱

---

① 参见刘为波：《〈关于办理受贿刑事案件适用法律若干问题的意见〉的理解与适用》，载中华人民共和国最高人民法院刑事审判一、二、三、四、五庭主办：《中国刑事审判指导案例》(第6卷)，法律出版社2017年版。

② 参见郭竹梅：《受贿罪司法适用研究》，法律出版社2018年版，第56页。

的行为。司法实践中,我们遇到不少这样的案例,情况比较复杂,举例来说,第一种情况,如国家工作人员甲利用职务上的便利,为乙谋取利益,与乙商定,乙将自己公司的股份100万股送给甲,甲不出本金,后来甲用该部分股份的分红偿还了股本金。第二种情况,甲向乙借1000万元,用于购买乙所在公司的商品房,后房价上涨到2500万元,甲卖房后连本带息偿还了乙的1000万元。第三种情况,甲向乙借100万元用于炒股,双方约定,赚了归甲,后甲炒股净赚了50万元,且连本带息偿还了乙的100万元借款。上述三种情况,国家工作人员甲通过"借鸡生蛋",空手套白狼,均获得了巨额的经济利益,是否均可以认定为受贿呢?笔者认为,第一种情况,甲未出资而获得对方股份,又用该股份所谓的分红购买股份,是用对方的"蛋"买对方的"鸡",实际收受的是对方的股份,应将该股份折算价值认定为受贿金额,所得的分红应认定为孳息,用分红购买该股份,不影响受贿行为的认定。第二种情况,甲虽然也是借鸡生蛋,但是房价上涨收益并非来自乙,而是市场价格上涨产生,甲获得的好处是1000万元的使用权,后由于甲连本带息归还了该1000万元,不宜认定为甲受贿。第三种情况,与第二种情况类似,甲获得的好处也是100万元的使用权,虽然炒股当时约定赚了归甲方,不符合市场公平原则,但毕竟炒股未亏损,且后来甲归还了100万元本息,因此,不宜认定甲受贿。后两种情况与第一种情况的本质区别在于,第一种情况下分红是股份的孳息,是来自行贿人的让渡,所以拿对方的分红买对方的股份,是无偿获取对方的股份,其实是真正的空手套白狼,是受贿;而后两种情况下,甲获取的经济利益,是因为市场价格上涨或者股市上涨不是来自行贿人,甲从乙处获得的好处为借款的使用权,且事后连本带息及时归还,如果涉及违纪可以按照违纪行为处理,但是不能作为受贿犯罪行为处理。

4. 民间借贷形式受贿的认定

【典型案例裁判指引92】陈某飞受贿案①:利用职务便利向管理对象高息放贷构成受贿罪

被告人陈某飞的行为构成受贿罪。理由如下:(1)陈某飞与杨某伟、

---

① 参见最高人民法院中国应用法学研究所编:《人民法院案例选》(2017年第8辑),人民法院出版社2017年版,第4053-4055页。

吴某红不是平等主体之间的民间借贷关系，杨某伟、吴某红向陈某飞高息借贷行为不是出于真实意愿。本案杨某伟出资的世贸中心项目在消防设计、审核、验收等事项和吴某红的九州公司开发的某珠宝广场消防验收上均有求于陈某飞，陈某飞的职权因素介入借款过程并对借贷关系成立与否、利率高低起决定作用，杨某伟、吴某红被迫同意陈某飞提出的"借款"要求，出借人、借款人地位不平等。陈某飞出借的资金中，小部分系其家庭、亲友的款项，大部分系其以银行同期贷款利息从他人借来。此外，陈某飞与杨某伟约定月息5%、8%的利率明显超过法律保护的银行同期贷款利率4倍，甚至高达十几倍。(2)陈某飞的行为不符合投资行为的本质特征。投资行为的本质特征在于需要承担风险。而此案中，陈某飞放贷给杨某伟、吴某红没有资金风险，两人在消防工程审核、验收上有求于陈某飞，不可能侵吞其本金(实际也没有造成资金风险)。(3)陈某飞系以民间借贷为名行索贿之实，其利用职务之便，索取他人巨额钱财，并为他人谋取利益的行为，符合受贿罪权钱交易的本质特征。理由：一是陈某飞与放贷对象杨某伟、吴某红在消防工程项目上有职务管理关系。二是借贷之事系由陈某飞提出，高额利率由其确定，且借款人若未满足陈某飞要求，所开发的项目就迟迟得不到消防验收。一审根据当前民间借贷的利率情况，采纳公诉机关指控意见，将同期银行贷款利率4倍之内部分予以扣除，将超出部分认定为受贿，如此处理也是适当的。

【典型案例裁判指引93】《刑事审判参考》第1447号[①]沈某根受贿案：以借贷为名受贿的认定及受贿数额认定

国家工作人员与请托人之间以借贷为名的贿赂关系与正常民间借贷有本质区别，表现在：(1)从双方之间的关系来看，在正常民间借贷中，一般双方原来就有经济往来，或者双方是亲戚、朋友、同事、同学等较密切关系；在请托人和受托人之间的借贷中，出借人是国家工作人员，借款人是国家工作人员管理、制约、监督的对象，通常双方平时没有经济往来，借款发生在双方达成权钱交易的合意之后。(2)从是否有借款需求来看，在正常

---

① 参见最高人民法院刑事审判第一、二、三、四、五庭编：《刑事审判参考》(总第129辑)，人民法院出版社2022年版，第90－94页。

民间借贷中,借款人有借款需求,一般主动向出借人提出借款要求;在请托人和受托人之间的借贷中,出借人不管借款人是否需要资金,有些甚至是主动提出出借资金来为后续的利益输送布局。(3)从借款后的行为表现来看,在正常民间借贷中,借款人为了使出借人放心将资金借给他,一般会告知出借人借用资金的目的、使用过程,以及归还日期、归还的利息等,以言语和行动表达资金处于安全之中;在请托人和受托人之间的借贷中,出借人通常不过问或不具体过问资金用途、还款保障、借款利息,也不关心何时可以归还。(4)从出借资金的来源来看,在正常民间借贷中,出借人一般是将自有资金借给对方;在请托人和受托人之间的借贷中,不但有出借人将自有资金出借给对方的情况,还存在出借人将从他人处以无息或低息借款的资金再出借给借款人,从而赚取高额差价的情况。(5)从回报上看,在正常民间借贷中,借款人给出借人的利息一般是与正常经济活动所产生的收益相匹配;在请托人和受托人之间的借贷中,借款人给予出借人高额的利息,获取的利息与资金正常产生的收益严重不成比例。

本案中受贿数额采取扣除杨某强同期从他人处借款的最高年利率18%部分来认定受贿数额的方法,主要还是考虑被告人沈某根给杨某强的借款确实用于杨某强的公司经营,有实际的借款关系为基础,只是在此之上附加了利益输送,如果能查明整个借款关系都是虚假的,换言之,如果根据证据可以认定借款人本身无借款需要,国家工作人员也明知借款人无借款需要,仍将款项"借"给借款人,款项放在借款人处完全是幌子,以此来收取高额利息,而且借款人实际也并未使用该款项,那么根据主客观相一致原则,在认定受贿数额时,国家工作人员获得的所有利息均应认定为受贿数额。

【典型案例裁判指引94】《刑事审判参考》第1399号[①]赵某受贿案:免息借款何种情况下免除利息可以算受贿

司法实践中,对国家工作人员与请托人之间具有真实借贷关系并归还借款数额的,一般不能认定为受贿犯罪,但若有充分证据证明国家工作人

① 参见最高人民法院刑事审判第一、二、三、四、五庭编:《刑事审判参考》(总第125辑),人民法院出版社2020年版,第105-106页。

员利用职务便利为请托人谋利旨在获取巨额无息借款，请托人同意提供也是借此获取国家工作人员职务上的支持，此时免息借款的对价就是国家工作人员实施具有倾向性的职务行为，权钱交易关系非常明显，应将相关期限内的借款利息认定为受贿。就本案而言，赵某的妻子张某某因商业逐利而非生活需要向黄某平借用巨额资金，实际支付年利率不足9%的利息既符合情理，也符合借款协议的约定。黄某平基于赵某的职权地位及双方之间长期的权钱交易关系，无论从最初提出免收利息还是之后退还利息，均为藉此向赵某输送财产性利益，与直接给与赵某财物并无本质不同，仅是采取了手段更为隐秘、情感更易于被接受、实际效果通常更“好”的方式。赵某对上述情况完全知情，但并没有安排张某某退还，本质上属于接受他人免除债务的行为，对其以受贿论处适当。

（十二）以交易、投资、赌博、劳务报酬等形式受贿的认定

1.《最高人民法院、最高人民检察院关于办理受贿刑事案件适用法律若干问题的意见》（2007年7月8日起施行 法发〔2007〕22号）

一、关于以交易形式收受贿赂问题

国家工作人员利用职务上的便利为请托人谋取利益，以下列交易形式收受请托人财物的，以受贿论处：

（1）以明显低于市场的价格向请托人购买房屋、汽车等物品的；

（2）以明显高于市场的价格向请托人出售房屋、汽车等物品的；

（3）以其他交易形式非法收受请托人财物的。

受贿数额按照交易时当地市场价格与实际支付价格的差额计算。

前款所列市场价格包括商品经营者事先设定的不针对特定人的最低优惠价格。根据商品经营者事先设定的各种优惠交易条件，以优惠价格购买商品的，不属于受贿。

二、关于收受干股问题

干股是指未出资而获得的股份。国家工作人员利用职务上的便利为请托人谋取利益，收受请托人提供的干股的，以受贿论处。进行了股权转让登记，或者相关证据证明股份发生了实际转让的，受贿数额按转让行为时股份价值计算，所分红利按受贿孳息处理。股份未实际转让，

以股份分红名义获取利益的,实际获利数额应当认定为受贿数额。

三、关于以开办公司等合作投资名义收受贿赂问题

国家工作人员利用职务上的便利为请托人谋取利益,由请托人出资,“合作”开办公司或者进行其他“合作”投资的,以受贿论处。受贿数额为请托人给国家工作人员的出资额。

国家工作人员利用职务上的便利为请托人谋取利益,以合作开办公司或者其他合作投资的名义获取“利润”,没有实际出资和参与管理、经营的,以受贿论处。

四、关于以委托请托人投资证券、期货或者其他委托理财的名义收受贿赂问题

国家工作人员利用职务上的便利为请托人谋取利益,以委托请托人投资证券、期货或者其他委托理财的名义,未实际出资而获取“收益”,或者虽然实际出资,但获取“收益”明显高于出资应得收益的,以受贿论处。受贿数额,前一情形,以“收益”额计算;后一情形,以“收益”额与出资应得收益额的差额计算。

五、关于以赌博形式收受贿赂的认定问题

根据《最高人民法院、最高人民检察院关于办理赌博刑事案件具体应用法律若干问题的解释》第七条规定,国家工作人员利用职务上的便利为请托人谋取利益,通过赌博方式收受请托人财物的,构成受贿。

实践中应注意区分贿赂与赌博活动、娱乐活动的界限。具体认定时,主要应当结合以下因素进行判断:(1)赌博的背景、场合、时间、次数;(2)赌资来源;(3)其他赌博参与者有无事先通谋;(4)输赢钱物的具体情况和金额大小。

十二、关于正确贯彻宽严相济刑事政策的问题

依照本意见办理受贿刑事案件,要根据刑法关于受贿罪的有关规定和受贿罪权钱交易的本质特征,准确区分罪与非罪、此罪与彼罪的界限,惩处少数,教育多数。在从严惩处受贿犯罪的同时,对于具有自首、立功等情节的,依法从轻、减轻或者免除处罚。

以上规定在司法实务中的理解与适用[①]

(1)关于以交易形式收受贿赂问题

在理解本款规定时应注意两点:一是优惠价格不限于社会上明示或者公开的价格;二是优惠价格必须针对不特定人。讨论中有意见指出,优惠价格既可以是商品经营者面向社会公众设定的,也可以是商品经营者专门针对国家工作人员设定的。而后者本身可能就具有行贿的性质。如果将这两种情形都认定为优惠价格范畴,将会严重缩小以交易形式实施的受贿罪的认定范围,因而建议将优惠价格限定为"面向社会公众的优惠价格"。经研究,该意见过于严苛,现实当中优惠价格有多种表现形式,存在各式各样的明折暗扣,不同层级的销售人员拥有的优惠权限不尽相同,同时也考虑到我国人情社会的特点,故未采纳该意见。至于该意见的顾虑,通过"事先设定"和"不针对特定人"两个限制性条件可以得到有效排除。

(2)收受干股问题

关于干股的理解主要有两种情形:一种是由他人实际出资、无偿转让的干股;另一种是没有资金依托的干股,其本身无价值,其他股东的份额也无减损。关于收受干股的认定:一是收受干股不以登记为成立要件,没有进行转让登记,但有相关证据证明发生了事实转让的,应当认定为受贿;二是收受有资本依托的干股(第一种收受由他人实际出资、无偿转让的干股)的,按照转让时股份价值计算受贿数额,分红不计入受贿数额而是作为受贿孳息处理;三是收受没有资本依托的干股(第二种没有资金依托)的,按照分红计算受贿数额。

(3)关于以开办公司等合作投资名义收受贿赂问题

根据本条规定,具有真实投资成分的情形,即便国家工作人员未实际参与管理、经营活动,也将被排除受贿罪的认定。以合作开办公司或者进行其他合作投资,是否构成受贿的认定,关键在于国家工作人员本人有无实际出资。《最高人民法院、最高人民检察院关于办理受贿刑事案件适用法律若干问题的意见》(以下简称《关于办理受贿刑事案件适用法律的意

---

① 参见刘为波:《〈关于办理受贿刑事案件适用法律若干问题的意见〉的理解与适用》,载中华人民共和国最高人民法院刑事审判一、二、三、四、五庭主办:《中国刑事审判指导案例》(第6卷),法律出版社2017年版。

见》)之所以强调这一点,主要是因为该问题在现实生活中较为复杂,对于具有真实投资成分的情形不易细分和作出具体认定。《关于办理受贿刑事案件适用法律的意见》规定“不参与管理、经营”,是以确认名义投资而非真实投资为前提的,“不参与管理、经营”是判断是否名义投资诸多可资判断因素的一个方面,同时,管理、经营行为在一定情况下也可能成为出资方式的一种,所以,《关于办理受贿刑事案件适用法律的意见》关于此种情形是否成立受贿的认定,坚持的标准仍然是名义投资抑或实际投资。有意见提出,现实生活中还存在一种情形,即国家工作人员利用职务上的便利为他人谋取利益,由请托人垫付资金,国家工作人员或者其指定的第三人以参与合作开办公司或者进行其他形式合作投资的形式,不实际参与管理、经营而获取经营利润的情形,并建议即便国家工作人员事后归还了请托人的垫付款,此种情形也应当以实际收受的“利润”部分追究受贿责任。其主要理由是,由他人垫付出资,只是一种更为隐蔽的受贿手法,“归还”出资的本意是掩盖非法收受的所谓的投资收益,这类行为同样属于以合作开办公司或者其他合作投资的名义,行受贿之实的行为。反对意见则认为,按照“谁出资,谁收益”的原则,既然是垫付,意味着国家工作人员是投资方,那么其获取公司收益是合法合理的。鉴于该问题争议较大,需要统筹法律与现实等多方面关系,多数意见认为在该问题的处理上须持谨慎态度,故《关于办理受贿刑事案件适用法律的意见》对该问题未作专门规定而是留待司法实践结合实际情况,根据是否真实投资这一判断标准,进行具体认定。

(4)关于以委托请托人投资证券、期货或者其他委托理财的名义收受贿赂问题

对于他人虽然将出资实际用于投资活动,但所获“收益”与实际盈利明显不符的情形,虽然存在真实委托理财的成分,但其性质与以交易形式收受贿赂相同,属于变相受贿,受贿数额,应以“收益”额与出资应得收益额的差额计算。在适用本规定时,应当注意坚持主客观相一致的刑事司法原则,现实生活中投资收益及其比例均具有不确定性,尤其是在高风险、高回报的证券、期货领域,所以,成立受贿,须以国家工作人员对于所获“收益”高于出资应得收益且具有主观明知为条件。之所以强调“明显”二字,

意义即在于此。对于国家工作人员虽然实际出资,但是在他人未将出资实际用于投资活动的情况下,收受他人以"盈利"名义给付的财物的是否认定受贿的情形,多数意见认为对于此种情形的处理需持谨慎态度。理由是:第一,委托理财操作上较为复杂,做法不尽一致,具体投资时受托方不一定要为委托方开设专户,而且,作为一般等价物,在有实际投资的情况下,不易判断也不易区分钱款的出资者归属,所以,是否将出资实际用于了具体投资活动,实践中很难认定。第二,收益回报不必以实际用于投资为条件。一方面,受托方对于如何投资、何时投资有一个自主决定权;另一方面,约定高回报额虽不受法律保护,但这种违规做法实践中的确存在,在刑事和民事的司法认定上应有所区分并适当考虑。此外,作为受贿处理,还牵涉一个委托方是否事先明知的问题。考虑到实际情况的复杂性,为避免客观归罪,《关于办理受贿刑事案件适用法律的意见》对此情形未作专门规定。应当注意,该意见未作规定,并不意味着此情形一律不以受贿处理,只是说此情形不再具有独立的认定意义,对于所获收益与出资应得收益明显不符的,同样应当根据该意见规定处理。

(5)关于赌博形式收受贿赂的认定问题

其中,赌博的背景、场合、时间次数,是指赌博的时机问题,包括以往有无赌博的经历,以此查证利用职务上的便利为请托人谋取利益与"赌博"两者间的客观因果关系;赌资来源是指国家工作人员用于赌博的钱款系本人自备还是请托人所提供,以此判断国家工作人员有无赌博、娱乐活动的真实意思;其他赌博参与者有无事先通谋,是指在多人参与"赌博"的情况下,国家工作人员之外的其他参与人对于行受贿双方的真实意思是否明知,包括其他参与人的赌资是否系行贿人提供,以此旁证行、受贿双方的真实意图;输赢钱物的具体情况和金额大小,主要是指国家工作人员"赢取"钱物是否出于对方"配合"的结果,以及输赢钱款较之于平时在数量上有无异常。应当注意,这些因素本身不一定具有独立的判断意义,这里更多的是提供一个查证方向和认定思路。现实生活中还存在一种情形,即双方均有通过赌博形式实施行、受贿的意思,且行贿方预先设定了一个行贿数额,但因"客观"方面的原因,致使受贿方实际收受财物的数额大于原先预计的行贿数额,比如,原计划通过打麻将行贿 10 万元,但受贿人手气好,结果“赢取”了20万元,此情形应如何认定受贿数额?对此,虽然《关于办理受贿刑事案件适用法律的意见》没有明确规定,但实践中以全额认定受贿数额是妥当的。这不仅是实践操作的需要,也符合犯罪构成的一般理论,因为这是基于一个概括的行、受贿故意实施的一个完整的行、受贿行为。行贿方完全可以自主控制行贿数额,所谓“客观”方面的原因,完全是行贿方主观放任的结果。

【典型案例裁判指引95】《刑事审判参考》第340号[①]李某受贿案:国家工作人员要求请托人为特定关系人提供低价住宅构成受贿罪

受贿犯罪案件中,存在利用职务便利为请托人谋取利益的行为人没有直接占有受贿款物的情形,如本案中,李某是为其弟索要住房,巨额差价款个人也没有直接所得,而是由其弟所得,但这并不影响其受贿罪的成立。2003年11月13日最高人民法院印发的《全国法院审理经济犯罪案件工作座谈会纪要》关于受贿罪中共同受贿犯罪的认定规定:“国家工作人员利用职务上的便利为他人谋取利益,并指定他人将财物送给其他人,构成犯罪的,应以受贿罪定罪处罚。”李某利用本人职务上的便利,直接要求房地产公司以“优惠”价格卖一套住房给其弟,符合规定中“指定他人将财物送给其他人”的特征,对其应以受贿罪论处。

【典型案例裁判指引96】《刑事审判参考》第975号[②]胡某富受贿案:如何区分以优惠价格购买商品房还是以交易形式收受贿赂

应当从以下两个方面来区分国家工作人员以优惠价格购买商品房与以交易形式收受贿赂:

一是从受贿罪权钱交易的本质进行区分。交易型受贿仍然具有受贿罪权钱交易的本质特征。在交易型受贿中,从形式上看,行贿人和受贿人双方存在一般市场交易行为,以金钱和物品的对价进行支付,通常包含打折、让利等优惠,但是上述优惠并不是一般商品买卖活动中为了促销而进行的正

---

① 参见中华人民共和国最高人民法院刑事审判一、二、三、四、五庭主办:《中国刑事审判指导案例》(第6卷),法律出版社2017年版,第222页。

② 参见中华人民共和国最高人民法院刑事审判第一、二、三、四、五庭主办:《刑事审判参考》(总第97集),法律出版社2014年版,第120-122页。

常销售手段,而是为了通过这种优惠换取国家工作人员手中的公权力。所谓市场交易只不过是权钱交易的幌子,权钱交易才是交易型受贿的本质特征。

二是从"优惠价格"的本质特征进行区分。交易型受贿中的"市场价格"包括"事先设定的不针对特定人的优惠价格"。我们认为,应当从是否"事先设定"和"不针对特定人"两个基本方面,结合案件实际来判断国家工作人员所享受的"优惠价格"是正常市场优惠还是交易型受贿。"事先设定"是指在正常的市场优惠购房中,交易价格通常是由经营者预先设定的,事先确定折扣幅度,按照事先制定的程序进行销售和结算,而交易型受贿犯罪中的房产优惠价格往往具有较大的随机性和任意性,经营者会根据交易对象(国家工作人员)的具体情况临时确定房产价格优惠幅度、结算方式等,因而难以事先确定优惠幅度。"不针对特定人"是指在正常的市场优惠购房中,能够以优惠条件购买房产的人是不特定的多数人,所有愿意支付相关对价的(符合相关法律政策规定的)人均可参与优惠购买房产。而在交易型受贿犯罪中,优惠房价仅针对特定的国家工作人员等个别对象,社会上的不特定多数人是不可能享受到同等优惠的。

【典型案例裁判指引97】杨某康受贿案[①]:房产交易型受贿案件的认定

房产交易型受贿案件中,认定交易时间应当以商品房买卖合同成立的时间为准。真正反映市场价格的是开发商针对不特定人优惠折扣后的实际成交价格。判断是否"明显低于市场价格",应从受贿罪权钱交易的本质出发,通过查证房产开发商内部的优惠销售记录,结合特定地区、特定时期的经济发展水平、房产市场的交易规则及差额所占涉案房屋价值总额的比例等多方面进行综合判断。

【典型案例裁判指引98】《刑事审判参考》第1432号[②]寿某年受贿案:房产交易形式受贿的市场价及明显低于市场价的认定

新房买卖中判断以"优惠价"、VIP价、成本价、内部价等各种名义出现

---

① 参见最高人民法院中国应用法学研究所编:《人民法院案例选》(2017年第8辑),人民法院出版社2017年版,第4045页。

② 参见最高人民法院刑事审判第一、二、三、四、五庭编:《刑事审判参考》(总第128辑),人民法院出版社2021年版,第138-143页。

的销售价是不是给予购房者正常的优惠价、是不是市场价,应当按照以下规则认定:(1)判断所谓的购房优惠是否事先真实存在。在收集、审查证据上,主要依靠房产开发商或者经销商的证人证言、内部资料、促销广告、同期房屋销售合同等证据综合认定所谓的"优惠价"、VIP价、成本价、内部价是否事先真实存在。(2)审查这些优惠价是否针对不特定人制定。是不是符合相应条件的不特定购房者都能享受对应的优惠,是判断所谓的"优惠价"、VIP价、内部价、成本价能不能成为市场价的第二个条件。如果并非符合相应购房条件的所有购房者都能享受,而是个别或极少数与房产开发商或者经销商具有特定关系的人才可以享受,那么这些价格就不能被认定为市场价。(3)判断国家工作人员是否具备享受优惠的条件。房产开发商或者经销商制定的所谓的"优惠价"、VIP价、内部价、成本价等,一般是针对不同条件的购房者推出的。通常根据购房者是不是公司股东、员工,或者一次性付现款、首付的比例大小、按揭贷款是公积金贷款还是商业贷款、商业贷款的比例大小等付款方式的不同,或者出售的具体房屋的不同特点,比如房屋材质、所在位置、房屋结构、楼层、采光、通风、层高等,或者结合付款方式和房屋的不同特点等,分别制定优惠价格。涉案的国家工作人员如果不具备享受这些优惠的条件,而享受了购房的优惠价格,就不能认定国家工作人员是以市场价购买这套房屋的。需要注意的是,在所谓的优惠价难以判断,需要通过评估认定某一套房屋的市场价时,特别要注意市场价不是指整个小区所有房屋平均的售价,而是同类别(商品房标准套房、排屋、独栋别墅)、同时期、同地段、同结构、同楼层等最近似品质的房屋市场销售价。如果评估机构依据的样本没有按照上述最近似品质的原则收集,则评估结论很可能因为不具有科学性而不具有可采性。

"二手房"买卖中市场价可以《最高人民法院、最高人民检察院关于办理盗窃刑事案件适用法律若干问题的解释》第四条规定和《最高人民法院、最高人民检察院关于办理妨害文物管理等刑事案件适用法律若干问题的解释》第十四条规定的认定规则来参考:首先考虑按买入价格计算,在买入价缺少有效证明或者犯罪行为发生当时的市场价格与原买入价格相差较大时,可以按照作案当时的市场价格计算。判断市场行情有无变化,则需要进行以下判断:一是收集最近似品质的"二手房"交易价格进行比较；二是按照规定委托评估机构估价。当评估机构的评估价与收集的交易价格趋势一致时，评估意见可以采纳为证据；当评估价与买入价相差不大时，以买入价作为该套房屋转让时的市场价比较稳妥；当评估价与买入价相差较大（通常是评估价远高于转让价），又与收集其他证据表明的市场行情一致，如果有证据证明国家工作人员明知市场行情大体走势，则将评估价认定为转让时的市场价，以评估价与转让价之间的差价作为受贿数额加以认定。

如何认定房产交易价格明显低于市场价，应当以差价绝对值为基础，同时兼顾折扣率的高低，综合判断购房价是否明显低于市场价，避免造成打击面过宽和放纵犯罪两个方面的弊端。需要指出的是，认定国家工作人员向请托人以明显低于市场的价格购房构成受贿，客观上还需要国家工作人员利用职务便利为请托人谋利，主观上还需要国家工作人员明知或者应当知道其购房获得的差价不是正常的市场优惠，而是权钱交易的结果，才能认定其成立受贿罪。

【典型案例裁判指引99】房产交易类受贿案①：新型房产交易受贿形式的认定

（1）先买后退型。如某领导干部应某房地产商邀请购买其开发小区中的一套排屋，并缴纳购房定金10万元，但未签订买卖合同。3年后该领导干部决定退房，房地产商通过中介将该排屋以高出原价90万元的价格另售他人，并以“退房补偿”为名将80万元送给该领导干部。本案中，有市场交易的真实存在，且房价也一直在涨，房地产商给予领导干部的“退房补偿”并未高于该房屋溢价款，这对犯罪认定产生了一定干扰。但是，该行为符合受贿犯罪的构成要件：一是有受贿的主观故意。根据该领导干部笔录，其任某县建设局局长时，房地产商为讨好而邀请其买房，而当其转岗时，房地产商就要求退房。但在领导干部担任分管建设的副县长后，房地产商便不再提及退房事宜，直至其自己想要退房。由此可以佐证，该领导干部对房地产商因其职权而输送利益的意图心知肚明，主观上有受贿故

---

①　参见杭郑洁：《房产交易型受贿的新表现及定性》，载《中国纪检监察报》2022年4月6日，第7版。

意。二是房屋溢价款与“退房补偿”之间并无关联。该领导干部未办理购房手续,故该排屋的权属一直是房地产开发商的,排屋溢价款也应当属于开发商。即便房地产商送其的 80 万元从房屋溢价款中支出,但这只是行贿款来源问题,并不影响受贿犯罪的认定。

(2)炒房获利型。在该类型中,炒房是载体,是客观存在的,而领导干部是否积极参与是变量,据此,可将其分解为两种类型:

一是坐享其成型。如某领导干部与某房地产商口头约定,在该房地产商开发的房产项目中“投资炒房”,但该领导干部既未交纳定金也未签订商品房买卖合同。待房价上涨后,房地产商为掩人耳目,让领导干部交纳“购房款”20 万元,3 个月后退还,以此虚构领导干部出资购房的假象,后房地产商以“炒房获利”为名送其 52 万余元。本案中,双方只是以投资的假象来掩盖权钱交易的本质,所谓的“投资炒房”仍是一种受贿:该领导干部并不清楚所订房屋的基本情况,亦未办理预定、转让手续,仅口头知会房地产商保留房屋,并未真实参与投资炒房,而投资事宜的虚假性正是其职务行为与其收受“炒房收益”之间对价关系的反向证据,进一步证实了两者存在直接因果关系,故该行为应当认定为受贿犯罪。

二是积极主动型。如某领导干部向某房地产商预订了一房屋,但未签订购房协议,也未支付购房款。后该领导干部通过房屋中介将该房屋以高于原价 48 万元的价格出售给第三人,第三人按照原价与房地产公司签订合同并支付房款,再将 48 万元支付给该领导干部。本案中,该领导干部利用的是“职务便利”,向请托人订下房源,不签订任何购房协议,待房价明确上涨后直接转手他人获利,其并不承担任何买受风险,是“稳赚不赔”的,这明显违背了正常的市场经济规律。实质上,请托人将本应属于自己的房屋溢价款让渡给该领导干部,而这种让渡,正是其权力的对价。

(3)久拖不付型。如某领导干部向某房地产商购买一房屋并签订了买卖合同。在支付完首付款后,该领导干部提出尾款延期支付的要求,房地产商同意。7 年后,该领导干部支付了尾款,此时的房价已今非昔比,而其却顺理成章地占用了房屋及溢价款。本案中,该领导干部延期支付尾款长达 7 年,这与其职务具有密切关联,该行为不是普通的民事违约行为,而是利用职务便利获取非法利益的受贿犯罪。但该权钱交易中的“钱”是什么？是房屋溢价款还是资金占用成本？笔者认为，认定为房屋溢价款存在争议，而采用“资金占用成本说”更为稳妥，理由如下：第一，占有溢价款的主观故意并不明显。该领导干部有购房自住的打算，并签订了房屋买卖合同，房屋溢价款是其购买房屋的预期收益。第二，房屋买卖风险确实存在。该房屋价格的涨跌幅度属于市场规律起作用的范畴，并非请托人所能控制。也就是说，房屋溢价款并非来源于请托人，而是市场。第三，资金成本损失更为明确。依照房屋买卖惯例，买受人未按合同约定履行支付尾款的义务，房地产商可在法定期间内解除合同，但其并未行使合同解除权，使该合同一直有效；若房地产商将房屋出售给他人，必能如期收回尾款，不用承担该尾款7年的资金成本，这本可以要求该领导干部承担，却因职务关系而选择自己承受。故将尾款的同期银行利息损失作为受贿数额更为适宜。

(4)私人定制型。如某领导干部在审核某小区规划图纸时，看中一套独栋别墅，但又提出因房屋面积大金额高无法购买。房地产商得知后，修改了该别墅的规划图纸，通过挑空客厅、增大花园面积等方式减少建筑面积，并通过了规划审核。后该领导干部购买了该别墅。本案中，有人认为，房地产商为出售房屋，往往会有各种优惠让利，比如买房送阳台、送花园等，本案中的房地产商“挑空客厅、增大花园面积”也是一种优惠让利，法律不能剥夺国家工作人员的优惠购物权利。我们认为，本案中，房地产商是在领导干部提出房价太高后，才通过“挑空客厅、增大花园面积”来减少建筑面积，该行为已经不是普通人所能企及的优惠让利，而是专为个人“量身定制”的好处。该领导干部之所以能够获得这种好处，与其身份和权力有关，这也是一种利益输送。而且，从前后规划对应的房款差价上看，该领导干部以低于市场价百万余元的价格购买该别墅，其优惠比例达30%左右，数额和比例均达到了较大标准，符合认定交易型受贿的“明显低于市场价格”要件，应当认定为受贿犯罪。

【典型案例裁判指引100】《刑事审判参考》第585号①蒋某、唐某受贿案:授意特定关系人和请托人“合作”投资以较少投资获取高额利润构成受贿罪

本案被告人蒋某、唐某在共谋后,由唐某与他人合作开发项目,蒋某为该项目提供便利,唐某以较小出资获得高额利润,行为方式与《最高人民法院、最高人民检察院关于办理受贿刑事案件适用法律若干问题的意见》规定的“以开办公司等合作投资名义收受贿赂”也不完全相同。此时能否认定蒋某、唐某是共同受贿,仍然要根据其行为是否符合受贿罪权钱交易的本质来判断。具体来看,被告人唐某与他人合作开发经济适用房“瑜然星座”项目,签订了《房地产开发项目联合投资建设合同书》,约定唐某出资100万元,享有49%的利润分配比例。唐某以实际占该项目5%的出资比例却获取49%的利润,明显不合常理,而之所以柏某福同意并与唐某签订该合同,就是其明知唐某是蒋某的情人,希望借助其特殊身份取得蒋某的支持,在联系项目、土地及办理项目有关手续等方面得到蒋某的职务帮助,才与唐某合作开发“瑜然星座”项目,并违反常理约定唐某以较少出资而获得高额利润。因此,蒋某和唐某共谋由唐某与他人“合作”开发“瑜然星座”项目,蒋某利用职务为该项目的实施提供便利,并由唐某获得高额利润的行为符合受贿罪权钱交易的本质,对二人应当认定为受贿共犯。关于此项事实的受贿数额,我们认为,虽然唐某享有49%的利润分配比例,但是考虑到唐某在该项目中毕竟实际有5%的出资,故不能直接以该项目49%的利润作为蒋某、唐某的受贿数额,二人共同受贿的数额应当是唐某在该项目中占有的高于实际出资比例的那部分利润。

【典型案例裁判指引101】秦某受贿案②:有实际投资情况下如何认定受贿

2006年下半年,被告人秦某与绍兴某汽车配件广场有限公司原总经理陈某、总经理助理孙某平商量决定合作设立一家公司,并以公司名义举

---

① 参见中华人民共和国最高人民法院刑事审判一、二、三、四、五庭主办:《中国刑事审判指导案例》(第6卷),法律出版社2017年版,第250页。

② 参见王伟良、陈立:《投资入股型受贿的认定》,载《人民司法》2019年第20期。

办一家二手车交易市场，由秦某负责协调市场开办过程中遇到的问题，协调市场加入同业公会会员单位的利润分配体系并配合争取较高分配比例；由孙某平负责办理市场开办的具体事项；由陈某负责出面与同业公会会员单位谈判等。为了使秦某的入股在形式上显得正常，秦某、孙某平、陈某商量决定公司注册资金为20万元，按各人的作用确定占股比例并让秦某按占股比例实际出资。而根据举办二手车市场的场地等条件要求，20万元资金在正常情况下是无法举办二手车市场的。

2006年10月，永通公司成立，注册资本20万元，秦某出资6万元、陈某出资6万元、孙某平出资8万元。之后，秦某利用其担任市商贸办商贸处处长等职务便利和影响，先后多次为永通公司在申领元通二手车市场名称登记证、加入同业公会参与利润分配等事项上提供帮助。2007年6月，元通二手车市场加入同业公会会员单位的利润分配体系，获得了远远超出其自营收入的利润。同年7月至2010年2月，元通二手车市场的净利润为2960596.74元，秦某按出资比例分得888179.02元。

一审宣判后，被告人秦某提出上诉。绍兴市中级人民法院二审裁定驳回上诉，维持原判。现判决已生效。在案件审理过程中，对被告人秦某按实际出资永通公司的分红所得是否属于受贿，出现了不同意见。我们认为：秦某虽有真实出资，但出资入股是形式，目的是掩盖其受贿的实质。秦某实际上利用了职权为行贿人谋取利益，又收受行贿人以分红名义所送钱财，属于权钱交易，符合受贿的本质特征。

投资入股型受贿是一种新型的受贿方式，表面上国家工作人员有实际出资，且按股份比例分红，既不符合收受干股型受贿，又难以认定是否明显高于出资应得收益，隐蔽性更强，易与违规经商相混淆，容易引起争议。在审查判断过程中，根据是否真实投资这一判断标准，综合以下因素进行具体判定：(1)公司注册资金与实际运营所需资金之间的差额是否异常；(2)国家工作人员的投资比例与分红所得之间的差额是否异常；(3)国家工作人员的投资原因是否异常；(4)国家工作人员的分红与国家工作人员利用职权之间是否存在关联。综合考察以上几个方面，如果名为投资，实际上投资只是掩盖受贿的形式，本质上符合权钱交易的特征，应当认定为投资入股型受贿。

【典型案例裁判指引 102】《刑事审判参考》第 1490 号[①]张某受贿案：有实际出资的合作经营型受贿的认定

我们对有实际出资的合作投资型受贿的相关问题进行分析：

(1)党政领导干部实际出资又参与经营、管理,所获取的利润不应认定为受贿,而属于违规经商办企业。在自由平等、等价有偿的市场经济准则下,企业合作经营者的应得收益要么基于其出资,要么基于其特殊技能或者出色的个人能力。实践中确实存在党政领导干部既有实际出资,又有参与经营管理,从而获取利润或分红,也是公司法中“谁投资,谁受益”的精神体现,而非权钱交易的结果。上述情形符合公司法规定,但是有损党和政府在人民群众中的形象,容易破坏市场经济的正常资源配置,扰乱市场经济秩序,使市场资源向权力一方流动,损害市场公平竞争性,也是滋生腐败的温床,虽不具备直接的刑事违法性和刑罚当法性,但确有必要通过党纪党规进行处罚。

(2)党政领导干部未实际出资但参与管理经营从而获取利润。根据最高人民法院的指导性意见:“应当将出资额认定为受贿数额,经营利润认定为受贿行为产生的孳息。”该种情形属于“虚假出资、真实合作”,即国家工作人员的出资额由请托人支付,没有实际出资,就不应当获取投资收益。但党政领导干部确实参与了经营管理,可在孳息的认定上适当扣减其应当获取的劳动报酬。

(3)党政领导干部有实际出资但未参与管理经营从而获取利润,不应绝对排除受贿犯罪。党政领导干部在职期间,利用职务之便为请托人谋取利益,或请托人为了与其搞好关系而进行长期“感情投资”的前提下,党政领导干部虽实际出资但未参与管理经营,即只享受收益、不承担风险的“旱涝保收”型合作投资,且所获“利润”明显高于出资应得利润,或者所获“利润”与企业经营情况无关,可以受贿论处。主要理由如下:

一是“旱涝保收”型合作投资不符合现代企业制度的基本特征。现代企业制度是社会主义市场经济的基础,基本特征是“产权清晰、权责明

---

① 参见最高人民法院刑事审判第一、二、三、四、五庭编:《刑事审判参考》(总第 132 辑),人民法院出版社 2022 年版,第 101－103 页。

确”。其中，产权清晰是指资产的所有权和运营权相分离，资产所有者可凭借产权获得资产收益，资产运营者可凭借产权运营获得运营收益；权责明确是指所有者（股东）按其出资额，享有资产受益、重大决策和选择管理者的权利，承担相应的经营风险和运营损失。因此，只享受收益，不承担风险不符合现代企业制度的基本特征，也不能视为公司法意义上的股东。

二是所获“利润”明显高于出资应得的收益，超出部分应当认定为受贿。根据公司法的规定，股东一般按照出资比例获取红利，但全体股东另有约定的除外。因此，党政领导干部担任股东期间，所获分红明显高于其出资比例，且利用职务便利为其他合作人谋取利益，如果符合上述情况，不论全体股东是否明确约定不按出资比例分红，都应当将收取的超出出资比例的部分认定为受贿数额。此外，实践中还有一种情况也值得注意，即党政领导干部所获“利润”并非来自企业经营所得。有些企业经营业绩并不理想、常年亏损；有些企业从未进行利润分配，但企业主为向党政领导干部兑现当初的“承诺”，从个人财产中以企业分红名义分配利润，目的是和党政领导干部搞好关系或者感谢对方利用职务之便为自己谋取利益，实质上是一种变相的权钱交易行为。

【典型案例裁判指引103】《刑事审判参考》第1250号[①]张某受贿案：利用职务便利为自己与他人合作的项目谋取利益，后明显超出出资比例获取分红的构成受贿罪

根据刑法及相关规定，受贿罪的基本构成要件有三个方面：一是利用职务上的便利，这一要件以主体要件适格为前提；二是为他人谋取利益，以他人请托或知情并因此给予财物为条件；三是权钱交易，即索取或者非法收受他人财物。

受贿犯罪的对象是公权力，公权力的题中之义是其不可私用性。一旦行为人利用了职务便利使之为私人获利，无论该“私人”是否包含自己，由于其侵犯了公权力的不可私用性，均不属于普通的经营管理行为。张某利用的是其担任建设局副局长这一领导职务的便利，使与其有制约或者隶属

① 参见中华人民共和国最高人民法院刑事审判第一、二、三、四、五庭主办：《刑事审判参考》（总第113集），法律出版社2019年版，第98－102页。

关系的他人按照其要求为涉案项目谋取利益,而非利用地缘、人缘等职务外便利或普通工作上的便利,不属于辩方所提正常参与项目经营的行为,其侵犯了公权的不可私用性,具备受贿犯罪的第一个要件。

尽管张某自己在项目中亦有所出资,亦有利益,不影响认定其主观明知并客观在为自己谋利的同时为他人谋取了利益,并成为后面其要求从其他股东的份额里获得超额分红的对价,从而具备了受贿犯罪的第二个要件。

受贿犯罪侵犯的核心法益是公权力的廉洁性,即不可收买性。如果张某没有收受他人财物的故意和行为,即使其利用了职务便利为项目谋取利益,同时符合上述两个构成要件,亦不能构成受贿罪。本案中,张某未足额投资,但其他股东考虑到需要其职务帮助,同意其仍按约定比例分红,后其按约定比例而非实际投资比例获得分红,而其多获得的分红款正是本属于其他股东而由其他股东让渡的利润。张某所获分红款中既有自己投资所得,亦有其他股东投资应得,但考虑到张某的职务帮助而让渡给张某的部分,故应认定张某超出出资比例所获分红款系其非法收受的他人的财物,具备受贿犯罪的第三个要件。

【典型案例裁判指引 104】雷某受贿案①:利用职务上的便利为他人提供帮助,索要或承揽工程转卖给他人构成受贿

2005 年以来,被告人雷某担任陕西省某县政法委书记,利用职务上的便利,为管理对象提供帮助,并从其处大量索要或承揽工程后,将工程转包给胞弟或转卖给他人,牟取了巨额利益。

若受贿人将商业机会作为谋利的工具,以此从第三者处通过利益置换的方式实现经济价值,也应以其实现的经济价值来认定受贿数额。此时仅须注意的是,在利用商业机会作为工具所蕴含利益的判断过程中,必须区分受贿人所付出的经营劳动等的价值和商业机会本身的价值。市场等因素带来的利益作为该财物稀缺性的具体体现,理应包含在商业机会本身的价值中。无论是索取还是收受承揽工程的机会都属于商业机会受贿的范

---

① 参见于同志、胡锋云:《权股交易型贿赂犯罪认定新思路——兼论贿赂犯罪的形态变迁与法律规制》,载《中国法律评论》2022 年第 4 期。

畴,但根据获利方式的不同应当予以区分评价。雷某承揽工程后通过特定关系人胞弟经营该商业机会,将工程实施完毕获得工程利润,难以区分商业机会本身的价值和其胞弟实质的经营管理活动的对价,进而难以确定受贿的数额,通常只能论以违纪;但其他通过各种途径直接将工程承揽机会转卖、转包给第三人,再由第三人给予一定利益的方式,均系将商业机会作为谋利工具,所得收益可以评价为商业机会的交换价值,从而认定为受贿犯罪数额。

【典型案例裁判指引105】于某豹受贿案[①]:以投资为名收取高额回报不承担任何风险是受贿行为

正当的投资是平等主体间的民事行为。在本案中,于纪某因其具有市计委主任的职权,和德隆公司之间形成的不是平等主体间的关系,而是管理者与被管理者的关系。正常的投资行为是双方合意、意思表示一致的结果,而本案中的相关证据证明,这100万元的投资、回报的具体内容是于某豹个人主动提出的,德隆公司只是被迫服从,德隆公司给100万元投资的"回报"的用意也是为了感谢于某豹的帮助而支付的酬谢款。正当的投资应当有合理的投资期限、投资项目,接受投资方也有接受投资的合法资格,而本案所谓投资从形式上和实际履行上均无确定的期限,直到案发为止,于某豹仍然在收取所谓的回报款;双方没有约定投资项目,100万元投资款根本没有用于德隆公司的任何项目上;回报款也不是从德隆公司投资利润中支付,而是从唐某里的个人掌握款中支付;德隆公司本身并未从事代客理财即接受所谓投资的行为,是德隆公司下属的有法人资格的子公司金新信托公司等法人在非法从事代客理财业务。于某豹明知这一点,却硬要将100万元"投资"到德隆公司,完全是因为其曾向德隆公司提供过很多"帮助",德隆公司不敢拒绝其"投资"并支付报酬的要求。所以,170万元应该认定是名为投资回报款实为受贿款。

---

① 参见最高人民法院中国应用法学研究所编:《人民法院案例选》(2017年第8辑),人民法院出版社2017年版,第4020－4021页。

【典型案例裁判指引 106】《刑事审判参考》第 1019 号[①]凌某敏受贿案:以明显高于市场的价格向请托人出租房屋构成受贿罪

对于明显违背市场交易规律,国家工作人员由此获取了非法利益的,可以认定为“以其他交易形式非法收受请托人财物”。而收受财物的具体数额,应当为实际支付的价格与交易时当地市场价格的差额。凌某敏实际收取的租金是市场同期租金的 3 倍多,明显高于市场价格,故这种“租赁”表面是一种市场交易行为,实际属于“以其他交易形式非法收受请托人财物”,非法收受的财物数额为实际支付价格与交易时当地市场价格的差额。

【典型案例裁判指引 107】《刑事审判参考》第 1144 号[②]孙某明受贿案:收受对方以支付合同违约金的方式给予的财物如何认定构成受贿罪

在实践中,行为人为了逃避侦查,常常将行贿、受贿行为伪装成合法的债权债务关系,常见的有欠条形式、交易形式、收受干股、合作投资、委托理财等。对此,应当结合具体案情,对涉案行为进行实质审查,符合权钱交易本质的,应当认定为受贿。所谓“权”指的就是国家工作人员的“职权”。这种职权既包括本人职务上主管、负责、承办某项公共事务的职权,也包括利用职务上有隶属、制约关系的其他国家工作人员的职权,还包括担任单位领导职务的国家工作人员通过不属自己主管的下级部门的国家工作人员的职务而获得的“间接职权”。因而,当国家工作人员收受的财物与其职权密切相关时,即可认定是“非法收受”。

本案中,孙某明提议刘某某用房屋买卖合同加高倍违约金的方式支付贿赂款。孙某明起草了房屋买卖合同,合同约定刘某某同意自协议签订之日起 7 个工作日内支付孙某明首付款 100 万元,每延迟 1 天付款,刘某某需支付房屋出售价的 1% 的违约金。孙某明办理好有关房屋产权手续后 7 个工作日内通知刘某某支付尾款并协助刘某某办理过户手续。刘某某接到孙某明支付尾款通知之日起 7 个工作日内支付尾款,每延迟 1 天付款,刘某某需支付房屋出售价的 1% 的违约金,若刘某某在 1 个月内未足额付

---

① 参见中华人民共和国最高人民法院刑事审判第一、二、三、四、五庭主办:《刑事审判参考》(总第 99 集),法律出版社 2015 年版,第 130 页。

② 参见中华人民共和国最高人民法院刑事审判第一、二、三、四、五庭主办:《刑事审判参考》(总第 106 集),法律出版社 2017 年版,第 56 - 58 页。

清尾款,则孙某明不再将本房屋出售给刘某某,且已经收取的房屋首付款100万元不退还。如果孙某明未能在2013年6月底前办理好本房屋产权手续,孙某明须将所收刘某某100万元首付扣掉刘某某首付违约金后退还。事实上,孙某明的房子是单位集体盖的,无法过户,合同实质上无法履行。

准确界定贿赂犯罪的界限,认定行为是受贿还是正常的债权债务关系,关键还是要把握"权钱交易"这个本质特征。首先要判断行为人是否利用了职务上的便利为对方谋取了利益,其次要判断债权债务关系是否符合正常的市场交易规则。对于明显有违公平原则、加重一方义务的合同要注意审查双方订立合同的本意,依法打击以"合同"之名行贿赂之实的行为。

【典型案例裁判指引108】《刑事审判参考》第407号[①]方某受贿案:以"劳务报酬"为名收受请托人财物构成受贿罪

国家工作人员,尤其是专业部门的工作人员,一般会具有相关行业的技术、管理等方面的知识专长和经验,在请托人向其行贿以利用其职权谋取利益时,也可能同时要求其提供技术、管理等方面的服务,而应允请托的国家工作人员确也接受了提供某方面服务的要求或者其主动提出要为请托人提供某方面的服务,收受了请托人给予的报酬,这时往往行贿财物与所谓劳务报酬表现为同一笔款项,买权(卖权)与买(卖)技术服务交织在一起,这种情况如何认定?我们认为,国家工作人员如果利用职务上的便利为他人谋取利益,收受他人财物,本质上符合权钱交易的特征,应当属于受贿。在此过程中行为人出于某种考虑也会有向行贿方提供个人技术服务的活动,这在原则上不能对定罪产生影响,如果是为掩饰受贿提供了少量的技术服务,对量刑都不应当产生影响。只有在利用职务便利为他人所谋利益较小,而收受财物同时掺杂了较大量的提供个人技术服务因素的情形下,才可能成为影响量刑的酌定情节。这样处理既有法律依据,也符合社会生活实际。否则,对于这种具有技术服务内容的受贿,被告人均会以其提供了技术服务为名逃避法律追究,这显然不利于惩治腐败,也不符合

---

① 参见中华人民共和国最高人民法院刑事审判一、二、三、四、五庭主办:《中国刑事审判指导案例》(第6卷),法律出版社2017年版,第233页。

《刑法》的立法原意。对于单纯利用个人技术、管理专长为他人提供服务而收取合理数额报酬的,不宜认定为受贿。这里所说的合理数额报酬,是说收受的劳务报酬在数额上应与其提供服务的正常市场价值相当,如果明显超出市场同类服务报酬数额的,这种行为的性质就发生了转化,超出了正常劳务报酬的范畴,因为如果没有国家工作人员的身份职权影响,这种情况是不可能发生的,这明显属于利用合法报酬之名掩盖非法权钱交易之实,应当全额认定为受贿。

由上可知,在纷繁复杂的个案中,如何正确区分正当的劳务报酬与非法的行贿受贿的界限,司法实务中应当注意从以下几个方面进行综合把握:(1)国家工作人员是利用职务便利为他人谋取利益收受财物还是利用个人技术换取报酬;(2)是否确实提供了有关服务;(3)接受的财物是否与提供的服务等值。

【典型案例裁判指引 109】许某梅受贿案①:以"中介费"名义收受请托人财物构成受贿罪

慈溪市人民法院经审理查明,2004 年至 2005 年,陈某的企业为筹集资金,欲转让部分排污指标。于是,就请托时任慈溪市环境保护局环境监察大队大队长的被告人许某梅介绍买主。当时,陈某许诺,事成之后会给予被告人许某梅"香烟钿"。经被告人许某梅撮合,陈某以 400 万元的总额将 8 只染缸的排污指标转让给了他人。为此,陈某先后两次给予被告人许某梅共计人民币 10 万元。法院认为,陈某的企业属于环保监管企业,被告人许某梅利用其所掌握的信息为陈某联系买主,而收受陈某给予的大额财物的行为,已严重侵害了国家工作人员职务行为的廉洁性,其行为已符合受贿罪的构成要件。排污权交易有别于一般民事权利的交易,持有人不具有排他的处分权,而必须受环境保护行政主管部门的指导、监督和管理,那么,作为环境保护行政主管部门监察大队负责人的被告人许某梅,对意欲实施转让排污权的行为人,自然具有指导、监督的职权。如果其采取不干涉的消极态度,或者实施帮助的积极行为,就符合利用职

---

① 参见陆漫:《国家机关工作人员收取"中介费"该如何定性》,载《人民司法》2010 年第 20 期。

务便利的要件。

【典型案例裁判指引110】《刑事审判参考》第1399号[①]**赵某受贿案：招投标过程中以“陪标费”形式受贿的认定**

在刘某玖支付赵某妻子张某某“陪标费”50万元的这起事实中，张某某在王某和碍于刘某玖的情面，答应与她合作水泥供应业务后，虽然曾邀请胞弟张某东共同参与，张某东为此赴外地做了前期考察，虑及业务风险因素难以把控后作罢，但在市场经济条件下，商业经营的风险由市场主体自行承担，张某某的考察行为显然是为了自身利益而非环宇公司或刘某玖的利益，环宇公司或刘某玖对此无须承担任何费用。王某和借助刘某玖在交通建设领域的“能量”，帮助环宇公司拓展业务，并通过投标实际承接泗县至宿州高速公路路基工程水泥采购项目。在此过程中，王某和为感谢刘某玖的帮助并征求他的意见后，将之前分包部分工程给刘某玖、张某某的承诺，变更为按照水泥的实际供应量，支付刘某玖一笔“信息咨询费”，由刘某玖自行处理。赵某曾多次利用职权帮助刘某玖办理特殊车牌，并要求他帮助张某某从事道路工程项目，而刘某玖凭借赵某的职权显摆“能量”，联络、疏通社会关系，故在没有安排张某某承接部分水泥供应业务后，以安排张某某参写投标为由，将自己从环宇公司获取的“信息咨询费”中的50万元送给了张某某。在涉案投标活动中，张某某既无投标资质的公司，又无制作标书、参与投标的具体行为，仅是按照刘某玖要求如期缴纳、接受返还投标保证金，其他参与投标行为均由刘某玖操纵完成。从保证金的缴纳至返还，前后不足3月，张某某由此“获利”50万元，周期短，利润大。从表面上看，张某某的获利源自环宇公司，但究其实质源自刘某玖，即刘某玖为了感谢和继续获得赵某的帮助，将环宇公司本应支付自己的部分资金转送给了张某某。因此，赵某及其辩护人辩称刘某玖、王某和没有直接给付其夫妇财物，只是间接创造了某种获利机会，所获取的陪标费并非贿赂，而是劳务收入的意见，是没有事实和法律依据的。

---

① 参见最高人民法院刑事审判第一、二、三、四、五庭编：《刑事审判参考》（总第125辑），人民法院出版社2021年版，第109－110页。

【典型案例裁判指引111】刘某军受贿、滥用职权案[①]:利用职务之便为他人谋利,指示他人出资替本人疏通关系构成受贿罪

本案审理中,被告人刘某军受贿事实部分存在争议的主要是刘某军指示他人疏通关系行为的定性问题。2007年12月,铁道部政治部原主任何某达因涉嫌严重违纪被调查,刘某军担心自己收受何某达贿赂的事情暴露,指使丁某心疏通关系帮助何某达逃避查处。为此,丁某心支付给谎称有能力运作此事的刘某、于某水钱款共计4900万元。被告人刘某军及辩护人提出本起事实应定性为刘某军与丁某心共同行贿未遂。

《刑法》第三百八十五条规定,国家工作人员利用职务上的便利,索取他人财物的,或者非法收受他人财物,为他人谋取利益的,是受贿罪。该起受贿事实中,丁某心与被告人刘某军行、受贿的方式,与传统行、受贿案件直接收取财物的行为方式有较为明显的差异。审查认为,刘某军本人及其特定关系人并未直接占有涉案财物,但刘某军明知丁某心按其要求运作相关事项(防止何某达案牵连自己及为自己职务调整创造条件)需要花费巨资,仍指使丁某心为其运作上述事项,丁某心根据刘某军的要求将涉案财物直接支付给第三人,事后丁某心亦将花费数千万元的情况告知刘某军。因而,刘某军虽未直接占有该款,但该款是根据刘某军的意志、为刘某军的利益而支付。同时,在案证据证实,刘某军利用职务便利,为丁某心及其与亲属实际控制的公司获取巨额经济利益提供了帮助,丁某心的证言亦证实,其花巨资为刘某军办事,是对刘某军帮助其获取巨额经济利益的回报。故刘某军的行为具有权钱交易的本质特征,符合受贿罪的构成要件。故人民法院依法认定该起受贿事实是正确的。

【典型案例裁判指引112】《刑事审判参考》第1352号[②]李某受贿案:利用职权为他人谋利,接受他人装修房屋长期未付款也未有付款表示的构成受贿罪

本案中,被告人李某对接受美沃公司价值51,320元的房屋装修的事

---

① 参见中华人民共和国最高人民法院刑事审判第一、二、三、四、五庭主办:《刑事审判参考》(总第118集),法律出版社2019年版,第257-258页。

② 参见中华人民共和国最高人民法院刑事审判第一、二、三、四、五庭主办:《刑事审判参考》(总第122集),法律出版社2020年版,第127-128页。

实并无异议，但认为该装修款属于未偿还的民事欠款，而不属于受贿金额。分析认为，李某于案发时任石泉县残联理事长，对于县内残疾人就业补助项目的申请具有管理审核职权，而美沃公司是申报残疾人就业补助项目的企业，在这种关系之下，李某作为国家工作人员，在接受美沃公司装修后，本应及时结清价款，根据其在2012年至2018年的银行存取款情况证明，其具有该笔费用的还款能力，但李某在长达四年多的时间内，既未结清装修价款，也未有任何还款的意思表示，而且在明知美沃公司不符合条件的情况下，连续三年为美沃公司争取残疾人就业补助资金，美沃公司在争取到该补助资金后，将该笔账务予以核销。也就是说，虽然李某没有直接向美沃公司索取贿赂，也没有直接收取美沃公司的财物，美沃公司也没有明确告知其免除李某的装修款，但是，从李某的偿还能力、拖欠装修款的时间，美沃公司财务上予以核销该笔装修款以及美沃公司委托李某办理残疾人补助金，李某利用职务之便违规为美沃公司办理残疾人补助金等事实，可以推定出美沃公司已经将装修款作为李某为美沃公司办理残疾人补助金项目的回报这一事实。在一审庭审中，李某对这一推定事实也是认可的。

根据《最高人民法院、最高人民检察院关于办理贪污贿赂刑事案件适用法律若干问题的解释》第十二条之规定："贿赂犯罪中的'财物'，包括货币、物品和财产性利益。财产性利益包括可以折算为货币的物质利益如房屋装修、债务免除等，以及需要支付货币的其他利益如会员服务、旅游等。后者的犯罪数额，以实际支付或者应当支付的数额计算。"因此，被告人李某接受他人房屋装修的财产性利益，原判以其应当支付的数额计算其受贿金额并无不当。

2.《全国法院审理经济犯罪案件工作座谈会纪要》(2003年11月13日起施行　法〔2003〕167号)

三、关于受贿罪

(七)涉及股票受贿案件的认定

在办理涉及股票的受贿案件时，应当注意：(1)国家工作人员利用职务上的便利，索取或非法收受股票，没有支付股本金，为他人谋取利益，构成受贿罪的，其受贿数额按照收受股票时的实际价格计算。(2)行为人支付股本金而购买较有可能升值的股票，由于不是无偿收受请托人财物，不以受贿罪论处。(3)股票已上市且已升值，行为人仅支付股本金,其“购买”股票时的实际价格与股本金的差价部分应认定为受贿。

【典型案例裁判指引113】张某受贿案[①]:利用他人资金及账户炒股的受贿认定

国家工作人员利用职务之便为他人谋取利益,利用他人股票账户及资金炒股,双方约定国家工作人员不占炒股本金,不担炒股亏损,仅享炒股盈利,即使案发时股票未抛售套现,股票账户账面亏损部分依然可构成受贿罪。股票账户脱离国家工作人员控制之日犯罪得逞,构成受贿既遂,受贿数额为股票账户脱离国家工作人员控制之日以收盘价计算的亏损额。

【典型案例裁判指引114】桑某受贿、国有公司人员滥用职权、利用未公开信息交易案[②]:在资本运作领域从投融资的背景、投融资方式、融资需求的真实性、行为人是否需要承担风险、风险与所获收益是否相符等方面认定是否构成受贿

2015年至2017年,桑某利用职务便利,为郭某实际控制的泉州某公司借壳黑龙江某公司上市、获得乙公司融资支持等事项提供帮助。借壳上市成功后,黑龙江某公司股票更名为泉州某公司股票。2016年9月,桑某安排朋友蒋某与郭某签订股权收益权代持协议,约定郭某低价将泉州某公司股票500万股股份收益权以上市前的价格即每股7.26元转让给蒋某,协议有效期至少为一年,按照退出日前20个交易日均价的9折计算回购股份金额,蒋某向郭某支付3630万元。2017年3月,协议有效期尚未到期,蒋某见市场行情较好,遂与郭某签订协议,约定由郭某提前回购股权收益权,回购总价款为6200万元。同年4月至7月,郭某分两次将6200万元转账给蒋某。蒋某实际获益2570万元,并与桑某约定平分。

---

① 参见俞江虹、鲁照兴:《利用他人资金及账户炒股构成受贿》,载《人民司法》2022年第32期。

② 桑某受贿、国有公司人员滥用职权、利用未公开信息交易案,最高人民检察院指导案例188号(2023年)。

关于收受郭某贿赂的事实，该笔系以股权收益权代持融资协议的方式受贿，不属于资本市场正常的投融资行为。一是签订股权收益权代持融资协议的背景异常。桑某安排蒋某与郭某签订协议时，郭某公司没有大额融资需求，且当时公司已经上市，股权价格正处于上涨区间，郭某将500万股股权收益权转让给他人，属于让渡具有高度确定性的预期利益，不符合常理。二是转让价格异常。双方签订协议时公司已经上市，桑某方按照公司上市前的价格计算应支付的价款，显然与正常交易价格不符。三是回购时间异常。股权收益权代持融资协议约定协议有效期至少为1年，也就是桑某方至少在1年后方能要求郭某公司回购股权收益权，但在协议签订后6个月左右，桑某方为兑现收益，即要求郭某提前回购，有违协议约定的主要条款。此外，桑某利用职务便利为郭某实际控制的公司借壳上市、获得乙公司融资支持等事项提供帮助。综上，涉案股权收益权代持融资协议具有虚假性，实为权钱交易、输送利益的手段。

（十三）其他法律适用

1.《最高人民法院、最高人民检察院关于办理贪污贿赂刑事案件适用法律若干问题的解释》(2016年4月18日起施行　法释〔2016〕9号)

第十七条　国家工作人员利用职务上的便利，收受他人财物，为他人谋取利益，同时构成受贿罪和刑法分则第三章第三节、第九章规定的渎职犯罪的，除刑法另有规定外，以受贿罪和渎职犯罪数罪并罚。①

① 2010年11月26日起施行的《最高人民法院、最高人民检察院关于办理国家出资企业中职务犯罪案件具体应用法律若干问题的意见》第四条第四项规定，国家出资企业中的国家工作人员渎职又收受贿赂构罪的，依照处罚较重的规定定罪处罚。该司法解释该条款被2016年4月18日起施行的《最高人民法院、最高人民检察院关于办理贪污贿赂刑事案件适用法律若干问题的解释》第十七条修改，实行数罪并罚。但根据2001年12月17日起施行的《最高人民法院、最高人民检察院关于适用刑事司法解释时间效力问题的规定》第三条规定，即“对于新的司法解释实施前发生的行为，行为时已有相关司法解释，依照行为时的司法解释办理，但适用新的司法解释对犯罪嫌疑人、被告人有利的，适用新的司法解释”，注意办理国家出资企业案件时要以2016年4月18日为时间点根据司法解释从旧兼从轻原则准确适用相关司法解释内容。

2.《最高人民法院、最高人民检察院关于办理商业贿赂刑事案件适用法律若干问题的意见》(2008 年 11 月 20 日起施行 法发〔2008〕33 号)

四、医疗机构中的国家工作人员,在药品、医疗器械、医用卫生材料等医药产品采购活动中,利用职务上的便利,索取销售方财物,或者非法收受销售方财物,为销售方谋取利益,构成犯罪的,依照刑法第三百八十五条的规定,以受贿罪定罪处罚。

医疗机构中的非国家工作人员,有前款行为,数额较大的,依照刑法第一百六十三条的规定,以非国家工作人员受贿罪定罪处罚。

医疗机构中的医务人员,利用开处方的职务便利,以各种名义非法收受药品、医疗器械、医用卫生材料等医药产品销售方财物,为医药产品销售方谋取利益,数额较大的,依照刑法第一百六十三条的规定,以非国家工作人员受贿罪定罪处罚。

五、学校及其他教育机构中的国家工作人员,在教材、教具、校服或者其他物品的采购等活动中,利用职务上的便利,索取销售方财物,或者非法收受销售方财物,为销售方谋取利益,构成犯罪的,依照刑法第三百八十五条的规定,以受贿罪定罪处罚。

学校及其他教育机构中的非国家工作人员,有前款行为,数额较大的,依照刑法第一百六十三条的规定,以非国家工作人员受贿罪定罪处罚。

学校及其他教育机构中的教师,利用教学活动的职务便利,以各种名义非法收受教材、教具、校服或者其他物品销售方财物,为教材、教具、校服或者其他物品销售方谋取利益,数额较大的,依照刑法第一百六十三条的规定,以非国家工作人员受贿罪定罪处罚。

六、依法组建的评标委员会、竞争性谈判采购中谈判小组、询价采购中询价小组的组成人员,在招标、政府采购等事项的评标或者采购活动中,索取他人财物或者非法收受他人财物,为他人谋取利益,数额较大的,依照刑法第一百六十三条的规定,以非国家工作人员受贿罪定罪处罚。

依法组建的评标委员会、竞争性谈判采购中谈判小组、询价采购中询价小组中国家机关或者其他国有单位的代表有前款行为的,依照刑法第三百八十五条的规定,以受贿罪定罪处罚。

以上规定在司法实务中的理解与适用①

关于医疗机构中商业贿赂犯罪的认定。应当注意的是,这里的处方行为,不包括科室主任等担任领导职务的人员在接受医药产品销售方请托向院里推荐或者建议采购该医药产品的行为。这种行为对国有医院的科室主任等担任领导职务的人员而言,属于从事公务的行为。对非国有医院而言,除认定为国家工作人员的外,如果有以各种名义收受医药产品销售方财物,为医药产品销售方谋取利益,数额较大的,均应按非国家工作人员受贿罪处理。根据《医疗机构管理条例》《医疗机构基本标准》的规定,医疗机构包括医院、卫生院、疗养院、妇幼保健院、门诊部、诊所、卫生所(室)以及急救站、临床检验中心、护理院(站)等机构。医务人员的范围较广,包括医疗防疫人员、药剂人员、护理人员、其他技术人员,但在这里仅限于医疗机构中享有处方权的医务人员。

3.《最高人民法院、最高人民检察院关于办理受贿刑事案件适用法律若干问题的意见》(2007 年 7 月 8 日起施行　法发〔2007〕22 号)

十、关于在职时为请托人谋利,离职后收受财物问题

国家工作人员利用职务上的便利为请托人谋取利益之前或者之后,约定在其离职后收受请托人财物,并在离职后收受的,以受贿论处。

国家工作人员利用职务上的便利为请托人谋取利益,离职前后连续收受请托人财物的,离职前后收受部分均应计入受贿数额。

以上规定在司法实务中的理解与适用②

关于在职时为请托人谋利,离职后收受财物问题

对于国家工作人员利用职务上的便利为他人谋取利益,离职前后连续多次收受他人财物的,作为一个受贿的连续行为,将基于同一事由于离职

---

①　参见逄锦温:《〈关于办理商业贿赂刑事案件适用法律若干问题的意见〉的理解与适用》,载中华人民共和国最高人民法院刑事审判一、二、三、四、五庭主办:《中国刑事审判指导案例》(第 6 卷),法律出版社 2017 年版。

②　参见刘为波:《〈关于办理受贿刑事案件适用法律若干问题的意见〉的理解与适用》,载中华人民共和国最高人民法院刑事审判一、二、三、四、五庭主办:《中国刑事审判指导案例》(第 6 卷),法律出版社 2017 年版。

后继续收受的财物计入受贿数额,符合连续犯的一般理论。在理解时,应注意坚持连续犯的认定标准,避免作扩大化解释,只有是基于一个概括的连续受贿意思的事后收受,才可以按照上述意见的规定处理。

4.《全国法院审理经济犯罪案件工作座谈会纪要》(2003 年 11 月 13 日起施行　法〔2003〕167 号)

三、关于受贿罪

(四)离职国家工作人员收受财物行为的处理

参照《最高人民法院关于国家工作人员利用职务上的便利为他人谋取利益离退休后收受财物行为如何处理问题的批复》规定的精神,国家工作人员利用职务上的便利为请托人谋取利益,并与请托人事先约定,在其离职后收受请托人财物,构成犯罪的,以受贿罪定罪处罚。

5.《最高人民法院、最高人民检察院关于办理国家出资企业中职务犯罪案件具体应用法律若干问题的意见》(2010 年 11 月 26 日起施行　法发〔2010〕49 号)

四、关于国家工作人员在企业改制过程中的渎职行为的处理

国家出资企业中的国家工作人员在公司、企业改制或者国有资产处理过程中严重不负责任或者滥用职权,致使国家利益遭受重大损失的,依照刑法第一百六十八条的规定,以国有公司、企业人员失职罪或者国有公司、企业人员滥用职权罪定罪处罚。

国家出资企业中的国家工作人员在公司、企业改制或者国有资产处置过程中徇私舞弊,将国有资产低价折股或者低价出售给其本人未持有股份的公司、企业或者其他个人,致使国家利益遭受重大损失的,依照刑法第一百六十九条的规定,以徇私舞弊低价折股、出售国有资产罪定罪处罚。

国家出资企业中的国家工作人员在公司、企业改制或者国有资产处置过程中徇私舞弊,将国有资产低价折股或者低价出售给特定关系人持有股份或者本人实际控制的公司、企业,致使国家利益遭受重大损失的,依照刑法第三百八十二条、第三百八十三条的规定,以贪污罪定罪处罚。贪污数额以国有资产的损失数额计算。

国家出资企业中的国家工作人员因实施第一款、第二款行为收受贿

赂,同时又构成刑法第三百八十五条规定之罪的,依照处罚较重的规定定罪处罚。①

6.《全国人民代表大会常务委员会关于〈中华人民共和国刑法〉第三百一十三条的解释》(2002 年 8 月 29 日起施行　第九届全国人民代表大会常务委员会第二十九次会议通过)

刑法第三百一十三条规定的“人民法院的判决、裁定”,是指人民法院依法作出的具有执行内容并已发生法律效力的判决、裁定。人民法院为依法执行支付令、生效的调解书、仲裁裁决、公证债权文书等所作的裁定属于该条规定的裁定。

下列情形属于刑法第三百一十三条规定的“有能力执行而拒不执行,情节严重”的情形:

(四)被执行人、担保人、协助执行义务人与国家机关工作人员通谋,利用国家机关工作人员的职权妨害执行,致使判决、裁定无法执行的……

国家机关工作人员有上述第四项行为的,以拒不执行判决、裁定罪的共犯追究刑事责任。国家机关工作人员收受贿赂或者滥用职权,有上述第四项行为的,同时又构成刑法第三百八十五条、第三百九十七条规定之罪的,依照处罚较重的规定定罪处罚。

7.《最高人民法院研究室关于对行为人通过伪造国家机关公文、证件担任国家工作人员职务并利用职务上的便利侵占本单位财物、收受贿赂、挪用本单位资金等行为如何适用法律问题的答复》(2004 年 3 月 30 日起施行　法研〔2004〕38 号)

行为人通过伪造国家机关公文、证件担任国家工作人员职务以后,又利用职务上的便利实施侵占本单位财物、收受贿赂、挪用本单位资金等行

---

① 该意见第四条第四项被 2016 年 4 月 18 日起施行的《最高人民法院、最高人民检察院关于办理贪污贿赂刑事案件适用法律若干问题的解释》第十七条“国家工作人员利用职务上的便利,收受他人财物,为他人谋取利益,同时构成受贿罪和刑法分则第三章第三节、第九章规定的渎职犯罪的,除刑法另有规定外,以受贿罪和渎职犯罪数罪并罚”所代替,即以受贿罪和国有公司、企业、事业单位人员失职罪或者国有公司、企业、事业单位人员滥用职权罪、徇私舞弊低价折股、出售国有资产罪数罪并罚。要注意以 2016 年 4 月 18 日为时间点根据司法解释从旧兼从轻原则准确适用该条司法解释内容。

为,构成犯罪的,应当分别以伪造国家机关公文、证件罪和相应的贪污罪、受贿罪、挪用公款罪等追究刑事责任,实行数罪并罚。

8.《最高人民法院、最高人民检察院关于办理赌博刑事案件具体应用法律若干问题的解释》(2005 年 5 月 13 日起施行　法释〔2005〕3 号)

第七条　通过赌博或者为国家工作人员赌博提供资金的形式实施行贿、受贿行为,构成犯罪的,依照刑法关于贿赂犯罪的规定定罪处罚。

四、定罪量刑标准

(一)刑法及司法解释等相关规定

1.《刑法》

第三百八十六条　对犯受贿罪的,根据受贿所得数额及情节,依照本法第三百八十三条的规定处罚。索贿的从重处罚。

第三百八十三条[①]　对犯贪污罪的,根据情节轻重,分别依照下列规定处罚:

(一)贪污数额较大或者有其他较重情节的,处三年以下有期徒刑或者拘役,并处罚金。

(二)贪污数额巨大或者有其他严重情节的,处三年以上十年以下有期徒刑,并处罚金或者没收财产。

(三)贪污数额特别巨大或者有其他特别严重情节的,处十年以上有期徒刑或者无期徒刑,并处罚金或者没收财产;数额特别巨大,并使国家和人民利益遭受特别重大损失的,处无期徒刑或者死刑,并处没收财产。

对多次贪污未经处理的,按照累计贪污数额处罚。

犯第一款罪,在提起公诉前如实供述自己罪行、真诚悔罪、积极退赃,

---

① 《刑法》第三百八十三条由《刑法修正案(九)》进行修改,2015 年 11 月 1 日起开始施行。对于 2015 年 11 月 1 日之前犯罪适用法律时要注意新旧两条规定的不同,准确适用从旧兼从轻等刑法条款,《刑法修正案(九)》颁布以前,刑法对贪污贿赂罪没有设置罚金刑但主刑重,《刑法修正案(九)》对贪污贿赂罪设立了罚金刑但主刑轻,对《刑法修正案(九)》实施前的贪污贿赂犯罪行为,《刑法修正案(九)》的主刑轻,根据从旧兼从轻原则,适用《刑法修正案(九)》,要并处罚金。相关案例详见《刑事审判参考》第 1139 号周某武、周某贪污案。

避免、减少损害结果的发生,有第一项规定情形的,可以从轻、减轻或者免除处罚;有第二项、第三项规定情形的,可以从轻处罚。

犯第一款罪,有第三项规定情形被判处死刑缓期执行的,人民法院根据犯罪情节等情况可以同时决定在其死刑缓期执行二年期满依法减为无期徒刑后,终身监禁,不得减刑、假释。

2.《最高人民法院关于〈中华人民共和国刑法修正案(九)〉时间效力问题的解释》(2015 年 11 月 1 日起施行　法释〔2015〕19 号)

第八条　对于 2015 年 10 月 31 日以前实施贪污、受贿行为,罪行极其严重,根据修正前刑法判处死刑缓期执行不能体现罪刑相适应原则,而根据修正后刑法判处死刑缓期执行同时决定在其死刑缓期执行二年期满依法减为无期徒刑后,终身监禁,不得减刑、假释可以罚当其罪的,适用修正后刑法第三百八十三条第四款的规定。根据修正前刑法判处死刑缓期执行足以罚当其罪的,不适用修正后刑法第三百八十三条第四款的规定。

3.《最高人民法院、最高人民检察院关于办理贪污贿赂刑事案件适用法律若干问题的解释》(2016 年 4 月 18 日起施行　法释〔2016〕9 号)

第一条　贪污或者受贿数额在三万元以上不满二十万元的,应当认定为刑法第三百八十三条第一款规定的“数额较大”,依法判处三年以下有期徒刑或者拘役,并处罚金。

贪污数额在一万元以上不满三万元,具有下列情形之一的,应当认定为刑法第三百八十三条第一款规定的“其他较重情节”,依法判处三年以下有期徒刑或者拘役,并处罚金:

(一)贪污救灾、抢险、防汛、优抚、扶贫、移民、救济、防疫、社会捐助等特定款物的;

(二)曾因贪污、受贿、挪用公款受过党纪、行政处分的;

(三)曾因故意犯罪受过刑事追究的;

(四)赃款赃物用于非法活动的;

(五)拒不交待赃款赃物去向或者拒不配合追缴工作,致使无法追缴的;

(六)造成恶劣影响或者其他严重后果的。

受贿数额在一万元以上不满三万元,具有前款第二项至第六项规定的情形之一,或者具有下列情形之一的,应当认定为刑法第三百八十三条第一款规定的“其他较重情节”,依法判处三年以下有期徒刑或者拘役,并处罚金:

(一)多次索贿的;

(二)为他人谋取不正当利益,致使公共财产、国家和人民利益遭受损失的;

(三)为他人谋取职务提拔、调整的。

第二条第三款　受贿数额在十万元以上不满二十万元,具有本解释第一条第三款规定的情形之一的,应当认定为刑法第三百八十三条第一款规定的“其他严重情节”,依法判处三年以上十年以下有期徒刑,并处罚金或者没收财产。

第三条第三款　受贿数额在一百五十万元以上不满三百万元,具有本解释第一条第三款规定的情形之一的,应当认定为刑法第三百八十三条第一款规定的“其他特别严重情节”,依法判处十年以上有期徒刑、无期徒刑或者死刑,并处罚金或者没收财产。

第四条　贪污、受贿数额特别巨大,犯罪情节特别严重、社会影响特别恶劣、给国家和人民利益造成特别重大损失的,可以判处死刑。

符合前款规定的情形,但具有自首,立功,如实供述自己罪行、真诚悔罪、积极退赃,或者避免、减少损害结果的发生等情节,不是必须立即执行的,可以判处死刑缓期二年执行。

符合第一款规定情形的,根据犯罪情节等情况可以判处死刑缓期二年执行,同时裁判决定在其死刑缓期执行二年期满依法减为无期徒刑后,终身监禁,不得减刑、假释。

第十五条　对多次受贿未经处理的,累计计算受贿数额。

国家工作人员利用职务上的便利为请托人谋取利益前后多次收受请托人财物,受请托之前收受的财物数额在一万元以上的,应当一并计入受贿数额。

第十六条第一款　国家工作人员出于贪污、受贿的故意,非法占有公共财物、收受他人财物之后，将赃款赃物用于单位公务支出或者社会捐赠的，不影响贪污罪、受贿罪的认定，但量刑时可以酌情考虑。

第十九条第一款　对贪污罪、受贿罪判处三年以下有期徒刑或者拘役的，应当并处十万元以上五十万元以下的罚金；判处三年以上十年以下有期徒刑的，应当并处二十万元以上犯罪数额二倍以下的罚金或者没收财产；判处十年以上有期徒刑或者无期徒刑的，应当并处五十万元以上犯罪数额二倍以下的罚金或者没收财产。

以上规定在司法实务中的理解与适用[①]

(1)关于贪污罪、受贿罪定罪量刑的情节标准

《最高人民法院、最高人民检察院关于办理贪污贿赂刑事案件适用法律若干问题的解释》(以下简称《贪污贿赂刑事案件适用法律的解释》)第一条第二款第三项对因故意犯罪受过刑事追究的情形一并作出规定。文字表述上之所以用“刑事追究”而非“刑事处罚”，主要是考虑到较轻的刑事犯罪还有不起诉或者免予刑事处罚等处理措施，“刑事追究”一词更具包容性。第四项是赃款赃物用于非法活动的。适用本项规定时要注意避免绝对化理解：一方面，不要求赃款赃物全部或者大部分用于非法活动；另一方面，用于非法活动的赃款赃物数额需要达到一定程度，对于用于非法活动的赃款赃物占比较小的，不宜适用本项规定。“度”的具体把握，实践中可以根据个案情况结合非法活动的比例数和绝对数综合判断。第五项是拒不交代赃款赃物去向致使赃款赃物无法追缴或者拒不配合追缴工作，致使无法追缴的。这是综合行为人认罪悔罪态度和损害后果而提出的，不同于因客观原因不能追缴。

受贿罪的定罪量刑情节除了《贪污贿赂刑事案件适用法律的解释》在贪污罪中规定的第二种至第六种情形外，该解释针对受贿罪的特点另外规定了三种情形。第一项是多次索贿，对于这里的“多次”，实践中要注意结合行为人的主观目的、索贿事由、对象等进行具体认定，避免单纯形式的理

---

① 参见裴显鼎、苗有水等：《〈关于办理贪污贿赂刑事案件适用法律若干问题的解释〉的理解与适用》，载中华人民共和国最高人民法院刑事审判一、二、三、四、五庭主办：《中国刑事审判指导案例》(第6卷)，法律出版社2017年版。

解。例如,基于一笔10万元的索贿目标多次索要才陆续得逞的,不宜认定为多次索贿;同时向多个不同的对象索贿的,也应当认定为多次索贿。此外,这里的“多次”没有时间限定。无论时间长短,凡是基于具体职务行为索要贿赂的,均应一并纳入犯罪处理。第二项是为他人谋取不正当利益,致使公共财产、国家和人民利益遭受损失。第三项是为他人谋取职务提拔、调整。适用本项规定时需要注意以下几点:一是“为他人谋取职务提拔、调整”不要求实际谋取,承诺、实施、实现三个阶段中任何一个阶段的行为均应认定为本项规定的情形。该解释第七条关于行贿罪定罪量刑情节规定中的“谋取职务提拔、调整”也作此理解。二是职务“调整”包括职务的平级调整,但是,离职、退休等不再具有国家工作人员公职身份的调整一般不宜认定为这里的职务调整。

此外,对于贪污罪、受贿罪定罪量刑情节的理解和适用,还需要注意:《贪污贿赂刑事案件适用法律的解释》对于受贿罪规定的8种情形,既适用于定罪,也适用于加重量刑。

(2)关于贪污、受贿犯罪故意的认定

赃款赃物去向与贪污、受贿故意的认定关系问题。《贪污贿赂刑事案件适用法律的解释》明确,只要基于个人非法占有为目的而实施贪污、受贿行为,不管事后赃款赃物的去向如何,均不影响贪污、受贿罪的认定。该规定的道理在于,贪污、受贿犯罪既已实施完毕,赃款赃物的事后处分不影响刑事定罪。适用本规定时需要注意以下两点:一是赃款赃物的具体去向,在一些情形下特别是用于公务支出的情形下与贪污、受贿故意的认定是存在关联的,这也是该解释强调只有当贪污、受贿故意得以认定时,用于公务支出或者社会捐赠才不影响定罪的原因所在。对于行为时犯罪故意不明确或者不能证明存在贪污或者个人受贿故意的,则应根据案件事实并结合赃款赃物具体去向实事求是地加以认定。二是对于赃款赃物用于公务支出或者社会捐赠的,量刑时应予酌情考虑。

4.《最高人民法院、最高人民检察院关于办理危害生产安全刑事案件适用法律若干问题的解释》(2015年12月16日起施行 法释〔2015〕22号)

第十四条 国家工作人员违反规定投资入股生产经营,构成本解释规定的有关犯罪的,或者国家工作人员的贪污、受贿犯罪行为与安全事故发生存在关联性的，从重处罚；同时构成贪污、受贿犯罪和危害生产安全犯罪的，依照数罪并罚的规定处罚。

（二）定罪量刑对应表

表 4－1　受贿罪定罪量刑对应表

受贿罪		数额	数额＋受贿 8 种情形之一①
第一档	3 年以下有期徒刑或者拘役，并处罚金（处 10 万元以上 50 万元以下）	3 万元≤受贿数额＜20 万元	1 万元≤受贿数额＜10 万元且有受贿 8 种情形之一
第二档	3 年以上 10 年以下有期徒刑，并处罚金（20 万元以上犯罪数额 2 倍以下）或者没收财产	20 万元≤受贿数额＜300 万元	10 万元≤受贿数额＜150 万元且有受贿 8 种情形之一
第三档	10 年以上有期徒刑或者无期徒刑，并处罚金（50 万元以上犯罪数额 2 倍以下）或者没收财产	≥300 万元	受贿数额≥150 万元且有受贿 8 种情形之一
第四档	无期徒刑或者死刑，并处没收财产；被判死刑缓期执行可以决定死刑缓期执行二年期满减为无期徒刑后，终身监禁，不得减刑、假释	数额≥300 万元并使国家和人民利益遭受特别重大损失	

① 受贿的 8 种情形：（1）曾因贪污、受贿、挪用公款受过党纪、行政处分的；（2）曾因故意犯罪受过刑事追究的；（3）赃款赃物用于非法活动的；（4）拒不交待赃款赃物去向或者拒不配合追缴工作，致使无法追缴的；（5）造成恶劣影响或者其他严重后果的；（6）多次索贿的；（7）为他人谋取不正当利益，致使公共财产、国家和人民利益遭受损失的；（8）为他人谋取职务提拔、调整的。

第二节　行贿罪

一、犯罪主体

自然人。

二、刑法规定

《刑法》

第三百八十九条　为谋取不正当利益,给予国家工作人员以财物的,是行贿罪。

在经济往来中,违反国家规定,给予国家工作人员以财物,数额较大的,或者违反国家规定,给予国家工作人员以各种名义的回扣、手续费的,以行贿论处。

因被勒索给予国家工作人员以财物,没有获得不正当利益的,不是行贿。

第三百九十三条　单位为谋取不正当利益而行贿,或者违反国家规定,给予国家工作人员以回扣、手续费,情节严重的,对单位判处罚金,并对其直接负责的主管人员和其他直接责任人员,处三年以下有期徒刑或者拘役,并处罚金;情节特别严重的,处三年以上十年以下有期徒刑,并处罚金。因行贿取得的违法所得归个人所有的,依照本法第三百八十九条、第三百九十条的规定定罪处罚。

三、重点、疑难问题界定

(一)不正当利益的认定

1.《最高人民法院、最高人民检察院关于办理行贿刑事案件具体应用法律若干问题的解释》(2013年1月1日起施行　法释〔2012〕22号)

第十二条　行贿犯罪中的"谋取不正当利益",是指行贿人谋取的利益违反法律、法规、规章、政策规定,或者要求国家工作人员违反法律、法规、规章、政策、行业规范的规定，为自己提供帮助或者方便条件。

违背公平、公正原则，在经济、组织人事管理等活动中，谋取竞争优势的，应当认定为“谋取不正当利益”。

以上规定在司法实务中的理解与适用一①

“谋取不正当利益”既包括行贿人谋取的利益本身不正当，也包括谋取利益的程序不正当。

以上规定在司法实务中的理解与适用二②

(1)“不正当利益”包括哪些利益

“不正当利益”包括：一是违法的利益，即行为人谋取的利益违反法律、法规、规章的规定。二是违背政策的利益，即根据相关政策不应当获得的利益。三是违背行业规范的利益，即按照相关行业规范不应当获得的利益。四是程序上的不正当利益，即要求国家工作人员违反法律、法规、规章、政策、行业规范的规定，通过非正常途径、程序为自己提供帮助或者方便条件而获取的利益。五是违背公平、公正原则的利益，即在经济、组织人事管理等活动中谋取竞争优势而获取的利益。综上，“不正当利益”可以分为两大类：一类是从法律、法规、规章、政策、行业规范的规定中能够找到不正当依据的利益；另一类是发生在竞争性活动中的不公平利益。

(2)是否存在可通过贿赂手段实现的“正当利益”

在办理贿赂犯罪案件时，如果将某种利益认定为“正当利益”，则必须要求该种利益既不违背各种成文或者不成文的社会行为规则，也不是处于竞争性活动中的不确定利益。若非如此，则该种利益就是《最高人民法院、最高人民检察院关于办理行贿刑事案件具体应用法律若干问题的解释》第十二条所指的“不正当利益”。因此，只要是向司法机关、行政执法机关工作人员行贿的，都属于“谋取不正当利益”；几乎所有商业活动、人

---

① 参见陈国庆、韩耀元、宋丹：《〈关于办理行贿刑事案件具体应用法律若干问题的解释〉的理解和适用》，载《人民检察》2013 年第 4 期。

② 参见苗有水：《解读刑法上的“谋取不正当利益”》，载《人民法院报》2018 年 4 月 11 日，第 6 版。

事任免活动中发生的利益都可以评价为“不正当利益”;只有那种依据正当程序必然获得的确定利益,才有可能成为“正当利益”。只有国家工作人员履职不作为而怠于兑现相对人的确定利益时,才可能出现相对人基于谋取正当利益的心理而贿送财物的情形。

在企业经营者为了获取贷款向银行工作人员贿送财物的案件中,检方通常在起诉书中标明“不符合贷款条件”,以示涉案利益的非正当性。那么,是不是“符合贷款条件的”案件就可以认定为“谋取正当利益”呢?事实上,没有必然批准的贷款种类。符合贷款条件的,同样属于“在经济活动中谋取竞争优势”,应当认定为谋取不正当利益。

(3)施工方为了顺利结算工程款而向工程发包方贿送财物的,是否属于“谋取不正当利益”①

通过贿送财物的方式谋求“顺利结算工程款”的,属于《反不正当竞争法》第七条禁止的商业贿赂行为。从另一个角度讲,及时结算工程款所涉利益也可以在更为广泛的意义上评价为“在经济活动中谋取竞争优势”而获得的利益。结算工程款虽然是合法行为,但不是一种确定的可得利益。虽然催要工程款本身是合法的,但行贿人找到领导给相关人员打招呼,在同样索要工程款的平等主体中谋取了竞争优势,违背了公平、公正原则。

以上规定在司法实务中的理解与适用三②

例如,梁某受贿案:2009年至2011年间,被告人梁某为了感谢时任某县财政局局长的叶某在其承建该县保障性住房工程结算工程进度款时提供便利,分两次贿送人民币共计10万元给叶某。检察机关指控梁某犯行贿罪。一、二审审理过程中,梁某及其辩护人均提出,梁某向叶某贿送财物,仅是为了尽快取得应收的工程款,并非为谋取不正当利益,一审法院经审理认定梁某构成行贿罪,二审法院审理后依法改判梁某无罪。

本案的争议焦点在于通过贿送财物的方式谋求顺利结算工程款是否

---

① 任某才行贿案中一审认定施工方结算工程款所送财物6万元不构成谋取不正当利益,第一次再审时认定构成谋取不正当利益,第二次再审时认为不构成谋取不正当利益。在办理该类案件中重点是要对支付工程款条件是否符合要求等角度进行取证,核实是否构成不正当利益。

② 参见于同志:《刑事实务十堂课》,法律出版社2020年版,第299-300页。

属于谋取不正当利益。由于我国刑法设定的构成要素不对应，受贿罪和行贿罪并非典型意义的对合犯，两者侵害的法益实际上是有差异的。对受贿罪而言，其法益实际上是国家工作人员"职务以及职务行为的不可交易性"。对行贿罪而言，其本质不能完全从受贿罪的角度考虑。因为《刑法》"为谋取不止当利益"主观要素的限定，只有部分"权钱交易"行为才能进入《刑法》上的行贿罪的评价范围。如果行为人仅仅是为了促使国家工作人员正常履职（包括实体上或者程序上的正常履职）而给付财物，收买的是国家工作人员的正当履职行为，由于权力行使的结果与国家正常管理职能和职务行为行使的公正性并没有发生偏离，并没有发生法定的行贿罪的实质侵害。

因此，我们倾向于赞同对不要求国家工作人员违法提供帮助的，不属于"谋取不正当利益"，不构成行贿罪；而为收买国家工作人员不正当履职行为，即使最终的目的是"加速""通融"合法利益的实现，则仍应认定"为谋取不正当利益"进而构成行贿罪。在上述案件中，梁某在向叶某贿送财物的过程中，仅是为了尽快取得应收的工程款，该工程款依据合同约定，梁某亦未谋取合同外的利益，且该工程款的结算活动本身也不存在竞争性，可认为梁某只是为了促使国家工作人员正常履职而给付财物，不认定犯罪有其合理性。

梁某被控行贿案的终审裁判，对承包方为了顺利结算工程款而向工程发包方贿送财物的案件具有一定参考意义。对承包方而言，工程款通常是其依据正当程序必然获得的确定利益，承包方结算工程款的数额、时间依据的是其和发包方签订的合同，并未影响到其他平等主体的利益。只有在发包方濒临破产，资产不足以清偿全部债务的情况下，各索要工程款的平等主体之间才是竞争关系，才能涉及谋取竞争优势的问题。而在其他情况下，各索要工程款的平等主体之间并无谋取竞争优势的关系存在，故也就不存在谋取"不正当利益"的问题。

2.《最高人民法院、最高人民检察院关于办理商业贿赂刑事案件适用法律若干问题的意见》（2008 年 11 月 20 日起施行　法发〔2008〕33 号）

九、在行贿犯罪中，"谋取不正当利益"，是指行贿人谋取违反法律、法规、规章或者政策规定的利益，或者要求对方违反法律、法规、规章、政策、行业规范的规定提供帮助或者方便条件。

在招标投标、政府采购等商业活动中,违背公平原则,给予相关人员财物以谋取竞争优势的,属于"谋取不正当利益"。

以上规定在司法实务中的理解与适用[①]

《最高人民法院、最高人民检察院关于在办理受贿犯罪大要案的同时要严肃查处严重行贿犯罪分子的通知》规定,"谋取不正当利益"是指谋取违反法律、法规、国家政策和国务院各部门规章规定的利益,以及要求国家工作人员或者有关单位提供违反法律、法规、国家政策和国务院各部门规章规定的帮助或者方便条件。根据上述规定,《刑法》中的"不正当利益"包括两种情况:一是利益本身不符合法律、法规、国家政策和国务院各部门规章的规定,即利益本身不正当;二是提供不符合法律、法规、国家政策和国务院各部门规章规定的帮助或者方便条件,即国家工作人员为请托人谋取利益的手段不正当,而利益本身可能是正当的。从司法实践看,适当调整不正当利益的范围,主要是适当调整第二种不正当利益的范围。因为这种利益,主要是从程序上进行判断的利益,在国家法律、法规、政策、规章没有规定或者规定不明确的情况下,根据法律授权或者依职责制定的行业规范,对行为人的某些行为作出规定,行为人如果违反行业规范的规定提供帮助或者方便条件,即应认定其为为请托人谋取不正当利益。另外,该通知中关于"国家政策和国务院各部门规章"的表述过窄,与实际情况和现实需要存在一定差距,不仅"国家政策和国务院各部门规章"应当成为评价利益是否正当的依据,而且一些地方政策和地方规章也应当成为评价利益是否正当的依据,况且国务院各部门规章与地方规章在立法法上属于同一层级的立法规范,因此,《最高人民法院、最高人民检察院关于办理商业贿赂刑事案件适用法律若干问题的意见》第九条第一款将其统一表述为"规章、政策"。

---

① 参见逄锦温:《〈关于办理商业贿赂刑事案件适用法律若干问题的意见〉的理解与适用》,载中华人民共和国最高人民法院刑事审判一、二、三、四、五庭主办:《中国刑事审判指导案例》(第6卷),法律出版社2017年版。

3.《最高人民法院、最高人民检察院关于在办理受贿犯罪大要案的同时要严肃查处严重行贿犯罪分子的通知》(1999年3月4日起施行　高检会〔1999〕1号)

二、对于为谋取不正当利益而行贿，构成行贿罪、向单位行贿罪、单位行贿罪的，必须依法追究刑事责任。“谋取不正当利益”是指谋取违反法律、法规、国家政策和国务院各部门规章规定的利益，以及要求国家工作人员或者有关单位提供违反法律、法规、国家政策和国务院各部门规章规定的帮助或者方便条件。

以上规定在司法实务中的理解与适用①

行贿人在被勒索的情况下，“谋取不正当利益”是行贿罪的客观要件，如果没有获得不正当利益，则不构成行贿罪；在未被勒索的情况下，“谋取不正当利益”是行贿罪的主观要件，即使没有获得不正当利益，只要主观上具有谋取不正当利益的目的，并给予国家工作人员以财物的，就构成行贿罪。

(二)财物的范围

详见本书第四章“第一节受贿罪”中关于“财物的范围”的相关内容。

(三)行贿罪的认定

1.《最高人民法院、最高人民检察院关于办理贪污贿赂刑事案件适用法律若干问题的解释》(2016年4月18日起施行　法释〔2016〕9号)

第十四条　根据行贿犯罪的事实、情节，可能被判处三年有期徒刑以下刑罚的，可以认定为刑法第三百九十条第二款规定的“犯罪较轻”。

根据犯罪的事实、情节，已经或者可能被判处十年有期徒刑以上刑罚的，或者案件在本省、自治区、直辖市或者全国范围内有较大影响的，可以认定为刑法第三百九十条第二款规定的“重大案件”。

---

① 参见敬大力、王洪祥、韩耀元：《〈关于在办理受贿犯罪大要案的同时要严肃查处严重行贿犯罪分子的通知〉的理解和适用》，载中华人民共和国最高人民法院刑事审判一、二、三、四、五庭主办：《中国刑事审判指导案例》(第6卷)，法律出版社2017年版。

具有下列情形之一的,可以认定为刑法第三百九十条第二款规定的“对侦破重大案件起关键作用”:

(一)主动交待办案机关未掌握的重大案件线索的;

(二)主动交待的犯罪线索不属于重大案件的线索,但该线索对于重大案件侦破有重要作用的;

(三)主动交待行贿事实,对于重大案件的证据收集有重要作用的;

(四)主动交待行贿事实,对于重大案件的追逃、追赃有重要作用的。

以上规定在司法实务中的理解与适用①

关于行贿罪从宽处罚适用条件的理解。《最高人民法院、最高人民检察院关于办理贪污贿赂刑事案件适用法律若干问题的解释》第十四条对《刑法修正案(九)》新规定的行贿罪可以减免处罚情形的具体理解作了规定。第一款将犯罪较轻明确为可能判处3年有期徒刑以下刑罚的犯罪。其主要考虑是:将3年有期徒刑以下刑罚作为犯罪较轻的认定标准,符合立法和司法的普遍认识。第二款将判处10年刑期以上刑罚和省级影响性案件确定为重大案件。之所以将《最高人民法院关于处理自首和立功具体应用法律若干问题的解释》规定的无期徒刑以上调整为10年有期徒刑以上,主要有两方面的考虑:一是行贿人的配合对于受贿犯罪的查处具有难以替代的重要作用。行贿罪的从宽处罚规定,既有罪刑相适应的考虑,也有打击策略的考虑。适当调低重大案件的掌握标准,可以为该规定的实践适用提供必要的空间。二是受贿罪的罪重罪轻主要取决于数额大小。将重大案件的标准定得过高,将导致只有极少数犯罪数额极大的行贿犯罪分子才有资格适用本从宽规定的不合理现象,亦即,犯罪越严重越可以得到减免处理,这对于那些罪行更轻但又不属于前述犯罪较轻的行贿犯罪分子将是不公平的。第三款从线索提供、证据收集、追逃追赃等方面列举了对侦破重大案件起关键作用的4种具体情形。行贿人主动交待行贿事实,对侦破重大案件所起的作用主要体现在两个方面:一是提供案件线索,即

---

① 参见裴显鼎、苗有水等:《〈关于办理贪污贿赂刑事案件适用法律若干问题的解释〉的理解与适用》,载中华人民共和国最高人民法院刑事审判一、二、三、四、五庭主办:《中国刑事审判指导案例》(第6卷),法律出版社2017年版。

司法机关不掌握某一行、受贿案件的线索，由于行贿人主动交待，使得重大案件得以侦破。其中又分为两种情况：行贿人主动交待的行贿行为相对应的受贿本身就构成重大案件，以及行贿人主动交待的行贿行为相对应的受贿不构成重大案件，但以此为线索另外查出受贿人其他重大受贿犯罪事实。二是对受贿案件的证据收集、事实认定、追逃追赃起关键作用，即司法机关虽掌握某行、受贿案件的线索，但未掌握追究刑事责任的足够证据，行贿人主动交待的事实为司法机关收集、完善、固定证据起到关键作用，或者行贿人主动交待的事实涉及受贿犯罪分子的行踪或者赃款赃物的去向等，对于办案机关抓捕受贿犯罪分子、追缴赃款赃物起到关键作用的。

2.《最高人民法院、最高人民检察院关于办理行贿刑事案件具体应用法律若干问题的解释》（2013 年 1 月 1 日起施行　法释〔2012〕22 号）

第五条　多次行贿未经处理的，按照累计行贿数额处罚。

第六条　行贿人谋取不正当利益的行为构成犯罪的，应当与行贿犯罪实行数罪并罚。

第七条第一款　因行贿人在被追诉前主动交待行贿行为而破获相关受贿案件的，对行贿人不适用刑法第六十八条关于立功的规定。①

第九条　行贿人揭发受贿人与其行贿无关的其他犯罪行为，查证属实的，依照刑法第六十八条关于立功的规定，可以从轻、减轻或者免除处罚。

第十一条　行贿犯罪取得的不正当财产性利益应当依照刑法第六十四条的规定予以追缴、责令退赔或者返还被害人。

因行贿犯罪取得财产性利益以外的经营资格、资质或者职务晋升等其他不正当利益，建议有关部门依照相关规定予以处理。

第十三条　刑法第三百九十条第二款规定的“被追诉前”，是指检察机关对行贿人的行贿行为刑事立案前。

---

① 第七条第一款后面的内容“依照刑法第三百九十条第二款的规定，可以减轻或者免除处罚”，因 2015 年 11 月 1 日起施行的《刑法修正案（九）》将《刑法》第三百九十条第二款修改为“行贿人在被追诉前主动交待行贿行为的，可以从轻或者减轻处罚。其中犯罪较轻的，对侦破重大案件起关键作用的，或者有重大立功表现的，可以减轻或者免除处罚”，故删去。

以上规定在司法实务中的理解与适用①

《最高人民法院、最高人民检察院关于办理行贿刑事案件具体应用法律若干问题的解释》出台的主要目的是加大对行贿犯罪的惩处力度,因此对相关行贿犯罪的法律适用问题力求进一步明确。该解释规定的"行贿犯罪"不仅指《刑法》第三百八十九条的行贿罪,还包括第三百九十一条对单位行贿罪、第三百九十三条单位行贿罪。例如,该解释有关行贿犯罪数罪并罚原则、谋取不正当利益的认定等规定均适用以上三个罪名。

(四)行贿罪与单位行贿罪之间如何区分

1. 一人公司实施行贿行为的性质认定

一人公司的行为能否构成单位行贿罪,关键在于其是否具有独立人格,可根据以下几项指标进行判断:第一,是否具有独立的财产利益。一人公司的股东只有一人但公司资产应当与股东私人财产相对分离,为公司生产经营提供保障。是否具有相对独立的财产应由股东承担证明责任。第二,是否具有独立的意志。一人公司是独立的民事主体,享有民事权利并承担民事义务,股东依法依程序做出的决策属于一人公司的意思表示,属于一人公司的行为。第三,是否具有《公司法》所要求的法人治理结构。公司设立条件包括一定的场所、人员和组织机构。第四,是否依照章程规定的宗旨运转。一人公司按照自己的章程和宗旨开展民商事行为,超出范围的行为不能认定为公司行为。

【典型案例裁判指引115】周某行贿案件二审改判为单位行贿罪②:制度健全的一人公司,为单位利益而行贿的,应认定自然人为单位行贿罪而非行贿罪

周某经营的晟竹公司为一人公司,是依法成立、拥有独立财产的企业法人,具有经营医疗器械的资格,有证据证明该公司财务制度健全。二审法院认为,晟竹公司的财产并不能等同于周某个人的财产,晟竹公司因中

---

① 参见陈国庆、韩耀元、宋丹:《〈关于办理行贿刑事案件具体应用法律若干问题的解释〉的理解和适用》,载《人民检察》2013年第4期。

② 广西壮族自治区钦州市中级人民法院刑事判决书,(2015)钦刑二终字第126号。

标市一医院招标项目而取得的违法所得，也并不能等同于该违法所得归周某个人所有，且本案也缺少证据证明违法所得为周某个人所有，符合单位行贿罪的构成要件，应以单位行贿罪追究刑事责任。

2. 合伙企业实施行贿行为的性质认定

合伙企业是指由各合伙人订立合伙协议，共同出资，共同经营，共享收益，共担风险，并对企业债务承担无限连带责任的营利性组织。合伙企业分为普通合伙企业和有限合伙企业。

个人合伙企业为谋取本合伙企业不正当利益而行贿的，应当认定为单位行贿罪：第一，规范性文件的明示。《全国法院审理金融犯罪案件工作座谈会纪要》规定："以单位的分支机构或者内设机构、部门的名义实施犯罪，违法所得亦归分支机构或者内设机构、部门所有的，应认定为单位犯罪。不能因为单位的分支机构或者内设机构、部门没有可供执行罚金的财产，就不将其认定为单位犯罪，而按照个人犯罪处理。"第二，财产相对分离。与企业法人相似，合伙企业具有与合伙人相对独立的财产。第三，具有独立的意志。与企业法人相似，合伙企业具有独立于合伙人的依法决策程序。

【典型案例裁判指引 116】罗某某非法采矿、单位行贿案[①]：制度健全的合伙企业，为了企业利益而实施的行贿行为，应当认定合伙人为单位行贿罪而非行贿罪

二审法院审理查明，罗某某所在的南阳镇宏发煤矿为依法成立的普通合伙企业，罗某某为合伙事务执行人。宏发煤矿为谋取长期越界、超深开采红线外国家矿产资源产生的暴利，由罗某某向有关人员多次行贿，共计62 万余元，罗某某的行为已构成单位行贿罪。

3. 采用承包方式经营的单位实施行贿行为的性质认定

个人承包是指企业与个人承包经营者通过订立承包经营合同，将企业的全部或者部分经营管理权在一定期限内交给个人承包者，由个人承

① 湖南省衡阳市中级人民法院刑事判决书，(2014)衡中法刑二终字第 51 号。

包者对企业进行经营管理。个人承包中,承包人以企业名义实施行贿行为,是否属于单位行贿,不能一概而论。

第一,个人承包经营,发包单位在被承包单位中没有出资。发包单位已经转让了企业所有权,承包人取得了单位经营资格。承包人除上缴国家税利外,其余收益均属于承包人个人,也即单位利益与个人利益发生了混同。如果承包人实施行贿犯罪,违法所得归个人所有,便不能将此种行为认定为单位犯罪。

第二,个人承包经营,发包单位在被承包单位中有主要出资。发包人仍然对企业具有管控职能,企业按照发包单位的意志运转。承包人如以单位名义行贿,其所得的利益包含了单位利益,一般宜以单位犯罪论处。

第三,名为承包,实为将单位所有权转让给个人。单位所有权转让后,单位的法人主体资格已经丧失,如果承包人的生产经营活动不符合单位特征,其以单位名义实施行贿类犯罪,应以自然人犯罪进行定性。

【典型案例裁判指引117】王某某单位行贿案:[①]如果承包仅仅是一种经营方式的改变,不改变企业原有性质,则承包企业实施的行贿犯罪就应当认定为单位犯罪,否则应认定为自然人犯罪

二审法院审理查明,王某某与中强公司签订协议,成立中强分公司,王某某为负责人。分公司实行独立核算,自负盈亏,按承包经营的原则实施经营,中强分公司按完成产值的5%上交税收给中强公司,后者对分公司的技术、质量、财物等工作进行监督。分公司具备单位分支机构所应有的完整的组织架构。在承包经营期间,王某某为单位谋取不正当利益,多次向国家工作人员行贿共计120万元,情节严重,其行为构成单位行贿罪。

4. 挂靠单位实施行贿行为的性质认定

挂靠主要分为三种形式:第一种是个人“挂靠”单位,单位收取固定的“挂靠费”。不具备特定资质的个人戴上单位的“帽子”独自从事经营

① 安徽省合肥市中级人民法院刑事裁定书,(2014)合刑终字第00092号。

行为。第二种是个人"挂靠"单位，单位不仅收取"挂靠费"还依个人经营业绩收取一定比例的管理费。常见情形是，被挂靠单位并未从事管理行为，收取管理费仅仅是为了获取更多的利益，依旧是个人独自从事经营行为。第三种是单位"挂靠"单位。没有资质或资质不够的单位，例如，招标单位需要投标单位具备一级建筑资质而部分有意向企业不具备该类资质，挂靠符合资质条件的单位。

第一、二种挂靠经营中并没有改变双方的经营方式，挂靠人仍然属于个人经营，其从事的行贿类犯罪应定性为自然人犯罪。第三种挂靠是为单位谋取利益，代表了单位意志，只要其符合单位犯罪的条件，其从事的行贿类犯罪就应定性为单位犯罪。

【典型案例裁判指引118】刘某行贿案①：个人为开展经营活动，违法披上企业的"外衣"，不能改变其个人经营的实质，以企业名义实施行贿类犯罪，应当认定行贿罪而非单位行贿罪

刘某从原宜宾县发改局政策法规股股长赵某处获取工程招投标项目、招标底价、评价标准等信息后，挂靠具备相关资质的企业投标。中标后，刘某分两次送给赵某13万元。一审、二审法院认定刘某构成行贿罪，判处刘某有期徒刑9个月。

5. 单位与个人共同行贿的罪名认定

单位与个人共同行贿属于共同犯罪，按照理论界和实务界的通说一般应当以主犯的犯罪性质进行定性，根据《最高人民法院关于审理贪污、职务侵占案件如何认定共同犯罪几个问题的解释》的规定，具体可分为三种情形：第一，单位为主，个人为辅，应当以单位犯罪对单位和个人定罪处罚；第二，个人为主，单位为辅，应当依照自然人犯罪的有关规定进行定罪量刑；第三，无法分辨双方主次，则以自然人和单位犯罪分别定罪量刑。

---

① 四川省宜宾市中级人民法院刑事判决书，(2016)川15刑终239号。

【典型案例裁判指引119】温州嘉乐迪餐饮娱乐连锁有限公司、李某甲单位行贿,陈某甲、胡某犯行贿案[①]:共同行贿类犯罪中,参与方存在“主从关系”则以主犯触犯的刑事罪名对参与人定性,否则,分别对参与方的行为定性

温州嘉乐迪餐饮娱乐连锁有限公司、陈某甲、胡某等人共同投资一综合楼租赁项目,为解决“未组织竣工验收而投入使用被住房与城乡规划建设局查处”的问题,以低价转让股份的方式给予国家工作人员以财物。二审法院认定,各被告人为谋取共同非法利益,共同行贿,符合共同犯罪构成要件,同时,各被告人平等参与行贿决策,利益均沾,作用相当,不宜区分主从犯,故认定温州嘉乐迪餐饮娱乐连锁有限公司、李某甲(嘉乐迪公司任命的该项目负责人)犯单位行贿罪,陈某甲、胡某犯行贿罪。

6. 单位在行贿时已解散、吊销、注销的罪名认定

为谋取不正当利益,单位请托国家工作人员完成某事项,请托事项完成后方给予国家工作人员财物、回扣或手续费,但此时,单位已因某些原因而解散、吊销或注销,对行贿单位的直接负责人员应以行贿罪还是单位行贿罪追究刑事责任呢?

虽行贿行为是请托事项完成后由个人实施,但双方就请托事项达成合意时,已经通过明示或暗示的方式给予国家工作人员非法财物,所得利益亦归单位享有,个人的行贿行为与请托行为属于一个整体,行贿是行为的最后一个环节,应当认定为单位行贿罪。

7. 单位行贿罪的否定形态

在侦查过程中,时常发现违法人员以“单位”为挡箭牌的行贿行为,即主体存在瑕疵,主要分为以下两种:一是为实施犯罪而设立单位。即犯罪意图形成在前,单位设立在后,单位设立的目的是实施违法活动。二是盗用单位名义实施违法活动。即单位是合法存在的,行为人借用单位的名义实施违法活动并将违法所得归为已有。上述两种情形,单位设立本源违法或单位完全没有参与违法活动,不能认定为单位犯罪,应以自然人犯罪追究行为人法律责任。侦查过程中,违法人员使用的“障眼法”可能还有许

① 浙江省温州市中级人民法院刑事判决书,(2015)浙温刑终字第461号。

多,侦查人员只需牢牢记住“利益归属”问题,即可准确判定行贿类犯罪属于自然人犯罪还是单位犯罪。

(五)行贿罪与民事赠与的区别①

行贿往往采取秘密的方式,完全是有条件的权钱交易,数额一般比较大,有时会超出私人经济条件所能承受的限度。而民事赠与则是基于亲友之间的情谊而进行的,且往往是礼尚往来,互赠互请,大多采取公开的正常的方式进行,通常数额较少。司法实践中还可以结合以下几方面判断:一是行为人与国家工作人员平时的交往是否密切,是否经常有相互送礼的行为;二是给付的财物的数额是否正常;三是行为人给付财物前后有无利益所得;四是行为人给付财物的方式是公开还是秘密进行;五是行为人与国家工作人员的关系是否正常,双方交往的基础是什么,是否有利益关系。

(六)行贿罪的既、未遂认定②

行贿人以谋取不正当利益的意思交付了财物就应成立行贿罪既遂;反之,如果行贿人交付财物遭拒绝,则为行贿罪的未遂。不正当利益是否实现,不影响行贿罪既遂的认定。以谋取不正当利益的意思给予国家工作人员财物事后又索回财物的,仍成立行贿罪的既遂。

(七)行贿罪在何种条件下可以适用免予处罚

办案实践中,兑现法律政策允许范围内的较轻的处罚给行贿人,能够打破行、受贿双方之间的信任关系,在大多数贿赂案件的查办中能够起到较好的作用,2015 年 11 月 1 日起施行的《刑法修正案(九)》,对行贿人在被追诉前主动交待行贿行为的,由原来的“可以减轻处罚或者免除处罚”,修改为“可以从轻或者减轻处罚。其中,犯罪较轻的,对侦破重大案件起关键作用的,或者有重大立功表现的,可以减轻或者免除处罚”。根据《最高人民法院、最高人民检察院关于办理行贿刑事案件具体应用法律若干问

---

① 参见沈志先主编:《职务犯罪审判实务》,法律出版社 2013 年版,第 256 页。

② 参见沈志先主编:《职务犯罪审判实务》,法律出版社 2013 年版,第 255 页。

题的解释》第十三条规定:“刑法第三百九十条第二款规定的‘被追诉前’是指检察机关对行贿人的行贿行为刑事立案前。”在目前没有新的司法解释对该规定进行修改前,由于监察委员会的监察调查不属于刑事侦查,因此行贿人在移送检察机关之前的交待行为均可以算作被追诉前主动交待行贿行为(国家监察体制改革之前纪委对一些党员行贿对象实行“双规”后,行贿对象的交待行为因为在刑事立案前而被认定为追诉前主动交待行贿行为)。因此在监察委员会调查过程中,办案人员对于行贿人何种情况下可以给予免予处罚等政策要进行掌握,防止谈话中的法律政策讲解、具体案件适用与相关规定不符。以行贿行为发生的时间来区分,具体分以下几种情况:

其一,2015 年 10 月 31 日前实施行贿犯罪,2015 年 11 月 1 日之后没有实施行贿犯罪的根据刑法从旧兼从轻原则,对行贿人适用《刑法修正案(九)》修正前关于行贿罪的处罚规定,即适用“行贿人在被追诉前主动交待行贿行为的,可以减轻处罚或者免除处罚”。

其二,2015 年 10 月 31 日之前没有实施行贿犯罪,2015 年 11 月 1 日后实施行贿犯罪的,《刑法修正案(九)》施行的时间是 2015 年 11 月 1 日,对行贿人适用修正后的刑法关于行贿罪的处罚规定,行贿人在被追诉前交待行贿行为的,才可以免除处罚的情况有三种:

第一种为“犯罪较轻”的,也就是根据行贿犯罪的事实、情节,可能被判处 3 年有期徒刑以下刑罚的案件。根据行贿罪法条和司法解释的规定,行贿罪第一档是处 5 年以下有期徒刑并处罚金,行贿罪数额在 3 万元至 100 万元或者行贿有 5 种情形[①]之一的数额为 1 万元至 50 万元或者造成国家损失数额 50 万元至 100 万元的行贿数额为 1 万元至 50 万元,在实际中我们根据 5 年以下的数额标准可以相应推算出可能被判处 3 年有期徒刑以下刑罚普通行贿罪的数额在 60 万元左右,其他有情节严重的行贿数额在 30 万元左右,当然行贿人若有一般立功等情节的,相应的数额可以进行增加等。

---

① 行贿的 5 种情形:(1)向 3 人以上行贿的;(2)将违法所得用于行贿的;(3)通过行贿谋取职务提拔、调整的;(4)向负有食品、药品、安全生产、环境保护等监督管理职责的国家工作人员行贿,实施非法活动的;(5)向司法工作人员行贿,影响司法公正的。

第二种为对侦破重大案件起关键作用的。重大案件是指根据犯罪的事实、情节，已经或者可能被判处10年有期徒刑以上刑罚的，或者案件在本省、自治区、直辖市或者全国范围内有较大影响的，可以认定为《刑法》第三百九十条第二款规定的“重大案件”。根据司法解释具有下列情形之一的，可以认定为“对侦破重大案件起关键作用”：一是主动交待办案机关未掌握的重大案件线索的；二是主动交待的犯罪线索不属于重大案件的线索，但该线索对于重大案件侦破有重要作用的；三是主动交待行贿事实，对于重大案件的证据收集有重要作用的；四是主动交待行贿事实，对于重大案件的追逃、追赃有重要作用的。根据上述规定“重大案件”的一种为“案件在本省、自治区、直辖市或者全国范围内有较大影响”，这种“重大案件”一般是指被媒体高度关注或者省部级以上干部案件等，行贿人主动交待行为只要对案件侦破起关键作用，就可以给予免予刑事处罚。“重大案件”的另一种是指“可能被判处十年有期徒刑以上刑罚的”，我们结合受贿罪定罪量刑标准：受贿300万元以上或者受贿150万元以上且有受贿8种情形①之一的要被判处10年以上有期徒刑，如果行贿人主动交待向单个受贿人行贿300万元以上或者向具有受贿8种情形之一的单个受贿人行贿150万元以上的，可以给予免予刑事处罚的，对于主动交待向单个受贿人的行贿数额没有达到300万元以上或者向具有8种情形之一的单个受贿人的行贿数额150万元以上的，但其交待行贿行为或者线索使调查部门最终查实该受贿人的受贿数额可能被判处10年以上有期徒刑的过程中起重要作用的，仍然可以给予免予刑事处罚。

第三种为有重大立功表现的。《最高人民法院关于处理自首和立功具体应用法律若干问题的解释》第七条规定：“根据刑法第六十八条第一款的规定，犯罪分子有检举、揭发他人重大犯罪行为，经查证属实；提供侦破其他重大案件的重要线索，经查证属实；阻止他人重大犯罪活动；协助司

---

① 受贿的8种情形：(1)曾因贪污、受贿、挪用公款受过党纪、行政处分的；(2)曾因故意犯罪受过刑事追究的；(3)赃款赃物用于非法活动的；(4)拒不交待赃款赃物去向或者拒不配合追缴工作，致使无法追缴的；(5)造成恶劣影响或者其他严重后果的；(6)多次索贿的；(7)为他人谋取不正当利益，致使公共财产、国家和人民利益遭受损失的；(8)为他人谋取职务提拔、调整的。

法机关抓捕其他重大犯罪嫌疑人(包括同案犯);对国家和社会有其他重大贡献等表现的,应当认定为有重大立功表现。前款所称'重大犯罪'、'重大案件'、'重大犯罪嫌疑人'的标准,一般是指犯罪嫌疑人、被告人可能被判处无期徒刑以上刑罚或者案件在本省、自治区、直辖市或者全国范围内有较大影响等情形。"

其三,2015 年 10 月 31 日前实施行贿犯罪,2015 年 11 月 30 日之后又实施行贿犯罪的,根据 1998 年《最高人民检察院关于对跨越修订刑法施行日期的继续犯罪、连续犯罪以及其他同种数罪应如何具体适用刑法问题的批复》中"对于开始于 1997 年 9 月 30 日以前,连续到 1997 年 10 月 1 日以后的连续犯罪,或者在 1997 年 10 月 1 日前后分别实施同种类数罪,其中罪名、构成要件、情节以及法定刑均没有变化的,应当适用修订刑法,一并进行追诉;罪名、构成要件、情节以及法定刑已经变化的,也应当适用修订刑法,一并进行追诉,但是修订刑法比原刑法所规定的构成要件和情节较为严格,或者法定刑较重的,在提起公诉时应当提出酌情从轻处理意见"的精神,行贿罪处罚要按照 2015 年 11 月 1 日起施行的《刑法修正案(九)》中关于行贿罪的处罚规定,即按照第二种"2015 年 10 月 31 日之前没有实施行贿犯罪,2015 年 11 月 1 日后实施行贿犯罪的"的情况进行处理。

四、定罪量刑标准

(一)刑法及司法解释等相关规定

1.《刑法》

第三百九十条[①] 对犯行贿罪的,处三年以下有期徒刑或者拘役,并

---

① 2024 年 3 月 1 日起施行的《刑法修正案(十二)》调整行贿罪的起刑点和刑罚档次,同时增加一款规定:对多次行贿、向多人行贿,国家工作人员行贿等七类情形从重处罚,办案中要准确适用从旧兼从轻原则。2015 年 11 月 1 日起施行的《刑法修正案(九)》将行贿罪增设罚金刑,并将行贿人在被追诉前主动交待行贿行为的相关内容由原来的"可以减轻处罚或者免除处罚",修改为"可以从轻或者减轻处罚。其中,犯罪较轻的,对侦破重大案件起关键作用的,或者有重大立功表现的,可以减轻或者免除处罚"。办案过程中要准确适用从旧兼从轻原则。

处罚金；因行贿谋取不正当利益，情节严重的，或者使国家利益遭受重大损失的，处三年以上十年以下有期徒刑，并处罚金；情节特别严重的，或者使国家利益遭受特别重大损失的，处十年以上有期徒刑或者无期徒刑，并处罚金或者没收财产。

有下列情形之一的，从重处罚：

（一）多次行贿或者向多人行贿的；

（二）国家工作人员行贿的；

（三）在国家重点工程、重大项目中行贿的；

（四）为谋取职务、职级晋升、调整行贿的；

（五）对监察、行政执法、司法工作人员行贿的；

（六）在生态环境、财政金融、安全生产、食品药品、防灾救灾、社会保障、教育、医疗等领域行贿，实施违法犯罪活动的；

（七）将违法所得用于行贿的。

行贿人在被追诉前主动交待行贿行为的，可以从轻或者减轻处罚。其中，犯罪较轻的，对调查突破、侦破重大案件起关键作用的，或者有重大立功表现的，可以减轻或者免除处罚。

2.《最高人民法院、最高人民检察院关于办理贪污贿赂刑事案件适用法律若干问题的解释》（2016 年 4 月 18 日起施行　法释〔2016〕9 号）

第七条　为谋取不正当利益，向国家工作人员行贿，数额在三万元以上的，应当依照刑法第三百九十条的规定以行贿罪追究刑事责任。

行贿数额在一万元以上不满三万元，具有下列情形之一的，应当依照刑法第三百九十条的规定以行贿罪追究刑事责任：

（一）向三人以上行贿的；

（二）将违法所得用于行贿的；

（三）通过行贿谋取职务提拔、调整的；

（四）向负有食品、药品、安全生产、环境保护等监督管理职责的国家工作人员行贿，实施非法活动的；

（五）向司法工作人员行贿，影响司法公正的；

（六）造成经济损失数额在五十万元以上不满一百万元的。

第八条　犯行贿罪,具有下列情形之一的,应当认定为刑法第三百九十条第一款规定的“情节严重”:

(一)行贿数额在一百万元以上不满五百万元的;

(二)行贿数额在五十万元以上不满一百万元,并具有本解释第七条第二款第一项至第五项规定的情形之一的;

(三)其他严重的情节。

为谋取不正当利益,向国家工作人员行贿,造成经济损失数额在一百万元以上不满五百万元的,应当认定为刑法第三百九十条第一款规定的“使国家利益遭受重大损失”。

第九条　犯行贿罪,具有下列情形之一的,应当认定为刑法第三百九十条第一款规定的“情节特别严重”:

(一)行贿数额在五百万元以上的;

(二)行贿数额在二百五十万元以上不满五百万元,并具有本解释第七条第二款第一项至第五项规定的情形之一的;

(三)其他特别严重的情节。

为谋取不正当利益,向国家工作人员行贿,造成经济损失数额在五百万元以上的,应当认定为刑法第三百九十条第一款规定的“使国家利益遭受特别重大损失”。

第十八条　贪污贿赂犯罪分子违法所得的一切财物,应当依照刑法第六十四条的规定予以追缴或者责令退赔,对被害人的合法财产应当及时返还。对尚未追缴到案或者尚未足额退赔的违法所得,应当继续追缴或者责令退赔。

第十九条第二款　对刑法规定并处罚金的其他贪污贿赂犯罪,应当在十万元以上犯罪数额二倍以下判处罚金。

以上规定在司法实务中的理解与适用①

《最高人民法院、最高人民检察院关于办理贪污贿赂刑事案件适用法

① 参见裴显鼎、苗有水等:《〈关于办理贪污贿赂刑事案件适用法律若干问题的解释〉的理解与适用》,载中华人民共和国最高人民法院刑事审判一、二、三、四、五庭主办:《中国刑事审判指导案例》(第6卷),法律出版社2017年版。

律若干问题的解释》(以下简称《贪污贿赂刑事案件适用法律的解释》)在加重情节的具体理解上,需要注意以下两点:

一是对《贪污贿赂刑事案件适用法律的解释》第七条第二款第四项"向负有食品、药品、安全生产、环境保护等监督管理职责的国家工作人员行贿,实施非法活动的"和第五项"向司法工作人员行贿,影响司法公正的"规定中的"实施非法活动"和"影响司法公正",应作客观化理解,只有客观实施了非法活动或者实际发生了影响司法公正的结果,才适用该两项规定。

二是对《贪污贿赂刑事案件适用法律的解释》第七条第二款第六项"造成经济损失数额在五十万元以上不满一百万元的"规定中的"经济损失",可以参考2012年《最高人民法院、最高人民检察院关于办理渎职刑事案件适用法律若干问题的解释(一)》第八条的规定精神进行理解,即经济损失是指已经实际造成的财产损失,包括为挽回渎职犯罪所造成的损失而支付的各种开支、费用等。

3.《最高人民法院、最高人民检察院关于办理行贿刑事案件具体应用法律若干问题的解释》(2013年1月1日起施行　法释〔2012〕22号)

第十条　实施行贿犯罪,具有下列情形之一的,一般不适用缓刑和免予刑事处罚:

(一)向三人以上行贿的;

(二)因行贿受过行政处罚或者刑事处罚的;

(三)为实施违法犯罪活动而行贿的;

(四)造成严重危害后果的;

(五)其他不适用缓刑和免予刑事处罚的情形。

具有刑法第三百九十条第二款规定的情形的,不受前款规定的限制。

第十三条　刑法第三百九十条第二款规定的"被追诉前",是指检察机关对行贿人的行贿行为刑事立案前。

(二)定罪量刑对应表

表 4 – 2　行贿罪定罪量刑对应表①

行贿罪		数额	数额 + 行贿 5 种情形②之一	国家利益损失
第一档	3 年以下有期徒刑或者拘役,并处罚金(10 万元以上犯罪数额 2 倍以下)	3 万元≤行贿数额＜100 万元	1 万元≤行贿数额＜50 万元且有行贿的 5 种情形之一	1 万元≤行贿数额＜100 万元且 50 万元≤经济损失数额＜100 万元
第二档	3 年以上 10 年以下有期徒刑,并处罚金(10 万元以上犯罪数额 2 倍以下)	100 万元≤行贿数额＜500 万元	50 万元≤行贿数额＜250 万元且有行贿的 5 种情形之一	100 万元≤经济损失数额＜500 万元
第三档	10 年以上有期徒刑或者无期徒刑并处罚金(10 万元以上犯罪数额 2 倍以下)或者没收财产	≥500 万元	≥250 万元且有行贿的 5 种情形之一	经济损失数额≥500 万元

---

① 2024 年 3 月 1 日起施行的《刑法修正案(十二)》将行贿罪的第一档量刑、第二档量刑起点改为 3 年。2015 年 11 月 1 日起施行的《刑法修正案(九)》将行贿罪增加了罚金刑。办案过程中要准确适用刑法从旧兼从轻原则。

② 行贿的 5 种情形:(1)向 3 人以上行贿的;(2)将违法所得用于行贿的;(3)通过行贿谋取职务提拔、调整的;(4)向负有食品、药品、安全生产、环境保护等监督管理职责的国家工作人员行贿,实施非法活动的;(5)向司法工作人员行贿,影响司法公正的。

第五章　其他商业贿赂类罪名释义及定罪量刑标准

第一节　利用影响力受贿罪

一、犯罪主体

国家工作人员的近亲属或者其他关系密切的人。

二、刑法规定

《刑法》

第三百八十八条之一[①]　国家工作人员的近亲属或者其他与该国家工作人员关系密切的人，通过该国家工作人员职务上的行为，或者利用该国家工作人员职权或者地位形成的便利条件，通过其他国家工作人员职务上的行为，为请托人谋取不正当利益，索取请托人财物或者收受请托人财物，数额较大或者有其他较重情节的，处三年以下有期徒刑或者拘役，并处罚金；数额巨大或者有其他严重情节的，处三年以上七年以下有期徒刑，并处罚金；数额特别巨大或者有其他特别严重情节的，处七年以上有期徒刑，并处罚金或者没收财产。

离职的国家工作人员或者其近亲属以及其他与其关系密切的人，利用该离职的国家工作人员原职权或者地位形成的便利条件实施前款行为的，依照前款的规定定罪处罚。

---

① 2009 年 2 月 28 日起施行的《刑法修正案（七）》增设，因此在适用该条款时特别要注意犯罪行为的时间在 2009 年 2 月 28 日之前还是之后，准确适用刑法从旧兼从轻原则。

三、重点、疑难问题界定

(一)利用职务上的便利、不正当利益等相关内容的认定

详见本书第四章“第一节受贿罪”中关于“利用职务上的便利的认定”“利用本人职权或者地位形成的便利条件的认定”“财物的范围”“特定关系人的范围”和第四章“第二节行贿罪”中关于“不正当利益的认定”等相关内容。

(二)利用影响力受贿罪的解读[①]

利用影响力受贿罪的犯罪主体规定为“国家工作人员的近亲属或者其他与该国家工作人员关系密切的人”及“离职的国家工作人员或者其近亲属以及其他与其关系密切的人”。“离职的国家工作人员”是指曾经是国家工作人员,但由于离休、退休、辞职、辞退等原因目前已离开了国家工作人员岗位的人。

法律委员会经研究认为:国家工作人员(以及离职的国家工作人员)的“近亲属”及“其他与其关系密切的人”,是与国家工作人员(以及离职的国家工作人员)关系密切的非国家工作人员,之所以将这两种人利用影响力交易行为规定为犯罪,主要是考虑到他们与国家工作人员或有血缘、亲属关系,或虽不存在亲属关系,但属情夫、情妇,或者彼此是同学、战友、老部下、老上级或者老朋友,交往甚密,有些关系密切到甚至可相互称兄道弟,这些人对国家工作人员(以及离职的国家工作人员)的影响力自然也非同一般。以此影响力去为请托人办事,自己收受财物的案件屡见不鲜。如果将影响力交易犯罪主体仅限于“特定关系人”的范围,内涵及外延显然窄了,不利于惩治人民群众深恶痛绝的腐败犯罪。

---

① 参见黄太云:《〈刑法修正案(七)〉解读》,载《人民检察》2009 年第 6 期。

(三)特定关系人收受贿赂的定性

《最高人民法院、最高人民检察院关于办理贪污贿赂刑事案件适用法律若干问题的解释》(2016 年 4 月 18 日起施行　法释〔2016〕9 号)

第十六条第二款　特定关系人索取、收受他人财物,国家工作人员知道后未退还或者上交的,应当认定国家工作人员具有受贿故意。

以上规定在司法实务中的理解与适用①

《最高人民法院、最高人民检察院关于办理贪污贿赂刑事案件适用法律若干问题的解释》第十六条第二款规定了国家工作人员办事、"身边人"收钱行为的刑事定罪问题。此行为能否认定国家工作人员构成受贿犯罪,关键看其对收钱一事是否知情及知情后的态度。适用本规定时需要注意以下4 点:一是此情形以国家工作人员接受特定关系人转请托为前提,特定关系人未将转请托事项告知国家工作人员的不适用本规定。二是不同于《刑法》在影响力贿赂犯罪中规定的"关系密切的人",对于"特定关系人"的认定范围要依照《最高人民法院、最高人民检察院关于办理受贿刑事案件适用法律若干问题的意见》的相关规定从严掌握,即"特定关系人"仅指"与国家工作人员有近亲属、情妇(夫)以及其他共同利益关系的人"。三是"知道后未退还或者上交"强调的是主观故意的判断,因赃款赃物被特定关系人挥霍等,知道时确实已经不具备退还或者上交的客观条件的,则应当有所区别慎重适用。四是影响力贿赂犯罪以国家工作人员不构成受贿罪为前提,在认定国家工作人员构成受贿罪的情况下,相关行受犯罪的罪名适用应当保持协调一致,对特定关系人不得另以利用影响力受贿罪处理,对行贿罪人也不得以对有影响力的人行贿罪处理。

---

① 参见裴显鼎、苗有水等:《〈关于办理贪污贿赂刑事案件适用法律若干问题的解释〉的理解与适用》,载中华人民共和国最高人民法院刑事审判一、二、三、四、五庭主办:《中国刑事审判指导案例》(第 6 卷),法律出版社 2017 年版。

(四)关系密切和利用影响力的认定

【典型案例裁判指引120】王某利用影响力受贿案[①]:怎样认定关系密切和利用影响力

一是关系密切的认定。认定关系是否密切,应当根据案件的具体情况进行分析,不应仅从形式上来看,关键要看"特定关系人"与"具有影响力的公权力人"平时的关系是否亲密,这种亲密关系是否为他人,特别是"执行影响力的公权力人"知晓,是否足以对他人,特别是对"执行影响力的公权力人"的职务行为产生影响。王某与高某的离婚状况并不影响"执行公权力影响力的公权力人"刘某前和李某对王某和高某之间密切关系的认定。王某在本案中依然是利用了高某的影响力达到自己的目的。

二是怎样判断是否属于"利用影响力"。"影响力"指在请托事项的办理上,特定关系人与"生发影响力的公权力人"之间的"密切关系",对"执行影响力的公权力人"在通过职务行为处理请托事项时产生作用,足以使"执行影响力的公权力人"考虑到特定关系人的请托事项能否办妥将影响到"生发影响力的公权力人"对自身的评价,在请托事项的办理上不能忽视这一密切关系的存在,从而使请托事项的办理获得某种优势。具有职务上的隶属关系的上下级国家工作人员之间,若下级认为与其上级有某种关系的行为人所托事项能否办妥,将直接影响着上级对自己的评价,可以认定该行为人与该上级国家工作人员有密切关系,且该行为人利用了与国家工作人员具有特定关系的影响力。高某担任工学院副院长、分管基建工作,工学院基建总务处处长李某、副处长刘某前是高某的下属。刘某前、李某证言中均证实"因为知道王某是高某的女婿才提供的帮助"。如果王某不是凭借与高某之间的翁婿这一层关系,身为工学院基建总务处处长的李某、副处长刘某前是不会轻易接受王某的请客,并在刘某连投标一事上给予关照。李某和刘某前出席宴请、接受请托并在请托事项上给予关照,完全是顾及王某的岳父、二人的直接上级领导高某的面子。

---

① 参见最高人民法院中国应用法学研究所编:《人民法院案例选》(2017年第8辑),人民法院出版社2017年版,第4065-4066页。

（五）利用影响力受贿罪与介绍贿赂罪的区别

【典型案例裁判指引 121】郑某雄利用影响力受贿案①：利用影响力受贿罪与介绍贿赂罪的区别

中间人收受请托人财物，通过国家工作人员为请托人谋取不正当利益，认定为介绍贿赂罪还是利用影响力受贿罪的关键在于中间人是一般主体还是特殊主体。介绍贿赂罪的主要表现形式是：中间人接受请托人的请托，从中牵线搭桥，促成请托人直接向特定的国家工作人员行贿或代表请托人向特定的国家工作人员行贿。对于请托人而言，其非常清楚自己要向谁行贿。对于受托的国家工作人员而言，其也很清楚是谁在向其行贿。中间人本身是否收受请托人的好处，不影响其对象的明确性和其中间人的身份和作用。而利用影响力受贿罪的表现形式则有所不同，在利用影响力受贿罪的语境下，中间人的作用并不是牵线搭桥促成国家工作人员受贿，而是直接收受请托人的财物，然后利用其对国家工作人员的影响力，影响该国家工作人员的职务行为或职务便利，为请托人谋取不正当利益。被影响的国家工作人员本身是否收受好处，是否存在违法违纪行为，不影响该罪的成立。虽然两罪的犯罪主观方面都是直接故意，但具体的主观目的和心理状态有细微的差别。就介绍贿赂罪而言，只要犯罪主体具有牵线搭桥、促成行贿的主观目的，就构成了直接故意，至于其是否有收受财物好处的主观目的和行为，不影响该罪的成立；而利用影响力受贿罪的主观目的就是自己收受财物，然后运用自己对行政权的影响力去为请托人办事，如果中间人主观上没有收受请托人财物的意思，客观上也没有收受财物的行为，就很难认定为利用影响力受贿罪。

---

① 参见最高人民法院中国应用法学研究所编：《人民法院案例选》（2017 年第 8 辑），人民法院出版社 2017 年版，第 4069－4070 页。

四、定罪量刑标准

(一)司法解释等相关规定

《最高人民法院、最高人民检察院关于办理贪污贿赂刑事案件适用法律若干问题的解释》(2016 年 4 月 18 日起施行 法释〔2016〕9 号)

第十条第一款、第二款 刑法第三百八十八条之一规定的利用影响力受贿罪的定罪量刑适用标准,参照本解释关于受贿罪的规定执行。

刑法第三百九十条之一规定的对有影响力的人行贿罪的定罪量刑标准,参照本解释有关行贿罪的规定执行。

第十八条 贪污贿赂犯罪分子违法所得的一切财物,应当依照刑法第六十四条的规定予以追缴或者责令退赔,对被害人的合法财产应当及时返还。对尚未追缴到案或者尚未足额退赔的违法所得,应当继续追缴或者责令退赔。

第十九条第二款 对刑法规定并处罚金的其他贪污贿赂犯罪,应当在十万元以上犯罪数额二倍以下判处罚金。

以上规定在司法实务中的理解与适用①

1. 明确影响力贿赂犯罪的定罪量刑标准

《最高人民法院、最高人民检察院关于办理贪污贿赂刑事案件适用法律若干问题的解释》第十条规定,该两个罪名与行贿罪、受贿罪适用相同的定罪量刑标准。同时考虑到该二罪与受贿罪、行贿罪在主体要件等方面存在不同,该解释对受贿罪、行贿罪规定的定罪量刑情节不能完全适用,如受贿罪中曾因贪污、受贿、挪用公款受过党纪、行政处分的情节等,故规定“参照”而非“按照”受贿罪、行贿罪的标准执行。

2. 罚金刑的判罚标准

《最高人民法院、最高人民检察院关于办理贪污贿赂刑事案件适用法

---

① 参见裴显鼎、苗有水等:《〈关于办理贪污贿赂刑事案件适用法律若干问题的解释〉的理解与适用》,载中华人民共和国最高人民法院刑事审判一、二、三、四、五庭主办:《中国刑事审判指导案例》(第 6 卷),法律出版社 2017 年版。

律若干问题的解释》第十九条规定，对《刑法》规定并处罚金的其他贪污贿赂犯罪，应当在10万元以上犯罪数额2倍以下判处罚金。适用本规定时需要注意两点：一是第二款规定中的“其他贪污贿赂犯罪”，应当理解为除贪污罪、受贿罪之外规定在刑法分则第八章中的其他贪污贿赂犯罪，而不包括非国家工作人员职务犯罪。二是贪污贿赂犯罪的罚金刑最低判罚标准为10万元，除适用《刑法》第三十七条的规定免予刑事处罚之外，不得减至10万元以下判处罚金。

（二）定罪量刑对应表

表5－1　利用影响力受贿罪定罪量刑对应表

利用影响力受贿罪		数额	数额＋利用影响力受贿的7种情形①之一
第一档	3年以下有期徒刑或者拘役，并处罚金（10万元以上犯罪数额2倍以下）	3万元≤利用影响力受贿数额＜20万元	1万元≤利用影响力受贿数额＜10万元且有利用影响力受贿的7种情形之一
第二档	3年以上7年以下有期徒刑，并处罚金（10万元以上犯罪数额2倍以下）	20万元≤利用影响力受贿数额＜300万元	10万元≤利用影响力受贿数额＜150万元且有利用影响力受贿的7种情形之一
第三档	7年以上有期徒刑，并处罚金（10万元以上犯罪数额2倍以下）或者没收财产	≥300万元	利用影响力受贿数额≥150万元且有利用影响力受贿的7种情形之一

① 利用影响力受贿罪情节参照受贿罪标准执行，根据《〈关于办理贪污贿赂刑事案件适用法律若干问题的解释〉的理解与适用》中如受贿罪中曾因贪污、受贿、挪用公款受过党纪、行政处分的情节等不适用，剩下还有7种情形可以参照：（1）曾因故意犯罪受过刑事追究的；（2）赃款赃物用于非法活动的；（3）拒不交待赃款赃物去向或者拒不配合追缴工作，致使无法追缴的；（4）造成恶劣影响或者其他严重后果的；（5）多次索贿的；（6）为他人谋取不正当利益，致使公共财产、国家和人民利益遭受损失的；（7）为他人谋取职务提拔、调整的。

第二节 对有影响力的人行贿罪

一、犯罪主体

单位、自然人。

二、刑法规定

《刑法》

第三百九十条之一[①] 为谋取不正当利益,向国家工作人员的近亲属或者其他与该国家工作人员关系密切的人,或者向离职的国家工作人员或者其近亲属以及其他与其关系密切的人行贿的,处三年以下有期徒刑或者拘役,并处罚金;情节严重的,或者使国家利益遭受重大损失的,处三年以上七年以下有期徒刑,并处罚金;情节特别严重的,或者使国家利益遭受特别重大损失的,处七年以上十年以下有期徒刑,并处罚金。

单位犯前款罪的,对单位判处罚金,并对其直接负责的主管人员和其他直接责任人员,处三年以下有期徒刑或者拘役,并处罚金。

三、重点、疑难问题界定

不正当利益、财物范围等相关内容的认定

详见本书第四章"第二节行贿罪"中关于"不正当利益的认定"和本书第四章第一节受贿罪中关于"财物的范围"等相关内容。

---

① 2015 年 11 月 1 日起施行的《刑法修正案(九)》增设该罪名,因此在适用该条款时特别要注意犯罪行为的时间在 2015 年 11 月 1 日之前还是之后,准确适用刑法从旧兼从轻原则。

四、定罪量刑标准

(一)司法解释等相关规定

《最高人民法院、最高人民检察院关于办理贪污贿赂刑事案件适用法律若干问题的解释》(2016年4月18日起施行　法释〔2016〕9号)

第十条第二款、第三款　刑法第三百九十条之一规定的对有影响力的人行贿罪的定罪量刑适用标准,参照本解释关于行贿罪的规定执行。

单位对有影响力的人行贿数额在二十万元以上的,应当依照刑法第三百九十条之一的规定以对有影响力的人行贿罪追究刑事责任。

第十八条　贪污贿赂犯罪分子违法所得的一切财物,应当依照刑法第六十四条的规定予以追缴或者责令退赔,对被害人的合法财产应当及时返还。对尚未追缴到案或者尚未足额退赔的违法所得,应当继续追缴或者责令退赔。

第十九条第二款　对刑法规定并处罚金的其他贪污贿赂犯罪,应当在十万元以上犯罪数额二倍以下判处罚金。

以上规定在司法实务中的理解与适用①

该解释在司法实务中的理解与适用同本书第五章"第一节利用影响力受贿罪""四、定罪量刑标准""(一)司法解释等相关规定"相关内容。

---

① 参见裴显鼎、苗有水等:《〈关于办理贪污贿赂刑事案件适用法律若干问题的解释〉的理解与适用》,载中华人民共和国最高人民法院刑事审判一、二、三、四、五庭主办:《中国刑事审判指导案例》(第6卷),法律出版社2017年版。

(二)定罪量刑对应表

表 5－2　对有影响力的人行贿罪定罪量刑对应表

对有影响力的人行贿罪		数额	数额＋对有影响力的人行贿的5种情形①之一	国家利益损失	单位犯罪
第一档	3年以下有期徒刑或者拘役,并处罚金(10万元以上犯罪数额2倍以下),单位犯罪的另外对单位判处罚金(10万元以上犯罪数额2倍以下)	3万元≤对有影响力的人行贿数额＜100万元	1万元≤对有影响力的人行贿数额＜50万元且有对有影响力的人行贿的5种情形之一	1万元≤对有影响力的人行贿数额＜100万元且50万元≤经济损失数额＜100万元	≥20万元
第二档	3年以上7年以下有期徒刑,并处罚金(10万元以上犯罪数额2倍以下)	100万元≤对有影响力的人行贿数额＜500万元	50万元≤对有影响力的人行贿数额＜250万元且有对有影响力的人行贿的5种情形之一	100万元≤经济损失数额＜500万元	未规定
第三档	7年以上10年以下有期徒刑,并处罚金(10万元以上犯罪数额2倍以下)或没收财产	≥500万元	对有影响力的人行贿数额≥250万元且有对有影响力的人行贿的5种情形之一	经济损失数额≥500万元	未规定

① 对有影响力的人行贿罪情节参照行贿罪标准执行,行贿的5种情形为:(1)向3人以上行贿的;(2)将违法所得用于行贿的;(3)通过行贿谋取职务提拔、调整的;(4)向负有食品、药品、安全生产、环境保护等监督管理职责的国家工作人员行贿,实施非法活动的;(5)向司法工作人员行贿,影响司法公正的。

第三节　介绍贿赂罪

一、犯罪主体

自然人。

二、刑法规定

《刑法》

第三百九十二条　向国家工作人员介绍贿赂，情节严重的，处三年以下有期徒刑或者拘役，并处罚金。

介绍贿赂人在被追诉前主动交待介绍贿赂行为的，可以减轻处罚或者免除处罚。

三、重点、疑难问题界定

（一）介绍贿赂罪与行贿罪、受贿罪的帮助犯的区别

【典型案例裁判指引 122】黄某、王某华受贿，李某科、袁某洪介绍贿赂、袁富全伪证案[①]：根据主客观相统一原则认定为介绍贿赂罪还是行贿罪、受贿罪的帮助犯

应当根据主客观相统一原则来区分介绍贿赂罪和行贿罪、受贿罪的帮助犯：首先，从主观方面来看，行贿罪、受贿罪的帮助犯认识到自己是在帮助行贿一方或者受贿一方，而介绍贿赂的行为人认识到自己是处于第三者的地位，是在居间介绍贿赂，自己并不具有行贿或者受贿的故意。其次，从客观方面来看，行贿罪、受贿罪的帮助犯的行为只是帮助行贿人或受贿人一方，即客观上积极策划进行索取、收受贿赂或者向他人行贿，而介绍贿赂的行为人不是单纯帮助某一方，而是在帮助行贿或受贿的双方，并且这里的“介绍”限于在国家工作人员与行贿人中间起牵线搭桥作用，没有实施

---

① 参见最高人民法院中国应用法学研究所编：《人民法院案例选》（2017 年第 8 辑），人民法院出版社 2017 年版，第 4084 – 4085 页。

行贿、受贿以及为行贿人谋取利益的具体行为。在介绍贿赂人提供“有偿”介绍的情况下，其非法所得是通过自己的介绍行为所得，而不是贿赂的财物。

在司法实践中，对于介绍贿赂的行为应当根据具体情况认定：一是在行贿人、受贿人构成犯罪的情况下，对介绍贿赂人应当根据其犯罪具体情节来处理。如果介绍贿赂人实施的是为他人行贿、受贿提供便利居间介绍的行为则其应当认定为介绍贿赂罪，如果介绍贿赂人不仅仅是居间介绍，在主观上和客观上还实施积极帮助行贿方或者受贿方的行为，并从中非法获利的，应当认定为行贿罪或者受贿罪的共犯。二是在行贿人、受贿人一方构成犯罪或者双方都不构成犯罪的情况下，介绍贿赂人实施向国家工作人员介绍贿赂的仍然可以构成介绍贿赂罪。

此案中，被告人李某科、袁某洪主观上明知是在为行贿人袁某某和受贿人黄某等人之间进行牵线效劳，客观上实施了沟通关系、引荐、撮合，并代为传递贿赂款，促成行贿和受贿得以实现，其行为符合介绍贿赂罪的犯罪构成要件。二人主要是以中间人的身份，对行贿、受贿双方进行撮合，主观上自始并无参与分配赃款的故意。

(二)介绍贿赂罪不以行贿罪、受贿罪的成立为条件[①]

介绍贿赂罪本身具有独立的犯罪构成要件。介绍贿赂人在行贿人和受贿人之间牵线搭桥，促成贿赂达成，其本身就具有明显的社会危害性，故介绍贿赂行为虽然是行贿行为和受贿行为的帮助行为，但具有独立于受贿罪和行贿罪的内涵，有对其进行独立评价的必要，故立法对其单独定罪、独立评价。介绍贿赂后行贿人和受贿人由于行贿和受贿数额未达到成罪标准或其他原因而不构成行贿罪和受贿罪的情况下，如果介绍贿赂人只实施了一次介绍贿赂行为，则可以认为介绍贿赂行为尚未达到情节严重，不以介绍贿赂罪处罚。但是，如果行为人实施了多次介绍贿赂行为，则即使每次介绍贿赂行为因数额未达到犯罪的标准、行贿人和受贿人都不构成犯罪，对介绍贿赂人也必须以介绍贿赂罪处罚。因为在这种情况下，整个介

---

① 参见沈志先主编:《职务犯罪审判实务》,法律出版社 2013 年版,第 260 页。

绍贿赂行为的社会危害性已远远大于单独一次介绍贿赂的行为,而且其社会危害性与其单独介绍的每一次行贿和受贿行为都不具有可比性。根据《最高人民检察院关于人民检察院直接受理立案侦查案件立案标准的规定(试行)》的规定“3 次以上或者为 3 人以上介绍贿赂的”,就应当以介绍贿赂罪处罚,而不论行贿人和受贿人是否构成犯罪。

(三)其他法律适用

详见本书第四章第一节受贿罪中关于“为他人谋取利益的认定”、“财物的范围”和第四章第二节行贿罪中关于“不正当利益的认定”等相关内容。

四、定罪量刑标准

(一)司法解释等相关规定

1.《最高人民法院、最高人民检察院关于办理贪污贿赂刑事案件适用法律若干问题的解释》(2016 年 4 月 18 日起施行　法释〔2016〕9 号)

第十九条第二款　对刑法规定并处罚金的其他贪污贿赂犯罪,应当在十万元以上犯罪数额二倍以下判处罚金。

以上规定在司法实务中的理解与适用[①]

《最高人民法院、最高人民检察院关于办理贪污贿赂刑事案件适用法律若干问题的解释》第十九条规定,对《刑法》规定并处罚金的其他贪污贿赂犯罪,应当在 10 万元以上犯罪数额 2 倍以下判处罚金。适用本规定时需要注意两点:一是第二款规定中的“其他贪污贿赂犯罪”,应当理解为除贪污罪、受贿罪之外规定在刑法分则第八章中的其他贪污贿赂犯罪,而不包括非国家工作人员职务犯罪。二是贪污贿赂犯罪的罚金刑最低判罚标准为 10 万元,除适用《刑法》第三十七条的规定免予刑事处罚之外,不得减至 10 万元以下判处罚金。

---

① 参见裴显鼎、苗有水等:《〈关于办理贪污贿赂刑事案件适用法律若干问题的解释〉的理解与适用》,载中华人民共和国最高人民法院刑事审判一、二、三、四、五庭主办:《中国刑事审判指导案例》(第 6 卷),法律出版社 2017 年版。

2.《最高人民检察院关于人民检察院直接受理立案侦查案件立案标准的规定(试行)》(1999年9月16日起施行　高检发释字〔1999〕2号)

一、贪污贿赂犯罪案件

(七)介绍贿赂案(第392条)

介绍贿赂罪是指向国家工作人员介绍贿赂,情节严重的行为。

“介绍贿赂”是指在行贿人与受贿人之间沟通关系、撮合条件,使贿赂行为得以实现的行为。

涉嫌下列情形之一的,应予立案:

1. 介绍个人向国家工作人员行贿,数额在2万元以上的;介绍单位向国家工作人员行贿,数额在20万元以上的;

2. 介绍贿赂数额不满上述标准,但具有下列情形之一的:

(1)为使行贿人获取非法利益而介绍贿赂的;

(2)3次以上或者为3人以上介绍贿赂的;

(3)向党政领导、司法工作人员、行政执法人员介绍贿赂的;

(4)致使国家或者社会利益遭受重大损失的。

四、附则

(二)本规定中有关犯罪数额“不满”,是指接近该数额且已达到该数额的百分之八十以上。

(二)定罪量刑对应表

表5-3　介绍贿赂罪定罪量刑对应表

介绍贿赂罪		介绍个人行贿	介绍单位行贿
第一档	3年以下有期徒刑或者拘役,并处罚金(10万元以上犯罪数额2倍以下)	≥2万元(在未有明确规定对《高检规定》修改前,为了平衡行贿罪、受贿罪等定罪标准,实践中宜掌握≥3万元)	≥20万元
		≥1.6万元(实践中宜掌握≥2.4万元)且有4种情形之一:(1)为使行贿人获取非法利益而介绍;(2)介绍≥3人(次);(3)介绍向党政领导、司法工作人员、行政执法人员行贿;(4)致使国家或者社会利益遭受大损失	≥16万元且有4种情形之一:(1)为使行贿人获取非法利益而介绍;(2)介绍≥3人(次);(3)介绍向党政领导、司法工作人员、行政执法人员行贿;(4)致使国家或者社会利益遭受大损失

第四节　单位受贿罪

一、犯罪主体

国家机关、国有公司、企业、事业单位、人民团体等国有单位及其直接负责的主管人员和其他直接责任人员。

二、刑法规定

《刑法》

第三百八十七条[①]　国家机关、国有公司、企业、事业单位、人民团体，索取、非法收受他人财物，为他人谋取利益，情节严重的，对单位判处罚金，并对其直接负责的主管人员和其他直接责任人员，处三年以下有期徒刑或者拘役；情节特别严重的，处三年以上十年以下有期徒刑。

前款所列单位，在经济往来中，在帐外暗中收受各种名义的回扣、手续费的，以受贿论，依照前款的规定处罚。

三、重点、疑难问题界定

（一）为他人谋取利益等相关内容的认定

详见本书第四章“第一节受贿罪”中关于“利用职务上的便利的认定”、“为他人谋取利益的认定”、“财物的范围”和第一章“第五节单位犯罪”中关于“单位的认定”、“单位犯罪中的责任认定”等相关内容。

---

①　2024 年 3 月 1 日起施行的《刑法修正案（十二）》对第三百八十七条第一款进行修改，修改前的条文为：“国家机关、国有公司、企业、事业单位、人民团体，索取、非法收受他人财物，为他人谋取利益，情节严重的，对单位判处罚金，并对其直接负责的主管人员和其他直接责任人员，处五年以下有期徒刑或者拘役。”办案过程中要准确适用刑法从旧兼从轻原则。

(二)国有单位内设机构构成单位受贿罪主体

《最高人民检察院法律政策研究室关于国有单位的内设机构能否构成单位受贿罪主体问题的答复》(2006 年 9 月 12 日起施行 〔2006〕高检研发 8 号)

国有单位的内设机构利用其行使职权的便利,索取、非法收受他人财物并归该内设机构所有或者支配,为他人谋取利益,情节严重的,依照刑法第三百八十七条的规定以单位受贿罪追究刑事责任。

上述内设机构在经济往来中,在账外暗中收受各种名义的回扣、手续费的,以受贿论。

四、定罪量刑标准

(一)司法解释等相关规定

1.《最高人民法院、最高人民检察院关于办理贪污贿赂刑事案件适用法律若干问题的解释》(2016 年 4 月 18 日起施行 法释〔2016〕9 号)

第十九条第二款 对刑法规定并处罚金的其他贪污贿赂犯罪,应当在十万元以上犯罪数额二倍以下判处罚金。

以上规定在司法实务中的理解与适用①

该解释在司法实务中的理解与适用同本书第五章"第三节介绍贿赂罪""四、定罪量刑标准""(一)司法解释等相关规定"第 1 点相关内容。

2.《最高人民检察院关于人民检察院直接受理立案侦查案件立案标准的规定(试行)》(1999 年 9 月 16 日起施行 高检发释字〔1999〕2 号)

一、贪污贿赂犯罪案件

(四)单位受贿案(第 387 条)

单位受贿罪是指国家机关、国有公司、企业、事业单位、人民团体,索

---

① 参见裴显鼎、苗有水等:《〈关于办理贪污贿赂刑事案件适用法律若干问题的解释〉的理解与适用》,载中华人民共和国最高人民法院刑事审判一、二、三、四、五庭主办:《中国刑事审判指导案例》(第 6 卷),法律出版社 2017 年版。

取、非法收受他人财物，为他人谋取利益，情节严重的行为。

索取他人财物或者非法收受他人财物，必须同时具备为他人谋取利益的条件，且是情节严重的行为，才能构成单位受贿罪。

国家机关、国有公司、企业、事业单位、人民团体，在经济往来中，在帐外暗中收受各种名义的回扣、手续费的，以单位受贿罪追究刑事责任。

涉嫌下列情形之一的，应予立案：

1. 单位受贿数额在10万元以上的；

2. 单位受贿数额不满10万元，但具有下列情形之一的：

(1)故意刁难、要挟有关单位、个人，造成恶劣影响的；

(2)强行索取财物的；

(3)致使国家或者社会利益遭受重大损失的。

四、附则

(二)本规定中有关犯罪数额"不满"，是指接近该数额且已达到该数额的百分之八十以上。

(二)定罪量刑对应表

表5－4　单位受贿罪定罪量刑对应表①

单位受贿罪		受贿数额	数额＋情节
第一档	3年以下有期徒刑或者拘役，对单位判处罚金(10万元以上犯罪数额2倍以下)	≥10万元	≥8万元且有单位受贿3种情形之一：(1)故意刁难、要挟有关单位、个人，造成恶劣影响；(2)强行索取财物；(3)致使国家或者社会利益遭受重大损失
第二档	3年以上10年以下有期徒刑，对单位判处罚金	未规定	未规定

① 2024年3月1日起施行的《刑法修正案(十二)》将单位受贿罪的刑罚由原来最高判处五年有期徒刑的一档刑罚，修改为"三年以下有期徒刑或者拘役"和"三年以上十年以下有期徒刑"两档刑罚。办案过程中要准确适用刑法从旧兼从轻原则。

第五节　单位行贿罪

一、犯罪主体

单位。

二、刑法规定

《刑法》

第三百九十三条[①]　单位为谋取不正当利益而行贿，或者违反国家规定，给予国家工作人员以回扣、手续费，情节严重的，对单位判处罚金，并对其直接负责的主管人员和其他直接责任人员，处三年以下有期徒刑或者拘役，并处罚金；情节特别严重的，处三年以上十年以下有期徒刑，并处罚金。因行贿取得的违法所得归个人所有的，依照本法第三百八十九条、第三百九十条的规定定罪处罚。

三、重点、疑难问题界定

不正当利益等相关内容的认定

详见本书第四章第二节行贿罪中关于“不正当利益的认定”和第一章第五节单位犯罪中关于“单位的认定”、“单位犯罪中的责任认定”等相关内容。

---

① 2024 年 3 月 1 日起施行的《刑法修正案(十二)》将单位行贿罪刑罚由原来最高判处五年有期徒刑的一档刑罚，修改为“三年以下有期徒刑或者拘役，并处罚金”和“三年以上十年以下有期徒刑，并处罚金”两档刑罚。2015 年 11 月 1 日起施行的《刑法修正案(九)》将单位行贿罪增设了罚金刑。办案中要准确适用刑法从旧兼从轻原则。

四、定罪量刑标准

(一)司法解释等相关规定

1.《最高人民法院、最高人民检察院关于办理贪污贿赂刑事案件适用法律若干问题的解释》(2016 年 4 月 18 日起施行　法释〔2016〕9 号)

第十九条第二款　对刑法规定并处罚金的其他贪污贿赂犯罪,应当在十万元以上犯罪数额二倍以下判处罚金。

以上规定在司法实务中的理解与适用①

该解释在司法实务中的理解与适用同本书第五章“第三节介绍贿赂罪”“四、定罪量刑标准”“(一)司法解释等相关规定”第 1 点相关内容。

2.《最高人民检察院关于人民检察院直接受理立案侦查案件立案标准的规定(试行)》(1999 年 9 月 16 日起施行　高检发释字〔1999〕2 号)

一、贪污贿赂犯罪案件

(八)单位行贿案(第 393 条)

单位行贿罪是指公司、企业、事业单位、机关、团体为谋取不正当利益而行贿,或者违反国家规定,给予国家工作人员以回扣、手续费,情节严重的行为。

涉嫌下列情形之一的,应予以立案:

1. 单位行贿数额在 20 万元以上的;

2. 单位为谋取不正当利益而行贿,数额在 10 万元以上不满 20 万元,但具有下列情形之一的:

(1)为谋取非法利益而行贿的;

(2)向 3 人以上行贿的;

(3)向党政领导、司法工作人员、行政执法人员行贿的;

(4)致使国家或者社会利益遭受重大损失的。

---

① 参见裴显鼎、苗有水等:《〈关于办理贪污贿赂刑事案件适用法律若干问题的解释〉的理解与适用》,载中华人民共和国最高人民法院刑事审判一、二、三、四、五庭主办:《中国刑事审判指导案例》(第 6 卷),法律出版社 2017 年版。

因行贿取得的违法所得归个人所有的,依照本规定关于个人行贿的规定立案,追究其刑事责任。

四、附则

(二)本规定中有关犯罪数额“不满”,是指接近该数额且已达到该数额的百分之八十以上。

(二)定罪量刑对应表

表5-5 单位行贿罪定罪量刑对应表①

单位行贿罪		行贿数额	行贿数额+情节
第一档	3年以下有期徒刑或者拘役,并处罚金(10万元以上犯罪数额2倍以下),对单位判处罚金(10万元以上犯罪数额2倍以下)	≥20万元	单位行贿数额≥10万元且有单位行贿4种情形之一:(1)为谋取非法利益;(2)向3人以上行贿;(3)向党政领导、司法工作人员、行政执法人员行贿;(4)致使国家或者社会利益遭受重大损失
第二档	3年以上10年以下有期徒刑,并处罚金	未规定	未规定

第六节 对单位行贿罪

一、犯罪主体

单位、自然人。

① 2024年3月1日起施行的《刑法修正案(十二)》将单位行贿罪刑罚由原来最高判处五年有期徒刑的一档刑罚,修改为“三年以下有期徒刑或者拘役,并处罚金”和“三年以上十年以下有期徒刑,并处罚金”两档刑罚。2015年11月1日起施行的《刑法修正案(九)》将单位行贿罪增设了罚金刑。办案过程中要准确适用刑法从旧兼从轻原则。

二、刑法规定

《刑法》

第三百九十一条[①] 为谋取不正当利益,给予国家机关、国有公司、企业、事业单位、人民团体以财物的,或者在经济往来中,违反国家规定,给予各种名义的回扣、手续费的,处三年以下有期徒刑或者拘役,并处罚金;情节严重的,处三年以上七年以下有期徒刑,并处罚金。

单位犯前款罪的,对单位判处罚金,并对其直接负责的主管人员和其他直接责任人员,依照前款的规定处罚。

三、重点、疑难问题界定

不正当利益等相关内容的认定

详见本书第四章第二节行贿罪中关于"不正当利益的认定"和第四章第一节受贿罪中关于"财物的范围"等相关内容。

四、定罪量刑标准

(一)司法解释等相关规定

1.《最高人民法院、最高人民检察院关于办理贪污贿赂刑事案件适用法律若干问题的解释》(2016 年 4 月 18 日起施行 法释〔2016〕9 号)

第十九条第二款 对刑法规定并处罚金的其他贪污贿赂犯罪,应当在十万元以上犯罪数额二倍以下判处罚金。

---

① 2024 年 3 月 1 日起施行的《刑法修正案(十二)》将对单位行贿罪的刑罚,增加一档"三年以上七年以下有期徒刑,并处罚金"的刑罚。2015 年 11 月 1 日起施行的《刑法修正案(九)》对条文增设了罚金刑。办案过程中要准确适用刑法从旧兼从轻原则。

以上规定在司法实务中的理解与适用[①]

该解释在司法实务中的理解与适用同本书第五章“第三节介绍贿赂罪”“四、定罪量刑标准”“(一)司法解释等相关规定”第1点相关内容。

2.《最高人民检察院关于人民检察院直接受理立案侦查案件立案标准的规定(试行)》(1999年9月16日起施行　高检发释字〔1999〕2号)

一、贪污贿赂犯罪案件

(六)对单位行贿案(第391条)

对单位行贿罪是指为谋取不正当利益,给予国家机关、国有公司、企业、事业单位、人民团体以财物,或者在经济往来中,违反国家规定,给予上述单位各种名义的回扣、手续费的行为。

涉嫌下列情形之一的,应予立案;

1.个人行贿数额在10万元以上、单位行贿数额在20万元以上的;

2.个人行贿数额不满10万元、单位行贿数额在10万元以上不满20万元,但具有下列情形之一的:

(1)为谋取非法利益而行贿的;

(2)向3个以上单位行贿的;

(3)向党政机关、司法机关、行政执法机关行贿的;

(4)致使国家或者社会利益遭受重大损失的。

四、附则

(二)本规定中有关犯罪数额“不满”,是指接近该数额且已达到该数额的百分之八十以上。

---

① 参见裴显鼎、苗有水等:《〈关于办理贪污贿赂刑事案件适用法律若干问题的解释〉的理解与适用》,载中华人民共和国最高人民法院刑事审判一、二、三、四、五庭主办:《中国刑事审判指导案例》(第6卷),法律出版社2017年版。

（二）定罪量刑对应表

表 5-6　对单位行贿罪定罪量刑对应表①

对单位行贿罪		个人对单位行贿	单位对单位行贿
第一档	3 年以下有期徒刑或者拘役，并处罚金（10 万元以上犯罪数额 2 倍以下），单位犯罪的对单位另外判处罚金（10 万元以上犯罪数额 2 倍以下）	≥10 万元	≥20 万元
		≥8 万元且有对单位行贿 4 种情形之一：(1)为谋取非法利益；(2)向 3 人以上行贿；(3)向党政领导、司法工作人员、行政执法人员行贿；(4)致使国家或者社会利益遭受重大损失	≥10 万元且有对单位行贿 4 种情形之一：(1)为谋取非法利益；(2)向 3 人以上行贿；(3)向党政领导、司法工作人员、行政执法人员行贿；(4)致使国家或者社会利益遭受重大损失
第二档	3 年以上 7 年以下有期徒刑，并处罚金	未规定	未规定

第七节　非国家工作人员受贿罪

一、犯罪主体

非国家工作人员，其中在刑法上被认定为非国家工作人员身份的公职人员涉嫌该罪的归监察委员会管辖。

① 2024 年 3 月 1 日起施行的《刑法修正案（十二）》将对单位行贿罪量刑增加一档“三年以上七年以下有期徒刑，并处罚金”。2015 年 11 月 1 日起施行的《刑法修正案（九）》将对单位行贿罪增设了罚金刑。办案过程中要准确适用刑法从旧兼从轻原则。

二、刑法规定

《刑法》

第一百六十三条[①] 公司、企业或者其他单位的工作人员,利用职务上的便利,索取他人财物或者非法收受他人财物,为他人谋取利益,数额较大的,处三年以下有期徒刑或者拘役,并处罚金 ;数额巨大或者有其他严重情节的,处三年以上十年以下有期徒刑,并处罚金;数额特别巨大或者有其他特别严重情节的,处十年以上有期徒刑或者无期徒刑,并处罚金。

公司、企业或者其他单位的工作人员在经济往来中,利用职务上的便利,违反国家规定,收受各种名义的回扣、手续费,归个人所有的,依照前款的规定处罚。

国有公司、企业或者其他国有单位中从事公务的人员和国有公司、企业或者其他国有单位委派到非国有公司、企业以及其他单位从事公务的人员有前两款行为的,依照本法第三百八十五条、第三百八十六条的规定定罪处罚。

第一百八十四条 银行或者其他金融机构的工作人员在金融业务活动中索取他人财物或者非法收受他人财物,为他人谋取利益的,或者违反国家规定,收受各种名义的回扣、手续费,归个人所有的,依照本法第一百六十三条的规定定罪处罚。

国有金融机构工作人员和国有金融机构委派到非国有金融机构从事公务的人员有前款行为的,依照本法第三百八十五条、第三百八十六条的规定定罪处罚。

---

① 2006 年 6 月 29 日起施行的《刑法修正案(六)》把该条款中的“公司、企业的工作人员”改为“公司、企业或者其他单位的工作人员”,2021 年 3 月 1 日起施行的《刑法修正案(十一)》对第一百六十三条第一款进行修改。因此注意刑法从旧兼从轻原则在具体案件中的应用。《刑法修正案(十一)》修改前第一百六十三条第一款的条文内容为:公司、企业或者其他单位的工作人员利用职务上的便利,索取他人财物或者非法收受他人财物,为他人谋取利益,数额较大的,处五年以下有期徒刑或者拘役;数额巨大的,处五年以上有期徒刑,可以并处没收财产。

三、重点、疑难问题界定

（一）利用职务上的便利、财物范围等相关内容的认定

详见本书第四章第一节受贿罪中关于“利用职务上的便利的认定”“财物的范围”等相关内容。

（二）其他单位的认定

《最高人民法院、最高人民检察院关于办理商业贿赂刑事案件适用法律若干问题的意见》（2008年11月20日起施行　法发〔2008〕33号）

二、刑法第一百六十三条、第一百六十四条规定的“其他单位”，既包括事业单位、社会团体、村民委员会、居民委员会、村民小组等常设性的组织，也包括为组织体育赛事、文艺演出或者其他正当活动而成立的组委会、筹委会、工程承包队等非常设性的组织。

三、刑法第一百六十三条、第一百六十四条规定的“公司、企业或者其他单位的工作人员”，包括国有公司、企业以及其他国有单位中的非国家工作人员。

以上规定在司法实务中的理解与适用①

刑法中的单位，既有作为犯罪主体的犯罪单位，也有作为被害人的被害单位。从《刑法》第一百六十三条、第一百六十四条的规定看，这里的“其他单位”，是被告人所在的单位，可以看作被害单位。单位犯罪的主体《刑法》有明确规定，作为被害人的单位则法无明文，对此有的同志认为二者范围相同，有的则认为前者小于后者。我们认为，二者在内涵和外延上不尽相同，作为被害人的单位，其成立条件、形式要件较之作为犯罪主体的单位相对宽松，因而范围也相对广泛。由于单位的形式多样，组织结构不尽相同，全面、准确地抽象其一般性特征从而对“其他单位”作一般性定义

---

①　参见逄锦温：《〈关于办理商业贿赂刑事案件适用法律若干问题的意见〉的理解与适用》，载中华人民共和国最高人民法院刑事审判一、二、三、四、五庭主办：《中国刑事审判指导案例》（第6卷），法律出版社2017年版。

存在一定困难,因而在《最高人民法院、最高人民检察院关于办理商业贿赂刑事案件适用法律若干问题的意见》起草过程中,吸收了有关部门的意见,只对没有争议形成共识的"其他单位"加以列举。从司法实践看,《刑法》第一百六十三条、第一百六十四条中的"其他单位",既包括事业单位、社会团体、村民委员会、居民委员会、村民小组等常设性的组织,也包括为组织体育赛事、文艺演出或者其他正当活动而成立的组委会、筹委会、工程承包队等临时性的组织。其他没有列举的临时性组织,如债权人会议、清算组等是否属于其他单位,需要在实践中具体把握。

【典型案例裁判指引123】《刑事审判参考》第320号[①]杨某华企业人员受贿案:筹建中的公司、企业属于刑法上中的"单位"

只要是依法设立的企业,其工作人员利用职务便利实施受贿犯罪活动的,就应当适用该条款。同时,企业的成立需要一个过程,不能将依法设立理解为取得营业执照。实践中,筹建中的公司、企业因管理不规范,更容易出现侵占、受贿、挪用等腐败问题,如不将筹建中的公司、企业认定为刑法意义上的公司、企业,会放纵大量此类犯罪行为。

【典型案例裁判指引124】《刑事审判参考》第1207号[②]周某强、朱某华非国家工作人员受贿案:受委托行使行政管理职权的单位再次转委托而行使职权的人员属于非国家工作人员

在本案中,上海市市政工程管理处将房屋拆迁相关工作委托给前期公司,前期公司属于受国家机关委托代表国家机关行使职权的国有公司,市政工程管理处并未将相关职权直接委托给更强公司,更强公司系受前期公司转委托而行使管理职权。周某强、朱某华二人工作职能系依据前期公司与更强公司之间的委托协议之规定及前期公司管理人员的口头委托,周某强、朱某华并非依法或受国家机关委托进行工作。故周、朱二人的职权资

---

① 参见中华人民共和国最高人民法院刑事审判第一、二、三、四、五庭主办:《刑事审判参考》(总第41集),法律出版社2005年版,第117页。最高人民法院、最高人民检察院2007年10月25日联合公布刑法确定罪名补充规定,取消"公司、企业人员受贿罪"罪名,由"非国家工作人员受贿罪"替代。

② 参见中华人民共和国最高人民法院刑事审判第一、二、三、四、五庭主办:《刑事审判参考》(总第111集),法律出版社2018年版,第19-23页。

格并非直接来源于国家机关，不符合滥用职权罪主体身份的要求，其在履职中造成公共财产重大损失的行为，不构成滥用职权罪。

本案中，周某强、朱某华分别受前期公司委托，担任该标段动迁项目总经理和经理，没有直接接受国家机关的委托。因此，周、朱二人不是国家工作人员，不构成受贿罪。具体说，一是更强公司非国家机关，故二人不属于国家机关中从事公务的人员；二是更强公司不具备国有性质，故二人不属于国有公司、企业中从事公务的人员；三是周、朱二人也不是国有公司、企业委派到非国有公司、企业从事公务的人员。

需要指出的是，委托并不等同于委派。“所谓委派，即委任、派遣，其形式多种多样，如任命、指派、提名、批准等。”“委派”要具有刑法效力，必须同时具备“有效性、法定性、隶属性和内容特定性”4 个条件。所谓有效性，就是作出委派意思表示的主体必须是国家机关、国有公司、企业、事业单位而非私人委派，且其意思表示必须明确。同时，受委派人也必须作出明确的接受委派的意思表示。所谓法定性，就是委派单位必须在其法定的权限范围内作出委派的意思表示，不能越权委派。所谓隶属性，是指受被委派人必须接受委派单位的领导、管理和监督，被委派人与委派单位之间的关系属于行政隶属关系而非平等委托关系。所谓内容特定性，即受委派的人到被委派单位从事的工作限于领导、管理、监督的公务行为，而非诸如生产、服务等一般的劳务活动。

滥用职权罪的主体是国家机关工作人员，受贿罪的主体是国家工作人员，二者的范围都应当严格根据法律规定来界定，恪守罪刑法定的原则。《最高人民法院、最高人民检察院关于办理渎职刑事案件适用法律若干问题的解释(一)》规定的受委托情形，应当是根据法律规定的直接委托，而不包括转委托。本案中，受国有公司的委托管理相关事务的主体因为并非直接接受国家机关的委托而不属于国家机关工作人员和国家工作人员的范畴，不属于滥用职权罪和受贿罪的适格主体，故对被告人应以非国家工作人员受贿罪定罪处罚。

(三)其他法律适用

《最高人民法院、最高人民检察院关于办理商业贿赂刑事案件适用法律若干问题的意见》(2008 年 11 月 20 日起施行 法发〔2008〕33 号)

四、(第二款、第三款)医疗机构中的非国家工作人员,有前款行为①,数额较大的,依照刑法第一百六十三条的规定,以非国家工作人员受贿罪定罪处罚。

医疗机构中的医务人员,利用开处方的职务便利,以各种名义非法收受药品、医疗器械、医用卫生材料等医药产品销售方财物,为医药产品销售方谋取利益,数额较大的,依照刑法第一百六十三条的规定,以非国家工作人员受贿罪定罪处罚。

五、(第二款、第三款)学校及其他教育机构中的非国家工作人员,有前款行为,②数额较大的,依照刑法第一百六十三条的规定,以非国家工作人员受贿罪定罪处罚。

学校及其他教育机构中的教师,利用教学活动的职务便利,以各种名义非法收受教材、教具、校服或者其他物品销售方财物,为教材、教具、校服或者其他物品销售方谋取利益,数额较大的,依照刑法第一百六十三条的规定,以非国家工作人员受贿罪定罪处罚。

六、依法组建的评标委员会、竞争性谈判采购中谈判小组、询价采购中询价小组的组成人员,在招标、政府采购等事项的评标或者采购活动中,索取他人财物或者非法收受他人财物,为他人谋取利益,数额较大的,依照刑法第一百六十三条的规定,以非国家工作人员受贿罪定罪处罚。

依法组建的评标委员会、竞争性谈判采购中谈判小组、询价采购中询价小组中国家机关或者其他国有单位的代表有前款行为的,依照刑法第三百八十五条的规定,以受贿罪定罪处罚。

七、商业贿赂中的财物,既包括金钱和实物,也包括可以用金钱计算数

---

① 前款行为指:在药品、医疗器械、医用卫生材料等医药产品采购活动中,利用职务上的便利,索取销售方财物,或者非法收受销售方财物,为销售方谋取利益的行为。

② 前款行为指:在教材、教具、校服或者其他物品的采购等活动中,利用职务上的便利,索取销售方财物,或者非法收受销售方财物,为销售方谋取利益的行为。

额的财产性利益,如提供房屋装修、含有金额的会员卡、代币卡(券)、旅游费用等。具体数额以实际支付的资费为准。

八、收受银行卡的,不论受贿人是否实际取出或者消费,卡内的存款数额一般应全额认定为受贿数额。使用银行卡透支的,如果由给予银行卡的一方承担还款责任,透支数额也应当认定为受贿数额。

十、办理商业贿赂犯罪案件,要注意区分贿赂与馈赠的界限。主要应当结合以下因素全面分析、综合判断:(1)发生财物往来的背景,如双方是否存在亲友关系及历史上交往的情形和程度;(2)往来财物的价值;(3)财物往来的缘由、时机和方式,提供财物方对于接受方有无职务上的请托;(4)接受方是否利用职务上的便利为提供方谋取利益。

十一、非国家工作人员与国家工作人员通谋,共同收受他人财物,构成共同犯罪的,根据双方利用职务便利的具体情形分别定罪追究刑事责任:

(1)利用国家工作人员的职务便利为他人谋取利益的,以受贿罪追究刑事责任。

(2)利用非国家工作人员的职务便利为他人谋取利益的,以非国家工作人员受贿罪追究刑事责任。

(3)分别利用各自的职务便利为他人谋取利益的,按照主犯的犯罪性质追究刑事责任,不能分清主从犯的,可以受贿罪追究刑事责任。

四、定罪量刑标准

(一)司法解释等相关规定

1.《最高人民法院、最高人民检察院关于办理贪污贿赂刑事案件适用法律若干问题的解释》(2016年4月18日起施行　法释〔2016〕9号)

第十一条第一款　刑法第一百六十三条规定的非国家工作人员受贿罪、第二百七十一条规定的职务侵占罪中的“数额较大”“数额巨大”的数额起点,按照本解释关于受贿罪、贪污罪相对应的数额标准规定的二倍、五倍执行。

以上规定在司法实务中的理解与适用[①]

1. 明确非国家工作人员职务犯罪的定罪量刑标准

适用上述司法解释第十一条时需要注意:第一款规定的非国家工作人员受贿罪、职务侵占罪的数额较大、数额巨大的认定,严格以受贿罪、贪污罪中的数额较大、数额巨大的数额标准为基准,而不得考虑其中"数额+情节"的情形,即数额较大为6万元(3万元×2);数额巨大为100万元(20万元×5)。

2. 罚金刑的判罚标准

上述司法解释第十九条明确规定,对刑法规定并处罚金的其他贪污贿赂犯罪,应当在10万元以上犯罪数额2倍以下判处罚金。适用本规定时需要注意:第二款规定中的"其他贪污贿赂犯罪",应当理解为除贪污罪、受贿罪之外规定在刑法分则第八章中的其他贪污贿赂犯罪,而不包括非国家工作人员职务犯罪。

2.《最高人民检察院、公安部关于公安机关管辖的刑事案件立案追诉标准的规定(二)》(2022年5月15日起施行 2022年4月6日修订)

第十条[②] 〔非国家工作人员受贿案(刑法第一百六十三条)〕公司、企业或者其他单位的工作人员利用职务上的便利,索取他人财物或者非法收受他人财物,为他人谋取利益,或者在经济往来中,利用职务上的便利,违反国家规定,收受各种名义的回扣、手续费,归个人所有,数额在三万元以上的,应予立案追诉。

---

① 参见裴显鼎、苗有水等:《〈关于办理贪污贿赂刑事案件适用法律若干问题的解释〉的理解与适用》,载中华人民共和国最高人民法院刑事审判一、二、三、四、五庭主办:《中国刑事审判指导案例》(第6卷),法律出版社2017年版。

② 注意刑法从旧兼从轻原则。2016年4月18日起施行的《最高人民法院、最高人民检察院关于办理贪污贿赂刑事案件适用法律若干问题的解释》规定非国家工作人员受贿罪立案标准为6万元。

(二)定罪量刑对应表

表 5－7 非国家工作人员受贿罪定罪量刑对应表①

非国家工作人员受贿罪		数额
第一档	3 年以下有期徒刑或者拘役,并处罚金	≥3 万元
第二档	3 年以上 10 年以下有期徒刑,并处罚金	≥100 万元
第三档	10 年以上有期徒刑或者无期徒刑,并处罚金	未规定

第八节 对非国家工作人员行贿罪

一、犯罪主体

单位、自然人。

二、刑法规定

《刑法》

第一百六十四条②第一款、第三款、第四款 为谋取不正当利益,给予公司、企业或者其他单位的工作人员以财物,数额较大的,处三年以下有期徒刑或者拘役,并处罚金;数额巨大的,处三年以上十年以下有期徒刑,并处罚金。

单位犯前两款罪的,对单位判处罚金,并对其直接负责的主管人员和其他直接责任人员,依照第一款的规定处罚。

---

① 2021 年 3 月 1 日起施行的《刑法修正案(十一)》将非国家工作人员受贿罪增设了罚金刑。2022 年 5 月 15 日起施行的《最高人民检察院、公安部关于公安机关管辖的刑事案件立案追诉标准的规定(二)》把立案标准由 6 万元改为 3 万元。

② 2006 年 6 月 29 日起施行的《刑法修正案(六)》把该条款中的“给予公司、企业的工作人员”改为“给予公司、企业或者其他单位的工作人员”,2015 年 11 月 1 日《刑法修正案(九)》对该条第一款对非国家工作人员行贿罪增加了罚金刑,因此在适用该条款时特别要注意犯罪行为的时间是在 2006 年 6 月 29 日和 2015 年 11 月 1 日两个时间之前还是之后,准确适用刑法从旧兼从轻原则。

行贿人在被追诉前主动交待行贿行为的,可以减轻处罚或者免除处罚。

三、重点、疑难问题界定

(一)不正当利益等相关内容的认定

详见本书第四章“第二节行贿罪”中关于“不正当利益的认定”等相关内容。

(二)在国有土地挂牌出让过程中贿赂其他竞买人而竞买成功的定性

【典型案例裁判指引125】《刑事审判参考》第1136号[①]张某军、刘某伟对非国家工作人员行贿案:在国有土地挂牌出让过程中贿赂其他竞买人而竞买成功构成向非国家工作人员行贿罪

挂牌竞买不能等同于招投标。招标的主要程序为:公开招标或邀请招标—投标(仅有一次竞买机会)—开标—评标—中标(发出中标通知书,招标人可否决所有投标)。挂牌竞买主要程序为:出让人挂牌公告—竞买人挂牌报价—更新挂牌价(竞买人可反复更新报价,有多次竞买机会)—确定竞得人(签订成交确认书,出让人无权否决最高挂牌人)。挂牌出让仅发生于建设用地流通领域,在适用范围、操作程序、出让人否决权等方面与招投标程序有显著的区别。因此,挂牌竞买与招投标无论是在字面上还是实质程序上均存在差别,不能等同。

法律没有明文规定为犯罪的,不能类推定罪。《刑法》第二百二十三条规定:“投标人相互串通投标报价,损害招标人或者其他投标人利益,情节严重的,处三年以下有期徒刑或者拘役,并处或者单处罚金。投标人与招标人串通投标,损害国家、集体、公民的合法利益的,依照前款的规定处罚。”从文义解释的角度,挂牌竞买显然不能等同于招投标。《刑法》第二百二十三条的规定显然将串通投标罪限定在招投标领域。罪刑法定原则

---

① 参见中华人民共和国最高人民法院刑事审判第一、二、三、四、五庭主办:《刑事审判参考》(总第106集),法律出版社2017年版,第4-6页。

是刑法的基本原则，刑法的扩张解释的适用在部分条款中虽不可避免，但应该遵循基本的文义解释规则。

数个关联行为存在牵连关系，但只有其中某一行为构成犯罪的，可以该行为触犯的罪名对被告人定罪处罚。本案中，二被告人实施了一系列的关联行为，其中包括：接受杨某的请托向其他竞买人行贿；指使其他竞买人放弃竞买或串通报价；直接占有请托人给付的部分行贿款项等。二被告人实施的上述系列行为，存在手段行为与目的行为间的牵连关系。二被告人指使其他竞买人放弃竞买或串通报价是目的行为，向其他竞买人行贿是手段行为，但鉴于目的行为不构成犯罪，而实施的行贿行为显然触犯了《刑法》的规定，已构成对非国家工作人员行贿罪，依法予以认定是正确的。

四、定罪量刑标准

（一）司法解释等相关规定

1.《最高人民法院、最高人民检察院关于办理贪污贿赂刑事案件适用法律若干问题的解释》（2016 年 4 月 18 日起施行　法释〔2016〕9 号）

第十一条第三款　刑法第一百六十四条第一款规定的对非国家工作人员行贿罪中的“数额较大”“数额巨大”的数额起点，按照本解释第七条、第八条第一款关于行贿罪的数额标准规定的二倍执行。

以上规定在司法实务中的理解与适用

该解释在司法实务中的理解与适用同本书第五章“第七节非国家工作人员受贿罪”“四、定罪量刑标准”“（一）司法解释等相关规定”中相关内容。

2.《最高人民检察院、公安部关于公安机关管辖的刑事案件立案追诉标准的规定（二）》（2022 年 5 月 15 日起施行　2022 年 4 月 6 日修订）

第十一条[①]　〔对非国家工作人员行贿案（刑法第一百六十四条第一

① 注意刑法从旧兼从轻原则。2016 年 4 月 18 日起施行的《最高人民法院、最高人民检察院关于办理贪污贿赂刑事案件适用法律若干问题的解释》规定对非国家工作人员行贿罪立案标准为 6 万元。

款)〕为谋取不正当利益,给予公司、企业或者其他单位的工作人员以财物,个人行贿数额在三万元以上的,单位行贿数额在二十万元以上的,应予立案追诉。

(二)定罪量刑对应表

表 5－8 对非国家工作人员行贿罪定罪量刑对应表①

对非国家工作人员行贿罪		数额	其他情节	单位对非国家工作人员行贿
第一档	3 年以下有期徒刑或者拘役,并处罚金	3 万元≤对非国家工作人员行贿数额＜200 万元	2 万元≤对非国家工作人员行贿数额＜100 万元且有对非国家工作人员行贿 5 种情形之一②或 2 万元≤对非国家工作人员行贿数额＜200 万元且 50 万元≤经济损失数额＜100 万元	≥20 万元,对单位判处罚金
第二档	3 年以上 10 年以下有期徒刑,并处罚金	≥200 万元	≥100 万元且有对非国家工作人员行贿 5 种情形之一	未规定

第九节 对外国公职人员、国际公共组织官员行贿罪

一、犯罪主体

单位、自然人。

---

① 2015 年 11 月 1 日起施行的《刑法修正案(九)》将对非国家工作人员行贿罪增设了罚金刑。2022 年 5 月 15 日起施行的《最高人民检察院、公安部关于公安机关管辖的刑事案件立案追诉标准的规定(二)》把立案标准由 6 万元改为 3 万元。办案过程中要准确适用刑法从旧兼从轻原则。

② 行贿的 5 种情形:(1)向 3 人以上行贿的;(2)将违法所得用于行贿的;(3)通过行贿谋取职务提拔、调整的;(4)向负有食品、药品、安全生产、环境保护等监督管理职责的国家工作人员行贿,实施非法活动的;(5)向司法工作人员行贿,影响司法公正的。

二、刑法规定

《刑法》

第一百六十四条第二款、第三款、第四款　为谋取不正当商业利益，给予外国公职人员或者国际公共组织官员以财物的，依照前款的规定处罚。

单位犯前两款罪的，对单位判处罚金，并对其直接负责的主管人员和其他直接责任人员，依照第一款的规定处罚。①

行贿人在被追诉前主动交待行贿行为的，可以减轻处罚或者免除处罚。

三、重点、疑难问题界定

不正当利益等相关内容的认定

详见本书第四章“第二节行贿罪”中关于“不正当利益的认定”等相关内容。

四、定罪量刑标准

（一）司法解释等相关规定

《最高人民检察院、公安部关于公安机关管辖的刑事案件立案追诉标准的规定（二）》（2022 年 5 月 15 日起施行　2022 年 4 月 6 日修订）

第十二条②　〔对外国公职人员、国际公共组织官员行贿案（刑法第一百六十四条第二款）〕为谋取不正当商业利益，给予外国公职人员或者国际公共组织官员以财物，个人行贿数额在三万元以上的，单位行贿数额在二十万元以上的，应予立案追诉。

---

① 《刑法》第一百六十四条第一款规定：“……数额较大的，处三年以下有期徒刑或者拘役，并处罚金；数额巨大的，处三年以上十年以下有期徒刑，并处罚金。”

② 注意刑法从旧兼从轻原则。该司法解释发布前，《最高人民检察院、公安部关于公安机关管辖的刑事案件立案追诉标准的规定（二）的补充规定》（2011 年 11 月 14 日起施行，已废止）规定：“为谋取不正当商业利益，给予外国公职人员或者国际公共组织官员以财物，个人行贿数额在一万元以上的，单位行贿数额在二十万元以上的，应予立案追诉。”

(二)定罪量刑对应表

表 5 - 9 对外国公职人员、国际公共组织官员行贿罪定罪量刑对应表

对外国公职人员、国际公共组织官员行贿罪		数额	单位对非国家工作人员行贿
第一档	3 年以下有期徒刑或者拘役,并处罚金	≥3 万元	≥20 万元,对单位处罚金
第二档	3 年以上 10 年以下有期徒刑,并处罚金	未规定	未规定,对单位处罚金

第六章　其他贪污类犯罪罪名释义及定罪量刑标准

第一节　巨额财产来源不明罪

一、犯罪主体

国家工作人员。

二、刑法规定

《刑法》

第三百九十五条第一款[①]　国家工作人员的财产、支出明显超过合法收入，差额巨大的，可以责令该国家工作人员说明来源，不能说明来源的，差额部分以非法所得论，处五年以下有期徒刑或者拘役；差额特别巨大的，处五年以上十年以下有期徒刑。财产的差额部分予以追缴。

---

①　2009 年 2 月 28 日起施行的《刑法修正案（七）》对该条款增加了“差额特别巨大的，处五年以上十年以下有期徒刑”的规定，因此在适用该条款时特别要注意犯罪行为的时间在 2009 年 2 月 28 日之前还是之后，准确适用刑法从旧兼从轻原则。

三、重点、疑难问题界定

(一)不能说明巨额财产来源合法的认定

《全国法院审理经济犯罪案件工作座谈会纪要》(2003年11月13日起施行 法〔2003〕167号)

五、关于巨额财产来源不明罪

(一)行为人不能说明巨额财产来源合法的认定

刑法第三百九十五条第一款规定的"不能说明",包括以下情况:(1)行为人拒不说明财产来源;(2)行为人无法说明财产的具体来源;(3)行为人所说的财产来源经司法机关查证并不属实;(4)行为人所说的财产来源因线索不具体等原因,司法机关无法查实,但能排除存在来源合法的可能性和合理性的。

(二)"非法所得"的数额计算

刑法第三百九十五条规定的"非法所得",一般是指行为人的全部财产与能够认定的所有支出的总和减去能够证实的有真实来源的所得。在具体计算时,应注意以下问题:(1)应把国家工作人员个人财产和与其共同生活的家庭成员的财产、支出等一并计算,而且一并减去他们所有的合法收入以及确属与其共同生活的家庭成员个人的非法收入。(2)行为人所有的财产包括房产、家具、生活用品、学习用品及股票、债券、存款等动产和不动产;行为人的支出包括合法支出和不合法的支出,包括日常生活、工作、学习费用、罚款及向他人行贿的财物等;行为人的合法收入包括工资、奖金、稿酬、继承等法律和政策允许的各种收入。(3)为了便于计算犯罪数额,对于行为人的财产和合法收入,一般可以从行为人有比较确定的收入和财产时开始计算。

以上规定在司法实务中的理解与适用[①]

巨额财产来源不明罪是《刑法》对国家工作人员的特殊要求，也是《刑法》中唯一一个要求被告人承担举证责任的罪名。即当公诉机关证实被告人的财产或者支出明显超过合法收入，并且差额巨大的，被告人就必须承担说明该巨额财产合法来源的义务，只要不能说明合法来源的，就构成巨额财产来源不明罪。这里的"不能说明其来源是合法的"，当然包括"行为人拒不说明财产来源"，"行为人无法说明财产的具体来源"，以及"行为人所说的财产来源经司法机关查证并不属实"等情形。同时，针对司法实践中被告人往往编造合法来源的各种理由，或者说明其巨额财来源于贪污、挪用、受贿等非法所得，而又不能得到证实的情况，《全国法院审理经济犯罪案件工作座谈会纪要》还明确，"行为人所说的财产来源因线索不具体等原因，司法机关无法查实，但能排除存在来源合法的可能性和合理性的"，属于"不能说明"合法来源。

（二）巨额财产来源不明罪的解读[②]

《刑法修正案（七）》对《刑法》第三百九十五条巨额财产来源不明罪主要作了以下修改：一是将最高法定刑从 5 年提高到 10 年有期徒刑。在草案向全国征求意见和常委会审议过程中，有些意见主张将本罪的最高刑提高到 15 年有期徒刑、无期徒刑甚至死刑。考虑到本罪是在国家工作人员的财产、支出明显超过合法收入，没有证据能够证明其财产的差额部分是通过其他违法犯罪行为所得的情况下，将这部分财产推定为非法所得而设立的一个罪名，加之我国财产申报制度尚未真正建立，如果巨额财产来源不明罪法定刑过重，将不利于司法机关尽力深挖腐败犯罪。二是将"国家工作人员的财产或者支出明显超过合法收入"修改为"国家工作人员的财产、支出明显超过合法收入"，使财产、支出无论是其中一项达到，还是两者相加达到差额巨大的数额标准，都可以追究刑事责任的含义更加明

---

① 参见郭清国：《〈全国法院审理经济犯罪案件工作座谈会纪要〉的理解与适用》，载中华人民共和国最高人民法院刑事审判一、二、三、四、五庭主办：《中国刑事审判指导案例》（第 6 卷），法律出版社 2017 年版。

② 参见黄太云：《〈刑法修正案（七）〉解读》，载《人民检察》2009 年第 6 期。

确,更有利于打击这类犯罪。

四、定罪量刑标准

(一)司法解释等相关规定

《最高人民检察院关于人民检察院直接受理立案侦查案件立案标准的规定(试行)》(1999 年 9 月 16 日起施行　高检发释字〔1999〕2 号)

一、贪污贿赂犯罪案件

(九)巨额财产来源不明案(第 395 条第 1 款)

巨额财产来源不明罪是指国家工作人员的财产或者支出明显超出合法收入,差额巨大,而本人又不能说明其来源是合法的行为。

涉嫌巨额财产来源不明,数额在 30 万元以上的,应予立案。

(二)定罪量刑对应表

表 6-1　巨额财产来源不明罪定罪量刑对应表

巨额财产来源不明罪		数额
第一档	5 年以下有期徒刑或者拘役	≥30 万元
第二档	5 年以上 10 年以下有期徒刑	未规定

第二节　隐瞒境外存款罪

一、犯罪主体

国家工作人员。

二、刑法规定

《刑法》

第三百九十五条第二款　国家工作人员在境外的存款,应当依照国家规定申报。数额较大、隐瞒不报的,处二年以下有期徒刑或者拘役;情节较轻的,由其所在单位或者上级主管机关酌情给予行政处分。

三、定罪量刑标准

（一）司法解释等相关规定

《最高人民检察院关于人民检察院直接受理立案侦查案件立案标准的规定（试行）》（1999年9月16日起施行　高检发释字〔1999〕2号）

一、贪污贿赂犯罪案件

（十）隐瞒境外存款案（第395条第2款）

隐瞒境外存款罪是指国家工作人员违反国家规定，故意隐瞒不报在境外的存款，数额较大的行为。

涉嫌隐瞒境外存款，折合人民币数额在30万元以上的，应予立案。

（二）定罪量刑对应表

表6－2　隐瞒境外存款罪定罪量刑对应表

隐瞒境外存款罪		数额
第一档	处2年以下有期徒刑或者拘役	≥30万元

第三节　私分国有资产罪

一、犯罪主体

国家工作人员。

二、刑法规定

《刑法》

第三百九十六条第一款　国家机关、国有公司、企业、事业单位、人民团体，违反国家规定，以单位名义将国有资产集体私分给个人，数额较大的，对其直接负责的主管人员和其他直接责任人员，处三年以下有期徒刑或者拘役，并处或者单处罚金；数额巨大的，处三年以上七年以下有期徒刑，并处罚金。

三、重点、疑难问题界定

(一)国家出资企业案件中私分国有资产罪的认定

《最高人民法院、最高人民检察院关于办理国家出资企业中职务犯罪案件具体应用法律若干问题的意见》(2010年11月26日起施行 法发〔2010〕49号)

二、关于国有公司、企业在改制过程中隐匿公司、企业财产归职工集体持股的改制后公司、企业所有的行为的处理

国有公司、企业违反国家规定,在改制过程中隐匿公司、企业财产,转为职工集体持股的改制后公司、企业所有的,对其直接负责的主管人员和其他直接责任人员,依照刑法第三百九十六条第一款的规定,以私分国有资产罪定罪处罚。

改制后的公司、企业中只有改制前公司、企业的管理人员或者少数职工持股,改制前公司、企业的多数职工未持股的,依照本意见第一条的规定,以贪污罪定罪处罚。

以上规定在司法实务中的理解与适用①

具体适用上述意见第二条第二款规定时,需注意以下几个问题:

第一,关于行为主体。起草过程中有意见指出,职工集体持股必然意味着行为人本人同时持有股份,本规定与第一条规定的区分界限是否清楚,两者是否存在竞合之处存在疑问。经研究,我们认为,两者的界限是清楚的,并不存在竞合。私分国有资产罪与贪污罪的区分关键在于单位行为还是个人行为,而不仅仅是行为人本人是否持有股份。为此,《最高人民法院、最高人民检察院关于办理国家出资企业中职务犯罪案件具体应用法律若干问题的意见》(以下简称《国家出资企业中职务犯罪案件应用法律的意见》)在行为主体的表述上对“国有公司、企业”予以了特别强调。

---

① 参见刘为波:《〈关于办理国家出资企业中职务犯罪案件具体应用法律若干问题的意见〉的理解与适用》,载中华人民共和国最高人民法院刑事审判一、二、三、四、五庭主办:《中国刑事审判指导案例》(第6卷),法律出版社2017年版。

第二，关于持股比例。鉴于实践中的持股情况较为复杂，通常的做法都是管理层持大股，很难确定一个可行的数量标准在持股比例上划一个硬性的杠杠，来对私分国有资产和贪污进行明确区分，而如果仅用"大""小"这样的模糊用语又起不到区分的作用，故《国家出资企业中职务犯罪案件应用法律的意见》仅作定性规定，不作量化规定，明确原则性的处理意见，对于数额比例明显极端的个案的处理，则留待司法实践根据案件具体情况灵活掌握。

第三，关于职工集体持股。《国家出资企业中职务犯罪案件应用法律的意见》第二条第二款规定，"改制后的公司、企业中只有改制前公司、企业的管理人员或者少数职工持股，改制前公司、企业的多数职工未持股的，依照本意见第一条的规定，以贪污罪定罪处罚"。本款规定有两方面的意义：一是通过明确管理层或者少数职工持股的情形应以贪污罪定罪处罚，来间接说明职工集体持股的含义；二是为前述虽然名为职工集体持股但持股比例极小的案件进行实质理解进而以贪污罪处理提供参考。在职工集体持股的理解当中，还应注意这里的职工是指改制企业中的职工，行为人将改制当中隐匿的财产通过再次股权分配处分给改制后企业职工的，则属于赃物的处分问题，不能理解为职工集体持股。

综上所述，私分国有资产罪和贪污罪的区分关键在于是单位行为还是个人行为。企业领导集体研究决定并由单位统一组织实施，在企业内部一定程度公开，企业不同层面的多数人员获得利益的，一般应当认定为私分国有资产罪；少数人共同实施，企业其他人员不知情或者不知实情，分取利益范围以参与决策、具体实施贪污行为以及为贪污行为提供帮助等少数某一层面的人员如企业管理层为限的，一般应当认定为贪污罪。其中，部分共同贪污犯罪人未分取赃物或者将赃物交给共同犯罪人之外的个别其他人的，不影响贪污罪的认定。

【典型案例裁判指引126】《刑事审判参考》第1401号[①]林某私分国有资产案：考虑国企改制特殊背景对职工集体持股不宜把握太严

对于何为"职工集体持股"，如何确定高层管理人员与普通职工的持

---

① 参见最高人民法院刑事审判第一、二、三、四、五庭编：《刑事审判参考》（总第125辑），人民法院出版社2020年版，第127－129页。

股比例问题,《关于办理国家出资企业中职务犯罪案件具体应用法律若干问题的意见》中并没有明确规定。我们认为,在持股比例问题上,还存在一个具体情况具体分析的问题。考虑到管理人员持大股,职工集体持小股是过去一段时期内企业改制的通行做法,故不能简单据此认定为贪污。但是,对于数额比例明显极端的个案,究竟属于私分国有资产还是贪污,则有必要根据案件具体情况进行实质认定。应当综合考虑国企改制的特殊背景及个别企业的特殊性,对职工集体持股的认定不宜把握太严——要求企业职工必须人人持股、均衡持股,不能以经营层控股、经营者持大股就简单将企业排除在职工集体持股的情形之外。

被告人林某及改制后公司职工持股的问题,应当综合考虑国企改制的特殊背景及个别企业的特殊性,不能以经营层控股、经营者持大股就简单地否定企业为职工集体持股。从外部股权及职工内部股权关系看,林某并非处于控股地位,鉴于管理人员持大股、职工集体持小股的做法是特定时期内国有企业改制的通行做法,对林某按照直接负责的主管人员应以私分国有资产罪定罪处罚。

【典型案例裁判指引127】《刑事审判参考》第293号[①]张某康、夏某私分国有资产案:采取以截留、套取资金等进行私分发放构成私分国有资产罪

私分国有资产行为首先是一种违反国家规定的行为。在私分国有资产罪中的违反国家规定的具体理解和掌握上,一定要具体情况具体分析,实事求是、合情合理地予以认定。不宜将违反规定超标准、超范围等乱发、滥发奖金、福利的财经违纪行为,一概认定为集体私分行为,以避免刑事打击面过大。具体判断方面,可参照单位经营利润情况、单位对所分资产是否具有自主支配、分配权等情况综合分析。对于在单位财力状况允许的范围内以及将单位具有一定自主支配权的钱款违反规定分配给单位成员,未造成严重社会危害后果的行为,一般不宜认定为私分行为。相反,下列情形一般可以认定为私分国家资产行为:第一,在单位没有经营效益甚至经营亏损的情况下,变卖分配国有财产等严重违背国有财产的经营管理职

---

① 参见中华人民共和国最高人民法院刑事审判一、二、三、四、五庭主办:《中国刑事审判指导案例》(第6卷),法律出版社2017年版,第300页。

责，妨害国有公司、企业的正常生产、经营活动的；第二，单位将无权自主支配、分配的钱款通过巧立名目、违规做账等手段从财务账上支出，或者将应依法上缴财务入账的正常或者非正常收入予以截留，编造各种栏目进行私分发放等，严重破坏国家财政收支政策的贯彻落实的。

本案张、夏二人违反了国家财政经费必须专项使用的规定，虚构用途套取专项经费后以福利、奖金等名义予以集体私分的行为，即属上述第二种情形。根据国家有关保险及医疗保险的相关规定，财政专户内的资金应严格开支范围和开支标准，确保专款专用；确需调整经费用途的，应在不突破预算总额的前提下，报相关部门审核批准。张、夏所套用的邮电通信费、资料速递费和业务招待费不仅系国家财政专项经费，二人明知如需调整用途必须上报审核，医保管理中心对此钱款不具有自主支配、分配权。二人故意使用虚假发票违规做账，并假借福利、奖励等名义将专项使用资金在公司内部成员之间进行集体私分，数额较大，其主观恶性和危害后果均已达到应受刑罚处罚的程度，故将之认定为变相私分国有资产的犯罪行为是正确的。

（二）共犯的认定

【典型案例裁判指引 128】《刑事审判参考》第 939 号①徐某桢等私分国有资产案：非单位人员与单位共同实施了私分国有资产的行为可以成立共同犯罪

此案中，仅监测站构成私分国有资产罪，徐某桢作为国有事业单位监测站直接负责的主管人员，应当承担相关刑事责任，但陈某晖不是监测站的人员，系非适格主体，能否构成共犯？我们认为特定的主体要素作为违法要素并不是成立共犯不可欠缺的构成要件要素。非特定的主体不能单独成为特定主体的正犯，但若是和特定的主体一起，就可共同引起符合构成要件的事实。因而，非特定的主体可以成立特定主体所犯之罪的共犯。但当特定主体要素是作为责任要素时，则不可缺失。因特定的主体要素所

---

① 参见中华人民共和国最高人民法院刑事审判第一、二、三、四、五庭主办：《刑事审判参考》（总第 95 集），法律出版社 2014 年版，第 126－127 页。

致使的刑罚有轻重时,不具有这种要素的共犯,对其科处通常刑罚。私分国有资产罪仅能由国家机关、国有公司、企业、事业单位、人民团体等单位主体构成,监测站系适格单位主体,应当认定监测站为实行犯,且系主犯,并据此判处被告人徐某桢的刑罚;自然人陈某晖系非适格自然人主体,其为监测站顺利私分国有资产提供了重要帮助,起到了次要作用,故与监测站构成私分国有资产罪的共同犯罪,但系从犯,应当从轻或者减轻处罚。

(三)其他法律适用

【典型案例裁判指引129】《刑事审判参考》第125号[①]刘某伟私分国有资产案:在一定规模、一定层次以上的多人范围内集体私分构成私分国有资产罪

以单位名义集体私分给个人,是私分国有资产罪最本质的特征。不能仅根据参与私分国有资产的人数多少来区分共同贪污与私分国有资产。私分国有资产罪的范围是单位的所有人或大多数人,这是构成本罪的一个重要条件。但是不能机械地将此处的"单位"理解为本单位的全体或者大多数职工。他们也可以是一个单位内部某一层次的所有人或者大多数人。

只要其行为符合私分国有资产罪的构成特征,即使私分的范围是单位全体职工中的相对少数人,亦应以私分国有资产罪追究刑事责任。理由如下:

第一,由于单位的领导层、管理层的意志、行为所起的决定作用,单位领导集体作出决定或者由负责人决定,违反国家规定给本单位集体或者一定层次以上的领导、管理层"发奖金""发红包"与共同贪污犯罪在犯意的形成、行为特征上有明显不同。这种行为的社会危害性比单位少数人暗中非法占有公款的贪污行为也有区别。将这种行为以贪污罪处理,不仅扩大了打击面,社会效果也不好。

---

① 参见中华人民共和国最高人民法院刑事审判一、二、三、四、五庭主办:《中国刑事审判指导案例》(第6卷),法律出版社2017年版,第297-298页。注意该案例与《最高人民法院、最高人民检察院关于办理国家出资企业中职务犯罪案件具体应用法律若干问题的意见》第二条第三款规定的不一样地方,即"改制后的公司、企业中只有改制前公司、企业的管理人员或者少数职工持股,改制前公司、企业的多数职工未持股的,依照本意见第一条的规定,以贪污罪定罪处罚"。

第二，单位违反国家规定，经领导集体或负责人决定，在一定层次的所有人或者大多数人范围内"发奖金""发红包"，决策者不仅仅是为了个人的利益，因此，符合单位犯罪的特征。

综上所述，违反国家规定，以单位名义，在一定规模、一定层次以上的多人（如中层干部或者某一管理层的层面上）范围内集体私分国有资产的，应以私分国有资产罪定罪处罚。

【典型案例裁判指引23】《刑事审判参考》第377号[①]李某清等被控贪污案：国有单位内部科室集体私分违法收入的行为构成私分国有资产罪

详见本书第一章第五节单位犯罪"二、重点、疑难问题界定（二）单位分支机构或者内设机构、部门可以成为单位犯罪的主体"中该案例的内容。

四、定罪量刑标准

（一）司法解释等相关规定

1.《最高人民法院、最高人民检察院关于办理贪污贿赂刑事案件适用法律若干问题的解释》（2016年4月18日起施行 法释〔2016〕9号）

第十九条第二款 对刑法规定并处罚金的其他贪污贿赂犯罪，应当在十万元以上犯罪数额二倍以下判处罚金。

以上规定在司法实务中的理解与适用[②]

该解释在司法实务中的理解与适用同本书第五章"第三节介绍贿赂罪""四、定罪量刑标准""（一）司法解释等相关规定"第1点相关内容。

---

① 参见中华人民共和国最高人民法院刑事审判一、二、三、四、五庭主办：《中国刑事审判指导案例》（第6卷），法律出版社2017年版，第305页。

② 参见裴显鼎、苗有水等：《〈关于办理贪污贿赂刑事案件适用法律若干问题的解释〉的理解与适用》，载中华人民共和国最高人民法院刑事审判一、二、三、四、五庭主办：《中国刑事审判指导案例》（第6卷），法律出版社2017年版。

2.《最高人民检察院关于人民检察院直接受理立案侦查案件立案标准的规定(试行)》(1999 年 9 月 16 日起施行　高检发释字〔1999〕2 号)

一、贪污贿赂犯罪案件

(十一)私分国有资产案(第 396 条第 1 款)

私分国有资产罪是指国家机关、国有公司、企业、事业单位、人民团体,违反国家规定,以单位名义将国有资产集体私分给个人,数额较大的行为。

涉嫌私分国有资产,累计数额在 10 万元以上的,应予立案。

(二)定罪量刑对应表

表 6-3　私分国有资产罪定罪量刑对应表

私分国有资产罪		数额
第一档	3 年以下有期徒刑或者拘役,并处或者单处罚金(10 万元以上犯罪数额 2 倍以下)	≥10 万元
第二档	3 年以上 7 年以下有期徒刑,并处罚金(10 万元以上犯罪数额 2 倍以下)	暂未有数额规定

第四节　私分罚没财物罪

一、犯罪主体

司法机关、行政执法机关①中的国家工作人员。

二、刑法规定

《刑法》

第三百九十六条第二款　司法机关、行政执法机关违反国家规定,将应当上缴国家的罚没财物,以单位名义集体私分给个人的,依照前款的规

① 行政执法机关主要包括海关、税务、工商行政管理、卫生检疫、商检、环保、城市管理等具有行政处罚权的国家行政机关。

定处罚。①

三、定罪量刑标准

（一）司法解释等相关规定

1.《最高人民法院、最高人民检察院关于办理贪污贿赂刑事案件适用法律若干问题的解释》（2016 年 4 月 18 日起施行　法释〔2016〕9 号）

第十九条第二款　对刑法规定并处罚金的其他贪污贿赂犯罪，应当在十万元以上犯罪数额二倍以下判处罚金。

以上规定在司法实务中的理解与适用②

该解释在司法实务中的理解与适用同本书第五章“第三节介绍贿赂罪”“四、定罪量刑标准”“（一）司法解释等相关规定”第 1 点相关内容。

2.《最高人民检察院关于人民检察院直接受理立案侦查案件立案标准的规定（试行）》（1999 年 9 月 16 日起施行　高检发释字〔1999〕2 号）

一、贪污贿赂犯罪案件

（十二）私分罚没财物案（第 396 条第 2 款）

私分罚没财物罪是指司法机关、行政执法机关违反国家规定，将应当上缴国家的罚没财物，以单位名义集体私分给个人的行为。

涉嫌私分罚没财物，累计数额在 10 万元以上，应予立案。

---

①　即数额较大的，对其直接负责的主管人员和其他直接责任人员，处三年以下有期徒刑或者拘役，并处或者单处罚金；数额巨大的，处三年以上七年以下有期徒刑，并处罚金。

②　参见裴显鼎、苗有水等：《〈关于办理贪污贿赂刑事案件适用法律若干问题的解释〉的理解与适用》，载中华人民共和国最高人民法院刑事审判一、二、三、四、五庭主办：《中国刑事审判指导案例》（第 6 卷），法律出版社 2017 年版。

(二)定罪量刑对应表

表 6-4 私分罚没财物罪定罪量刑对应表

私分罚没财物罪		数额
第一档	3 年以下有期徒刑或者拘役,并处或者单处罚金(10 万元以上犯罪数额 2 倍以下)	≥10 万元
第二档	3 年以上 7 年以下有期徒刑,并处罚金(10 万元以上犯罪数额 2 倍以下)	未规定

第七章　同一条文含滥用职权、玩忽职守类罪名释义及定罪量刑标准

第一节　滥用职权罪、玩忽职守罪

（司法工作人员涉嫌上述两罪名检察机关可以立案侦查）

一、犯罪主体

国家机关工作人员。

二、刑法规定

《刑法》

第三百九十七条　国家机关工作人员滥用职权或者玩忽职守，致使公共财产、国家和人民利益遭受重大损失的，处三年以下有期徒刑或者拘役；情节特别严重的，处三年以上七年以下有期徒刑。本法另有规定的，依照规定。

国家机关工作人员徇私舞弊，犯前款罪的，处五年以下有期徒刑或者拘役；情节特别严重的，处五年以上十年以下有期徒刑。本法另有规定的，依照规定。

三、重点、疑难问题界定

(一)经济损失的认定

1.《最高人民法院、最高人民检察院关于办理渎职刑事案件适用法律若干问题的解释(一)》(2013年1月9日起施行　法释〔2012〕18号)

第八条　本解释规定的"经济损失",是指渎职犯罪或者与渎职犯罪相关联的犯罪立案时已经实际造成的财产损失,包括为挽回渎职犯罪所造成损失而支付的各种开支、费用等。立案后至提起公诉前持续发生的经济损失,应一并计入渎职犯罪造成的经济损失。

债务人经法定程序被宣告破产,债务人潜逃、去向不明,或者因行为人的责任超过诉讼时效等,致使债权已经无法实现的,无法实现的债权部分应当认定为渎职犯罪的经济损失。

渎职犯罪或者与渎职犯罪相关联的犯罪立案后,犯罪分子及其亲友自行挽回的经济损失,司法机关或者犯罪分子所在单位及其上级主管部门挽回的经济损失,或者因客观原因减少的经济损失,不予扣减,但可以作为酌定从轻处罚的情节。

以上规定在司法实务中的理解与适用[①]

(1)经济损失的概念和范围

《最高人民法院、最高人民检察院关于办理渎职刑事案件适用法律若干问题的解释(一)》(以下简称《办理渎职案件适用法律的解释(一)》)对于经济损失的基本定位是已经实际造成的财产损失。具体适用时需要注意以下两点:第一,经济损失必须是实际造成、确定可计算的财产损失。第二,经济损失不限于财产毁损、灭失。

(2)计算经济损失的时间界点

《办理渎职案件适用法律的解释(一)》确定渎职犯罪经济损失的认定

---

① 参见苗有水、刘为波:《〈最高人民法院、最高人民检察院关于办理渎职刑事案件具体应用法律若干问题的解释(一)〉的理解与适用》,载中华人民共和国最高人民法院刑事审判一、二、三、四、五庭主办:《中国刑事审判指导案例》(第6卷),法律出版社2017年版。

原则上应以“立案时”为准，主要有两点考虑：一是以起诉或者审判时经济损失是否挽回作为定罪量刑的依据，将直接影响刑事诉讼活动的确定性和严肃性。二是一个行为是否构成犯罪，原则上应以行为实施时为准，由于渎职犯罪行为与结果不同步的特征，为方便实践操作才确定以立案时为损失计算基准，但这不意味着损失挽回的就不构成犯罪。适用本规定时，需要注意以下几点：第一，经济损失的认定以立案时为准，与是否行为人自行挽回没有关系。立案前已挽回或者减少的损失一概不计入犯罪数额。立案后无论是犯罪分子及其亲友自行挽回的经济损失，还是司法机关或者犯罪分子所在单位及其上级主管部门挽回的经济损失，或者因客观原因减少的经济损失，均不影响经济损失的认定。第二，渎职犯罪尚未立案但与渎职犯罪相关联的犯罪已经立案的，以关联犯罪立案时已经实际造成的财产损失认定犯罪数额。在渎职犯罪案件立案前，办案机关对关联案件可能已侦办多时，办案机关可能已经依职权追回全部或部分赃款，渎职犯罪案件犯罪嫌疑人及其亲友或所在单位也可能已自行挽回经济损失，此种情形本质上同样属于司法活动进行当中挽回的损失，故《办理渎职案件适用法律的解释(一)》明确规定关联案件立案后挽回的经济损失部分不予扣除。

我们认为，根据《办理渎职案件适用法律的解释(一)》规定的精神和文字表述，在相关司法解释明确作出相反规定之前，宜将这里的“立案”理解为刑事立案。

(3)债权损失的理解

正确适用《办理渎职案件适用法律的解释(一)》第八条第二款规定，需要注意以下几点：第一，债权本身不是经济损失，只有不能实现的债权才是经济损失。债权损失的认定不适用“立案时的”计算标准。第二，债权范围限于民事之债，不能无限扩大。比如，某国有破产企业清算组谎称需补偿工人工资，上级主管单位不认真审核，将补偿款转至工人工资卡上，致使30余万元被工人支走；又如，行政机关在征收各种费用、税费时，以允许缓交、不进行催交等方式，致使实际上截至被查处时长期未缴纳的；再如，行政执法人员、司法工作人员的渎职行为导致他人的不动产被生效法律文书确认为第三人所有的，均属于对财产权的单方或者强制处分行为，不属于债权损失的范畴，其经济损失认定应适用“立案时”标准。第三，确认债权无法实现的方式可以多种多样。债权是否无法实现,是犯罪事实的内在构成内容,刑事审判可自行认定,不一定都需要经过民事裁判确认。同时,对于生效民事裁判确认无法实现的,行为人是否提出申诉,一般不影响经济损失的认定。

【典型案例裁判指引130】崔某某滥用职权案①:在违规减免认定造成损失时,一般不宜将国有股份对应的减免数额予以扣除

在招商引资过程中,国家工作人员违规给国家参股企业减免土地出让金、契税等,在认定滥用职权罪造成的公共财产损失时,应当坚持损失是具体的而非抽象的观点,并结合具体情况区分国有资产的不同主体,以准确甄别和客观把握国有资产的范围,一般不宜将国有股份对应的减免数额从公共财产损失数额中扣除。

2.《全国法院审理经济犯罪案件工作座谈会纪要》(2003年11月13日起施行 法〔2003〕167号)

六、关于渎职罪

(一)渎职犯罪行为造成的公共财产重大损失的认定

根据刑法规定,玩忽职守、滥用职权等渎职犯罪是以致使公共财产、国家和人民利益遭受重大损失为构成要件的。其中,公共财产的重大损失,通常是指渎职行为已经造成的重大经济损失。在司法实践中,有以下情形之一的,虽然公共财产作为债权存在,但已无法实现债权的,可以认定为行为人的渎职行为造成了经济损失:(1)债务人已经法定程序被宣告破产;(2)债务人潜逃,去向不明;(3)因行为人责任,致使超过诉讼时效;(4)有证据证明债权无法实现的其他情况。

3.《最高人民法院、最高人民检察院、公安部关于办理盗窃油气、破坏油气设备等刑事案件适用法律若干问题的意见》(2018年9月28日起施行 法发〔2018〕18号)

六、关于直接经济损失的认定

《最高人民法院、最高人民检察院关于办理盗窃油气、破坏油气设备

---

① 参见最高人民法院刑事审判第二庭编:《职务犯罪审判指导》(第1辑),法律出版社2022年版,第63页。

等刑事案件具体应用法律若干问题的解释》第二条第三项规定的“直接经济损失”包括因实施盗窃油气等行为直接造成的油气损失以及采取抢修堵漏等措施所产生的费用。

对于直接经济损失数额，综合油气企业提供的证据材料、犯罪嫌疑人、被告人及其辩护人所提辩解、辩护意见等认定；难以确定的，依据价格认证机构出具的报告，结合其他证据认定。

油气企业提供的证据材料，应当有工作人员签名和企业公章。

（二）徇私的认定

1. 徇私在司法实务中的理解与适用①

《最高人民法院、最高人民检察院关于办理渎职刑事案件适用法律若干问题的解释（一）》（以下简称《办理渎职案件适用法律的解释（一）》）第二条第二款规定：“国家机关工作人员滥用职权或者玩忽职守，因不具备徇私舞弊等情形，不符合刑法分则第九章第三百九十八条至第四百一十九条的规定，但依法构成第三百九十七条规定的犯罪的，以滥用职权罪或者玩忽职守罪定罪处罚。”适用本规定时需要注意对徇私舞弊的理解。我们认为，徇私包括徇单位之私的意见尚缺乏充足的理由：一是从文义解释的角度，“徇私”应是指徇个人私情、私利，将“私”与单位相关联称为“单位之私”，字面逻辑上存在问题；二是从体系解释的角度，如果“徇私”包括“徇单位之私”，那么《刑法》第一百六十九条规定的徇私舞弊低价折股、出售国有资产罪将陷入自相矛盾的境地，而且，将徇单位之私认定为徇私，一定意义上无异于取消了这一要件。鉴于此，尽管《办理渎职案件适用法律的解释（一）》未对“徇私舞弊”的理解作出明确规定，但通过本条规定，实际上间接回应了徇私舞弊的理解和相关定罪思路，即在坚持《全国法院审理经济犯罪案件工作座谈会纪要》确定的原则的基础上，通过转适用一般罪名解决为单位利益实施的渎职行为的刑事责任追究问题。这里需要特别指出的是，在徇私的具体认定上，既要看形式，更要看实质。对于以单位、

---

① 参见苗有水、刘为波：《〈最高人民法院、最高人民检察院关于办理渎职刑事案件具体应用法律若干问题的解释（一）〉的理解与适用》，载中华人民共和国最高人民法院刑事审判一、二、三、四、五庭主办：《中国刑事审判指导案例》（第6卷），法律出版社2017年版。

集体的名义谋取利益的情形,能否认定为“徇私”关键是看为了单位整体利益还是单位中个别人利益。如果行为人为了单位成员的集体福利,一般应认定为单位利益,即便行为人事后按照一定的分配比例从中获取了利益,也不应认定为徇私;如果假借单位、集体的名义,谋取利益后在行为人内部私分的,这种情形与徇个人私利并无实质分别,应以徇私论。

2.《全国法院审理经济犯罪案件工作座谈会纪要》(2003 年 11 月 13 日起施行 法〔2003〕167 号)

六、关于渎职罪

(四)关于“徇私”的理解

徇私舞弊型渎职犯罪的“徇私”应理解为徇个人私情、私利。国家机关工作人员为了本单位的利益,实施滥用职权、玩忽职守行为,构成犯罪的,依照刑法第三百九十七条第一款的规定定罪处罚。

3.《最高人民检察院关于渎职侵权犯罪案件立案标准的规定》(2006 年 7 月 26 日起施行 高检发释字〔2006〕2 号)

三、附则

(五)本规定中的“徇私舞弊”,是指国家机关工作人员为徇私情、私利,故意违背事实和法律,伪造材料,隐瞒情况,弄虚作假的行为。

(三)因果关系的认定

渎职因果关系判断的关键是审查渎职行为对危害后果是否实际发生了作用且为一般人能够预见或认识[①]

认定滥用职权行为与重大损失的客观危害后果之间是否存在刑法因果关系,关键是审查行为人滥用职权行为对重大损失的客观危害后果的发生是否实际发生了作用。根据上述刑法因果关系的判断方法,凡是滥用职权的实行行为对重大损失的客观危害后果的产生实际发生了作用,且为一般人所能够预见或认识或者行为人已经预见或认识,就认为存在刑法因果关系。

---

① 参见沈志先主编:《职务犯罪审判实务》,法律出版社 2013 年版,第 299 页。

【典型案例裁判指引131】《刑事审判参考》第294号[①]龚某玩忽职守案：以事实为基础并依据一般人的经验进行因果关系判断

在判断行为与结果之间是否存在刑法上的因果关系时，应以行为时客观存在的一切事实为基础，依据一般人的经验进行判断。在存在介入因素的场合下，判断介入因素是否对因果关系的成立产生阻却影响时，一般是通过是否具有“相当性”的判断来加以确定的。在“相当性”的具体判断中，一般可以从以下三个方面来进行：一是最早出现的实行行为导致最后结果发生的概率的高低。概率高者，因果关系存在；反之，不存在。二是介入因素异常性的大小。介入因素过于异常的，实行行为和最后结果之间的因果关系不存在；反之，因果关系存在。三是介入因素对结果发生的影响力。影响力大者，因果关系不存在；反之，因果关系存在。当然，如果介入行为与此前行为对于结果的发生作用相当或者互为条件时，均应视为原因行为，同时成立因果关系。

由于被告人龚某为蒋某凡出具的虚假体检结论的效力只有1年，如果蒋某凡驾驶的汽车在其换证的当年度由于其本人的原因而发生了交通事故，毫无疑问，该损害结果与被告人龚某的玩忽职守行为之间存在刑法上的因果关系，其应对损害结果负责。蒋某凡能够通过审验，完全是由于他人体检失职行为所致，而非龚某的失职行为所致，因为龚某的体检行为在1年之后已经归于无效。龚某的失职行为与交通事故之间不存在刑法上的因果关系。尽管被告人龚某客观上存在失职行为，可依照其他有关规定予以行政处分，但其行为不构成玩忽职守罪。

【典型案例裁判指引132】《刑事审判参考》第1433号[②]卢某春滥用职权案：放弃履行职责导致其他单位行政处罚款流失之间存在因果关系

被告人所在单位虽无行政处罚权，但被告人安排工作人员放弃履行职责，使本应受到行政处罚的行为不能被发现，导致相关行政机关无法行使行政处罚权，其行为与行政处罚款流失之间有直接因果关系。

---

①　参见中华人民共和国最高人民法院刑事审判一、二、三、四、五庭主办：《中国刑事审判指导案例》（第6卷），法律出版社2017年版，第576－577页。

②　参见最高人民法院刑事审判第一、二、三、四、五庭编：《刑事审判参考》（总第128辑），人民法院出版社2021年版，第148页。

【典型案例裁判指引133】杨某玩忽职守、徇私枉法、受贿案[①]:没有认真履行监管职责导致未能有效防止危害结果发生应认定具有因果关系

此案要旨有两点:一是渎职犯罪因果关系的认定。如果负有监管职责的国家机关工作人员没有认真履行其监管职责,从而未能有效防止危害结果发生,那么,这些对危害结果具有"原因力"的渎职行为,应认定与危害结果之间具有刑法意义上的因果关系。二是渎职犯罪同时受贿的处罚原则。对于国家机关工作人员实施渎职犯罪并收受贿赂,同时构成受贿罪的,除《刑法》第三百九十九条有特别规定的外,以渎职犯罪和受贿罪数罪并罚。

【典型案例裁判指引134】《刑事审判参考》第694号[②]李某违法发放林木采伐许可证案:"一果多因"的情况下如何认定渎职因果关系

我们认为,认定因果关系,应当以行为时客观存在的一切事实为基础,依据一般人的经验进行判断,特别是在"一果多因"的情况下,危害后果的发生是在行为人实施行为后多个因素的介入下而产生的,应当通过考察行为人的行为导致结果发生的可能性大小、介入因素对结果发生的作用大小、介入因素的异常程度等来判断行为人的行为与结果之间是否存在因果关系。如果行为人的行为导致最后结果发生的可能性越高,则认定因果关系存在的理由越足,反之则不然;介入因素对结果发生的作用越大,认定因果关系存在的理由越不足,反之则不然;介入因素的异常程度越高,认定因果关系存在的理由越不足,反之则不然。

(四)造成恶劣社会影响的认定

【典型案例裁判指引135】罗甲、罗乙、朱某、罗丙滥用职权案[③]:滥用职权"造成恶劣社会影响的"构成滥用职权罪

根据《刑法》规定,滥用职权罪是指国家机关工作人员滥用职权,致使"公共财产、国家和人民利益遭受重大损失"的行为。实践中,对滥用职权

---

① 杨某玩忽职守、徇私枉法、受贿案,最高人民检察院指导案例第8号(2012年)。

② 参见中华人民共和国最高人民法院刑事审判一、二、三、四、五庭主办:《中国刑事审判指导案例》(第6卷),法律出版社2017年版,第598页。

③ 罗甲、罗乙、朱某、罗丙滥用职权案,最高人民检察院指导案例第6号(2012年)。

"造成恶劣社会影响的",应当依法认定为"致使公共财产、国家和人民利益遭受重大损失"。

2012年4月18日,黄埔区人民法院一审判决,认为被告人罗甲、罗乙、朱某、罗丙身为虽未列入国家机关人员编制但在国家机关中从事公务的人员,在代表国家行使职权时,长期不正确履行职权,大肆勒索辖区部分无照商贩的钱财,造成无照商贩非法占道经营十分严重,暴力抗法事件不断发生,社会影响相当恶劣,其行为触犯了《刑法》第三百九十七条第一款的规定,构成滥用职权罪。

【典型案例裁判指引136】《刑事审判参考》第1089号[1]杨某林滥用职权、受贿案:如何分析判断滥用职权"造成恶劣社会影响"

2013年1月,《最高人民法院、最高人民检察院关于办理渎职刑事案件适用法律若干问题的解释(一)》(以下简称《办理渎职案件适用法律的解释(一)》)第一条第一款第三项"造成恶劣社会影响"就属于无形损失。对此类无形损失的认定,我们认为,应当根据被告人滥用职权行为造成的危害后果、社会影响等客观实际,结合滥用职权行为的性质、手段等因素综合分析判断。

此案中,在案证据证实,金隆煤矿发生事故后,被告人杨某林未履行职责,且授意他人不将煤矿事故上报、不到现场救援,安排他人提供虚假材料,作虚假调查,要求他人隐瞒事故真相。因事故真相被隐瞒,一方面,致使事故调查、处理工作延误,相关责任人员未被追究责任;另一方面,煤矿存在重大安全隐患而未整改,仍组织矿工冒险下井生产作业,致使煤矿得以继续违法开采。同时,事故真相被隐瞒期间,数名记者以调查金隆煤矿安全事故为由,向金隆煤矿敲诈勒索财物共计数十万元,在当地造成的社会影响极坏,致使政府公信力受到人民群众的质疑。据此,一、二审法院认定杨某林滥用职权行为,严重损害了国家机关公信力,在当地造成了恶劣社会影响。依照《刑法》第三百九十七条第一款、《办理渎职案件适用法律的解释(一)》第一条第一款第三项的规定,杨某林的行为构成滥用职权罪。

---

① 参见中华人民共和国最高人民法院刑事审判第一、二、三、四、五庭主办:《刑事审判参考》(总第103集),法律出版社2016年版,第101页。

综上所述,我们认为,司法实践中对国家机关工作人员渎职犯罪“造成恶劣社会影响”的认定,在正确认识渎职犯罪行为侵犯的是国家机关公务的合法、公正、有效执行以及人民群众对此的信赖这一法益的基础上,一般可从以下方面予以把握:一是渎职行为严重损害国家机关形象,致使政府公信力下降的;二是渎职行为引发新闻媒体广泛关注,引起强烈社会反响的;三是渎职行为造成大规模上访、暴力冲突等事件,影响国家机关正常职能活动的;四是渎职行为诱发民族矛盾纠纷,严重影响民族团结、社会稳定的;五是渎职行为造成其他恶劣社会影响的。

(五)共犯的认定

《最高人民法院、最高人民检察院关于办理渎职刑事案件适用法律若干问题的解释(一)》(2013年1月9日起施行　法释〔2012〕18号)

第四条　国家机关工作人员实施渎职行为,放纵他人犯罪或者帮助他人逃避刑事处罚,构成犯罪的,依照渎职罪的规定定罪处罚。

国家机关工作人员与他人共谋,利用其职务行为帮助他人实施其他犯罪行为,同时构成渎职犯罪和共谋实施的其他犯罪共犯的,依照处罚较重的规定定罪处罚。

国家机关工作人员与他人共谋,既利用其职务行为帮助他人实施其他犯罪,又以非职务行为与他人共同实施该其他犯罪行为,同时构成渎职犯罪和其他犯罪的共犯的,依照数罪并罚的规定定罪处罚。

以上规定在司法实务中的理解与适用[①]

对于渎职犯罪的共犯认定,首先,应当严格坚持只有共同故意犯罪才构成共同犯罪的刑法规定。典型的过失犯罪如玩忽职守罪等不存在认定共同犯罪的主观前提,渎职犯罪共犯不能一概而论,而是应当区分渎职犯罪的类型并根据主观内容进行具体判断。其次,渎职犯罪共犯的认定和处

---

① 参见苗有水、刘为波:《〈最高人民法院、最高人民检察院关于办理渎职刑事案件具体应用法律若干问题的解释(一)〉的理解与适用》,载中华人民共和国最高人民法院刑事审判一、二、三、四、五庭主办:《中国刑事审判指导案例》(第6卷),法律出版社2017年版。

理要注意兼顾渎职犯罪的特点和实践打击需要。为此《最高人民法院、最高人民检察院关于办理渎职刑事案件适用法律若干问题的解释(一)》(以下简称《办理渎职案件适用法律的解释(一)》)第四条区分情形从三个层面明确了渎职罪的共犯处理意见,分别说明如下:

第一,明知类渎职犯罪的处理。放纵他人犯罪或者帮助他人逃避刑事处罚是渎职罪中较为典型类行为,包括徇私枉法、徇私舞弊不移交刑事案件,放纵走私、不征、少征税款、放纵制售伪劣商品犯罪行为、非法办理偷越国(边)境人员出入件证件、放行偷越国(边)境人员、帮助犯罪分子逃避刑事处罚等。此类渎职犯罪均以明知为其主观内容,且多数发生在其他犯罪行为实施过程当中,实施渎职犯罪的国家机关工作人员是否同时构成其放纵或者帮助的犯罪的共犯,实践中存在不同意见。我们认为,单纯地明知帮助行为宜适用渎职罪的刑法规定定罪处罚。主要理由有二:一是按照共同犯罪的一般理论,此情形确实同时构成了非国家工作人员实施的其他犯罪的共犯,但此情形下触犯数个罪名不是行为的复合性所致,而是法律规定的原因所致,宜认定为法条竞合而非想象竞合,即只要实施了单一的渎职行为将不可避免地同时构成其他犯罪的共犯。此种法条竞合属于特别法(渎职犯罪刑法规定)与一般法(共同犯罪刑法规定)之间的竞合,按照特别法优于一般法的法律适用原则应以渎职犯罪处理。二是所帮助的其他犯罪的法定刑往往都重于渎职犯罪,如择一重罪处理,多数都需以其他犯罪的共犯处理,这将直接导致此类渎职犯罪的刑法规定被实际架空,显然背离了立法初衷。据此《办理渎职案件适用法律的解释(一)》第四条第一款规定:"国家机关工作人员实施渎职行为,放纵他人犯罪或者帮助他人逃避刑事处罚,构成犯罪的,依照渎职罪的规定定罪处罚。"

第二,共谋类渎职犯罪的处理。国家机关工作人员与他人共谋利用其职务行为帮助他人实施其他犯罪的处理,《办理渎职案件适用法律的解释(一)》持择一重罪处理的立场,主要的考虑为:一是尽管仍只实施了一个行为,但与《办理渎职案件适用法律的解释(一)》第四条第一款规定的法条竞合情形不同,渎职行为人通过与他人的主观共谋已经介入了他人的其他犯罪,同时构成其他犯罪的共犯不单是因为刑法的规定,更重要的原因出在行为本身,故整体上属于想象竞合犯。二是与《办理渎职案件适用法律的解释(一)》第三条规定的同时实施渎职和受贿两个相对独立行为的情形不同,此情形本质上只有一个渎职行为。三是为突出对渎职犯罪的打击而对本可以判处更重刑罚的行为以处罚更轻的渎职犯罪处罚,其实际效果值得商榷。相比之下,择一重罪处理更有利于体现从严从重打击需要。《办理渎职案件适用法律的解释(一)》第四条第二款规定:“国家机关工作人员与他人共谋,利用其职务行为帮助他人实施其他犯罪行为,同时构成渎职犯罪和共谋实施的其他犯罪共犯的,依照处罚较重的规定定罪处罚。”

《办理渎职案件适用法律的解释(一)》施行后,一些地方对2002年《最高人民法院、最高人民检察院、海关总署关于办理走私刑事案件适用法律若干问题的意见》(以下简称《关于办理走私案件适用法律的意见》)第十六条第一款规定提出了不同看法,该款规定:“依照刑法第四百一十一条的规定,负有特定监管义务的海关工作人员徇私舞弊,利用职权,放任、纵容走私犯罪行为,情节严重的,构成放纵走私罪。放纵走私行为,一般是消极的不作为。如果海关工作人员与走私分子通谋,在放纵走私过程中以积极的行为配合走私分子逃避海关监管或者在放纵走私后分得赃款的,应以共同走私犯罪追究刑事责任。”对此,我们的看法是,首先,《办理渎职案件适用法律的解释(一)》第四条第一款、第二款规定与《关于办理走私案件适用法律的意见》规定的基本精神是契合的。其次,《关于办理走私案件适用法律的意见》关于作为还是不作为、是否分得赃物等具体行为方式的规定,更多的是为了给“通谋”的司法认定提供客观判断指引。《办理渎职案件适用法律的解释(一)》在《关于办理走私案件适用法律的意见》规定的基础上作了必要的调整和完善,以后相关案件的处理统一适用《办理渎职案件适用法律的解释(一)》规定。

第三,参与类渎职犯罪的处理。实践中还存在一种情形,国家机关工作人员除了通过渎职帮助他人实施犯罪行为之外,还通过非职务行为具体参与实施了他人犯罪。对此,以往实践中通常择一重罪处理,《办理渎职案件适用法律的解释(一)》作出了调整,明确应实行数罪并罚。其主要考虑是:不同于《办理渎职案件适用法律的解释(一)》第四条第二款规定的共谋类渎职犯罪,此情形往前又走了一步,多出了一个具体的非职务参与实施行为,形成了两个相互独立的渎职行为和其他犯罪行为,任何单一罪名均不足以对其作出全面评价,有必要分别定罪处罚。

此外,需要指出的是,《办理渎职案件适用法律的解释(一)》仅对国家机关工作人员是否构成非国家机关工作人员其他犯罪共犯的问题作出了规定,实践中还存在两个问题:其一,非国家工作人员能否与国家工作人员构成渎职犯罪的共犯?其二,如何处理国家机关工作人员共同渎职犯罪案件?对于第一个问题,《办理渎职案件适用法律的解释(一)》起草时提出了一个初步处理意见,但由于分歧较大,且该解释主要针对的是国家机关工作人员的渎职犯罪,故未再规定。对此问题,我们的基本考虑是:第一,渎职罪的打击对象应以国家机关工作人员为主,通常情况下不得根据共同犯罪的一般理论追究非国家机关工作人员的刑事责任。第二,确有必要的,可以渎职共犯追究非国家机关工作人员的刑事责任,但必须加以严格限定。必要性限定包括两个方面的内容:一是非国家机关工作人员实施的渎职帮助行为在《刑法》中没有相应的罪名,如果《刑法》中有相应的罪名规定,则无论法定刑轻重,应一概以该罪名定罪处罚;二是渎职帮助行为在地位和作用上必须达到一定的重要程度,这种重要程度的判断,可以参考《最高人民法院关于审理挪用公款案件具体应用法律若干问题的解释》中关于挪用公款罪共犯的认定意见,即只有当非国家机关工作人员与国家机关工作人员共谋,指使或者参与策划国家机关工作人员实施滥用职权行为的,才可以渎职共犯论处。对于第二个问题,实践中往往以单独犯罪分别起诉,而对是否构成共同犯罪不置可否。我们认为,从有利于全面查清案件事实和量刑平衡的角度看,对于故意类渎职犯罪,符合共同犯罪的刑法规定的,应当认定为共同犯罪并尽可能依照有关规定并案处理。

(六)追诉期限的计算

1.《最高人民法院、最高人民检察院关于办理渎职刑事案件适用法律若干问题的解释(一)》(2013 年 1 月 9 日起施行　法释〔2012〕18 号)

第六条　以危害结果为条件的渎职犯罪的追诉期限,从危害结果发生之日起计算;有数个危害结果的,从最后一个危害结果发生之日起计算。

以上规定在司法实务中的理解与适用一[①]

适用《最高人民法院、最高人民检察院关于办理渎职刑事案件适用法律若干问题的解释(一)》(以下简称《办理渎职案件适用法律的解释(一)》)第六条规定时,需要注意以下几点:

第一,犯罪结果发生之日仅限于结果犯。经研究,对于结果犯而言,只有结果发生了才构成犯罪,结果犯的"犯罪之日"是结果发生之日而非行为实施之日,《办理渎职案件适用法律的解释(一)》规定"以危害结果为条件的渎职犯罪的追诉期限,从危害结果发生之日起计算"与《刑法》规定的"犯罪之日"并不矛盾。这里需要指出的是,渎职罪除了结果犯之外,还有行为犯和情节犯。对于行为犯,应以行为实施之日或者行为终了之日起计算。对于情节犯,则应区分定罪情节的具体类型分别计算追诉期限,以行为严重程度为情节的,自行为实施之日或者行为终了之日起计算;行为严重程度不足以定罪,以具体危害结果为定罪情节的,自危害结果发生之日起计算。

第二,危害结果发生之日不同于危害结果发现之日。

第三,多个危害结果以最后一个危害结果计算追诉期限。渎职罪的危害结果往往具有持续性和连续性,为此,《办理渎职案件适用法律的解释(一)》明确,"有数个危害结果的,从最后一个危害结果发生之日起计算"。对于本规定,应严格依照《刑法》关于"犯罪行为有连续或者继续状态的,从犯罪行为终了之日起计算"的规定精神来理解。首先,这里针对的是犯罪结果扩大的情形,最后一个犯罪结果的发生与犯罪结果的持续状态不同,不得以某一犯罪结果持续状态的结束之日计算追诉期限。其次,"从最后一个危害结果发生之日起计算"的根据在于结果的延续性,可以在整体上视为单一的渎职犯罪,如果成立渎职犯罪的危害结果已经停止,由于其他行为的介入又产生新的危害结果的,一般应以之前的危害结果计算追诉期限。

---

① 参见苗有水、刘为波:《〈最高人民法院、最高人民检察院关于办理渎职刑事案件具体应用法律若干问题的解释(一)〉的理解与适用》,载中华人民共和国最高人民法院刑事审判一、二、三、四、五庭主办:《中国刑事审判指导案例》(第6卷),法律出版社2017年版,第662-663页。

以上规定在司法实务中的理解与适用二①

简要案情:1992 年 2 月 4 日被告人佟某某故意杀人,同年 7 月 10 日被判处 15 年,1993 年 5 月、1994 年 8 月违规减刑,1996 年 8 月 6 日违规假释,实际执行 4 年 5 个月 6 天。2019 年被告人佟某某实施诬告陷害犯罪。2021 年 1 月 9 日佟某某"纸面服刑"网络负面舆情爆发,引发新闻媒体和社会群众广泛关注,造成恶劣社会影响。2021 年 4 月 25 日撤销假释,同年 5 月 17 日指定重审。

涉及法律问题:2021 年 5 月 10 日纪检监察机关对佟某某一案核查发现相关司法工作人员涉嫌徇私枉法、徇私舞弊减刑、假释问题。根据《刑法》有关规定,徇私枉法罪和徇私舞弊减刑、假释罪的追诉时效为 15 年。佟某某故意杀人案相关司法工作人员涉嫌徇私枉法距今已逾 29 年,减刑假释案相关司法工作人员涉嫌徇私舞弊减刑、假释距今已逾 25 年,均已超过追诉时效。对于相关司法工作人员能否以玩忽职守罪追究刑事责任?

法官会议纪要:经最高人民法院刑事审判第二庭工作会议讨论,一致认为:本案中相关司法工作人员的玩忽职守行为已过追诉时效。理由如下:

(1)追诉时效是指依照法律规定对犯罪分子追究刑事责任的有效期限。

(2)玩忽职守行为不属于《刑法》第八十九条规定的"犯罪行为有连续或者继续状态的"情形。《刑法》第八十九条是《刑法》对连续犯、继续犯追诉期限的特殊规定。所谓连续犯,是指行为人基于同一或概括的犯罪故意,连续实施犯罪行为,如行为人在一段时间内连续实施走私行为,应当以最后一次走私行为终了之日起进行计算;所谓继续犯,是指犯罪既遂后犯罪行为和不法状态在一定时间内,仍然同时处于继续状态的犯罪,如非法拘禁罪,窝藏罪等。连续犯、继续犯都是指行为处于连续或者继续状态,《刑法》规定追诉期限应当从行为终了之日起计算。而玩忽职守属于状态犯,即犯罪行为已经结束,只是犯罪行为造成的不法状态仍在持续,因而对

① 参见最高人民法院刑事审判第二庭编:《职务犯罪审判指导》(第 1 辑),法律出版社 2022 年版,第 83 - 86 页。

于玩忽职守犯罪的追诉期限不能从犯罪的不法状态终了之日起计算,而应当从犯罪成立之日起计算。

(3)玩忽职守犯罪属于结果犯,以符合犯罪构成的后果发生作为犯罪构成要件。因而,该罪的追诉期限应当从玩忽职守造成的侵害结果发生之日起计算。最高人民法院2003年《全国法院审理经济犯罪案件工作座谈会纪要》规定,玩忽职守行为造成的重大损失当时没有发生,而是玩忽职守行为之后一定时间发生的,应从危害结果发生之日起计算玩忽职守罪的追诉期限。

(4)应当正确认识网络舆情。网络舆情是案件社会影响的表现形式之一,也是衡量案件社会危害性的因素,应当引起司法者足够的重视。但是如果将事发几十年后舆情扩大结果也作为犯罪的构罪要件,既不符合刑罚归责的主客观相一致原则,也会引发类似案件司法认定不统一问题,如同类案件有舆情的予以追诉,没有舆情的不予以追诉;又如,轻罪案件予以追诉,重罪案件反而因为过了追诉时效不予以追诉。因而在处理案件时应当全面考虑行为手段、情节、危害后果,区分情况进行认定,不宜"一刀切"将"引发新闻媒体广泛关注"作为判断的标准。

(5)对相关案件应进一步查证实际情况,查实行为及后果,既可以根据法律、司法解释并结合相关规定的精神具体把握,也可以灵活运用党政纪手段。对于案件性质恶劣,应严肃处理的,如已过刑事追诉时效不能依法追究刑事责任,应当用好党纪或行政处罚,从严追究相关人员的党政纪责任。

【典型案例裁判指引137】《刑事审判参考》第1134号[①]沈某某滥用职权案:以恶劣社会影响认定渎职的追诉时效从行为实施终了之日起计算

继续犯也称持续犯,是指作用于同一对象的一个犯罪行为从着手实行到行为终了,犯罪行为与不法状态在一定时间内同时处于不间断的持续状态的犯罪,如非法拘禁罪、窝藏罪等。继续犯有以下几个特征:第一,行为人出于一个故意,实施一个犯罪行为;第二,犯罪行为必须持续一定的时

---

① 参见中华人民共和国最高人民法院刑事审判第一、二、三、四、五庭主办:《刑事审判参考》(总第105集),法律出版社2016年版,第119-120页。

间；第三，犯罪行为与犯罪造成的不法状态同时继续，这是继续犯重要的特征。继续犯实施的犯罪行为往往一经实施，犯罪造成的不法状态即犯罪客体遭受侵害的状态就已经形成。犯罪行为的继续，也就意味着犯罪不法状态的继续。而状态犯，是指犯罪行为已经实施完毕，但犯罪行为所造成的不法状态仍在继续。状态犯的典型特征是属于构成要件的犯罪行为先行结束、不法状态单独继续着。继续犯与状态犯，虽然都有不法状态的继续，但两者的本质区别在于：继续犯的不法状态从犯罪实行时就已产生；而状态犯的不法状态产生于犯罪行为实行终了。继续犯是实行行为本身的持续，行为的持续导致不法状态也在持续，也即继续犯的行为对法益的侵犯在持续，行为的构成要件符合性在持续；而状态犯发生侵害结果后，行为的构成要件符合性没有持续，仅仅是犯罪的不法状态的继续。因此，《刑法》第八十九条规定，犯罪行为有连续或者继续状态的，追诉期限从犯罪行为终了之日起计算，这是刑法对连续犯和继续犯的追诉期限所作的特殊规定。

我们认为，滥用职权罪属于状态犯，而非继续犯。滥用职权罪的犯罪行为实行终了后产生不法状态，即侵害结果，此后，侵害结果虽然一直存在，但滥用职权行为本身已经实行终了，没有持续，因此，追诉期限仍应从滥用职权行为造成的侵害结果发生之日起算，而不能以侵害结果终了之日起算。本案中，被告人沈某某违法行使审批权，致张某青的出生日期和身份信息被重新录入户政管理系统，使其抢劫的犯罪事实得不到及时的追究。后沈某某又在张某青的征兵政审工作中不负责任地出具张某青符合征兵政审条件和无违法违纪及不良行为的意见，致张某青于 2007 年 12 月 1 日应征入伍服兵役等危害后果发生。在危害后果持续期间，沈某某再没有实施其他滥用职权的行为，追诉期限应从 2007 年 12 月 1 日起算，之后张某青继续服兵役至 2011 年 9 月才被抓获归案，这期间是不法状态的持续，而不是犯罪行为的持续。

2.《全国法院审理经济犯罪案件工作座谈会纪要》(2003 年 11 月 13 日起施行　法〔2003〕167 号)

六、关于渎职罪

(二)玩忽职守罪的追诉时效

玩忽职守行为造成的重大损失当时没有发生，而是玩忽职守行为之后一定时间发生的,应从危害结果发生之日起计算玩忽职守罪的追诉期限。

(七)渎职犯罪和受贿罪数罪并罚

《最高人民法院、最高人民检察院关于办理渎职刑事案件适用法律若干问题的解释(一)》(2013年1月9日起施行　法释〔2012〕18号)

第三条　国家机关工作人员实施渎职犯罪并收受贿赂,同时构成受贿罪的,除刑法另有规定外,以渎职犯罪和受贿罪数罪并罚。

以上规定在司法实务中的理解与适用①

针对国家机关工作人员实施渎职犯罪并收受贿赂问题《最高人民法院、最高人民检察院关于办理渎职刑事案件适用法律若干问题的解释(一)》持并罚立场的主要考虑是:(1)牵连犯择一重罪处理的理论观点,不具有普遍适用性,《刑法》和相关司法解释中不乏数罪并罚的规定,而且,原先秉持一罪处理原则的大陆法系国家和地区,当前正在逐步向并罚意见转变,比如,我国台湾地区修订废除了牵连犯的相关规定。(2)《刑法》第三百九十九条第四款规定并不当然适用于其他渎职犯罪。学界对该款内容存在"注意规定"与"特别规定"之严重分歧,从立法技术和立法机关早在1988年《全国人民代表大会常务委员会关于惩治贪污罪贿赂罪的补充规定》中即已明确此类行为实行数罪并罚的规定看,"特别规定"即该款仅适用于《刑法》第三百九十九条规定的司法工作人员渎职犯罪的主张不无道理。(3)成立受贿犯罪不以实际为他人谋取利益更不以渎职为他人谋取非法利益为条件,受贿与渎职相对独立,实行并罚不存在明显的重复评价问题。(4)实行并罚具有相关司法解释等规范性司法文件依据。《最高人民法院、最高人民检察院、海关总署关于办理走私刑事案件适用法律若干问题的意见》第十六条中规定:"海关工作人员收受贿赂又放纵走私的,应以受贿罪和放纵走私罪数罪并罚。"该处理意见在其他职务犯罪中也有体现,1998

---

① 参见苗有水、刘为波:《〈最高人民法院、最高人民检察院关于办理渎职刑事案件具体应用法律若干问题的解释(一)〉的理解与适用》,载中华人民共和国最高人民法院刑事审判一、二、三、四、五庭主办:《中国刑事审判指导案例》(第6卷),法律出版社2017年版,第658页。

年《最高人民法院关于审理挪用公款案件具体应用法律若干问题的解释》第七条中规定:“因挪用公款索取、收受贿赂构成犯罪的,依照数罪并罚的规定处罚。”(5)择一重罪处理难以满足从严惩治渎职犯罪的实践需要。一是受贿罪的处罚通常重于渎职罪,加之实践中检察机关对于牵连犯中的轻罪一般不再起诉,择一重罪处理不利于司法上对渎职罪全面、充分地作出评价;二是总体而言数罪并罚的处罚更重,择一重罪处理在严惩效果上存在不足;三是受贿罪和渎职罪在检察机关内部由不同职能部门侦查,择一重罪处理客观上影响到了全面侦查案件的积极性,不利于案件深挖。

《最高人民法院、最高人民检察院关于办理渎职刑事案件适用法律若干问题的解释(一)》施行后一些法院提出了“两高”于2010年发布的《最高人民法院、最高人民检察院关于办理国家出资企业中职务犯罪案件具体应用法律若干问题的意见》第四条规定是否仍需执行的问题,即国有公司、企业人员实施《刑法》分则第三章第一百六十八条、第一百六十九条规定的渎职犯罪,同时收受贿赂构成受贿罪的,依照处罚较重的规定定罪处罚。对此,我们的看法是,尽管实质上都属于渎职犯罪,但在《刑法》区分主体在不同章节作出不同规定的情况下,司法上有必要根据立法原意将之视为不同的犯罪。《最高人民法院、最高人民检察院关于办理渎职刑事案件适用法律若干问题的解释(一)》针对的仅仅是《刑法》分则第九章规定的渎职罪,不能据此认为《最高人民法院、最高人民检察院关于办理渎职刑事案件适用法律若干问题的解释(一)》修改或者取代了《最高人民法院、最高人民检察院关于办理国家出资企业中职务犯罪案件具体应用法律若干问题的意见》的规定,在《最高人民法院、最高人民检察院关于办理国家出资企业中职务犯罪案件具体应用法律若干问题的意见》该规定作出明确修改之前以继续执行为宜。

(八)其他法律适用

1.《最高人民法院、最高人民检察院关于办理渎职刑事案件适用法律若干问题的解释(一)》(2013年1月9日起施行 法释〔2012〕18号)

第二条 国家机关工作人员实施滥用职权或者玩忽职守犯罪行为,触犯刑法分则第九章第三百九十八条至第四百一十九条规定的,依照该规定定罪处罚。

国家机关工作人员滥用职权或者玩忽职守,因不具备徇私舞弊等情形,不符合刑法分则第九章第三百九十八条至第四百一十九条的规定,但依法构成第三百九十七条规定的犯罪的,以滥用职权罪或者玩忽职守罪定罪处罚。

第五条 国家机关负责人员违法决定,或者指使、授意、强令其他国家机关工作人员违法履行职务或者不履行职务,构成刑法分则第九章规定的渎职犯罪的,应当依法追究刑事责任。

以"集体研究"形式实施的渎职犯罪,应当依照刑法分则第九章的规定追究国家机关负有责任的人员的刑事责任。对于具体执行人员,应当在综合认定其行为性质、是否提出反对意见、危害结果大小等情节的基础上决定是否追究刑事责任和应当判处的刑罚。

第七条 依法或者受委托行使国家行政管理职权的公司、企业、事业单位的工作人员,在行使行政管理职权时滥用职权或者玩忽职守,构成犯罪的,应当依照《全国人民代表大会常务委员会关于〈中华人民共和国刑法〉第九章渎职罪主体适用问题的解释》的规定,适用渎职罪的规定追究刑事责任。

以上规定在司法实务中的理解与适用①

(1)关于法条适用

如何把握一般罪名与特别罪名的关系,实践中存在不同看法,集中体现在两个问题上:一是同时符合特别罪名规定和一般罪名规定,特别罪名的法定刑轻于一般罪名的,能否以处罚更重的一般罪名处理?二是不符合特别罪名规定但符合一般罪名规定的,能否以一般罪名定罪处罚?经研究,基于量刑需要提出的第一个问题根本上属于立法问题。鉴于《刑法》第三百九十七条已明确规定"本法另有规定的,依照规定",故无论特别罪

① 参见苗有水、刘为波:《〈最高人民法院、最高人民检察院关于办理渎职刑事案件具体应用法律若干问题的解释(一)〉的理解与适用》,载中华人民共和国最高人民法院刑事审判一、二、三、四、五庭主办:《中国刑事审判指导案例》(第6卷),法律出版社2017年版。

名的法定刑高于还是低于一般罪名，凡是符合特别罪名构成要件的，应一律以特别罪名追究刑事责任。

对于第二个问题，经研究论证，我们持肯定立场。主要理由是：一是特别法优于一般法原则主要针对的是法条竞合条件下同时构成多个犯罪的罪名选择问题，而这里只触犯了一般罪名规定，不存在法条竞合和罪名选择的问题；二是从立法角度，特别法优于一般法并非绝对性原则，《刑法》在“生产、销售伪劣商品罪”一节中明确规定，不构成特别罪名但构成一般罪名亦即生产、销售伪劣产品罪的，可以一般罪名定罪处罚；三是司法解释在法律规定限度内可以具有一定的补漏功能，对于因不具备徇私舞弊等要件而不构成特别罪名的严重渎职行为以一般罪名处理，体现了实践中的打击需要，也不违反立法本意。适用本规定时，需要注意徇私的理解问题。

适用《最高人民法院、最高人民检察院关于办理渎职刑事案件适用法律若干问题的解释（一）》（以下简称《办理渎职案件适用法律的解释（一）》）第二条第二款规定时，需要注意转适用一般罪名的定罪量刑标准的把握。考虑到《办理渎职案件适用法律的解释（一）》关于滥用职权罪和玩忽职守罪的定罪量刑标准未能兼顾到各种特别渎职行为的特殊性，为了给有特别罪名规定但以一般罪名处理的渎职犯罪的定罪量刑提供更为便利的掌握标准，我们的初步考虑是，首先，既然以滥用职权罪或者玩忽职守罪定罪，就应当完全适用滥用职权罪或者玩忽职守罪的定罪量刑标准，这是一个基本前提；其次，考虑到滥用职权罪和玩忽职守罪的定罪量刑标准不可能面面俱到，《办理渎职案件适用法律的解释（一）》在滥用职权罪和玩忽职守罪的定罪量刑标准中还分别规定了兜底条款，确有必要的情况下，这些兜底条款的具体认定可以适当参考特别罪名的判断标准。

（2）关于责任追究和责任人员的确定

正确适用《办理渎职案件适用法律的解释（一）》第五条第一款规定，需要注意两点：一是负责人员的刑事责任追究具有相对独立性。根据监督过失理论，负责人员的监管过错行为可单独成立渎职犯罪，而无须依赖共犯理论或者其他执行人员的行为。是否同时追究执行人员的刑事责任，不影响负责人员的责任追究。二是这里的负责人员，既包括主要负责人，也包括直接负责的分管领导；既包括本单位的负责人员，也包括上级单位的负责人员。

正确适用《办理渎职案件适用法律的解释(一)》第五条第二款规定,需要注意以下三点:第一,追究集体研究相关人员渎职罪的刑事责任,其直接根据既非单位犯罪亦非共同犯罪,而是相关人员自身的具体履职行为。实践中应当注意区分各参与研究人员的地位、作用,合理确定责任人员的范围,对于不负有直接主管职责而只是消极附议的,或者在集体研究当中明确提出反对意见的人员,不宜追究刑事责任。第二,"集体研究"既包括真实意义上的集体研究,也包括假借集体研究行个人之私的情形。第三,对于以徇私舞弊为定罪要件的渎职犯罪,需要结合第二点提到的两种不同情形分别定罪。对于确属单位行为的,因单位利益不在徇私认定之列,故应根据前述法条适用原则转适用滥用职权罪或者玩忽职守罪定罪处罚;对于假借集体研究行个人之私的,因属于实质上的个人行为,可以相应的徇私舞弊类渎职犯罪定罪处罚。对于具体执行人员的刑事责任《办理渎职案件适用法律的解释(一)》仅作了原则性规定,为便于实践中进行具体把握,提出以下几点意见供参考:第一,具体执行行为未明显违反法律规定,或者存在严重性错误但已经提出反对意见或者改正建议的,应由作出决定的人员承担渎职罪的刑事责任,对于执行人员一般不宜作犯罪处理。第二,具体执行行为明显违反法律规定且造成严重危害结果的,执行人员承担相应的责任。我国《刑法》未确立执行命令行为全面阻却责任的原则,故具体执行人对于其实施的具有严重违法性的行为,不得免责。第三,对于执行人员的责任追究应有别于决定人员,实践中可以结合执行中的具体情况适当从宽处理,对于执行人员判处的刑罚不得高于决定人员,更不允许以追究执行人员的责任取代对决定人员的责任追究。

【典型案例裁判指引138】陈某、林某、李甲滥用职权案①:农村基层组织人员协助人民政府从事行政管理工作中的渎职行为可以构成滥用职权、玩忽职守罪

随着我国城镇建设和社会主义新农村建设的逐步深入推进,村民委员会、居民委员会等基层组织协助人民政府管理社会发挥了越来越重要的作用。实践中,对村民委员会、居民委员会等基层组织的工作人员协助人民

① 陈某、林某、李甲滥用职权案,最高人民检察院指导案例第5号(2012年)。

政府从事行政管理工作时，滥用职权、玩忽职守构成犯罪的，应当依照《刑法》关于渎职罪的规定追究刑事责任。

2008 年 12 月 15 日，上海市奉贤区人民法院作出一审判决，认为被告人陈某身为国家机关工作人员，被告人林某、李甲作为在受国家机关委托代表国家机关行使职权的组织中从事公务的人员，在负责或经办被征地人员就业和保障工作过程中，故意违反有关规定，共同或单独擅自将不符合镇保条件的人员纳入镇保范围，致使公共财产遭受重大损失，并造成恶劣社会影响，其行为均已触犯《刑法》，构成滥用职权罪，且有徇个人私情、私利的徇私舞弊情节。

【典型案例裁判指引 139】《刑事审判参考》第 563 号[①]张某生滥用职权案：以单位名义擅自出借公款给其他单位使用造成巨大损失应以滥用职权罪定罪处罚

本案中，有关证据显示，张某生作为单位财会人员，擅自决定将公款借给地方公司使用，但因其是以单位名义借款，且用款单位也是向张某生所在单位出具借条，不能认定张某生是“以个人名义将公款供其他单位使用”；张某生与借款单位约定了利息，借款单位也支付了 45 万余元的利息款，因此款并非被张某生获得，而是入了张某生所在单位的账户，而本案中也没有证据显示其谋取其他个人利益，因此也不符合“个人决定以单位名义将公款供其他单位使用，谋取个人利益”的情形，故本案就不符合挪用公款罪要求的“挪用公款归个人使用”的本质特征。张某生为给单位赚取利息谋取利益，违反国家和单位财务管理规定，未经请示单位领导，擅自决定并实施了多次从单位财务账户支取转账支票出借资金，借给地方公司使用，属于过度行使自己的职权，且最终给单位造成 500 余万元的损失，符合滥用职权罪的构成要件。

---

① 参见中华人民共和国最高人民法院刑事审判一、二、三、四、五庭主办：《中国刑事审判指导案例》（第 6 卷），法律出版社 2017 年版，第 561 – 562 页。

2.《全国人民代表大会常务委员会关于〈中华人民共和国刑法〉第三百一十三条的解释》(2002年8月29日起施行　第九届全国人民代表大会常务委员会第二十九次会议通过)

刑法第三百一十三条规定的“人民法院的判决、裁定”,是指人民法院依法作出的具有执行内容并已发生法律效力的判决、裁定。人民法院为依法执行支付令、生效的调解书、仲裁裁决、公证债权文书等所作的裁定属于该条规定的裁定。

下列情形属于刑法第三百一十三条规定的“有能力执行而拒不执行,情节严重”的情形:

(四)被执行人、担保人、协助执行义务人与国家机关工作人员通谋,利用国家机关工作人员的职权妨害执行,致使判决、裁定无法执行的;

国家机关工作人员有上述第四项行为的,以拒不执行判决、裁定罪的共犯追究刑事责任。国家机关工作人员收受贿赂或者滥用职权,有上述第四项行为的,同时又构成刑法第三百八十五条、第三百九十七条规定之罪的,依照处罚较重的规定定罪处罚。

3.《最高人民检察院研究室关于买卖尚未加盖印章的空白〈边境证〉行为如何适用法律问题的答复》(2002年9月25日起施行　〔2002〕高检研发第19号)

对买卖尚未加盖发证机关的行政印章或者通行专用章印鉴的空白《中华人民共和国边境管理区通行证》的行为,不宜以买卖国家机关证件罪追究刑事责任。国家机关工作人员实施上述行为,构成犯罪的,可以按滥用职权等相关犯罪依法追究刑事责任。

4.《最高人民法院、最高人民检察院关于办理妨害预防、控制突发传染病疫情等灾害的刑事案件具体应用法律若干问题的解释》(2003年5月15日起施行　法释〔2003〕8号)

第十五条　在预防、控制突发传染病疫情等灾害的工作中,负有组织、协调、指挥、灾害调查、控制、医疗救治、信息传递、交通运输、物资保障等职责的国家机关工作人员,滥用职权或者玩忽职守,致使公共财产、国家和人民利益遭受重大损失的,依照刑法第三百九十七条的规定,以滥用职权罪或者玩忽职守罪定罪处罚。

第十八条　本解释所称“突发传染病疫情等灾害”，是指突然发生，造成或者可能造成社会公众健康严重损害的重大传染病疫情、群体性不明原因疾病以及其他严重影响公众健康的灾害。

5.《最高人民法院、最高人民检察院关于办理非法制造、买卖、运输、储存毒鼠强等禁用剧毒化学品刑事案件具体应用法律若干问题的解释》（2003 年 10 月 1 日起施行　法释〔2003〕14 号）

第四条　对非法制造、买卖、运输、储存毒鼠强等禁用剧毒化学品行为负有查处职责的国家机关工作人员，滥用职权或者玩忽职守，致使公共财产、国家和人民利益遭受重大损失的，依照刑法第三百九十七条的规定，以滥用职权罪或者玩忽职守罪追究刑事责任。

第六条　本解释所称“毒鼠强等禁用剧毒化学品”，是指国家明令禁止的毒鼠强、氟乙酰胺、氟乙酸钠、毒鼠硅、甘氟（见附表）。

6.《最高人民法院、最高人民检察院、公安部关于严格执行刑事诉讼法，切实纠防超期羁押的通知》（2003 年 11 月 12 日起施行　法〔2003〕163 号）

五、严格执行超期羁押责任追究制度。超期羁押侵犯犯罪嫌疑人、被告人的合法权益，损害司法公正，对此必须严肃查处，绝不姑息。本通知发布以后，凡违反刑事诉讼法和本通知的规定，造成犯罪嫌疑人、被告人超期羁押的，对于直接负责的主管人员和其他直接责任人员，由其所在单位或者上级主管机关依照有关规定予以行政或者纪律处分；造成犯罪嫌疑人、被告人超期羁押，情节严重的，对于直接负责的主管人员和其他直接责任人员，依照刑法第三百九十七条的规定，以玩忽职守罪或者滥用职权罪追究刑事责任。

7.《最高人民检察院关于渎职侵权犯罪案件立案标准的规定》（2006 年 7 月 26 日起施行　高检发释字〔2006〕2 号）

一、渎职犯罪案件

（十八）违法发放林木采伐许可证案（第四百零七条）

（第三款）林业主管部门工作人员之外的国家机关工作人员，违反森林法的规定，滥用职权或者玩忽职守，致使林木被滥伐 40 立方米以上或者幼树被滥伐2000株以上,或者致使防护林、特种用途林被滥伐10立方米以上或者幼树被滥伐400株以上,或者致使珍贵树木被采伐、毁坏4立方米或者4株以上,或者致使国家重点保护的其他植物被采伐、毁坏后果严重的,或者致使国家严禁采伐的林木被采伐、毁坏情节恶劣的,按照刑法第三百九十七条的规定以滥用职权罪或者玩忽职守罪追究刑事责任。

8.《最高人民法院、最高人民检察院关于办理盗窃油气、破坏油气设备等刑事案件具体应用法律若干问题的解释》(2007年1月19日起施行　法释〔2007〕3号)

第七条　国家机关工作人员滥用职权或者玩忽职守,实施下列行为之一,致使公共财产、国家和人民利益遭受重大损失的,依照刑法第三百九十七条的规定,以滥用职权罪或者玩忽职守罪定罪处罚:

(一)超越职权范围,批准发放石油、天然气勘查、开采、加工、经营等许可证的;

(二)违反国家规定,给不符合法定条件的单位、个人发放石油、天然气勘查、开采、加工、经营等许可证的;

(三)违反《石油天然气管道保护条例》等国家规定,在油气设备安全保护范围内批准建设项目的;

(四)对发现或者经举报查实的未经依法批准、许可擅自从事石油、天然气勘查、开采、加工、经营等违法活动不予查封、取缔的。

第八条　本解释所称的"油气",是指石油、天然气。其中,石油包括原油、成品油;天然气包括煤层气。

本解释所称"油气设备",是指用于石油、天然气生产、储存、运输等易燃易爆设备。

9.《最高人民法院、最高人民检察院关于办理与盗窃、抢劫、诈骗、抢夺机动车相关刑事案件具体应用法律若干问题的解释》(2007年5月11日起施行　法释〔2007〕11号)

第三条　国家机关工作人员滥用职权,有下列情形之一,致使盗窃、抢劫、诈骗、抢夺的机动车被办理登记手续,数量达到三辆以上或者价值总额达到三十万元以上的,依照刑法第三百九十七条第一款的规定,以滥用职权罪定罪，处三年以下有期徒刑或者拘役：

（一）明知是登记手续不全或者不符合规定的机动车而办理登记手续的；

（二）指使他人为明知是登记手续不全或者不符合规定的机动车办理登记手续的；

（三）违规或者指使他人违规更改、调换车辆档案的；

（四）其他滥用职权的行为。

国家机关工作人员疏于审查或者审查不严，致使盗窃、抢劫、诈骗、抢夺的机动车被办理登记手续，数量达到五辆以上或者价值总额达到五十万元以上的，依照刑法第三百九十七条第一款的规定，以玩忽职守罪定罪，处三年以下有期徒刑或者拘役。

国家机关工作人员实施前两款规定的行为，致使盗窃、抢劫、诈骗、抢夺的机动车被办理登记手续，分别达到前两款规定数量、数额标准五倍以上的，或者明知是盗窃、抢劫、诈骗、抢夺的机动车而办理登记手续的，属于刑法第三百九十七条第一款规定的“情节特别严重”，处三年以上七年以下有期徒刑。

国家机关工作人员徇私舞弊，实施上述行为，构成犯罪的，依照刑法第三百九十七条第二款的规定定罪处罚。

第四条　实施本解释第一条、第二条、第三条第一款或者第三款规定的行为，事前与盗窃、抢劫、诈骗、抢夺机动车的犯罪分子通谋的，以盗窃罪、抢劫罪、诈骗罪、抢夺罪的共犯论处。

第五条　对跨地区实施的涉及同一机动车的盗窃、抢劫、诈骗、抢夺以及掩饰、隐瞒犯罪所得、犯罪所得收益行为，有关公安机关可以依照法律和有关规定一并立案侦查，需要提请批准逮捕、移送审查起诉、提起公诉的，由该公安机关所在地的同级人民检察院、人民法院受理。

第六条　行为人实施本解释第一条、第三条第三款规定的行为，涉及的机动车有下列情形之一的，应当认定行为人主观上属于上述条款所称“明知”：

（一）没有合法有效的来历凭证；

（二）发动机号、车辆识别代号有明显更改痕迹，没有合法证明的。

以上规定在司法实务中的理解与适用①

关于车管所等国家机关工作人员的犯罪问题。需要注意的是,《最高人民法院、最高人民检察院关于办理与盗窃、抢劫、诈骗、抢夺机动车相关刑事案件具体应用法律若干问题的解释》第三条第三款中规定车管所等国家机关工作人员“明知是盗窃、抢劫、诈骗、抢夺的机动车而办理登记手续的”,直接就属于《刑法》第三百九十七条第一款规定的滥用职权罪的“情节特别严重”,应当处3年以上7年以下有期徒刑。这种情形是车管所等国家机关工作人员与盗抢机动车的犯罪分子没有通谋的情况下的定罪处罚问题。如果事前与盗抢机动车的犯罪分子通谋的,就应当按照盗抢犯罪的共犯论处。

10.《最高人民检察院关于对林业主管部门工作人员在发放林木采伐许可证之外滥用职权玩忽职守致使森林遭受严重破坏的行为适用法律问题的批复》(2007年5月16日起施行　高检发释字〔2007〕1号)

林业主管部门工作人员违法发放林木采伐许可证,致使森林遭受严重破坏的,依照刑法第四百零七条的规定,以违法发放林木采伐许可证罪追究刑事责任;以其他方式滥用职权或者玩忽职守,致使森林遭受严重破坏的,依照刑法第三百九十七条的规定,以滥用职权罪或者玩忽职守罪追究刑事责任,立案标准依照《最高人民检察院关于渎职侵权犯罪案件立案标准的规定》第一部分渎职犯罪案件第十八条第三款的规定执行。

11.《最高人民法院、最高人民检察院关于办理危害生产安全刑事案件适用法律若干问题的解释》(2015年12月16日起施行　法释〔2015〕22号)

第十五条　国家机关工作人员在履行安全监督管理职责时滥用职权、玩忽职守,致使公共财产、国家和人民利益遭受重大损失的,或者徇私舞弊,对发现的刑事案件依法应当移交司法机关追究刑事责任而不移交,情节严重的,分别依照刑法第三百九十七条、第四百零二条的规定,以滥用职

---

① 参见祝二军:《〈关于办理与盗窃、抢劫、诈骗、抢夺机动车相关刑事案件具体应用法律若干问题的解释〉的理解与适用》,载中华人民共和国最高人民法院刑事审判一、二、三、四、五庭主办:《中国刑事审判指导案例》(第6卷),法律出版社2017年版。

权罪、玩忽职守罪或者徇私舞弊不移交刑事案件罪定罪处罚。

公司、企业、事业单位的工作人员在依法或者受委托行使安全监督管理职责时滥用职权或者玩忽职守，构成犯罪的，应当依照《全国人民代表大会常务委员会关于〈中华人民共和国刑法〉第九章渎职罪主体适用问题的解释》的规定，适用渎职罪的规定追究刑事责任。

12.《最高人民法院、最高人民检察院关于办理扰乱无线电通讯管理秩序等刑事案件适用法律若干问题的解释》(2017年7月1日起施行　法释〔2017〕11号)

第七条第一款　负有无线电监督管理职责的国家机关工作人员滥用职权或者玩忽职守，致使公共财产、国家和人民利益遭受重大损失的，应当依照刑法第三百九十七条的规定，以滥用职权罪或者玩忽职守罪追究刑事责任。

13.《最高人民法院、最高人民检察院关于办理虚假诉讼刑事案件适用法律若干问题的解释》(2018年10月1日起施行　法释〔2018〕17号)

第一条　采取伪造证据、虚假陈述等手段，实施下列行为之一，捏造民事法律关系，虚构民事纠纷，向人民法院提起民事诉讼的，应当认定为刑法第三百零七条之一第一款规定的“以捏造的事实提起民事诉讼”：

(一)与夫妻一方恶意串通，捏造夫妻共同债务的；

(二)与他人恶意串通，捏造债权债务关系和以物抵债协议的；

(三)与公司、企业的法定代表人、董事、监事、经理或者其他管理人员恶意串通，捏造公司、企业债务或者担保义务的；

(四)捏造知识产权侵权关系或者不正当竞争关系的；

(五)在破产案件审理过程中申报捏造的债权的；

(六)与被执行人恶意串通，捏造债权或者对查封、扣押、冻结财产的优先权、担保物权的；

(七)单方或者与他人恶意串通，捏造身份、合同、侵权、继承等民事法律关系的其他行为。

隐瞒债务已经全部清偿的事实，向人民法院提起民事诉讼，要求他人履行债务的，以“以捏造的事实提起民事诉讼”论。

向人民法院申请执行基于捏造的事实作出的仲裁裁决、公证债权文书,或者在民事执行过程中以捏造的事实对执行标的提出异议、申请参与执行财产分配的,属于刑法第三百零七条之一第一款规定的“以捏造的事实提起民事诉讼”。

第五条 司法工作人员利用职权,与他人共同实施刑法第三百零七条之一前三款行为①的,从重处罚;同时构成滥用职权罪,民事枉法裁判罪,执行判决、裁定滥用职权罪等犯罪的,依照处罚较重的规定定罪从重处罚。

第九条第二款 司法工作人员利用职权,与他人共同实施刑法第三百零七条之一第一款行为的,对司法工作人员不适用本条第一款规定。

14.《最高人民法院关于审理走私、非法经营、非法使用兴奋剂刑事案件适用法律若干问题的解释》(2020年1月1日起施行 法释〔2019〕16号)

第六条 国家机关工作人员在行使反兴奋剂管理职权时滥用职权或者玩忽职守,造成严重兴奋剂违规事件,严重损害国家声誉或者造成恶劣社会影响,符合刑法第三百九十七条规定的,以滥用职权罪、玩忽职守罪定罪处罚。

依法或者受委托行使反兴奋剂管理职权的单位的工作人员,在行使反兴奋剂管理职权时滥用职权或者玩忽职守的,依照前款规定定罪处罚。

第八条 对于是否属于本解释规定的“兴奋剂”“兴奋剂目录所列物质”“体育运动”“国内、国际重大体育竞赛”等专门性问题,应当依据《体育法》《反兴奋剂条例》等法律法规,结合国务院体育主管部门出具的认定意见等证据材料作出认定。

15.《最高人民法院、最高人民检察院、公安部、司法部关于依法惩治妨害新型冠状病毒感染肺炎疫情防控违法犯罪的意见》(2020年2月6日起施行 法发〔2020〕7号)

二、准确适用法律,依法严惩妨害疫情防控的各类违法犯罪

(七)(第一款)依法严惩疫情防控失职渎职、贪污挪用犯罪。在疫情

---

① 《刑法》第三百零七条之一前三款行为:第一款为“以捏造的事实提起民事诉讼,妨害司法秩序或者严重侵害他人合法权益的”;第二款为“单位犯前款罪的,对单位判处罚金,并对其直接负责的主管人员和其他直接责任人员,依照前款的规定处罚”;第三款为“有第一款行为,非法占有他人财产或者逃避合法债务,又构成其他犯罪的,依照处罚较重的规定定罪从重处罚”。

防控工作中，负有组织、协调、指挥、灾害调查、控制、医疗救治、信息传递、交通运输、物资保障等职责的国家机关工作人员，滥用职权或者玩忽职守，致使公共财产、国家和人民利益遭受重大损失的，依照刑法第三百九十七条的规定，以滥用职权罪或者玩忽职守罪定罪处罚。

四、定罪量刑标准

（一）司法解释等相关规定

1.《最高人民法院、最高人民检察院关于办理渎职刑事案件适用法律若干问题的解释（一）》（2013 年 1 月 9 日起施行　法释〔2012〕18 号）

第一条　国家机关工作人员滥用职权或者玩忽职守，具有下列情形之一的，应当认定为刑法第三百九十七条规定的“致使公共财产、国家和人民利益遭受重大损失”：

（一）造成死亡 1 人以上，或者重伤 3 人以上，或者轻伤 9 人以上，或者重伤 2 人、轻伤 3 人以上，或者重伤 1 人、轻伤 6 人以上的；

（二）造成经济损失 30 万元以上的；

（三）造成恶劣社会影响的；

（四）其他致使公共财产、国家和人民利益遭受重大损失的情形。

具有下列情形之一的，应当认定为刑法第三百九十七条规定的“情节特别严重”：

（一）造成伤亡达到前款第（一）项规定人数 3 倍以上的；

（二）造成经济损失 150 万元以上的；

（三）造成前款规定的损失后果，不报、迟报、谎报或者授意、指使、强令他人不报、迟报、谎报事故情况，致使损失后果持续、扩大或者抢救工作延误的；

（四）造成特别恶劣社会影响的；

（五）其他特别严重的情节。

以上规定在司法实务中的理解与适用①

不报、迟报、谎报事故情况作为定罪量刑加重情节。经研究,我们形成了两个结论性意见:一是不报、迟报、谎报事故情况致使损失后果持续、扩大或者抢救工作延误的,可以作为滥用职权罪或者玩忽职守罪的加重量刑情节。二是不报、迟报、谎报事故情况致使损失后果持续、扩大或者抢救工作延误的,不宜独立作为滥用职权罪或者玩忽职守罪的入罪情节。正确适用本规定,需要特别注意,这里的不报、迟报、谎报行为是作为其他渎职行为的情节而存在的,对于单纯的不报、迟报、谎报行为构成渎职犯罪并据此追究刑事责任的,不适用本规定。此外,《最高人民检察院关于渎职侵权犯罪案件立案标准的规定》(以下简称《关于渎职侵权的立案标准》)还规定了一些其他定罪量刑情节,《最高人民法院、最高人民检察院关于办理渎职刑事案件适用法律若干问题的解释(一)》(以下简称《办理渎职案件适用法律的解释(一)》)基于各种原因未再规定。其中未就"严重中毒"作出规定,主要是考虑到严重中毒不具有普遍性,与伤亡后果存在一定的交叉以及实践中严重中毒没有明确的认定依据;未就"公司、企业的停业、停产、破产"作出规定,主要是考虑到公司、企业有大有小,单纯据此判断危害后果不够严谨,统一以经济损失判断更为合理;未就"损害国家声誉"作出规定,主要是考虑到实践认定较为困难,且可为"社会影响"所涵括。同时需要注意,《关于渎职侵权的立案标准》确定的这些情节都是实践经验的总结,对于罪责轻重的判断不无重要的参考价值,尽管《办理渎职案件适用法律的解释(一)》未再专门规定,但《办理渎职案件适用法律的解释(一)》保留了兜底条款的规定,这些情节仍是兜底条款的重要判断内容。

2.《最高人民法院、最高人民检察院关于办理与盗窃、抢劫、诈骗、抢夺机动车相关刑事案件具体应用法律若干问题的解释》(2007 年 5 月 11 日起施行　法释〔2007〕11 号)

第三条　国家机关工作人员滥用职权,有下列情形之一,致使盗窃、抢

① 参见苗有水、刘为波:《〈最高人民法院、最高人民检察院关于办理渎职刑事案件具体应用法律若干问题的解释(一)〉的理解与适用》,载中华人民共和国最高人民法院刑事审判一、二、三、四、五庭主办:《中国刑事审判指导案例》(第 6 卷),法律出版社 2017 年版。

劫、诈骗、抢夺的机动车被办理登记手续，数量达到三辆以上或者价值总额达到三十万元以上的，依照刑法第三百九十七条第一款的规定，以滥用职权罪定罪，处三年以下有期徒刑或者拘役：

（一）明知是登记手续不全或者不符合规定的机动车而办理登记手续的；

（二）指使他人为明知是登记手续不全或者不符合规定的机动车办理登记手续的；

（三）违规或者指使他人违规更改、调换车辆档案的；

（四）其他滥用职权的行为。

国家机关工作人员疏于审查或者审查不严，致使盗窃、抢劫、诈骗、抢夺的机动车被办理登记手续，数量达到五辆以上或者价值总额达到五十万元以上的，依照刑法第三百九十七条第一款的规定，以玩忽职守罪定罪，处三年以下有期徒刑或者拘役。

国家机关工作人员实施前两款规定的行为，致使盗窃、抢劫、诈骗、抢夺的机动车被办理登记手续，分别达到前两款规定数量、数额标准五倍以上的，或者明知是盗窃、抢劫、诈骗、抢夺的机动车而办理登记手续的，属于刑法第三百九十七条第一款规定的“情节特别严重”，处三年以上七年以下有期徒刑。

国家机关工作人员徇私舞弊，实施上述行为，构成犯罪的，依照刑法第三百九十七条第二款的规定定罪处罚。

第四条　实施本解释第一条、第二条、第三条第一款或者第三款规定的行为，事前与盗窃、抢劫、诈骗、抢夺机动车的犯罪分子通谋的，以盗窃罪、抢劫罪、诈骗罪、抢夺罪的共犯论处。

第六条　行为人实施本解释第一条、第三条第三款规定的行为，涉及的机动车有下列情形之一的，应当认定行为人主观上属于上述条款所称“明知”：

（一）没有合法有效的来历凭证；

（二）发动机号、车辆识别代号有明显更改痕迹，没有合法证明的。

3.《最高人民检察院关于渎职侵权犯罪案件立案标准的规定》(2006年7月26日起施行　高检发释字〔2006〕2号)

一、渎职犯罪案件

(十八)违法发放林木采伐许可证案(第四百零七条)

违法发放林木采伐许可证罪是指林业主管部门的工作人员违反森林法的规定,超过批准的年采伐限额发放林木采伐许可证或者违反规定滥发林木采伐许可证,情节严重,致使森林遭受严重破坏的行为。

涉嫌下列情形之一的,应予立案:

1. 发放林木采伐许可证允许采伐数量累计超过批准的年采伐限额,导致林木被超限额采伐10立方米以上的;

2. 滥发林木采伐许可证,导致林木被滥伐20立方米以上,或者导致幼树被滥伐1000株以上的;

3. 滥发林木采伐许可证,导致防护林、特种用途林被滥伐5立方米以上,或者幼树被滥伐200株以上的;

4. 滥发林木采伐许可证,导致珍贵树木或者国家重点保护的其他树木被滥伐的;

5. 滥发林木采伐许可证,导致国家禁止采伐的林木被采伐的;

6. 其他情节严重,致使森林遭受严重破坏的情形。

林业主管部门工作人员之外的国家机关工作人员,违反森林法的规定,滥用职权或者玩忽职守,致使林木被滥伐40立方米以上或者幼树被滥伐2000株以上,或者致使防护林、特种用途林被滥伐10立方米以上或者幼树被滥伐400株以上,或者致使珍贵树木被采伐、毁坏4立方米或者4株以上,或者致使国家重点保护的其他植物被采伐、毁坏后果严重的,或者致使国家严禁采伐的林木被采伐、毁坏情节恶劣的,按照刑法第三百九十七条的规定以滥用职权罪或者玩忽职守罪追究刑事责任。

4.《最高人民法院关于审理破坏森林资源刑事案件适用法律若干问题的解释》(2023年8月15日起施行　法释〔2023〕8号)

第十七条　涉案国家重点保护植物或者其他林木的价值,可以根据销赃数额认定;无销赃数额,销赃数额难以查证,或者根据销赃数额认定明显不合理的,根据市场价格认定。

第十八条　对于涉案农用地类型、面积，国家重点保护植物或者其他林木的种类、立木蓄积、株数、价值，以及涉案行为对森林资源的损害程度等问题，可以由林业主管部门、侦查机关依据现场勘验、检查笔录等出具认定意见；难以确定的，依据鉴定机构出具的鉴定意见或者下列机构出具的报告，结合其他证据作出认定：

（一）价格认证机构出具的报告；

（二）国务院林业主管部门指定的机构出具的报告；

（三）地、市级以上人民政府林业主管部门出具的报告。

第十九条　本解释所称"立木蓄积"的计算方法为：原木材积除以该树种的出材率。

本解释所称"幼树"，是指胸径五厘米以下的树木。

滥伐林木的数量，应当在伐区调查设计允许的误差额以上计算。

5.《最高人民检察院关于渎职侵权犯罪案件立案标准的规定》（2006年7月26日起施行　高检发释字〔2006〕2号）

一、渎职犯罪案件

（一）滥用职权案（第三百九十七条）

滥用职权罪是指国家机关工作人员超越职权，违法决定、处理其无权决定、处理的事项，或者违反规定处理公务，致使公共财产、国家和人民利益遭受重大损失的行为。

涉嫌下列情形之一的，应予立案：①

2. 导致10人以上严重中毒的；

8. 严重损害国家声誉，或者造成恶劣社会影响的；

国家机关工作人员滥用职权，符合刑法第九章所规定的特殊渎职罪构成要件的，按照该特殊规定追究刑事责任；主体不符合刑法第九章所规定的特殊渎职罪的主体要件，但滥用职权涉嫌前款第1项至第9项规定情形之一的，按照刑法第三百九十七条的规定以滥用职权罪追究刑事责任。

---

① 该《立案标准》与2013年1月9日起施行的《最高人民法院、最高人民检察院关于办理渎职刑事案件适用法律若干问题的解释（一）》中冲突的条款予以省略，留下未冲突部分。

(二)玩忽职守案(第三百九十七条)

玩忽职守罪是指国家机关工作人员严重不负责任,不履行或者不认真履行职责,致使公共财产、国家和人民利益遭受重大损失的行为。

涉嫌下列情形之一的,应予立案:

2. 导致20人以上严重中毒的;

7. 海关、外汇管理部门的工作人员严重不负责任,造成100万美元以上外汇被骗购或者逃汇1000万美元以上的;

8. 严重损害国家声誉,或者造成恶劣社会影响的;

国家机关工作人员玩忽职守,符合刑法第九章所规定的特殊渎职罪构成要件的,按照该特殊规定追究刑事责任;主体不符合刑法第九章所规定的特殊渎职罪的主体要件,但玩忽职守涉嫌前款第1项至第9项规定情形之一的,按照刑法第三百九十七条的规定以玩忽职守罪追究刑事责任。

(二)定罪量刑对应表

表7-1 滥用职权罪、玩忽职守罪定罪量刑对应表

滥用职权罪、玩忽职守罪		徇私舞弊	死亡	重伤	轻伤	重伤+轻伤	经济损失	恶劣社会影响	其他
第一档	3年以下有期徒刑或者拘役	5年以下有期徒刑或者拘役	≥1人	≥3人	≥9人	重伤≥2人且轻伤≥3人或重伤≥1人且轻伤≥6人	≥30万元	造成恶劣社会影响	(1)滥用职权车辆≥3辆或者价值总额≥30万元;(2)玩忽职守车辆≥5辆或者价值总额≥50万元;(3)其他致使公共财产、国家和人民利益遭受重大损失;(4)林木被滥伐≥40立方米或者幼树被滥伐≥2000株,或者防护林、特种用途林被滥伐≥10立方米或幼树被滥伐≥400株,或者珍贵树木被采伐、毁坏4立方米或者4株以上或者致使国家重点保护的其他植物被采伐、毁坏后果严重

续表

滥用职权罪、玩忽职守罪		徇私舞弊	死亡	重伤	轻伤	重伤+轻伤	经济损失	恶劣社会影响	其他
第二档	3年以上7年以下有期徒刑	5年以上10年以下有期徒刑	≥3人	≥9人	≥27人	重伤≥6人且轻伤≥9人或重伤≥3人且轻伤≥18人	≥150万元	造成特别恶劣社会影响	(1)滥用职权车辆≥15辆或者价值总额≥150万元;(2)玩忽职守车辆≥25辆或者价值总额≥250万元;(3)造成第一档的损失后果,且不报、迟报、谎报或者授意、指使、强令他人不报、迟报、谎报事故情况,致使损失后果持续、扩大或者抢救工作延误;(4)其他特别严重情节

第二节 故意泄露国家秘密罪、过失泄露国家秘密罪

一、犯罪主体

国家机关工作人员和非国家机关工作人员。

二、刑法规定

《刑法》

第三百九十八条 国家机关工作人员违反保守国家秘密法的规定,故意或者过失泄露国家秘密,情节严重的,处三年以下有期徒刑或者拘役;情节特别严重的,处三年以上七年以下有期徒刑。

非国家机关工作人员犯前款罪的,依照前款的规定酌情处罚。

第三百零八条之一[①] 司法工作人员、辩护人、诉讼代理人或者其他

① 2015年11月1日起施行的《刑法修正案(九)》增加条款,增设了泄露不应公开的案件信息罪和披露、报道不应公开的案件信息罪两个罪名。因此在适用该条款时特别要注意犯罪行为的时间在2015年11月1日之前还是之后,准确适用刑法从旧兼从轻原则。

诉讼参与人,泄露依法不公开审理的案件中不应当公开的信息,造成信息公开传播或者其他严重后果的,处三年以下有期徒刑、拘役或者管制,并处或者单处罚金。

有前款行为,泄露国家秘密的,依照本法第三百九十八条的规定定罪处罚。

公开披露、报道第一款规定的案件信息,情节严重的,依照第一款的规定处罚。

单位犯前款罪的,对单位判处罚金,并对其直接负责的主管人员和其他直接责任人员,依照第一款的规定处罚。

三、重点、疑难问题界定

(一)国家秘密的认定

1.《中华人民共和国保守国家秘密法》(2024 年 5 月 1 日起施行　第十四届全国人民代表大会常务委员会第八次会议第二次修订)

第二条　国家秘密是关系国家安全和利益,依照法定程序确定,在一定时间内只限一定范围的人员知悉的事项。

第十三条　下列涉及国家安全和利益的事项,泄露后可能损害国家在政治、经济、国防、外交等领域的安全和利益的,应当确定为国家秘密:

(一)国家事务重大决策中的秘密事项;

(二)国防建设和武装力量活动中的秘密事项;

(三)外交和外事活动中的秘密事项以及对外承担保密义务的秘密事项;

(四)国民经济和社会发展中的秘密事项;

(五)科学技术中的秘密事项;

(六)维护国家安全活动和追查刑事犯罪中的秘密事项;

(七)经国家保密行政管理部门确定的其他秘密事项。

政党的秘密事项中符合前款规定的,属于国家秘密。

第十四条　国家秘密的密级分为绝密、机密、秘密三级。

绝密级国家秘密是最重要的国家秘密,泄露会使国家安全和利益遭受特别严重的损害;机密级国家秘密是重要的国家秘密,泄露会使国家安全和利益遭受严重的损害；秘密级国家秘密是一般的国家秘密，泄露会使国家安全和利益遭受损害。

第十五条　国家秘密及其密级的具体范围（以下简称保密事项范围），由国家保密行政管理部门单独或者会同有关中央国家机关规定。

军事方面的保密事项范围，由中央军事委员会规定。

保密事项范围的确定应当遵循必要、合理原则，科学论证评估，并根据情况变化及时调整。保密事项范围的规定应当在有关范围内公布。

第六十一条　保密行政管理部门工作人员违法责任保密行政管理部门的工作人员在履行保密管理职责中滥用职权、玩忽职守、徇私舞弊的，依法给予处分。

第六十二条　违反本法规定，构成犯罪的，依法追究刑事责任。

2.《最高人民法院关于审理为境外窃取、刺探、收买、非法提供国家秘密、情报案件具体应用法律若干问题的解释》（2001 年 1 月 22 日起施行　法释〔2001〕4 号）

第一条　刑法第一百一十一条规定的“国家秘密”，是指《中华人民共和国保守国家秘密法》第二条、第八条①以及《中华人民共和国保守国家秘密法实施办法》第四条②确定的事项。

刑法第一百一十一条规定的“情报”，是指关系国家安全和利益、尚未公开或者依照有关规定不应公开的事项。

对为境外机构、组织、人员窃取、刺探、收买、非法提供国家秘密之外的情报的行为，以为境外窃取、刺探、收买、非法提供情报罪定罪处罚。

第五条　行为人知道或者应当知道没有标明密级的事项关系国家安全和利益，而为境外窃取、刺探、收买、非法提供的，依照刑法第一百一十一条的规定以为境外窃取、刺探、收买、非法提供国家秘密罪定罪处罚。

第六条　通过互联网将国家秘密或者情报非法发送给境外的机构、

---

① 《中华人民共和国保守国家秘密法》被修改并于 2024 年 5 月 1 日起施行，原第八条现为第十三条。

② 《中华人民共和国保守国家秘密法实施办法》已被 2014 年 3 月 1 日起施行的《中华人民共和国保守国家秘密法实施条例》替代，未再对保密范围作出具体规定。

组织、个人的,依照刑法第一百一十一条的规定定罪处罚;将国家秘密通过互联网予以发布,情节严重的,依照刑法第三百九十八条的规定定罪处罚。

第七条　审理为境外窃取、刺探、收买、非法提供国家秘密案件,需要对有关事项是否属于国家秘密以及属于何种密级进行鉴定的,由国家保密工作部门或者省、自治区、直辖市保密工作部门鉴定。

以上规定在司法实务中的理解与适用①

关于国家秘密和情报的定义。我们认为,既然《刑法》第一百一十一条将国家秘密与情报并列规定,那么将两者进行区别也是有必要的。一般认为,《刑法》第一百一十一条规定的"情报"有两个特征:一是关系我国的安全和利益;二是尚未公开或者依照有关规定不应公开。"尚未公开"是指单位内部的资料没有对外公开,比如没有标明密级但上有"内部使用、严禁外传"之类文字的文件、统计资料、电话本等;"不应公开"是指依照有关规定不应公开。对已经公开的资料进行分析、综合、研究后的信息,我们认为,按照情报的定义,该种信息不能属于情报。

我们认为,通过互联网将国家秘密或者情报非法发送给境外特定的机构、组织、个人的行为,可以认定为《刑法》第一百一十一条规定的为境外非法提供国家秘密或者情报犯罪。此外,对于将国家秘密通过互联网予以发布危害国家安全和利益的行为,由于行为对象是不特定的任何人,在网上任何人,包括国内、国外的人只要上网即可获知,故应当按照《刑法》第三百九十八条的规定以故意或者过失泄露国家秘密罪追究刑事责任。当然,如果有证据证明,行为人事先与境外的机构、组织、个人约定,行为人通过互联网发布国家秘密或者情报后,由境外的机构、组织、个人通过互联网获悉的,说明行为人具有为境外的机构、组织、个人非法提供国家秘密或者情报的主观故意和客观行为,就应当以为境外非法提供国家秘密、情报罪

---

① 参见祝二军:《〈关于审理为境外窃取、刺探、收买、非法提供国家秘密、情报案件具体应用法律若干问题的解释〉的理解与适用》,载中华人民共和国最高人民法院刑事审判一、二、三、四、五庭主办:《中国刑事审判指导案例》(第6卷),法律出版社2017年版。

追究刑事责任。

【典型案例裁判指引 140】林某亮为境外刺探国家秘密案[①]：国家秘密与获取秘密的难易程度无关，而是取决于国家秘密的数量、级别及侵害后果

法院认为，国家秘密是指关系国家的安全和利益，依法定程序确定，在一定时间内只限一定范围的人员知悉的事项，包括国防建设和武装力量活动中的秘密事项（本案所涉军事秘密）；国家秘密一旦被泄露就有可能会使国家安全和利益遭受损失，其行为危害程度与保密程度、获取难易程度无关，而是取决于国家秘密的数量、级别及对国家安全和利益造成的损害后果。

从此案的作案工具及技术手段来看，虽然被告人林某亮并未使用专业的间谍器材或者高科技手段，即探听获取了相关军事秘密，涉案单位可能存在保密性上的欠缺，但不能以此来衡量其行为的社会危害性及情节轻重，而应当以鉴定的二项机密级、一项秘密级国家秘密来确定其量刑档次。

【典型案例裁判指引 141】秦某松故意泄露国家秘密罪、受贿罪、非法持有枪支罪[②]：技侦手段侦听的信息是否属于国家秘密需要鉴定机构进行鉴定

对公安机关技术侦查人员利用技术侦查手段私自侦听与刑事案件无关的信息，不应全部视为绝密级国家秘密，是否为国家秘密及属于何种密级应经专门机构进行鉴定。

【典型案例裁判指引 142】《刑事审判参考》第 210 号[③]于某故意泄露国家秘密案：辩护律师在法院复制的非涉密案件证据材料不属于国家秘密

当案件移送到法院后，这些材料是否还属于国家秘密则取决于该案件

---

① 参见最高人民法院中国应用法学研究所编：《人民法院案例选》（2017 年第 2 辑），人民法院出版社 2017 年版，第 602 页。

② 参见最高人民法院中国应用法学研究所编：《人民法院案例选》（2017 年第 8 辑），人民法院出版社 2017 年版，第 4145 页。

③ 参见中华人民共和国最高人民法院刑事审判一、二、三、四、五庭主办：《中国刑事审判指导案例》（第 6 卷），法律出版社 2017 年版，第 579 页。

是否属于涉及国家秘密的案件,或者该材料是否确定并标明密级和保密期以及法院系统的现行保密规定。

【典型案例裁判指引143】《刑事审判参考》第258号[①]李某1、昝某木、李某2故意泄露国家秘密案:中等教育统一考试试题属于国家秘密

根据1989年12月13日国家保密局和国家教委联合发布的《教育工作中国家秘密及其密级具体范围的规定》,明确国家秘密包括地区(市)级以上政府教育行政部门及其所属考试机构组织的各类高等及中等教育统一考试在启用之前的试题(包括副题)、参考答案和评分标准,命题工作及其人员的有关情况。因此,故意使中等教育统一考试试题、参考答案和评分标准,命题工作及其人员的有关情况被不应知悉者知悉的,属于故意泄露国家秘密。

作为孝感市教育局教研室教研员,被告人李某1与有关中学教师探讨教学重点,介绍答题方法,属于正常的教学研究活动。但是,被告人李某1对于孝感市的中考命题工作通常由孝感市教育局教研室教研员承担这一惯例是心知肚明的,孝感市各中学的教师对此也非常清楚。事实上,孝感市一些中学的政治教师正是由于被告人李某1在通常情况下仍将承担2002年中考政治试题的命题工作才找到其探听试题的。被告人李某1在明知自己很可能被任命为中考政治试卷命题人员的情况下,当有关学校政治教师向其打听中考试题内容时,将自己的命题方案先行透露给他们;在被正式通知为中考政治试卷命题人后,李某1虽然未直接向他人泄露考试内容,但又违反命题规则和保密纪律,故意有针对性地将其曾透露给有关教师的内容作为中考政治试卷的主干命题。主观上,被告人李某1明知自己的先行透露行为及后续的命题行为会造成属国家机密的中考试题泄露的后果,仍实施了上述行为,其具有泄露国家秘密的故意。客观上,李某1先行透露了“命题”内容,使该内容广为传播,后又利用命题人的身份将该内容作为正式试题,造成了参加孝感市2002年中考的考生政治成绩全部作废的严重后果。其先行透露加后续命题行为与造成的严重后果具有直

① 参见中华人民共和国最高人民法院刑事审判一、二、三、四、五庭主办:《中国刑事审判指导案例》(第6卷),法律出版社2017年版,第582页。

接的因果关系。上述行为的性质与先命题后透露的典型泄密行为并无实质的差异。被告人李某1的行为符合故意泄露国家秘密罪的构成要件,构成故意泄露国家秘密罪。

(二)其他法律适用

1.《全国人民代表大会常务委员会关于维护互联网安全的决定》(2009年8月27日起施行　第十一届全国人民代表大会常务委员会第十次会议修正)

二、为了维护国家安全和社会稳定,对有下列行为之一,构成犯罪的,依照刑法有关规定追究刑事责任:

(二)通过互联网窃取、泄露国家秘密、情报或者军事秘密;

2.《最高人民法院关于〈中华人民共和国刑法修正案(九)〉时间效力问题的解释》(2015年11月1日起施行　法释〔2015〕19号)

第六条　对于2015年10月31日以前组织考试作弊,为他人组织考试作弊提供作弊器材或者其他帮助,以及非法向他人出售或者提供考试试题、答案,根据修正前刑法应当以非法获取国家秘密罪、非法生产、销售间谍专用器材罪或者故意泄露国家秘密罪等追究刑事责任的,适用修正前刑法的有关规定。但是,根据修正后刑法第二百八十四条之一的规定处刑较轻的,适用修正后刑法的有关规定。

四、定罪量刑标准

(一)司法解释等相关规定

《最高人民检察院关于渎职侵权犯罪案件立案标准的规定》(2006年7月26日起施行　高检发释字〔2006〕2号)

一、渎职犯罪案件

(三)故意泄露国家秘密案(第三百九十八条)

故意泄露国家秘密罪是指国家机关工作人员或者非国家机关工作人员违反保守国家秘密法,故意使国家秘密被不应知悉者知悉,或者故意使国家秘密超出了限定的接触范围,情节严重的行为。

涉嫌下列情形之一的,应予立案:

1. 泄露绝密级国家秘密1项(件)以上的;

2. 泄露机密级国家秘密2项(件)以上的;

3. 泄露秘密级国家秘密3项(件)以上的;

4. 向非境外机构、组织、人员泄露国家秘密,造成或者可能造成危害社会稳定、经济发展、国防安全或者其他严重危害后果的;

5. 通过口头、书面或者网络等方式向公众散布、传播国家秘密的;

6. 利用职权指使或者强迫他人违反国家保守秘密法的规定泄露国家秘密的;

7. 以牟取私利为目的泄露国家秘密的;

8. 其他情节严重的情形。

(四)过失泄露国家秘密案(第三百九十八条)

过失泄露国家秘密罪是指国家机关工作人员或者非国家机关工作人员违反保守国家秘密法,过失泄露国家秘密,或者遗失国家秘密载体,致使国家秘密被不应知悉者知悉或者超出了限定的接触范围,情节严重的行为。

涉嫌下列情形之一的,应予立案:

1. 泄露绝密级国家秘密1项(件)以上的;

2. 泄露机密级国家秘密3项(件)以上的;

3. 泄露秘密级国家秘密4项(件)以上的;

4. 违反保密规定,将涉及国家秘密的计算机或者计算机信息系统与互联网相连接,泄露国家秘密的;

5. 泄露国家秘密或者遗失国家秘密载体,隐瞒不报、不如实提供有关情况或者不采取补救措施的;

6. 其他情节严重的情形。

（二）定罪量刑对应表

表 7－2　故意泄露国家秘密罪定罪量刑对应表

故意泄露国家秘密罪		绝密级	机密级	秘密级	其他泄露国家秘密
第一档	3 年以下有期徒刑或者拘役	≥1 项（件）	≥2 项（件）	≥3 项（件）	(1)向非境外机构、组织、人员泄露，造成或者可能造成危害社会稳定、经济发展、国防安全或者其他严重危害后果；(2)通过口头、书面或者网络等方式向公众散布、传播；(3)利用职权指使或者强迫他人违反国家保守秘密法的规定泄露；(4)以牟取私利为目的泄露
第二档	3 年以上 7 年以下有期徒刑	未规定	未规定	未规定	未规定

表 7－3　过失泄露国家秘密罪定罪量刑对应表

过失泄露国家秘密罪		绝密级	机密级	秘密级	其他泄露国家秘密
第一档	3 年以下有期徒刑或者拘役	≥1 项（件）	≥3 项（件）	≥4 项（件）	(1)违反保密规定，将涉及国家秘密的计算机或者计算机信息系统与互联网相连接而导致泄露的；(2)泄露国家秘密或者遗失国家秘密载体，隐瞒不报、不如实提供有关情况或者不采取补救措施的
第二档	3 年以上 7 年以下有期徒刑	未规定	未规定	未规定	未规定

第三节 食品、药品监管渎职罪

一、犯罪主体

负有食品、药品安全监督管理职责的国家机关工作人员。

二、刑法规定

《刑法》

第四百零八条之一[①] 负有食品药品安全监督管理职责的国家机关工作人员,滥用职权或者玩忽职守,有下列情形之一,造成严重后果或者有其他严重情节的,处五年以下有期徒刑或者拘役;造成特别严重后果或者有其他特别严重情节的,处五年以上十年以下有期徒刑:

(一)瞒报、谎报食品安全事故、药品安全事件的;

(二)对发现的严重食品药品安全违法行为未按规定查处的;

(三)在药品和特殊食品审批审评过程中,对不符合条件的申请准予许可的;

(四)依法应当移交司法机关追究刑事责任不移交的;

(五)有其他滥用职权或者玩忽职守行为的。

徇私舞弊犯前款罪的,从重处罚。

---

① 2011 年 5 月 1 日起施行的《刑法修正案(八)》增设该条款,2021 年 3 月 1 日起施行的《刑法修正案(十一)》对该条款进行了修改,2021 年 3 月 1 日起施行的《最高人民法院、最高人民检察院关于执行〈中华人民共和国刑法〉确定罪名的补充规定(七)》将“食品监管渎职罪”改为“食品、药品监管渎职罪”,注意刑法从旧兼从轻原则在具体案件中的应用。《刑法修正案(十一)》修改前条文为:负有食品安全监督管理职责的国家机关工作人员,滥用职权或者玩忽职守,导致发生重大食品安全事故或者造成其他严重后果的,处五年以下有期徒刑或者拘役;造成特别严重后果的,处五年以上十年以下有期徒刑。徇私舞弊犯前款罪的,从重处罚。

三、重点、疑难问题界定

（一）食品、药品安全监督管理主体的认定

1.《中华人民共和国食品安全法》（2021 年 4 月 29 日起施行　第十三届全国人民代表大会常务委员会第二十八次会议第二次修正）

第六条　县级以上地方人民政府对本行政区域的食品安全监督管理工作负责，统一领导、组织、协调本行政区域的食品安全监督管理工作以及食品安全突发事件应对工作，建立健全食品安全全程监督管理工作机制和信息共享机制。

县级以上地方人民政府依照本法和国务院的规定，确定本级食品安全监督管理、卫生行政部门和其他有关部门的职责。有关部门在各自职责范围内负责本行政区域的食品安全监督管理工作。

县级人民政府食品安全监督管理部门可以在乡镇或者特定区域设立派出机构。

第一百零九条第一款、第二款　县级以上人民政府食品安全监督管理部门根据食品安全风险监测、风险评估结果和食品安全状况等，确定监督管理的重点、方式和频次，实施风险分级管理。

县级以上地方人民政府组织本级食品安全监督管理、农业行政等部门制定本行政区域的食品安全年度监督管理计划，向社会公布并组织实施。

第一百一十条　县级以上人民政府食品安全监督管理部门履行食品安全监督管理职责，有权采取下列措施，对生产经营者遵守本法的情况进行监督检查：

（一）进入生产经营场所实施现场检查；

（二）对生产经营的食品、食品添加剂、食品相关产品进行抽样检验；

（三）查阅、复制有关合同、票据、账簿以及其他有关资料；

（四）查封、扣押有证据证明不符合食品安全标准或者有证据证明存在安全隐患以及用于违法生产经营的食品、食品添加剂、食品相关产品；

（五）查封违法从事生产经营活动的场所。

2.《中华人民共和国食品安全法实施条例》(2019 年 12 月 1 日起施行 国务院令第 721 号修订)

第四条 县级以上人民政府建立统一权威的食品安全监督管理体制,加强食品安全监督管理能力建设。

县级以上人民政府食品安全监督管理部门和其他有关部门应当依法履行职责,加强协调配合,做好食品安全监督管理工作。

乡镇人民政府和街道办事处应当支持、协助县级人民政府食品安全监督管理部门及其派出机构依法开展食品安全监督管理工作。

第六条 县级以上人民政府卫生行政部门会同同级食品安全监督管理等部门建立食品安全风险监测会商机制,汇总、分析风险监测数据,研判食品安全风险,形成食品安全风险监测分析报告,报本级人民政府;县级以上地方人民政府卫生行政部门还应当将食品安全风险监测分析报告同时报上一级人民政府卫生行政部门。食品安全风险监测会商的具体办法由国务院卫生行政部门会同国务院食品安全监督管理等部门制定。

第五十四条 食品安全事故按照国家食品安全事故应急预案实行分级管理。县级以上人民政府食品安全监督管理部门会同同级有关部门负责食品安全事故调查处理。

县级以上人民政府应当根据实际情况及时修改、完善食品安全事故应急预案。

第五十七条 县级以上人民政府食品安全监督管理部门接到食品安全事故报告后,应当立即会同同级卫生行政、农业行政等部门依照食品安全法第一百零五条的规定进行调查处理。食品安全监督管理部门应当对事故单位封存的食品及原料、工具、设备、设施等予以保护,需要封存而事故单位尚未封存的应当直接封存或者责令事故单位立即封存,并通知疾病预防控制机构对与事故有关的因素开展流行病学调查。

疾病预防控制机构应当在调查结束后向同级食品安全监督管理、卫生行政部门同时提交流行病学调查报告。

任何单位和个人不得拒绝、阻挠疾病预防控制机构开展流行病学调查。有关部门应当对疾病预防控制机构开展流行病学调查予以协助。

第六十条 国家建立食品安全检查员制度,依托现有资源加强职业化检查员队伍建设，强化考核培训，提高检查员专业化水平。

3.《中华人民共和国药品管理法》（2019年12月1日起施行　第十三届全国人民代表大会常务委员会第十二次会议第二次修订）

第二条　在中华人民共和国境内从事药品研制、生产、经营、使用和监督管理活动，适用本法。

本法所称药品，是指用于预防、治疗、诊断人的疾病，有目的地调节人的生理机能并规定有适应症或者功能主治、用法和用量的物质，包括中药、化学药和生物制品等。

第八条　国务院药品监督管理部门主管全国药品监督管理工作。国务院有关部门在各自职责范围内负责与药品有关的监督管理工作。国务院药品监督管理部门配合国务院有关部门，执行国家药品行业发展规划和产业政策。

省、自治区、直辖市人民政府药品监督管理部门负责本行政区域内的药品监督管理工作。设区的市级、县级人民政府承担药品监督管理职责的部门（以下称药品监督管理部门）负责本行政区域内的药品监督管理工作。县级以上地方人民政府有关部门在各自职责范围内负责与药品有关的监督管理工作。

第九条　县级以上地方人民政府对本行政区域内的药品监督管理工作负责，统一领导、组织、协调本行政区域内的药品监督管理工作以及药品安全突发事件应对工作，建立健全药品监督管理工作机制和信息共享机制。

第十一条　药品监督管理部门设置或者指定的药品专业技术机构，承担依法实施药品监督管理所需的审评、检验、核查、监测与评价等工作。

第一百一十一条　药品监督管理部门及其设置或者指定的药品专业技术机构不得参与药品生产经营活动，不得以其名义推荐或者监制、监销药品。

药品监督管理部门及其设置或者指定的药品专业技术机构的工作人员不得参与药品生产经营活动。

第一百一十三条　药品监督管理部门发现药品违法行为涉嫌犯罪的，应当及时将案件移送公安机关。

对依法不需要追究刑事责任或者免予刑事处罚,但应当追究行政责任的,公安机关、人民检察院、人民法院应当及时将案件移送药品监督管理部门。

公安机关、人民检察院、人民法院商请药品监督管理部门、生态环境主管部门等部门提供检验结论、认定意见以及对涉案药品进行无害化处理等协助的,有关部门应当及时提供,予以协助。

4.《中华人民共和国药品管理法实施条例》(2019 年 3 月 2 日起施行　国务院令第 709 号修订)

第五十一条　药品监督管理部门(含省级人民政府药品监督管理部门依法设立的药品监督管理机构,下同)依法对药品的研制、生产、经营、使用实施监督检查。

第五十二条　药品抽样必须由两名以上药品监督检查人员实施,并按照国务院药品监督管理部门的规定进行抽样;被抽检方应当提供抽检样品,不得拒绝。

药品被抽检单位没有正当理由,拒绝抽查检验的,国务院药品监督管理部门和被抽检单位所在地省、自治区、直辖市人民政府药品监督管理部门可以宣布停止该单位拒绝抽检的药品上市销售和使用。

(二)徇私的认定

详见本书第七章第一节滥用职权罪、玩忽职守罪中关于“徇私的认定”的相关内容。

(三)其他法律适用

1.《最高人民法院、最高人民检察院关于办理危害食品安全刑事案件适用法律若干问题的解释》(2022 年 1 月 1 日起施行　法释〔2021〕24 号)

第二十条　负有食品安全监督管理职责的国家机关工作人员滥用职权或者玩忽职守,构成食品监管渎职罪,同时构成徇私舞弊不移交刑事案件罪、商检徇私舞弊罪、动植物检疫徇私舞弊罪、放纵制售伪劣商品犯罪行为罪等其他渎职犯罪的,依照处罚较重的规定定罪处罚。

负有食品安全监督管理职责的国家机关工作人员滥用职权或者玩忽职守，不构成食品监管渎职罪，但构成前款规定的其他渎职犯罪的，依照该其他犯罪定罪处罚。

负有食品安全监督管理职责的国家机关工作人员与他人共谋，利用其职务行为帮助他人实施危害食品安全犯罪行为，同时构成渎职犯罪和危害食品安全犯罪共犯的，依照处罚较重的规定定罪从重处罚。

【典型案例裁判指引 144】黎某文等人受贿、食品监管渎职案[①]：向生产、销售有毒、有害食品的犯罪分子通风报信应当认定为食品监管渎职罪

实施生产、销售有毒、有害食品犯罪，为逃避查处向负有食品安全监管职责的国家工作人员行贿的，应当以生产、销售有毒、有害食品罪和行贿罪实行数罪并罚。负有食品安全监督管理职责的国家机关工作人员，滥用职权，向生产、销售有毒、有害食品的犯罪分子通风报信，帮助逃避处罚的，应当认定为食品监管渎职罪；在渎职过程中受贿的，应当以食品监管渎职罪和受贿罪实行数罪并罚。

2012 年 7 月 9 日，东莞市第一人民法院一审认为，被告人黎某文身为国家工作人员，被告人王某昌、陈某基身为受国家机关委托从事公务的人员，均利用职务之便，多次收受贿款，同时，被告人黎某文、王某昌、陈某基还违背所负的食品安全监督管理职责，滥用职权为刘某清等人谋取非法利益，造成严重后果，被告人黎某文、王某昌、陈某基的行为已构成受贿罪、食品监管渎职罪。

【典型案例裁判指引 145】赛某、韩某武受贿、食品监管渎职案[②]：在食品监管过程中构成渎职又受贿的实行数罪并罚

负有食品安全监督管理职责的国家机关工作人员，滥用职权或玩忽职守，导致发生重大食品安全事故或者造成其他严重后果的，应当认定为食

---

① 胡某贵等人生产、销售有毒、有害食品，行贿；骆某、刘某素销售伪劣产品；朱某全、曾某中生产、销售伪劣产品；黎某文等人受贿、食品监管渎职案，最高人民检察院指导案例第 15 号（2014 年）。

② 赛某、韩某武受贿、食品监管渎职案，最高人民检察院指导案例第 16 号（2014 年）。

品监管渎职罪。在渎职过程中受贿的,应当以食品监管渎职罪和受贿罪实行数罪并罚。

2012年11月26日,云南省嵩明县人民法院一审认为,被告人赛某、韩某武作为国家工作人员,利用职务上的便利,非法收受他人财物,为他人谋取利益,其行为已构成受贿罪;被告人赛某、韩某武作为质监局工作人员,在查办杨林丰瑞公司无生产许可证生产有毒、有害食品案件中玩忽职守、滥用职权,致使查获的不符合食品安全标准的原料用于生产,有毒、有害油脂流入社会,造成严重后果,其行为还构成食品监管渎职罪。

2.《最高人民法院关于进一步加大力度依法严惩危害食品安全及相关职务犯罪的通知》①(2011年5月27日起施行)

要从严惩处涉及食品安全的职务犯罪。对于包庇、纵容危害食品安全违法犯罪活动的腐败分子,以及在食品安全监管和查处危害食品安全违法犯罪活动中收受贿赂、玩忽职守、滥用职权、徇私枉法、不履行法定职责的国家工作人员,构成犯罪的,应当依法从重处罚。2011年4月30日以前实施食品安全监管渎职行为,依法构成滥用职权罪、玩忽职守罪或其他渎职犯罪,在5月1日以后审理的,适用修正前刑法的规定定罪处罚。5月1日以后实施食品安全监管渎职行为,未导致发生重大食品安全事故或者造成其他严重后果,不构成食品监管渎职罪,但符合其他渎职犯罪构成要件的,依照刑法相关规定对其定罪处罚。

3. 食品安全监管渎职罪的解读②

《刑法修正案(八)》新增食品安全监管渎职罪。实际上,1997年《刑法》第三百九十七条对国家机关工作人员滥用职权罪和玩忽职守罪作了一般性规定。负有食品安全监督管理职责的国家机关工作人员滥用职权或者玩忽职守构成犯罪的,是可以依照该条的规定定罪处罚的。考虑到食品安全关系人民群众的身体健康和切身利益,近年来,在食品领域又屡屡发生重大食品安全事故,社会各界反响强烈,立法机关在深入研究的基础

---

① 参见《依法严惩危害食品安全及相关职务犯罪》,载《人民法院报》2011年5月28日,第1版。

② 参见黄太云:《〈刑法修正案(八)〉内容解读(二)》,载《人民检察》2011年第7期。

上,在《刑法》中增加食品安全监管渎职罪作为第四百零八条之一。本罪犯罪主体是负有食品安全监督管理职责的国家机关工作人员,主要包括在国务院和各级地方人民政府及卫生行政、农业行政、质量监督、工商行政管理、食品药品监督管理等部门负有食品安全监管职责的工作人员。在有些地方,食品安全监督管理职权由政府授权的事业单位行使,根据《全国人大常委会关于〈中华人民共和国刑法〉第九章渎职罪主体适用问题的解释》,事业单位组织受委托代表国家机关行使职权的人员也可成为本罪的犯罪主体。“滥用职权或者玩忽职守,导致发生重大食品安全事故或者造成其他严重后果”的,才构成犯罪。这里所规定的“重大食品安全事故”,指食物中毒、食源性疾病、食品污染等源于食品,对人体健康有危害或者可能有危害的重大事故。其中食物中毒,指食用了被有毒有害物质污染的食品或者食用了含有毒有害物质的食品后出现的急性、亚急性疾病。食源性疾病,指食品中致病因素进入人体引起的感染性、中毒性等疾病。“造成其他严重后果”,是指虽未发生重大食品安全事故,但由于食品安全监督管理方面的问题,造成其他严重后果的情形。本条第二款是关于徇私舞弊犯罪如何处罚的规定。这里所规定的“徇私舞弊”,是指徇个人私情、私利的行为。这种行为从个人利益出发,置国家和社会公众的利益于不顾,主观恶性要比单纯监管失职犯罪严重,因此,本款规定,徇私舞弊犯第一款罪的,在第一款规定的法定量刑幅度内从重处罚。

4.《最高人民法院、最高人民检察院、公安部关于依法严惩“地沟油”犯罪活动的通知》(2012 年 1 月 9 日起施行　公通字〔2012〕1 号)

一、依法严惩“地沟油”犯罪,切实维护人民群众食品安全

“地沟油”犯罪,是指用餐厨垃圾、废弃油脂、各类肉及肉制品加工废弃物等非食品原料,生产、加工“食用油”,以及明知是利用“地沟油”生产、加工的油脂而作为食用油销售的行为。“地沟油”犯罪严重危害人民群众身体健康和生命安全,严重影响国家形象,损害党和政府的公信力。各级公安机关、检察机关、人民法院要认真贯彻《刑法修正案(八)》对危害食品安全犯罪从严打击的精神,依法严惩“地沟油”犯罪,坚决打击“地沟油”进入食用领域的各种犯罪行为,坚决保护人民群众切身利益。对于涉及多地区的“地沟油”犯罪案件,各地公安机关、检察机关、人民法院要在案件管辖、

调查取证等方面通力合作,形成打击合力,切实维护人民群众食品安全。

二、准确理解法律规定,严格区分犯罪界限

(七)对于国家工作人员在食用油安全监管和查处"地沟油"违法犯罪活动中滥用职权、玩忽职守、徇私枉法,构成犯罪的,依照刑法有关规定追究刑事责任。

5.《最高人民法院、最高人民检察院关于办理危害药品安全刑事案件适用法律若干问题的解释》(2022 年 3 月 6 日起施行 高检发释字〔2022〕1 号)

第十四条 负有药品安全监督管理职责的国家机关工作人员,滥用职权或者玩忽职守,构成药品监管渎职罪,同时构成商检徇私舞弊罪、商检失职罪等其他渎职犯罪的,依照处罚较重的规定定罪处罚。

负有药品安全监督管理职责的国家机关工作人员滥用职权或者玩忽职守,不构成药品监管渎职罪,但构成前款规定的其他渎职犯罪的,依照该其他犯罪定罪处罚。

负有药品安全监督管理职责的国家机关工作人员与他人共谋,利用其职务便利帮助他人实施危害药品安全犯罪行为,同时构成渎职犯罪和危害药品安全犯罪共犯的,依照处罚较重的规定定罪从重处罚。

四、定罪量刑标准

(一)司法解释等相关规定

1.《最高人民法院、最高人民检察院、公安部、司法部关于依法严惩危害食品安全犯罪活动的通知》(2010 年 9 月 15 日起施行 法发〔2010〕38 号)

依法遏制和从严打击危害食品安全犯罪活动,必须依法严惩相关的职务犯罪行为。对于包庇、纵容危害食品安全违法犯罪活动的腐败分子,以及在食品安全监管和查处危害食品安全违法犯罪活动中收受贿赂、玩忽职守、滥用职权、徇私枉法、不履行法定职责的国家工作人员,要排除一切阻力和干扰,加大查处力度,依法从重处罚。对与危害食品安全相关的职务犯罪分子一般不得适用缓刑或者判处免予刑事处罚。

2.《最高人民法院关于进一步加大力度依法严惩危害食品安全及相关职务犯罪的通知》(2011 年 5 月 27 日起施行)

各级人民法院要准确适用法律,依法严惩犯罪分子。《刑法修正案(八)》对危害食品安全及相关职务犯罪作了修改完善,各级人民法院要认真研究疑难案件的法律适用问题,准确适用罪名……要从严把握对危害食品安全的犯罪分子及相关职务犯罪分子适用缓免刑的条件。对依法必须适用缓刑的犯罪分子,可以同时宣告禁止令,禁止其在缓刑考验期内从事与食品生产、销售等有关的活动。

(二)定罪量刑对应表

表 7-4　食品、药品监管渎职罪定罪量刑对应表

食品、药品监管渎职罪		情节	加重情节
第一档	5 年以下有期徒刑或者拘役	造成严重后果或者有其他严重情节。具体内容未规定	徇私舞弊
第二档	5 年以上 10 年以下有期徒刑	造成特别严重后果或者有其他特别严重情节。具体内容未规定	徇私舞弊

第四节　商检徇私舞弊罪、商检失职罪

一、犯罪主体

国家商检部门、商检机构中国家机关工作人员。

二、刑法规定

《刑法》

第四百一十二条　国家商检部门、商检机构的工作人员徇私舞弊,伪造检验结果的,处五年以下有期徒刑或者拘役;造成严重后果的,处五年以上十年以下有期徒刑。

前款所列人员严重不负责任,对应当检验的物品不检验,或者延误检验出证、错误出证,致使国家利益遭受重大损失的,处三年以下有期徒刑或

者拘役。

三、重点、疑难问题界定

(一)徇私的认定

详见本书第七章“第一节滥用职权罪、玩忽职守罪”中关于“徇私的认定”的相关内容。

(二)其他法律适用

《最高人民法院、最高人民检察院关于办理危害食品安全刑事案件适用法律若干问题的解释》(2022年1月1日起施行　法释〔2021〕24号)

第二十条　负有食品安全监督管理职责的国家机关工作人员滥用职权或者玩忽职守,构成食品监管渎职罪,同时构成徇私舞弊不移交刑事案件罪、商检徇私舞弊罪、动植物检疫徇私舞弊罪、放纵制售伪劣商品犯罪行为罪等其他渎职犯罪的,依照处罚较重的规定定罪处罚。

负有食品安全监督管理职责的国家机关工作人员滥用职权或者玩忽职守,不构成食品监管渎职罪,但构成前款规定的其他渎职犯罪的,依照该其他犯罪定罪处罚。

负有食品安全监督管理职责的国家机关工作人员与他人共谋,利用其职务行为帮助他人实施危害食品安全犯罪行为,同时构成渎职犯罪和危害食品安全犯罪共犯的,依照处罚较重的规定定罪从重处罚。

四、定罪量刑标准

(一)司法解释等相关规定

《最高人民检察院关于渎职侵权犯罪案件立案标准的规定》(2006年7月26日起施行　高检发释字〔2006〕2号)

一、渎职犯罪案件

(二十四)商检徇私舞弊案(第四百一十二条第一款)

商检徇私舞弊罪是指出入境检验检疫机关、检验检疫机构工作人员徇私舞弊,伪造检验结果的行为。

涉嫌下列情形之一的，应予立案：

1. 采取伪造、变造的手段对报检的商品的单证、印章、标志、封识、质量认证标志等作虚假的证明或者出具不真实的证明结论的；

2. 将送检的合格商品检验为不合格，或者将不合格商品检验为合格的；

3. 对明知是不合格的商品，不检验而出具合格检验结果的；

4. 其他伪造检验结果应予追究刑事责任的情形。

（二十五）商检失职案（第四百一十二条第二款）

商检失职罪是指出入境检验检疫机关、检验检疫机构工作人员严重不负责任，对应当检验的物品不检验，或者延误检验出证、错误出证，致使国家利益遭受重大损失的行为。

涉嫌下列情形之一的，应予立案：

1. 致使不合格的食品、药品、医疗器械等商品出入境，严重危害生命健康的；

2. 造成个人财产直接经济损失 15 万元以上，或者直接经济损失不满 15 万元，但间接经济损失 75 万元以上的；

3. 造成公共财产、法人或者其他组织财产直接经济损失 30 万元以上，或者直接经济损失不满 30 万元，但间接经济损失 150 万元以上的；

4. 未经检验，出具合格检验结果，致使国家禁止进口的固体废物、液态废物和气态废物等进入境内的；

5. 不检验或者延误检验出证、错误出证，引起国际经济贸易纠纷，严重影响国家对外经贸关系，或者严重损害国家声誉的；

6. 其他致使国家利益遭受重大损失的情形。

（二）定罪量刑对应表

表 7－5　商检徇私舞弊罪定罪量刑对应表

商检徇私舞弊罪		情　　节
第一档	5 年以下有期徒刑或者拘役	（1）采取伪造、变造的手段对报检的商品的单证、印章、标志、封识、质量认证标志等作虚假的证明或者出具不真实的证明结论；（2）将送检合格商品检验为不合格或将不合格商品检验为合格；（3）明知是不合格的商品，不检验而出具合格检验结果的

续表

商检徇私舞弊罪		情　节
第二档	5 年以上 10 年以下有期徒刑	未规定

表 7－6　商检失职罪定罪量刑对应表

商检失职罪		经济损失	其他情节
第一档	3 年以下有期徒刑或者拘役	根据玩忽职守罪的损失数额提高到 30 万元的精神,立案标准宜为经济损失≥30 万元	(1)使不合格的食品、药品、医疗器械等商品出入境,严重危害生命健康的;(2)使国家禁止进口的固体废物、液态废物和气态废物等进入境内;(3)引起国际经济贸易纠纷,严重影响国家对外经贸关系,或者严重损害国家声誉的

第五节　动植物检疫徇私舞弊罪、动植物检疫失职罪

一、犯罪主体

动植物检疫部门中的国家机关工作人员。

二、刑法规定

《刑法》

第四百一十三条　动植物检疫机关的检疫人员徇私舞弊,伪造检疫结果的,处五年以下有期徒刑或者拘役;造成严重后果的,处五年以上十年以下有期徒刑。

前款所列人员严重不负责任,对应当检疫的检疫物不检疫,或者延误检疫出证、错误出证,致使国家利益遭受重大损失的,处三年以下有期徒刑或者拘役。

三、重点、疑难问题界定

（一）徇私的认定

详见本书第七章“第一节滥用职权罪、玩忽职守罪”中关于“徇私的认定”的相关内容。

（二）其他法律适用

《最高人民法院、最高人民检察院关于办理危害食品安全刑事案件适用法律若干问题的解释》（2022年1月1日起施行　法释〔2021〕24号）

第二十条　负有食品安全监督管理职责的国家机关工作人员滥用职权或者玩忽职守，构成食品监管渎职罪，同时构成徇私舞弊不移交刑事案件罪、商检徇私舞弊罪、动植物检疫徇私舞弊罪、放纵制售伪劣商品犯罪行为罪等其他渎职犯罪的，依照处罚较重的规定定罪处罚。

负有食品安全监督管理职责的国家机关工作人员滥用职权或者玩忽职守，不构成食品监管渎职罪，但构成前款规定的其他渎职犯罪的，依照该其他犯罪定罪处罚。

负有食品安全监督管理职责的国家机关工作人员与他人共谋，利用其职务行为帮助他人实施危害食品安全犯罪行为，同时构成渎职犯罪和危害食品安全犯罪共犯的，依照处罚较重的规定定罪从重处罚。

四、定罪量刑标准

（一）司法解释等相关规定

《最高人民检察院关于渎职侵权犯罪案件立案标准的规定》（2006年7月26日起施行　高检发释字〔2006〕2号）

一、渎职犯罪案件

（二十六）动植物检疫徇私舞弊案（第四百一十三条第一款）

动植物检疫徇私舞弊罪是指出入境检验检疫机关、检验检疫机构工作人员徇私舞弊，伪造检疫结果的行为。

涉嫌下列情形之一的，应予立案：

1. 采取伪造、变造的手段对检疫的单证、印章、标志、封识等作虚假的证明或者出具不真实的结论的;

2. 将送检的合格动植物检疫为不合格,或者将不合格动植物检疫为合格的;

3. 对明知是不合格的动植物,不检疫而出具合格检疫结果的;

4. 其他伪造检疫结果应予追究刑事责任的情形。

(二十七)动植物检疫失职案(第四百一十三条第二款)

动植物检疫失职罪是指出入境检验检疫机关、检验检疫机构工作人员严重不负责任,对应当检疫的检疫物不检疫,或者延误检疫出证、错误出证,致使国家利益遭受重大损失的行为。

涉嫌下列情形之一的,应予立案:

1. 导致疫情发生,造成人员重伤或者死亡的;

2. 导致重大疫情发生、传播或者流行的;

3. 造成个人财产直接经济损失15万元以上,或者直接经济损失不满15万元,但间接经济损失75万元以上的;

4. 造成公共财产或者法人、其他组织财产直接经济损失30万元以上,或者直接经济损失不满30万元,但间接经济损失150万元以上的;

5. 不检疫或者延误检疫出证、错误出证,引起国际经济贸易纠纷,严重影响国家对外经贸关系,或者严重损害国家声誉的;

6. 其他致使国家利益遭受重大损失的情形。

(二)定罪量刑对应表

表7-7 动植物检疫徇私舞弊罪定罪量刑对应表

动植物检疫徇私舞弊罪		情节
第一档	5年以下有期徒刑或者拘役	(1)采取伪造、变造的手段对检疫的单证、印章、标志、封识等作虚假的证明或者出具不真实的结论;(2)将送检合格动植物检疫为不合格或将不合格动植物检疫为合格;(3)明知是不合格的动植物,不检疫而出具合格检疫结果的
第二档	5年以上10年以下有期徒刑	未规定

表 7－8　动植物检疫失职罪定罪量刑对应表

动植物检疫失职罪		经济损失	其他情节
第一档	3 年以下有期徒刑或者拘役	根据玩忽职守罪的损失数额提高到 30 万元的精神，立案标准宜为：经济损失≥30 万元	(1)导致疫情发生，造成人员重伤或者死亡的；(2)导致重大疫情发生、传播或者流行的；(3)引起国际经济贸易纠纷，严重影响国家对外经贸关系，或者严重损害国家声誉的

第六节　不解救被拐卖、绑架妇女、儿童罪，阻碍解救被拐卖、绑架妇女、儿童罪

一、犯罪主体

负有解救职责的公安、司法等国家机关工作人员。

二、刑法规定

《刑法》

第四百一十六条　对被拐卖、绑架的妇女、儿童负有解救职责的国家机关工作人员，接到被拐卖、绑架的妇女、儿童及其家属的解救要求或者接到其他人的举报，而对被拐卖、绑架的妇女、儿童不进行解救，造成严重后果的，处五年以下有期徒刑或者拘役。

负有解救职责的国家机关工作人员利用职务阻碍解救的，处二年以上七年以下有期徒刑；情节较轻的，处二年以下有期徒刑或者拘役。

三、重点、疑难问题界定

负有解救职责的部门认定

1.《全国人民代表大会常务委员会关于严惩拐卖、绑架妇女、儿童的犯罪分子的决定》(2009 年 8 月 27 日起施行　第十一届全国人民代表大会常务委员会第十次会议修正)

五、各级人民政府对被拐卖、绑架的妇女、儿童负有解救职责，解救工

作由公安机关会同有关部门负责执行……

2.《最高人民法院、最高人民检察院、公安部、司法部关于依法惩治拐卖妇女儿童犯罪的意见》(2010 年 3 月 15 日起施行　法发〔2010〕7 号)

三、立案

9. 公安机关在工作中发现犯罪嫌疑人或者被拐卖的妇女、儿童,不论案件是否属于自己管辖,都应当首先采取紧急措施。经审查,属于自己管辖的,依法立案侦查;不属于自己管辖的,及时移送有管辖权的公安机关处理。

四、定罪量刑标准

(一)司法解释等相关规定

《最高人民检察院关于渎职侵权犯罪案件立案标准的规定》(2006 年 7 月 26 日起施行　高检发释字〔2006〕2 号)

一、渎职犯罪案件

(三十一)不解救被拐卖、绑架妇女、儿童案(第四百一十六条第一款)

不解救被拐卖、绑架妇女、儿童罪是指对被拐卖、绑架的妇女、儿童负有解救职责的公安、司法等国家机关工作人员接到被拐卖、绑架的妇女、儿童及其家属的解救要求或者接到其他人的举报,而对被拐卖、绑架的妇女、儿童不进行解救,造成严重后果的行为。

涉嫌下列情形之一的,应予立案:

1. 导致被拐卖、绑架的妇女、儿童或者其家属重伤、死亡或者精神失常的;

2. 导致被拐卖、绑架的妇女、儿童被转移、隐匿、转卖,不能及时进行解救的;

3. 对被拐卖、绑架的妇女、儿童不进行解救 3 人次以上的;

4. 对被拐卖、绑架的妇女、儿童不进行解救,造成恶劣社会影响的;

5. 其他造成严重后果的情形。

(三十二)阻碍解救被拐卖、绑架妇女、儿童案(第四百一十六条第二款)

阻碍解救被拐卖、绑架妇女、儿童罪是指对被拐卖、绑架的妇女、儿童负有解救职责的公安、司法等国家机关工作人员利用职务阻碍解救被拐卖、绑架的妇女、儿童的行为。

涉嫌下列情形之一的,应予立案:

1. 利用职权,禁止、阻止或者妨碍有关部门、人员解救被拐卖、绑架的妇女、儿童的;

2. 利用职务上的便利,向拐卖、绑架者或者收买者通风报信,妨碍解救工作正常进行的;

3. 其他利用职务阻碍解救被拐卖、绑架的妇女、儿童应予追究刑事责任的情形。

(二)定罪量刑对应表

表 7-9 不解救被拐卖、绑架妇女、儿童罪定罪量刑对应表

不解救被拐卖、绑架妇女、儿童罪		情节
第一档	5 年以下有期徒刑或拘役	(1)导致被拐卖人员或家属重伤、死亡或者精神失常;(2)导致被拐卖人员被转移、隐匿、转卖,不能及时进行解救的;(3)对被拐卖人员不进行解救≥3 人次;(4)造成恶劣社会影响

表 7-10 阻碍解救被拐卖、绑架妇女、儿童罪定罪量刑对应表

阻碍解救被拐卖、绑架妇女、儿童罪		情节
第一档	2 年以下有期徒刑或拘役	(1)利用职权,禁止、阻止或者妨碍有关部门、人员解救;(2)利用职务上的便利通风报信,妨碍解救工作正常进行
第二档	2 年以上 7 年以下有期徒刑	未规定

第八章　司法工作人员渎职类罪名释义及定罪量刑标准

（本章罪名检察机关均可以立案侦查）

第一节　徇私枉法罪

一、犯罪主体

司法工作人员。

二、刑法规定

《刑法》

第三百九十九条第一款、第四款　司法工作人员徇私枉法、徇情枉法，对明知是无罪的人而使他受追诉、对明知是有罪的人而故意包庇不使他受追诉，或者在刑事审判活动中故意违背事实和法律作枉法裁判的，处五年以下有期徒刑或者拘役；情节严重的，处五年以上十年以下有期徒刑；情节特别严重的，处十年以上有期徒刑。

司法工作人员收受贿赂，有前三款行为的，同时又构成本法第三百八十五条规定之罪的，依照处罚较重的规定定罪处罚。

三、重点、疑难问题界定

（一）徇私的认定

详见本书第七章“第一节滥用职权罪、玩忽职守罪”中关于“徇私的认定”的相关内容。

（二）共犯的认定

《最高人民检察院法律政策研究室关于非司法工作人员是否可以构成徇私枉法罪共犯问题的答复》(2003 年 4 月 16 日起施行　〔2003〕高检研发第 11 号)

非司法工作人员与司法工作人员勾结,共同实施徇私枉法行为,构成犯罪的,应当以徇私枉法罪的共犯追究刑事责任。

（三）徇私枉法罪的认定

【典型案例裁判指引 146】《刑事审判参考》第 237 号[①]李某宾徇私枉法、接送不合格兵员案:徇私枉法罪"情节严重"和"情节特别严重"的认定

徇私枉法罪的本质特征是司法工作人员刑事诉讼行为的枉法性。"徇私枉法、徇情枉法"具体表现为三种行为:一是对明知是无罪的人而使他受追诉。通常是指负有侦查、检察职责的司法工作人员知道或者应当知道他人是无罪的,仍然为徇私情、私利,采取伪造、隐匿证据或者其他隐瞒事实、违背法律的手段,以追究刑事责任为目的对其进行立案、侦查(含采取强制措施)和起诉。二是对明知是有罪的人而故意包庇不使他受追诉。通常是指司法工作人员对明知有犯罪事实需要追究刑事责任的人,采取伪造、隐匿毁灭证据或者其他隐瞒事实、违背法律的手段,故意包庇使其不受立案追究,或者在立案后,故意违背事实和法律,应该采取强制措施而不采取强制措施,或者虽然采取强制措施,但无正当理由中断侦查或者超过法定期限不采取任何措施,实际放任不管,以及违法撤销、变更强制措施,致使犯罪嫌疑人、被告人实际脱离司法机关侦控等行为。故意包庇不使其被追究刑事责任的事实,既可以是全部犯罪事实,也可以是部分犯罪事实;既可以是构成犯罪的事实,也可以是从重处罚的事实。三是在刑事审判活动中,故意违背事实和法律作枉法裁判的。这是指在刑事审判活动中故意违背事实和法律,作出枉法判决、裁定,即有罪判无罪、无罪判有罪,或者重罪

---

① 参见中华人民共和国最高人民法院刑事审判一、二、三、四、五庭主办:《中国刑事审判指导案例》(第 6 卷),法律出版社 2017 年版,第 586－587 页。

轻判、轻罪重判的情形。

徇私枉法罪是行为犯,一般不以是否发生行为人所追求的后果为条件,只要行为人在刑事诉讼过程中实施了上述其中的一种徇私枉法或者徇情枉法行为,且不属于"情节显著轻微危害不大的"情形,应当认定构成犯罪,"处五年以下有期徒刑或者拘役";对于徇私枉法行为"情节严重的,处五年以上十年以下有期徒刑;情节特别严重的,处十年以上有期徒刑"。徇私枉法罪的成立,是不以"情节严重"为必要条件的。"情节严重"和"情节特别严重"只是本罪加重处罚的情节,直接影响着对行为人犯徇私枉法罪的量刑。虽然《刑法》和有关司法解释没有规定徇私枉法"情节严重"和"情节特别严重"的具体情形,但参照审判实践经验,对于《刑法》规定的情节犯和情节加重犯,一般应当从行为人的手段是否恶劣、后果是否严重、是否造成恶劣社会影响等方面综合分析认定。就徇私枉法罪而言,对于因行为人的徇私枉法或者徇情枉法行为,致使无辜的人被追究刑事责任,或者使已经构成犯罪的人逃脱了刑事追究,或者重罪轻判、轻罪重判,严重损害社会主义法制尊严的,应当根据具体犯罪事实、性质、情节和对于社会的危害程度认定为徇私枉法"情节严重"或者"情节特别严重"。

【典型案例裁判指引 147】《刑事审判参考》第 126 号[①]杨某才帮助犯罪分子逃避处罚案:司法工作人员徇私向犯罪分子通风报信构成徇私枉法罪

徇私枉法罪和帮助犯罪分子逃避处罚罪,在主观上都要求明知行为对象是犯罪的人(徇私枉法罪还包括明知是无罪的人的情形),就枉法不追诉的情形而言,两者又都表现为明知是犯罪分子而帮助其逃避刑事追究,但二者的区别还是比较明显的:一是主体方面,徇私枉法罪的主体是司法工作人员,而帮助犯罪分子逃避处罚罪的主体则是负有查禁犯罪活动职责的国家机关工作人员;二是主客观方面,徇私枉法罪表现为对明知是无罪的人而使他受到追诉,对明知是有罪的人而故意包庇不使他受到追诉,或者在刑事审判活动中故意违背事实和法律作枉法裁判三种情形,且要求具有徇私、徇情的动机,而帮助犯罪分子逃避处罚罪的客观行为仅表现为向

---

① 参见中华人民共和国最高人民法院刑事审判一、二、三、四、五庭主办:《中国刑事审判指导案例》(第 6 卷),法律出版社 2017 年版,第 604 - 605 页。

犯罪分子通风报信、提供便利以帮助其逃避处罚,且主观上并不特别要求必须具有徇私、徇情的动机。杨某才的行为从表面上看是向犯罪分子通风报信,提供逃避追诉的便利,但其目的却是防止二人被抓获后供出付某召,使付某召受到追诉。因为付某召归案后,就会使杨某才收受钱财的事情暴露,这才是杨某才行为的动机所在。因此,杨某才的行为中虽包含为犯罪分子通风报信的成分,但其主要方面仍是为了个人私利,而包庇付某召不受追诉。依照刑法理论,这是一行为触犯两个罪名,应按重罪即徇私枉法罪定罪处罚。

徇私枉法罪(枉法不追诉的情形)与包庇罪的客观方面都表现为包庇行为,但二者的外延不同。作为一般自然人,由于受本身能力、条件所限,大部分情况下只能是"作假证明包庇";而司法工作人员由于其职务便利,与自然人相比,拥有比自然人更多的可凭借条件,除"作假证明包庇"外,还可以通过隐情不报,怠于职责,通风报信,强迫、诱使证人、犯罪嫌疑人作虚假陈述等多种手段袒护犯罪分子,不能因此而否认其行为的包庇性质。此案中杨某才正是利用职务便利放弃对犯罪分子付某召的抓捕并向领导隐瞒付某召的情况,后又为另外两名犯罪分子通风报信,在其二人归案后又指使他们作虚伪供述,以使付某召参与犯罪的事实不暴露出来,从而达到袒护付某召的目的,其行为无疑是一种包庇行为。

【典型案例裁判指引148】程某华徇私枉法案①:审查起诉人员明知他人有罪而故意包庇不使其受追诉构成徇私枉法罪

徇私枉法罪所涉及的"有罪",即是指涉嫌犯罪,也就是对"有罪"要作扩张解释。从此案事实来看,张某政等人贪污、挪用公款案在郊区检察院反贪局侦查终结后移送该院起诉科审查起诉,此时张某政等人的身份是犯罪嫌疑人,即张某政等人涉嫌犯罪。被告人程某华在审查起诉过程中,通过阅卷已了解到李某祥、夏某堂对30万元共同贪污之事供认不讳,申某生与姚某海则先供后翻,根据程某华的业务水平、对法律知识的掌握,他应当能够判断出被告人张某政涉嫌犯罪。被告人程某华在明知他人有罪的情

---

① 参见最高人民法院中国应用法学研究所编:《人民法院案例选》(2017年第8辑),人民法院出版社2017年版,第4159页。

况下,实施了泄露案件秘密、授意他人写匿名信、违背法律规定程序取证等一系列包庇行为,目的就是使张某政的贪污问题不受追诉。综上所述,被告人程某华明知张某政有罪而故意包庇不使其受追诉,其行为符合徇私枉法罪的特征,故应认定其构成徇私枉法罪。

(四)其他法律适用

《最高人民法院、最高人民检察院、公安部关于依法严惩"地沟油"犯罪活动的通知》(2012 年 1 月 9 日起施行 公通字〔2012〕1 号)

一、依法严惩"地沟油"犯罪,切实维护人民群众食品安全

"地沟油"犯罪,是指用餐厨垃圾、废弃油脂、各类肉及肉制品加工废弃物等非食品原料,生产、加工"食用油",以及明知是利用"地沟油"生产、加工的油脂而作为食用油销售的行为。"地沟油"犯罪严重危害人民群众身体健康和生命安全,严重影响国家形象,损害党和政府的公信力。各级公安机关、检察机关、人民法院要认真贯彻《刑法修正案(八)》对危害食品安全犯罪从严打击的精神,依法严惩"地沟油"犯罪,坚决打击"地沟油"进入食用领域的各种犯罪行为,坚决保护人民群众切身利益。对于涉及多地区的"地沟油"犯罪案件,各地公安机关、检察机关、人民法院要在案件管辖、调查取证等方面通力合作,形成打击合力,切实维护人民群众食品安全。

二、准确理解法律规定,严格区分犯罪界限

(七)对于国家工作人员在食用油安全监管和查处"地沟油"违法犯罪活动中滥用职权、玩忽职守、徇私枉法,构成犯罪的,依照刑法有关规定追究刑事责任。

四、定罪量刑标准

(一)司法解释等相关规定

1.《最高人民检察院关于渎职侵权犯罪案件立案标准的规定》(2006 年 7 月 26 日起施行 高检发释字〔2006〕2 号)

一、渎职犯罪案件

(五)徇私枉法案(第三百九十九条第一款)

徇私枉法罪是指司法工作人员徇私枉法、徇情枉法,对明知是无罪的

人而使他受追诉、对明知是有罪的人而故意包庇不使他受追诉,或者在刑事审判活动中故意违背事实和法律作枉法裁判的行为。

涉嫌下列情形之一的,应予立案:

1. 对明知是没有犯罪事实或者其他依法不应当追究刑事责任的人,采取伪造、隐匿、毁灭证据或者其他隐瞒事实、违反法律的手段,以追究刑事责任为目的立案、侦查、起诉、审判的;

2. 对明知是有犯罪事实需要追究刑事责任的人,采取伪造、隐匿、毁灭证据或者其他隐瞒事实、违反法律的手段,故意包庇使其不受立案、侦查、起诉、审判的;

3. 采取伪造、隐匿、毁灭证据或者其他隐瞒事实、违反法律的手段,故意使罪重的人受较轻的追诉,或者使罪轻的人受较重的追诉的;

4. 在立案后,采取伪造、隐匿、毁灭证据或者其他隐瞒事实、违反法律的手段,应当采取强制措施而不采取强制措施,或者虽然采取强制措施,但中断侦查或者超过法定期限不采取任何措施,实际放任不管,以及违法撤销、变更强制措施,致使犯罪嫌疑人、被告人实际脱离司法机关侦控的;

5. 在刑事审判活动中故意违背事实和法律,作出枉法判决、裁定,即有罪判无罪、无罪判有罪,或者重罪轻判、轻罪重判的;

6. 其他徇私枉法应予追究刑事责任的情形。

2.《最高人民法院、最高人民检察院关于常见犯罪的量刑指导意见(试行)》(2021 年 7 月 1 日起施行　法发〔2021〕21 号)

四、常见犯罪的量刑

(九)非法拘禁罪

1. 构成非法拘禁罪的,根据下列情形在相应的幅度内确定量刑起点:

(1)犯罪情节一般的,在一年以下有期徒刑、拘役幅度内确定量刑起点。

(2)致一人重伤的,在三年至五年有期徒刑幅度内确定量刑起点。

(3)致一人死亡的,在十年至十三年有期徒刑幅度内确定量刑起点。

2. 在量刑起点的基础上,根据非法拘禁人数、拘禁时间、致人伤亡后果等其他影响犯罪构成的犯罪事实增加刑罚量,确定基准刑。

非法拘禁多人多次的,以非法拘禁人数作为增加刑罚量的事实,非法拘禁次数作为调节基准刑的量刑情节。

3. 有下列情节之一的,增加基准刑的10% –20%:

(1)具有殴打、侮辱情节的;

(2)国家机关工作人员利用职权非法扣押、拘禁他人的。

4. 构成非法拘禁罪的,综合考虑非法拘禁的起因、时间、危害后果等犯罪事实、量刑情节,以及被告人的主观恶性、人身危险性、认罪悔罪表现等因素,决定缓刑的适用。

(二)定罪量刑对应表

表 8 –1 徇私枉法罪定罪量刑对应表

徇私枉法罪		情　　节
第一档	5 年以下有期徒刑或者拘役	(1)采取伪造、隐匿、毁灭证据或者其他隐瞒事实、违反法律的手段:①使无罪的人受追究,使有罪的人不受追究,使罪重的人受较轻的追诉或罪轻的人受较重的追诉;②立案后应采取强制措施不采取或虽采取但中断侦查、超过法定期限后不采取任何措施或违法撤销、变更强制措施致使实际脱离司法机关控制。(2)刑事审判活动中故意违背事实和法律,作出枉法判决、裁定,即有罪判无罪、无罪判有罪,或者重罪轻判、轻罪重判的
第二档	5 年以上 10 年以下有期徒刑	未规定
第三档	10 年以上有期徒刑	未规定

第二节　民事、行政枉法裁判罪

一、犯罪主体

司法工作人员。

二、刑法规定

《刑法》

第三百九十九条第二款、第四款　在民事、行政审判活动中故意违背事实和法律作枉法裁判，情节严重的，处五年以下有期徒刑或者拘役；情节特别严重的，处五年以上十年以下有期徒刑。

司法工作人员收受贿赂，有前三款行为的，同时又构成本法第三百八十五条规定之罪的，依照处罚较重的规定定罪处罚。

三、重点、疑难问题界定

司法工作人员利用职权参与虚假诉讼的定性

《最高人民法院、最高人民检察院关于办理虚假诉讼刑事案件适用法律若干问题的解释》（2018 年 10 月 1 日起施行　法释〔2018〕17 号）

第一条　采取伪造证据、虚假陈述等手段，实施下列行为之一，捏造民事法律关系，虚构民事纠纷，向人民法院提起民事诉讼的，应当认定为刑法第三百零七条之一第一款规定的“以捏造的事实提起民事诉讼”：

（一）与夫妻一方恶意串通，捏造夫妻共同债务的；

（二）与他人恶意串通，捏造债权债务关系和以物抵债协议的；

（三）与公司、企业的法定代表人、董事、监事、经理或者其他管理人员恶意串通，捏造公司、企业债务或者担保义务的；

（四）捏造知识产权侵权关系或者不正当竞争关系的；

（五）在破产案件审理过程中申报捏造的债权的；

（六）与被执行人恶意串通，捏造债权或者对查封、扣押、冻结财产的优先权、担保物权的；

（七）单方或者与他人恶意串通，捏造身份、合同、侵权、继承等民事法律关系的其他行为。

隐瞒债务已经全部清偿的事实，向人民法院提起民事诉讼，要求他人履行债务的，以“以捏造的事实提起民事诉讼”论。

向人民法院申请执行基于捏造的事实作出的仲裁裁决、公证债权文书，或者在民事执行过程中以捏造的事实对执行标的提出异议、申请参与执行财产分配的,属于刑法第三百零七条之一第一款规定的“以捏造的事实提起民事诉讼”。

第二条 以捏造的事实提起民事诉讼,有下列情形之一的,应当认定为刑法第三百零七条之一第一款规定的“妨害司法秩序或者严重侵害他人合法权益”:

(一)致使人民法院基于捏造的事实采取财产保全或者行为保全措施的;

(二)致使人民法院开庭审理,干扰正常司法活动的;

(三)致使人民法院基于捏造的事实作出裁判文书、制作财产分配方案,或者立案执行基于捏造的事实作出的仲裁裁决、公证债权文书的;

(四)多次以捏造的事实提起民事诉讼的;

(五)曾因以捏造的事实提起民事诉讼被采取民事诉讼强制措施或者受过刑事追究的;

(六)其他妨害司法秩序或者严重侵害他人合法权益的情形。

第三条 以捏造的事实提起民事诉讼,有下列情形之一的,应当认定为刑法第三百零七条之一第一款规定的“情节严重”:

(一)有本解释第二条第一项情形,造成他人经济损失一百万元以上的;

(二)有本解释第二条第二项至第四项情形之一,严重干扰正常司法活动或者严重损害司法公信力的;

(三)致使义务人自动履行生效裁判文书确定的财产给付义务或者人民法院强制执行财产权益,数额达到一百万元以上的;

(四)致使他人债权无法实现,数额达到一百万元以上的;

(五)非法占有他人财产,数额达到十万元以上的;

(六)致使他人因为不执行人民法院基于捏造的事实作出的判决、裁定,被采取刑事拘留、逮捕措施或者受到刑事追究的;

(七)其他情节严重的情形。

第四条 实施刑法第三百零七条之一第一款行为,非法占有他人财产或者逃避合法债务,又构成诈骗罪,职务侵占罪,拒不执行判决、裁定罪,贪污罪等犯罪的,依照处罚较重的规定定罪从重处罚。

第五条　司法工作人员利用职权，与他人共同实施刑法第三百零七条之一前三款行为①的，从重处罚；同时构成滥用职权罪，民事枉法裁判罪，执行判决、裁定滥用职权罪等犯罪的，依照处罚较重的规定定罪从重处罚。

第六条　诉讼代理人、证人、鉴定人等诉讼参与人与他人通谋，代理提起虚假民事诉讼、故意作虚假证言或者出具虚假鉴定意见，共同实施刑法第三百零七条之一前三款行为的，依照共同犯罪的规定定罪处罚；同时构成妨害作证罪，帮助毁灭、伪造证据罪等犯罪的，依照处罚较重的规定定罪从重处罚。

第九条　实施刑法第三百零七条之一第一款行为，未达到情节严重的标准，行为人系初犯，在民事诉讼过程中自愿具结悔过，接受人民法院处理决定，积极退赃、退赔的，可以认定为犯罪情节轻微，不起诉或者免予刑事处罚；确有必要判处刑罚的，可以从宽处罚。

司法工作人员利用职权，与他人共同实施刑法第三百零七条之一第一款行为的，对司法工作人员不适用本条第一款规定。

第十一条　本解释所称裁判文书，是指人民法院依照民事诉讼法、企业破产法等民事法律作出的判决、裁定、调解书、支付令等文书。

四、定罪量刑标准

（一）司法解释等相关规定

《最高人民检察院关于渎职侵权犯罪案件立案标准的规定》（2006年7月26日起施行　高检发释字〔2006〕2号）

一、渎职犯罪案件

（六）民事、行政枉法裁判案（第三百九十九条第二款）

民事、行政枉法裁判罪是指司法工作人员在民事、行政审判活动中，故意违背事实和法律作枉法裁判，情节严重的行为。

---

①　刑法第三百零七条之一前三款行为：第一款为“以捏造的事实提起民事诉讼，妨害司法秩序或者严重侵害他人合法权益的”；第二款为“单位犯前款罪的，对单位判处罚金，并对其直接负责的主管人员和其他直接责任人员，依照前款的规定处罚”；第三款为“有第一款行为，非法占有他人财产或者逃避合法债务，又构成其他犯罪的，依照处罚较重的规定定罪从重处罚”。

涉嫌下列情形之一的,应予立案:

1. 枉法裁判,致使当事人或者其近亲属自杀、自残造成重伤、死亡,或者精神失常的;

2. 枉法裁判,造成个人财产直接经济损失 10 万元以上,或者直接经济损失不满 10 万元,但间接经济损失 50 万元以上的;

3. 枉法裁判,造成法人或者其他组织财产直接经济损失 20 万元以上,或者直接经济损失不满 20 万元,但间接经济损失 100 万元以上的;

4. 伪造、变造有关材料、证据,制造假案枉法裁判的;

5. 串通当事人制造伪证,毁灭证据或者篡改庭审笔录而枉法裁判的;

6. 徇私情、私利,明知是伪造、变造的证据予以采信,或者故意对应当采信的证据不予采信,或者故意违反法定程序,或者故意错误适用法律而枉法裁判的;

7. 其他情节严重的情形。

(二)定罪量刑对应表

表 8-2 民事、行政枉法裁判罪定罪量刑对应表

民事、行政枉法裁判罪		经济损失	其他情节
第一档	5 年以下有期徒刑或者拘役	根据滥用职权罪的损失数额提高到 30 万元的精神,立案标准宜为:经济损失≥30 万元	(1)使人自杀、自残造成重伤、死亡,或者精神失常的;(2)伪造、变造有关材料、证据,制造假案而枉法;(3)串通当事人制造伪证,毁灭证据或者篡改庭审笔录而枉法;(4)徇私情、私利,明知是伪造、变造的证据予以采信,或者故意对应当采信的证据不予采信,或者故意违反法定程序,或者故意错误适用法律而枉法
第二档	5 年以上 10 年以下有期徒刑	未规定	未规定

第三节　执行判决、裁定失职罪，执行判决、裁定滥用职权罪

一、犯罪主体

司法工作人员。

二、刑法规定

《刑法》

第三百九十九条第三款、第四款　在执行判决、裁定活动中，严重不负责任或者滥用职权，不依法采取诉讼保全措施、不履行法定执行职责，或者违法采取诉讼保全措施、强制执行措施，致使当事人或者其他人的利益遭受重大损失的，处五年以下有期徒刑或者拘役；致使当事人或者其他人的利益遭受特别重大损失的，处五年以上十年以下有期徒刑。

司法工作人员收受贿赂，有前三款行为的，同时又构成本法第三百八十五条规定之罪的，依照处罚较重的规定定罪处罚。

三、重点、疑难问题界定

（一）人民法院判决、裁定的范围

《全国人民代表大会常务委员会关于〈中华人民共和国刑法〉第三百一十三条的解释》（2002 年 8 月 29 日起施行　第九届全国人民代表大会常务委员会第二十九次会议通过）

刑法第三百一十三条规定的“人民法院的判决、裁定”，是指人民法院依法作出的具有执行内容并已发生法律效力的判决、裁定。人民法院为依法执行支付令、生效的调解书、仲裁裁决、公证债权文书等所作的裁定属于该条规定的裁定。

下列情形属于刑法第三百一十三条规定的“有能力执行而拒不执行，情节严重”的情形：

（四）被执行人、担保人、协助执行义务人与国家机关工作人员通谋，利用国家机关工作人员的职权妨害执行，致使判决、裁定无法执行的；

国家机关工作人员有上述第四项行为的，以拒不执行判决、裁定罪的共犯追究刑事责任。国家机关工作人员收受贿赂或者滥用职权，有上述第四项行为的，同时又构成刑法第三百八十五条、第三百九十七条规定之罪的，依照处罚较重的规定定罪处罚。

(二)司法工作人员利用职权参与虚假诉讼的定性

详见本书第八章“第二节民事、行政枉法裁判罪”中关于“司法工作人员利用职权参与虚假诉讼的定性”的相关内容。

四、定罪量刑标准

(一)司法解释等相关规定

《最高人民检察院关于渎职侵权犯罪案件立案标准的规定》(2006年7月26日起施行　高检发释字〔2006〕2号)

一、渎职犯罪案件

(七)执行判决、裁定失职案(第三百九十九条第三款)

执行判决、裁定失职罪是指司法工作人员在执行判决、裁定活动中，严重不负责任，不依法采取诉讼保全措施、不履行法定执行职责，或者违法采取保全措施、强制执行措施，致使当事人或者其他人的利益遭受重大损失的行为。

涉嫌下列情形之一的，应予立案：

1. 致使当事人或者其近亲属自杀、自残造成重伤、死亡，或者精神失常的；

2. 造成个人财产直接经济损失15万元以上，或者直接经济损失不满15万元，但间接经济损失75万元以上的；

3. 造成法人或者其他组织财产直接经济损失30万元以上，或者直接经济损失不满30万元，但间接经济损失150万元以上的；

4. 造成公司、企业等单位停业、停产1年以上，或者破产的；

5. 其他致使当事人或者其他人的利益遭受重大损失的情形。

(八)执行判决、裁定滥用职权案(第三百九十九条第三款)

执行判决、裁定滥用职权罪是指司法工作人员在执行判决、裁定活动中,滥用职权,不依法采取诉讼保全措施、不履行法定执行职责,或者违法采取保全措施、强制执行措施,致使当事人或者其他人的利益遭受重大损失的行为。

涉嫌下列情形之一的,应予立案:

1. 致使当事人或者其近亲属自杀、自残造成重伤、死亡,或者精神失常的;

2. 造成个人财产直接经济损失 10 万元以上,或者直接经济损失不满 10 万元,但间接经济损失 50 万元以上的;

3. 造成法人或者其他组织财产直接经济损失 20 万元以上,或者直接经济损失不满 20 万元,但间接经济损失 100 万元以上的;

4. 造成公司、企业等单位停业、停产 6 个月以上,或者破产的;

5. 其他致使当事人或者其他人的利益遭受重大损失的情形。

(二)定罪量刑对应表

表 8-3　执行判决、裁定失职罪定罪量刑对应表

执行判决、裁定失职罪		经济损失	其他情节
第一档	5 年以下有期徒刑或者拘役	根据玩忽职守罪的损失数额提高到 30 万元的精神,立案标准宜为:经济损失≥30 万元	(1)使人自杀、自残造成重伤、死亡,或者精神失常的;(2)造成公司、企业等单位停业、停产 1 年以上,或者破产的
第二档	5 年以上 10 年以下有期徒刑	未规定	未规定

表 8-4　执行判决、裁定滥用职权罪定罪量刑对应表

执行判决、裁定滥用职权罪		经济损失	其他情节
第一档	5 年以下有期徒刑或者拘役	根据滥用职权罪的损失数额提高到 30 万元的精神,立案标准宜为:经济损失≥30 万元	(1)使人自杀、自残造成重伤、死亡,或者精神失常的;(2)造成公司、企业等单位停业、停产 6 个月以上,或者破产的

续表

执行判决、裁定滥用职权罪		经济损失	其他情节
第二档	5 年以上 10 年以下有期徒刑	未规定	未规定

第四节　私放在押人员罪、失职致使在押人员脱逃罪

一、犯罪主体

司法工作人员。

二、刑法规定

《刑法》

第四百条　司法工作人员私放在押的犯罪嫌疑人、被告人或者罪犯的,处五年以下有期徒刑或者拘役;情节严重的,处五年以上十年以下有期徒刑;情节特别严重的,处十年以上有期徒刑。

司法工作人员由于严重不负责任,致使在押的犯罪嫌疑人、被告人或者罪犯脱逃,造成严重后果的,处三年以下有期徒刑或者拘役;造成特别严重后果的,处三年以上十年以下有期徒刑。

三、重点、疑难问题界定

(一)私放在押人员罪属于行为犯,一旦私放就应追究刑事责任

【典型案例裁判指引 149】吴某辉等私放在押人员案[①]:只要有私放在押人员行为就构罪而不管私放人员是否及时返回

司法实践中,有少数司法工作人员出于徇私情、徇私利等动机目的,利用职务之便,将在押人员临时放出监管场所,并无让其长期脱逃在外的故

① 参见最高人民法院中国应用法学研究所编:《人民法院案例选》(2017 年第 8 辑),人民法院出版社 2017 年版,第 4176 页。

意，对能及时返回监管场所未造成影响的案件往往不了了之。事实上，无论这种私放行为是长期还是临时，也无论被私放的在押人员是否及时返回监管场所，这种私放行为都侵害了正常的监管制度和秩序。根据现行《刑法》第四百条第一款的规定，并没有将私放的时间长短、被私放的在押人员是否及时返回作为犯罪构成要件。也就是说，只要负有监管职责的司法工作人员违法实施了私放在押的犯罪嫌疑人、被告人或者罪犯，以使其脱离监管的范围，就构成私放在押人员罪，应当追究刑事责任。至于私放的时间长短、被私放的在押人员是否按时返回监管场所等情形，只能作为量刑的一个考虑因素。

（二）行使监管职责的非在编人员渎职行为的定性

《最高人民检察院关于工人等非监管机关在编监管人员私放在押人员行为和失职致使在押人员脱逃行为适用法律问题的解释》（2001年3月2日起施行　高检发释字〔2001〕2号）

工人等非监管机关在编监管人员在被监管机关聘用受委托履行监管职责的过程中私放在押人员的，应当依照刑法第四百条第一款的规定，以私放在押人员罪追究刑事责任；由于严重不负责任，致使在押人员脱逃，造成严重后果的，应当依照刑法第四百条第二款的规定，以失职致使在押人员脱逃罪追究刑事责任。

四、定罪量刑标准

（一）司法解释等相关规定

《最高人民检察院关于渎职侵权犯罪案件立案标准的规定》（2006年7月26日起施行　高检发释字〔2006〕2号）

一、渎职犯罪案件

（九）私放在押人员案（第四百条第一款）

私放在押人员罪是指司法工作人员私放在押（包括在羁押场所和押解途中）的犯罪嫌疑人、被告人或者罪犯的行为。

涉嫌下列情形之一的，应予立案：

1. 私自将在押的犯罪嫌疑人、被告人、罪犯放走，或者授意、指使、强迫

他人将在押的犯罪嫌疑人、被告人、罪犯放走的;

2. 伪造、变造有关法律文书、证明材料,以使在押的犯罪嫌疑人、被告人、罪犯逃跑或者被释放的;

3. 为私放在押的犯罪嫌疑人、被告人、罪犯,故意向其通风报信、提供条件,致使该在押的犯罪嫌疑人、被告人、罪犯脱逃的;

4. 其他私放在押的犯罪嫌疑人、被告人、罪犯应予追究刑事责任的情形。

(十)失职致使在押人员脱逃案(第四百条第二款)

失职致使在押人员脱逃罪是指司法工作人员由于严重不负责任,不履行或者不认真履行职责,致使在押(包括在羁押场所和押解途中)的犯罪嫌疑人、被告人、罪犯脱逃,造成严重后果的行为。

涉嫌下列情形之一的,应予立案:

1. 致使依法可能判处或者已经判处 10 年以上有期徒刑、无期徒刑、死刑的犯罪嫌疑人、被告人、罪犯脱逃的;

2. 致使犯罪嫌疑人、被告人、罪犯脱逃 3 人次以上的;

3. 犯罪嫌疑人、被告人、罪犯脱逃以后,打击报复报案人、控告人、举报人、被害人、证人和司法工作人员等,或者继续犯罪的;

4. 其他致使在押的犯罪嫌疑人、被告人、罪犯脱逃,造成严重后果的情形。

(二)定罪量刑对应表

表 8-5 私放在押人员罪定罪量刑对应表

私放在押人员罪		情　　节
第一档	5 年以下有期徒刑或者拘役	(1)私自或者授意、指使、强迫他人将在押的犯罪嫌疑人、被告人、罪犯放走;(2)伪造、变造有关法律文书、证明材料,以使在押的犯罪嫌疑人、被告人、罪犯逃跑或者被释放的;(3)故意向在押的犯罪嫌疑人、被告人、罪犯通风报信、提供条件致使其逃跑;(4)其他私放在押人员的犯罪嫌疑人、被告人、罪犯应予追究刑事责任的

续表

私放在押人员罪		情　节
第二档	5 年以上 10 年以下有期徒刑	未规定
第三档	10 年以上有期徒刑	未规定

表 8 – 6　失职致使在押人员脱逃罪定罪量刑对应表

失职致使在押人员脱逃罪		情　节
第一档	3 年以下有期徒刑或者拘役	(1)致使犯罪嫌疑人、被告人、罪犯脱逃 3 人次以上或依法可能判处或者已经判处 10 年以上有期徒刑、无期徒刑、死刑的脱逃的；(2)犯罪嫌疑人、被告人、罪犯脱逃以后，打击报复报案人、控告人、举报人、被害人、证人和司法工作人员等，或者继续犯罪的；(3)其他致使在押犯罪嫌疑人、被告人、罪犯脱逃造成严重后果
第二档	3 年以上 10 年以下有期徒刑	未规定

第五节　徇私舞弊减刑、假释、暂予监外执行罪

一、犯罪主体

司法工作人员。

二、刑法规定

《刑法》

第四百零一条　司法工作人员徇私舞弊，对不符合减刑、假释、暂予监外执行条件的罪犯，予以减刑、假释或者暂予监外执行的，处三年以下有期徒刑或者拘役；情节严重的，处三年以上七年以下有期徒刑。

三、重点、疑难问题界定

(一)办理减刑、假释相关规定

1.《最高人民法院关于办理减刑、假释案件具体应用法律的规定》(2017 年 1 月 1 日起施行　法释〔2016〕23 号)

为确保依法公正办理减刑、假释案件,依据《中华人民共和国刑法》《中华人民共和国刑事诉讼法》《中华人民共和国监狱法》和其他法律规定,结合司法实践,制定本规定。

第一条　减刑、假释是激励罪犯改造的刑罚制度,减刑、假释的适用应当贯彻宽严相济刑事政策,最大限度地发挥刑罚的功能,实现刑罚的目的。

第二条　对于罪犯符合刑法第七十八条第一款规定“可以减刑”条件的案件,在办理时应当综合考察罪犯犯罪的性质和具体情节、社会危害程度、原判刑罚及生效裁判中财产性判项的履行情况、交付执行后的一贯表现等因素。

第三条　“确有悔改表现”是指同时具备以下条件:

(一)认罪悔罪;

(二)遵守法律法规及监规,接受教育改造;

(三)积极参加思想、文化、职业技术教育;

(四)积极参加劳动,努力完成劳动任务。

对职务犯罪、破坏金融管理秩序和金融诈骗犯罪、组织(领导、参加、包庇、纵容)黑社会性质组织犯罪等罪犯,不积极退赃、协助追缴赃款赃物、赔偿损失,或者服刑期间利用个人影响力和社会关系等不正当手段意图获得减刑、假释的,不认定其“确有悔改表现”。

罪犯在刑罚执行期间的申诉权利应当依法保护,对其正当申诉不能不加分析地认为是不认罪悔罪。

第四条　具有下列情形之一的,可以认定为有“立功表现”:

(一)阻止他人实施犯罪活动的;

(二)检举、揭发监狱内外犯罪活动,或者提供重要的破案线索,经查证属实的;

(三)协助司法机关抓捕其他犯罪嫌疑人的;

（四）在生产、科研中进行技术革新，成绩突出的；

（五）在抗御自然灾害或者排除重大事故中，表现积极的；

（六）对国家和社会有其他较大贡献的。

第（四）项、第（六）项中的技术革新或者其他较大贡献应当由罪犯在刑罚执行期间独立或者为主完成，并经省级主管部门确认。

第五条　具有下列情形之一的，应当认定为有“重大立功表现”：

（一）阻止他人实施重大犯罪活动的；

（二）检举监狱内外重大犯罪活动，经查证属实的；

（三）协助司法机关抓捕其他重大犯罪嫌疑人的；

（四）有发明创造或者重大技术革新的；

（五）在日常生产、生活中舍己救人的；

（六）在抗御自然灾害或者排除重大事故中，有突出表现的；

（七）对国家和社会有其他重大贡献的。

第（四）项中的发明创造或者重大技术革新应当是罪犯在刑罚执行期间独立或者为主完成并经国家主管部门确认的发明专利，且不包括实用新型专利和外观设计专利；第（七）项中的其他重大贡献应当由罪犯在刑罚执行期间独立或者为主完成，并经国家主管部门确认。

第六条　被判处有期徒刑的罪犯减刑起始时间为：不满五年有期徒刑的，应当执行一年以上方可减刑；五年以上不满十年有期徒刑的，应当执行一年六个月以上方可减刑；十年以上有期徒刑的，应当执行二年以上方可减刑。有期徒刑减刑的起始时间自判决执行之日起计算。

确有悔改表现或者有立功表现的，一次减刑不超过九个月有期徒刑；确有悔改表现并有立功表现的，一次减刑不超过一年有期徒刑；有重大立功表现的，一次减刑不超过一年六个月有期徒刑；确有悔改表现并有重大立功表现的，一次减刑不超过二年有期徒刑。

被判处不满十年有期徒刑的罪犯，两次减刑间隔时间不得少于一年；被判处十年以上有期徒刑的罪犯，两次减刑间隔时间不得少于一年六个月。减刑间隔时间不得低于上次减刑减去的刑期。

罪犯有重大立功表现的，可以不受上述减刑起始时间和间隔时间的限制。

第七条 对符合减刑条件的职务犯罪罪犯,破坏金融管理秩序和金融诈骗犯罪罪犯,组织、领导、参加、包庇、纵容黑社会性质组织犯罪罪犯,危害国家安全犯罪罪犯,恐怖活动犯罪罪犯,毒品犯罪集团的首要分子及毒品再犯,累犯,确有履行能力而不履行或者不全部履行生效裁判中财产性判项的罪犯,被判处十年以下有期徒刑的,执行二年以上方可减刑,减刑幅度应当比照本规定第六条从严掌握,一次减刑不超过一年有期徒刑,两次减刑之间应当间隔一年以上。

对被判处十年以上有期徒刑的前款罪犯,以及因故意杀人、强奸、抢劫、绑架、放火、爆炸、投放危险物质或者有组织的暴力性犯罪被判处十年以上有期徒刑的罪犯,数罪并罚且其中两罪以上被判处十年以上有期徒刑的罪犯,执行二年以上方可减刑,减刑幅度应当比照本规定第六条从严掌握,一次减刑不超过一年有期徒刑,两次减刑之间应当间隔一年六个月以上。

罪犯有重大立功表现的,可以不受上述减刑起始时间和间隔时间的限制。

第八条 被判处无期徒刑的罪犯在刑罚执行期间,符合减刑条件的,执行二年以上,可以减刑。减刑幅度为:确有悔改表现或者有立功表现的,可以减为二十二年有期徒刑;确有悔改表现并有立功表现的,可以减为二十一年以上二十二年以下有期徒刑;有重大立功表现的,可以减为二十年以上二十一年以下有期徒刑;确有悔改表现并有重大立功表现的,可以减为十九年以上二十年以下有期徒刑。无期徒刑罪犯减为有期徒刑后再减刑时,减刑幅度依照本规定第六条的规定执行。两次减刑间隔时间不得少于二年。

罪犯有重大立功表现的,可以不受上述减刑起始时间和间隔时间的限制。

第九条 对被判处无期徒刑的职务犯罪罪犯,破坏金融管理秩序和金融诈骗犯罪罪犯,组织、领导、参加、包庇、纵容黑社会性质组织犯罪罪犯,危害国家安全犯罪罪犯,恐怖活动犯罪罪犯,毒品犯罪集团的首要分子及毒品再犯,累犯以及因故意杀人、强奸、抢劫、绑架、放火、爆炸、投放危险物质或者有组织的暴力性犯罪的罪犯,确有履行能力而不履行或者不全部履行生效裁判中财产性判项的罪犯，数罪并罚被判处无期徒刑的罪犯，符合减刑条件的，执行三年以上方可减刑，减刑幅度应当比照本规定第八条从严掌握，减刑后的刑期最低不得少于二十年有期徒刑；减为有期徒刑后再减刑时，减刑幅度比照本规定第六条从严掌握，一次不超过一年有期徒刑，两次减刑之间应当间隔二年以上。

罪犯有重大立功表现的，可以不受上述减刑起始时间和间隔时间的限制。

第十条　被判处死刑缓期执行的罪犯减为无期徒刑后，符合减刑条件的，执行三年以上方可减刑。减刑幅度为：确有悔改表现或者有立功表现的，可以减为二十五年有期徒刑；确有悔改表现并有立功表现的，可以减为二十四年以上二十五年以下有期徒刑；有重大立功表现的，可以减为二十三年以上二十四年以下有期徒刑；确有悔改表现并有重大立功表现的，可以减为二十二年以上二十三年以下有期徒刑。

被判处死刑缓期执行的罪犯减为有期徒刑后再减刑时，比照本规定第八条的规定办理。

第十一条　对被判处死刑缓期执行的职务犯罪罪犯，破坏金融管理秩序和金融诈骗犯罪罪犯，组织、领导、参加、包庇、纵容黑社会性质组织犯罪罪犯，危害国家安全犯罪罪犯，恐怖活动犯罪罪犯，毒品犯罪集团的首要分子及毒品再犯，累犯以及因故意杀人、强奸、抢劫、绑架、放火、爆炸、投放危险物质或者有组织的暴力性犯罪的罪犯，确有履行能力而不履行或者不全部履行生效裁判中财产性判项的罪犯，数罪并罚被判处死刑缓期执行的罪犯，减为无期徒刑后，符合减刑条件的，执行三年以上方可减刑，一般减为二十五年有期徒刑，有立功表现或者重大立功表现的，可以比照本规定第十条减为二十三年以上二十五年以下有期徒刑；减为有期徒刑后再减刑时，减刑幅度比照本规定第六条从严掌握，一次不超过一年有期徒刑，两次减刑之间应当间隔二年以上。

第十二条　被判处死刑缓期执行的罪犯经过一次或者几次减刑后，其实际执行的刑期不得少于十五年，死刑缓期执行期间不包括在内。

死刑缓期执行罪犯在缓期执行期间不服从监管、抗拒改造，尚未构成犯罪的，在减为无期徒刑后再减刑时应当适当从严。

第十三条 被限制减刑的死刑缓期执行罪犯,减为无期徒刑后,符合减刑条件的,执行五年以上方可减刑。减刑间隔时间和减刑幅度依照本规定第十一条的规定执行。

第十四条 被限制减刑的死刑缓期执行罪犯,减为有期徒刑后再减刑时,一次减刑不超过六个月有期徒刑,两次减刑间隔时间不得少于二年。有重大立功表现的,间隔时间可以适当缩短,但一次减刑不超过一年有期徒刑。

第十五条 对被判处终身监禁的罪犯,在死刑缓期执行期满依法减为无期徒刑的裁定中,应当明确终身监禁,不得再减刑或者假释。

第十六条 被判处管制、拘役的罪犯,以及判决生效后剩余刑期不满二年有期徒刑的罪犯,符合减刑条件的,可以酌情减刑,减刑起始时间可以适当缩短,但实际执行的刑期不得少于原判刑期的二分之一。

第十七条 被判处有期徒刑罪犯减刑时,对附加剥夺政治权利的期限可以酌减。酌减后剥夺政治权利的期限,不得少于一年。

被判处死刑缓期执行、无期徒刑的罪犯减为有期徒刑时,应当将附加剥夺政治权利的期限减为七年以上十年以下,经过一次或者几次减刑后,最终剥夺政治权利的期限不得少于三年。

第十八条 被判处拘役或者三年以下有期徒刑,并宣告缓刑的罪犯,一般不适用减刑。

前款规定的罪犯在缓刑考验期内有重大立功表现的,可以参照刑法第七十八条的规定予以减刑,同时应当依法缩减其缓刑考验期。缩减后,拘役的缓刑考验期限不得少于二个月,有期徒刑的缓刑考验期限不得少于一年。

第十九条 对在报请减刑前的服刑期间不满十八周岁,且所犯罪行不属于刑法第八十一条第二款规定情形的罪犯,认罪悔罪,遵守法律法规及监规,积极参加学习、劳动,应当视为确有悔改表现。

对上述罪犯减刑时,减刑幅度可以适当放宽,或者减刑起始时间、间隔时间可以适当缩短,但放宽的幅度和缩短的时间不得超过本规定中相应幅度、时间的三分之一。

第二十条 老年罪犯、患严重疾病罪犯或者身体残疾罪犯减刑时,应当主要考察其认罪悔罪的实际表现。

对基本丧失劳动能力，生活难以自理的上述罪犯减刑时，减刑幅度可以适当放宽，或者减刑起始时间、间隔时间可以适当缩短，但放宽的幅度和缩短的时间不得超过本规定中相应幅度、时间的三分之一。

第二十一条　被判处有期徒刑、无期徒刑的罪犯在刑罚执行期间又故意犯罪，新罪被判处有期徒刑的，自新罪判决确定之日起三年内不予减刑；新罪被判处无期徒刑的，自新罪判决确定之日起四年内不予减刑。

罪犯在死刑缓期执行期间又故意犯罪，未被执行死刑的，死刑缓期执行的期间重新计算，减为无期徒刑后，五年内不予减刑。

被判处死刑缓期执行罪犯减刑后，在刑罚执行期间又故意犯罪的，依照第一款规定处理。

第二十二条　办理假释案件，认定“没有再犯罪的危险”，除符合刑法第八十一条规定的情形外，还应当根据犯罪的具体情节、原判刑罚情况，在刑罚执行中的一贯表现，罪犯的年龄、身体状况、性格特征，假释后生活来源以及监管条件等因素综合考虑。

第二十三条　被判处有期徒刑的罪犯假释时，执行原判刑期二分之一的时间，应当从判决执行之日起计算，判决执行以前先行羁押的，羁押一日折抵刑期一日。

被判处无期徒刑的罪犯假释时，刑法中关于实际执行刑期不得少于十三年的时间，应当从判决生效之日起计算。判决生效以前先行羁押的时间不予折抵。

被判处死刑缓期执行的罪犯减为无期徒刑或者有期徒刑后，实际执行十五年以上，方可假释，该实际执行时间应当从死刑缓期执行期满之日起计算。死刑缓期执行期间不包括在内，判决确定以前先行羁押的时间不予折抵。

第二十四条　刑法第八十一条第一款规定的“特殊情况”，是指有国家政治、国防、外交等方面特殊需要的情况。

第二十五条　对累犯以及因故意杀人、强奸、抢劫、绑架、放火、爆炸、投放危险物质或者有组织的暴力性犯罪被判处十年以上有期徒刑、无期徒刑的罪犯，不得假释。

因前款情形和犯罪被判处死刑缓期执行的罪犯,被减为无期徒刑、有期徒刑后,也不得假释。

第二十六条 对下列罪犯适用假释时可以依法从宽掌握:

(一)过失犯罪的罪犯、中止犯罪的罪犯、被胁迫参加犯罪的罪犯;

(二)因防卫过当或者紧急避险过当而被判处有期徒刑以上刑罚的罪犯;

(三)犯罪时未满十八周岁的罪犯;

(四)基本丧失劳动能力、生活难以自理,假释后生活确有着落的老年罪犯、患严重疾病罪犯或者身体残疾罪犯;

(五)服刑期间改造表现特别突出的罪犯;

(六)具有其他可以从宽假释情形的罪犯。

罪犯既符合法定减刑条件,又符合法定假释条件的,可以优先适用假释。

第二十七条 对于生效裁判中有财产性判项,罪犯确有履行能力而不履行或者不全部履行的,不予假释。

第二十八条 罪犯减刑后又假释的,间隔时间不得少于一年;对一次减去一年以上有期徒刑后,决定假释的,间隔时间不得少于一年六个月。

罪犯减刑后余刑不足二年,决定假释的,可以适当缩短间隔时间。

第二十九条 罪犯在假释考验期内违反法律、行政法规或者国务院有关部门关于假释的监督管理规定的,作出假释裁定的人民法院,应当在收到报请机关或者检察机关撤销假释建议书后及时审查,作出是否撤销假释的裁定,并送达报请机关,同时抄送人民检察院、公安机关和原刑罚执行机关。

罪犯在逃的,撤销假释裁定书可以作为对罪犯进行追捕的依据。

第三十条 依照刑法第八十六条规定被撤销假释的罪犯,一般不得再假释。但依照该条第二款被撤销假释的罪犯,如果罪犯对漏罪曾作如实供述但原判未予认定,或者漏罪系其自首,符合假释条件的,可以再假释。

被撤销假释的罪犯,收监后符合减刑条件的,可以减刑,但减刑起始时间自收监之日起计算。

第三十一条 年满八十周岁、身患疾病或者生活难以自理、没有再犯罪危险的罪犯,既符合减刑条件,又符合假释条件的,优先适用假释;不符合假释条件的，参照本规定第二十条有关的规定从宽处理。

第三十二条　人民法院按照审判监督程序重新审理的案件，裁定维持原判决、裁定的，原减刑、假释裁定继续有效。

再审裁判改变原判决、裁定的，原减刑、假释裁定自动失效，执行机关应当及时报请有管辖权的人民法院重新作出是否减刑、假释的裁定。重新作出减刑裁定时，不受本规定有关减刑起始时间、间隔时间和减刑幅度的限制。重新裁定时应综合考虑各方面因素，减刑幅度不得超过原裁定减去的刑期总和。

再审改判为死刑缓期执行或者无期徒刑的，在新判决减为有期徒刑之时，原判决已经实际执行的刑期一并扣减。

再审裁判宣告无罪的，原减刑、假释裁定自动失效。

第三十三条　罪犯被裁定减刑后，刑罚执行期间因故意犯罪而数罪并罚时，经减刑裁定减去的刑期不计入已经执行的刑期。原判死刑缓期执行减为无期徒刑、有期徒刑，或者无期徒刑减为有期徒刑的裁定继续有效。

第三十四条　罪犯被裁定减刑后，刑罚执行期间因发现漏罪而数罪并罚的，原减刑裁定自动失效。如漏罪系罪犯主动交代的，对其原减去的刑期，由执行机关报请有管辖权的人民法院重新作出减刑裁定，予以确认；如漏罪系有关机关发现或者他人检举揭发的，由执行机关报请有管辖权的人民法院，在原减刑裁定减去的刑期总和之内，酌情重新裁定。

第三十五条　被判处死刑缓期执行的罪犯，在死刑缓期执行期内被发现漏罪，依据刑法第七十条规定数罪并罚，决定执行死刑缓期执行的，死刑缓期执行期间自新判决确定之日起计算，已经执行的死刑缓期执行期间计入新判决的死刑缓期执行期间内，但漏罪被判处死刑缓期执行的除外。

第三十六条　被判处死刑缓期执行的罪犯，在死刑缓期执行期满后被发现漏罪，依据刑法第七十条规定数罪并罚，决定执行死刑缓期执行的，交付执行时对罪犯实际执行无期徒刑，死缓考验期不再执行，但漏罪被判处死刑缓期执行的除外。

在无期徒刑减为有期徒刑时，前罪死刑缓期执行减为无期徒刑之日起至新判决生效之日止已经实际执行的刑期，应当计算在减刑裁定决定执行的刑期以内。

原减刑裁定减去的刑期依照本规定第三十四条处理。

第三十七条 被判处无期徒刑的罪犯在减为有期徒刑后因发现漏罪,依据刑法第七十条规定数罪并罚,决定执行无期徒刑的,前罪无期徒刑生效之日起至新判决生效之日止已经实际执行的刑期,应当在新判决的无期徒刑减为有期徒刑时,在减刑裁定决定执行的刑期内扣减。

无期徒刑罪犯减为有期徒刑后因发现漏罪判处三年有期徒刑以下刑罚,数罪并罚决定执行无期徒刑的,在新判决生效后执行一年以上,符合减刑条件的,可以减为有期徒刑,减刑幅度依照本规定第八条、第九条的规定执行。

原减刑裁定减去的刑期依照本规定第三十四条处理。

第三十八条 人民法院作出的刑事判决、裁定发生法律效力后,在依照刑事诉讼法第二百五十三条、第二百五十四条的规定将罪犯交付执行刑罚时,如果生效裁判中有财产性判项,人民法院应当将反映财产性判项执行、履行情况的有关材料一并随案移送刑罚执行机关。罪犯在服刑期间本人履行或者其亲属代为履行生效裁判中财产性判项的,应当及时向刑罚执行机关报告。刑罚执行机关报请减刑时应随案移送以上材料。

人民法院办理减刑、假释案件时,可以向原一审人民法院核实罪犯履行财产性判项的情况。原一审人民法院应当出具相关证明。

刑罚执行期间,负责办理减刑、假释案件的人民法院可以协助原一审人民法院执行生效裁判中的财产性判项。

第三十九条 本规定所称"老年罪犯",是指报请减刑、假释时年满六十五周岁的罪犯。

本规定所称"患严重疾病罪犯",是指因患有重病,久治不愈,而不能正常生活、学习、劳动的罪犯。

本规定所称"身体残疾罪犯",是指因身体有肢体或者器官残缺、功能不全或者丧失功能,而基本丧失生活、学习、劳动能力的罪犯,但是罪犯犯罪后自伤致残的除外。

对刑罚执行机关提供的证明罪犯患有严重疾病或者有身体残疾的证明文件,人民法院应当审查,必要时可以委托有关单位重新诊断、鉴定。

第四十条　本规定所称“判决执行之日”，是指罪犯实际送交刑罚执行机关之日。

本规定所称“减刑间隔时间”，是指前一次减刑裁定送达之日起至本次减刑报请之日止的期间。

第四十一条　本规定所称“财产性判项”是指判决罪犯承担的附带民事赔偿义务判项，以及追缴、责令退赔、罚金、没收财产等判项。

2.《最高人民法院关于办理减刑、假释案件具体应用法律的补充规定》(2019年6月1日起施行　法释〔2019〕6号)

为准确把握宽严相济刑事政策，严格执行《最高人民法院关于办理减刑、假释案件具体应用法律的规定》，现对《中华人民共和国刑法修正案(九)》施行后，依照刑法分则第八章贪污贿赂罪判处刑罚的原具有国家工作人员身份的罪犯的减刑、假释补充规定如下：

第一条　对拒不认罪悔罪的，或者确有履行能力而不履行或者不全部履行生效裁判中财产性判项的，不予假释，一般不予减刑。

第二条　被判处十年以上有期徒刑，符合减刑条件的，执行三年以上方可减刑；被判处不满十年有期徒刑，符合减刑条件的，执行二年以上方可减刑。

确有悔改表现或者有立功表现的，一次减刑不超过六个月有期徒刑；确有悔改表现并有立功表现的，一次减刑不超过九个月有期徒刑；有重大立功表现的，一次减刑不超过一年有期徒刑。

被判处十年以上有期徒刑的，两次减刑之间应当间隔二年以上；被判处不满十年有期徒刑的，两次减刑之间应当间隔一年六个月以上。

第三条　被判处无期徒刑，符合减刑条件的，执行四年以上方可减刑。

确有悔改表现或者有立功表现的，可以减为二十三年有期徒刑；确有悔改表现并有立功表现的，可以减为二十二年以上二十三年以下有期徒刑；有重大立功表现的，可以减为二十一年以上二十二年以下有期徒刑。

无期徒刑减为有期徒刑后再减刑时，减刑幅度比照本规定第二条的规定执行。两次减刑之间应当间隔二年以上。

第四条　被判处死刑缓期执行的，减为无期徒刑后，符合减刑条件的，执行四年以上方可减刑。

确有悔改表现或者有立功表现的,可以减为二十五年有期徒刑;确有悔改表现并有立功表现的,可以减为二十四年六个月以上二十五年以下有期徒刑;有重大立功表现的,可以减为二十四年以上二十四年六个月以下有期徒刑。

减为有期徒刑后再减刑时,减刑幅度比照本规定第二条的规定执行。两次减刑之间应当间隔二年以上。

第五条 罪犯有重大立功表现的,减刑时可以不受上述起始时间和间隔时间的限制。

第六条 对本规定所指贪污贿赂罪犯适用假释时,应当从严掌握。

(二)徇私的认定

详见本书第七章“第一节滥用职权罪、玩忽职守罪”中关于“徇私的认定”的相关内容。

(三)其他法律适用

1.《最高人民法院刑事审判第一庭审判长会议:关于被告人受贿后徇私舞弊为服刑罪犯减刑、假释的行为应定一罪还是数罪的研究意见》①

会议一致认为:被告人受贿后徇私舞弊为服刑犯减刑、假释的行为,同时符合受贿罪和徇私舞弊减刑、假释罪的犯罪构成,应当认定为受贿罪和徇私舞弊减刑、假释罪,实行两罪并罚。

2. 徇私舞弊暂予监外执行罪相关案例

【典型案例裁判指引150】林某斌徇私舞弊暂予监外执行案②:司法工作人员收受贿赂违规办理暂予监外执行构成徇私舞弊暂予监外执行罪

司法工作人员收受贿赂,对不符合减刑、假释、暂予监外执行条件的罪犯,予以减刑、假释或者暂予监外执行的,应根据案件的具体情况,依法追

---

① 参见中华人民共和国最高人民法院刑事审判一、二、三、四、五庭主办:《中国刑事审判指导案例》(第6卷),法律出版社2017年版,第481页。

② 林某斌徇私舞弊暂予监外执行案,最高人民检察院指导案例第3号(2010年)。实践中针对受贿后又徇私舞弊暂予监外执行,一般以受贿罪与徇私舞弊减刑、假释、暂予监外执行罪数罪并罚。

究刑事责任。

林某明知高某宏伪造病情，仍找到吉林监狱刑罚执行科的王某发（另案处理），让其为高某宏办理保外就医，并主持召开了对高某宏提请保外就医的监区干部讨论会。会上，林某隐瞒了高某宏伪造病情的情况，致使讨论会通过了高某宏的保外就医申请，然后其将高某宏的保外就医相关材料报到刑罚执行科。其间，高某宏授意其弟高某卫与赵某喜向林某行贿人民币5万元（林某将其中3万元交王某发）。2004年4月28日，经吉林监狱呈报，吉林省监狱管理局以高某宏双肺肺炎、感染性休克、呼吸衰竭，批准高某宏暂予监外执行一年。同年4月30日，高某宏被保外就医。2006年5月18日，高某宏被收监。

2008年10月28日，吉林省长春市宽城区人民检察院对林某涉嫌徇私舞弊暂予监外执行一案立案侦查。2009年8月4日，长春市宽城区人民检察院以林某涉嫌徇私舞弊暂予监外执行罪向长春市宽城区人民法院提起公诉。2009年10月20日，长春市宽城区人民法院作出（2009）宽刑初字第223号刑事判决，以被告人林某犯徇私舞弊暂予监外执行罪，判处有期徒刑三年。

四、定罪量刑标准

（一）司法解释等相关规定

《最高人民检察院关于渎职侵权犯罪案件立案标准的规定》（2006年7月26日起施行　高检发释字〔2006〕2号）

一、渎职犯罪案件

（十一）徇私舞弊减刑、假释、暂予监外执行案（第四百零一条）

徇私舞弊减刑、假释、暂予监外执行罪是指司法工作人员徇私舞弊，对不符合减刑、假释、暂予监外执行条件的罪犯予以减刑、假释、暂予监外执行的行为。

涉嫌下列情形之一的，应予立案：

1. 刑罚执行机关的工作人员对不符合减刑、假释、暂予监外执行条件的罪犯，捏造事实，伪造材料，违法报请减刑、假释、暂予监外执行的；

2. 审判人员对不符合减刑、假释、暂予监外执行条件的罪犯，徇私舞弊，违法裁定减刑、假释或者违法决定暂予监外执行的；

3. 监狱管理机关、公安机关的工作人员对不符合暂予监外执行条件的罪犯,徇私舞弊,违法批准暂予监外执行的;

4. 不具有报请、裁定、决定或者批准减刑、假释、暂予监外执行权的司法工作人员利用职务上的便利,伪造有关材料,导致不符合减刑、假释、暂予监外执行条件的罪犯被减刑、假释、暂予监外执行的;

5. 其他徇私舞弊减刑、假释、暂予监外执行应予追究刑事责任的情形。

(二)定罪量刑对应表

表 8-7 徇私舞弊减刑、假释、暂予监外执行罪定罪量刑对应表

徇私舞弊减刑、假释、暂予监外执行罪		情　节
第一档	3 年以下有期徒刑或者拘役	(1)刑罚执行机关工作人员对不符合条件的罪犯,捏造事实,伪造材料,违法报请;(2)审判人员对不符合条件的罪犯,徇私舞弊违法裁定或违法决定;(3)监狱管理机关、公安机关工作人员对不符合条件的罪犯,徇私舞弊违法批准;(4)不具有报请、裁定、决定或者批准相应权力的司法工作人员利用职务上的便利,伪造有关材料致使不符合条件的罪犯被减刑、假释、暂予监外执行
第二档	3 年以上 7 年以下有期徒刑	未规定

第六节　非法拘禁罪

一、犯罪主体

自然人,其中在刑法上被认定为国家机关工作人员身份的人员利用职权实施非法拘禁行为的归监察委员会管辖,司法工作人员利用职权实施的,检察机关可以管辖。

二、刑法规定

《刑法》

第二百三十八条　非法拘禁他人或者以其他方法非法剥夺他人人身自由的,处三年以下有期徒刑、拘役、管制或者剥夺政治权利。具有殴打、侮辱情节的,从重处罚。

犯前款罪,致人重伤的,处三年以上十年以下有期徒刑;致人死亡的,处十年以上有期徒刑。使用暴力致人伤残、死亡的,依照本法第二百三十四条、第二百三十二条的规定定罪处罚。

为索取债务非法扣押、拘禁他人的,依照前两款的规定处罚。

国家机关工作人员利用职权犯前三款罪的,依照前三款的规定从重处罚。

三、定罪量刑标准

(一)司法解释等相关规定

1.《最高人民检察院关于渎职侵权犯罪案件立案标准的规定》(2006年7月26日起施行　高检发释字〔2006〕2号)

二、国家机关工作人员利用职权实施的侵犯公民人身权利、民主权利犯罪案件

(一)国家机关工作人员利用职权实施的非法拘禁案(第二百三十八条)

非法拘禁罪是指以拘禁或者其他方法非法剥夺他人人身自由的行为。

国家机关工作人员利用职权非法拘禁,涉嫌下列情形之一的,应予立案:

1. 非法剥夺他人人身自由24小时以上的;

2. 非法剥夺他人人身自由,并使用械具或者捆绑等恶劣手段,或者实施殴打、侮辱、虐待行为的;

3. 非法拘禁,造成被拘禁人轻伤、重伤、死亡的;

4. 非法拘禁,情节严重,导致被拘禁人自杀、自残造成重伤、死亡,或者精神失常的;

5. 非法拘禁3人次以上的;

6. 司法工作人员对明知是没有违法犯罪事实的人而非法拘禁的;

7. 其他非法拘禁应予追究刑事责任的情形。

2.《最高人民法院、最高人民检察院关于常见犯罪的量刑指导意见(试行)》(2021年7月1日起施行 法发〔2021〕21号)

四、常见犯罪的量刑

(九)非法拘禁罪

1. 构成非法拘禁罪的,根据下列情形在相应的幅度内确定量刑起点:

(1)犯罪情节一般的,在一年以下有期徒刑、拘役幅度内确定量刑起点。

(2)致一人重伤的,在三年至五年有期徒刑幅度内确定量刑起点。

(3)致一人死亡的,在十年至十三年有期徒刑幅度内确定量刑起点。

2. 在量刑起点的基础上,根据非法拘禁人数、拘禁时间、致人伤亡后果等其他影响犯罪构成的犯罪事实增加刑罚量,确定基准刑。

非法拘禁多人多次的,以非法拘禁人数作为增加刑罚量的事实,非法拘禁次数作为调节基准刑的量刑情节。

3. 有下列情节之一的,增加基准刑的10%—20%:

(1)具有殴打、侮辱情节的;

(2)国家机关工作人员利用职权非法扣押、拘禁他人的。

(二)定罪量刑对应表

表8-8 非法拘禁罪定罪量刑对应表

非法拘禁罪		国家机关工作人员利用职权
第一档	3年以下有期徒刑、拘役、管制或者剥夺政治权利	(1)非法剥夺人身自由≥24小时;(2)使用械具或者捆绑等恶劣手段,或者实施殴打、侮辱、虐待行为;(3)造成被拘禁人轻伤以上伤势;(4)导致被拘禁人自杀、自残造成重伤、死亡,或者精神失常的;(5)非法拘禁≥3人次;(6)司法工作人员对明知是没有违法犯罪事实的人而非法拘禁

续表

非法拘禁罪		国家机关工作人员利用职权
第二档	3 年以上 10 年以下有期徒刑	致人重伤(使用暴力致人伤残要按故意伤害罪定罪量刑标准来处理,处 3 年以上 10 年以下有期徒刑,以特别残忍手段致人重伤造成严重残疾的,处 10 年以上有期徒刑、无期徒刑或者死刑)
第三档	10 年以上有期徒刑	致人死亡(使用暴力致人死亡要按故意杀人罪定罪量刑标准来处理,即处死刑、无期徒刑或者 10 年以上有期徒刑)

第七节　非法搜查罪

一、犯罪主体

自然人,其中在刑法上被认定为国家机关工作人员身份的人员利用职权实施的非法搜查行为归监察委员会管辖,司法工作人员利用职权实施的,检察机关可以管辖。

二、刑法规定

《刑法》

第二百四十五条　非法搜查他人身体、住宅,或者非法侵入他人住宅的,处三年以下有期徒刑或者拘役。

司法工作人员滥用职权,犯前款罪的,从重处罚。

三、定罪量刑标准

(一)司法解释等相关规定

《最高人民检察院关于渎职侵权犯罪案件立案标准的规定》(2006 年 7 月 26 日起施行　高检发释字〔2006〕2 号)

二、国家机关工作人员利用职权实施的侵犯公民人身权利、民主权利犯罪案件

(二)国家机关工作人员利用职权实施的非法搜查案(第二百四十

五条)

非法搜查罪是指非法搜查他人身体、住宅的行为。

国家机关工作人员利用职权非法搜查,涉嫌下列情形之一的,应予立案:

1. 非法搜查他人身体、住宅,并实施殴打、侮辱等行为的;

2. 非法搜查,情节严重,导致被搜查人或者其近亲属自杀、自残造成重伤、死亡,或者精神失常的;

3. 非法搜查,造成财物严重损坏的;

4. 非法搜查3人(户)次以上的;

5. 司法工作人员对明知是与涉嫌犯罪无关的人身、住宅非法搜查的;

6. 其他非法搜查应予追究刑事责任的情形。

(二)定罪量刑对应表

表8-9 非法搜查罪定罪量刑对应表

非法搜查罪		国家机关工作人员利用职权
第一档	3年以下有期徒刑或者拘役	(1)非法搜查他人身体、住宅并实施殴打、侮辱等行为;(2)导致被搜查人或者其近亲属自杀、自残造成重伤、死亡,或者精神失常的;(3)造成财物严重损坏的;(4)非法搜查≥3人(户)次;(5)司法工作人员对明知是与涉嫌犯罪无关的人身、住宅非法搜查

第八节 刑讯逼供罪、暴力取证罪

一、犯罪主体

司法工作人员。

二、刑法规定

《刑法》

第二百四十七条 司法工作人员对犯罪嫌疑人、被告人实行刑讯逼供或者使用暴力逼取证人证言的，处三年以下有期徒刑或者拘役。致人伤残、死亡的，依照本法第二百三十四条、第二百三十二条的规定定罪从重处罚。

三、定罪量刑标准

（一）司法解释等相关规定

《最高人民检察院关于渎职侵权犯罪案件立案标准的规定》（2006 年 7 月 26 日起施行　高检发释字〔2006〕2 号）

二、国家机关工作人员利用职权实施的侵犯公民人身权利、民主权利犯罪案件

（三）刑讯逼供案（第二百四十七条）

刑讯逼供罪是指司法工作人员对犯罪嫌疑人、被告人使用肉刑或者变相肉刑逼取口供的行为。

涉嫌下列情形之一的，应予立案：

1. 以殴打、捆绑、违法使用械具等恶劣手段逼取口供的；

2. 以较长时间冻、饿、晒、烤等手段逼取口供，严重损害犯罪嫌疑人、被告人身体健康的；

3. 刑讯逼供造成犯罪嫌疑人、被告人轻伤、重伤、死亡的；

4. 刑讯逼供，情节严重，导致犯罪嫌疑人、被告人自杀、自残造成重伤、死亡，或者精神失常的；

5. 刑讯逼供，造成错案的；

6. 刑讯逼供 3 人次以上的；

7. 纵容、授意、指使、强迫他人刑讯逼供，具有上述情形之一的；

8. 其他刑讯逼供应予追究刑事责任的情形。

（四）暴力取证案（第二百四十七条）

暴力取证罪是指司法工作人员以暴力逼取证人证言的行为。

涉嫌下列情形之一的，应予立案：

1. 以殴打、捆绑、违法使用械具等恶劣手段逼取证人证言的；

2. 暴力取证造成证人轻伤、重伤、死亡的；

3. 暴力取证，情节严重，导致证人自杀、自残造成重伤、死亡，或者精神失常的；

4. 暴力取证,造成错案的;

5. 暴力取证3人次以上的;

6. 纵容、授意、指使、强迫他人暴力取证,具有上述情形之一的;

7. 其他暴力取证应予追究刑事责任的情形。

(二)定罪量刑对应表

表8-10 刑讯逼供罪定罪量刑对应表

刑讯逼供罪		国家机关工作人员利用职权
第一档	3年以下有期徒刑或者拘役	(1)以殴打、捆绑、违法使用械具等恶劣手段逼取口供;(2)以较长时间冻、饿、晒、烤等手段逼取口供,严重损害其身体健康的;(3)致人轻伤以上;(4)导致犯罪嫌疑人、被告人自杀、自残造成重伤、死亡,或者精神失常的;(5)造成错案的;(6)刑讯逼供≥3人次;(7)纵容、授意、指使、强迫他人刑讯逼供,具有上述6种情形之一的
第二档	致人重伤的,处3年以上10年以下有期徒刑;以特别残忍手段致人重伤造成严重残疾的,处10年以上有期徒刑、无期徒刑或者死刑	致人伤残,按《刑法》第二百三十四条故意伤害罪从重处罚
第三档	处死刑、无期徒刑或者10年以上有期徒刑	致人死亡,按《刑法》第二百三十二条故意杀人罪从重处罚

表8-11 暴力取证罪定罪量刑对应表

暴力取证罪		国家机关工作人员利用职权
第一档	3年以下有期徒刑或者拘役	(1)以殴打、捆绑、违法使用械具等恶劣手段逼取证言;(2)致人轻伤以上;(3)导致证人自杀、自残造成重伤、死亡,或者精神失常的;(4)造成错案的;(5)暴力取证≥3人次;(6)纵容、授意、指使、强迫他人暴力取证,具有上述5种情形之一的

续表

暴力取证罪		国家机关工作人员利用职权
第二档	致人重伤的，处 3 年以上 10 年以下有期徒刑；以特别残忍手段致人重伤造成严重残疾的，处 10 年以上有期徒刑、无期徒刑或者死刑	致人伤残，按《刑法》第二百三十四条故意伤害罪从重处罚
第三档	处死刑、无期徒刑或者 10 年以上有期徒刑	致人死亡，按《刑法》第二百三十二条故意杀人罪从重处罚

第九节　虐待被监管人罪

一、犯罪主体

监狱、拘留所、看守所等监管机构的司法工作人员。

二、刑法规定

《刑法》

第二百四十八条　监狱、拘留所、看守所等监管机构的监管人员对被监管人进行殴打或者体罚虐待，情节严重的，处三年以下有期徒刑或者拘役；情节特别严重的，处三年以上十年以下有期徒刑。致人伤残、死亡的，依照本法第二百三十四条、第二百三十二条的规定定罪从重处罚。

监管人员指使被监管人殴打或者体罚虐待其他被监管人的，依照前款的规定处罚。

三、重点、疑难问题界定

强制隔离戒毒所工作人员能否构成虐待被监管人罪主体

《最高人民检察院关于强制隔离戒毒所工作人员能否成为虐待被监管人罪主体问题的批复》（2015 年 2 月 15 日起施行　高检发释字〔2015〕2 号）

根据有关法律规定，强制隔离戒毒所是对符合特定条件的吸毒成瘾人员限制人身自由,进行强制隔离戒毒的监管机构,其履行监管职责的工作人员属于刑法第二百四十八条规定的监管人员。

对于强制隔离戒毒所监管人员殴打或者体罚虐待戒毒人员,或者指使戒毒人员殴打、体罚虐待其他戒毒人员,情节严重的,应当适用刑法第二百四十八条的规定,以虐待被监管人罪追究刑事责任;造成戒毒人员伤残、死亡后果的,应当依照刑法第二百三十四条、第二百三十二条的规定,以故意伤害罪、故意杀人罪从重处罚。

四、定罪量刑标准

(一)司法解释等相关规定

《最高人民检察院关于渎职侵权犯罪案件立案标准的规定》(2006 年 7 月 26 日起施行　高检发释字〔2006〕2 号)

二、国家机关工作人员利用职权实施的侵犯公民人身权利、民主权利犯罪案件

(五)虐待被监管人案(第二百四十八条)

虐待被监管人罪是指监狱、拘留所、看守所、拘役所、劳教所等监管机构的监管人员对被监管人进行殴打或者体罚虐待,情节严重的行为。

涉嫌下列情形之一的,应予立案:

1. 以殴打、捆绑、违法使用械具等恶劣手段虐待被监管人的;

2. 以较长时间冻、饿、晒、烤等手段虐待被监管人,严重损害其身体健康的;

3. 虐待造成被监管人轻伤、重伤、死亡的;

4. 虐待被监管人,情节严重,导致被监管人自杀、自残造成重伤、死亡,或者精神失常的;

5. 殴打或者体罚虐待 3 人次以上的;

6. 指使被监管人殴打、体罚虐待其他被监管人,具有上述情形之一的;

7. 其他情节严重的情形。

（二）定罪量刑对应表

表 8－12　虐待被监管人罪定罪量刑对应表

虐待被监管人罪		国家机关工作人员利用职权
第一档	3 年以下有期徒刑或者拘役	(1)以殴打、捆绑、违法使用械具等恶劣手段虐待被监管人;(2)以较长时间冻、饿、晒、烤等手段虐待被监管人,严重损害其身体健康的;(3)致人轻伤以上;(4)导致被监管人自杀、自残造成重伤、死亡,或者精神失常的;(5)殴打或体罚虐待≥3 人次;(6)指使被监管人殴打、体罚虐待其他被监管人,具有上述情形之一的
第二档	致人重伤的,处 3 年以上 10 年以下有期徒刑;致人死亡或者以特别残忍手段致人重伤造成严重残疾的,处 10 年以上有期徒刑、无期徒刑或者死刑	致人伤残,按《刑法》第二百三十四条故意伤害罪从重处罚
第三档	处死刑、无期徒刑或者 10 年以上有期徒刑	致人死亡,按《刑法》第二百三十二条故意杀人罪从重处罚

第九章　其他徇私舞弊类渎职罪名释义及定罪量刑标准

第一节　徇私舞弊不移交刑事案件罪

一、犯罪主体

行政执法机关中的国家机关工作人员。

二、刑法规定

《刑法》

第四百零二条　行政执法人员徇私舞弊，对依法应当移交司法机关追究刑事责任的不移交，情节严重的，处三年以下有期徒刑或者拘役；造成严重后果的，处三年以上七年以下有期徒刑。

三、重点、疑难问题界定

（一）徇私的认定

详见本书第七章“第一节滥用职权罪、玩忽职守罪”中关于“徇私的认定”的相关内容。

（二）徇私舞弊不移交刑事案件罪的认定

【典型案例裁判指引151】胡某、郑某徇私舞弊不移交刑事案件案[①]：徇私舞弊不移交刑事案件罪中的徇私包括牟取小集体利益

被告人胡某、郑某身为工商行政执法人员，在明知查处的非法传销行为涉及经营数额巨大，依法应当移交公安机关追究刑事责任的情况下，为牟取小集体利益，隐瞒不报违法事实涉及的金额，以罚代刑，不移交公安机关处理，致使犯罪嫌疑人在行政处罚期间，继续进行违法犯罪活动，情节严重，二被告人负有不可推卸的责任，其行为均已构成徇私舞弊不移交刑事案件罪，且系共同犯罪。

【典型案例裁判指引152】《刑事审判参考》第209号[②]丁某方徇私舞弊不移交刑事案件案：如何认定徇私舞弊不移交刑事案件罪

徇私舞弊不移交刑事案件罪是指行政执法人员徇私舞弊，对依法应当移交司法机关追究刑事责任的案件不移交，情节严重的行为。本罪主体是特殊主体，只能是行政执法人员。所谓行政执法人员，根据《行政处罚法》的有关规定以及国务院《行政执法机关移送涉嫌犯罪案件的规定》第二条的规定，具体是指具有行政处罚权的行政机关或者法律、法规授权的具有管理公共事务职能，在法定授权范围内实施行政处罚的组织的工作人员。实践中，该罪的主体一般为负责查处某种行政违法案件的行政机关或部门负责人及案件承办人员。本罪的客观方面表现为行为人在行政执法过程中，发现自己查处的行政违法人（或单位）的行为已构成犯罪，依据有关法

---

① 胡某、郑某徇私舞弊不移交刑事案件案，最高人民检察院指导案例第7号（2012年）。《最高人民检察院关于渎职侵权犯罪案件立案标准的规定》中关于徇私舞弊不移交刑事案件罪的立案标准的第七项规定"直接负责的主管人员和其他直接责任人员为牟取本单位私利而不移交刑事案件，情节严重的"应予以立案，对于其他徇私舞弊类渎职案件，立案标准中若无徇单位之私可以构罪的规定，应根据《全国法院审理经济犯罪案件工作座谈会纪要》中关于"徇私"的规定来执行，即"徇私舞弊型渎职犯罪的'徇私'应理解为徇个人私情、私利。国家机关工作人员为了本单位的利益，实施滥用职权、玩忽职守行为，构成犯罪的，依照刑法第三百九十七条第一款的规定定罪处罚"。

② 参见中华人民共和国最高人民法院刑事审判一、二、三、四、五庭主办：《中国刑事审判指导案例》（第6卷），法律出版社2017年版，第589－592页。

律规定应当移交司法机关追究刑事责任,但从中予以舞弊,不移交司法机关,情节严重的行为。

构成本罪的核心是:一是“依法应当移交”而未予移交;二是未予移交是因为行为人从中实施了徇私舞弊的行为。徇私舞弊不移交刑事案件罪的客观构成行为是一种复合行为,包含作为与不作为。行为人在客观上既实施了“伪造材料、隐瞒情况、弄虚作假”的作为形式表现的“舞弊”行为,又具有“依法应当移交”而“不移交”的不作为行为。但更主要的是不作为。虽有“伪造材料、隐瞒情况、弄虚作假”的行为,但无“不移交”的行为,仍不能按本罪论处,可能构成其他犯罪。可见“依法应当移交”这一要素,是认定行为人能否构成徇私舞弊不移交刑事案件罪的一个关键要素。那么,究竟如何把握“依法应当移交”呢?根据国务院2020年颁布的《行政执法机关移送涉嫌犯罪案件的规定》第三条“行政执法机关在依法查处违法行为过程中,发现违法事实涉及的金额、违法事实的情节、违法事实造成的后果等,根据刑法关于破坏社会主义市场经济秩序罪、妨害社会管理秩序罪等罪的规定和最高人民法院、最高人民检察院关于破坏社会主义市场经济秩序罪、妨害社会管理秩序罪等罪的司法解释以及最高人民检察院、公安部关于经济犯罪案件的追诉标准等规定,涉嫌构成犯罪,依法需要追究刑事责任的,必须依照本规定向公安机关移送”的规定,判断是否“依法应当移交”的标准,只能依照上述刑事实体法律规范的要求,涉案行为的性质必须符合犯罪构成要件的规定。值得指出的是,“依法应当移交”中的所谓“依法”除指根据《刑法》及其相关的司法解释的规定,某种涉案的行为已经触犯了刑律,超出了行政执法机关的查处职权范围,必须实行移送作刑事立案查处外,还包括应当依照《刑事诉讼法》及相关司法解释的规定,必须是向有刑事侦查管辖权的公安机关或检察机关移送的案件。即“移交”应当是从行政执法机关向刑事侦查机关移交,而不是向被害人或者其他诉讼主体移交。

认定徇私舞弊不移交刑事案件罪不以未移交的犯罪嫌疑人已被生效判决确定有罪为前提。首先,本罪对“应当移交而不移交的刑事案件”中的“刑事案件”,要求的仅是进行实体上的预断,即是否涉嫌构成犯罪,而并未要求必须对此作出有罪的生效判决为前提。其次,对行政执法人员徇私舞弊未予移交的刑事案件中的犯罪嫌疑人“可能判处三年以上有期徒刑”也应当理解为是指该犯罪嫌疑人所涉嫌的犯罪依法应当适用的法定刑档次，而不是指实际判处的刑罚。如果该犯罪嫌疑人所涉嫌的犯罪应当适用的量刑档次在有期徒刑3年以上，但因其具有自首、立功等情况减轻处罚致实际判处的刑罚低于3年有期徒刑，不影响徇私舞弊不移交刑事案件罪的构成。综上所述，我们认为，司法机关在办理徇私舞弊不移交刑事案件过程中，只要根据已经掌握的事实，依据相应的刑事实体规范，足以判定徇私舞弊“未予移交的案件”已经涉嫌构成犯罪，且其犯罪嫌疑人有可能被判处3年以上有期徒刑的，即可对徇私舞弊不移交刑事案件行为人进行刑事追究，而不需要等待该“未移交的案件”的审结。

（三）其他法律适用

《最高人民法院、最高人民检察院关于办理危害生产安全刑事案件适用法律若干问题的解释》（2015年12月16日起施行　法释〔2015〕22号）

第十五条　国家机关工作人员在履行安全监督管理职责时滥用职权、玩忽职守，致使公共财产、国家和人民利益遭受重大损失的，或者徇私舞弊，对发现的刑事案件依法应当移交司法机关追究刑事责任而不移交，情节严重的，分别依照刑法第三百九十七条、第四百零二条的规定，以滥用职权罪、玩忽职守罪或者徇私舞弊不移交刑事案件罪定罪处罚。

公司、企业、事业单位的工作人员在依法或者受委托行使安全监督管理职责时滥用职权或者玩忽职守，构成犯罪的，应当依照《全国人民代表大会常务委员会关于〈中华人民共和国刑法〉第九章渎职罪主体适用问题的解释》的规定，适用渎职罪的规定追究刑事责任。

四、定罪量刑标准

（一）司法解释等相关规定

《最高人民检察院关于渎职侵权犯罪案件立案标准的规定》（2006年7月26日起施行　高检发释字〔2006〕2号）

一、渎职犯罪案件

（十二）徇私舞弊不移交刑事案件案（第四百零二条）

徇私舞弊不移交刑事案件罪是指工商行政管理、税务、监察等行政执法人员,徇私舞弊,对依法应当移交司法机关追究刑事责任的案件不移交,情节严重的行为。

涉嫌下列情形之一的,应予立案:

1. 对依法可能判处3年以上有期徒刑、无期徒刑、死刑的犯罪案件不移交的;

2. 不移交刑事案件涉及3人次以上的;

3. 司法机关提出意见后,无正当理由仍然不予移交的;

4. 以罚代刑,放纵犯罪嫌疑人,致使犯罪嫌疑人继续进行违法犯罪活动的;

5. 行政执法部门主管领导阻止移交的;

6. 隐瞒、毁灭证据,伪造材料,改变刑事案件性质的;

7. 直接负责的主管人员和其他直接责任人员为牟取本单位私利而不移交刑事案件,情节严重的;

8. 其他情节严重的情形。

(二)定罪量刑对应表

表9-1 徇私舞弊不移交刑事案件罪定罪量刑对应表

徇私舞弊不移交刑事案件罪		情节
第一档	3年以下有期徒刑或者拘役	(1)不移交可能判处3年以上有期徒刑、无期徒刑、死刑的案件;(2)不移交涉及3人次以上;(3)司法机关提出意见后无正当理由依然不移交;(4)以罚代刑放纵犯罪嫌疑人并致使其继续进行违法犯罪;(5)行政执法部门主管领导阻止移交;(6)隐瞒、毁灭证据,伪造材料改变刑事案件性质;(7)牟取本单位私利而不移交;(8)其他
第二档	3年以上7年以下有期徒刑	未规定

第二节　滥用管理公司、证券职权罪

一、犯罪主体

工商行政管理、证券管理等国家有关主管部门的国家机关工作人员。

二、刑法规定

《刑法》

第四百零三条　国家有关主管部门的国家机关工作人员，徇私舞弊，滥用职权，对不符合法律规定条件的公司设立、登记申请或者股票、债券发行、上市申请，予以批准或者登记，致使公共财产、国家和人民利益遭受重大损失的，处五年以下有期徒刑或者拘役。

上级部门强令登记机关及其工作人员实施前款行为的，对其直接负责的主管人员，依照前款的规定处罚。

三、重点、疑难问题界定

徇私的认定

详见本书第七章“第一节滥用职权罪、玩忽职守罪”中关于“徇私的认定”的相关内容。

四、定罪量刑标准

(一)司法解释等相关规定

《最高人民检察院关于渎职侵权犯罪案件立案标准的规定》(2006年7月26日起施行　高检发释字〔2006〕2号)

一、渎职犯罪案件

(十三)滥用管理公司、证券职权案(第四百零三条)

滥用管理公司、证券职权罪是指工商行政管理、证券管理等国家有关主管部门的工作人员徇私舞弊，滥用职权，对不符合法律规定条件的公司设立、登记申请或者股票、债券发行、上市申请予以批准或者登记,致使公共财产、国家和人民利益遭受重大损失的行为,以及上级部门、当地政府强令登记机关及其工作人员实施上述行为的行为。

涉嫌下列情形之一的,应予立案:

1. 造成直接经济损失50万元以上的;

2. 工商行政管理部门的工作人员对不符合法律规定条件的公司设立、登记申请,违法予以批准、登记,严重扰乱市场秩序的;

3. 金融证券管理机构工作人员对不符合法律规定条件的股票、债券发行、上市申请,违法予以批准,严重损害公众利益,或者严重扰乱金融秩序的;

4. 工商行政管理部门、金融证券管理机构的工作人员对不符合法律规定条件的公司设立、登记申请或者股票、债券发行、上市申请违法予以批准或者登记,致使犯罪行为得逞的;

5. 上级部门、当地政府直接负责的主管人员强令登记机关及其工作人员,对不符合法律规定条件的公司设立、登记申请或者股票、债券发行、上市申请予以批准或者登记,致使公共财产、国家或者人民利益遭受重大损失的;

6. 其他致使公共财产、国家和人民利益遭受重大损失的情形。

(二)定罪量刑对应表

表9-2 滥用管理公司、证券职权罪定罪量刑对应表

滥用管理公司、证券职权罪		情节
第一档	5年以下有期徒刑或者拘役	(1)直接经济损失≥50万元;(2)违法批准、登记不符合条件的公司,严重扰乱市场秩序;(3)违法批准不符合条件的股票、债券发行、上市申请,严重损害公众利益或严重扰乱金融秩序;(4)违法批准不符合条件的公司设立登记或股票、债券发行、上市申请,致使犯罪行为得逞;(5)上级部门、当地政府直接负责主管人员强令登记机关及工作人员对不符合条件予以设立登记、批准等,致使遭受重大损失的;(6)其他

第三节　徇私舞弊不征、少征税款罪

一、犯罪主体

税务机关中的国家机关工作人员。

二、刑法规定

《刑法》

第四百零四条　税务机关的工作人员徇私舞弊,不征或者少征应征税款,致使国家税收遭受重大损失的,处五年以下有期徒刑或者拘役;造成特别重大损失的,处五年以上有期徒刑。

三、重点、疑难问题界定

(一)徇私的认定

详见本书第七章“第一节滥用职权罪、玩忽职守罪”中关于“徇私的认定”的相关内容。

(二)税款损失的认定

【典型案例裁判指引 153】《刑事审判参考》第 809 号[①]杜某军徇私舞弊不征税款、受贿案:计算税款损失时要以纳税人已经实现的实际所得额作为基础

第一,徇私舞弊不征税款罪的对象要件是所涉财产属于应征税款。个人转让股权所得属于税法规定的应征税款的范围。我们认为,个人终止投资并将股权转让给他人,其股权转让所得与实际出资的差额部分,属于个人应纳税所得。周某华转让所得为 1200 万元,实际出资额为 20 万元(周某华在公司三次增资中均未实际出资),在未补充出资及缴纳相关税费的

① 参见中华人民共和国最高人民法院刑事审判一、二、三、四、五庭主办:《中国刑事审判指导案例》(第 6 卷),法律出版社 2017 年版,第 594 - 595 页。

情况下,两者之间的差额即为应纳税所得。至于周某华对其他股东是否负有补充缴纳出资义务,并不影响其个人所得税的缴纳。

第二,徇私舞弊不征税款罪的行为要件是看是否利用职务之便徇私舞弊。税务工作人员的徇私舞弊行为必须利用职务之便进行,即税务工作人员必须利用职权或者与职务有关的便利条件。徇私舞弊不征应征税款的行为可能出现在税收征管的各个环节,如税务登记、账簿凭证管理、纳税申报、税款征收以及税务检查等环节,税务工作人员只要在上述环节中违背事实法律,滥用征管职权,擅自减少应纳税额等,都是徇私舞弊行为。值得注意的是,徇私舞弊不征税款罪的行为方式属于不作为。杜某军事先已经知悉周某华在股权转让过程中有实际收益的情况,但为徇私情、私利,其安排下属工作人员到公司例行检查账面时,未将该情况告知下属,且在下属未发现疑点时,并未告知下属作进一步核查,最终导致国家税收遭受重大损失。

第三,徇私舞弊不征税款罪的税收损失数额认定是以实际取得额为计算基础。根据相关规定,股权转让合同履行完毕、股权已作变更登记,且所得已经实现的,转让人取得的股权转让收入应当依法缴纳个人所得税。在计算徇私舞弊不征税款罪造成的税款损失时,要以纳税人已经实现的实际所得额作为基础。

四、定罪量刑标准

(一)司法解释等相关规定

《最高人民检察院关于渎职侵权犯罪案件立案标准的规定》(2006年7月26日起施行 高检发释字〔2006〕2号)

一、渎职犯罪案件

(十四)徇私舞弊不征、少征税款案(第四百零四条)

徇私舞弊不征、少征税款罪是指税务机关工作人员徇私舞弊,不征、少征应征税款,致使国家税收遭受重大损失的行为。

涉嫌下列情形之一的,应予立案:

1. 徇私舞弊不征、少征应征税款,致使国家税收损失累计达10万元以上的;

2. 上级主管部门工作人员指使税务机关工作人员徇私舞弊不征、少征应征税款，致使国家税收损失累计达10万元以上的；

3. 徇私舞弊不征、少征应征税款不满10万元，但具有索取或者收受贿赂或者其他恶劣情节的；

4. 其他致使国家税收遭受重大损失的情形。

三、附则

（二）本规定所称"以上"包括本数；有关犯罪数额"不满"，是指已达到该数额百分之八十以上的。

（二）定罪量刑对应表

表9-3　徇私舞弊不征、少征税款罪定罪量刑对应表

徇私舞弊不征、少征税款罪		情　　节
第一档	5年以下有期徒刑或者拘役	根据滥用职权罪的损失数额提高到30万元的精神，立案标准宜为：经济损失≥30万元
第二档	5年以上有期徒刑	未规定

第四节　徇私舞弊发售发票、抵扣税款、出口退税罪，违法提供出口退税凭证罪

一、犯罪主体

税务机关、海关、外汇管理等部门中的国家机关工作人员。

二、刑法规定

《刑法》

第四百零五条　税务机关的工作人员违反法律、行政法规的规定，在办理发售发票、抵扣税款、出口退税工作中，徇私舞弊，致使国家利益遭受重大损失的，处五年以下有期徒刑或者拘役；致使国家利益遭受特别重

大损失的,处五年以上有期徒刑。

其他国家机关工作人员违反国家规定,在提供出口货物报关单、出口收汇核销单等出口退税凭证的工作中,徇私舞弊,致使国家利益遭受重大损失的,依照前款的规定处罚。

三、重点、疑难问题界定

徇私的认定

详见本书第七章“第一节滥用职权罪、玩忽职守罪”中关于“徇私的认定”的相关内容。

四、定罪量刑标准

(一)司法解释等相关规定

《最高人民检察院关于渎职侵权犯罪案件立案标准的规定》(2006年7月26日起施行 高检发释字〔2006〕2号)

一、渎职犯罪案件

(十五)徇私舞弊发售发票、抵扣税款、出口退税案(第四百零五条第一款)

徇私舞弊发售发票、抵扣税款、出口退税罪是指税务机关工作人员违反法律、行政法规的规定,在办理发售发票、抵扣税款、出口退税工作中徇私舞弊,致使国家利益遭受重大损失的行为。

涉嫌下列情形之一的,应予立案:

1. 徇私舞弊,致使国家税收损失累计达10万元以上的;

2. 徇私舞弊,致使国家税收损失累计不满10万元,但发售增值税专用发票25份以上或者其他发票50份以上或者增值税专用发票与其他发票合计50份以上,或者具有索取、收受贿赂或者其他恶劣情节的;

3. 其他致使国家利益遭受重大损失的情形。

(十六)违法提供出口退税凭证案(第四百零五条第二款)

违法提供出口退税凭证罪是指海关、外汇管理等国家机关工作人员违反国家规定,在提供出口货物报关单、出口收汇核销单等出口退税凭证的工作中徇私舞弊，致使国家利益遭受重大损失的行为。

涉嫌下列情形之一的，应予立案：

1. 徇私舞弊，致使国家税收损失累计达 10 万元以上的；

2. 徇私舞弊，致使国家税收损失累计不满 10 万元，但具有索取、收受贿赂或者其他恶劣情节的；

3. 其他致使国家利益遭受重大损失的情形。

三、附则

（二）本规定所称"以上"包括本数；有关犯罪数额"不满"，是指已达到该数额百分之八十以上的。

（二）定罪量刑对应表

表 9－4　徇私舞弊发售发票、抵扣税款、出口退税罪定罪量刑对应表

徇私舞弊发售发票、抵扣税款、出口退税罪		情　　节
第一档	5 年以下有期徒刑或者拘役	根据滥用职权罪的损失数额提高到 30 万元的精神，立案标准宜为：经济损失≥30 万元
第二档	5 年以上有期徒刑	未规定

表 9－5　违法提供出口退税凭证罪定罪量刑对应表

违法提供出口退税凭证罪		情　　节
第一档	5 年以下有期徒刑或者拘役	根据滥用职权罪的损失数额提高到 30 万元的精神，立案标准宜为：经济损失≥30 万元
第二档	5 年以上有期徒刑	未规定

第五节 非法批准征收、征用、占用土地罪，非法低价出让国有土地使用权罪

一、犯罪主体

负有土地管理职权的国家机关工作人员。

二、刑法规定

《刑法》

第四百一十条[①] 国家机关工作人员徇私舞弊，违反土地管理法规，滥用职权，非法批准征收、征用、占用土地，或者非法低价出让国有土地使用权，情节严重的，处三年以下有期徒刑或者拘役；致使国家或者集体利益遭受特别重大损失的，处三年以上七年以下有期徒刑。

三、重点、疑难问题界定

(一)违反土地管理法规的认定

《全国人民代表大会常务委员会关于〈中华人民共和国刑法〉第二百二十八条、第三百四十二条、第四百一十条的解释》(2009 年 8 月 27 日起施行 第十一届全国人民代表大会常务委员会第十次会议修正)

全国人民代表大会常务委员会讨论了刑法第二百二十八条、第三百四十二条、第四百一十条规定的“违反土地管理法规”和第四百一十条规定的“非法批准征收、征用、占用土地”的含义问题，解释如下：

刑法第二百二十八条、第三百四十二条、第四百一十条规定的“违反

---

① 2009 年 8 月 27 日第十一届全国人大常委会第十次会议通过《全国人民代表大会常务委员会关于修改部分法律的决定》，将《刑法》第四百一十条规定中的“征用”改为“征收、征用”，2015 年 11 月 1 日《最高人民法院、最高人民检察院关于执行〈中华人民共和国刑法〉确定罪名的补充规定(六)》将“非法批准征用、占用土地罪”改为“非法批准征收、征用、占有土地罪”。

土地管理法规”,是指违反土地管理法、森林法、草原法等法律以及有关行政法规中关于土地管理的规定。

刑法第四百一十条规定的“非法批准征收、征用、占用土地”,是指非法批准征收、征用、占用耕地、林地等农用地以及其他土地。

(二)土地的类型

《中华人民共和国土地管理法》(2020 年 1 月 1 日起施行 第十三届全国人民代表大会常务委员会第十二次会议第三次修正)

第四条 国家实行土地用途管制制度。

国家编制土地利用总体规划,规定土地用途,将土地分为农用地、建设用地和未利用地。严格限制农用地转为建设用地,控制建设用地总量,对耕地实行特殊保护。

前款所称农用地是指直接用于农业生产的土地,包括耕地、林地、草地、农田水利用地、养殖水面等;建设用地是指建造建筑物、构筑物的土地,包括城乡住宅和公共设施用地、工矿用地、交通水利设施用地、旅游用地、军事设施用地等;未利用地是指农用地和建设用地以外的土地。

使用土地的单位和个人必须严格按照土地利用总体规划确定的用途使用土地。

(三)徇私的认定

详见本书第七章“第一节滥用职权罪、玩忽职守罪”中关于“徇私的认定”的相关内容。

四、定罪量刑标准

(一)非法批准征收、征用、占有土地罪定罪量刑司法解释等相关规定

1.《最高人民法院关于审理破坏土地资源刑事案件具体应用法律若干问题的解释》(2000 年 6 月 22 日起施行 法释〔2000〕14 号)

第四条 国家机关工作人员徇私舞弊,违反土地管理法规,滥用职权,非法批准征用、占用土地,具有下列情形之一的,属于非法批准征用、

占用土地"情节严重",依照刑法第四百一十条的规定,以非法批准征用、占用土地罪定罪处罚:

(一)非法批准征用、占用基本农田十亩以上的;

(二)非法批准征用、占用基本农田以外的耕地三十亩以上的;

(三)非法批准征用、占用其他土地五十亩以上的;

(四)虽未达到上述数量标准,但非法批准征用、占用土地造成直接经济损失三十万元以上;造成耕地大量毁坏等恶劣情节的。

第五条　实施第四条规定的行为,具有下列情形之一的,属于非法批准征用、占用土地"致使国家或者集体利益遭受特别重大损失":

(一)非法批准征用、占用基本农田二十亩以上的;

(二)非法批准征用、占用基本农田以外的耕地六十亩以上的;

(三)非法批准征用、占用其他土地一百亩以上的;

(四)非法批准征用、占用土地,造成基本农田五亩以上,其他耕地十亩以上严重毁坏的;

(五)非法批准征用、占用土地造成直接经济损失五十万元以上等恶劣情节的。

第九条　多次实施本解释规定的行为依法应当追诉的,或者一年内多次实施本解释规定的行为未经处理的,按照累计的数量、数额处罚。

以上规定在司法实务中的理解与适用①

非法批准征用、占用土地造成的经济损失,主要是指因非法批准征用、占用土地致使建筑物被拆毁、拆迁等费用。

① 参见熊选国:《〈最高人民法院关于审理破坏土地资源刑事案件具体应用法律若干问题的解释〉的理解与适用》,载中华人民共和国最高人民法院刑事审判一、二、三、四、五庭主办:《中国刑事审判指导案例》(第6卷),法律出版社2017年版。

2.《最高人民法院关于审理破坏林地资源刑事案件具体应用法律若干问题的解释》①(2005年12月30日起施行 法释〔2005〕15号)

第二条 国家机关工作人员徇私舞弊,违反土地管理法规,滥用职权,非法批准征用、占用林地,具有下列情形之一的,属于刑法第四百一十条规定的"情节严重",应当以非法批准征用、占用土地罪判处三年以下有期徒刑或者拘役:

(一)非法批准征用、占用防护林地、特种用途林地数量分别或者合计达到十亩以上;

(二)非法批准征用、占用其他林地数量达到二十亩以上;

(三)非法批准征用、占用林地造成直接经济损失数额达到三十万元以上,或者造成本条第(一)项规定的林地数量分别或者合计达到五亩以上或者本条第(二)项规定的林地数量达到十亩以上毁坏。

第三条 实施本解释第二条规定的行为,具有下列情形之一的,属于刑法第四百一十条规定的"致使国家或者集体利益遭受特别重大损失",应当以非法批准征用、占用土地罪判处三年以上七年以下有期徒刑:

(一)非法批准征用、占用防护林地、特种用途林地数量分别或者合计达到二十亩以上;

(二)非法批准征用、占用其他林地数量达到四十亩以上;

(三)非法批准征用、占用林地造成直接经济损失数额达到六十万元以上,或者造成本条第(一)项规定的林地数量分别或者合计达到十亩以上或者本条第(二)项规定的林地数量达到二十亩以上毁坏。

第七条 多次实施本解释规定的行为依法应当追诉且未经处理的,应当按照累计的数量、数额处罚。

---

① 2023年8月15日起施行的《最高人民法院关于审理破坏森林资源刑事案件适用法律若干问题的解释》(法释〔2023〕8号)将《最高人民法院关于审理破坏林地资源刑事案件具体应用法律若干问题的解释》(2005年12月30日起施行 法释〔2005〕15号)予以废止,但新司法解释未包括非法批准征收、征用、占用土地罪立案标准,在新的具体规定出来之前,办案实践中可以旧司法解释中的立案标准作为参考。

3.《最高人民法院关于审理破坏草原资源刑事案件应用法律若干问题的解释》(2012年11月22日起施行　法释〔2012〕15号)

第三条　国家机关工作人员徇私舞弊,违反草原法等土地管理法规,具有下列情形之一的,应当认定为刑法第四百一十条规定的"情节严重":

(一)非法批准征收、征用、占用草原四十亩以上的;

(二)非法批准征收、征用、占用草原,造成二十亩以上草原被毁坏的;

(三)非法批准征收、征用、占用草原,造成直接经济损失三十万元以上,或者具有其他恶劣情节的。

具有下列情形之一,应当认定为刑法第四百一十条规定的"致使国家或者集体利益遭受特别重大损失":

(一)非法批准征收、征用、占用草原八十亩以上的;

(二)非法批准征收、征用、占用草原,造成四十亩以上草原被毁坏的;

(三)非法批准征收、征用、占用草原,造成直接经济损失六十万元以上,或者具有其他特别恶劣情节的。

第六条　多次实施破坏草原资源的违法犯罪行为,未经处理,应当依法追究刑事责任的,按照累计的数量、数额定罪处罚。

第七条　本解释所称"草原",是指天然草原和人工草地,天然草原包括草地、草山和草坡,人工草地包括改良草地和退耕还草地,不包括城镇草地。

4.《最高人民检察院关于渎职侵权犯罪案件立案标准的规定》(2006年7月26日起施行　高检发释字〔2006〕2号)

一、渎职犯罪案件

(二十一)非法批准征用、占用土地案(第四百一十条)

非法批准征用、占用土地罪是指国家机关工作人员徇私舞弊,违反土地管理法、森林法、草原法等法律以及有关行政法规中关于土地管理的规定,滥用职权,非法批准征用、占用耕地、林地等农用地以及其他土地,情节严重的行为。

涉嫌下列情形之一的,应予立案:

1. 非法批准征用、占用基本农田10亩以上的;

2. 非法批准征用、占用基本农田以外的耕地30亩以上的;

3. 非法批准征用、占用其他土地 50 亩以上的；

4. 虽未达到上述数量标准，但造成有关单位、个人直接经济损失 30 万元以上，或者造成耕地大量毁坏或者植被遭到严重破坏的；

5. 非法批准征用、占用土地，影响群众生产、生活，引起纠纷，造成恶劣影响或者其他严重后果的；

6. 非法批准征用、占用防护林地、特种用途林地分别或者合计 10 亩以上的；

7. 非法批准征用、占用其他林地 20 亩以上的；

8. 非法批准征用、占用林地造成直接经济损失 30 万元以上，或者造成防护林地、特种用途林地分别或者合计 5 亩以上或者其他林地 10 亩以上毁坏的；

9. 其他情节严重的情形。

（二）非法低价出让国有土地使用权罪定罪量刑司法解释等相关规定

1.《最高人民法院关于审理破坏土地资源刑事案件具体应用法律若干问题的解释》(2000 年 6 月 22 日起施行　法释〔2000〕14 号)

第六条　国家机关工作人员徇私舞弊，违反土地管理法规，非法低价出让国有土地使用权，具有下列情形之一的，属于“情节严重”，依照刑法第四百一十条的规定，以非法低价出让国有土地使用权罪定罪处罚：

（一）出让国有土地使用权面积在三十亩以上，并且出让价额低于国家规定的最低价额标准的百分之六十的；

（二）造成国有土地资产流失价额在三十万元以上的。

第七条　实施第六条规定的行为，具有下列情形之一的，属于非法低价出让国有土地使用权，“致使国家和集体利益遭受特别重大损失”：

（一）非法低价出让国有土地使用权面积在六十亩以上，并且出让价额低于国家规定的最低价额标准的百分之四十的；

（二）造成国有土地资产流失价额在五十万元以上的。

第九条　多次实施本解释规定的行为依法应当追诉的，或者一年内多次实施本解释规定的行为未经处理的,按照累计的数量、数额处罚。

2.《最高人民法院关于审理破坏林地资源刑事案件具体应用法律若干问题的解释》①(2005 年 12 月 30 日起施行　法释〔2005〕15 号)

第四条　国家机关工作人员徇私舞弊,违反土地管理法规,非法低价出让国有林地使用权,具有下列情形之一的,属于刑法第四百一十条规定的"情节严重",应当以非法低价出让国有土地使用权罪判处三年以下有期徒刑或者拘役:

(一)林地数量合计达到三十亩以上,并且出让价额低于国家规定的最低价额标准的百分之六十;

(二)造成国有资产流失价额达到三十万元以上。

第五条　实施本解释第四条规定的行为,造成国有资产流失价额达到六十万元以上的,属于刑法第四百一十条规定的"致使国家和集体利益遭受特别重大损失",应当以非法低价出让国有土地使用权罪判处三年以上七年以下有期徒刑。

第七条　多次实施本解释规定的行为依法应当追诉且未经处理的,应当按照累计的数量、数额处罚。

3.《最高人民检察院关于渎职侵权犯罪案件立案标准的规定》(2006 年 7 月 26 日起施行　高检发释字〔2006〕2 号)

一、渎职犯罪案件

(二十二)非法低价出让国有土地使用权案(第四百一十条)

非法低价出让国有土地使用权罪是指国家机关工作人员徇私舞弊,违反土地管理法、森林法、草原法等法律以及有关行政法规中关于土地管理的规定,滥用职权,非法低价出让国有土地使用权,情节严重的行为。

涉嫌下列情形之一的,应予立案:

1. 非法低价出让国有土地 30 亩以上,并且出让价额低于国家规定的

---

① 2023 年 8 月 15 日起施行的《最高人民法院关于审理破坏森林资源刑事案件适用法律若干问题的解释》(法释〔2023〕8 号)将《最高人民法院关于审理破坏林地资源刑事案件具体应用法律若干问题的解释》(2005 年 12 月 30 日起施行　法释〔2005〕15 号)予以废止,但新司法解释未包括非法低价出让国有土地使用权罪立案标准,在新的具体规定出来之前,办案实践中可以旧司法解释中的立案标准作为参考。

最低价额标准的百分之六十的；

2. 造成国有土地资产流失价额 30 万元以上的；

3. 非法低价出让国有土地使用权，影响群众生产、生活，引起纠纷，造成恶劣影响或者其他严重后果的；

4. 非法低价出让林地合计 30 亩以上，并且出让价额低于国家规定的最低价额标准的百分之六十的；

5. 造成国有资产流失 30 万元以上的；

6. 其他情节严重的情形。

（三）定罪量刑对应表

表 9－6　非法批准征收、征用、占用土地罪定罪量刑对应表

非法批准征收、征用、占用土地罪		经济损失	土地	林地	草原	其他
第一档	3 年以下有期徒刑或者拘役	土地、林地、草原国家资产流失价额≥30 万元	(1)基本农田≥10 亩；(2)基本农田以外耕地≥30 亩；(3)其他土地≥50 亩	(1)防护林地、特种用途林地分别或合计≥10 亩；(2)其他林地≥20 亩；(3)防护林地、特种用途林地分别或合计≥5 亩或者被毁坏或其他林地≥10 亩	(1)≥40 亩；(2)≥20 亩被毁坏	(1)耕地大量毁坏或植被遭到严重破坏；(2)影响群众生产、生活，引起纠纷，造成恶劣影响或者其他严重后果
第二档	3 年以上 7 年以下有期徒刑	(1)土地国有资产流失价额≥50 万元；(2)林地或草原国家资产流失价额≥60 万元	(1)基本农田≥20 亩；(2)基本农田以外耕地≥60 亩；(3)其他土地≥100 亩；(4)基本农田≥5 亩且其他耕地≥10 亩	(1)防护林地、特种用途林地分别或合计≥20 亩；(2)其他林地≥40 亩；(3)防护林地、特种用途林地分别或合计≥10 亩被毁坏或其他林地≥20 亩被毁坏	(1)≥80 亩；(2)≥40 亩被毁坏	未规定

表 9－7　非法低价出让国有土地使用权罪定罪量刑对应表

非法低价出让国有土地使用权罪		经济损失	土地	林地	草原	其他
第一档	3 年以下有期徒刑或者拘役	(1)土地、林地:≥30 万元;(2)草原未规定	≥30 亩且出让价额低于国家规定最低价额 60%	防护林地、特种用途林地或者其他林地等林地数量合计≥30 亩且出让价额低于国家规定的最低价额的 60%	未规定	影响群众生产、生活,引起纠纷,造成恶劣影响或者其他严重后果
第二档	3 年以上 7 年以下有期徒刑	(1)土地:≥50 万元;(2)林地:≥60 万元;(3)草原未规定	≥60 亩且出让价额低于国家规定最低价额 40%	未规定	未规定	未规定

第六节　放纵走私罪

一、犯罪主体

海关中的国家机关工作人员。

二、刑法规定

《刑法》

第四百一十一条　海关工作人员徇私舞弊,放纵走私,情节严重的,处五年以下有期徒刑或者拘役;情节特别严重的,处五年以上有期徒刑。

三、重点、疑难问题界定

(一)徇私的认定

详见本书第七章“第一节滥用职权罪、玩忽职守罪”中关于“徇私的认定”的相关内容。

（二）放纵走私罪的认定

1.《最高人民法院、最高人民检察院、海关总署关于办理走私刑事案件适用法律若干问题的意见》(2002年7月8日起施行　法〔2002〕139号)

十六、关于放纵走私罪的认定问题

依照刑法第四百一十一条的规定，负有特定监管义务的海关工作人员徇私舞弊，利用职权，放任、纵容走私犯罪行为，情节严重的，构成放纵走私罪。放纵走私行为，一般是消极的不作为。如果海关工作人员与走私分子通谋，在放纵走私过程中以积极的行为配合走私分子逃避海关监管或者在放纵走私之后分得赃款的，应以共同走私犯罪追究刑事责任。

海关工作人员收受贿赂又放纵走私的，应以受贿罪和放纵走私罪数罪并罚。

2.《最高人民法院、最高人民检察院关于办理渎职刑事案件适用法律若干问题的解释(一)》(2013年1月9日起施行　法释〔2012〕18号)

第四条　国家机关工作人员实施渎职行为，放纵他人犯罪或者帮助他人逃避刑事处罚，构成犯罪的，依照渎职罪的规定定罪处罚。

国家机关工作人员与他人共谋，利用其职务行为帮助他人实施其他犯罪行为，同时构成渎职犯罪和共谋实施的其他犯罪共犯的，依照处罚较重的规定定罪处罚。

国家机关工作人员与他人共谋，既利用其职务行为帮助他人实施其他犯罪，又以非职务行为与他人共同实施该其他犯罪行为，同时构成渎职犯罪和其他犯罪的共犯的，依照数罪并罚的规定定罪处罚。

以上规定在司法实务中的理解与适用[①]

《最高人民法院、最高人民检察院关于办理渎职刑事案件适用法律若

① 参见苗有水、刘为波：《〈关于办理渎职刑事案件具体应用法律若干问题的解释(一)〉的理解与适用》，载中华人民共和国最高人民法院刑事审判一、二、三、四、五庭主办：《中国刑事审判指导案例》(第6卷)，法律出版社2017年版。

干问题的解释(一)》(以下简称《办理渎职案件适用法律的解释(一)》)施行后,一些地方对2002年《最高人民法院、最高人民检察院、海关总署关于办理走私刑事案件适用法律若干问题的意见》(以下简称《关于办理走私案件适用法律的意见》)第十六条第一款规定提出了不同看法,其规定为:"依照刑法第四百一十一条的规定,负有特定监管义务的海关工作人员徇私舞弊,利用职权,放任、纵容走私犯罪行为,情节严重的,构成放纵走私罪。放纵走私行为,一般是消极的不作为。如果海关工作人员与走私分子通谋,在放纵走私过程中以积极的行为配合走私分子逃避海关监管或者在放纵走私之后分得赃款的,应以共同走私犯罪追究刑事责任。"对此,我们的看法是,首先,《办理渎职案件适用法律的解释(一)》第四条第一款、第二款规定与《关于办理走私案件适用法律的意见》规定的基本精神是契合的。其次,该意见关于作为还是不作为、是否分得赃物等具体行为方式的规定,更多的是为了给"通谋"的司法认定提供客观判断指引。《办理渎职案件适用法律的解释(一)》在《关于办理走私案件适用法律的意见》规定的基础上做了必要的调整和完善,以后相关案件的处理统一适用《办理渎职案件适用法律的解释(一)》规定。①

四、定罪量刑标准

(一)司法解释等相关规定

《最高人民检察院关于渎职侵权犯罪案件立案标准的规定》(2006年7月26日起施行 高检发释字〔2006〕2号)

一、渎职犯罪案件

(二十三)放纵走私案(第四百一十一条)

放纵走私罪是指海关工作人员徇私舞弊,放纵走私,情节严重的行为。

涉嫌下列情形之一的,应予立案:

---

① 即《办理渎职案件适用法律的解释(一)》施行后,关于海关人员放任、纵容走私犯罪行为,《关于办理走私案件适用法律的意见》中的处理意见与《办理渎职案件适用法律的解释(一)》有冲突的,按照《办理渎职案件适用法律的解释(一)》第四条规定的三种情形进行处理。

1. 放纵走私犯罪的；
2. 因放纵走私致使国家应收税额损失累计达10万元以上的；
3. 放纵走私行为3起次以上的；
4. 放纵走私行为，具有索取或者收受贿赂情节的；
5. 其他情节严重的情形。

（二）定罪量刑对应表

表9-8　放纵走私罪定罪量刑对应表

放纵走私罪		经济损失	其他情节
第一档	5年以下有期徒刑或者拘役	根据滥用职权罪的损失数额提高到30万元的精神，立案标准宜为：经济损失≥30万元	(1)放纵走私犯罪的；(2)放纵走私行为3次以上的；(3)放纵走私行为，具有索取或者收受贿赂情节的
第二档	5年以上有期徒刑	未规定	未规定

第七节　放纵制售伪劣商品犯罪行为罪

一、犯罪主体

负有查处生产、销售伪劣商品职能的部门中的国家机关工作人员。

二、刑法规定

《刑法》

第四百一十四条　对生产、销售伪劣商品犯罪行为负有追究责任的国家机关工作人员，徇私舞弊，不履行法律规定的追究职责，情节严重的，处五年以下有期徒刑或者拘役。

三、重点、疑难问题界定

（一）徇私的认定

详见本书第七章“第一节滥用职权罪、玩忽职守罪”中关于“徇私的认定”的相关内容。

(二)其他法律适用

《最高人民法院、最高人民检察院关于办理危害食品安全刑事案件适用法律若干问题的解释》(2022年1月1日起施行 法释〔2021〕24号)

第二十条 负有食品安全监督管理职责的国家机关工作人员滥用职权或者玩忽职守,构成食品监管渎职罪,同时构成徇私舞弊不移交刑事案件罪、商检徇私舞弊罪、动植物检疫徇私舞弊罪、放纵制售伪劣商品犯罪行为罪等其他渎职犯罪的,依照处罚较重的规定定罪处罚。

负有食品安全监督管理职责的国家机关工作人员滥用职权或者玩忽职守,不构成食品监管渎职罪,但构成前款规定的其他渎职犯罪的,依照该其他犯罪定罪处罚。

负有食品安全监督管理职责的国家机关工作人员与他人共谋,利用其职务行为帮助他人实施危害食品安全犯罪行为,同时构成渎职犯罪和危害食品安全犯罪共犯的,依照处罚较重的规定定罪从重处罚。

四、定罪量刑标准

(一)司法解释等相关规定

1.《最高人民法院、最高人民检察院关于办理生产、销售伪劣商品刑事案件具体应用法律若干问题的解释》(2001年4月10日起施行 法释〔2001〕10号)

第一条 刑法第一百四十条规定的“在产品中掺杂、掺假”,是指在产品中掺入杂质或者异物,致使产品质量不符合国家法律、法规或者产品明示质量标准规定的质量要求,降低、失去应有使用性能的行为。

刑法第一百四十条规定的“以假充真”,是指以不具有某种使用性能的产品冒充具有该种使用性能的产品的行为。

刑法第一百四十条规定的“以次充好”,是指以低等级、低档次产品冒充高等级、高档次产品,或者以残次、废旧零配件组合、拼装后冒充正品或者新产品的行为。

刑法第一百四十条规定的“不合格产品”,是指不符合《中华人民共和国产品质量法》第二十六条第二款规定的质量要求的产品。

对本条规定的上述行为难以确定的,应当委托法律、行政法规规定的产品质量检验机构进行鉴定。

第八条　国家机关工作人员徇私舞弊,对生产、销售伪劣商品犯罪不履行法律规定的查处职责,具有下列情形之一的,属于刑法第四百一十四条规定的“情节严重”:

(一)放纵生产、销售假药或者有毒、有害食品犯罪行为的;

(二)放纵依法可能判处二年有期徒刑以上刑罚的生产、销售伪劣商品犯罪行为的;

(三)对三个以上有生产、销售伪劣商品犯罪行为的单位或者个人不履行追究职责的;

(四)致使国家和人民利益遭受重大损失或者造成恶劣影响的。

第十二条　国家机关工作人员参与生产、销售伪劣商品犯罪的,从重处罚。

2.《最高人民检察院关于渎职侵权犯罪案件立案标准的规定》(2006年7月26日起施行　高检发释字〔2006〕2号)

一、渎职犯罪案件

(二十八)放纵制售伪劣商品犯罪行为案(第四百一十四条)

放纵制售伪劣商品犯罪行为罪是指对生产、销售伪劣商品犯罪行为负有追究责任的国家机关工作人员徇私舞弊,不履行法律规定的追究职责,情节严重的行为。

涉嫌下列情形之一的,应予立案:

1. 放纵生产、销售假药或者有毒、有害食品犯罪行为的;

2. 放纵生产、销售伪劣农药、兽药、化肥、种子犯罪行为的;

3. 放纵依法可能判处3年有期徒刑以上刑罚的生产、销售伪劣商品犯罪行为的;

4. 对生产、销售伪劣商品犯罪行为不履行追究职责,致使生产、销售伪劣商品犯罪行为得以继续的;

5. 3次以上不履行追究职责,或者对3个以上有生产、销售伪劣商品犯罪行为的单位或者个人不履行追究职责的;

6. 其他情节严重的情形。

(二)定罪量刑对应表

表 9－9　放纵制售伪劣商品犯罪行为罪定罪量刑对应表

放纵制售伪劣商品犯罪行为罪		情　　节
第一档	5 年以下有期徒刑或者拘役	(1)放纵生产、销售假药或者有毒、有害食品犯罪行为;(2)放纵生产、销售伪劣农药、兽药、化肥、种子犯罪行为的;(3)放纵依法可能判处 3 年有期徒刑以上刑罚的生产、销售伪劣商品犯罪行为的,或者对生产、销售伪劣商品犯罪行为不履行追究职责,致使生产、销售伪劣商品犯罪行为得以继续的;(4)≥3 次不履行追究职责,或者对≥3 个有生产、销售伪劣商品犯罪行为的单位或者个人不履行追究职责的

第八节　招收公务员、学生徇私舞弊罪

一、犯罪主体

负责招收公务员、学生工作的部门中的国家机关工作人员。

二、刑法规定

《刑法》

第四百一十八条　国家机关工作人员在招收公务员、学生工作中徇私舞弊,情节严重的,处三年以下有期徒刑或者拘役。

三、重点、疑难问题界定

(一)徇私的认定

详见本书第七章“第一节滥用职权罪、玩忽职守罪”中关于“徇私的认定”的相关内容。

(二)其他法律适用

1.《最高人民法院刑二庭审判长会议:关于教师能否成为招收学生徇私舞弊罪主体问题》[①]

关于教师能否成为招收学生徇私舞弊罪主体的问题,刑二庭审判长会议进行了讨论,纪要如下:

刑法第四百一十八条所规定的招收学生徇私舞弊罪的主体是国家机关工作人员,学校的教师属于文教事业单位人员,不属于国家机关工作人员,因此不能成为招收学生徇私舞弊罪的构成主体;教师接受委托或者聘请临时担任考试监考员等与招收学生相关职务的,并不具有国家机关工作人员身份,同样不能成为招收学生徇私舞弊罪的犯罪主体。

2.公安人员为"高考移民"违规办理户口构成招收学生徇私舞弊罪

【典型案例裁判指引154】徐某利、张某军招收学生徇私舞弊案[②]:公安人员为"高考移民"违规办理户口构成招收学生徇私舞弊罪

内蒙古自治区高级人民法院经审理认为,户籍管理工作是招生工作的一部分,原审被告人徐某利、张某军属于特指的国家机关中负责招收学生工作的工作人员,符合招生舞弊罪的主体要件。二人身为国家机关工作人员,因为徐某利老乡请托而徇私情随意行使手中的职权,违反户籍管理规定办理虚假户籍,造成严重社会影响,从犯罪客体及具体行为特征来看,属于徇私舞弊类犯罪,按照"特殊优于一般"的原则,二人行为构成招收学生徇私舞弊罪。二人行为虽造成较严重的社会影响,但没有造成不合格学生被录取而排挤当地考生等后果,且有中止犯罪的行为表现,因此可认为犯罪情节轻微,可以免予刑事处罚。

---

① 参见中华人民共和国最高人民法院刑事审判一、二、三、四、五庭主办:《中国刑事审判指导案例》(第6卷),法律出版社2017年版,第716页。

② 参见最高人民法院中国应用法学研究所编:《人民法院案例选》(2017年第8辑),人民法院出版社2017年版,第4208页。

四、定罪量刑标准

(一)司法解释等相关规定

《最高人民检察院关于渎职侵权犯罪案件立案标准的规定》(2006 年 7 月 26 日起施行　高检发释字〔2006〕2 号)

一、渎职犯罪案件

(三十四)招收公务员、学生徇私舞弊案(第四百一十八条)

招收公务员、学生徇私舞弊罪是指国家机关工作人员在招收公务员、省级以上教育行政部门组织招收的学生工作中徇私舞弊,情节严重的行为。

涉嫌下列情形之一的,应予立案:

1. 徇私舞弊,利用职务便利,伪造、变造人事、户口档案、考试成绩或者其他影响招收工作的有关资料,或者明知是伪造、变造的上述材料而予以认可的;

2. 徇私舞弊,利用职务便利,帮助 5 名以上考生作弊的;

3. 徇私舞弊招收不合格的公务员、学生 3 人次以上的;

4. 因徇私舞弊招收不合格的公务员、学生,导致被排挤的合格人员或者其近亲属自杀、自残造成重伤、死亡,或者精神失常的;

5. 因徇私舞弊招收公务员、学生,导致该项招收工作重新进行的;

6. 其他情节严重的情形。

(二)定罪量刑对应表

表 9-10　招收公务员、学生徇私舞弊罪定罪量刑对应表

招收公务员、学生徇私舞弊罪		情　　节
第一档	3 年以下有期徒刑或者拘役	(1)伪造、变造人事、户口档案、考试成绩或者其他影响招收工作的有关资料,或者明知是伪造、变造的上述材料而予以认可的;(2)利用职务便利帮助考生作弊≥5 名;(3)招收不合格的公务员、学生≥3 人次,导致被排挤的合格人员或者其近亲属自杀、自残造成重伤、死亡,或者精神失常的;(4)导致该项招收工作重新进行的

第十章　其他渎职类罪名释义及定罪量刑标准

第一节　枉法仲裁罪

一、犯罪主体

依法承担仲裁职责部门中的人员。

二、刑法规定

《刑法》

第三百九十九条之一[①]　依法承担仲裁职责的人员，在仲裁活动中故意违背事实和法律作枉法裁决，情节严重的，处三年以下有期徒刑或者拘役；情节特别严重的，处三年以上七年以下有期徒刑。

三、重点、疑难问题界定

（一）承担仲裁职责人员的认定

枉法仲裁罪的解读[②]

《刑法修正案（六）》将枉法仲裁行为增加规定为犯罪。修正案新增本

---

① 2006年6月29日起施行的《刑法修正案（六）》增设，因此在适用该条款时特别要注意犯罪行为的时间在2006年6月29日之前还是之后，准确适用刑法从旧兼从轻原则。

② 参见黄太云：《〈中华人民共和国刑法修正案（六）〉的理解与适用》，载中华人民共和国最高人民法院刑事审判一、二、三、四、五庭主办：《中国刑事审判指导案例》（第6卷），法律出版社2017年版。

条将犯罪主体规定为“依法承担仲裁职责的人员”,是指依据法律、行政法规和部门规章的规定承担仲裁职责的人员,不仅包括依据《仲裁法》的规定,在独立于行政机关,与行政机关没有隶属关系的仲裁委员会对民商事争议承担仲裁职责的人员,而且包括依据《劳动法》《公务员法》《体育法》《著作权法》《反兴奋剂条例》等规定,在有政府行政主管部门代表参加组成的仲裁机构中对法律、行政法规、部门规章规定的特殊争议承担仲裁职责的人员。

(二)法律、法规中仲裁机构的规定

1.《中华人民共和国仲裁法》(2018年1月1日起施行　第十二届全国人民代表大会常务委员会第二十九次会议修正)

第六条　仲裁委员会应当由当事人协议选定。

仲裁不实行级别管辖和地域管辖。

第十条　仲裁委员会可以在直辖市和省、自治区人民政府所在地的市设立,也可以根据需要在其他设区的市设立,不按行政区划层层设立。

仲裁委员会由前款规定的市的人民政府组织有关部门和商会统一组建。

设立仲裁委员会,应当经省、自治区、直辖市的司法行政部门登记。

第十二条　仲裁委员会由主任一人、副主任二至四人和委员七至十一人组成。

仲裁委员会的主任、副主任和委员由法律、经济贸易专家和有实际工作经验的人员担任。仲裁委员会的组成人员中,法律、经济贸易专家不得少于三分之二。

2.《中华人民共和国劳动法》(2018年12月29日起施行　第十三届全国人民代表大会常务委员会第七次会议修正)

第八十一条　劳动争议仲裁委员会由劳动行政部门代表、同级工会代表、用人单位方面的代表组成。劳动争议仲裁委员会主任由劳动行政部门代表担任。

3.《中华人民共和国劳动争议调解仲裁法》(2008年5月1日起施行　第十届全国人民代表大会常务委员会第三十一次会议通过)

第十九条第一款　劳动争议仲裁委员会由劳动行政部门代表、工会代表和企业方面代表组成。劳动争议仲裁委员会组成人员应当是单数。

4.《中华人民共和国农村土地承包经营纠纷调解仲裁法》(2010年1月1日起施行　第十一届全国人民代表大会常务委员会第九次会议通过)

第十二条　农村土地承包仲裁委员会,根据解决农村土地承包经营纠纷的实际需要设立。农村土地承包仲裁委员会可以在县和不设区的市设立,也可以在设区的市或者其市辖区设立。

农村土地承包仲裁委员会在当地人民政府指导下设立。设立农村土地承包仲裁委员会的,其日常工作由当地农村土地承包管理部门承担。

第十三条　农村土地承包仲裁委员会由当地人民政府及其有关部门代表、有关人民团体代表、农村集体经济组织代表、农民代表和法律、经济等相关专业人员兼任组成,其中农民代表和法律、经济等相关专业人员不得少于组成人员的二分之一。

农村土地承包仲裁委员会设主任一人、副主任一至二人和委员若干人。主任、副主任由全体组成人员选举产生。

5.《中华人民共和国公务员法》(2019年6月1日起施行　第十三届全国人民代表大会常务委员会第七次会议修订)

第一百零五条　聘任制公务员与所在机关之间因履行聘任合同发生争议的,可以自争议发生之日起六十日内申请仲裁。

省级以上公务员主管部门根据需要设立人事争议仲裁委员会,受理仲裁申请。人事争议仲裁委员会由公务员主管部门的代表、聘用机关的代表、聘任制公务员的代表以及法律专家组成。

当事人对仲裁裁决不服的,可以自接到仲裁裁决书之日起十五日内向人民法院提起诉讼。仲裁裁决生效后,一方当事人不履行的,另一方当事人可以申请人民法院执行。

6.《中华人民共和国体育法》(2023年1月1日起施行　第十三届全国人民代表大会常务委员会第三十五次会议修订)

第九十三条　国务院体育行政部门依照本法组织设立体育仲裁委员会,制定体育仲裁规则。

体育仲裁委员会由体育行政部门代表、体育社会组织代表、运动员代表、教练员代表、裁判员代表以及体育、法律专家组成,其组成人数应当是单数。

体育仲裁委员会应当设仲裁员名册。仲裁员具体条件由体育仲裁规则规定。

(三)枉法仲裁罪的认定

【典型案例裁判指引155】梁某涛枉法仲裁案①:枉法仲裁行为情节严重的认定可参照民事、行政枉法裁判罪的立案标准

由于枉法仲裁罪的犯罪构成要件除了犯罪主体以外,其余均与民事、行政枉法裁判罪相似,所以审判实践中基本参照民事、行政枉法裁判罪的立案标准。

此案中,被告人梁某涛作为首席仲裁员,在他人的说情下,明知是伪造的证据予以采信,且违反法定程序即在变更仲裁员未通知被申请人的情况下缺席审理,以及未合议的情况下,作出枉法仲裁裁决,符合《最高人民检察院关于渎职侵权犯罪案件立案标准的规定》中民事、行政枉法裁判案第六项之规定②,属"情节严重",构成枉法仲裁罪。同时,被告人梁某涛作为首席仲裁员,在共同犯罪中发挥重要作用,系主犯;徇私情、私利,对于明知是伪造的证据予以采信,并违反法定程序,在未合议的情况下,违法作出了26份虚假的劳动仲裁裁决书,并已生效,涉案标的达200余万元,虽未实际造成财产损失,但严重扰乱了仲裁秩序、降低了仲裁机构的威信及群众对仲裁活动公正性的信赖,并使被申请人的其他债权人的权利受到威胁,手段较恶劣,后果较严重,该枉法仲裁之行为不属于情节轻微不需要判处刑罚的情形,一审法院判处免予刑事处罚不妥,二审法院根据被告人认罪态度及其身体状况(患胃癌并经医院手术切除)等,依法判处其有期徒刑2

---

① 参见最高人民法院中国应用法学研究所编:《人民法院案例选》(2017年第8辑),人民法院出版社2017年版,第4170页。

② 《最高人民检察院关于渎职侵权犯罪案件立案标准的规定》的民事、行政枉法裁判罪的立案标准第六项为"徇私情、私利,明知是伪造、变造的证据予以采信,或者故意对应当采信的证据不予采信,或者故意违反法定程序,或者故意错误适用法律而枉法裁判的"。

年,缓刑3年,应当说是正确的。

【典型案例裁判指引156】《刑事审判参考》第1402号[①]曾某明枉法仲裁案:劳动仲裁中的枉法调解行为构成枉法仲裁罪,立案标准可参考民事、行政枉法裁判罪

劳动仲裁中的仲裁员与民商事仲裁中的仲裁员一样,都是受聘任从事仲裁业务的。劳动仲裁裁决的作出,也体现了仲裁的民间性、社会性。劳动仲裁中的枉法调解行为应纳入枉法仲裁罪规制范围,需要明确的是,这里所说的"调解",是《劳动争议调解仲裁法》第三章"仲裁"中的调解,而非《劳动争议调解仲裁法》第二章"调解"中的调解组织进行的调解活动。仲裁调解,是指在仲裁程序中,双方当事人在仲裁庭的主持下,自愿协商、相互谅解,就争议的解决达成协议的活动。在案件受理后仲裁裁决作出之前,仲裁庭经双方当事人同意,均能进行调解。枉法仲裁罪的犯罪对象是仲裁裁决,仲裁裁决是仲裁庭按照《仲裁法》和仲裁规则在审理案件过程中或审结后,根据查明的事实和认定的证据,依法对当事人提交仲裁的争议事项所作的权威性决断。仲裁活动中的枉法调解行为,也应当属于枉法仲裁罪的规制范围,理由是:(1)劳动仲裁中的调解属于仲裁活动;(2)仲裁调解书与裁决书具有同等法律效力;(3)枉法调解的社会危害性与枉法裁决并无本质差别。

枉法仲裁中的"情节严重"是区分枉法仲裁行为罪与非罪的一个重要标准。对于"情节严重"的标准,目前虽然没有相关司法解释予以明确,但考虑枉法仲裁罪的犯罪构成要件除了犯罪主体以外,其余犯罪构成要件均与民事、行政枉法裁判罪相似,司法实践中可以参照民事、行政枉法裁判罪的立案标准。

---

① 参见最高人民法院刑事审判第一、二、三、四、五庭编:《刑事审判参考》(总第125辑),人民法院出版社2020年版,第137-143页。

四、定罪量刑标准

(一)司法解释等相关规定(立案标准参照民事、行政枉法裁判罪)

《最高人民检察院关于渎职侵权犯罪案件立案标准的规定》(2006年7月26日起施行 高检发释字〔2006〕2号)

一、渎职犯罪案件

(六)民事、行政枉法裁判案(第三百九十九条第二款)

民事、行政枉法裁判罪是指司法工作人员在民事、行政审判活动中,故意违背事实和法律作枉法裁判,情节严重的行为。

涉嫌下列情形之一的,应予立案:

1. 枉法裁判,致使当事人或者其近亲属自杀、自残造成重伤、死亡,或者精神失常的;

2. 枉法裁判,造成个人财产直接经济损失10万元以上,或者直接经济损失不满10万元,但间接经济损失50万元以上的;

3. 枉法裁判,造成法人或者其他组织财产直接经济损失20万元以上,或者直接经济损失不满20万元,但间接经济损失100万元以上的;

4. 伪造、变造有关材料、证据,制造假案枉法裁判的;

5. 串通当事人制造伪证,毁灭证据或者篡改庭审笔录而枉法裁判的;

6. 徇私情、私利,明知是伪造、变造的证据予以采信,或者故意对应当采信的证据不予采信,或者故意违反法定程序,或者故意错误适用法律而枉法裁判的;

7. 其他情节严重的情形。

（二）定罪量刑对应表

表10－1　枉法仲裁罪定罪量刑对应表

枉法仲裁罪		经济损失	其他情节
第一档	3年以下有期徒刑或者拘役	根据滥用职权罪的损失数额提高到30万元的精神，立案标准宜为：经济损失≥30万元	(1)使人自杀、自残造成重伤、死亡，或者精神失常的；(2)伪造、变造有关材料、证据，制造假案而枉法；(3)串通当事人制造伪证，毁灭证据或者篡改庭审笔录而枉法；(4)徇私情、私利，明知是伪造、变造的证据予以采信，或者故意对应当采信的证据不予采信，或者故意违反法定程序，或者故意错误适用法律而枉法
第二档	3年以上7年以下有期徒刑	未规定	未规定

第二节　国家机关工作人员签订、履行合同失职被骗罪

一、犯罪主体

国家机关工作人员。

二、刑法规定

《刑法》

第四百零六条　国家机关工作人员在签订、履行合同过程中，因严重不负责任被诈骗，致使国家利益遭受重大损失的，处三年以下有期徒刑或者拘役；致使国家利益遭受特别重大损失的，处三年以上七年以下有期徒刑。

三、重点、疑难问题界定

国家机关工作人员签订、履行合同失职被骗罪是否以对方构成诈骗犯罪为要件

《最高人民法院刑事审判第二庭审判长会议:关于签订、履行合同失职被骗罪是否以对方当事人的行为构成诈骗犯罪为要件的意见》①

关于刑法第一百六十七条规定的“签订、履行合同失职被骗罪”和第四百零六条规定的“国家机关工作人员签订、履行合同失职被骗罪”是否以对方构成诈骗犯罪为要件的问题,最高人民法院刑二庭审判长会议进行了研究,纪要如下:

认定签订、履行合同失职被骗罪和国家机关工作人员签订、履行合同失职被骗罪应当以对方当事人涉嫌诈骗,行为构成犯罪为前提。但司法机关在办理或者审判行为人被指控犯有上述两罪的案件过程中,不能以对方当事人已经被人民法院判决构成诈骗犯罪作为认定本案当事人构成签订、履行合同失职被骗罪或者国家机关工作人员签订、履行合同失职被骗罪的前提。也就是说,司法机关在办理案件过程中,只要认定对方当事人的行为已经涉嫌构成诈骗犯罪,就可依法认定行为人构成签订、履行合同失职被骗罪或者国家机关工作人员签订、履行合同失职被骗罪,而不需要搁置或者中止审理,直至对方当事人被人民法院审理并判决构成诈骗犯罪。

【典型案例裁判指引157】《刑事审判参考》第1353号②王某筠等国家机关工作人员签订、履行合同失职被骗案:虽未在合同上签字署名,但接受委派,在负责签订、履行合同的调查、核实、商谈等工作过程中,严重不负责任被骗构成国家机关工作人员签订、履行合同失职被骗罪

在市场经济下,合同是市场主体之间发生经济关系,进行生产、经营等

---

① 参见中华人民共和国最高人民法院刑事审判一、二、三、四、五庭主办:《中国刑事审判指导案例》(第6卷),法律出版社2017年版,第716页。

② 参见中华人民共和国最高人民法院刑事审判第一、二、三、四、五庭主办:《刑事审判参考》(总第122集),法律出版社2020年版,第136-138页。

活动的主要媒介,也是记载双方当事人权利、义务的有效凭证。合同的签订一般包括三个阶段:一是前期酝酿阶段,双方就合同约定的主要内容、权利义务等细节进行协商、谈判,进行必要的调查,达成意向性的协议;二是起草文本阶段,双方就商谈内容形成书面文本并就文本内容进行修改、完善;三是签字盖章阶段,即双方在达成一致的文本上签字确认。合同的履行即合同双方对合同规定义务执行的过程,通常包括执行合同义务的准备、具体合同义务的执行以及义务执行的善后等。故合同的签订、履行系有多个环节共同组成的动态运行过程,在合同文本上签字署名仅是其中完成形式要件的阶段,而为签订合同所做的准备工作包括调查、协商、谈判等相关工作均属于合同签订、履行的重要环节。因此,判定是否属于签订、履行合同的行为不以是否在合同文本上签字署名为标准,而应当判断具体行为是否属于合同形成的必要阶段。

如上所述,国家机关工作人员签订、履行合同失职被骗罪的时空条件要求行为人的失职行为必须发生在签订、履行合同的过程中。当国家机关作为合同相对方时,一般安排具体的责任人员负责合同签订、履行中的相关工作。作为国家机关利益的代表,相关责任人员在此过程中应当尽到足够谨慎的注意义务,严格审查合同签订之真伪,如认真调查了解对方的资信、经营状况,认真审查对方提供的有关证件、证明,认真检查对方的实际履约能力、供货的质量、来源,等等。这些工作都属于为签订、履行合同所作必要之准备,对合同签订、履约内容起到决定性作用。

本案中的最终损害后果为新庄街道损失73万余元,而造成该损害结果的原因包括:(1)被告人王某筠等第一次在电梯申报过程中因工作不负责任导致电梯层数统计失误;(2)因王某筠等统计错误使得金刚公司有机可乘,并趁机诈骗;(3)王某筠等人在与金刚公司商谈电梯改装费用时未认真审核,新庄街道基于王某筠等的汇报情况签订补充合同,并最终被骗。国家财产的重大损失系由王某筠等人的玩忽职守行为与金刚公司的诈骗行为共同导致的,且金刚公司的诈骗行为应被追究刑事责任。王某筠等人在为签订第一份电梯供需合同做基础测算、统计数据过程中未尽到应尽职责,在履行合同过程中并为签订第二份电梯增层改造的补充合同做协商、洽谈、审核工作时严重不负责任,其虽未代表新庄街道在最终合同文本上签字署名,但不能否认其工作内容对最终订立的合同起决定性作用,失职行为发生在合同的签订、履行过程中,应当构成国家机关工作人员签订、履行合同失职被骗罪。

四、定罪量刑标准

(一)司法解释等相关规定

《最高人民检察院关于渎职侵权犯罪案件立案标准的规定》(2006 年 7 月 26 日起施行　高检发释字〔2006〕2 号)

一、渎职犯罪案件

(十七)国家机关工作人员签订、履行合同失职被骗案(第四百零六条)

国家机关工作人员签订、履行合同失职被骗罪是指国家机关工作人员在签订、履行合同过程中,因严重不负责任,不履行或者不认真履行职责被诈骗,致使国家利益遭受重大损失的行为。

涉嫌下列情形之一的,应予立案:

1. 造成直接经济损失 30 万元以上,或者直接经济损失不满 30 万元,但间接经济损失 150 万元以上的;

2. 其他致使国家利益遭受重大损失的情形。

(二)定罪量刑对应表

表 10-2　国家机关工作人员签订、履行合同失职被骗罪定罪量刑对应表

国家机关工作人员签订、履行合同失职被骗罪		情节
第一档	3 年以下有期徒刑或者拘役	经济损失≥30 万元
第二档	3 年以上 7 年以下有期徒刑	未规定

第三节　违法发放林木采伐许可证罪

一、犯罪主体

林业主管部门的国家机关工作人员。

二、刑法规定

《刑法》

第四百零七条 林业主管部门的工作人员违反森林法的规定，超过批准的年采伐限额发放林木采伐许可证或者违反规定滥发林木采伐许可证，情节严重，致使森林遭受严重破坏的，处三年以下有期徒刑或者拘役。

三、重点、疑难问题界定

（一）珍贵树种的规定

《最高人民法院、最高人民检察院关于适用〈中华人民共和国刑法〉第三百四十四条有关问题的批复》（2020年3月21日起施行 法释〔2020〕2号）

近来，部分省、自治区、直辖市高级人民法院、人民检察院请示适用刑法第三百四十四条①的有关问题。经研究，批复如下：

一、古树名木以及列入《国家重点保护野生植物名录》的野生植物，属于刑法第三百四十四条规定的“珍贵树木或者国家重点保护的其他植物”。

二、根据《中华人民共和国野生植物保护条例》的规定，野生植物限于原生地天然生长的植物。人工培育的植物，除古树名木外，不属于刑法第三百四十四条规定的“珍贵树木或者国家重点保护的其他植物”。非法采伐、毁坏或者非法收购、运输人工培育的植物（古树名木除外），构成盗伐林木罪、滥伐林木罪、非法收购、运输盗伐、滥伐的林木罪等犯罪的，依照相关规定追究刑事责任。

三、对于非法移栽珍贵树木或者国家重点保护的其他植物，依法应当追究刑事责任的，依照刑法第三百四十四条的规定，以非法采伐国家重点保护植物罪定罪处罚。

鉴于移栽在社会危害程度上与砍伐存在一定差异，对非法移栽珍贵树

---

① 《刑法》第三百四十四条规定：违反国家规定，非法采伐、毁坏珍贵树木或者国家重点保护的其他植物的，或者非法收购、运输、加工、出售珍贵树木或者国家重点保护的其他植物及其制品的，处三年以下有期徒刑、拘役或者管制，并处罚金；情节严重的，处三年以上七年以下有期徒刑，并处罚金。

木或者国家重点保护的其他植物的行为,在认定是否构成犯罪以及裁量刑罚时,应当考虑植物的珍贵程度、移栽目的、移栽手段、移栽数量、对生态环境的损害程度等情节,综合评估社会危害性,确保罪责刑相适应。

四、本批复自2020年3月21日起施行,之前发布的司法解释与本批复不一致的,以本批复为准。

(二)林业工作人员发放林木采伐许可证之外的渎职行为的定性

《最高人民检察院关于对林业主管部门工作人员在发放林木采伐许可证之外滥用职权玩忽职守致使森林遭受严重破坏的行为适用法律问题的批复》(2007年5月16日起施行　高检发释字〔2007〕1号)

林业主管部门工作人员违法发放林木采伐许可证,致使森林遭受严重破坏的,依照刑法第四百零七条的规定,以违法发放林木采伐许可证罪追究刑事责任;以其他方式滥用职权或者玩忽职守,致使森林遭受严重破坏的,依照刑法第三百九十七条的规定,以滥用职权罪或者玩忽职守罪追究刑事责任,立案标准依照《最高人民检察院关于渎职侵权犯罪案件立案标准的规定》第一部分渎职犯罪案件第十八条第三款的规定执行。

(三)违法发放林木采伐许可证罪的认定

【典型案例裁判指引158】《刑事审判参考》第694号[①]李某违法发放林木采伐许可证案:要根据案件的实际情况认定是否系"违反规定滥发林木采伐许可证的行为"

"违反森林法的规定",是指违反《森林法》关于发放林木采伐许可证的规定,具体包括两种行为:一是超过批准的年采伐限额发放林木采伐许可证。年采伐林木的限额由林业主管部门依据森林法规作出具体规定,并列入林业生产的年度计划。林业工作人员擅自在年度计划之外向申请者

---

① 参见中华人民共和国最高人民法院刑事审判一、二、三、四、五庭主办:《中国刑事审判指导案例》(第6卷),法律出版社2017年版,第597－598页。

发放林木采伐许可证，即属此种情形。二是违反规定滥发林木采伐许可证，即林业工作人员违反关于发放对象的范围或者发放限额的规定，对不应当发放林木采伐许可证的申请人擅自决定发放许可证，或者超过规定的一定时期内采伐许可证的发放限额而擅自发放。要根据案件的实际情况认定是否系"违反规定滥发林木采伐许可证的行为"，根据《森林法》和《森林法实施条例》的规定，申请发放林木采伐许可证，申请方应提交林权证、林木采伐申请表和林木采伐作业设计表等相关书面材料。从安徽省目前的状况来看，全省林权证的确权发证从2007年4月才启动，时至今日也未完成，而目前肥东县境内集体山林均无林权证。此案中，申请方虽然未提交林权证，但按照上述规定李某是可以核发林木采伐许可证的。此外，安徽省肥东县属松材线虫病害疫区，省、市、县多次下文要求清理大量枯、病死树，抚育间伐桥头集镇龙泉山林场的任务迫在眉睫，且2005年度计划内安排龙泉山林场抚育间伐的任务未完成。鉴于存在上述特定情形，被告人李某核发林木采伐许可证的行为虽有不合法律规范之处，但仍属在其法定职责范围内履行职权，没有违反关于发放对象的范围或者发放限额的规定。我们认为，认定因果关系，应当以行为时客观存在的一切事实为基础，依据一般人的经验进行判断，特别是在"一果多因"的情况下，危害后果的发生是在行为人实施行为后多个因素的介入下而产生的，应当通过考察行为人的行为导致结果发生的可能性大小、介入因素对结果发生的作用大小、介入因素的异常程度等来判断行为人的行为与结果之间是否存在因果关系。如果行为人的行为导致最后结果发生的可能性越高，则认定因果关系存在的理由越足，反之则不然；介入因素对结果发生的作用越大，认定因果关系存在的理由越不足，反之则不然；介入因素的异常程度越高，认定因果关系存在的理由越不足，反之则不然。在李某核发林木采伐许可证后，其他多种因素的介入造成了龙泉山林场林木被滥伐致森林遭受严重破坏的后果发生。而这些因素与李某的行为相比，显然对结果的发生起了更大的作用，故李某的行为与林木被滥伐致森林遭受严重破坏的后果之间不具有刑法意义上的因果关系。

四、定罪量刑标准

(一)司法解释等相关规定

1.《最高人民法院关于审理破坏森林资源刑事案件具体应用法律若干问题的解释》①(2000 年 12 月 11 日起施行 法释〔2000〕36 号)

第一条 刑法第三百四十四条规定的“珍贵树木”,包括由省级以上林业主管部门或者其他部门确定的具有重大历史纪念意义、科学研究价值或者年代久远的古树名木,国家禁止、限制出口的珍贵树木以及列入国家重点保护野生植物名录的树木。

第十二条 林业主管部门的工作人员违反森林法的规定,超过批准的年采伐限额发放林木采伐许可证或者违反规定滥发林木采伐许可证,具有下列情形之一的,属于刑法第四百零七条规定的“情节严重,致使森林遭受严重破坏”,以违法发放林木采伐许可证罪定罪处罚:

(一)发放林木采伐许可证允许采伐数量累计超过批准的年采伐限额,导致林木被采伐数量在十立方米以上的;

(二)滥发林木采伐许可证,导致林木被滥伐二十立方米以上的;

(三)滥发林木采伐许可证,导致珍贵树木被滥伐的;

(四)批准采伐国家禁止采伐的林木,情节恶劣的;

(五)其他情节严重的情形。

第十七条 本解释规定的林木数量以立木蓄积计算,计算方法为:原木材积除以该树种的出材率。

本解释所称“幼树”,是指胸径五厘米以下的树木。

滥伐林木的数量,应在伐区调查设计允许的误差额以上计算。

---

① 2023 年 8 月 15 日施行的《最高人民法院关于审理破坏森林资源刑事案件适用法律若干问题的解释》(法释〔2023〕8 号)将《最高人民法院关于审理破坏森林资源刑事案件具体应用法律若干问题的解释》(2000 年 12 月 11 日起施行 法释〔2000〕36 号)予以废止,但新的司法解释中未包括违法发放林木采伐许可证罪立案标准,在新的具体规定出来之前,办案实践中可以旧司法解释中的立案标准作为参考。

2.《最高人民检察院关于渎职侵权犯罪案件立案标准的规定》(2006年7月26日起施行　高检发释字〔2006〕2号)

一、渎职犯罪案件

(十八)违法发放林木采伐许可证案(第四百零七条)

违法发放林木采伐许可证罪是指林业主管部门的工作人员违反森林法的规定,超过批准的年采伐限额发放林木采伐许可证或者违反规定滥发林木采伐许可证,情节严重,致使森林遭受严重破坏的行为。

涉嫌下列情形之一的,应予立案:

1. 发放林木采伐许可证允许采伐数量累计超过批准的年采伐限额,导致林木被超限额采伐10立方米以上的;

2. 滥发林木采伐许可证,导致林木被滥伐20立方米以上,或者导致幼树被滥伐1000株以上的;

3. 滥发林木采伐许可证,导致防护林、特种用途林被滥伐5立方米以上,或者幼树被滥伐200株以上的;

4. 滥发林木采伐许可证,导致珍贵树木或者国家重点保护的其他树木被滥伐的;

5. 滥发林木采伐许可证,导致国家禁止采伐的林木被采伐的;

6. 其他情节严重,致使森林遭受严重破坏的情形。

林业主管部门工作人员之外的国家机关工作人员,违反森林法的规定,滥用职权或者玩忽职守,致使林木被滥伐40立方米以上或者幼树被滥伐2000株以上,或者致使防护林、特种用途林被滥伐10立方米以上或者幼树被滥伐400株以上,或者致使珍贵树木被采伐、毁坏4立方米或者4株以上,或者致使国家重点保护的其他植物被采伐、毁坏后果严重的,或者致使国家严禁采伐的林木被采伐、毁坏情节恶劣的,按照刑法第三百九十七条的规定以滥用职权罪或者玩忽职守罪追究刑事责任。

(二)定罪量刑对应表

表 10－3　违法发放林木采伐许可证罪定罪量刑对应表

违法发放林木采伐许可证罪		情　　节
第一档	3 年以下有期徒刑或者拘役	(1)超过批准的年采伐限额导致林木被超限额采伐≥10 立方米;(2)林木被滥伐≥20 立方米或者幼树被滥伐≥1000 株;(3)防护林、特种用途林被滥伐≥5 立方米或者幼树被滥伐≥200 株;(4)珍贵树木或者国家重点保护的其他树木被滥伐;(5)国家禁止采伐的林木被采伐

第四节　环境监管失职罪

一、犯罪主体

负有环境保护监督管理职责部门中的国家机关工作人员。

二、刑法规定

《刑法》

第四百零八条　负有环境保护监督管理职责的国家机关工作人员严重不负责任,导致发生重大环境污染事故,致使公私财产遭受重大损失或者造成人身伤亡的严重后果的,处三年以下有期徒刑或者拘役。

三、重点、疑难问题界定

(一)环境监管部门的认定

1.《中华人民共和国环境保护法》(2015 年 1 月 1 日起施行　第十二届全国人民代表大会常务委员会第八次会议修订)

第二条　本法所称环境,是指影响人类生存和发展的各种天然的和经过人工改造的自然因素的总体,包括大气、水、海洋、土地、矿藏、森林、草原、湿地、野生生物、自然遗迹、人文遗迹、自然保护区、风景名胜区、城市和乡村等。

第三条　本法适用于中华人民共和国领域和中华人民共和国管辖的其他海域。

第十条　国务院环境保护主管部门，对全国环境保护工作实施统一监督管理；县级以上地方人民政府环境保护主管部门，对本行政区域环境保护工作实施统一监督管理。

县级以上人民政府有关部门和军队环境保护部门，依照有关法律的规定对资源保护和污染防治等环境保护工作实施监督管理。

第二十四条　县级以上人民政府环境保护主管部门及其委托的环境监察机构和其他负有环境保护监督管理职责的部门，有权对排放污染物的企业事业单位和其他生产经营者进行现场检查。被检查者应当如实反映情况，提供必要的资料。实施现场检查的部门、机构及其工作人员应当为被检查者保守商业秘密。

2.《中华人民共和国海洋环境保护法》（2024年1月1日起施行　第十四届全国人民代表大会常务委员会第六次会议第二次修订）

第二条第一款　本法适用于中华人民共和国管辖海域。

第四条　国务院生态环境主管部门负责全国海洋环境的监督管理，负责全国防治陆源污染物、海岸工程和海洋工程建设项目（以下称工程建设项目）、海洋倾倒废弃物对海洋环境污染损害的环境保护工作，指导、协调和监督全国海洋生态保护修复工作。

国务院自然资源主管部门负责海洋保护和开发利用的监督管理，负责全国海洋生态、海域海岸线和海岛的修复工作。

国务院交通运输主管部门负责所辖港区水域内非军事船舶和港区水域外非渔业、非军事船舶污染海洋环境的监督管理，组织、协调、指挥重大海上溢油应急处置。海事管理机构具体负责上述水域内相关船舶污染海洋环境的监督管理，并负责污染事故的调查处理；对在中华人民共和国管辖海域航行、停泊和作业的外国籍船舶造成的污染事故登轮检查处理。船舶污染事故给渔业造成损害的，应当吸收渔业主管部门参与调查处理。

国务院渔业主管部门负责渔港水域内非军事船舶和渔港水域外渔业

船舶污染海洋环境的监督管理,负责保护渔业水域生态环境工作,并调查处理前款规定的污染事故以外的渔业污染事故。

国务院发展改革、水行政、住房和城乡建设、林业和草原等部门在各自职责范围内负责有关行业、领域涉及的海洋环境保护工作。

海警机构在职责范围内对海洋工程建设项目、海洋倾倒废弃物对海洋环境污染损害、自然保护地海岸线向海一侧保护利用等活动进行监督检查,查处违法行为,按照规定权限参与海洋环境污染事故的应急处置和调查处理。

军队生态环境保护部门负责军事船舶污染海洋环境的监督管理及污染事故的调查处理。

3.《中华人民共和国固体废物污染环境防治法》(2020年9月1日起施行　第十三届全国人民代表大会常务委员会第十七次会议修订)

第九条　国务院生态环境主管部门对全国固体废物污染环境防治工作实施统一监督管理。国务院发展改革、工业和信息化、自然资源、住房城乡建设、交通运输、农业农村、商务、卫生健康、海关等主管部门在各自职责范围内负责固体废物污染环境防治的监督管理工作。

地方人民政府生态环境主管部门对本行政区域固体废物污染环境防治工作实施统一监督管理。地方人民政府发展改革、工业和信息化、自然资源、住房城乡建设、交通运输、农业农村、商务、卫生健康等主管部门在各自职责范围内负责固体废物污染环境防治的监督管理工作。

4.《医疗废物管理条例》(2011年1月8日起施行　根据2011年1月8日《国务院关于废止和修改部分行政法规的决定》修订)

第五条　县级以上各级人民政府卫生行政主管部门,对医疗废物收集、运送、贮存、处置活动中的疾病防治工作实施统一监督管理;环境保护行政主管部门,对医疗废物收集、运送、贮存、处置活动中的环境污染防治工作实施统一监督管理。

县级以上各级人民政府其他有关部门在各自的职责范围内负责与医疗废物处置有关的监督管理工作。

(二)环境监管渎职行为的定性

【典型案例裁判指引159】崔某环境监管失职案[①]:受委托代表国家机关履行环境监督管理职责的人员渎职的构成环境监管失职罪

实践中,一些国有公司、企业和事业单位经合法授权从事具体的管理市场经济和社会生活的工作,拥有一定管理公共事务和社会事务的职权,这些实际行使国家行政管理职权的公司、企业和事业单位工作人员,符合渎职罪主体要求;对其实施渎职行为构成犯罪的,应当依照《刑法》关于渎职罪的规定追究刑事责任。

崔某身为国有事业单位的工作人员,在受国家机关的委托代表国家机关履行环境监督管理职责过程中,严重不负责任,导致发生重大环境污染事故,致使公私财产遭受重大损失,其行为构成环境监管失职罪。崔某所在的盐城市饮用水源保护区环境监察支队为国有事业单位,由盐城市人民政府设立,其系受国家机关委托代表国家机关行使环境监管职权。

【典型案例裁判指引160】李某、何某民、张某勃等人破坏计算机信息系统案[②]:环保工作人员干扰环境监测系统数据致使数据严重失真构成破坏计算机信息系统罪

陕西省西安市中级人民法院于2017年6月15日作出(2016)陕01刑初233号刑事判决,判处被告人李某犯破坏计算机信息系统罪,判处有期徒刑一年十个月;被告人何某民犯破坏计算机信息系统罪,判处有期徒刑一年七个月;被告人张某勃犯破坏计算机信息系统罪,判处有期徒刑一年四个月;被告人张某1犯破坏计算机信息系统罪,判处有期徒刑一年三个月;被告人张某2犯破坏计算机信息系统罪,判处有期徒刑一年三个月。宣判后,各被告人均未上诉,判决已发生法律效力。

法院生效裁判认为,5被告人的行为违反了国家规定。《环境保护法》第六十八条规定禁止篡改、伪造或者指使篡改、伪造监测数据,《大气污染

---

① 崔某环境监管失职案,最高人民检察院指导案例第4号(2012年)。

② 李某、何某民、张某勃等人破坏计算机信息系统案,最高人民法院指导案例第104号(2018年)。

防治法》第一百二十六条规定禁止对大气环境保护监督管理工作弄虚作假,《中华人民共和国计算机信息系统安全保护条例》第七条规定不得危害计算机信息系统的安全。本案5被告人采取堵塞采样器的方法伪造或者指使伪造监测数据,弄虚作假,违反了上述国家规定。

5被告人的行为破坏了计算机信息系统。《最高人民法院、最高人民检察院关于办理危害计算机信息系统安全刑事案件应用法律若干问题的解释》第十一条规定,计算机信息系统和计算机系统,是指具备自动处理数据功能的系统,包括计算机、网络设备、通信设备、自动化控制设备等。根据《最高人民法院、最高人民检察院关于办理环境污染刑事案件适用法律若干问题的解释》①第十条第一款的规定,干扰环境质量监测系统的采样,致使监测数据严重失真的行为,属于破坏计算机信息系统。长安子站系国控环境空气质量自动监测站点,产生的监测数据经过系统软件直接传输至监测总站,通过环保部和监测总站的政府网站实时向社会公布,参与计算环境空气质量指数并实时发布。空气采样器是环境空气质量监测系统的重要组成部分。PM10、PM2.5监测数据作为环境空气综合污染指数评估中的最重要两项指标,被告人用棉纱堵塞采样器的采样孔或拆卸采样器的行为,必然造成采样器内部气流场的改变,造成监测数据失真,影响对环境空气质量的正确评估,属于对计算机信息系统功能进行干扰,造成计算机信息系统不能正常运行的行为。

5被告人的行为造成了严重后果。一是被告人李某、张某勃、张某1、张某2均多次堵塞、拆卸采样器干扰采样,被告人何某民明知李某等人的行为而没有阻止,只是要求李某把空气污染数值降下来。二是被告人的干扰行为造成了监测数据的显著异常。2016年2月至3月,长安子站颗粒物监测数据多次出现与周边子站变化趋势不符的现象。长安子站PM2.5数据分别在2月24日18时至25日16时、3月3日4时至6日19时两个时段内异常,PM10数据分别在2月18日18时至19日8时、2月25日20

---

① 该司法解释是指2017年1月1日起施行的《最高人民法院、最高人民检察院关于办理环境污染刑事案件适用法律若干问题的解释》(法释〔2016〕29号),2023年8月15日起施行的《最高人民法院、最高人民检察院关于办理环境污染刑事案件适用法律若干问题的解释》(法释〔2023〕7号)废止了上述司法解释,查找条文要注意。

时至21日8时、3月5日19时至6日23时三个时段内异常。其中,长安子站的PM10数据在2016年3月5日19时至22时由361下降至213,下降了约41%,其他周边子站均值升高了约14%(由316上升至361),6日16时至17时长安子站监测数值由188上升至426,升高了约127%,其他子站均值变化不大(由318降至310),6日17时至19时长安子站数值由426下降至309,下降了约27%,其他子站均值变化不大(由310降至304)。可见,被告人堵塞采样器的行为足以造成监测数据的严重失真。上述数据的严重失真,与监测总站在例行数据审核时发现长安子站PM10数据明显偏低可以印证。三是失真的监测数据已实时发送至监测总站,并向社会公布。长安子站空气质量监测的小时浓度均值数据已经通过互联网实时发布。四是失真的监测数据已被用于编制环境评价的月报、季报。环保部在2016年二三月及第一季度的全国74个重点城市空气质量排名工作中已采信上述虚假数据,已向社会公布并上报国务院,影响了全国大气环境治理情况评估,损害了政府公信力,误导了环境决策。据此,5被告人干扰采样的行为造成了严重后果,符合《刑法》第二百八十六条规定的"后果严重"要件。

四、定罪量刑标准

(一)司法解释等相关规定

1.《最高人民法院、最高人民检察院关于办理环境污染刑事案件适用法律若干问题的解释》①(2017年1月1日起施行　法释〔2016〕29号)

第一条　实施刑法第三百三十八条规定的行为,具有下列情形之一的,应当认定为"严重污染环境":

……

(十)造成生态环境严重损害的;

① 2023年8月15日起施行的《最高人民法院、最高人民检察院关于办理环境污染刑事案件适用法律若干问题的解释》(法释〔2023〕7号)将《最高人民法院、最高人民检察院关于办理环境污染刑事案件适用法律若干问题的解释》(2017年1月1日起施行　法释〔2016〕29号)予以废止,但新的司法解释未包括渎职罪立案标准,在新的具体规定发布之前,办案实践中可以旧的司法解释中的立案标准作为参考。

(十一)致使乡镇以上集中式饮用水水源取水中断十二小时以上的;

(十二)致使基本农田、防护林地、特种用途林地五亩以上,其他农用地十亩以上,其他土地二十亩以上基本功能丧失或者遭受永久性破坏的;

(十三)致使森林或者其他林木死亡五十立方米以上,或者幼树死亡二千五百株以上的;

(十四)致使疏散、转移群众五千人以上的;

(十五)致使三十人以上中毒的;

(十六)致使三人以上轻伤、轻度残疾或者器官组织损伤导致一般功能障碍的;

(十七)致使一人以上重伤、中度残疾或者器官组织损伤导致严重功能障碍的;

(十八)其他严重污染环境的情形。

第二条① 实施刑法第三百三十九条、第四百零八条规定的行为,致使公私财产损失三十万元以上,或者具有本解释第一条第十项至第十七项规定情形之一的,应当认定为"致使公私财产遭受重大损失或者严重危害人体健康"或者"致使公私财产遭受重大损失或者造成人身伤亡的严重后果"。

第十七条第四款、第五款 本解释所称"公私财产损失",包括实施刑法第三百三十八条、第三百三十九条规定的行为直接造成财产损毁、减少的实际价值,为防止污染扩大、消除污染而采取必要合理措施所产生的费用,以及处置突发环境事件的应急监测费用。

---

① 《最高人民法院、最高人民检察院关于办理环境污染刑事案件适用法律若干问题的解释》(以下简称《环境污染案件适用法律的解释》)中的环境监管失职罪立案标准替代《最高人民检察院关于渎职侵权犯罪案件立案标准的规定》,《环境污染案件适用法律的解释》第一条第十项至第十七项的立案标准与被取代的 2013 年《最高人民法院、最高人民检察院关于办理环境污染刑事案件适用法律若干问题的解释》立案标准第六项至第十三项在内容上的区别:增加了一项,即"造成生态环境严重损害的",第二条内容中包括 2013 年《环境污染案件适用法律的解释》第一条第九项"致使公私财产损失三十万元以上的"。即《环境污染案件适用法律的解释》完全包括 2013 年《环境污染案件适用法律的解释》的立案标准,同时多了一项"造成生态环境严重损害的"内容。

本解释所称“生态环境损害”，包括生态环境修复费用，生态环境修复期间服务功能的损失和生态环境功能永久性损害造成的损失，以及其他必要合理费用。

第十八条　本解释自2017年1月1日起施行。本解释施行后，《最高人民法院、最高人民检察院关于办理环境污染刑事案件适用法律若干问题的解释》（法释〔2013〕15号）同时废止；之前发布的司法解释与本解释不一致的，以本解释为准。

以上规定在司法实务中的理解与适用①

《最高人民法院、最高人民检察院关于办理环境污染刑事案件适用法律若干问题的解释》第十七条第四款关于“公私财产损失”的含义，在2013年《最高人民法院、最高人民检察院关于办理环境污染刑事案件适用法律若干问题的解释》第九条规定的基础上，将“处置突发环境事件的应急监测费用”纳入“公私财产损失”的范畴。第十七条第五款关于“生态环境损害”的含义，参照了中共中央办公厅、国务院办公厅印发的《生态环境损害赔偿制度改革试点方案》的相关规定，明确“生态环境损害”包括生态环境修复费用，生态环境修复期间服务功能的损失和生态环境功能永久性损害造成的损失，以及其他必要合理费用。

2.《最高人民法院关于审理破坏森林资源刑事案件适用法律若干问题的解释》（2023年8月15日起施行　法释〔2023〕8号）

第十七条　涉案国家重点保护植物或者其他林木的价值，可以根据销赃数额认定；无销赃数额，销赃数额难以查证，或者根据销赃数额认定明显不合理的，根据市场价格认定。

第十八条　对于涉案农用地类型、面积，国家重点保护植物或者其他林木的种类、立木蓄积、株数、价值，以及涉案行为对森林资源的损害程度等问题，可以由林业主管部门、侦查机关依据现场勘验、检查笔录等出具认定意见；难以确定的，依据鉴定机构出具的鉴定意见或者下列机构出具的

① 参见缐杰、吴峤滨：《〈最高人民法院、最高人民检察院关于办理环境污染刑事案件适用法律若干问题的解释〉理解与适用》，载《人民检察》2017年第5期。

报告,结合其他证据作出认定:

(一)价格认证机构出具的报告;

(二)国务院林业主管部门指定的机构出具的报告;

(三)地、市级以上人民政府林业主管部门出具的报告。

第十九条 本解释所称“立木蓄积”的计算方法为:原木材积除以该树种的出材率。

本解释所称“幼树”,是指胸径五厘米以下的树木。

滥伐林木的数量,应当在伐区调查设计允许的误差额以上计算。

(二)定罪量刑对应表

表10-4 环境监管失职罪定罪量刑对应表

环境监管失职罪		情节
第一档	3年以下有期徒刑或者拘役	(1)经济损失≥30万元;(2)造成生态环境严重损害的;(3)乡镇以上集中式饮用水水源取水中断≥12小时;(4)土地基本功能丧失或者遭受永久性破坏:基本农田、防护林地、特种用途林地≥5亩或其他农用地≥10亩或其他土地≥20亩;(5)森林或者其他林木死亡≥50立方米或者幼树死亡≥2500株;(6)疏散、转移群众≥5000人;(7)中毒≥30人;(8)轻伤、轻度残疾或者器官组织损伤导致一般功能障碍≥3人;(9)重伤、中度残疾或者器官组织损伤导致严重功能障碍≥1人

第五节 传染病防治失职罪

一、犯罪主体

从事传染病防治部门中的国家机关工作人员。

二、刑法规定

《刑法》

第四百零九条 从事传染病防治的政府卫生行政部门的工作人员严重不负责任,导致传染病传播或者流行,情节严重的,处三年以下有期徒刑或者拘役。

三、重点、疑难问题界定

（一）传染病的种类

《中华人民共和国传染病防治法》（2013年6月29日起施行　第十二届全国人民代表大会常务委员会第三次会议修正）

第三条　本法规定的传染病分为甲类、乙类和丙类。

甲类传染病是指：鼠疫、霍乱。

乙类传染病是指：传染性非典型肺炎、艾滋病、病毒性肝炎、脊髓灰质炎、人感染高致病性禽流感、麻疹、流行性出血热、狂犬病、流行性乙型脑炎、登革热、炭疽、细菌性和阿米巴性痢疾、肺结核、伤寒和副伤寒、流行性脑脊髓膜炎、百日咳、白喉、新生儿破伤风、猩红热、布鲁氏菌病、淋病、梅毒、钩端螺旋体病、血吸虫病、疟疾。

丙类传染病是指：流行性感冒、流行性腮腺炎、风疹、急性出血性结膜炎、麻风病、流行性和地方性斑疹伤寒、黑热病、包虫病、丝虫病，除霍乱、细菌性和阿米巴性痢疾、伤寒和副伤寒以外的感染性腹泻病。

国务院卫生行政部门根据传染病暴发、流行情况和危害程度，可以决定增加、减少或者调整乙类、丙类传染病病种并予以公布。

第六条　国务院卫生行政部门主管全国传染病防治及其监督管理工作。县级以上地方人民政府卫生行政部门负责本行政区域内的传染病防治及其监督管理工作。

县级以上人民政府其他部门在各自的职责范围内负责传染病防治工作。

军队的传染病防治工作，依照本法和国家有关规定办理，由中国人民解放军卫生主管部门实施监督管理。

第七条　各级疾病预防控制机构承担传染病监测、预测、流行病学调查、疫情报告以及其他预防、控制工作。

医疗机构承担与医疗救治有关的传染病防治工作和责任区域内的传染病预防工作。城市社区和农村基层医疗机构在疾病预防控制机构的指导下，承担城市社区、农村基层相应的传染病防治工作。

第七十八条第一项、第二项　本法中下列用语的含义：

(一)传染病病人、疑似传染病病人:指根据国务院卫生行政部门发布的《中华人民共和国传染病防治法规定管理的传染病诊断标准》,符合传染病病人和疑似传染病病人诊断标准的人。

(二)病原携带者:指感染病原体无临床症状但能排出病原体的人。

(二)传染病防治失职罪的认定

1.《最高人民法院、最高人民检察院关于办理妨害预防、控制突发传染病疫情等灾害的刑事案件具体应用法律若干问题的解释》(2003年5月15日起施行　法释〔2003〕8号)

第十六条第一款　在预防、控制突发传染病疫情等灾害期间,从事传染病防治的政府卫生行政部门的工作人员,或者在受政府卫生行政部门委托代表政府卫生行政部门行使职权的组织中从事公务的人员,或者虽未列入政府卫生行政部门人员编制但在政府卫生行政部门从事公务的人员,在代表政府卫生行政部门行使职权时,严重不负责任,导致传染病传播或者流行,情节严重的,依照刑法第四百零九条的规定,以传染病防治失职罪定罪处罚。

【典型案例裁判指引161】《刑事审判参考》第1332号[①]黎某文传染病防治失职案:传染病防治失职罪与一般工作失误的区别

根据《刑法》第四百零九条规定,传染病防治失职罪是指从事传染病防治的政府卫生行政部门工作人员严重不负责任,不履行或者不认真履行传染病防治监管职责,导致传染病传播或者流行,情节严重的行为。由于本罪与一般工作失误客观上都会造成传染范围扩大或者疫情、灾情加重的危害后果,实践中易于混淆。本案中,控辩双方争议焦点之一亦是被告人黎某文的行为是否属于工作失误。我们认为,这二者的区别在于:一是主观动机和客观行为表现不同,即行为人是否认真履职,在恪尽职守中是否能预见或者已经预见到其行为可能导致传染病传播或者流行的严重后果。工作失误的主观动机往往是行为人为了做好工作,认真履行工作职责,但

---

① 参见中华人民共和国最高人民法院刑事审判第一、二、三、四、五庭主办:《刑事审判参考》(总第121集),法律出版社2020年版,第109－111页。

主观上仍未预见到危害后果的发生，或者在尽责履职中已经预见，但因为经验能力有限、政策界限模糊、管理机制缺失等情况出现失误，以致发生传染范围扩大或者疫情、灾情加重的危害后果。反之，传染病防治失职罪在主观上表现为行为人对自身职责的认识偏差，不认真履行职责，违反《传染病防治法》及相关法律和工作制度，疏忽大意、过于自信、不尽职责、擅离职守等，导致发生严重危害后果。二是追责的前提条件不同，即行为人违反职责的行为与传染病传播、流行的后果是否有刑法上因果关系以及因果作用力大小。如果行为人没有违反所承担职责的规定，或者违反职责的行为与危害后果之间不具有刑法上因果关系或者作用力较小，即便发生了严重危害后果，也属于工作失误或者意外事件；反之，则构成本罪的失职行为。三是政策界限不同，即在国家对突发传染病疫情等灾害尚未采取预防、控制措施时，行为人履职中行为有差错，通常属于工作失误；反之，在采取预防、控制措施之后，具有上述司法解释所规定"情节严重"的情形之一，才以本罪论处。

具体到本案，被告人黎某文作为巴马县卫生局分管疾病预防控制工作的副局长，负有组织对突发疫情的调查、通报、控制和医疗救治工作的职责，且国家已对麻疹疫情采取了疫苗接种、疫情通报等预防、控制措施，但黎某文在疫情发生后，严重不负责任，授意、指使他人隐瞒麻疹疫情，致使错过最佳防控时机，造成麻疹传染范围扩大。黎某文授意、指使他人瞒报疫情的行为与造成麻疹疫情加重的后果之间有刑法上的因果关系，且情节严重，依法应认定构成传染病防治失职罪。

值得注意的是，集体研究不能成为行为人失职行为的免责理由。案涉疫情发生后，巴马县卫生局相关领导于2013年4月1日召开了麻疹疫情防控紧急碰头会，形成"不进行网络直报疫情"的意见。黎某文作为该局有关疾病预防控制的主管人员，既参与了上述意见的讨论和决定，之后又多次授意、指使他人隐瞒疫情，应当对其失职行为承担责任。

2.《最高人民法院、最高人民检察院、公安部、司法部关于依法惩治妨害新型冠状病毒感染肺炎疫情防控违法犯罪的意见》（2020年2月6日起施行　法发〔2020〕7号）

二、准确适用法律，依法严惩妨害疫情防控的各类违法犯罪

（七）第二款　卫生行政部门的工作人员严重不负责任，不履行或者

不认真履行防治监管职责,导致新型冠状病毒感染肺炎传播或者流行,情节严重的,依照刑法第四百零九条的规定,以传染病防治失职罪定罪处罚。

四、定罪量刑标准

(一)司法解释等相关规定

1.《最高人民法院、最高人民检察院关于办理妨害预防、控制突发传染病疫情等灾害的刑事案件具体应用法律若干问题的解释》(2003 年 5 月 15 日起施行　法释〔2003〕8 号)

第十六条第二款　在国家对突发传染病疫情等灾害采取预防、控制措施后,具有下列情形之一的,属于刑法第四百零九条规定的“情节严重”:

(一)对发生突发传染病疫情等灾害的地区或者突发传染病病人、病原携带者、疑似突发传染病病人,未按照预防、控制突发传染病疫情等灾害工作规范的要求做好防疫、检疫、隔离、防护、救治等工作,或者采取的预防、控制措施不当,造成传染范围扩大或者疫情、灾情加重的;

(二)隐瞒、缓报、谎报或者授意、指使、强令他人隐瞒、缓报、谎报疫情、灾情,造成传染范围扩大或者疫情、灾情加重的;

(三)拒不执行突发传染病疫情等灾害应急处理指挥机构的决定、命令,造成传染范围扩大或者疫情、灾情加重的;

(四)具有其他严重情节的。

第十七条　人民法院、人民检察院办理有关妨害预防、控制突发传染病疫情等灾害的刑事案件,对于有自首、立功等悔罪表现的,依法从轻、减轻、免除处罚或者依法作出不起诉决定。

第十八条　本解释所称“突发传染病疫情等灾害”,是指突然发生,造成或者可能造成社会公众健康严重损害的重大传染病疫情、群体性不明原因疾病以及其他严重影响公众健康的灾害。

2.《最高人民检察院关于渎职侵权犯罪案件立案标准的规定》(2006 年 7 月 26 日起施行　高检发释字〔2006〕2 号)

一、渎职犯罪案件

(二十)传染病防治失职案(第四百零九条)

传染病防治失职罪是指从事传染病防治的政府卫生行政部门的工作

人员严重不负责任,不履行或者不认真履行传染病防治监管职责,导致传染病传播或者流行,情节严重的行为。

涉嫌下列情形之一的,应予立案:

1. 导致甲类传染病传播的;

2. 导致乙类、内类传染病流行的;

3. 因传染病传播或者流行,造成人员重伤或者死亡的;

4. 因传染病传播或者流行,严重影响正常的生产、生活秩序的;

5. 在国家对突发传染病疫情等灾害采取预防、控制措施后,对发生突发传染病疫情等灾害的地区或者突发传染病病人、病原携带者、疑似突发传染病病人,未按照预防、控制突发传染病疫情等灾害工作规范的要求做好防疫、检疫、隔离、防护、救治等工作,或者采取的预防、控制措施不当,造成传染范围扩大或者疫情、灾情加重的;

6. 在国家对突发传染病疫情等灾害采取预防、控制措施后,隐瞒、缓报、谎报或者授意、指使、强令他人隐瞒、缓报、谎报疫情、灾情,造成传染范围扩大或者疫情、灾情加重的;

7. 在国家对突发传染病疫情等灾害采取预防、控制措施后,拒不执行突发传染病疫情等灾害应急处理指挥机构的决定、命令,造成传染范围扩大或者疫情、灾情加重的;

8. 其他情节严重的情形。

(二)定罪量刑对应表

表 10-5 传染病防治失职罪定罪量刑对应表

传染病防治失职罪		情节
第一档	3年以下有期徒刑或者拘役	(1)甲类传染病传播;(2)乙类、丙类传染病流行;(3)因传染病传播或者流行,造成人员重伤或者死亡的或严重影响正常的生产、生活秩序的;(4)在国家对突发传染病疫情等灾害采取预防、控制措施后,未按照预防、控制突发传染病疫情等灾害工作规范的要求做好防疫、检疫、隔离、防护、救治等工作,或者采取的预防、控制措施不当,或者隐瞒、缓报、谎报或者授意、指使、强令他人隐瞒、缓报、谎报疫情、灾情,或者拒不执行突发传染病疫情等灾害应急处理指挥机构的决定、命令,造成传染范围扩大或者疫情、灾情加重的

第六节 办理偷越国(边)境人员出入境证件罪、放行偷越国(边)境人员罪

一、犯罪主体

负责办理护照、签证以及其他出入境证件的海关、边防等部门中的国家机关工作人员。

二、刑法规定

《刑法》

第四百一十五条 负责办理护照、签证以及其他出入境证件的国家机关工作人员,对明知是企图偷越国(边)境的人员,予以办理出入境证件的,或者边防、海关等国家机关工作人员,对明知是偷越国(边)境的人员,予以放行的,处三年以下有期徒刑或者拘役;情节严重的,处三年以上七年以下有期徒刑。

三、重点、疑难问题界定

边防人员伪造入境记录的定性

【典型案例裁判指引162】《刑事审判参考》第100号[①]张某升放行偷越国(边)境人员案:边防人员伪造入境记录按放行偷越国(边)境人员罪处理

办理偷越国(边)境人员出入境证件罪,是指负责办理护照、签证以及其他出入境证件的国家机关工作人员,对明知是企图偷越国(边)境的人员,予以办理、发放出入境证件的行为。这里的"出入境证件",包括护照、签证以及其他出入境证件。"护照"是指一国的政府主管机关发给本国出国履行公务、旅行或者在外居留的公民,用以证明其国籍和身份的证件,包

① 参见中华人民共和国最高人民法院刑事审判一、二、三、四、五庭主办:《中国刑事审判指导案例》(第6卷),法律出版社2017年版,第600－601页。

括外交护照、公务护照和普通护照。“签证”是指一国国内或驻国外主管机关在本国或者外国公民所持的护照或者其他旅行证件上签证、盖章，表示准许其出入本国（边）境或者过境的手续。

“其他出入境证件”是指除护照以外其他用于出入境或过境的证明性文件，包括边防证、海员证、过境证等。根据有关出境入境管理法规的规定，我国有权办理出入境证件的机关有外交部或者外交部授权的地方外事部门以及中国驻外国的外交代表机关、领事机关或者外交部授权的其他驻外机关、公安部或者公安部授权的地方公安机关、港务监督局或者港务监督局授权的港务监督，而我国在对外开放的港口、航空站、车站和边境通道等口岸设立的出境入境边防检查站，只负责对出境、入境的人员及其行李物品、交通运输工具及其载运的货物实施边防检查，无权办理出入境证件。边防检查机构工作人员在出入境证件上加盖验讫章并作有关记录的行为，不属于办理出入境证件。

被告人张某升的放行行为不是直接针对企图偷越国（边）境的人员本身，而是为提供护照的人［既可能是组织他人偷越国（边）境的人，也可能是运送他人偷越国（边）境的人，等等］提供有关的方便，是一种间接放行的行为。此种间接放行的行为只有在没有证据证实行为人与提供护照的人存在共同犯组织他人偷越国（边）境罪或运送他人偷越国（边）境罪的前提下，才能按放行偷越国（边）境人员罪处理，否则，只能按组织他人偷越国（边）境罪或运送他人偷越国（边）境罪的共犯处理。

放行偷越国（边）境人员罪的犯罪既遂应以被放行的偷越者实际偷越过国（边境）为标志。

四、定罪量刑标准

（一）司法解释等相关规定

《最高人民检察院关于渎职侵权犯罪案件立案标准的规定》（2006 年 7 月 26 日起施行　高检发释字〔2006〕2 号）

一、渎职犯罪案件

（二十九）办理偷越国（边）境人员出入境证件案（第四百一十五条）

办理偷越国（边）境人员出入境证件罪是指负责办理护照、签证以及其他出入境证件的国家机关工作人员,对明知是企图偷越国(边)境的人员,予以办理出入境证件的行为。

负责办理护照、签证以及其他出入境证件的国家机关工作人员涉嫌在办理护照、签证以及其他出入境证件的过程中,对明知是企图偷越国(边)境的人员而予以办理出入境证件的,应予立案。

(三十)放行偷越国(边)境人员案(第四百一十五条)

放行偷越国(边)境人员罪是指边防、海关等国家机关工作人员,对明知是偷越国(边)境的人员予以放行的行为。

边防、海关等国家机关工作人员涉嫌在履行职务过程中,对明知是偷越国(边)境的人员而予以放行的,应予立案。

(二)定罪量刑对应表

表 10-6 办理偷越国(边)境人员出入境证件罪定罪量刑对应表

办理偷越国(边)境人员出入境证件罪		情节
第一档	3 年以下有期徒刑或拘役	明知是企图偷越国(边)境的人员而予以办理出入境证件的
第二档	3 年以上 7 年以下有期徒刑	未规定

表 10-7 放行偷越国(边)境人员罪定罪量刑对应表

放行偷越国(边)境人员罪		情节
第一档	3 年以下有期徒刑或拘役	明知是偷越国(边)境的人员予以放行
第二档	3 年以上 7 年以下有期徒刑	未规定

第七节 帮助犯罪分子逃避处罚罪

一、犯罪主体

有查禁犯罪活动职责的部门中的国家机关工作人员。

二、刑法规定

《刑法》

第四百一十七条　有查禁犯罪活动职责的国家机关工作人员，向犯罪分子通风报信、提供便利，帮助犯罪分子逃避处罚的，处三年以下有期徒刑或者拘役；情节严重的，处三年以上十年以下有期徒刑。

三、重点、疑难问题界定

（一）帮助犯罪分子逃避处罚罪的认定

【典型案例裁判指引147】《刑事审判参考》第126号[①]杨某才帮助犯罪分子逃避处罚案：司法工作人员徇私向犯罪分子通风报信的定性

详见本书第八章“第一节徇私枉法罪”“三、重点、疑难问题界定”“（三）徇私枉法罪的认定”中该案例的内容。

【典型案例裁判指引163】上海市静安区人民检察院诉黄某海帮助犯罪分子逃避处罚、销售假冒注册商标的商品案[②]：烟草专卖局执法过程中为犯罪分子通风报信构成帮助犯罪分子逃避处罚罪

根据《刑法》第四百一十七条的规定，帮助犯罪分子逃避处罚罪是指有查禁犯罪活动职责的国家机关工作人员，向犯罪分子通风报信、提供便利，帮助犯罪分子逃避处罚的行为。该条规定的“查禁犯罪活动职责”，不仅是指司法机关依法负有的刑事侦查、检察、审判、刑罚执行等职责，也包括法律赋予相关行政机关的查禁犯罪活动的职责。烟草专卖局接受有关国家行政机关的委托，代表有关国家行政机关依法行使烟草专卖市场稽查和查处违反烟草专卖行为等行政执法权。根据国家烟草专卖局《烟草专卖行政处罚程序规定》第三十九条的规定，发现违反烟草专卖规定的违法行为构成犯罪时，相关工作人员应当依法将案件移送司法机关处理。据

---

① 参见中华人民共和国最高人民法院刑事审判一、二、三、四、五庭主办：《中国刑事审判指导案例》（第6卷），法律出版社2017年版，第604－605页。

② 上海市静安区人民检察院诉黄某海帮助犯罪分子逃避处罚、销售假冒注册商标的商品案，载《最高人民法院公报》2009年第6期。

此,烟草专卖局及其工作人员具有查禁违反烟草专卖的犯罪活动的职责。烟草专卖局稽查队的工作人员在履职过程中,采用通风报信的手法,多次将突击检查假烟销售行动的部署安排透露给销售假烟的犯罪分子,致使犯罪分子逃避刑事处罚的,构成帮助犯罪分子逃避处罚罪。

【典型案例裁判指引164】《刑事审判参考》第186号①李某等帮助犯罪分子逃避处罚案:不具有查禁犯罪活动职责的国家机关工作人员通风报信的定性

只有那些直接负有查禁犯罪活动职责(包括领导职责)或因工作需要临时参与到查禁某项犯罪活动中来的司法机关工作人员,才有为帮助犯罪分子逃避处罚而向他们或亲属通风报信、提供便利的可能,也才有构成帮助犯罪分子逃避处罚罪的余地。至于司法机关内那些根本不负有上述职责且也没有实际参与到查禁某项犯罪活动中来的工作人员,是不能单独成为本罪的主体的。

帮助犯罪分子逃避处罚罪和帮助伪造证据罪,在客观行为上都可以表现为帮助对象实施伪造证据的帮助行为,但两罪也存在许多明显的区别。一是前者的犯罪主体为特殊主体,只能是负有查禁犯罪活动职责的国家机关工作人员;而后者则是诉讼活动中当事人以外的一般主体。二是客观方面,前罪主要表现为如上所述的向犯罪分子或其亲属通风报信、提供便利的行为;而后罪则表现为当事人伪造证据提供帮助,至于帮助的形式可以多种多样,如出谋划策,提供便利、工具,指示串供、翻供等。三是主观方面,前罪行为人的帮助目的只能是明知是犯罪分子而有意帮助其逃避处罚;而在后罪,无论行为人采取何种帮助方式,其主观上都明知自己的行为是在为当事人伪造证据提供帮助,其故意内容就是想通过妨害司法机关查明真实案情来达到替当事人开脱责任或者嫁祸他人的目的,如果行为人不知道自己的行为是在为当事人伪造证据提供帮助,尽管客观上起到了帮助的效果,也不能构成帮助伪造证据罪。四是在构成犯罪的情节要求方面,前者《刑法》条文中对其行为并没有情节严重的要求,也不论被帮助的犯

① 参见中华人民共和国最高人民法院刑事审判一、二、三、四、五庭主办:《中国刑事审判指导案例》(第6卷),法律出版社2017年版,第606-607页。

罪分子是否已实际逃避了处罚；而后者的行为人所实施的帮助行为只有达到情节严重的程度才能构成犯罪，所谓“情节严重”通常是指行为人的帮助行为严重干扰了司法、诉讼活动，或者造成了冤假错案等严重后果，或者是帮助重大案犯伪造证据使其逃避法律制裁等，如果行为人实施的帮助行为，情节轻微或者显著轻微则无须以犯罪论处。五是在帮助对象方面，前罪中的被帮助人只能是犯罪分子，即实施了犯罪行为应予刑罚处罚的人，不管该犯罪分子是否已被采取了强制措施；而后罪的被帮助人即“当事人”，既包括刑事案件中的自诉人、被告人、被害人，也可以包括民事、经济、行政等案件中的原告、被告、第三人等。

【典型案例裁判指引165】《刑事审判参考》第357号[①]潘某博帮助犯罪分子逃避处罚、受贿案：向行政违法人通风报信帮助逃避行政处罚的不构成帮助犯罪分子逃避处罚罪

我国《刑法》条文中有许多关于“犯罪分子”的规定，其指称包括犯罪嫌疑人、刑事被告人或罪犯。关于帮助犯罪分子逃避处罚罪中的“犯罪分子”，我们认为，不需要以法院已经作出生效刑事判决为必要条件。帮助犯罪分子逃避处罚罪中的“犯罪分子”，只能是正在实行犯罪或者有证据证明涉嫌犯罪的犯罪嫌疑人。当负有查禁犯罪活动职责的国家机关工作人员明知这种事实发生和存在，却故意帮助犯罪分子逃避处罚，即可构成本罪。本案中，被告人潘某博身为负有查禁犯罪活动职责的公安人员，符合帮助犯罪分子逃避处罚罪的犯罪主体资格，其在公安机关对马球会俱乐部进行查禁前打电话给李某华，实施的亦属通风报信的行为，但是，根据本案有关证人的证言，5月21日的行动是公安机关针对俱乐部有卖淫嫖娼活动而进行的查禁，且潘某博对当天行动是否针对李某华、马球会俱乐部是否涉嫌犯罪并不明知。也就是说，潘某博是在不明知李某华系犯罪分子或马球会俱乐部存在犯罪活动的前提下，实施了通风报信的行为，该行为的帮助对象以及实施该行为的主观方面，均与帮助犯罪分子逃避处罚罪的犯罪构成不符。因此，潘某博利用职务便利，帮助他人逃避处罚的行为不

---

① 参见中华人民共和国最高人民法院刑事审判一、二、三、四、五庭主办：《中国刑事审判指导案例》（第6卷），法律出版社2017年版，第611页。

能以帮助犯罪分子逃避处罚罪定罪处罚。

(二)其他法律适用

《最高人民法院、最高人民检察院关于办理扰乱无线电通讯管理秩序等刑事案件适用法律若干问题的解释》(2017年7月1日起施行　法释〔2017〕11号)

第七条第二款　有查禁扰乱无线电管理秩序犯罪活动职责的国家机关工作人员,向犯罪分子通风报信、提供便利,帮助犯罪分子逃避处罚的,应当依照刑法第四百一十七条的规定,以帮助犯罪分子逃避处罚罪追究刑事责任;事先同谋的,以共同犯罪论处。

四、定罪量刑标准

(一)司法解释等相关规定

《最高人民检察院关于渎职侵权犯罪案件立案标准的规定》(2006年7月26日起施行　高检发释字〔2006〕2号)

一、渎职犯罪案件

(三十三)帮助犯罪分子逃避处罚案(第四百一十七条)

帮助犯罪分子逃避处罚罪是指有查禁犯罪活动职责的司法及公安、国家安全、海关、税务等国家机关工作人员,向犯罪分子通风报信、提供便利,帮助犯罪分子逃避处罚的行为。

涉嫌下列情形之一的,应予立案:

1. 向犯罪分子泄漏有关部门查禁犯罪活动的部署、人员、措施、时间、地点等情况的;

2. 向犯罪分子提供钱物、交通工具、通讯设备、隐藏处所等便利条件的;

3. 向犯罪分子泄漏案情的;

4. 帮助、示意犯罪分子隐匿、毁灭、伪造证据,或者串供、翻供的;

5. 其他帮助犯罪分子逃避处罚应予追究刑事责任的情形。

（二）定罪量刑对应表

表 10－8　帮助犯罪分子逃避处罚罪定罪量刑对应表

帮助犯罪分子逃避处罚罪		情节
第一档	3 年以下有期徒刑或者拘役	(1)向犯罪分子泄露查禁犯罪活动的部署、人员、措施、时间、地点等情况的;(2)向犯罪分子提供钱物、交通工具、通讯设备、隐藏处所等便利条件;(3)向犯罪分子泄露案情;(4)帮助、示意犯罪分子隐匿、毁灭、伪造证据,或者串供、翻供的
第二档	3 年以上 10 年以下有期徒刑	未规定

第八节　失职造成珍贵文物损毁、流失罪

一、犯罪主体

负有珍贵文物管理职责的部门中的国家机关工作人员。

二、刑法规定

《刑法》

第四百一十九条　国家机关工作人员严重不负责任,造成珍贵文物损毁或者流失,后果严重的,处三年以下有期徒刑或者拘役。

三、重点、疑难问题界定

文物等级及价值的认定

1.《最高人民法院、最高人民检察院关于办理妨害文物管理等刑事案件适用法律若干问题的解释》(2016 年 1 月 1 日起施行　法释〔2015〕23 号)

第十三条　案件涉及不同等级的文物的,按照高级别文物的量刑幅度量刑;有多件同级文物的,五件同级文物视为一件高一级文物,但是价值明显不相当的除外。

第十四条 依照文物价值定罪量刑的,根据涉案文物的有效价格证明认定文物价值;无有效价格证明,或者根据价格证明认定明显不合理的,根据销赃数额认定,或者结合本解释第十五条规定的鉴定意见、报告认定。

第十五条 在行为人实施有关行为前,文物行政部门已对涉案文物及其等级作出认定的,可以直接对有关案件事实作出认定。

对案件涉及的有关文物鉴定、价值认定等专门性问题难以确定的,由司法鉴定机构出具鉴定意见,或者由国务院文物行政部门指定的机构出具报告。其中,对于文物价值,也可以由有关价格认证机构作出价格认证并出具报告。

2.《最高人民法院、最高人民检察院、公安部、国家文物局关于办理妨害文物管理等刑事案件若干问题的意见》(2022年8月16日发布 公通字〔2022〕18号)

三、涉案文物的认定和鉴定评估

对案件涉及的文物等级、类别、价值等专门性问题,如是否属于古文化遗址、古墓葬、古建筑、石窟寺、石刻、壁画、近代现代重要史迹和代表性建筑等不可移动文物,是否具有历史、艺术、科学价值,是否属于各级文物保护单位,是否属于珍贵文物,以及有关行为对文物造成的损毁程度和对文物价值造成的影响等,案发前文物行政部门已作认定的,可以直接对有关案件事实作出认定;案发前未作认定的,可以结合国务院文物行政部门指定的机构出具的《涉案文物鉴定评估报告》作出认定,必要时,办案机关可以依法提请文物行政部门对有关问题作出说明。《涉案文物鉴定评估报告》应当依照《涉案文物鉴定评估管理办法》(文物博发〔2018〕4号)规定的程序和格式文本出具。

四、定罪量刑标准

(一)司法解释等相关规定

1.《最高人民法院、最高人民检察院关于办理妨害文物管理等刑事案件适用法律若干问题的解释》(2016年1月1日起施行 法释〔2015〕23号)

第十条 国家机关工作人员严重不负责任,造成珍贵文物损毁或者流失，具有下列情形之一的，应当认定为刑法第四百一十九条规定的“后果严重”：

（一）导致二级以上文物或者五件以上三级文物损毁或者流失的；

（二）导致全国重点文物保护单位、省级文物保护单位的本体严重损毁或者灭失的；

（三）其他后果严重的情形。

2.《最高人民检察院关于渎职侵权犯罪案件立案标准的规定》（2006年7月26日起施行 高检发释字〔2006〕2号）

一、渎职犯罪案件

（三十五）失职造成珍贵文物损毁、流失案（第四百一十九条）

失职造成珍贵文物损毁、流失罪是指文物行政部门、公安机关、工商行政管理部门、海关、城乡建设规划部门等国家机关工作人员严重不负责任，造成珍贵文物损毁或者流失，后果严重的行为。

涉嫌下列情形之一的，应予立案：

1. 导致国家一、二、三级珍贵文物损毁或者流失的；

2. 导致全国重点文物保护单位或者省、自治区、直辖市级文物保护单位损毁的；

3. 其他后果严重的情形。

（二）定罪量刑对应表

表10－9 失职造成珍贵文物损毁、流失罪定罪量刑对应表

失职造成珍贵文物损毁、流失罪		情　　节
第一档	3年以下有期徒刑或者拘役	（1）损毁或者流失二级以上文物≥1件；（2）损毁或者流失三级以上文物≥5件；（3）全国重点文物保护单位、省级文物保护单位的本体严重损毁或者灭失的

第十一章　重大责任事故类罪名释义及定罪量刑标准

第一节　重大飞行事故罪

一、犯罪主体

航空人员，其中具有公职人员身份的人员涉嫌该罪的归监察委员会管辖。

二、刑法规定

《刑法》

第一百三十一条　航空人员违反规章制度，致使发生重大飞行事故，造成严重后果的，处三年以下有期徒刑或者拘役；造成飞机坠毁或者人员死亡的，处三年以上七年以下有期徒刑。

三、重点、疑难问题界定

航空人员的认定

《中华人民共和国民用航空法》（2021 年 4 月 29 日起施行　第十三届全国人民代表大会常务委员会第二十八次会议修正）

第三十九条　本法所称航空人员，是指下列从事民用航空活动的空勤人员和地面人员：

（一）空勤人员，包括驾驶员、飞行机械人员、乘务员；

（二）地面人员，包括民用航空器维修人员、空中交通管制员、飞行签派员、航空电台通信员。

四、定罪量刑标准

(一)司法解释等相关规定

暂无。

(二)定罪量刑对应表

表 11-1　重大飞行事故罪定罪量刑对应表

重大飞行事故罪		情节
第一档	3 年以下有期徒刑或者拘役	严重后果
第二档	3 年以上 7 年以下有期徒刑	飞机坠毁或者人员死亡

第二节　铁路运营安全事故罪

一、犯罪主体

铁路职工,其中具有公职人员身份的人员涉嫌该罪的归监察委员会管辖。

二、刑法规定

《刑法》

第一百三十二条　铁路职工违反规章制度,致使发生铁路运营安全事故,造成严重后果的,处三年以下有期徒刑或者拘役;造成特别严重后果的,处三年以上七年以下有期徒刑。

三、重点、疑难问题界定

铁路运营安全事故罪的认定

1.《最高人民法院、最高人民检察院关于办理危害生产安全刑事案件适用法律若干问题的解释》(2015 年 12 月 16 日起施行　法释〔2015〕22 号)

第九条　在安全事故发生后,与负有报告职责的人员串通,不报或者

谎报事故情况,贻误事故抢救,情节严重的,依照刑法第一百三十九条之一①的规定,以共犯论处。

第十条 在安全事故发生后,直接负责的主管人员和其他直接责任人员故意阻挠开展抢救,导致人员死亡或者重伤,或者为了逃避法律追究,对被害人进行隐藏、遗弃,致使被害人因无法得到救助而死亡或者重度残疾的,分别依照刑法第二百三十二条、第二百三十四条的规定,以故意杀人罪或者故意伤害罪定罪处罚。

第十二条第一款第五项、第二款 实施刑法第一百三十二条、第一百三十四条至第一百三十九条之一规定的犯罪行为,具有下列情形之一的,从重处罚:

(五)采取弄虚作假、行贿等手段,故意逃避、阻挠负有安全监督管理职责的部门实施监督检查的;

实施前款第五项规定的行为,同时构成刑法第三百八十九条②规定的犯罪的,依照数罪并罚的规定处罚。

第十四条 国家工作人员违反规定投资入股生产经营,构成本解释规定的有关犯罪的,或者国家工作人员的贪污、受贿犯罪行为与安全事故发生存在关联性的,从重处罚;同时构成贪污、受贿犯罪和危害生产安全犯罪的,依照数罪并罚的规定处罚。

第十五条第二款 公司、企业、事业单位的工作人员在依法或者受委托行使安全监督管理职责时滥用职权或者玩忽职守,构成犯罪的,应当依照《全国人民代表大会常务委员会关于〈中华人民共和国刑法〉第九章渎职罪主体适用问题的解释》的规定,适用渎职罪的规定追究刑事责任。

2.《最高人民法院关于进一步加强危害生产安全刑事案件审判工作的意见》(2011年12月30日起施行 法发〔2011〕20号)

二、危害生产安全刑事案件审判工作的原则

3. 严格依法,从严惩处。对严重危害生产安全犯罪,尤其是相关职务犯罪,必须始终坚持严格依法、从严惩处。对于人民群众广泛关注、社会反

---

① 《刑法》第一百三十九条之一:不报、谎报安全事故罪。

② 《刑法》第三百八十九条:行贿罪。

映强烈的案件要及时审结，回应人民群众关切，维护社会和谐稳定。

4. 区分责任，均衡量刑。危害生产安全犯罪，往往涉案人员较多，犯罪主体复杂，既包括直接从事生产、作业的人员，也包括对生产、作业负有组织、指挥或者管理职责的负责人、管理人员、实际控制人、投资人等，有的还涉及国家机关工作人员渎职犯罪。对相关责任人的处理，要根据事故原因、危害后果、主体职责、过错大小等因素，综合考虑全案，正确划分责任，做到罪责刑相适应。

5. 主体平等，确保公正。审理危害生产安全刑事案件，对于所有责任主体，都必须严格落实法律面前人人平等的刑法原则，确保刑罚适用公正，确保裁判效果良好。

三、正确确定责任

6. 审理危害生产安全刑事案件，政府或相关职能部门依法对事故原因、损失大小、责任划分作出的调查认定，经庭审质证后，结合其他证据，可作为责任认定的依据。

7. 认定相关人员是否违反有关安全管理规定，应当根据相关法律、行政法规，参照地方性法规、规章及国家标准、行业标准，必要时可参考公认的惯例和生产经营单位制定的安全生产规章制度、操作规程。

8. 多个原因行为导致生产安全事故发生的，在区分直接原因与间接原因的同时，应当根据原因行为在引发事故中所具作用的大小，分清主要原因与次要原因，确认主要责任和次要责任，合理确定罪责。

一般情况下，对生产、作业负有组织、指挥或者管理职责的负责人、管理人员、实际控制人、投资人，违反有关安全生产管理规定，对重大生产安全事故的发生起决定性、关键性作用的，应当承担主要责任。

对于直接从事生产、作业的人员违反安全管理规定，发生重大生产安全事故的，要综合考虑行为人的从业资格、从业时间、接受安全生产教育培训情况、现场条件、是否受到他人强令作业、生产经营单位执行安全生产规章制度的情况等因素认定责任，不能将直接责任简单等同于主要责任。

对于负有安全生产管理、监督职责的工作人员，应根据其岗位职责、履职依据、履职时间等，综合考察工作职责、监管条件、履职能力、履职情况等，合理确定罪责。

四、准确适用法律

9. 严格把握危害生产安全犯罪与以其他危险方法危害公共安全罪的界限,不应将生产经营中违章违规的故意不加区别地视为对危害后果发生的故意。

10. 以行贿方式逃避安全生产监督管理,或者非法、违法生产、作业,导致发生重大生产安全事故,构成数罪的,依照数罪并罚的规定处罚。

违反安全生产管理规定,非法采矿、破坏性采矿或排放、倾倒、处置有害物质严重污染环境,造成重大伤亡事故或者其他严重后果,同时构成危害生产安全犯罪和破坏环境资源保护犯罪的,依照数罪并罚的规定处罚。

11. 安全事故发生后,负有报告职责的国家工作人员不报或者谎报事故情况,贻误事故抢救,情节严重,构成不报、谎报安全事故罪,同时构成职务犯罪或其他危害生产安全犯罪的,依照数罪并罚的规定处罚。

12. 非矿山生产安全事故中,认定"直接负责的主管人员和其他直接责任人员"、"负有报告职责的人员"的主体资格,认定构成"重大伤亡事故或者其他严重后果"、"情节特别恶劣",不报、谎报事故情况,贻误事故抢救,"情节严重"、"情节特别严重"等,可参照最高人民法院、最高人民检察院《关于办理危害矿山生产安全刑事案件具体应用法律若干问题的解释》的相关规定。

五、准确把握宽严相济刑事政策

13. 审理危害生产安全刑事案件,应综合考虑生产安全事故所造成的伤亡人数、经济损失、环境污染、社会影响、事故原因与被告人职责的关联程度、被告人主观过错大小、事故发生后被告人的施救表现、履行赔偿责任情况等,正确适用刑罚,确保裁判法律效果和社会效果相统一。

14. 造成《关于办理危害矿山生产安全刑事案件具体应用法律若干问题的解释》①第四条规定的"重大伤亡事故或者其他严重后果",同时具有

---

① 2015 年 12 月 16 日起施行的《最高人民法院、最高人民检察院关于办理危害生产安全刑事案件适用法律若干问题的解释》已将 2007 年《最高人民法院、最高人民检察院关于办理危害矿山生产安全刑事案件具体应用法律若干问题的解释》相关内容替代,并将其废止,因此相关内容宜参考《最高人民法院、最高人民检察院关于办理危害生产安全刑事案件适用法律若干问题的解释》。同时要注意以 2015 年 12 月 16 日为时间点,按照从旧兼从轻原则准确适用新旧两个司法解释。

下列情形之一的,也可以认定为刑法第一百三十四条、第一百三十五条规定的"情节特别恶劣":

(一)非法、违法生产的;

(二)无基本劳动安全设施或未向生产、作业人员提供必要的劳动防护用品,生产、作业人员劳动安全无保障的;

(三)曾因安全生产设施或者安全生产条件不符合国家规定,被监督管理部门处罚或责令改正,一年内再次违规生产致使发生重大生产安全事故的;

(四)关闭、故意破坏必要安全警示设备的;

(五)已发现事故隐患,未采取有效措施,导致发生重大事故的;

(六)事故发生后不积极抢救人员,或者毁灭、伪造、隐藏影响事故调查的证据,或者转移财产逃避责任的;

(七)其他特别恶劣的情节。

15. 相关犯罪中,具有以下情形之一的,依法从重处罚:

(一)国家工作人员违反规定投资入股生产经营企业,构成危害生产安全犯罪的;

(二)贪污贿赂行为与事故发生存在关联性的;

(三)国家工作人员的职务犯罪与事故存在直接因果关系的;

(四)以行贿方式逃避安全生产监督管理,或者非法、违法生产、作业的;

(五)生产安全事故发生后,负有报告职责的国家工作人员不报或者谎报事故情况,贻误事故抢救,尚未构成不报、谎报安全事故罪的;

(六)事故发生后,采取转移、藏匿、毁灭遇难人员尸体,或者毁灭、伪造、隐藏影响事故调查的证据,或者转移财产,逃避责任的;

(七)曾因安全生产设施或者安全生产条件不符合国家规定,被监督管理部门处罚或责令改正,一年内再次违规生产致使发生重大生产安全事故的。

16. 对于事故发生后,积极施救,努力挽回事故损失,有效避免损失扩大;积极配合调查,赔偿受害人损失的,可依法从宽处罚。

六、依法正确适用缓刑和减刑、假释

17. 对于危害后果较轻,在责任事故中不负主要责任,符合法律有关缓刑适用条件的,可以依法适用缓刑,但应注意根据案件具体情况,区别对待,严格控制,避免适用不当造成的负面影响。

18. 对于具有下列情形的被告人,原则上不适用缓刑:

(一)具有本意见第14条、第15条所规定的情形的;

(二)数罪并罚的。

19. 宣告缓刑,可以根据犯罪情况,同时禁止犯罪分子在缓刑考验期限内从事与安全生产有关的特定活动。

20. 办理与危害生产安全犯罪相关的减刑、假释案件,要严格执行刑法、刑事诉讼法和有关司法解释规定。是否决定减刑、假释,既要看罪犯服刑期间的悔改表现,还要充分考虑原判认定的犯罪事实、性质、情节、社会危害程度等情况。

四、定罪量刑标准

(一)司法解释等相关规定

《最高人民法院、最高人民检察院关于办理危害生产安全刑事案件适用法律若干问题的解释》(2015年12月16日起施行 法释〔2015〕22号)

第六条第一款 实施刑法第一百三十二条、第一百三十四条第一款、第一百三十五条、第一百三十五条之一、第一百三十六条、第一百三十九条规定的行为,因而发生安全事故,具有下列情形之一的,应当认定为"造成严重后果"或者"发生重大伤亡事故或者造成其他严重后果",对相关责任人员,处三年以下有期徒刑或者拘役:

(一)造成死亡一人以上,或者重伤三人以上的;

(二)造成直接经济损失一百万元以上的;

(三)其他造成严重后果或者重大安全事故的情形。

第七条第一款 实施刑法第一百三十二条、第一百三十四条第一款、第一百三十五条、第一百三十五条之一、第一百三十六条、第一百三十九条规定的行为,因而发生安全事故,具有下列情形之一的,对相关责任人员,处三年以上七年以下有期徒刑:

(一)造成死亡三人以上或者重伤十人以上,负事故主要责任的;

(二)造成直接经济损失五百万元以上,负事故主要责任的;

（三）其他造成特别严重后果、情节特别恶劣或者后果特别严重的情形。

第十二条　实施刑法第一百三十二条、第一百三十四条至第一百三十九条之一规定的犯罪行为，具有下列情形之一的，从重处罚：

（一）未依法取得安全许可证件或者安全许可证件过期、被暂扣、吊销、注销后从事生产经营活动的；

（二）关闭、破坏必要的安全监控和报警设备的；

（三）已经发现事故隐患，经有关部门或者个人提出后，仍不采取措施的；

（四）一年内曾因危害生产安全违法犯罪活动受过行政处罚或者刑事处罚的；

（五）采取弄虚作假、行贿等手段，故意逃避、阻挠负有安全监督管理职责的部门实施监督检查的；

（六）安全事故发生后转移财产意图逃避承担责任的；

（七）其他从重处罚的情形。

实施前款第五项规定的行为，同时构成刑法第三百八十九条规定的犯罪的，依照数罪并罚的规定处罚。

第十三条　实施刑法第一百三十二条、第一百三十四条至第一百三十九条之一规定的犯罪行为，在安全事故发生后积极组织、参与事故抢救，或者积极配合调查、主动赔偿损失的，可以酌情从轻处罚。

第十四条　国家工作人员违反规定投资入股生产经营，构成本解释规定的有关犯罪的，或者国家工作人员的贪污、受贿犯罪行为与安全事故发生存在关联性的，从重处罚；同时构成贪污、受贿犯罪和危害生产安全犯罪的，依照数罪并罚的规定处罚。

第十六条　对于实施危害生产安全犯罪适用缓刑的犯罪分子，可以根据犯罪情况，禁止其在缓刑考验期限内从事与安全生产相关联的特定活动；对于被判处刑罚的犯罪分子，可以根据犯罪情况和预防再犯罪的需要，禁止其自刑罚执行完毕之日或者假释之日起三年至五年内从事与安全生产相关的职业。

第十七条　本解释自2015年12月16日起施行。本解释施行后，《最高人民法院、最高人民检察院关于办理危害矿山生产安全刑事案件具体应用法律若干问题的解释》（法释〔2007〕5 号）同时废止。最高人民法院、最高人民检察院此前发布的司法解释和规范性文件与本解释不一致的，以本解释为准。

（二）定罪量刑对应表

表 11－2　铁路运营安全事故罪定罪量刑对应表

铁路运营安全事故罪		经济损失	死亡	重伤	其他
第一档	3 年以下有期徒刑或者拘役	≥100 万元	≥1 人	≥3 人	其他严重后果或重大安全事故
第二档	3 年以上 7 年以下有期徒刑	≥500 万元且负事故主要责任	≥3 人且负事故主要责任	≥10 人且负事故主要责任	特别严重后果或情节特别恶劣或后果特别严重

第三节　重大责任事故罪，强令、组织他人违章冒险作业罪

一、犯罪主体

生产经营等单位中的工作人员，其中具有公职人员身份的人员涉嫌该罪的归监察委员会管辖。

二、刑法规定

《刑法》

第一百三十四条①　在生产、作业中违反有关安全管理的规定，因而发生重大伤亡事故或者造成其他严重后果的，处三年以下有期徒刑或者拘

---

① 2006 年 6 月 29 日起施行的《刑法修正案（六）》对本条进行修改。2021 年 3 月 1 日起施行的《刑法修正案（十一）》对本条第二款进行修改，修改前的第一百三十四条第二款为："强令他人违章冒险作业，因而发生重大伤亡事故或者造成其他严重后果的，处五年以下有期徒刑或者拘役；情节特别恶劣的，处五年以上有期徒刑。"2021 年 3 月 1 日起施行的《最高人民法院、最高人民检察院关于执行〈中华人民共和国刑法〉确定罪名的补充规定（七）》将本条第二款罪名"强令违章冒险作业罪"改为"强令、组织他人违章冒险作业罪"，注意从旧兼从轻原则。

役;情节特别恶劣的,处三年以上七年以下有期徒刑。

强令他人违章冒险作业,或者明知存在重大事故隐患而不排除,仍冒险组织作业,因而发生重大伤亡事故或者造成其他严重后果的,处五年以下有期徒刑或者拘役;情节特别恶劣的,处五年以上有期徒刑。

三、重点、疑难问题界定

重大责任事故罪,强令、组织他人违章冒险作业罪的认定

1.《最高人民法院、最高人民检察院关于办理危害生产安全刑事案件适用法律若干问题的解释》(2015 年 12 月 16 日起施行　法释〔2015〕22 号)

第一条　刑法第一百三十四条第一款规定的犯罪主体,包括对生产、作业负有组织、指挥或者管理职责的负责人、管理人员、实际控制人、投资人等人员,以及直接从事生产、作业的人员。

第二条　刑法第一百三十四条第二款规定的犯罪主体,包括对生产、作业负有组织、指挥或者管理职责的负责人、管理人员、实际控制人、投资人等人员。

第五条　明知存在事故隐患、继续作业存在危险,仍然违反有关安全管理的规定,实施下列行为之一的,应当认定为刑法第一百三十四条第二款规定的“强令他人违章冒险作业”:

(一)利用组织、指挥、管理职权,强制他人违章作业的;

(二)采取威逼、胁迫、恐吓等手段,强制他人违章作业的;

(三)故意掩盖事故隐患,组织他人违章作业的;

(四)其他强令他人违章作业的行为。

第九条　在安全事故发生后,与负有报告职责的人员串通,不报或者谎报事故情况,贻误事故抢救,情节严重的,依照刑法第一百三十九条之一①的规定,以共犯论处。

第十条　在安全事故发生后,直接负责的主管人员和其他直接责任人员故意阻挠开展抢救,导致人员死亡或者重伤,或者为了逃避法律追究,对被害人进行隐藏、遗弃,致使被害人因无法得到救助而死亡或者重度残疾

① 《刑法》第一百三十九条之一:不报、谎报安全事故罪。

的,分别依照刑法第二百三十二条、第二百三十四条的规定,以故意杀人罪或者故意伤害罪定罪处罚。

第十二条第一款第五项、第二款 实施刑法第一百三十二条、第一百三十四条至第一百三十九条之一规定的犯罪行为,具有下列情形之一的,从重处罚:

(五)采取弄虚作假、行贿等手段,故意逃避、阻挠负有安全监督管理职责的部门实施监督检查的;

实施前款第五项规定的行为,同时构成刑法第三百八十九条①规定的犯罪的,依照数罪并罚的规定处罚。

第十四条 国家工作人员违反规定投资入股生产经营,构成本解释规定的有关犯罪的,或者国家工作人员的贪污、受贿犯罪行为与安全事故发生存在关联性的,从重处罚;同时构成贪污、受贿犯罪和危害生产安全犯罪的,依照数罪并罚的规定处罚。

第十五条第二款 公司、企业、事业单位的工作人员在依法或者受委托行使安全监督管理职责时滥用职权或者玩忽职守,构成犯罪的,应当依照《全国人民代表大会常务委员会关于〈中华人民共和国刑法〉第九章渎职罪主体适用问题的解释》的规定,适用渎职罪的规定追究刑事责任。

2.《最高人民法院关于进一步加强危害生产安全刑事案件审判工作的意见》(2011年12月30日起施行 法发〔2011〕20号)

详见本书第十一章第二节铁路运营安全事故罪中关于“铁路运营安全事故罪的认定”该意见的相关内容。

3.《最高人民法院、最高人民检察院关于办理危害生产安全刑事案件适用法律若干问题的解释(二)》(2022年12月19日起施行 法释〔2022〕19号)

第一条 明知存在事故隐患,继续作业存在危险,仍然违反有关安全管理的规定,有下列情形之一的,属于刑法第一百三十四条第二款规定的“强令他人违章冒险作业”:

(一)以威逼、胁迫、恐吓等手段,强制他人违章作业的;

---

① 《刑法》第三百八十九条:行贿罪。

（二）利用组织、指挥、管理职权，强制他人违章作业的；

（三）其他强令他人违章冒险作业的情形。

明知存在重大事故隐患，仍然违反有关安全管理的规定，不排除或者故意掩盖重大事故隐患，组织他人作业的，属于刑法第一百三十四条第二款规定的“冒险组织作业”。

第四条第一款、第三款　刑法第一百三十四条第二款和第一百三十四条之一第二项规定的“重大事故隐患”，依照法律、行政法规、部门规章、强制性标准以及有关行政规范性文件进行认定。

对于是否属于“重大事故隐患”或者“危险物品”难以确定的，可以依据司法鉴定机构出具的鉴定意见、地市级以上负有安全生产监督管理职责的部门或者其指定的机构出具的意见，结合其他证据综合审查，依法作出认定。

四、定罪量刑标准

（一）司法解释等相关规定

《最高人民法院、最高人民检察院关于办理危害生产安全刑事案件适用法律若干问题的解释》[①]（2015年12月16日起施行　法释〔2015〕22号）

第六条第一款、第二款　实施刑法第一百三十二条、第一百三十四条第一款、第一百三十五条、第一百三十五条之一、第一百三十六条、第一百三十九条规定的行为，因而发生安全事故，具有下列情形之一的，应当认定为“造成严重后果”或者“发生重大伤亡事故或者造成其他严重后果”，对相关责任人员，处三年以下有期徒刑或者拘役：

（一）造成死亡一人以上，或者重伤三人以上的；

（二）造成直接经济损失一百万元以上的；

（三）其他造成严重后果或者重大安全事故的情形。

实施刑法第一百三十四条第二款规定的行为，因而发生安全事故，具有本条第一款规定情形的，应当认定为“发生重大伤亡事故或者造成其他

---

① 该解释规定的立案标准已将2008年6月25日起施行的《最高人民检察院、公安部关于公安机关管辖的刑事案件立案追诉标准的规定（一）》中关于重大责任事故案、强令违章冒险作业案的立案标准予以替代。

严重后果”,对相关责任人员,处五年以下有期徒刑或者拘役。

第七条第一款、第二款 实施刑法第一百三十二条、第一百三十四条第一款、第一百三十五条、第一百三十五条之一、第一百三十六条、第一百三十九条规定的行为,因而发生安全事故,具有下列情形之一的,对相关责任人员,处三年以上七年以下有期徒刑:

(一)造成死亡三人以上或者重伤十人以上,负事故主要责任的;

(二)造成直接经济损失五百万元以上,负事故主要责任的;

(三)其他造成特别严重后果、情节特别恶劣或者后果特别严重的情形。

实施刑法第一百三十四条第二款规定的行为,因而发生安全事故,具有本条第一款规定情形的,对相关责任人员,处五年以上有期徒刑。

第十二条 实施刑法第一百三十二条、第一百三十四条至第一百三十九条之一规定的犯罪行为,具有下列情形之一的,从重处罚:

(一)未依法取得安全许可证件或者安全许可证件过期、被暂扣、吊销、注销后从事生产经营活动的;

(二)关闭、破坏必要的安全监控和报警设备的;

(三)已经发现事故隐患,经有关部门或者个人提出后,仍不采取措施的;

(四)一年内曾因危害生产安全违法犯罪活动受过行政处罚或者刑事处罚的;

(五)采取弄虚作假、行贿等手段,故意逃避、阻挠负有安全监督管理职责的部门实施监督检查的;

(六)安全事故发生后转移财产意图逃避承担责任的;

(七)其他从重处罚的情形。

实施前款第五项规定的行为,同时构成刑法第三百八十九条规定的犯罪的,依照数罪并罚的规定处罚。

第十三条 实施刑法第一百三十二条、第一百三十四条至第一百三十九条之一规定的犯罪行为,在安全事故发生后积极组织、参与事故抢救,或者积极配合调查、主动赔偿损失的,可以酌情从轻处罚。

第十四条 国家工作人员违反规定投资入股生产经营,构成本解释规定的有关犯罪的,或者国家工作人员的贪污、受贿犯罪行为与安全事故发生存在关联性的，从重处罚；同时构成贪污、受贿犯罪和危害生产安全犯罪的，依照数罪并罚的规定处罚。

第十六条　对于实施危害生产安全犯罪适用缓刑的犯罪分子，可以根据犯罪情况，禁止其在缓刑考验期限内从事与安全生产相关联的特定活动；对于被判处刑罚的犯罪分子，可以根据犯罪情况和预防再犯罪的需要，禁止其自刑罚执行完毕之日或者假释之日起三年至五年内从事与安全生产相关的职业。

第十七条　本解释自2015年12月16日起施行。本解释施行后，《最高人民法院、最高人民检察院关于办理危害矿山生产安全刑事案件具体应用法律若干问题的解释》（法释〔2007〕5号）同时废止。最高人民法院、最高人民检察院此前发布的司法解释和规范性文件与本解释不一致的，以本解释为准。

（二）定罪量刑对应表

表11－3　重大责任事故罪定罪量刑对应表

重大责任事故罪		经济损失	死亡	重伤	其他
第一档	3年以下有期徒刑或者拘役	≥100万元	≥1人	≥3人	其他严重后果或重大安全事故
第二档	3年以上7年以下有期徒刑	≥500万元且负事故主要责任	≥3人且负事故主要责任	≥10人且负事故主要责任	特别严重后果或情节特别恶劣或后果特别严重

表11－4　强令、组织他人违章冒险作业罪定罪量刑对应表

强令、组织他人违章冒险作业罪		经济损失	死亡	重伤	其他
第一档	5年以下有期徒刑或者拘役	≥100万元	≥1人	≥3人	其他严重后果或重大安全事故
第二档	5年以上有期徒刑	≥500万元且负事故主要责任	≥3人且负事故主要责任	≥10人且负事故主要责任	特别严重后果或情节特别恶劣或后果特别严重

第四节　危险作业罪

一、犯罪主体

生产经营等单位中的工作人员,其中具有公职人员身份的人员涉嫌该罪的归监察委员会管辖。

二、刑法规定

《刑法》

第一百三十四条之一[①]　在生产、作业中违反有关安全管理的规定,有下列情形之一,具有发生重大伤亡事故或者其他严重后果的现实危险的,处一年以下有期徒刑、拘役或者管制:

(一)关闭、破坏直接关系生产安全的监控、报警、防护、救生设备、设施,或者篡改、隐瞒、销毁其相关数据、信息的;

(二)因存在重大事故隐患被依法责令停产停业、停止施工、停止使用有关设备、设施、场所或者立即采取排除危险的整改措施,而拒不执行的;

(三)涉及安全生产的事项未经依法批准或者许可,擅自从事矿山开采、金属冶炼、建筑施工,以及危险物品生产、经营、储存等高度危险的生产作业活动的。

三、重点、疑难问题界定

危险作业罪的认定

《最高人民法院、最高人民检察院关于办理危害生产安全刑事案件适用法律若干问题的解释(二)》(2022 年 12 月 19 日起施行　法释〔2022〕19 号)

第二条　刑法第一百三十四条之一规定的犯罪主体,包括对生产、作

---

① 2021 年 3 月 1 日起施行的《刑法修正案(十一)》增加该条内容,办案中注意刑法从旧兼从轻原则的运用。

业负有组织、指挥或者管理职责的负责人、管理人员、实际控制人、投资人等人员，以及直接从事生产、作业的人员。

第三条　因存在重大事故隐患被依法责令停产停业、停止施工、停止使用有关设备、设施、场所或者立即采取排除危险的整改措施，有下列情形之一的，属于刑法第一百三十四条之一第二项规定的“拒不执行”：

（一）无正当理由故意不执行各级人民政府或者负有安全生产监督管理职责的部门依法作出的上述行政决定、命令的；

（二）虚构重大事故隐患已经排除的事实，规避、干扰执行各级人民政府或者负有安全生产监督管理职责的部门依法作出的上述行政决定、命令的；

（三）以行贿等不正当手段，规避、干扰执行各级人民政府或者负有安全生产监督管理职责的部门依法作出的上述行政决定、命令的。

有前款第三项行为，同时构成刑法第三百八十九条行贿罪、第三百九十三条单位行贿罪等犯罪的，依照数罪并罚的规定处罚。

认定是否属于“拒不执行”，应当综合考虑行政决定、命令是否具有法律、行政法规等依据，行政决定、命令的内容和期限要求是否明确、合理，行为人是否具有按照要求执行的能力等因素进行判断。

第四条　刑法第一百三十四条第二款和第一百三十四条之一第二项规定的“重大事故隐患”，依照法律、行政法规、部门规章、强制性标准以及有关行政规范性文件进行认定。

刑法第一百三十四条之一第三项规定的“危险物品”，依照安全生产法第一百一十七条的规定确定。

对于是否属于“重大事故隐患”或者“危险物品”难以确定的，可以依据司法鉴定机构出具的鉴定意见、地市级以上负有安全生产监督管理职责的部门或者其指定的机构出具的意见，结合其他证据综合审查，依法作出认定。

第五条　在生产、作业中违反有关安全管理的规定，有刑法第一百三十四条之一规定情形之一，因而发生重大伤亡事故或者造成其他严重后果，构成刑法第一百三十四条、第一百三十五条至第一百三十九条等规定的重大责任事故罪、重大劳动安全事故罪、危险物品肇事罪、工程重大安全事故罪等犯罪的,依照该规定定罪处罚。

第十条 有刑法第一百三十四条之一行为,积极配合公安机关或者负有安全生产监督管理职责的部门采取措施排除事故隐患,确有悔改表现,认罪认罚的,可以依法从宽处罚;犯罪情节轻微不需要判处刑罚的,可以不起诉或者免予刑事处罚;情节显著轻微危害不大的,不作为犯罪处理。

四、定罪量刑标准

定罪量刑对应表

表 11-5 危险作业罪定罪量刑对应表

危险作业罪		情节
第一档	1年以下有期徒刑或者拘役或者管制	具有发生重大伤亡事故或者其他严重后果的现实危险

第五节 重大劳动安全事故罪

一、犯罪主体

生产经营等单位中的工作人员,其中具有公职人员身份的人员涉嫌该罪的归监察委员会管辖。

二、刑法规定

《刑法》

第一百三十五条 安全生产设施或者安全生产条件不符合国家规定,因而发生重大伤亡事故或者造成其他严重后果的,对直接负责的主管人员和其他直接责任人员,处三年以下有期徒刑或者拘役;情节特别恶劣的,处三年以上七年以下有期徒刑。

三、重点、疑难问题界定

(一)重大劳动安全事故罪的认定

1.《最高人民法院、最高人民检察院关于办理危害生产安全刑事案件适用法律若干问题的解释》(2015 年 12 月 16 日起施行　法释〔2015〕22 号)

第三条　刑法第一百三十五条规定的“直接负责的主管人员和其他直接责任人员”,是指对安全生产设施或者安全生产条件不符合国家规定负有直接责任的生产经营单位负责人、管理人员、实际控制人、投资人,以及其他对安全生产设施或者安全生产条件负有管理、维护职责的人员。

第九条　在安全事故发生后,与负有报告职责的人员串通,不报或者谎报事故情况,贻误事故抢救,情节严重的,依照刑法第一百三十九条之一①的规定,以共犯论处。

第十条　在安全事故发生后,直接负责的主管人员和其他直接责任人员故意阻挠开展抢救,导致人员死亡或者重伤,或者为了逃避法律追究,对被害人进行隐藏、遗弃,致使被害人因无法得到救助而死亡或者重度残疾的,分别依照刑法第二百三十二条、第二百三十四条的规定,以故意杀人罪或者故意伤害罪定罪处罚。

第十二条第一款第五项、第二款　实施刑法第一百三十二条、第一百三十四条至第一百三十九条之一规定的犯罪行为,具有下列情形之一的,从重处罚:

(五)采取弄虚作假、行贿等手段,故意逃避、阻挠负有安全监督管理职责的部门实施监督检查的;

实施前款第五项规定的行为,同时构成刑法第三百八十九条②规定的犯罪的,依照数罪并罚的规定处罚。

第十四条　国家工作人员违反规定投资入股生产经营,构成本解释规定的有关犯罪的,或者国家工作人员的贪污、受贿犯罪行为与安全事故发生存在关联性的,从重处罚;同时构成贪污、受贿犯罪和危害生产安全犯罪

---

① 《刑法》第一百三十九条之一:不报、谎报安全事故罪。

② 《刑法》第三百八十九条:行贿罪。

的,依照数罪并罚的规定处罚。

第十五条第二款 公司、企业、事业单位的工作人员在依法或者受委托行使安全监督管理职责时滥用职权或者玩忽职守,构成犯罪的,应当依照《全国人民代表大会常务委员会关于〈中华人民共和国刑法〉第九章渎职罪主体适用问题的解释》的规定,适用渎职罪的规定追究刑事责任。

2.《最高人民法院关于进一步加强危害生产安全刑事案件审判工作的意见》(2011 年 12 月 30 日起施行 法发〔2011〕20 号)

详见本书第十一章“第二节铁路运营安全事故罪”中关于“铁路运营安全事故罪的认定”该意见的相关内容。

3.《最高人民法院研究室关于被告人阮某重大劳动安全事故案有关法律适用问题的答复》(2009 年 12 月 25 日起施行 法研〔2009〕228 号)

用人单位违反职业病防治法的规定,职业病危害预防设施不符合国家规定,因而发生重大伤亡事故或者造成其他严重后果的,对直接负责的主管人员和其他直接责任人员,可以依照刑法第一百三十五条的规定,以重大劳动安全事故罪定罪处罚。

(二)如何区分重大劳动安全事故罪和重大责任事故罪

【典型案例裁判指引 166】《刑事审判参考》第 505 号[①]尚某国等重大劳动安全事故案:如何区分重大劳动安全事故罪和重大责任事故罪

司法实践中,当工厂、矿山、林场、建筑企业或者其他企业、事业单位发生重大伤亡事故或者造成其他严重后果,当重大责任事故罪与重大劳动安全事故罪的客观方面和主体都出现上述竞合时,我们认为,应当按照下列原则处理:

第一,如果完全是在安全生产设施或者安全生产条件不符合国家规定的情况下进行生产、作业,因而发生重大伤亡事故或者造成其他严重后果的,应当以重大劳动安全事故罪定罪量刑。第二,在安全生产设施或者安全生产条件不符合国家规定的情况下,在生产、作业中又违反具体的安全

---

① 参见中华人民共和国最高人民法院刑事审判第一、二、三、四、五庭主办:《中国刑事审判指导案例》(第 1 卷),法律出版社 2012 年版,第 299 页。

管理规定,因而发生重大伤亡事故或者造成其他严重后果的,应区分不同情况选择较为妥当的罪名定罪量刑。一是当二罪中某一罪的情节明显重于另一罪时,应按情节较重的罪名定罪量刑。二是当二罪的情节基本相当的情况下,由于实际控制人、投资人对安全生产设施或者安全生产条件是否符合国家规定负有直接责任,在无法查清对生产、作业是否负有组织、指挥或者管理职责时,以重大劳动安全事故罪定罪量刑。如果实际控制人、投资人对生产、作业同时负有组织、指挥或者管理职责时,我们认为,为了司法实践的统一,一般仍以重大劳动安全事故罪定罪为宜,而将"在生产、作业中违反有关安全管理的规定"的行为作为从重处罚的情节;由于负责人、管理人员既对生产、作业负有组织、指挥或者管理职责,又对安全生产设施或者安全生产条件是否符合国家规定负有直接责任,出于同样的考虑,对他们一般也以重大劳动安全事故罪定罪为宜,而将"在生产、作业中违反有关安全管理的规定"的行为作为从重处罚的情节。对于"对安全生产设施或者安全生产条件负有管理、维护职责的电工、瓦斯检查工等人员",亦参照上述原则处理。

四、定罪量刑标准

(一)司法解释等相关规定

《最高人民法院、最高人民检察院关于办理危害生产安全刑事案件适用法律若干问题的解释》[①]**(2015年12月16日起施行　法释〔2015〕22号)**

第六条第一款　实施刑法第一百三十二条、第一百三十四条第一款、第一百三十五条、第一百三十五条之一、第一百三十六条、第一百三十九条规定的行为,因而发生安全事故,具有下列情形之一的,应当认定为"造成严重后果"或者"发生重大伤亡事故或者造成其他严重后果",对相关责任人员,处三年以下有期徒刑或者拘役:

① 该解释规定的立案标准已将2008年6月25日起施行的《最高人民检察院、公安部关于公安机关管辖的刑事案件立案追诉标准的规定(一)》中关于重大劳动安全事故案的立案标准予以替代。

(一)造成死亡一人以上,或者重伤三人以上的;

(二)造成直接经济损失一百万元以上的;

(三)其他造成严重后果或者重大安全事故的情形。

第七条第一款 实施刑法第一百三十二条、第一百三十四条第一款、第一百三十五条、第一百三十五条之一、第一百三十六条、第一百三十九条规定的行为,因而发生安全事故,具有下列情形之一的,对相关责任人员,处三年以上七年以下有期徒刑:

(一)造成死亡三人以上或者重伤十人以上,负事故主要责任的;

(二)造成直接经济损失五百万元以上,负事故主要责任的;

(三)其他造成特别严重后果、情节特别恶劣或者后果特别严重的情形。

第十二条 实施刑法第一百三十二条、第一百三十四条至第一百三十九条之一规定的犯罪行为,具有下列情形之一的,从重处罚:

(一)未依法取得安全许可证件或者安全许可证件过期、被暂扣、吊销、注销后从事生产经营活动的;

(二)关闭、破坏必要的安全监控和报警设备的;

(三)已经发现事故隐患,经有关部门或者个人提出后,仍不采取措施的;

(四)一年内曾因危害生产安全违法犯罪活动受过行政处罚或者刑事处罚的;

(五)采取弄虚作假、行贿等手段,故意逃避、阻挠负有安全监督管理职责的部门实施监督检查的;

(六)安全事故发生后转移财产意图逃避承担责任的;

(七)其他从重处罚的情形。

实施前款第五项规定的行为,同时构成刑法第三百八十九条规定的犯罪的,依照数罪并罚的规定处罚。

第十三条 实施刑法第一百三十二条、第一百三十四条至第一百三十九条之一规定的犯罪行为,在安全事故发生后积极组织、参与事故抢救,或者积极配合调查、主动赔偿损失的,可以酌情从轻处罚。

第十四条 国家工作人员违反规定投资入股生产经营,构成本解释规定的有关犯罪的，或者国家工作人员的贪污、受贿犯罪行为与安全事故发生存在关联性的，从重处罚；同时构成贪污、受贿犯罪和危害生产安全犯罪的，依照数罪并罚的规定处罚。

第十六条　对于实施危害生产安全犯罪适用缓刑的犯罪分子，可以根据犯罪情况，禁止其在缓刑考验期限内从事与安全生产相关联的特定活动；对于被判处刑罚的犯罪分子，可以根据犯罪情况和预防再犯罪的需要，禁止其自刑罚执行完毕之日或者假释之日起三年至五年内从事与安全生产相关的职业。

第十七条　本解释自2015年12月16日起施行。本解释施行后，《最高人民法院、最高人民检察院关于办理危害矿山生产安全刑事案件具体应用法律若干问题的解释》（法释〔2007〕5号）同时废止。最高人民法院、最高人民检察院此前发布的司法解释和规范性文件与本解释不一致的，以本解释为准。

（二）定罪量刑对应表

表11-6　重大劳动安全事故罪定罪量刑对应表

重大劳动安全事故罪		经济损失	死亡	重伤	其他
第一档	3年以下有期徒刑或者拘役	≥100万元	≥1人	≥3人	其他严重后果或重大安全事故
第二档	3年以上7年以下有期徒刑	≥500万元且负事故主要责任	≥3人且负事故主要责任	≥10人且负事故主要责任	特别严重后果或情节特别恶劣或后果特别严重

第六节　大型群众性活动重大安全事故罪

一、犯罪主体

举办大型群众性活动的单位中的工作人员，其中具有公职人员身份的人员涉嫌该罪的归监察委员会管辖。

二、刑法规定

《刑法》

第一百三十五条之一[①] 举办大型群众性活动违反安全管理规定,因而发生重大伤亡事故或者造成其他严重后果的,对直接负责的主管人员和其他直接责任人员,处三年以下有期徒刑或者拘役;情节特别恶劣的,处三年以上七年以下有期徒刑。

三、重点、疑难问题界定

大型群众性活动重大安全事故罪的认定

1.《最高人民法院、最高人民检察院关于办理危害生产安全刑事案件适用法律若干问题的解释》(2015 年 12 月 16 日起施行 法释〔2015〕22 号)

第九条 在安全事故发生后,与负有报告职责的人员串通,不报或者谎报事故情况,贻误事故抢救,情节严重的,依照刑法第一百三十九条之一[②]的规定,以共犯论处。

第十条 在安全事故发生后,直接负责的主管人员和其他直接责任人员故意阻挠开展抢救,导致人员死亡或者重伤,或者为了逃避法律追究,对被害人进行隐藏、遗弃,致使被害人因无法得到救助而死亡或者重度残疾的,分别依照刑法第二百三十二条、第二百三十四条的规定,以故意杀人罪或者故意伤害罪定罪处罚。

第十二条第一款第五项、第二款 实施刑法第一百三十二条、第一百三十四条至第一百三十九条之一规定的犯罪行为,具有下列情形之一的,从重处罚:

(五)采取弄虚作假、行贿等手段,故意逃避、阻挠负有安全监督管理职责的部门实施监督检查的;

---

① 2006 年 6 月 29 日起施行的《刑法修正案(六)》增设该条款,增加该罪名。

② 《刑法》第一百三十九条之一:不报、谎报安全事故罪。

实施前款第五项规定的行为，同时构成刑法第三百八十九条①规定的犯罪的，依照数罪并罚的规定处罚。

第十四条　国家工作人员违反规定投资入股生产经营，构成本解释规定的有关犯罪的，或者国家工作人员的贪污、受贿犯罪行为与安全事故发生存在关联性的，从重处罚；同时构成贪污、受贿犯罪和危害生产安全犯罪的，依照数罪并罚的规定处罚。

第十五条第二款　公司、企业、事业单位的工作人员在依法或者受委托行使安全监督管理职责时滥用职权或者玩忽职守，构成犯罪的，应当依照《全国人民代表大会常务委员会关于〈中华人民共和国刑法〉第九章渎职罪主体适用问题的解释》的规定，适用渎职罪的规定追究刑事责任。

2.《最高人民法院关于进一步加强危害生产安全刑事案件审判工作的意见》（2011年12月30日起施行　法发〔2011〕20号）

详见本书第十一章“第二节铁路运营安全事故罪”中关于“铁路运营安全事故罪的认定”该意见的相关内容。

四、定罪量刑标准

（一）司法解释等相关规定

《最高人民法院、最高人民检察院关于办理危害生产安全刑事案件适用法律若干问题的解释》②（2015年12月16日起施行　法释〔2015〕22号）

第六条第一款　实施刑法第一百三十二条、第一百三十四条第一款、第一百三十五条、第一百三十五条之一、第一百三十六条、第一百三十九条规定的行为，因而发生安全事故，具有下列情形之一的，应当认定为“造成严重后果”或者“发生重大伤亡事故或者造成其他严重后果”，对相关责任人员，处三年以下有期徒刑或者拘役：

---

① 《刑法》第三百八十九条：行贿罪。

② 该解释规定的立案标准已将2008年6月25日起施行的《最高人民检察院、公安部关于公安机关管辖的刑事案件立案追诉标准的规定（一）》中关于大型群众性活动重大安全事故案的立案标准予以替代。

(一)造成死亡一人以上,或者重伤三人以上的;

(二)造成直接经济损失一百万元以上的;

(三)其他造成严重后果或者重大安全事故的情形。

第七条第一款 实施刑法第一百三十二条、第一百三十四条第一款、第一百三十五条、第一百三十五条之一、第一百三十六条、第一百三十九条规定的行为,因而发生安全事故,具有下列情形之一的,对相关责任人员,处三年以上七年以下有期徒刑:

(一)造成死亡三人以上或者重伤十人以上,负事故主要责任的;

(二)造成直接经济损失五百万元以上,负事故主要责任的;

(三)其他造成特别严重后果、情节特别恶劣或者后果特别严重的情形。

第十二条 实施刑法第一百三十二条、第一百三十四条至第一百三十九条之一规定的犯罪行为,具有下列情形之一的,从重处罚:

(一)未依法取得安全许可证件或者安全许可证件过期、被暂扣、吊销、注销后从事生产经营活动的;

(二)关闭、破坏必要的安全监控和报警设备的;

(三)已经发现事故隐患,经有关部门或者个人提出后,仍不采取措施的;

(四)一年内曾因危害生产安全违法犯罪活动受过行政处罚或者刑事处罚的;

(五)采取弄虚作假、行贿等手段,故意逃避、阻挠负有安全监督管理职责的部门实施监督检查的;

(六)安全事故发生后转移财产意图逃避承担责任的;

(七)其他从重处罚的情形。

实施前款第五项规定的行为,同时构成刑法第三百八十九条规定的犯罪的,依照数罪并罚的规定处罚。

第十三条 实施刑法第一百三十二条、第一百三十四条至第一百三十九条之一规定的犯罪行为,在安全事故发生后积极组织、参与事故抢救,或者积极配合调查、主动赔偿损失的,可以酌情从轻处罚。

第十四条 国家工作人员违反规定投资入股生产经营,构成本解释规定的有关犯罪的，或者国家工作人员的贪污、受贿犯罪行为与安全事故发生存在关联性的，从重处罚；同时构成贪污、受贿犯罪和危害生产安全犯罪的，依照数罪并罚的规定处罚。

第十六条　对于实施危害生产安全犯罪适用缓刑的犯罪分子，可以根据犯罪情况，禁止其在缓刑考验期限内从事与安全生产相关联的特定活动；对于被判处刑罚的犯罪分子，可以根据犯罪情况和预防再犯罪的需要，禁止其自刑罚执行完毕之日或者假释之日起三年至五年内从事与安全生产相关的职业。

第十七条　本解释自2015年12月16日起施行。本解释施行后，《最高人民法院、最高人民检察院关于办理危害矿山生产安全刑事案件具体应用法律若干问题的解释》（法释〔2007〕5号）同时废止。最高人民法院、最高人民检察院此前发布的司法解释和规范性文件与本解释不一致的，以本解释为准。

（二）定罪量刑对应表

表11－7　大型群众性活动重大安全事故罪定罪量刑对应表

大型群众性活动重大安全事故罪		经济损失	死亡	重伤	其他
第一档	3年以下有期徒刑或者拘役	≥100万元	≥1人	≥3人	其他严重后果或重大安全事故
第二档	3年以上7年以下有期徒刑	≥500万元且负事故主要责任	≥3人且负事故主要责任	≥10人且负事故主要责任	特别严重后果或情节特别恶劣或后果特别严重

第七节　危险物品肇事罪

一、犯罪主体

生产、储存、运输或使用危险品单位中的工作人员，其中具有公职人员身份的人员涉嫌该罪的归监察委员会管辖。

二、刑法规定

《刑法》

第一百三十六条 违反爆炸性、易燃性、放射性、毒害性、腐蚀性物品的管理规定,在生产、储存、运输、使用中发生重大事故,造成严重后果的,处三年以下有期徒刑或者拘役;后果特别严重的,处三年以上七年以下有期徒刑。

三、重点、疑难问题界定

危险物品肇事罪的认定

1.《最高人民法院、最高人民检察院关于办理危害生产安全刑事案件适用法律若干问题的解释》(2015 年 12 月 16 日起施行 法释〔2015〕22 号)

第九条 在安全事故发生后,与负有报告职责的人员串通,不报或者谎报事故情况,贻误事故抢救,情节严重的,依照刑法第一百三十九条之一[①]的规定,以共犯论处。

第十条 在安全事故发生后,直接负责的主管人员和其他直接责任人员故意阻挠开展抢救,导致人员死亡或者重伤,或者为了逃避法律追究,对被害人进行隐藏、遗弃,致使被害人因无法得到救助而死亡或者重度残疾的,分别依照刑法第二百三十二条、第二百三十四条的规定,以故意杀人罪或者故意伤害罪定罪处罚。

第十二条第一款第五项、第二款 实施刑法第一百三十二条、第一百三十四条至第一百三十九条之一规定的犯罪行为,具有下列情形之一的,从重处罚:

(五)采取弄虚作假、行贿等手段,故意逃避、阻挠负有安全监督管理职责的部门实施监督检查的;

实施前款第五项规定的行为,同时构成刑法第三百八十九条[②]规定的犯罪的,依照数罪并罚的规定处罚。

---

① 《刑法》第一百三十九条之一:不报、谎报安全事故罪。

② 《刑法》第三百八十九条:行贿罪。

第十四条　国家工作人员违反规定投资入股生产经营，构成本解释规定的有关犯罪的，或者国家工作人员的贪污、受贿犯罪行为与安全事故发生存在关联性的，从重处罚；同时构成贪污、受贿犯罪和危害生产安全犯罪的，依照数罪并罚的规定处罚。

第十五条第二款　公司、企业、事业单位的工作人员在依法或者受委托行使安全监督管理职责时滥用职权或者玩忽职守，构成犯罪的，应当依照《全国人民代表大会常务委员会关于〈中华人民共和国刑法〉第九章渎职罪主体适用问题的解释》的规定，适用渎职罪的规定追究刑事责任。

【典型案例裁判指引 167】淮安市人民检察院诉康某永、王某危险物品肇事案[①]：使用具有安全隐患的机动车超载运输剧毒化学品导致事故发生并造成严重后果的构成危险物品肇事罪

有危险货物运输从业资格的人员，明知使用具有安全隐患的机动车超载运输剧毒化学品，有可能引发危害公共安全的事故，却轻信能够避免，以致这种事故发生并造成严重后果的，构成《刑法》第一百三十六条规定的危险物品肇事罪。从事剧毒化学品运输工作的专业人员，在发生交通事故致使剧毒化学品泄漏后，有义务利用随车配备的应急处理器材和防护用品抢救对方车辆上的受伤人员，有义务在现场附近设置警戒区域，有义务及时报警并在报警时主动说明危险物品的特征、可能发生的危害，以及需要采取何种救助工具与救助方式才能防止、减轻以致消除危害，有义务在现场等待抢险人员的到来，利用自己对剧毒危险化学品的专业知识以及对运输车辆构造的了解，协助抢险人员处置突发事故。从事剧毒化学品运输工作的专业人员不履行这些义务，应当对由此造成的特别严重后果承担责任。

2.《最高人民法院关于进一步加强危害生产安全刑事案件审判工作的意见》(2011 年 12 月 30 日起施行　法发〔2011〕20 号)

详见本书第十一章“第二节铁路运营安全事故罪”中关于“铁路运营安全事故罪的认定”该意见的相关内容。

---

① 淮安市人民检察院诉康某永、王某危险物品肇事案，载《最高人民法院公报》2006 年第 8 期。

3.《最高人民法院、最高人民检察院等十部门关于依法惩治涉枪支、弹药、爆炸物、易燃易爆危险物品犯罪的意见》(2021 年 12 月 31 日起施行 法发〔2021〕35 号)

5. 违反危险化学品安全管理规定,未经依法批准或者许可擅自从事易燃易爆危险物品道路运输活动,或者实施其他违反危险化学品安全管理规定通过道路运输易燃易爆危险物品的行为,危及公共安全的,依照刑法第一百三十三条之一第一款第四项的规定,以危险驾驶罪定罪处罚。

在易燃易爆危险物品生产、经营、储存等高度危险的生产作业活动中违反有关安全管理的规定,有下列情形之一,具有发生重大伤亡事故或者其他严重后果的现实危险的,依照刑法第一百三十四条之一第三项的规定,以危险作业罪定罪处罚:

(1)委托无资质企业或者个人储存易燃易爆危险物品的;

(2)在储存的普通货物中夹带易燃易爆危险物品的;

(3)将易燃易爆危险物品谎报或者匿报为普通货物申报、储存的;

(4)其他涉及安全生产的事项未经依法批准或者许可,擅自从事易燃易爆危险物品生产、经营、储存等活动的情形。

实施前两款行为,同时构成刑法第一百三十条规定之罪等其他犯罪的,依照处罚较重的规定定罪处罚;导致发生重大伤亡事故或者其他严重后果,符合刑法第一百三十四条、第一百三十五条、第一百三十六条等规定的,依照各该条的规定定罪从重处罚。

6. 在易燃易爆危险物品生产、储存、运输、使用中违反有关安全管理的规定,实施本意见第 5 条前两款规定以外的其他行为,导致发生重大事故,造成严重后果,符合刑法第一百三十六条等规定的,以危险物品肇事罪等罪名定罪处罚。

7. 实施刑法第一百三十六条规定等行为,向负有安全生产监督管理职责的部门不报、谎报或者迟报相关情况的,从重处罚;同时构成刑法第一百三十九条之一规定之罪的,依照数罪并罚的规定处罚。

9. 通过邮件、快件夹带易燃易爆危险物品,或者将易燃易爆危险物品谎报为普通物品交寄,符合本意见第 5 条至第 8 条规定的,依照各该条的规定定罪处罚。

四、定罪量刑标准

(一)司法解释等相关规定

《最高人民法院、最高人民检察院关于办理危害生产安全刑事案件适用法律若干问题的解释》①(2015 年 12 月 16 日起施行　法释〔2015〕22 号)

第六条第一款　实施刑法第一百三十二条、第一百三十四条第一款、第一百三十五条、第一百三十五条之一、第一百三十六条、第一百三十九条规定的行为,因而发生安全事故,具有下列情形之一的,应当认定为“造成严重后果”或者“发生重大伤亡事故或者造成其他严重后果”,对相关责任人员,处三年以下有期徒刑或者拘役:

(一)造成死亡一人以上,或者重伤三人以上的;

(二)造成直接经济损失一百万元以上的;

(三)其他造成严重后果或者重大安全事故的情形。

第七条第一款　实施刑法第一百三十二条、第一百三十四条第一款、第一百三十五条、第一百三十五条之一、第一百三十六条、第一百三十九条规定的行为,因而发生安全事故,具有下列情形之一的,对相关责任人员,处三年以上七年以下有期徒刑:

(一)造成死亡三人以上或者重伤十人以上,负事故主要责任的;

(二)造成直接经济损失五百万元以上,负事故主要责任的;

(三)其他造成特别严重后果、情节特别恶劣或者后果特别严重的情形。

第十二条　实施刑法第一百三十二条、第一百三十四条至第一百三十九条之一规定的犯罪行为,具有下列情形之一的,从重处罚:

(一)未依法取得安全许可证件或者安全许可证件过期、被暂扣、吊销、注销后从事生产经营活动的;

---

① 该解释规定的立案标准已将 2008 年 6 月 25 日起施行的《最高人民检察院、公安部关于公安机关管辖的刑事案件立案追诉标准的规定(一)》中关于危险物品肇事案的立案标准予以替代。

(二)关闭、破坏必要的安全监控和报警设备的;

(三)已经发现事故隐患,经有关部门或者个人提出后,仍不采取措施的;

(四)一年内曾因危害生产安全违法犯罪活动受过行政处罚或者刑事处罚的;

(五)采取弄虚作假、行贿等手段,故意逃避、阻挠负有安全监督管理职责的部门实施监督检查的;

(六)安全事故发生后转移财产意图逃避承担责任的;

(七)其他从重处罚的情形。

实施前款第五项规定的行为,同时构成刑法第三百八十九条规定的犯罪的,依照数罪并罚的规定处罚。

第十三条 实施刑法第一百三十二条、第一百三十四条至第一百三十九条之一规定的犯罪行为,在安全事故发生后积极组织、参与事故抢救,或者积极配合调查、主动赔偿损失的,可以酌情从轻处罚。

第十四条 国家工作人员违反规定投资入股生产经营,构成本解释规定的有关犯罪的,或者国家工作人员的贪污、受贿犯罪行为与安全事故发生存在关联性的,从重处罚;同时构成贪污、受贿犯罪和危害生产安全犯罪的,依照数罪并罚的规定处罚。

第十六条 对于实施危害生产安全犯罪适用缓刑的犯罪分子,可以根据犯罪情况,禁止其在缓刑考验期限内从事与安全生产相关联的特定活动;对于被判处刑罚的犯罪分子,可以根据犯罪情况和预防再犯罪的需要,禁止其自刑罚执行完毕之日或者假释之日起三年至五年内从事与安全生产相关的职业。

第十七条 本解释自 2015 年 12 月 16 日起施行。本解释施行后,《最高人民法院、最高人民检察院关于办理危害矿山生产安全刑事案件具体应用法律若干问题的解释》(法释〔2007〕5 号)同时废止。最高人民法院、最高人民检察院此前发布的司法解释和规范性文件与本解释不一致的,以本解释为准。

(二)定罪量刑对应表

表 11－8　危险物品肇事罪定罪量刑对应表

危险物品肇事罪		经济损失	死亡	重伤	其他
第一档	3 年以下有期徒刑或者拘役	≥100 万元	≥1 人	≥3 人	其他严重后果或重大安全事故
第二档	3 年以上 7 年以下有期徒刑	≥500 万元且负事故主要责任	≥3 人且负事故主要责任	≥ 10 人且负事故主要责任	特别严重后果或情节特别恶劣或后果特别严重

第八节　工程重大安全事故罪

一、犯罪主体

建设单位、设计单位、施工单位、工程监理单位中的工作人员,其中具有公职人员身份的人员涉嫌该罪的归监察委员会管辖。

二、刑法规定

《刑法》

第一百三十七条　建设单位、设计单位、施工单位、工程监理单位违反国家规定,降低工程质量标准,造成重大安全事故的,对直接责任人员,处五年以下有期徒刑或者拘役,并处罚金;后果特别严重的,处五年以上十年以下有期徒刑,并处罚金。

三、重点、疑难问题界定

工程重大安全事故罪的认定

1.《最高人民法院、最高人民检察院关于办理危害生产安全刑事案件适用法律若干问题的解释》(2015 年 12 月 16 日起施行　法释〔2015〕22 号)

第九条　在安全事故发生后,与负有报告职责的人员串通,不报或者

谎报事故情况,贻误事故抢救,情节严重的,依照刑法第一百三十九条之一①的规定,以共犯论处。

第十条 在安全事故发生后,直接负责的主管人员和其他直接责任人员故意阻挠开展抢救,导致人员死亡或者重伤,或者为了逃避法律追究,对被害人进行隐藏、遗弃,致使被害人因无法得到救助而死亡或者重度残疾的,分别依照刑法第二百三十二条、第二百三十四条的规定,以故意杀人罪或者故意伤害罪定罪处罚。

第十二条第一款第五项、第二款 实施刑法第一百三十二条、第一百三十四条至第一百三十九条之一规定的犯罪行为,具有下列情形之一的,从重处罚:

(五)采取弄虚作假、行贿等手段,故意逃避、阻挠负有安全监督管理职责的部门实施监督检查的;

实施前款第五项规定的行为,同时构成刑法第三百八十九条②规定的犯罪的,依照数罪并罚的规定处罚。

第十四条 国家工作人员违反规定投资入股生产经营,构成本解释规定的有关犯罪的,或者国家工作人员的贪污、受贿犯罪行为与安全事故发生存在关联性的,从重处罚;同时构成贪污、受贿犯罪和危害生产安全犯罪的,依照数罪并罚的规定处罚。

第十五条第二款 公司、企业、事业单位的工作人员在依法或者受委托行使安全监督管理职责时滥用职权或者玩忽职守,构成犯罪的,应当依照《全国人民代表大会常务委员会关于〈中华人民共和国刑法〉第九章渎职罪主体适用问题的解释》的规定,适用渎职罪的规定追究刑事责任。

2.《最高人民法院关于进一步加强危害生产安全刑事案件审判工作的意见》(2011 年 12 月 30 日起施行　法发〔2011〕20 号)

详见本书第十一章“第二节铁路运营安全事故罪”中关于“铁路运营安全事故罪的认定”该意见的相关内容。

---

① 《刑法》第一百三十九条之一:不报、谎报安全事故罪。

② 《刑法》第三百八十九条:行贿罪。

四、定罪量刑标准

(一)司法解释等相关规定

《最高人民法院、最高人民检察院关于办理危害生产安全刑事案件适用法律若干问题的解释》①(2015年12月16日起施行　法释〔2015〕22号)

第六条第一款、第三款　实施刑法第一百三十二条、第一百三十四条第一款、第一百三十五条、第一百三十五条之一、第一百三十六条、第一百三十九条规定的行为,因而发生安全事故,具有下列情形之一的,应当认定为"造成严重后果"或者"发生重大伤亡事故或者造成其他严重后果",对相关责任人员,处三年以下有期徒刑或者拘役:

(一)造成死亡一人以上,或者重伤三人以上的;

(二)造成直接经济损失一百万元以上的;

(三)其他造成严重后果或者重大安全事故的情形。

实施刑法第一百三十七条规定的行为,因而发生安全事故,具有本条第一款规定情形的,应当认定为"造成重大安全事故",对直接责任人员,处五年以下有期徒刑或者拘役,并处罚金。

第七条第一款、第三款　实施刑法第一百三十二条、第一百三十四条第一款、第一百三十五条、第一百三十五条之一、第一百三十六条、第一百三十九条规定的行为,因而发生安全事故,具有下列情形之一的,对相关责任人员,处三年以上七年以下有期徒刑:

(一)造成死亡三人以上或者重伤十人以上,负事故主要责任的;

(二)造成直接经济损失五百万元以上,负事故主要责任的;

(三)其他造成特别严重后果、情节特别恶劣或者后果特别严重的情形。

实施刑法第一百三十七条规定的行为,因而发生安全事故,具有本条

---

① 该解释规定的立案标准已将2008年6月25日起施行的《最高人民检察院、公安部关于公安机关管辖的刑事案件立案追诉标准的规定(一)》中关于工程重大安全事故案的立案标准予以替代。

第一款规定情形的,对直接责任人员,处五年以上十年以下有期徒刑,并处罚金。

第十二条 实施刑法第一百三十二条、第一百三十四条至第一百三十九条之一规定的犯罪行为,具有下列情形之一的,从重处罚:

(一)未依法取得安全许可证件或者安全许可证件过期、被暂扣、吊销、注销后从事生产经营活动的;

(二)关闭、破坏必要的安全监控和报警设备的;

(三)已经发现事故隐患,经有关部门或者个人提出后,仍不采取措施的;

(四)一年内曾因危害生产安全违法犯罪活动受过行政处罚或者刑事处罚的;

(五)采取弄虚作假、行贿等手段,故意逃避、阻挠负有安全监督管理职责的部门实施监督检查的;

(六)安全事故发生后转移财产意图逃避承担责任的;

(七)其他从重处罚的情形。

实施前款第五项规定的行为,同时构成刑法第三百八十九条规定的犯罪的,依照数罪并罚的规定处罚。

第十三条 实施刑法第一百三十二条、第一百三十四条至第一百三十九条之一规定的犯罪行为,在安全事故发生后积极组织、参与事故抢救,或者积极配合调查、主动赔偿损失的,可以酌情从轻处罚。

第十四条 国家工作人员违反规定投资入股生产经营,构成本解释规定的有关犯罪的,或者国家工作人员的贪污、受贿犯罪行为与安全事故发生存在关联性的,从重处罚;同时构成贪污、受贿犯罪和危害生产安全犯罪的,依照数罪并罚的规定处罚。

第十六条 对于实施危害生产安全犯罪适用缓刑的犯罪分子,可以根据犯罪情况,禁止其在缓刑考验期限内从事与安全生产相关联的特定活动;对于被判处刑罚的犯罪分子,可以根据犯罪情况和预防再犯罪的需要,禁止其自刑罚执行完毕之日或者假释之日起三年至五年内从事与安全生产相关的职业。

第十七条 本解释自2015年12月16日起施行。本解释施行后,《最高人民法院、最高人民检察院关于办理危害矿山生产安全刑事案件具体应用法律若干问题的解释》(法释〔2007〕5号)同时废止。最高人民法院、最高人民检察院此前发布的司法解释和规范性文件与本解释不一致的,以本解释为准。

(二)定罪量刑对应表

表11-9 工程重大安全事故罪定罪量刑对应表

工程重大安全事故罪		经济损失	死亡	重伤	其他
第一档	5年以下有期徒刑或者拘役,并处罚金	≥100万元	≥1人	≥3人	其他严重后果或重大安全事故
第二档	5年以上10年以下有期徒刑,并处罚金	≥500万元且负事故主要责任	≥3人且负事故主要责任	≥10人且负事故主要责任	特别严重后果或情节特别恶劣或后果特别严重

第九节 教育设施重大安全事故罪

一、犯罪主体

学校等教育机构中的工作人员,其中具有公职人员身份的人员涉嫌该罪的归监察委员会管辖。

二、刑法规定

《刑法》

第一百三十八条 明知校舍或者教育教学设施有危险,而不采取措施或者不及时报告,致使发生重大伤亡事故的,对直接责任人员,处三年以下有期徒刑或者拘役;后果特别严重的,处三年以上七年以下有期徒刑。

三、重点、疑难问题界定

教育设施重大安全事故罪的认定

1.《最高人民法院、最高人民检察院关于办理危害生产安全刑事案件适用法律若干问题的解释》(2015 年 12 月 16 日起施行 法释〔2015〕22 号)

第九条 在安全事故发生后,与负有报告职责的人员串通,不报或者谎报事故情况,贻误事故抢救,情节严重的,依照刑法第一百三十九条之一①的规定,以共犯论处。

第十条 在安全事故发生后,直接负责的主管人员和其他直接责任人员故意阻挠开展抢救,导致人员死亡或者重伤,或者为了逃避法律追究,对被害人进行隐藏、遗弃,致使被害人因无法得到救助而死亡或者重度残疾的,分别依照刑法第二百三十二条、第二百三十四条的规定,以故意杀人罪或者故意伤害罪定罪处罚。

第十二条第一款第五项、第二款 实施刑法第一百三十二条、第一百三十四条至第一百三十九条之一规定的犯罪行为,具有下列情形之一的,从重处罚:

(五)采取弄虚作假、行贿等手段,故意逃避、阻挠负有安全监督管理职责的部门实施监督检查的;

实施前款第五项规定的行为,同时构成刑法第三百八十九条②规定的犯罪的,依照数罪并罚的规定处罚。

第十四条 国家工作人员违反规定投资入股生产经营,构成本解释规定的有关犯罪的,或者国家工作人员的贪污、受贿犯罪行为与安全事故发生存在关联性的,从重处罚;同时构成贪污、受贿犯罪和危害生产安全犯罪的,依照数罪并罚的规定处罚。

第十五条第二款 公司、企业、事业单位的工作人员在依法或者受委托行使安全监督管理职责时滥用职权或者玩忽职守,构成犯罪的,应

---

① 《刑法》第一百三十九条之一:不报、谎报安全事故罪。

② 《刑法》第三百八十九条:行贿罪。

当依照《全国人民代表大会常务委员会关于〈中华人民共和国刑法〉第九章渎职罪主体适用问题的解释》的规定，适用渎职罪的规定追究刑事责任。

【典型案例裁判指引 168】郑州市中原区人民检察院诉高某先、乔某杰过失致人死亡案[①]：教育教学单位主管人员将有安全问题的车辆投入使用以致发生交通事故造成多人伤亡的构成教育设施重大安全事故罪

《最高人民法院关于审理交通肇事刑事案件具体应用法律若干问题的解释》第七条规定："单位主管人员、机动车辆所有人或者机动车辆承包人指使、强令他人违章驾驶造成重大交通事故，具有本解释第二条规定情形之一的，以交通肇事罪定罪处罚。"因此，单位主管人员只有在指使、强令他人违章驾驶而造成重大交通事故的情况下，才能以交通肇事罪定罪处罚。我国《刑法》第一百三十八条规定，明知校舍或者教育教学设施有危险，而不采取措施或者不及时报告，致使发生重大伤亡事故的，构成教育设施重大安全事故罪。该罪侵犯的客体，是公共安全和教学管理秩序，主体是对教育教学设施负有维护义务的直接人员，主观方面表现为过失，客观方面表现为不采取措施或者不及时报告致使发生重大伤亡事故的行为。"不采取措施"，既包括没有采取任何措施，也包括没有采取任何有效措施。教育教学单位主管人员，明知用于教育教学的车辆有危险，没有采取任何有效措施，发生事故显然与其致车辆危险隐患于不顾，将其继续投入使用的行为有因果关系，其主观上存在过失，客观上没有采取有效措施，该行为已具有严重的社会危害性，所以，对该教育教学单位主管人员应以教育设施重大安全事故罪追究责任。

2.《最高人民法院关于进一步加强危害生产安全刑事案件审判工作的意见》(2011 年 12 月 30 日起施行　法发〔2011〕20 号)

详见本书第十一章"第二节铁路运营安全事故罪"中关于"铁路运营安全事故罪的认定"该意见的相关内容。

---

① 郑州市中原区人民检察院诉高某先、乔某杰过失致人死亡案，载《最高人民法院公报》2005 年第 1 期。

四、定罪量刑标准

(一)司法解释等相关规定

《最高人民法院、最高人民检察院关于办理危害生产安全刑事案件适用法律若干问题的解释》①(2015 年 12 月 16 日起施行　法释〔2015〕22 号)

第六条第一款、第四款　实施刑法第一百三十二条、第一百三十四条第一款、第一百三十五条、第一百三十五条之一、第一百三十六条、第一百三十九条规定的行为,因而发生安全事故,具有下列情形之一的,应当认定为"造成严重后果"或者"发生重大伤亡事故或者造成其他严重后果",对相关责任人员,处三年以下有期徒刑或者拘役:

(一)造成死亡一人以上,或者重伤三人以上的;

(二)造成直接经济损失一百万元以上的;

(三)其他造成严重后果或者重大安全事故的情形。

实施刑法第一百三十八条规定的行为,因而发生安全事故,具有本条第一款第一项规定情形的,应当认定为"发生重大伤亡事故",对直接责任人员,处三年以下有期徒刑或者拘役。

第七条第四款　实施刑法第一百三十八条规定的行为,因而发生安全事故,具有下列情形之一的,对直接责任人员,处三年以上七年以下有期徒刑:

(一)造成死亡三人以上或者重伤十人以上,负事故主要责任的;

(二)具有本解释第六条第一款第一项规定情形,同时造成直接经济损失五百万元以上并负事故主要责任的,或者同时造成恶劣社会影响的。

第十二条　实施刑法第一百三十二条、第一百三十四条至第一百三十九条之一规定的犯罪行为,具有下列情形之一的,从重处罚:

(一)未依法取得安全许可证件或者安全许可证件过期、被暂扣、吊

---

① 该解释规定的立案标准已将 2008 年 6 月 25 日起施行的《最高人民检察院、公安部关于公安机关管辖的刑事案件立案追诉标准的规定(一)》中关于重大责任事故案的立案标准予以替代。

销、注销后从事生产经营活动的；

（二）关闭、破坏必要的安全监控和报警设备的；

（三）已经发现事故隐患，经有关部门或者个人提出后，仍不采取措施的；

（四）一年内曾因危害生产安全违法犯罪活动受过行政处罚或者刑事处罚的；

（五）采取弄虚作假、行贿等手段，故意逃避、阻挠负有安全监督管理职责的部门实施监督检查的；

（六）安全事故发生后转移财产意图逃避承担责任的；

（七）其他从重处罚的情形。

实施前款第五项规定的行为，同时构成刑法第三百八十九条规定的犯罪的，依照数罪并罚的规定处罚。

第十三条　实施刑法第一百三十二条、第一百三十四条至第一百三十九条之一规定的犯罪行为，在安全事故发生后积极组织、参与事故抢救，或者积极配合调查、主动赔偿损失的，可以酌情从轻处罚。

第十四条　国家工作人员违反规定投资入股生产经营，构成本解释规定的有关犯罪的，或者国家工作人员的贪污、受贿犯罪行为与安全事故发生存在关联性的，从重处罚；同时构成贪污、受贿犯罪和危害生产安全犯罪的，依照数罪并罚的规定处罚。

第十六条　对于实施危害生产安全犯罪适用缓刑的犯罪分子，可以根据犯罪情况，禁止其在缓刑考验期限内从事与安全生产相关联的特定活动；对于被判处刑罚的犯罪分子，可以根据犯罪情况和预防再犯罪的需要，禁止其自刑罚执行完毕之日或者假释之日起三年至五年内从事与安全生产相关的职业。

第十七条　本解释自2015年12月16日起施行。本解释施行后，《最高人民法院、最高人民检察院关于办理危害矿山生产安全刑事案件具体应用法律若干问题的解释》（法释〔2007〕5号）同时废止。最高人民法院、最高人民检察院此前发布的司法解释和规范性文件与本解释不一致的，以本解释为准。

(二)定罪量刑对应表

表 11－10 教育设施重大安全事故罪定罪量刑对应表

教育设施重大安全事故罪		死亡	重伤	轻伤	其他
第一档	3 年以下有期徒刑或者拘役	≥1 人	≥3 人	≥10 人	其他重大伤亡事故
第二档	3 年以上 7 年以下有期徒刑	≥3 人且负主要责任	≥10 人且负主要责任	未规定	(1)死亡≥1 人或重伤≥3 人,损失≥500 万元且负主要责任;(2)死亡≥1 人或重伤≥3 人,且造成恶劣社会影响

第十节 消防责任事故罪

一、犯罪主体

对防火负有职责的单位中的工作人员,其中具有公职人员身份的人员涉嫌该罪的归监察委员会管辖。

二、刑法规定

《刑法》

第一百三十九条 违反消防管理法规,经消防监督机构通知采取改正措施而拒绝执行,造成严重后果的,对直接责任人员,处三年以下有期徒刑或者拘役;后果特别严重的,处三年以上七年以下有期徒刑。

三、重点、疑难问题界定

消防责任事故罪的认定

1.《最高人民法院、最高人民检察院关于办理危害生产安全刑事案件适用法律若干问题的解释》(2015 年 12 月 16 日起施行 法释〔2015〕22 号)

第九条 在安全事故发生后,与负有报告职责的人员串通,不报或者

谎报事故情况,贻误事故抢救,情节严重的,依照刑法第一百三十九条之一①的规定,以共犯论处。

第十条　在安全事故发生后,直接负责的主管人员和其他直接责任人员故意阻挠开展抢救,导致人员死亡或者重伤,或者为了逃避法律追究,对被害人进行隐藏、遗弃,致使被害人因无法得到救助而死亡或者重度残疾的,分别依照刑法第二百三十二条、第二百三十四条的规定,以故意杀人罪或者故意伤害罪定罪处罚。

第十二条第一款第五项、第二款　实施刑法第一百三十二条、第一百三十四条至第一百三十九条之一规定的犯罪行为,具有下列情形之一的,从重处罚:

(五)采取弄虚作假、行贿等手段,故意逃避、阻挠负有安全监督管理职责的部门实施监督检查的;

实施前款第五项规定的行为,同时构成刑法第三百八十九条②规定的犯罪的,依照数罪并罚的规定处罚。

第十四条　国家工作人员违反规定投资入股生产经营,构成本解释规定的有关犯罪的,或者国家工作人员的贪污、受贿犯罪行为与安全事故发生存在关联性的,从重处罚;同时构成贪污、受贿犯罪和危害生产安全犯罪的,依照数罪并罚的规定处罚。

第十五条第二款　公司、企业、事业单位的工作人员在依法或者受委托行使安全监督管理职责时滥用职权或者玩忽职守,构成犯罪的,应当依照《全国人民代表大会常务委员会关于〈中华人民共和国刑法〉第九章渎职罪主体适用问题的解释》的规定,适用渎职罪的规定追究刑事责任。

2.《最高人民法院关于进一步加强危害生产安全刑事案件审判工作的意见》(2011年12月30日起施行　法发〔2011〕20号)

详见本书第十一章“第二节铁路运营安全事故罪”中关于“铁路运营安全事故罪的认定”该意见的相关内容。

---

① 《刑法》第一百三十九条之一:不报、谎报安全事故罪。

② 《刑法》第三百八十九条:行贿罪。

四、定罪量刑标准

(一)司法解释等相关规定

1.《最高人民法院、最高人民检察院关于办理危害生产安全刑事案件适用法律若干问题的解释》(2015年12月16日起施行　法释〔2015〕22号)

第六条第一款　实施刑法第一百三十二条、第一百三十四条第一款、第一百三十五条、第一百三十五条之一、第一百三十六条、第一百三十九条规定的行为,因而发生安全事故,具有下列情形之一的,应当认定为“造成严重后果”或者“发生重大伤亡事故或者造成其他严重后果”,对相关责任人员,处三年以下有期徒刑或者拘役:

(一)造成死亡一人以上,或者重伤三人以上的;

(二)造成直接经济损失一百万元以上的;

(三)其他造成严重后果或者重大安全事故的情形。

第七条第一款　实施刑法第一百三十二条、第一百三十四条第一款、第一百三十五条、第一百三十五条之一、第一百三十六条、第一百三十九条规定的行为,因而发生安全事故,具有下列情形之一的,对相关责任人员,处三年以上七年以下有期徒刑:

(一)造成死亡三人以上或者重伤十人以上,负事故主要责任的;

(二)造成直接经济损失五百万元以上,负事故主要责任的;

(三)其他造成特别严重后果、情节特别恶劣或者后果特别严重的情形。

第十二条　实施刑法第一百三十二条、第一百三十四条至第一百三十九条之一规定的犯罪行为,具有下列情形之一的,从重处罚:

(一)未依法取得安全许可证件或者安全许可证件过期、被暂扣、吊销、注销后从事生产经营活动的;

(二)关闭、破坏必要的安全监控和报警设备的;

(三)已经发现事故隐患,经有关部门或者个人提出后,仍不采取措施的;

(四)一年内曾因危害生产安全违法犯罪活动受过行政处罚或者刑事处罚的;

(五)采取弄虚作假、行贿等手段,故意逃避、阻挠负有安全监督管理职责的部门实施监督检查的；

（六）安全事故发生后转移财产意图逃避承担责任的；

（七）其他从重处罚的情形。

实施前款第五项规定的行为，同时构成刑法第三百八十九条规定的犯罪的，依照数罪并罚的规定处罚。

第十三条　实施刑法第一百三十二条、第一百三十四条至第一百三十九条之一规定的犯罪行为，在安全事故发生后积极组织、参与事故抢救，或者积极配合调查、主动赔偿损失的，可以酌情从轻处罚。

第十四条　国家工作人员违反规定投资入股生产经营，构成本解释规定的有关犯罪的，或者国家工作人员的贪污、受贿犯罪行为与安全事故发生存在关联性的，从重处罚；同时构成贪污、受贿犯罪和危害生产安全犯罪的，依照数罪并罚的规定处罚。

第十六条　对于实施危害生产安全犯罪适用缓刑的犯罪分子，可以根据犯罪情况，禁止其在缓刑考验期限内从事与安全生产相关联的特定活动；对于被判处刑罚的犯罪分子，可以根据犯罪情况和预防再犯罪的需要，禁止其自刑罚执行完毕之日或者假释之日起三年至五年内从事与安全生产相关的职业。

第十七条　本解释自2015年12月16日起施行。本解释施行后，《最高人民法院、最高人民检察院关于办理危害矿山生产安全刑事案件具体应用法律若干问题的解释》（法释〔2007〕5号）同时废止。最高人民法院、最高人民检察院此前发布的司法解释和规范性文件与本解释不一致的，以本解释为准。

2.《最高人民检察院、公安部关于公安机关管辖的刑事案件立案追诉标准的规定（一）》（2008年6月25日起施行　公通字〔2008〕36号）

第一条第二款　本条和本规定第十五条规定的“有林地”、“疏林地”、“灌木林地”、“未成林地”、“苗圃地”，按照国家林业主管部门的有关规定确定。

第十五条　［消防责任事故案（刑法第一百三十九条）］违反消防管理法规，经消防监督机构通知采取改正措施而拒绝执行，涉嫌下列情形之一的，应予立案追诉：

(一)造成死亡一人以上,或者重伤三人以上;

(二)造成直接经济损失五十万元以上的;

(三)造成森林火灾,过火有林地面积二公顷以上,或者过火疏林地、灌木林地、未成林地、苗圃地面积四公顷以上的;

(四)其他造成严重后果的情形。

(二)定罪量刑对应表

表 11-11 消防责任事故罪定罪量刑对应表

消防责任事故罪		经济损失	死亡	重伤	造成森林火灾	其他
第一档	3年以下有期徒刑或者拘役	≥100万元	≥1人	≥3人	过火有林地面积≥2公顷;过火疏林地、灌木林地、未成林地、苗圃地面积≥4公顷	其他严重后果或重大安全事故
第二档	3年以上7年以下有期徒刑	≥500万元且负事故主要责任	≥3人且负事故主要责任	≥10人且负事故主要责任	未规定	特别严重后果或情节特别恶劣或后果特别严重

第十一节 不报、谎报安全事故罪

一、犯罪主体

安全事故发生后负有报告职责的工作人员,其中具有公职人员身份的人员涉嫌该罪的归监察委员会管辖。

二、刑法规定

《刑法》

第一百三十九条之一[①] 在安全事故发生后,负有报告职责的人员不

① 2006年6月29日起施行的《刑法修正案(六)》增设该罪名。

报或者谎报事故情况，贻误事故抢救，情节严重的，处三年以下有期徒刑或者拘役；情节特别严重的，处三年以上七年以下有期徒刑。

三、重点、疑难问题界定

不报、谎报安全事故罪的认定

1.《最高人民法院、最高人民检察院关于办理危害生产安全刑事案件适用法律若干问题的解释》（2015 年 12 月 16 日起施行　法释〔2015〕22 号）

第四条　刑法第一百三十九条之一规定的"负有报告职责的人员"，是指负有组织、指挥或者管理职责的负责人、管理人员、实际控制人、投资人，以及其他负有报告职责的人员。

第九条　在安全事故发生后，与负有报告职责的人员串通，不报或者谎报事故情况，贻误事故抢救，情节严重的，依照刑法第一百三十九条之一的规定，以共犯论处。

第十条　在安全事故发生后，直接负责的主管人员和其他直接责任人员故意阻挠开展抢救，导致人员死亡或者重伤，或者为了逃避法律追究，对被害人进行隐藏、遗弃，致使被害人因无法得到救助而死亡或者重度残疾的，分别依照刑法第二百三十二条、第二百三十四条的规定，以故意杀人罪或者故意伤害罪定罪处罚。

第十二条第一款第五项、第二款　实施刑法第一百三十二条、第一百三十四条至第一百三十九条之一规定的犯罪行为，具有下列情形之一的，从重处罚：

（五）采取弄虚作假、行贿等手段，故意逃避、阻挠负有安全监督管理职责的部门实施监督检查的；

实施前款第五项规定的行为，同时构成刑法第三百八十九条①规定的犯罪的，依照数罪并罚的规定处罚。

第十四条　国家工作人员违反规定投资入股生产经营，构成本解释规定的有关犯罪的，或者国家工作人员的贪污、受贿犯罪行为与安全事故发

---

①　《刑法》第三百八十九条：行贿罪。

生存在关联性的,从重处罚;同时构成贪污、受贿犯罪和危害生产安全犯罪的,依照数罪并罚的规定处罚。

第十五条第二款 公司、企业、事业单位的工作人员在依法或者受委托行使安全监督管理职责时滥用职权或者玩忽职守,构成犯罪的,应当依照《全国人民代表大会常务委员会关于〈中华人民共和国刑法〉第九章渎职罪主体适用问题的解释》的规定,适用渎职罪的规定追究刑事责任。

2.《最高人民法院关于进一步加强危害生产安全刑事案件审判工作的意见》(2011 年 12 月 30 日起施行 法发〔2011〕20 号)

详见本书第十一章"第二节铁路运营安全事故罪"中关于"铁路运营安全事故罪的认定"该意见的相关内容。

四、定罪量刑标准

(一)司法解释等相关规定

1.《最高人民法院、最高人民检察院关于办理危害生产安全刑事案件适用法律若干问题的解释》(2015 年 12 月 16 日起施行 法释〔2015〕22 号)

第八条 在安全事故发生后,负有报告职责的人员不报或者谎报事故情况,贻误事故抢救,具有下列情形之一的,应当认定为刑法第一百三十九条之一规定的"情节严重":

(一)导致事故后果扩大,增加死亡一人以上,或者增加重伤三人以上,或者增加直接经济损失一百万元以上的;

(二)实施下列行为之一,致使不能及时有效开展事故抢救的:

1. 决定不报、迟报、谎报事故情况或者指使、串通有关人员不报、迟报、谎报事故情况的;

2. 在事故抢救期间擅离职守或者逃匿的;

3. 伪造、破坏事故现场,或者转移、藏匿、毁灭遇难人员尸体,或者转移、藏匿受伤人员的;

4. 毁灭、伪造、隐匿与事故有关的图纸、记录、计算机数据等资料以及其他证据的;

(三)其他情节严重的情形。

具有下列情形之一的，应当认定为刑法第一百三十九条之一规定的“情节特别严重”：

（一）导致事故后果扩大，增加死亡三人以上，或者增加重伤十人以上，或者增加直接经济损失五百万元以上的；

（二）采用暴力、胁迫、命令等方式阻止他人报告事故情况，导致事故后果扩大的；

（三）其他情节特别严重的情形。

第十二条　实施刑法第一百三十二条、第一百三十四条至第一百三十九条之一规定的犯罪行为，具有下列情形之一的，从重处罚：

（一）未依法取得安全许可证件或者安全许可证件过期、被暂扣、吊销、注销后从事生产经营活动的；

（二）关闭、破坏必要的安全监控和报警设备的；

（三）已经发现事故隐患，经有关部门或者个人提出后，仍不采取措施的；

（四）一年内曾因危害生产安全违法犯罪活动受过行政处罚或者刑事处罚的；

（五）采取弄虚作假、行贿等手段，故意逃避、阻挠负有安全监督管理职责的部门实施监督检查的；

（六）安全事故发生后转移财产意图逃避承担责任的；

（七）其他从重处罚的情形。

实施前款第五项规定的行为，同时构成刑法第三百八十九条规定的犯罪的，依照数罪并罚的规定处罚。

第十三条　实施刑法第一百三十二条、第一百三十四条至第一百三十九条之一规定的犯罪行为，在安全事故发生后积极组织、参与事故抢救，或者积极配合调查、主动赔偿损失的，可以酌情从轻处罚。

第十四条　国家工作人员违反规定投资入股生产经营，构成本解释规定的有关犯罪的，或者国家工作人员的贪污、受贿犯罪行为与安全事故发生存在关联性的，从重处罚；同时构成贪污、受贿犯罪和危害生产安全犯罪的，依照数罪并罚的规定处罚。

第十六条　对于实施危害生产安全犯罪适用缓刑的犯罪分子，可以根据犯罪情况,禁止其在缓刑考验期限内从事与安全生产相关联的特定活动;对于被判处刑罚的犯罪分子,可以根据犯罪情况和预防再犯罪的需要,禁止其自刑罚执行完毕之日或者假释之日起三年至五年内从事与安全生产相关的职业。

第十七条 本解释自2015年12月16日起施行。本解释施行后,《最高人民法院、最高人民检察院关于办理危害矿山生产安全刑事案件具体应用法律若干问题的解释》(法释〔2007〕5号)同时废止。最高人民法院、最高人民检察院此前发布的司法解释和规范性文件与本解释不一致的,以本解释为准。

2.《最高人民检察院、公安部关于公安机关管辖的刑事案件立案追诉标准的规定(一)的补充规定》(2017年4月27日起施行 公通字〔2017〕12号)

一、在《最高人民检察院、公安部关于公安机关管辖的刑事案件立案追诉标准的规定(一)》(以下简称《立案追诉标准(一)》)第十五条后增加一条,作为第十五条之一:[不报、谎报安全事故案(刑法第一百三十九条之一)]在安全事故发生后,负有报告职责的人员不报或者谎报事故情况,贻误事故抢救,涉嫌下列情形之一的,应予立案追诉:

(一)导致事故后果扩大,增加死亡一人以上,或者增加重伤三人以上,或者增加直接经济损失一百万元以上的;

(二)实施下列行为之一,致使不能及时有效开展事故抢救的:

1. 决定不报、迟报、谎报事故情况或者指使、串通有关人员不报、迟报、谎报事故情况的;

2. 在事故抢救期间擅离职守或者逃匿的;

3. 伪造、破坏事故现场,或者转移、藏匿、毁灭遇难人员尸体,或者转移、藏匿受伤人员的;

4. 毁灭、伪造、隐匿与事故有关的图纸、记录、计算机数据等资料以及其他证据的;

(三)其他不报、谎报安全事故情节严重的情形。

本条规定的"负有报告职责的人员",是指负有组织、指挥或者管理职责的负责人、管理人员、实际控制人、投资人,以及其他负有报告职责的人员。

(二)定罪量刑对应表

表 11－12　不报、谎报安全事故罪定罪量刑对应表

不报、谎报安全事故罪		事故后果扩大	不能及时有效开展抢救	其他
第一档	3年以下有期徒刑或者拘役	增加死亡≥1人或重伤≥3人或直接经济损失≥100万元	(1)决定不报、迟报、谎报事故情况或者指使、串通有关人员不报、迟报、谎报事故情况的;(2)事故抢救期间擅离职守或者逃匿的;(3)伪造、破坏事故现场,或者转移、藏匿、毁灭遇难人员尸体,或者转移、藏匿受伤人员的;(4)毁灭、伪造、隐匿与事故有关的图纸、记录、计算机数据等资料以及其他证据的	其他情节严重
第二档	3年以上7年以下有期徒刑	增加死亡≥3人或重伤≥10人或直接经济损失≥500万元	采用暴力、胁迫、命令等方式阻止他人报告事故情况,导致事故后果扩大的	其他情节特别严重

第十二章　妨害对公司、企业管理秩序类罪名释义及定罪量刑标准

第一节　非法经营同类营业罪

一、犯罪主体

国有公司、企业的董事、经理。

二、刑法规定

《刑法》

第一百六十五条[①]　国有公司、企业的董事、监事、高级管理人员，利用职务便利，自己经营或者为他人经营与其所任职公司、企业同类的营业，获取非法利益，数额巨大的，处三年以下有期徒刑或者拘役，并处或者单处罚金；数额特别巨大的，处三年以上七年以下有期徒刑，并处罚金。

其他公司、企业的董事、监事、高级管理人员违反法律、行政法规规定，实施前款行为，致使公司、企业利益遭受重大损失的，依照前款的规定处罚。

---

①　2024 年 3 月 1 日起施行的《刑法修正案（十二）》将非法经营同类营业罪的主体进行了修改，修改前的条文为：“国有公司、企业的董事、经理利用职务便利，自己经营或者为他人经营与其所任职公司、企业同类的营业，获取非法利益，数额巨大的，处三年以下有期徒刑或者拘役，并处或者单处罚金；数额特别巨大的，处三年以上七年以下有期徒刑，并处罚金。”办案中要准确适用刑法从旧兼从轻原则。

三、重点、疑难问题界定

(一)非法经营同类营业罪主体的认定

【典型案例裁判指引169】《刑事审判参考》第1298号[①]吴某军非法经营同类营业、对非国家工作人员行贿案:非法经营同类营业罪中的"国有公司、企业"不限于国有独资公司、企业

《刑法》意义上"国有公司、企业"还仅限于国有独资公司、企业,但"国有公司、企业人员"的外延已经进行了调整。换句话说,经委派到国家出资企业中从事公务的人员,虽然其所任职的企业不能被认定为《刑法》意义上的"国有公司、企业",甚至委派他的单位也不是《刑法》意义上的"国有公司、企业",但其本人在符合特定条件的情况下,仍可以被认定为"国有公司、企业人员"。所谓符合特定条件,主要从以下三个方面考察:一是委派的主体。适格的委派主体应当是国有公司、企业,或者国有控股、参股公司中负有管理、监督国有资产职责的组织。二是委派的实质内容,即委派是否体现国有单位、组织的意志。至于委派的具体形式、被委派单位是否通过特定程序对被委派人员进行任命等,均不影响委派的认定。三是是否从事公务,主要体现为"从事组织、领导、监督、经营、管理工作"。

本案中,省农行系国有控股公司,被告人吴某军是由省农行党委研究决定,以中国农业银行总行发文推荐的方式,推荐吴某军为国有控股的农银国联总经理(正处级)人选,作为"总经理",其职务范围无疑属于《最高人民法院、最高人民检察院关于办理国家出资企业中职务犯罪案件具体应用法律若干问题的意见》所规定的"组织、领导、监督、经营、管理工作"。综上,吴某军符合国家出资企业中"国家工作人员"的认定条件,属于"国有公司、企业人员"。而无论从语义解释,还是从体系解释等角度出发,"国有公司、企业的董事、经理"都应当被认定是"国有公司、企业人员"的子概念,是"国有公司企业人员"的特定部分。吴某军经委派,担任国有控股公司的总经理,符合《刑法》第一百六十五条"国有公司、企业的董事、经理"

---

① 参见中华人民共和国最高人民法院刑事审判第一、二、三、四、五庭主办:《刑事审判参考》(总第120集),法律出版社2020年版,第11－12页。

的规定。综上所述,被告人吴某军具备非法经营同类营业罪的主体资格。

【典型案例裁判指引170】《刑事审判参考》第187号[①]杨某康非法经营同类营业案:国有公司、企业的部门经理等中层管理人员不构成非法经营同类营业罪的主体

非法经营同类营业罪的主体是特殊主体,即国有公司、企业的董事、经理。这是因为国有公司的董事、经理应维护本公司、企业的利益,遵守公司章程,忠实勤勉地履行职务,不得利用其在公司的地位、职权为自己谋取利益,因此,《公司法》对国有公司、企业的董事、经理作出了竞业禁止性规定。根据《公司法》的规定,董事是指公司、企业董事会的成员,包括董事长、副董事长、执行董事和一般董事。公司的董事由股东会议选举产生,或者由国家授权投资的机构、国家授权的部门按照董事会的任期委派或者更换。因成为董事必须履行一定的法律手续,实践中一般较易认定。经理是由董事会聘任,对董事会负责,负责公司的生产经营管理工作,组织实施董事会会议决议、公司的年度计划和投资方案等的高级管理人员。实践中,一些国有公司、企业将其中层管理人员也称作经理,如部门经理、业务经理、项目经理等,有的还称为科长、处长、部长等,这类经理因系日常称谓,而非法律用语,且其负责的不是整个公司、企业的管理,而是对某一部门、某一项目、某一项业务的管理,其经营、管理权有限,故《公司法》未对其作竞业禁止性规定。作为法定犯,非法经营同类营业罪的主体应直接援引相关法律规定,而不宜作出扩大解释。国有公司、企业的部门经理等中层管理人员,一般不构成非法经营同类营业罪的主体。

(二)非法经营同类营业罪中的"同类营业"的认定

【典型案例裁判指引171】《刑事审判参考》第1298号[②]吴某军非法经营同类营业、对非国家工作人员行贿案:非法经营同类营业罪中"同类营业"以实际经营内容进行判断

根据《国民经济行业分类》,吴某军所开展的业务对应的分类是"财务

① 参见中华人民共和国最高人民法院刑事审判第一、二、三、四、五庭主办:《中国刑事审判指导案例》(第2卷),法律出版社2012年版,第98页。

② 参见中华人民共和国最高人民法院刑事审判第一、二、三、四、五庭主办:《刑事审判参考》(总第120集),法律出版社2020年版,第12-13页。

管理咨询”,而农银国联工商登记资料显示其经营范围为“投资管理;企业管理咨询;利用自有资金对外投资”,并不包括“财务管理咨询”,且两者所属类别亦有所区别。尽管如此,我们认为这并不影响非法经营同类营业罪的认定,具体理由如下:

首先,私法领域,法无明文禁止即可为。根据《公司法》的相关规定,公司的经营活动即便超出了其营业执照标示的范围,只要不违反国家禁止性规定,都不应当被认定为无效。故农银国联法务主管所称的“企业管理咨询是指我们对其他企业提出管理意见,也包括为资金方和资金提供方提供服务,收取中介费,撮合资金供方和需方达成协议”,更接近于农银国联对自身经营范围的理解。并且,农银国联也曾以“农银无锡”名义做过融资咨询业务,该融资咨询业务与吴某军所从事的苏宁集团、丰盛集团融资业务并无本质区别。综上,农银国联可以从事财务顾问业务,吴某军及其来恩公司的行为属于非法经营同类营业行为。

其次,“同类营业”并非“同样营业”。吴某军因自身资金实力限制,而将相关业务做成了财务顾问形式。但事实上,对于丰盛集团而言,其只需要在自己可接受的融资成本范围内实现融资即可,至于是通过财务顾问形式,还是债权投资形式均可接受。因此,如果仅仅将该笔业务作为财务顾问业务看待,进而审查农银国联是否进行“同样营业”,是相对片面的。我们应当将该笔业务作为一次交易机会,审查农银国联是否可以在自己的业务范围内满足相对方的融资需求,即审查农银国联是否有“同类营业”。经查,农银国联的经营范围包括债权投资,其也有实力通过优先劣后等形式完成债权投资。故即便认为农银国联不具备财务顾问的业务范围,农银国联也完全可以在自己登记的业务范围内实现与丰盛集团的交易。吴某军在北京总部未对“六合文化城”项目表态的情况下,对于其利用职务之便获知的丰盛集团30亿元融资项目未作汇报,剥夺了本公司的交易机会,属于同类营业行为。

需要说明的是,被告人吴某军利用其担任农银国联总经理期间获得的交易信息及前期所做工作,通过其他公司运作苏宁集团、丰盛集团的融资项目,将本应属于农银国联的交易机会据为己有,其行为构成非法经营同类营业罪而非受贿罪。

(三)如何区分是贪污罪还是非法经营同类营业罪

【典型案例裁判指引 47】《刑事审判参考》第 1087 号[①]祝某财等贪污案:将盈利性商业机会交由兼营公司、企业经营构成非法经营罪

详见本书第二章“第一节贪污罪”“三、重点、疑难问题界定”“(十一)如何区分是贪污罪还是非法经营同类营业罪”中的案例。

四、定罪量刑标准

(一)司法解释等相关规定

《最高人民检察院、公安部关于公安机关管辖的刑事案件立案追诉标准的规定(二)》[②](2010 年 5 月 7 日起施行　公通字〔2010〕23 号)

第十二条　[非法经营同类营业案(刑法第一百六十五条)]国有公司、企业的董事、经理利用职务便利,自己经营或者为他人经营与其所任职公司、企业同类的营业,获取非法利益,数额在十万元以上的,应予立案追诉。

(二)定罪量刑对应表

表 12-1　非法经营同类营业罪定罪量刑对应表

非法经营同类营业罪		数额
第一档	3 年以下有期徒刑或者拘役,并处或者单处罚金	非法获利≥10 万元
第二档	3 年以上 7 年以下有期徒刑,并处罚金	未规定

---

① 参见中华人民共和国最高人民法院刑事审判第一、二、三、四、五庭主办:《刑事审判参考》(总第 103 集),法律出版社 2015 年版,第 86-90 页。

② 2010 年司法解释被 2022 年 5 月 15 日起修订施行的《最高人民检察院、公安部关于公安机关管辖的刑事案件立案追诉标准的规定(二)》废止,但 2022 年司法解释对非法经营同类营业罪立案标准未做规定,办案时可参考 2010 年司法解释的标准。

第二节　为亲友非法牟利罪

一、犯罪主体

国有公司、企业、事业单位中的工作人员，其中具有公职人员身份的人员涉嫌该罪的归监察委员会管辖。

二、刑法规定

《刑法》

第一百六十六条[①]　国有公司、企业、事业单位的工作人员，利用职务便利，有下列情形之一，致使国家利益遭受重大损失的，处三年以下有期徒刑或者拘役，并处或者单处罚金；致使国家利益遭受特别重大损失的，处三年以上七年以下有期徒刑，并处罚金：

（一）将本单位的盈利业务交由自己的亲友进行经营的；

（二）以明显高于市场的价格从自己的亲友经营管理的单位采购商品、接受服务或者以明显低于市场的价格向自己的亲友经营管理的单位销售商品、提供服务的；

（三）从自己的亲友经营管理的单位采购、接受不合格商品、服务的。

其他公司、企业的工作人员违反法律、行政法规规定，实施前款行为，致使公司、企业利益遭受重大损失的，依照前款的规定处罚。

---

① 2024年3月1日起施行的《刑法修正案（十二）》将为亲友非法牟利罪进行了修改，修改前的条文为："国有公司、企业、事业单位的工作人员，利用职务便利，有下列情形之一，使国家利益遭受重大损失的，处三年以下有期徒刑或者拘役，并处或者单处罚金；致使国家利益遭受特别重大损失的，处三年以上七年以下有期徒刑，并处罚金：（一）将本单位的盈利业务交由自己的亲友进行经营的；（二）以明显高于市场的价格向自己的亲友经营管理的单位采购商品或者以明显低于市场的价格向自己的亲友经营管理的单位销售商品的；（三）向自己的亲友经营管理的单位采购不合格商品的。"办案中要准确适用刑法从旧兼从轻原则。

三、定罪量刑标准

(一)司法解释等相关规定

《最高人民检察院、公安部关于公安机关管辖的刑事案件立案追诉标准的规定(二)》(2010 年 5 月 7 日起施行　公通字〔2010〕23 号)①

第十三条　[为亲友非法牟利案(刑法第一百六十六条)]国有公司、企业、事业单位的工作人员,利用职务便利,为亲友非法牟利,涉嫌下列情形之一的,应予立案追诉:

(一)造成国家直接经济损失数额在十万元以上的;

(二)使其亲友非法获利数额在二十万元以上的;

(三)造成有关单位破产,停业、停产六个月以上,或者被吊销许可证和营业执照、责令关闭、撤销、解散的;

(四)其他致使国家利益遭受重大损失的情形。

(二)定罪量刑对应表

表 12－2　为亲友非法牟利罪定罪量刑对应表

为亲友非法牟利罪		经济损失	亲友获利	其他
第一档	3 年以下有期徒刑或者拘役,并处或者单处罚金	≥10 万元	≥20 万元	(1)造成单位破产,停业、停产 6 个月以上,或者被吊销许可证和营业执照、责令关闭、撤销、解散的;(2)其他致使国家利益遭受重大损失
第二档	3 年以上 7 年以下有期徒刑,并处罚金	未规定	未规定	未规定

① 2022 年 5 月 15 日起施行的《最高人民检察院、公安部关于公安机关管辖的刑事案件立案追诉标准的规定(二)》废止了《最高人民检察院、公安部关于公安机关管辖的刑事案件立案追诉标准的规定(二)》(公通字〔2010〕23 号),但对为亲友非法牟利罪立案标准未作具体规定,办案时可以参考 2010 年司法解释的标准。

第三节　签订、履行合同失职被骗罪

一、犯罪主体

国有公司、企业、事业单位中的工作人员，其中具有公职人员身份的人员涉嫌该罪的归监察委员会管辖。

二、刑法规定

《刑法》

第一百六十七条　国有公司、企业、事业单位直接负责的主管人员，在签订、履行合同过程中，因严重不负责任被诈骗，致使国家利益遭受重大损失的，处三年以下有期徒刑或者拘役；致使国家利益遭受特别重大损失的，处三年以上七年以下有期徒刑。

三、重点、疑难问题界定

（一）失职导致外汇被骗购或逃汇的定性

《全国人民代表大会常务委员会关于惩治骗购外汇、逃汇和非法买卖外汇犯罪的决定》（1998年12月29日起施行　第九届全国人民代表大会常务委员会第六次会议通过）

七、金融机构、从事对外贸易经营活动的公司、企业的工作人员严重不负责任，造成大量外汇被骗购或者逃汇，致使国家利益遭受重大损失的，依照刑法第一百六十七条的规定定罪处罚。

（二）签订、履行合同失职被骗罪是否以对方构成诈骗罪为要件

《最高人民法院刑事审判第二庭审判长会议：关于签订、履行合同失职被骗犯罪是否以对方当事人的行为构成诈骗犯罪为要件的意见》①

关于刑法第一百六十七条规定的“签订、履行合同失职被骗罪”和第

---

① 参见中华人民共和国最高人民法院刑事审判一、二、三、四、五庭主办：《中国刑事审判指导案例》（第6卷），法律出版社2017年版，第716页。

四百零六条规定的“国家机关工作人员签订、履行合同失职被骗罪”是否以对方构成诈骗犯罪为要件的问题,最高人民法院研究如下:

认定签订、履行合同失职被骗罪和国家机关工作人员签订、履行合同失职被骗罪应当以对方当事人涉嫌诈骗,行为构成犯罪为前提。但司法机关在办理或者审判行为人被指控犯有上述两罪的案件过程中,不能以对方当事人已经被人民法院判决构成诈骗犯罪作为认定本案当事人构成签订、履行合同失职被骗罪或者国家机关工作人员签订、履行合同失职被骗罪的前提。即,司法机关在办理案件过程中,只要认定对方当事人的行为已经涉嫌构成诈骗犯罪,就可依法认定认为行为人构成签订、履行合同失职被骗罪或者国家机关工作人员签订、履行合同失职被骗罪,而不需要搁置或者中止审理,直至对方当事人被人民法院审理并判决构成诈骗犯罪。

(三)签订、履行合同失职被骗罪的认定

【典型案例裁判指引172】《刑事审判参考》第270号[①]高某、梁某钊信用证诈骗,签订、履行合同失职被骗案:签订、履行合同失职被骗罪的认定

签订、履行合同失职被骗罪的主体为国有公司、企业、事业单位直接负责的主管人员,对这里的直接负责的主管人员的理解,应当把握以下两点:一是须有管理人员之身份,行使实际管理职权;二是对合同的签订、履行负有直接责任。其中,前者不限于单位的法定代表人,单位的分管副职领导,部门、分支机构的负责人等均属于管理人员;后者的着眼点在于对合同的签订与履行有无法律及职务上的责任,不在于是否具体参与了合同的签订与履行,尤其是在不履行或者不正确履行职责的渎职等过失犯罪中,不要求具有决定、批准、授意等参与合同的签订、履行行为。

签订、履行合同失职被骗罪客观构成应符合以下三个方面的要件:一是本体要件,严重不负责任,在签订、履行合同过程中不履行职责,即通常所谓的失职行为;二是后果要件,失职行为给国家利益造成重大损失之现实后果;三是中介要件,或者说是附加要件,造成重大损失后果之直接原因系合同对

---

① 参见中华人民共和国最高人民法院刑事审判第一、二、三、四、五庭主办:《中国刑事审判指导案例》(第2卷),法律出版社2012年版,第106-107页。

方的诈骗行为。其中,失职行为包括当为、能为、不为三个层面的含义,即具有法定或者职务上的避免损失,仍不履行或者不正确履行义务;损失后果指的是现实的、具体的经济的损失,可能的、间接的、潜在的或者非经济性的损失一般不能视为这里的损失后果。但不得将属于由合同对方的诈骗行为直接造成的损失,或者直接的损失对象是第三方,但最终责任将落到该国有单位的损失理解为间接损失。诈骗行为需以构成犯罪为充足条件,不能将一般的民事欺诈行为理解为这里的诈骗行为,但无须以合同对方已经被人民法院判决构成诈骗犯罪行为作为认定本案当事人构成签订、履行合同失职被骗罪的前提,在程序上仅需认定对方当事人的行为已经涉嫌构成诈骗犯罪即可。

四、定罪量刑标准

(一)司法解释等相关规定

《最高人民检察院、公安部关于公安机关管辖的刑事案件立案追诉标准的规定(二)》①(2010 年 5 月 7 日起施行　公通字〔2010〕23 号)

第十四条　[签订、履行合同失职被骗案(刑法第一百六十七条)]国有公司、企业、事业单位直接负责的主管人员,在签订、履行合同过程中,因严重不负责任被诈骗,涉嫌下列情形之一的,应予立案追诉:

(一)造成国家直接经济损失数额在五十万元以上的;

(二)造成有关单位破产,停业、停产六个月以上,或者被吊销许可证和营业执照、责令关闭、撤销、解散的;

(三)其他致使国家利益遭受重大损失的情形。

金融机构、从事对外贸易经营活动的公司、企业的工作人员严重不负责任,造成一百万美元以上外汇被骗购或者逃汇一千万美元以上的,应予立案追诉。

本条规定的“诈骗”,是指对方当事人的行为已经涉嫌诈骗犯罪,不以对方当事人已经被人民法院判决构成诈骗犯罪作为立案追诉的前提。

---

①　2010 年司法解释被 2022 年 5 月 15 日起修订施行的《最高人民检察院、公安部关于公安机关管辖的刑事案件立案追诉标准的规定(二)》废止,但 2022 年司法解释对签订、履行合同失职被骗罪立案标准未做规定,办案时可参考 2010 年司法解释的标准。

(二)定罪量刑对应表

表 12－3　签订、履行合同失职被骗罪定罪量刑对应表

签订、履行合同失职被骗罪		经济损失	外汇	其他
第一档	3 年以下有期徒刑或者拘役	≥50 万元	外汇被骗≥100 万美元或逃汇≥1000 万美元	(1)造成单位破产,停业、停产 6 个月以上,或者被吊销许可证和营业执照、责令关闭、撤销、解散的;(2)其他致使国家利益遭受重大损失
第二档	3 年以上 7 年以下有期徒刑	未规定	未规定	未规定

第四节　国有公司、企业、事业单位人员失职罪,国有公司、企业、事业单位人员滥用职权罪

一、犯罪主体

国有公司、企业、事业单位中的工作人员,其中具有公职人员身份的人员涉嫌该罪的归监察委员会管辖。

二、刑法规定

《刑法》

第一百六十八条　国有公司、企业的工作人员,由于严重不负责任或者滥用职权,造成国有公司、企业破产或者严重损失,致使国家利益遭受重大损失的,处三年以下有期徒刑或者拘役;致使国家利益遭受特别重大损失的,处三年以上七年以下有期徒刑。

国有事业单位的工作人员有前款行为,致使国家利益遭受重大损失的,依照前款的规定处罚。

国有公司、企业、事业单位的工作人员,徇私舞弊,犯前两款罪的,依照

第一款的规定从重处罚。

三、重点、疑难问题界定

(一)国家出资企业案件中渎职行为的认定

《最高人民法院、最高人民检察院关于办理国家出资企业中职务犯罪案件具体应用法律若干问题的意见》(2010 年 11 月 26 日起施行 法发〔2010〕49 号)

一、关于国家出资企业工作人员在改制过程中隐匿公司、企业财产归个人持股的改制后公司、企业所有的行为的处理

第四款 在企业改制过程中未采取低估资产、隐瞒债权、虚设债务、虚构产权交易等方式故意隐匿公司、企业财产的,一般不应当认定为贪污;造成国家资产重大损失,依法构成刑法第一百六十八条或者第一百六十九条规定的犯罪的,依照该规定定罪处罚。

四、关于国家工作人员在企业改制过程中的渎职行为的处理

第一款 国家出资企业中的国家工作人员在公司、企业改制或者国有资产处置过程中严重不负责任或者滥用职权,致使国家利益遭受重大损失的,依照刑法第一百六十八条的规定,以国有公司、企业人员失职罪或者国有公司、企业人员滥用职权罪定罪处罚。

第四款 国家出资企业中的国家工作人员因实施第一款、第二款行为收受贿赂,同时又构成刑法第三百八十五条规定之罪的,依照处罚较重的规定定罪处罚。①

---

① 本款被 2016 年 4 月 18 日起施行的《最高人民法院、最高人民检察院关于办理贪污贿赂刑事案件适用法律若干问题的解释》第十七条“国家工作人员利用职务上的便利,收受他人财物,为他人谋取利益,同时构成受贿罪和刑法分则第三章第三节、第九章规定的渎职犯罪的,除刑法另有规定外,以受贿罪和渎职犯罪数罪并罚”所修改,即以受贿罪和国有公司、企业人员失职罪或者国有公司、企业人员滥用职权罪及徇私舞弊低价折股、出售公司、企业资产罪数罪并罚。但根据 2001 年 12 月 17 日起施行的《最高人民法院、最高人民检察院关于适用刑事司法解释时间效力问题的规定》第三条规定,即“对于新的司法解释实施前发生的行为,行为时已有相关司法解释,依照行为时的司法解释办理,但适用新的司法解释对犯罪嫌疑人、被告人有利的,适用新的司法解释”,注意办理国家出资企业案件中要以 2016 年 4 月 18 日为时间点根据司法解释从旧兼从轻原则准确适用该条司法解释内容。

【典型案例裁判指引173】桑某受贿、国有公司人员滥用职权、利用未公开信息交易案[①]:渎职犯罪的损失范围包括国有单位因错失交易机会、压缩利润空间、让渡应有权益进而造成应得而未得的收益损失

渎职犯罪造成公共财产损失的范围包括国有单位因错失交易机会、压缩利润空间、让渡应有权益进而造成应得而未得的收益损失。实践中,渎职犯罪造成公共财产的损失范围一般为国有单位现有财产的实际损失,但在金融领域渎职犯罪案件中,介入交易规则变化、收益分配方式调整等因素,可能导致国有单位压缩利润空间、让渡应有权益,进而造成国有单位预期收益应得而未得。检察机关应当注重审查造成损失的原因是市场因素还是渎职行为,渎职行为的违规性、违法性,是否具有徇私舞弊情节等要素。对因渎职行为而不是市场因素造成预期收益损失的部分,一般应当计入公共财产损失范围。

(二)国有控股、参股企业中私分财产的行为定性

【典型案例裁判指引174】《刑事审判参考》第1234号[②]工商银行神木支行、童某等国有公司人员滥用职权案:国有控股公司、企业国家工作人员套取资金进行私分的行为构成国有公司、企业人员滥用职权罪

对私分国有资产罪与单位受贿罪中的"国有公司、企业"均应作限制解释,即仅指国有独资公司、企业。虽然国有控股、参股公司、企业集体私分国有资产的行为不能认定构成私分国有资产罪,但是并不意味着不构成其他罪名的犯罪。如果国有控股、参股公司、企业的工作人员违反国家规定,以单位名义将国有资产集体私分给个人,造成公司严重损失,致使国家利益遭受重大损失的,依然可以构成国有公司、企业人员滥用职权罪。

对被告人童某、温某、张某应以国有公司人员滥用职权罪定罪处罚。主要理由:一是童某、温某、张某符合国有公司、企业人员滥用职权罪的主体特征。国家出资企业包括国有独资公司、企业和国有控股、参股公司、企

① 桑某受贿、国有公司人员滥用职权、利用未公开信息交易案,最高人民检察院指导案例第188号(2023年)。

② 参见中华人民共和国最高人民法院刑事审判第一、二、三、四、五庭主办:《刑事审判参考》(总第112集),法律出版社2018年版,第113-114页。

业。《最高人民法院、最高人民检察院关于办理国家出资企业中职务犯罪案件具体应用法律若干问题的意见》第四条第一款规定："国家出资企业中的国家工作人员在公司、企业改制或者国有资产处置过程中严重不负责任或者滥用职权，致使国家利益遭受重大损失的，依照刑法第一百六十八条的规定，以国有公司、企业人员失职罪或者国有公司、企业人员滥用职权罪定罪处罚。"根据上述规定，国有控股、参股公司、企业的工作人员属于国有公司、企业人员滥用职权罪的适格主体。童某、温某、张某实施了滥用职权的行为：在案证据证实，神木支行行长童某、副行长温某违反财务制度，授意办公室主任张某向上级行工行榆林分行套取经费发放福利费、奖金属于重复发放、非正常发放，属于国有公司、企业的工作人员滥用职权的行为。二是童某、温某、张某滥用职权的行为致使国家利益遭受重大损失。本案中，被告人童某等人向上级行套取资金并发放给职工总计123.29万元的行为，对于神木支行来说，虽然没有遭受实质损失，但由于工行实行的是统收统支的财务管理制度，各分支机构系向上级报账，最终会体现为国家利益的损失。

（三）其他法律适用

1.《最高人民法院关于审理扰乱电信市场管理秩序案件具体应用法律若干问题的解释》（2000 年 5 月 24 日起施行　法释〔2000〕12 号）

第六条　国有电信企业的工作人员，由于严重不负责任或者滥用职权，造成国有电信企业破产或者严重损失，致使国家利益遭受重大损失的，依照刑法第一百六十八条的规定定罪处罚。

2.《最高人民法院、最高人民检察院关于办理妨害预防、控制突发传染病疫情等灾害的刑事案件具体应用法律若干问题的解释》（2003 年 5 月 15 日起施行　法释〔2003〕8 号）

第四条　国有公司、企业、事业单位的工作人员，在预防、控制突发传染病疫情等灾害的工作中，由于严重不负责任或者滥用职权，造成国有公司、企业破产或者严重损失，致使国家利益遭受重大损失的，依照刑法第一百六十八条的规定，以国有公司、企业、事业单位人员失职罪或者国有公司、企业、事业单位人员滥用职权罪定罪处罚。

第十八条 本解释所称“突发传染病疫情等灾害”,是指突然发生,造成或者可能造成社会公众健康严重损害的重大传染病疫情、群体性不明原因疾病以及其他严重影响公众健康的灾害。

四、定罪量刑标准

(一)司法解释等相关规定

《最高人民检察院、公安部关于公安机关管辖的刑事案件立案追诉标准的规定(二)》①(2010年5月7日起施行 公通字〔2010〕23号)

第十五条 [国有公司、企业、事业单位人员失职案(刑法第一百六十八条)]国有公司、企业、事业单位的工作人员,严重不负责任,涉嫌下列情形之一的,应予立案追诉:

(一)造成国家直接经济损失数额在五十万元以上的;

(二)造成有关单位破产,停业、停产一年以上,或者被吊销许可证和营业执照、责令关闭、撤销、解散的;

(三)其他致使国家利益遭受重大损失的情形。

第十六条 [国有公司、企业、事业单位人员滥用职权案(刑法第一百六十八条)]国有公司、企业、事业单位的工作人员,滥用职权,涉嫌下列情形之一的,应予立案追诉:

(一)造成国家直接经济损失数额在三十万元以上的;

(二)造成有关单位破产,停业、停产六个月以上,或者被吊销许可证和营业执照、责令关闭、撤销、解散的;

(三)其他致使国家利益遭受重大损失的情形。

---

① 2010年司法解释被2022年5月15日起修订施行的《最高人民检察院、公安部关于公安机关管辖的刑事案件立案追诉标准的规定(二)》废止,但2022年司法解释对国有公司、企业、事业单位人员失职罪、国有公司、企业、事业单位人员滥用职权罪立案标准未做规定,办案时可参考2010年司法解释的标准。

(二)定罪量刑对应表

表 12－4　国有公司、企业、事业单位人员失职罪定罪量刑对应表

国有公司、企业、事业单位人员失职罪		经济损失	其　　他
第一档	3 年以下有期徒刑或者拘役	≥50 万元	(1)造成单位破产,停业、停产一年以上,或者被吊销许可证和营业执照、责令关闭、撤销、解散的;(2)其他致使国家利益遭受重大损失
第二档	3 年以上 7 年以下有期徒刑	未规定	未规定

表 12－5　国有公司、企业、事业单位人员滥用职权罪定罪量刑对应表

国有公司、企业、事业单位人员滥用职权罪		经济损失	其　　他
第一档	3 年以下有期徒刑或者拘役	≥30 万元	(1)造成单位破产,停业、停产 6 个月以上,或者被吊销许可证和营业执照、责令关闭、撤销、解散的;(2)其他致使国家利益遭受重大损失
第二档	3 年以上 7 年以下有期徒刑	未规定	未规定

第五节　徇私舞弊低价折股、出售公司、企业资产罪

一、犯罪主体

国有公司、企业或者其上级主管部门中的工作人员,其中具有公职人员身份的人员涉嫌该罪的归监察委员会管辖。

二、刑法规定

《刑法》

第一百六十九条[①] 国有公司、企业或者其上级主管部门直接负责的主管人员,徇私舞弊,将国有资产低价折股或者低价出售,致使国家利益遭受重大损失的,处三年以下有期徒刑或者拘役;致使国家利益遭受特别重大损失的,处三年以上七年以下有期徒刑。

其他公司、企业直接负责的主管人员,徇私舞弊,将公司、企业资产低价折股或者低价出售,致使公司、企业利益遭受重大损失的,依照前款的规定处罚。

三、重点、疑难问题界定

国家出资企业案件中渎职行为的认定

《最高人民法院、最高人民检察院关于办理国家出资企业中职务犯罪案件具体应用法律若干问题的意见》(2010 年 11 月 26 日起施行 法发〔2010〕49 号)

一、关于国家出资企业工作人员在改制过程中隐匿公司、企业财产归个人持股的改制后公司、企业所有的行为的处理

第四款 在企业改制过程中未采取低估资产、隐瞒债权、虚设债务、虚构产权交易等方式故意隐匿公司、企业财产的,一般不应当认定为贪污;造成国家资产重大损失,依法构成刑法第一百六十八条或者第一百六十九条规定的犯罪的,依照该规定定罪处罚。

四、关于国家工作人员在企业改制过程中的渎职行为的处理

第二款 国家出资企业中的国家工作人员在公司、企业改制或者国有资产处置过程中徇私舞弊,将国有资产低价折股或者低价出售给其本人未

---

① 2024 年 3 月 1 日起施行的《刑法修正案(十二)》将第一百六十九条增加一款,将原先对“国有公司、企业”等相关人员适用的犯罪扩展到民营企业,其他内容未作修改。2024 年 3 月 1 日起施行的《最高人民法院、最高人民检察院关于执行〈中华人民共和国刑法〉确定罪名的补充规定(八)》将罪名由“徇私舞弊低价折股、出售国有资产罪”改为“徇私舞弊低价折股、出售公司、企业资产罪”。

持有股份的公司、企业或者其他个人，致使国家利益遭受重大损失的，依照刑法第一百六十九条的规定，以徇私舞弊低价折股、出售国有资产罪定罪处罚。

第三款　国家出资企业中的国家工作人员在公司、企业改制或者国有资产处置过程中徇私舞弊，将国有资产低价折股或者低价出售给特定关系人持有股份或者本人实际控制的公司、企业，致使国家利益遭受重大损失的，依照刑法第三百八十二条、第三百八十三条的规定，以贪污罪定罪处罚。贪污数额以国有资产的损失数额计算。

第四款　国家出资企业中的国家工作人员因实施第一款、第二款行为收受贿赂，同时又构成刑法第三百八十五条规定之罪的，依照处罚较重的规定定罪处罚。

四、定罪量刑标准

（一）司法解释等相关规定

《最高人民检察院、公安部关于公安机关管辖的刑事案件立案追诉标准的规定（二）》①（2010 年 5 月 7 日起施行　公通字〔2010〕23 号）

第十七条　［徇私舞弊低价折股、出售国有资产案（刑法第一百六十九条）］国有公司、企业或者其上级主管部门直接负责的主管人员，徇私舞弊，将国有资产低价折股或者低价出售，涉嫌下列情形之一的，应予立案追诉：

（一）造成国家直接经济损失数额在三十万元以上的；

（二）造成有关单位破产，停业、停产六个月以上，或者被吊销许可证和营业执照、责令关闭、撤销、解散的；

（三）其他致使国家利益遭受重大损失的情形。

---

①　2010 年司法解释被 2022 年 5 月 15 日起修订施行的《最高人民检察院、公安部关于公安机关管辖的刑事案件立案追诉标准的规定（二）》废止，但 2022 年司法解释对徇私舞弊低价折股、出售公司、企业资产罪立案标准未做规定，办案时可参考 2010 年司法解释的标准。

(二)定罪量刑对应表

表 12-6 徇私舞弊低价折股、出售公司、企业资产罪定罪量刑对应表

徇私舞弊低价折股、出售公司、企业资产罪		经济损失	其他
第一档	3 年以下有期徒刑或者拘役	≥30 万元	(1)造成单位破产,停业、停产 6 个月以上,或者被吊销许可证和营业执照、责令关闭、撤销、解散的;(2)其他致使国家利益遭受重大损失
第二档	3 年以上 7 年以下有期徒刑	未规定	未规定

第六节　背信损害上市公司利益罪

一、犯罪主体

上市公司中董事、监事、高级管理人员,其中具有公职人员身份的人员涉嫌该罪的归监察委员会管辖。

二、刑法规定

《刑法》

第一百六十九条之一[①]　上市公司的董事、监事、高级管理人员违背对公司的忠实义务,利用职务便利,操纵上市公司从事下列行为之一,致使上市公司利益遭受重大损失的,处三年以下有期徒刑或者拘役,并处或者单处罚金;致使上市公司利益遭受特别重大损失的,处三年以上七年以下有期徒刑,并处罚金:

(一)无偿向其他单位或者个人提供资金、商品、服务或者其他资产的;

---

① 2006 年 6 月 29 日起施行的《刑法修正案(六)》增设该条款,增加该罪名。

（二）以明显不公平的条件，提供或者接受资金、商品、服务或者其他资产的；

（三）向明显不具有清偿能力的单位或者个人提供资金、商品、服务或者其他资产的；

（四）为明显不具有清偿能力的单位或者个人提供担保，或者无正当理由为其他单位或者个人提供担保的；

（五）无正当理由放弃债权、承担债务的；

（六）采用其他方式损害上市公司利益的。

上市公司的控股股东或者实际控制人，指使上市公司董事、监事、高级管理人员实施前款行为的，依照前款的规定处罚。

犯前款罪的上市公司的控股股东或者实际控制人是单位的，对单位判处罚金，并对其直接负责的主管人员和其他直接责任人员，依照第一款的规定处罚。

三、定罪量刑标准

（一）司法解释等相关规定

《最高人民检察院、公安部关于公安机关管辖的刑事案件立案追诉标准的规定（二）》（2022 年 5 月 15 日起施行　2022 年 4 月 6 日修订）

第十三条[①]　〔背信损害上市公司利益案（刑法第一百六十九条之一）〕上市公司的董事、监事、高级管理人员违背对公司的忠实义务，利用职务便利，操纵上市公司从事损害上市公司利益的行为，以及上市公司的控股股东或者实际控制人，指使上市公司董事、监事、高级管理人员实施损害上市公司利益的行为，涉嫌下列情形之一的，应予立案追诉：

（一）无偿向其他单位或者个人提供资金、商品、服务或者其他资产，致使上市公司直接经济损失数额在一百五十万元以上的；

（二）以明显不公平的条件，提供或者接受资金、商品、服务或者其他资产，致使上市公司直接经济损失数额在一百五十万元以上的；

（三）向明显不具有清偿能力的单位或者个人提供资金、商品、服务或

---

① 该规定与修订前的“公通字〔2010〕23 号”文没有差别。

者其他资产,致使上市公司直接经济损失数额在一百五十万元以上的;

(四)为明显不具有清偿能力的单位或者个人提供担保,或者无正当理由为其他单位或者个人提供担保,致使上市公司直接经济损失数额在一百五十万元以上的;

(五)无正当理由放弃债权、承担债务,致使上市公司直接经济损失数额在一百五十万元以上的;

(六)致使公司、企业发行的股票或者公司、企业债券、存托凭证或者国务院依法认定的其他证券被终止上市交易的;

(七)其他致使上市公司利益遭受重大损失的情形。

(二)定罪量刑对应表

表 12-7 背信损害上市公司利益罪定罪量刑对应表

背信损害上市公司利益罪		经济损失	其他
第一档	3 年以下有期徒刑或者拘役,并处或者单处罚金	损失 ≥150 万元的 5 种情形之一:(1)无偿向其他单位或者个人提供资金、商品、服务或者其他资产;(2)以明显不公平的条件,提供或者接受资金、商品、服务或者其他资产;(3)向明显不具有清偿能力的单位或者个人提供资金、商品、服务或者其他资产;(4)为明显不具有清偿能力的单位或者个人提供担保,或者无正当理由为其他单位或者个人提供担保;(5)无正当理由放弃债权、承担债务	(1)致使公司发行的股票、公司债券或者国务院依法认定的其他证券被终止上市交易或者多次被暂停上市交易的;(2)其他致使上市公司利益遭受重大损失
第二档	3 年以上 7 年以下有期徒刑,并处罚金	未规定	未规定

第十三章　破坏金融管理秩序类罪名释义及定罪量刑标准

第一节　金融工作人员购买假币、以假币换取货币罪

一、犯罪主体

金融机构中的工作人员，其中具有公职人员身份的人员涉嫌该罪的归监察委员会管辖。

二、刑法规定

《刑法》

第一百七十一条第二款　银行或者其他金融机构的工作人员购买伪造的货币或者利用职务上的便利，以伪造的货币换取货币的，处三年以上十年以下有期徒刑，并处二万元以上二十万元以下罚金；数额巨大或者有其他严重情节的，处十年以上有期徒刑或者无期徒刑，并处二万元以上二十万元以下罚金或者没收财产；情节较轻的，处三年以下有期徒刑或者拘役，并处或者单处一万元以上十万元以下罚金。

三、重点、疑难问题界定

假币及其价值等的认定

《最高人民法院关于审理伪造货币等案件具体应用法律若干问题的解释(二)》(2010 年 11 月 3 日起施行　法释〔2010〕14 号)

第一条　仿照真货币的图案、形状、色彩等特征非法制造假币，冒充真

币的行为,应当认定为刑法第一百七十条规定的“伪造货币”。

对真货币采用剪贴、挖补、揭层、涂改、移位、重印等方法加工处理,改变真币形态、价值的行为,应当认定为刑法第一百七十三条规定的“变造货币”。

第二条 同时采用伪造和变造手段,制造真伪拼凑货币的行为,依照刑法第一百七十条的规定,以伪造货币罪定罪处罚。

第三条 以正在流通的境外货币为对象的假币犯罪,依照刑法第一百七十条至第一百七十三条的规定定罪处罚。

假境外货币犯罪的数额,按照案发当日中国外汇交易中心或者中国人民银行授权机构公布的人民币对该货币的中间价折合成人民币计算。中国外汇交易中心或者中国人民银行授权机构未公布汇率中间价的境外货币,按照案发当日境内银行人民币对该货币的中间价折算成人民币,或者该货币在境内银行、国际外汇市场对美元汇率,与人民币对美元汇率中间价进行套算。

第四条 以中国人民银行发行的普通纪念币和贵金属纪念币为对象的假币犯罪,依照刑法第一百七十条至第一百七十三条的规定定罪处罚。

假普通纪念币犯罪的数额,以面额计算;假贵金属纪念币犯罪的数额,以贵金属纪念币的初始发售价格计算。

第五条 以使用为目的,伪造停止流通的货币,或者使用伪造的停止流通的货币的,依照刑法第二百六十六条的规定,以诈骗罪定罪处罚。

第六条 此前发布的司法解释与本解释不一致的,以本解释为准。

四、定罪量刑标准

(一)司法解释等相关规定

1.《最高人民法院关于审理伪造货币等案件具体应用法律若干问题的解释》(2000年9月14日起施行 法释〔2000〕26号)

第四条 银行或者其他金融机构的工作人员购买假币或者利用职务上的便利,以假币换取货币,总面额在四千元以上不满五万元或者币量在四百张(枚)以上不足五千张(枚)的,处三年以上十年以下有期徒刑,并处二万元以上二十万元以下罚金;总面额在五万元以上或者币量在五千张

(枚)以上或者有其他严重情节的，处十年以上有期徒刑或者无期徒刑，并处二万元以上二十万元以下罚金或者没收财产；总面额不满人民币四千元或者币量不足四百张(枚)或者具有其他情节较轻情形的，处三年以下有期徒刑或者拘役，并处或者单处一万元以上十万元以下罚金。

2.《最高人民检察院、公安部关于公安机关管辖的刑事案件立案追诉标准的规定(二)》(2022 年 5 月 15 日起施行　2022 年 4 月 6 日修订)

第十六条[①]　[金融工作人员购买假币、以假币换取货币案(刑法第一百七十一条第二款)]银行或者其他金融机构的工作人员购买伪造的货币或者利用职务上的便利，以伪造的货币换取货币，总面额在二千元以上或者币量在二百张(枚)以上的，应予立案追诉。

(二)定罪量刑对应表

表 13－1　金融工作人员购买假币、以假币换取货币罪定罪量刑对应表

金融工作人员购买假币、以假币换取货币罪		数额
第一档	3 年以下有期徒刑或者拘役，并处或单处 1 万元以上 10 万元以下罚金	2000 元≤总面额＜4000 元或者 200 张(枚)≤币量＜400 张(枚)
第二档	3 年以上 10 年以下有期徒刑，并处 2 万元以上 20 万元以下罚金	4000 元≤总面额＜5 万元或者 400 张(枚)≤币量＜5000 张(枚)
第三档	10 年以上有期徒刑或者无期徒刑，并处 2 万元以上 20 万元以下罚金或者没收财产	总面额≥5 万元或者币量≥5000 张(枚)或其他严重情节

第二节　利用未公开信息交易罪

一、犯罪主体

证券交易所、期货交易所、证券公司、期货经纪公司、基金管理公司、商业银行、保险公司等金融机构以及有关监管部门或者行业协会中的工作人

① 该规定与修订前的“公通字〔2010〕23 号”文没有差别。

员,其中具有公职人员身份的人员涉嫌该罪的归监察委员会管辖。

二、刑法规定

《刑法》

第一百八十条第四款[①] 证券交易所、期货交易所、证券公司、期货经纪公司、基金管理公司、商业银行、保险公司等金融机构的从业人员以及有关监管部门或者行业协会的工作人员,利用因职务便利获取的内幕信息以外的其他未公开的信息,违反规定,从事与该信息相关的证券、期货交易活动,或者明示、暗示他人从事相关交易活动,情节严重的,依照第一款[②]的规定处罚。

三、重点、疑难问题界定

(一)内幕信息以外的其他未公开的信息的认定

《最高人民法院、最高人民检察院关于办理利用未公开信息交易刑事案件适用法律若干问题的解释》(2019年7月1日起施行 法释〔2019〕10号)

第一条 刑法第一百八十条第四款规定的"内幕信息以外的其他未公开的信息",包括下列信息:

(一)证券、期货的投资决策、交易执行信息;

(二)证券持仓数量及变化、资金数量及变化、交易动向信息;

(三)其他可能影响证券、期货交易活动的信息。

第二条 内幕信息以外的其他未公开的信息难以认定的,司法机关可以在有关行政主(监)管部门的认定意见的基础上,根据案件事实和法律规定作出认定。

---

① 2009年2月28日起施行的《刑法修正案(七)》增加该条款。

② 《刑法》第180条第1款规定:证券、期货交易内幕信息的知情人员或者非法获取证券、期货交易内幕信息的人员,在涉及证券的发行,证券、期货交易或者其他对证券、期货交易价格有重大影响的信息尚未公开前,买入或者卖出该证券,或者从事与该内幕信息有关的期货交易,或者泄露该信息,或者明示、暗示他人从事上述交易活动,情节严重的,处五年以下有期徒刑或者拘役,并处或者单处违法所得一倍以上五倍以下罚金;情节特别严重的,处五年以上十年以下有期徒刑,并处违法所得一倍以上五倍以下罚金。

【典型案例裁判指引175】上海市静安区人民检察院诉许某茂利用未公开信息交易案[①]：利用掌握的未公开的信息从事与该信息相关的证券交易活动构成利用未公开信息交易罪

被告人许某茂在担任基金经理期间，违反规定，利用掌握的未公开的信息，从事与该信息相关的证券交易活动，先于或同步多次买入、卖出相同个股，情节严重，其行为已构成利用未公开信息交易罪，应依法予以惩处。

被告人许某茂基于其基金经理的身份和投资决策权，参与制定、形成红利基金、均衡基金的投资策略，无论该投资策略是否系许某茂分析、研究的结果，许某茂获悉该信息都属利用职务便利。目前虽无证据证明被告人许某茂的行为导致相关股票或基金价格重大波动，但许某茂利用因职务便利获取的未公开信息进行交易，违反了诚实信用、忠实勤勉的义务，破坏了金融管理秩序，亦侵犯了不特定投资人的财产权益，许某茂交易金额达人民币9500余万元，非法获利达人民币209余万元，应当认定为情节严重。

【典型案例裁判指引176】桑某受贿、国有公司人员滥用职权、利用未公开信息交易案[②]：对于未公开信息的范围等关键要件的认定，要调取证券监督管理部门、证券交易所等专业机构出具的认定意见，综合全案证据审查判断

办理证券期货类犯罪案件，对于内幕信息、未公开信息的范围、趋同性交易盈利数额等关键要件的认定，一般应调取证券监督管理部门、证券交易所等专业机构的认定意见，并依法进行审查判断。行为人利用职务便利实施的内幕交易、利用未公开信息交易犯罪，此类犯罪中的内幕信息、未公开信息等关键要件的认定，以及对趋同性交易盈利数额等重要情节的认定，专业性较强，要以证券监督管理部门、证券交易所等专业机构出具的认定意见为依据，如在审查中发现缺少专业认定意见，应及时与监察机关沟通，补充完善相关证据材料。

---

① 上海市静安区人民检察院诉许某茂利用未公开信息交易案，载《最高人民法院公报》2012年第10期。

② 桑某受贿、国有公司人员滥用职权、利用未公开信息交易案，最高人民检察院指导案例第188号(2023年)。

(二)明示、暗示他人从事相关交易活动的认定

《最高人民法院、最高人民检察院关于办理利用未公开信息交易刑事案件适用法律若干问题的解释》(2019 年 7 月 1 日起施行　法释〔2019〕10 号)

第四条　刑法第一百八十条第四款规定的行为人"明示、暗示他人从事相关交易活动",应当综合以下方面进行认定:

(一)行为人具有获取未公开信息的职务便利;

(二)行为人获取未公开信息的初始时间与他人从事相关交易活动的初始时间具有关联性;

(三)行为人与他人之间具有亲友关系、利益关联、交易终端关联等关联关系;

(四)他人从事相关交易的证券、期货品种、交易时间与未公开信息所涉证券、期货品种、交易时间等方面基本一致;

(五)他人从事的相关交易活动明显不具有符合交易习惯、专业判断等正当理由;

(六) 行为人对明示、暗示他人从事相关交易活动没有合理解释。

(三)内幕信息的认定

1.《中华人民共和国证券法》(2020 年 3 月 1 日起施行　第十三届全国人民代表大会常务委员会第十五次会议修订)

第五十二条　证券交易活动中,涉及发行人的经营、财务或者对该发行人证券的市场价格有重大影响的尚未公开的信息,为内幕信息。

本法第八十条第二款、第八十一条第二款所列重大事件属于内幕信息。

第八十条第二款　为前款所称重大事件包括:

(一)公司的经营方针和经营范围的重大变化;

(二)公司的重大投资行为,公司在一年内购买、出售重大资产超过公司资产总额百分之三十,或者公司营业用主要资产的抵押、质押、出售或者报废一次超过该资产的百分之三十;

(三)公司订立重要合同、提供重大担保或者从事关联交易,可能对公司的资产、负债、权益和经营成果产生重要影响;

（四）公司发生重大债务和未能清偿到期重大债务的违约情况；

（五）公司发生重大亏损或者重大损失；

（六）公司生产经营的外部条件发生的重大变化；

（七）公司的董事、三分之一以上监事或者经理发生变动，董事长或者经理无法履行职责；

（八）持有公司百分之五以上股份的股东或者实际控制人持有股份或者控制公司的情况发生较大变化，公司的实际控制人及其控制的其他企业从事与公司相同或者相似业务的情况发生较大变化；

（九）公司分配股利、增资的计划，公司股权结构的重要变化，公司减资、合并、分立、解散及申请破产的决定，或者依法进入破产程序、被责令关闭；

（十）涉及公司的重大诉讼、仲裁，股东大会、董事会决议被依法撤销或者宣告无效；

（十一）公司涉嫌犯罪被依法立案调查，公司的控股股东、实际控制人、董事、监事、高级管理人员涉嫌犯罪被依法采取强制措施；

（十二）国务院证券监督管理机构规定的其他事项。

2.《期货交易管理条例》（2017 年 3 月 1 日起施行　国务院令第 676 号修订）

第八十一条第十一项　本条例下列用语的含义：

（十一）内幕信息，是指可能对期货交易价格产生重大影响的尚未公开的信息，包括：国务院期货监督管理机构以及其他相关部门制定的对期货交易价格可能发生重大影响的政策，期货交易所作出的可能对期货交易价格发生重大影响的决定，期货交易所会员、客户的资金和交易动向以及国务院期货监督管理机构认定的对期货交易价格有显著影响的其他重要信息。

3.《证监会、公安部、监察部、国资委、预防腐败局关于依法打击和防控资本市场内幕交易的意见》（2010 年 11 月 16 日起施行　国办发〔2010〕55 号）

二、完善制度，有效防控

内幕信息，是指上市公司经营、财务、分配、投融资、并购重组、重要人事变动等对证券价格有重大影响但尚未正式公开的信息。加强内幕信息管理是防控内幕交易的重要环节,对从源头上遏制内幕交易具有重要意义。各地区、各相关部门要建立完善内幕信息登记管理制度,提高防控工作的制度化、规范化水平。

(四)内幕信息知情人员的认定

1.《中华人民共和国证券法》(2020年3月1日起施行　第十三届全国人民代表大会常务委员会第十五次会议修订)

第五十一条　证券交易内幕信息的知情人包括:

(一)发行人及其董事、监事、高级管理人员;

(二)持有公司百分之五以上股份的股东及其董事、监事、高级管理人员,公司的实际控制人及其董事、监事、高级管理人员;

(三)发行人控股或者实际控制的公司及其董事、监事、高级管理人员;

(四)由于所任公司职务或者因与公司业务往来可以获取公司有关内幕信息的人员;

(五)上市公司收购人或者重大资产交易方及其控股股东、实际控制人、董事、监事和高级管理人员;

(六)因职务、工作可以获取内幕信息的证券交易场所、证券公司、证券登记结算机构、证券服务机构的有关人员;

(七)因职责、工作可以获取内幕信息的证券监督管理机构工作人员;

(八)因法定职责对证券的发行、交易或者对上市公司及其收购、重大资产交易进行管理可以获取内幕信息的有关主管部门、监管机构的工作人员;

(九)国务院证券监督管理机构规定的可以获取内幕信息的其他人员。

2.《期货交易管理条例》(2017年3月1日起施行　国务院令第676号修订)

第八十一条第十二项　本条例下列用语的含义:

(十二)内幕信息的知情人员,是指由于其管理地位、监督地位或者职业地位，或者作为雇员、专业顾问履行职务，能够接触或者获得内幕信息的人员，包括：期货交易所的管理人员以及其他由于任职可获取内幕信息的从业人员，国务院期货监督管理机构和其他有关部门的工作人员以及国务院期货监督管理机构规定的其他人员。

3.《最高人民法院、最高人民检察院关于办理内幕交易、泄露内幕信息刑事案件具体应用法律若干问题的解释》（2012年6月1日起施行 法释〔2012〕6号）

第一条 下列人员应当认定为刑法第一百八十条第一款规定的“证券、期货交易内幕信息的知情人员”：

（一）证券法第七十四条①规定的人员；

（二）期货交易管理条例第八十五条第十二项②规定的人员。

第二条 具有下列行为的人员应当认定为刑法第一百八十条第一款规定的“非法获取证券、期货交易内幕信息的人员”：

（一）利用窃取、骗取、套取、窃听、利诱、刺探或者私下交易等手段获取内幕信息的；

（二）内幕信息知情人员的近亲属或者其他与内幕信息知情人员关系密切的人员，在内幕信息敏感期内，从事或者明示、暗示他人从事，或者泄露内幕信息导致他人从事与该内幕信息有关的证券、期货交易，相关交易行为明显异常，且无正当理由或者正当信息来源的；

（三）在内幕信息敏感期内，与内幕信息知情人员联络、接触，从事或者明示、暗示他人从事，或者泄露内幕信息导致他人从事与该内幕信息有关的证券、期货交易，相关交易行为明显异常，且无正当理由或者正当信息来源的。

第三条 本解释第二条第二项、第三项规定的“相关交易行为明显异常”，要综合以下情形，从时间吻合程度、交易背离程度和利益关联程度等方面予以认定：

（一）开户、销户、激活资金账户或者指定交易（托管）、撤销指定交易

① 2020年3月1日起施行的《证券法》第五十一条。

② 2017年3月1日起施行的《期货交易管理条例》第八十一条第十二项。

(转托管)的时间与该内幕信息形成、变化、公开时间基本一致的;

(二)资金变化与该内幕信息形成、变化、公开时间基本一致的;

(三)买入或者卖出与内幕信息有关的证券、期货合约时间与内幕信息的形成、变化和公开时间基本一致的;

(四)买入或者卖出与内幕信息有关的证券、期货合约时间与获悉内幕信息的时间基本一致的;

(五)买入或者卖出证券、期货合约行为明显与平时交易习惯不同的;

(六)买入或者卖出证券、期货合约行为,或者集中持有证券、期货合约行为与该证券、期货公开信息反映的基本面明显背离的;

(七)账户交易资金进出与该内幕信息知情人员或者非法获取人员有关联或者利害关系的;

(八)其他交易行为明显异常情形。

第四条 具有下列情形之一的,不属于刑法第一百八十条第一款规定的从事与内幕信息有关的证券、期货交易:

(一)持有或者通过协议、其他安排与他人共同持有上市公司百分之五以上股份的自然人、法人或者其他组织收购该上市公司股份的;

(二)按照事先订立的书面合同、指令、计划从事相关证券、期货交易的;

(三)依据已被他人披露的信息而交易的;

(四)交易具有其他正当理由或者正当信息来源的。

第五条 本解释所称"内幕信息敏感期"是指内幕信息自形成至公开的期间。

证券法第六十七条第二款①所列"重大事件"的发生时间,第七十五条②规定的"计划"、"方案"以及期货交易管理条例第八十五条第十一项③规定的"政策"、"决定"等的形成时间,应当认定为内幕信息的形成之时。

影响内幕信息形成的动议、筹划、决策或者执行人员,其动议、筹划、决策或者执行初始时间,应当认定为内幕信息的形成之时。

内幕信息的公开,是指内幕信息在国务院证券、期货监督管理机构指

---

① 2020年3月1日起施行的《证券法》第八十条第二款。

② 2020年3月1日起施行的《证券法》第五十二条。

③ 2017年3月1日起施行的《期货交易管理条例》第八十一条第十一项。

定的报刊、网站等媒体披露。

第八条　二次以上实施内幕交易或者泄露内幕信息行为，未经行政处理或者刑事处理的，应当对相关交易数额依法累计计算。

第十条　刑法第一百八十条第一款规定的“违法所得”，是指通过内幕交易行为所获利益或者避免的损失。

内幕信息的泄露人员或者内幕交易的明示、暗示人员未实际从事内幕交易的，其罚金数额按照因泄露而获悉内幕信息人员或者被明示、暗示人员从事内幕交易的违法所得计算。

第十一条　单位实施刑法第一百八十条第一款规定的行为，具有本解释第六条规定情形之一的，按照刑法第一百八十条第二款的规定定罪处罚。

4. 内幕信息知情人在司法实务中的认定

【典型案例裁判指引177】江苏省南通市人民检察院诉刘某春、陈某玲内幕交易案①：国家工作人员因履行工作职责而获取对证券交易价格具有重大影响、尚未公开的信息，属于内幕信息的知情人员

《证券法》赋予中国证监会对内幕信息知情人员等的认定权。《最高人民法院、最高人民检察院、公安部、中国证监会关于整治非法证券活动有关问题的通知》规定，对非法证券活动是否涉嫌犯罪，由公安机关、司法机关认定；公安机关、司法机关认为需要有关行政主管机关进行性质认定的，行政主管机关应当出具认定意见。故中国证监会在法定职权范围内，对本案内幕信息、知情人员、价格敏感期起止日期以及利用内幕信息进行股票交易等出具的认定意见，是根据法律授权作出的专业认定，符合客观事实和法律规定，具有证明力。

被告人刘某春作为十四所与高淳县政府洽谈十四所重组高淳陶瓷公司事项的南京市政府部门联系人，因履行工作职责获取了内幕信息，是内幕信息知情人员。在内幕信息尚未公开前，刘某春向被告人陈某玲泄露该信息，共同利用所知悉的内幕信息进行股票交易，情节特别严重，其行为均

---

① 江苏省南通市人民检察院诉刘某春、陈某玲内幕交易案，载《最高人民法院公报》2013年第1期。

构成内幕交易罪。

【典型案例裁判指引 178】《刑事审判参考》第 757 号[①]杜某库、刘某华内幕交易,刘某华泄露内幕信息案:因职务行为获取的部分信息后利用自身专业知识判断出重组对象的人员仍属于内幕信息的知情人员

对于具有专业知识的人员,无论其是不是利用专业知识掌握了内幕信息的内容,原则上只要其判断时依据了因其职务或工作获取的信息,就应当认定为内幕信息的知情人员。否则,就给证券、期货领域中具有证券、期货专业的人员开辟了一条绿色通道。这样的认定也符合当前打击证券、期货违法犯罪的政策精神。2009 年 3 月 23 日晚,杜某库从十四所所长、十四所副总经济师处获悉十四所拟收购、借壳公司的概况。虽然杜某库是在 3 月 29 日回北京后通过互联网检索或根据专业知识判断出重组对象。但其如果没有依据职务所获悉的借壳公司的概况就不可能得出重组对象。更何况杜某库当时对通过检索或专业知识所形成的判断并未形成确信,而促使其真正形成确信的是在 3 月 31 日十四所搬迁仪式期间获知的南京市政府领导就十四所收购重组事宜出面协调一事。因此,杜某库实质上属于利用职务活动获知内幕信息,应当认定为内幕信息的知情人员。

刘某华不是内幕信息的知情人员,也不属于通过窃取、骗取、刺探等非法手段获取信息的人员,但其作为内幕信息知情人员的配偶,从知情人员处获取信息,且在内幕信息尚未公开前从事和泄露内幕信息导致他人从事与该内幕信息有关的证券交易,违反了股票交易应遵循的公开公平和诚信原则,破坏了国家对证券交易的管理制度,侵犯了投资者的合法权益。因此,内幕信息知情人员的近亲属、与内幕信息的知情人员关系密切的人,即便是被动获悉内幕信息,也应被依法认定为非法获取内幕信息的人员。

---

① 参见中华人民共和国最高人民法院刑事审判第一、二、三、四、五庭主办:《刑事审判参考》(总第 85 集),法律出版社 2012 年版,第 140 页。

（五）其他法律适用

1.《最高人民法院、最高人民检察院、公安部、中国证监会关于办理证券期货违法犯罪案件工作若干问题的意见》（2011 年 4 月 27 日起施行 证监发〔2011〕30 号）

一、证券监管机构依据行政机关移送涉嫌犯罪案件的有关规定，在办理可能移送公安机关查处的证券期货违法案件过程中，经履行批准程序，可商请公安机关协助查询、复制被调查对象的户籍、出入境信息等资料，对有关涉案人员按照相关规定采取边控、报备措施。证券监管机构向公安机关提出请求时，应当明确协助办理的具体事项，提供案件情况及相关材料。

二、证券监管机构办理证券期货违法案件，案情重大、复杂、疑难的，可商请公安机关就案件性质、证据等问题提出参考意见；对有证据表明可能涉嫌犯罪的行为人可能逃匿或者销毁证据的，证券监管机构应当及时通知公安机关；涉嫌犯罪的，公安机关应当及时立案侦查。

三、证券监管机构与公安机关建立和完善协调会商机制。证券监管机构依据行政机关移送涉嫌犯罪案件的有关规定，在向公安机关移送重大、复杂、疑难的涉嫌证券期货犯罪案件前，应当启动协调会商机制，就行为性质认定、案件罪名适用、案件管辖等问题进行会商。

四、公安机关、人民检察院和人民法院在办理涉嫌证券期货犯罪案件过程中，可商请证券监管机构指派专业人员配合开展工作，协助查阅、复制有关专业资料。证券监管机构可以根据司法机关办案需要，依法就案件涉及的证券期货专业问题向司法机关出具认定意见。

五、司法机关对证券监管机构随案移送的物证、书证、鉴定结论、视听资料、现场笔录等证据要及时审查，作出是否立案的决定；随案移送的证据，经法定程序查证属实的，可作为定案的根据。

六、证券监管机构依据行政机关移送涉嫌犯罪案件的有关规定向公安机关移交证据，应当制作证据移交清单，双方经办人员应当签字确认，加盖公章，相关证据随证据移交清单一并移交。

七、对涉众型证券期货犯罪案件，在已收集的证据能够充分证明基本犯罪事实的前提下，公安机关可在被调查对象范围内按一定比例收集和调取书证、被害人陈述、证人证言等相关证据。

八、以证券交易所、期货交易所、证券登记结算机构、期货保证金监控机构以及证券公司、期货公司留存的证券期货委托记录和交易记录、登记存管结算资料等电子数据作为证据的,数据提供单位应以电子光盘或者其他载体记录相关原始数据,并说明制作方法、制作时间及制作人等信息,并由复制件制作人和原始电子数据持有人签名或盖章。

九、发行人、上市公司或者其他信息披露义务人在证券监管机构指定的信息披露媒体、信息披露义务人或证券交易所网站发布的信息披露公告,其打印件或据此制作的电子光盘,经核对无误后,说明其来源、制作人、制作时间、制作地点等的,可作为刑事证据使用,但有其他证据证明打印件或光盘内容与公告信息不一致的除外。

十、涉嫌证券期货犯罪的第一审案件,由中级人民法院管辖,同级人民检察院负责提起公诉,地(市)级以上公安机关负责立案侦查。

2.《最高人民法院、最高人民检察院关于贯彻执行〈关于办理证券期货违法犯罪案件工作若干问题的意见〉有关问题的通知》(2012 年 3 月 14 日起施行　法发〔2012〕8 号)

一、《意见》第十条中的"证券期货犯罪",是指刑法第一百六十条、第一百六十一条、第一百六十九条之一、第一百七十八条第二款、第一百七十九条、第一百八十条、第一百八十一条、第一百八十二条、第一百八十五条之一第一款规定的犯罪。

二、2012 年 1 月 1 日以后,证券期货犯罪的第一审案件,适用《意见》第十条的规定,由中级人民法院管辖,同级人民检察院负责提起公诉。

三、2011 年 12 月 31 日以前已经提起公诉的证券期货犯罪案件,不适用《意见》第十条关于级别管辖的规定。

四、各级人民法院、人民检察院在贯彻执行《意见》的过程中,应当注意总结办案经验,加强调查研究。对于贯彻执行过程中遇到的疑难问题,请及时报告最高人民法院、最高人民检察院。最高人民法院、最高人民检察院将在进一步总结司法审判经验的基础上,通过有关工作会议、司法文件、公布典型案例等方式,对证券期货犯罪案件司法审判工作加强指导,以更好地服务经济社会发展和依法惩处证券期货违法犯罪工作的需要。

3.《最高人民法院、最高人民检察院关于办理利用未公开信息交易刑事案件适用法律若干问题的解释》(2019年7月1日起施行　法释〔2019〕10号)

第三条　刑法第一百八十条第四款规定的“违反规定”，是指违反法律、行政法规、部门规章、全国性行业规范有关证券、期货未公开信息保护的规定，以及行为人所在的金融机构有关信息保密、禁止交易、禁止利益输送等规定。

第七条第一款　刑法第一百八十条第四款规定的“依照第一款的规定处罚”，包括该条第一款关于“情节特别严重”的规定。

【典型案例裁判指引148】马某利用未公开信息交易案①：利用未公开信息交易罪的情节严重、情节特别严重的认定

《刑法》第一百八十条第四款援引法定刑的情形，应当是对第一款全部法定刑的引用，即利用未公开信息交易罪应有“情节严重”“情节特别严重”两种情形和两个量刑档次。《刑法》第一百八十条第四款虽然没有明确表述“情节特别严重”，但是根据本条款设立的立法目的、法条文意及立法技术，应当包含“情节特别严重”的情形和量刑档次。

目前虽然没有关于利用未公开信息交易罪“情节特别严重”认定标准的专门规定，但鉴于《刑法》规定利用未公开信息交易罪是参照内幕交易、泄露内幕信息罪处罚，《最高人民法院、最高人民检察院关于办理内幕交易、泄露内幕信息刑事案件具体应用法律若干问题的解释》将成交额250万元以上、获利75万元以上等情形认定为内幕交易、泄露内幕信息罪“情节特别严重”的标准，利用未公开信息交易罪也应当遵循相同的标准。

四、定罪量刑标准

(一)司法解释等相关规定

1.《最高人民法院、最高人民检察院关于办理利用未公开信息交易刑事案件适用法律若干问题的解释》(2019年7月1日起施行　法释〔2019〕10号)

第五条　利用未公开信息交易，具有下列情形之一的，应当认定为刑

① 马某利用未公开信息交易案，最高人民法院指导案例第61号(2016年)。

法第一百八十条第四款规定的“情节严重”:

(一)违法所得数额在一百万元以上的;

(二)二年内三次以上利用未公开信息交易的;

(三)明示、暗示三人以上从事相关交易活动的。

第六条 利用未公开信息交易,违法所得数额在五十万元以上,或者证券交易成交额在五百万元以上,或者期货交易占用保证金数额在一百万元以上,具有下列情形之一的,应当认定为刑法第一百八十条第四款规定的“情节严重”:

(一)以出售或者变相出售未公开信息等方式,明示、暗示他人从事相关交易活动的;

(二)因证券、期货犯罪行为受过刑事追究的;

(三)二年内因证券、期货违法行为受过行政处罚的;

(四)造成恶劣社会影响或者其他严重后果的。

第七条 刑法第一百八十条第四款规定的“依照第一款的规定处罚”,包括该条第一款关于“情节特别严重”的规定。

利用未公开信息交易,违法所得数额在一千万元以上的,应当认定为“情节特别严重”。

违法所得数额在五百万元以上,或者证券交易成交额在五千万元以上,或者期货交易占用保证金数额在一千万元以上,具有本解释第六条规定的四种情形之一的,应当认定为“情节特别严重”。

第八条 二次以上利用未公开信息交易,依法应予行政处理或者刑事处理而未经处理的,相关交易数额或者违法所得数额累计计算。

第九条 本解释所称“违法所得”,是指行为人利用未公开信息从事与该信息相关的证券、期货交易活动所获利益或者避免的损失。

行为人明示、暗示他人利用未公开信息从事相关交易活动,被明示、暗示人员从事相关交易活动所获利益或者避免的损失,应当认定为“违法所得”。

第十条 行为人未实际从事与未公开信息相关的证券、期货交易活动的,其罚金数额按照被明示、暗示人员从事相关交易活动的违法所得计算。

第十一条第一款 符合本解释第五条、第六条规定的标准,行为人如实供述犯罪事实,认罪悔罪,并积极配合调查,退缴违法所得的,可以从轻处罚;其中犯罪情节轻微的,可以依法不起诉或者免予刑事处罚。

2.《最高人民检察院、公安部关于公安机关管辖的刑事案件立案追诉标准的规定(二)》(2022 年 5 月 15 日起施行　2022 年 4 月 6 日修订)

第三十一条　〔利用未公开信息交易案(刑法第一百八十条第四款)〕证券交易所、期货交易所、证券公司、期货公司、基金管理公司、商业银行、保险公司等金融机构的从业人员以及有关监管部门或者行业协会的工作人员,利用因职务便利获取的内幕信息以外的其他未公开的信息,违反规定,从事与该信息相关的证券、期货交易活动,或者明示、暗示他人从事相关交易活动,涉嫌下列情形之一的,应予立案追诉:

(一)获利或者避免损失数额在一百万元以上的;

(二)二年内三次以上利用未公开信息交易的;

(三)明示、暗示三人以上从事相关交易活动的;

(四)具有其他严重情节的。

利用未公开信息交易,获利或者避免损失数额在五十万元以上,或者证券交易成交额在五百万元以上,或者期货交易占用保证金数额在一百万元以上,同时涉嫌下列情形之一的,应予立案追诉:

(一)以出售或者变相出售未公开信息等方式,明示、暗示他人从事相关交易活动的;

(二)因证券、期货犯罪行为受过刑事追究的;

(三)二年内因证券、期货违法行为受过行政处罚的;

(四)造成其他严重后果的。

(二)定罪量刑对应表

表 13－2　利用未公开信息交易罪定罪量刑对应表

利用未公开信息交易罪		情节
第一档	5 年以下有期徒刑或者拘役,并处或者单处违法所得 1 倍以上 5 倍以下罚金	(1)违法所得≥100 万元;(2)2 年内 3 次利用未公开信息交易;(3)明示或暗示 3 人以上从事相关交易活动;(4)违法所得≥50 万元或证券交易成交额≥500 万元或期货交易占用保证金≥100 万元且具有以下 4 种情形之一:①以出售或者变

续表

利用未公开信息交易罪		情节
第二档		相出售未公开信息等方式,明示、暗示他人从事相关交易活动的;②因证券、期货犯罪行为受过刑事追究的;③二年内因证券、期货违法行为受过行政处罚的;④造成恶劣社会影响或者其他严重后果的
第二档	5 年以上 10 年以下有期徒刑,并处违法所得 1 倍以上 5 倍以下罚金	(1)违法所得≥1000 万元;(2)违法所得≥500 万元或证券交易成交额≥5000 万元或期货交易占用保证金≥1000 万元且具有以下 4 种情形之一:①以出售或者变相出售未公开信息等方式,明示、暗示他人从事相关交易活动的;②因证券、期货犯罪行为受过刑事追究的;③二年内因证券、期货违法行为受过行政处罚的;④造成恶劣社会影响或者其他严重后果的

第三节　诱骗投资者买卖证券、期货合约罪

一、犯罪主体

证券交易所、期货交易所、证券公司、期货经纪公司、证券业协会、期货业协会或者证券期货监督管理部门中的工作人员,其中具有公职人员身份的人员涉嫌该罪的归监察委员会管辖。

二、刑法规定

《刑法》

第一百八十一条第二款、第三款　证券交易所、期货交易所、证券公司、期货经纪公司的从业人员,证券业协会、期货业协会或者证券期货监督管理部门的工作人员,故意提供虚假信息或者伪造、变造、销毁交易记录,诱骗投资者买卖证券、期货合约,造成严重后果的,处五年以下有期徒刑或者拘役,并处或者单处一万元以上十万元以下罚金;情节特别恶劣的,处五

年以上十年以下有期徒刑，并处二万元以上二十万元以下罚金。

单位犯前两款罪的，对单位判处罚金，并对其直接负责的主管人员和其他直接责任人员，处五年以下有期徒刑或者拘役。

三、定罪量刑标准

（一）司法解释等相关规定

《最高人民检察院、公安部关于公安机关管辖的刑事案件立案追诉标准的规定（二）》（2022年5月15日起施行　2022年4月6日修订）

第三十三条[①]　〔诱骗投资者买卖证券、期货合约案（刑法第一百八十一条第二款）〕证券交易所、期货交易所、证券公司、期货公司的从业人员，证券业协会、期货业协会或者证券期货监督管理部门的工作人员，故意提供虚假信息或者伪造、变造、销毁交易记录，诱骗投资者买卖证券、期货合约，涉嫌下列情形之一的，应予立案追诉：

（一）获利或者避免损失数额在五万元以上的；

（二）造成投资者直接经济损失数额在五十万元以上的；

（三）虽未达到上述数额标准，但多次诱骗投资者买卖证券、期货合约的；

（四）致使交易价格或者交易量异常波动的；

（五）造成其他严重后果的。

第八十条　本规定中的"多次"，是指三次以上。

第八十一条　本规定中的"虽未达到上述数额标准"，是指接近上述数额标准且已达到该数额的百分之八十以上的。

---

① 注意刑法从旧兼从轻原则。修订前的《最高人民检察院、公安部关于公安机关管辖的刑事案件立案追诉标准的规定（二）》（2010年5月7日起施行）规定的立案追诉标准是："（一）获利或者避免损失数额累计在五万元以上的；（二）造成投资者直接经济损失数额在五万元以上的；（三）致使交易价格和交易量异常波动的；（四）其他造成严重后果的情形。"

(二)定罪量刑对应表

表 13－3 诱骗投资者买卖证券、期货合约罪定罪量刑对应表

诱骗投资者买卖证券、期货合约罪		情节
第一档	5 年以下有期徒刑或者拘役,并处或者单处 1 万元以上 10 万元以下罚金	(1)获利或者避免损失累计≥5 万元;(2)造成投资者直接经济损失≥50 万元;(3)多次诱骗投资者且获利或者避免损失累计≥4 万元,或多次诱骗投资者且造成投资者直接经济损失≥40 万元;(4)致使交易价格和交易量异常波动的;(5)单位犯罪按个人实施犯罪数额的标准执行
第二档	5 年以上 10 年以下有期徒刑,并处 2 万元以上 20 万元以下罚金	未规定

第四节 背信运用受托财产罪、违法运用资金罪

一、犯罪主体

金融保险机构、证券期货机构、公众资金管理机构等中的工作人员,其中具有公职人员身份的人员涉嫌该罪的归监察委员会管辖。

二、刑法规定

《刑法》

第一百八十五条之一 商业银行、证券交易所、期货交易所、证券公司、期货经纪公司、保险公司或者其他金融机构,违背受托义务,擅自运用客户资金或者其他委托、信托的财产,情节严重的,对单位判处罚金,并对其直接负责的主管人员和其他直接责任人员,处三年以下有期徒刑或者拘役,并处三万元以上三十万元以下罚金;情节特别严重的,处三年以上十年以下有期徒刑,并处五万元以上五十万元以下罚金。

社会保障基金管理机构、住房公积金管理机构等公众资金管理机构,以及保险公司、保险资产管理公司、证券投资基金管理公司,违反国家规定

运用资金的，对其直接负责的主管人员和其他直接责任人员，依照前款的规定处罚。

三、定罪量刑标准

（一）司法解释等相关规定

《最高人民检察院、公安部关于公安机关管辖的刑事案件立案追诉标准的规定（二）》（2022年5月15日起施行　2022年4月6日修订）

第三十五条[①]　〔背信运用受托财产案（刑法第一百八十五条之一第一款）〕商业银行、证券交易所、期货交易所、证券公司、期货公司、保险公司或者其他金融机构，违背受托义务，擅自运用客户资金或者其他委托、信托的财产，涉嫌下列情形之一的，应予立案追诉：

（一）擅自运用客户资金或者其他委托、信托的财产数额在三十万元以上的；

（二）虽未达到上述数额标准，但多次擅自运用客户资金或者其他委托、信托的财产，或者擅自运用多个客户资金或者其他委托、信托的财产的；

（三）其他情节严重的情形。

第三十六条[②]　〔违法运用资金案（刑法第一百八十五条之一第二款）〕社会保障基金管理机构、住房公积金管理机构等公众资金管理机构，以及保险公司、保险资产管理公司、证券投资基金管理公司，违反国家规定运用资金，涉嫌下列情形之一的，应予立案追诉：

（一）违反国家规定运用资金数额在三十万元以上的；

（二）虽未达到上述数额标准，但多次违反国家规定运用资金的；

（三）其他情节严重的情形。

第八十条　本规定中的“多次”，是指三次以上。

第八十一条　本规定中的“虽未达到上述数额标准”，是指接近上述数额标准且已达到该数额的百分之八十以上的。

---

① 该规定与修订前的“公通字〔2010〕23号”文没有差别。

② 该规定与修订前的“公通字〔2010〕23号”文没有差别。

第八十三条 本规定中的立案追诉标准,除法律、司法解释、本规定中另有规定的以外,适用于相应的单位犯罪。

(二)定罪量刑对应表

表 13-4 背信运用受托财产罪定罪量刑对应表

背信运用受托财产罪		情节	单位犯罪
第一档	3 年以下有期徒刑或者拘役,并处 3 万元以上 30 万元以下罚金	(1)擅自动用资金、财产数额≥30 万元;(2)多次擅自动用资金、财产≥24 万元;或者擅自运用多个客户财产≥24 万元	按自然人犯罪标准执行并判处罚金
第二档	3 年以上 10 年以下有期徒刑,并处 5 万元以上 50 万元以下罚金	未规定	未规定

表 13-5 违法运用资金罪定罪量刑对应表

违法运用资金罪		情节	单位犯罪
第一档	3 年以下有期徒刑或者拘役,并处 3 万元以上 30 万元以下罚金	(1)违反国家规定运用资金数额≥30 万元;(2)违反国家规定多次运用资金≥24 万元	按自然人犯罪标准执行并判处罚金
第二档	3 年以上 10 年以下有期徒刑,并处 5 万元以上 50 万元以下罚金	未规定	未规定

第五节 违法发放贷款罪

一、犯罪主体

银行等金融机构中的工作人员,其中具有公职人员身份的人员涉嫌该罪的归监察委员会管辖。

二、刑法规定

《刑法》

第一百八十六条[①]　银行或者其他金融机构的工作人员违反国家规定发放贷款，数额巨大或者造成重大损失的，处五年以下有期徒刑或者拘役，并处一万元以上十万元以下罚金；数额特别巨大或者造成特别重大损失的，处五年以上有期徒刑，并处二万元以上二十万元以下罚金。

银行或者其他金融机构的工作人员违反国家规定，向关系人发放贷款的，依照前款的规定从重处罚。

单位犯前两款罪的，对单位判处罚金，并对其直接负责的主管人员和其他直接责任人员，依照前两款的规定处罚。

关系人的范围，依照《中华人民共和国商业银行法》和有关金融法规确定。

三、重点、疑难问题界定

（一）关系人的认定

《中华人民共和国商业银行法》（2015 年 10 月 1 日起施行　第十二届全国人民代表大会常务委员会第十六次会议修正）

第四十条　商业银行不得向关系人发放信用贷款；向关系人发放担保贷款的条件不得优于其他借款人同类贷款的条件。

前款所称关系人是指：

（一）商业银行的董事、监事、管理人员、信贷业务人员及其近亲属；

（二）前项所列人员投资或者担任高级管理职务的公司、企业和其他经济组织。

（二）贷款损失的认定

1.《公安部经济犯罪侦查局关于对违法发放贷款案件中损失认定问题的批复》（2007 年 7 月 27 日起施行　公经〔2007〕1458 号）

在案件侦办过程中，如有证据证明犯罪嫌疑人实施了违法、违规发放

---

① 2006 年 6 月 29 日起施行的《刑法修正案（六）》修改该条内容。

贷款的行为,只要发生贷款已无法收回的情况且达到追诉标准的,就应视为《刑法》第一百八十六条所规定的造成损失。案中提及的未到期贷款及其利息,如确定不能追回,应视为犯罪损失。

2.《公安部经济犯罪侦查局关于骗取贷款罪和违法发放贷款罪立案追诉标准问题的批复》(2009 年 7 月 24 日起施行 公经〔2009〕314 号)

二、关于给银行或者其他金融机构"造成重大损失"的认定问题

如果银行或者其他金融机构仅仅出具"形成不良贷款数额"的结论,不宜认定为"重大经济损失数额"。根据目前国有独资银行、股份制商业银行实行的贷款五级分类制,商业贷款分为正常、关注、次级、可疑、损失五类,其中后三类称为不良贷款,不良贷款尽管"不良"但不一定形成了既成的损失,因此"不良贷款"不等于"经济损失",也不能将"形成不良贷款数额"等同于"重大经济损失数额"。

(三)违法发放贷款罪的认定

1.《公安部经济犯罪侦查局关于以信用卡透支协议的形式进行借款可否视为贷款问题的批复》(2001 年 9 月 7 日起施行 公经〔2001〕1021 号)

根据中国人民银行《银行卡业务管理办法》的规定,信用卡只能在规定的限额内透支。信用卡超限额透支的金额,属于贷款性质。若该行为造成了重大损失,符合违法发放贷款罪的构成要件,则构成违法发放贷款罪。

2.《公安部经济犯罪侦查局关于对中国银行××支行行长潘×等人行为如何适用法律问题的通知》(2006 年 8 月 1 日起施行 公经〔2006〕1655 号)

依据中国人民银行颁布的《贷款通则》,票据贴现应属贷款种类之一。违反法律、法规规定,制作贴现凭证,办理贴现业务,致使所贴现的资金无法追回,造成重大损失的,涉嫌违法发放贷款罪。

3.《公安部经济犯罪侦查局关于对郭××涉嫌违法放贷犯罪性质认定请示的批复》(2011 年 1 月 4 日起施行 公经金融〔2011〕4 号)

根据 2004 年 7 月 16 日银监会发布的《商业银行授信工作尽职指引》

第十五条、第十六条、第二十七条、第二十八条、第二十九条、第五十一条的规定,我们认为,郭××作为原中国银行工作人员,在审查××化工有限公司贷款过程中,未按规定履行对该公司的贷款资料和担保单位的担保能力进行全面核实和实地审核的尽职调查义务即发放贷款,致使××化工有限公司利用虚假的贷款资料和伪造的担保合同取得贷款,并给银行造成巨额损失,其行为违反了国家有关规定涉嫌违法发放贷款犯罪。

四、定罪量刑标准

(一)司法解释等相关规定

1.《全国法院审理金融犯罪案件工作座谈会纪要》(2001 年 1 月 21 日起施行　法〔2001〕8 号)

(二)关于破坏金融管理秩序罪

4. 破坏金融管理秩序相关犯罪数额和情节的认定

第三款　关于违法向关系人发放贷款罪。① 银行或者其他金融机构工作人员违反法律、行政法规规定,向关系人发放信用贷款或者发放担保贷款的条件优于其他借款人同类贷款条件,造成 10—30 万元以上损失的,可以认定为“造成较大损失”;造成 50—100 万元以上损失的,可以认定为“造成重大损失”。

第四款　关于违法发放贷款罪。银行或者其他金融机构工作人员违反法律、行政法规规定,向关系人以外的其他人发放贷款,造成 50—100 万元以上损失的,可以认定为“造成重大损失”;造成 300—500 万元以上损失的,可以认定为“造成特别重大损失”。

第六款　对于单位实施违法发放贷款和用账外客户资金非法拆借、发放贷款造成损失构成犯罪的数额标准,可按个人实施上述犯罪的数额标准二至四倍掌握。

---

① 2006 年 6 月 29 日起施行《刑法修正案(六)》后,根据 2007 年 11 月 6 日起施行的《最高人民法院、最高人民检察院关于执行〈中华人民共和国刑法〉确定罪名的补充规定(三)》已将“违法向关系人发放贷款罪”并入“违法发放贷款罪”。

2.《最高人民检察院、公安部关于公安机关管辖的刑事案件立案追诉标准的规定(二)》(2022年5月15日起施行　2022年4月6日修订)

第三十七条[①]　〔违法发放贷款案(刑法第一百八十六条)〕银行或者其他金融机构及其工作人员违反国家规定发放贷款,涉嫌下列情形之一的,应予立案追诉:

(一)违法发放贷款,数额在二百万元以上的;

(二)违法发放贷款,造成直接经济损失数额在五十万元以上的。

第八十三条　本规定中的立案追诉标准,除法律、司法解释、本规定中另有规定的以外,适用于相应的单位犯罪。

(二)定罪量刑对应表

表13-6　违法发放贷款罪定罪量刑对应表

违法发放贷款罪		数额	单位犯罪
第一档	5年以下有期徒刑或者拘役,并处1万元以上10万元以下罚金	(1)发放贷款数额≥200万元;(2)造成直接经济损失≥50万元	按个人实施上述犯罪的数额标准2—4倍掌握,单位判罚金
第二档	5年以上有期徒刑,并处2万元以上20万元以下罚金	损失≥(300万—500万元)	按个人实施上述犯罪的数额标准2—4倍掌握,单位判罚金

第六节　吸收客户资金不入账罪

一、犯罪主体

银行等金融机构中的工作人员,其中具有公职人员身份的人员涉嫌该罪的归监察委员会管辖。

---

① 注意刑法从旧兼从轻原则。修订前的《最高人民检察院、公安部关于公安机关管辖的刑事案件立案追诉标准的规定(二)》(2010年5月7日起施行)规定的立案追诉标准是:"(一)违法发放贷款,数额在一百万元以上的;(二)违法发放贷款,造成直接经济损失数额在二十万元以上的。"

二、刑法规定

《刑法》

第一百八十七条[①]　银行或者其他金融机构的工作人员吸收客户资金不入账，数额巨大或者造成重大损失的，处五年以下有期徒刑或者拘役，并处二万元以上二十万元以下罚金；数额特别巨大或者造成特别重大损失的，处五年以上有期徒刑，并处五万元以上五十万元以下罚金。

单位犯前款罪的，对单位判处罚金，并对其直接负责的主管人员和其他直接责任人员，依照前款的规定处罚。

三、重点、疑难问题界定

吸收客户资金不入账罪的认定

《全国法院审理金融犯罪案件工作座谈会纪要》(2001 年 1 月 21 日起施行　法〔2001〕8 号)

(二)关于破坏金融管理秩序罪

3. 用账外客户资金非法拆借、发放贷款行为的认定和处罚

银行或者其他金融机构及其工作人员以牟利为目的，采取吸收客户资金不入账的方式，将客户资金用于非法拆借、发放贷款，造成重大损失的，构成用账外客户资金非法拆借、发放贷款罪。[②] 以牟利为目的，是指金融机构及其工作人员为本单位或者个人牟利，不具有这种目的，不构成该罪。这里的“牟利”，一般是指谋取用账外客户资金非法拆借、发放贷款所产生的非法收益，如利息、差价等。对于用款人为取得贷款而支付的回扣、手续费等，应根据具体情况分别处理：银行或者其他金融机构用账外客户资金非法拆借、发放贷款，收取的回扣、手续费等，应认定为“牟利”；银行或者其他金融机构的工作人员利用职务上的便利，用账外客户资金非法拆借、

---

① 2006 年 6 月 29 日起施行的《刑法修正案(六)》修改该条内容。

② 2006 年 6 月 29 日起施行《刑法修正案(六)》后，根据 2007 年 11 月 6 日起施行的《最高人民法院、最高人民检察院关于执行〈中华人民共和国刑法〉确定罪名的补充规定(三)》已将“用账外客户资金非法拆借、发放贷款罪”修改为“吸收客户资金不入账罪”。

发放贷款,收取回扣、手续费等,数额较小的,以“牟利”论处;银行或者其他金融机构的工作人员将用款人支付给单位的回扣、手续费秘密占为己有,数额较大的,以贪污罪定罪处罚;银行或者其他金融机构的工作人员利用职务便利,用账外客户资金非法拆借、发放贷款,索取用款人的财物,或者非法收受其他财物,或者收取回扣、手续费等,数额较大的,以受贿罪定罪处罚。吸收客户资金不入账,是指不记入金融机构的法定存款账目,以逃避国家金融监管,至于是否记入法定账目以外设立的账目,不影响该罪成立。

审理银行或者其他金融机构及其工作人员用账外客户资金非法拆借、发放贷款案件,要注意将用账外客户资金非法拆借、发放贷款的行为与挪用公款罪和挪用资金罪区别开来。对于利用职务上的便利,挪用已经记入金融机构法定存款账户的客户资金归个人使用的,或者吸收客户资金不入账,却给客户开具银行存单,客户也认为将款已存入银行,该款却被行为人以个人名义借贷给他人的,均应认定为挪用公款罪或者挪用资金罪。

四、定罪量刑标准

(一)司法解释等相关规定

1.《全国法院审理金融犯罪案件工作座谈会纪要》(2001年1月21日起施行　法〔2001〕8号)

(二)关于破坏金融管理秩序罪

4.破坏金融管理秩序相关犯罪数额和情节的认定

第五款　关于用账外客户资金非法拆借、发放贷款罪。对于银行或者其他金融机构工作人员以牟利为目的,采取吸收客户资金不入账的方式,将资金用于非法拆借、发放贷款,造成50—100万元以上损失的,可以认定为“造成重大损失”;造成300—500万元以上损失的,可以认定为“造成特别重大损失”。

第六款　对于单位实施违法发放贷款和用账外客户资金非法拆借、发放贷款造成损失构成犯罪的数额标准,可按个人实施上述犯罪的数额标准二至四倍掌握。

2.《最高人民检察院、公安部关于公安机关管辖的刑事案件立案追诉标准的规定(二)》(2022年5月15日起施行　2022年4月6日修订)

第三十八条[①]　〔吸收客户资金不入账案(刑法第一百八十七条)〕银行或者其他金融机构及其工作人员吸收客户资金不入账，涉嫌下列情形之一的，应予立案追诉：

(一)吸收客户资金不入账，数额在二百万元以上的；

(二)吸收客户资金不入账，造成直接经济损失数额在五十万元以上的。

第八十三条　本规定中的立案追诉标准，除法律、司法解释、本规定中另有规定的以外，适用于相应的单位犯罪。

(二)定罪量刑对应表

表13-7　吸收客户资金不入账罪定罪量刑对应表

吸收客户资金不入账罪		数额	单位犯罪
第一档	5年以下有期徒刑或者拘役，并处2万元以上20万元以下罚金	(1)数额≥200万元；(2)造成直接经济损失≥50万元	按个人实施上述犯罪的数额标准2—4倍掌握，单位判罚金
第二档	5年以上有期徒刑，并处5万元以上50万元以下罚金	损失≥(300万—500万元)	按个人实施上述犯罪的数额标准2—4倍掌握，单位判罚金

第七节　违规出具金融票证罪

一、犯罪主体

银行等金融机构中的工作人员，其中具有公职人员身份的人员涉嫌该罪的归监察委员会管辖。

① 注意刑法从旧兼从轻原则。修订前的《最高人民检察院、公安部关于公安机关管辖的刑事案件立案追诉标准的规定(二)》(2010年5月7日起施行)规定的立案追诉标准是："(一)吸收客户资金不入账，数额在一百万元以上的；(二)吸收客户资金不入账，造成直接经济损失数额在二十万元以上的。"

二、刑法规定

《刑法》

第一百八十八条① 银行或者其他金融机构的工作人员违反规定,为他人出具信用证或者其他保函、票据、存单、资信证明,情节严重的,处五年以下有期徒刑或者拘役;情节特别严重的,处五年以上有期徒刑。

单位犯前款罪的,对单位判处罚金,并对其直接负责的主管人员和其他直接责任人员,依照前款的规定处罚。

三、重点、疑难问题界定

(一)违规出具金融票证罪的认定

《公安部关于对涉嫌非法出具金融票证犯罪案件涉及的部分法律问题的批复》(2003 年 1 月 27 日起施行 公经〔2003〕88 号)

一、关于损失的认定问题

对于借款人有下列情形之一,其借款不能归还的,应认定为损失:

(一)法院宣布借款人破产,已清算完毕的;

(二)借款人被依法撤销、关闭、解散,并终止法人资格的;

(三)借款人虽未被依法终止法人资格,但生产经营活动已停止,借款人已名存实亡的;

(四)借款人的经营活动虽未停止,但公司、企业已亏损严重,资不抵债的;

(五)其他应认定为损失的情形。

关于损失的认定时间,应分为定罪损失和量刑损失两种情形来考虑:定罪损失是立案损失、成罪损失,应以公安机关立案时为标准;量刑损失是法院审理案件时的实际损失,以确定最终量刑幅度。

二、关于用资人行为的定性问题

在金融机构及其工作人员非法出具金融票证等破坏金融管理秩序犯罪活动中,用资人的行为能否被认定为金融诈骗犯罪,首先应当考察其主观上是否有非法占有的故意。对此,可参照最高人民法院 2001 年 1 月 21

---

① 2006 年 6 月 29 日起施行的《刑法修正案(六)》修改该条内容。

日印发的《全国法院审理金融犯罪案件工作座谈会纪要》(法〔2001〕8 号)中的有关内容,即对于行为人通过诈骗的方法非法获取资金,造成数额较大资金不能归还,并具有下列情形之一的,可以认定为具有非法占有的目的:

(一)明知没有归还能力而大量骗取资金的;

(二)非法获取资金后逃跑的;

(三)肆意挥霍骗取资金的;

(四)使用骗取的资金进行违法犯罪活动的;

(五)抽逃、转移资金、隐匿财产,以逃避返还资金的;

(六)隐匿、销毁账目,或者拒不说明资金去向,或者搞假破产、假倒闭,以逃避返还资金的;

(七)其他非法占有资金、拒不返还的行为。

(二)预付款保函属于刑法意义上的金融凭证

《中国人民银行办公厅关于银行预付款保函认定事宜的复函》(2002 年 6 月 5 日起施行 银办函〔2002〕315 号)

《中华人民共和国刑法》第一百八十八条和《最高人民法院关于执行〈中华人民共和国刑法〉确定罪名的规定》明确,非法出具信用证或者其他保函、票据、存单、资信证明,构成犯罪的,属于非法出具金融票证罪。预付款保函是银行保函的一种形式,属于刑法意义上的金融票证。

四、定罪量刑标准

(一)司法解释等相关规定

《最高人民检察院、公安部关于公安机关管辖的刑事案件立案追诉标准的规定(二)》(2022 年 5 月 15 日起施行 2022 年 4 月 6 日修订)

第三十九条[①] 〔违规出具金融票证案(刑法第一百八十八条)〕银行

---

① 注意刑法从旧兼从轻原则。修订前的《最高人民检察院、公安部关于公安机关管辖的刑事案件立案追诉标准的规定(二)》(2010 年 5 月 7 日起施行)规定的立案追诉标准是:"(一)违反规定为他人出具信用证或者其他保函、票据、存单、资信证明,数额在一百万元以上的;(二)违反规定为他人出具信用证或者其他保函、票据、存单、资信证明,造成直接经济损失数额在二十万元以上的;(三)多次违规出具信用证或者其他保函、票据、存单、资信证明的;(四)接受贿赂违规出具信用证或者其他保函、票据、存单、资信证明的;(五)其他情节严重的情形。"

或者其他金融机构及其工作人员违反规定,为他人出具信用证或者其他保函、票据、存单、资信证明,涉嫌下列情形之一的,应予立案追诉:

(一)违反规定为他人出具信用证或者其他保函、票据、存单、资信证明,数额在二百万元以上的;

(二)违反规定为他人出具信用证或者其他保函、票据、存单、资信证明,造成直接经济损失数额在五十万元以上的;

(三)多次违规出具信用证或者其他保函、票据、存单、资信证明的;

(四)接受贿赂违规出具信用证或者其他保函、票据、存单、资信证明的;

(五)其他情节严重的情形。

第八十条 本规定中的"多次",是指三次以上。

第八十三条 本规定中的立案追诉标准,除法律、司法解释、本规定中另有规定的以外,适用于相应的单位犯罪。

(二)定罪量刑对应表

表 13-8 违规出具金融票证罪定罪量刑对应表

违规出具金融票证罪		情节	单位犯罪
第一档	5 年以下有期徒刑或者拘役	(1)出具数额≥300 万元;(2)直接经济损失≥50 万元;(3)多次违规出具;(4)接受贿赂违规出具	按个人犯罪标准,并对单位判处罚金
第二档	5 年以上有期徒刑	未规定	按个人犯罪标准,并对单位判处罚金

第八节 对违法票据承兑、付款、保证罪

一、犯罪主体

银行等金融机构中的工作人员,其中具有公职人员身份的人员涉嫌该罪的归监察委员会管辖。

二、刑法规定

《刑法》

第一百八十九条　银行或者其他金融机构的工作人员在票据业务中，对违反票据法规定的票据予以承兑、付款或者保证，造成重大损失的，处五年以下有期徒刑或者拘役；造成特别重大损失的，处五年以上有期徒刑。

单位犯前款罪的，对单位判处罚金，并对其直接负责的主管人员和其他直接责任人员，依照前款的规定处罚。

三、定罪量刑标准

（一）司法解释等相关规定

《最高人民检察院、公安部关于公安机关管辖的刑事案件立案追诉标准的规定（二）》（2022年5月15日起施行　2022年4月6日修订）

第四十条[①]　〔对违法票据承兑、付款、保证案（刑法第一百八十九条）〕银行或者其他金融机构及其工作人员在票据业务中，对违反票据法规定的票据予以承兑、付款或者保证，造成直接经济损失数额在五十万元以上的，应予立案追诉。

第八十三条　本规定中的立案追诉标准，除法律、司法解释、本规定中另有规定的以外，适用于相应的单位犯罪。

（二）定罪量刑对应表

表13－9　对违法票据承兑、付款、保证罪定罪量刑对应表

对违法票据承兑、付款、保证罪		情节	单位犯罪
第一档	5年以下有期徒刑或者拘役	经济损失≥50万元	按个人犯罪标准，并对单位判处罚金
第二档	5年以上有期徒刑	未规定	按个人犯罪标准，并对单位判处罚金

---

① 注意刑法从旧兼从轻原则。修订前的《最高人民检察院、公安部关于公安机关管辖的刑事案件立案追诉标准的规定（二）》（2010年5月7日起施行）规定的立案追诉标准是："造成直接经济损失数额在二十万元以上的，应予立案追诉。"

第十四章 侵犯公民人身权利、民主权利及其他类罪名释义及定罪量刑标准

第一节 非法剥夺公民宗教信仰自由罪、侵犯少数民族风俗习惯罪

一、犯罪主体

国家机关工作人员。

二、刑法规定

《刑法》

第二百五十一条 国家机关工作人员非法剥夺公民的宗教信仰自由和侵犯少数民族风俗习惯,情节严重的,处二年以下有期徒刑或者拘役。

三、定罪量刑标准

定罪量刑对应表

表 14-1 非法剥夺公民宗教信仰自由罪定罪量刑对应表

非法剥夺公民宗教信仰自由罪		情节
第一档	2 年以下有期徒刑或者拘役	情节严重,具体未规定

表 14-2 侵犯少数民族风俗习惯罪定罪量刑对应表

侵犯少数民族风俗习惯罪		情节
第一档	2 年以下有期徒刑或者拘役	情节严重,具体未规定

第二节　私自开拆、隐匿、毁弃邮件、电报罪

一、犯罪主体

邮政机构中的工作人员，其中具有公职人员身份的人员涉嫌该罪的归监察委员会管辖。

二、刑法规定

《刑法》

第二百五十三条　邮政工作人员私自开拆或者隐匿、毁弃邮件、电报的，处二年以下有期徒刑或者拘役。

犯前款罪而窃取财物的，依照本法第二百六十四条的规定定罪从重处罚。

三、定罪量刑标准

定罪量刑对应表

表 14－3　私自开拆、隐匿、毁弃邮件、电报罪定罪量刑对应表

私自开拆、隐匿、毁弃邮件、电报罪		情节
第一档	2 年以下有期徒刑或者拘役	未规定

第三节　报复陷害罪

一、犯罪主体

国家机关工作人员。

二、刑法规定

《刑法》

第二百五十四条 国家机关工作人员滥用职权、假公济私,对控告人、申诉人、批评人、举报人实行报复陷害的,处二年以下有期徒刑或者拘役;情节严重的,处二年以上七年以下有期徒刑。

三、重点、疑难问题界定

报复陷害罪的认定

"报复陷害"是指利用手中的权力,以种种借口进行政治上或者经济上的迫害,如降职、降级、调离岗位、经济处罚、开除公职、捏造事实诬陷其经济、生活作风上有问题等。报复陷害的行为,必须是采取滥用职权或者假公济私的方法。如果行为人进行报复陷害与滥用职权、假公济私没有关系,则不构成本罪。

四、定罪量刑标准

(一)司法解释等相关规定

《最高人民检察院关于渎职侵权犯罪案件立案标准的规定》(2006 年 7 月 26 日起施行 高检发释字〔2006〕2 号)

二、国家机关工作人员利用职权实施的侵犯公民人身权利、民主权利犯罪案件

(六)报复陷害案(第二百五十四条)

报复陷害罪是指国家机关工作人员滥用职权、假公济私,对控告人、申诉人、批评人、举报人实行报复陷害的行为。

涉嫌下列情形之一的,应予立案:

1. 报复陷害,情节严重,导致控告人、申诉人、批评人、举报人或者其近亲属自杀、自残造成重伤、死亡,或者精神失常的;

2. 致使控告人、申诉人、批评人、举报人或者其近亲属的其他合法权利受到严重损害的;

3. 其他报复陷害应予追究刑事责任的情形。

(二)定罪量刑对应表

表 14－4　报复陷害罪定罪量刑对应表

报复陷害罪		国家机关工作人员利用职权
第一档	2 年以下有期徒刑或者拘役	(1)导致控告人、申诉人、批评人、举报人或者其近亲属自杀、自残造成重伤、死亡,或者精神失常的; (2)致使控告人、申诉人、批评人、举报人或者其近亲属的其他合法权利受到严重损害
第二档	2 年以上 7 年以下有期徒刑	未规定

第四节　打击报复会计、统计人员罪

一、犯罪主体

在单位属于领导层的工作人员,其中具有公职人员身份的领导人员涉嫌该罪的归监察委员会管辖。

二、刑法规定

《刑法》

第二百五十五条　公司、企业、事业单位、机关、团体的领导人,对依法履行职责、抵制违反会计法、统计法行为的会计、统计人员实行打击报复,情节恶劣的,处三年以下有期徒刑或者拘役。

三、重点、疑难问题界定

打击报复会计、统计人员罪的认定

1. “违反会计法”行为主要指伪造、变造、隐匿、故意毁灭会计凭证、会计账簿、会计报表和其他会计资料的行为,利用虚假的会计凭证、会计账簿、会计报表和其他会计资料偷税或者损害国家利益、社会公众利益的行

为,对不真实、不合法的原始凭证予以受理的行为,对违法的收支不提出书面意见或者不报告的行为。

2."违反统计法"行为是指虚报、瞒报统计资料,伪造、篡改统计资料,编造虚假数据,等等。

3."打击报复"是指对依法履行职责,抵制违反《会计法》《统计法》行为的会计、统计人员,通过调动其工作、撤换其职务、进行处罚以及其他方法进行打击报复的行为。

四、定罪量刑标准

定罪量刑对应表

表 14－5 打击报复会计、统计人员罪定罪量刑对应表

打击报复会计、统计人员罪		情节
第一档	3 年以下有期徒刑或者拘役	情节恶劣,具体未规定

第五节 破坏选举罪

一、犯罪主体

国家机关工作人员。

二、刑法规定

《刑法》

第二百五十六条 在选举各级人民代表大会代表和国家机关领导人员时,以暴力、威胁、欺骗、贿赂、伪造选举文件、虚报选举票数等手段破坏选举或者妨害选民和代表自由行使选举权和被选举权,情节严重的,处三年以下有期徒刑、拘役或者剥夺政治权利。

三、重点、疑难问题界定

破坏选举罪的认定

1. 关于选举活动

“选举各级人民代表大会代表和国家机关领导人员”,包括选民登记、提出候选人、投票选举、补选、罢免等整个选举活动。

2. 关于破坏选举的方式

“暴力”是指对选民、各级人民代表大会代表、候选人、选举工作人员等进行人身打击或者实行强制,如殴打、捆绑等,也包括以暴力故意捣乱选举场所,使选举工作无法进行等情况。“威胁”是指以杀害、伤害、毁坏财产、破坏名誉等手段进行要挟,迫使选民、各级人民代表大会代表、候选人、选举工作人员等不能自由行使选举权和被选举权,或者在选举工作中不能正常履行组织和管理的职责。“欺骗”是指捏造事实、颠倒是非,并加以散播、宣传,以虚假的事实扰乱正常的选举活动,影响选民、各级人民代表大会代表、候选人自由地行使选举权和被选举权。应当注意的是,这里所说的“欺骗”,必须是编造严重不符合事实的情况,或者捏造对选举有重大影响的情况等,对于在选举活动中介绍候选人或者候选人在介绍自己情况时对一些不是很重要的事实有所夸大或隐瞒,不致影响正常选举的行为,不能认定为以欺骗手段破坏选举。“贿赂”是指用金钱或者其他物质利益收买选民、各级人民代表大会代表、候选人、选举工作人员违反自己的真实意愿参加选举或者在选举中进行舞弊活动。“伪造选举文件”是指采用伪造选民证、选票等选举文件的方法破坏选举。“虚报选举票数”是指选举工作人员对于统计出来的选票数、赞成票数、反对票数等选举票数进行虚报、瞒报的行为,包括多报、少报。

3. 关于“妨害选民和代表自由行使选举权和被选举权”

“妨害选民和代表自由行使选举权和被选举权”是指非法组织选民参加登记或者投票,或者迫使、诱骗选民违背自己的意志进行投票,以及使选民放弃自己的被选举权等。

四、定罪量刑标准

(一)司法解释等相关规定

《最高人民检察院关于渎职侵权犯罪案件立案标准的规定》(2006 年 7 月 26 日起施行　高检发释字〔2006〕2 号)

二、国家机关工作人员利用职权实施的侵犯公民人身权利、民主权利犯罪案件

(七)国家机关工作人员利用职权实施的破坏选举案(第二百五十六条)

破坏选举罪是指在选举各级人民代表大会代表和国家机关领导人员时,以暴力、威胁、欺骗、贿赂、伪造选举文件、虚报选举票数或者编造选举结果等手段破坏选举或者妨害选民和代表自由行使选举权和被选举权,情节严重的行为。

国家机关工作人员利用职权破坏选举,涉嫌下列情形之一的,应予立案:

1. 以暴力、威胁、欺骗、贿赂等手段,妨害选民、各级人民代表大会代表自由行使选举权和被选举权,致使选举无法正常进行,或者选举无效,或者选举结果不真实的;

2. 以暴力破坏选举场所或者选举设备,致使选举无法正常进行的;

3. 伪造选民证、选票等选举文件,虚报选举票数,产生不真实的选举结果或者强行宣布合法选举无效、非法选举有效的;

4. 聚众冲击选举场所或者故意扰乱选举场所秩序,使选举工作无法进行的;

5. 其他情节严重的情形。

（二）定罪量刑对应表

表 14－6　破坏选举罪定罪量刑对应表

破坏选举罪		国家机关工作人员利用职权
第一档	3 年以下有期徒刑、拘役或者剥夺政治权利	(1)以暴力、威胁、欺骗、贿赂等手段,致使选举无法正常进行,或者选举无效,或者选举结果不真实的;(2)暴力破坏选举场所或者选举设备,致使选举无法正常进行;(3)伪造选民证、选票等选举文件,虚报选举票数,产生不真实的选举结果或者强行宣布合法选举无效、非法选举有效;(4)聚众冲击选举场所或者故意扰乱选举场所秩序,使选举工作无法进行

第六节　非法转让、倒卖土地使用权罪

一、犯罪主体

自然人,其中具有公职人员身份的人员涉嫌该罪的归监察委员会管辖。

二、刑法规定

《刑法》

第二百二十八条[①]　以牟利为目的,违反土地管理法规,非法转让、倒卖土地使用权,情节严重的,处三年以下有期徒刑或者拘役,并处或者单处非法转让、倒卖土地使用权价额百分之五以上百分之二十以下罚金;情节特别严重的,处三年以上七年以下有期徒刑,并处非法转让、倒卖土地使用权价额百分之五以上百分之二十以下罚金。

---

① 非法转让、倒卖土地使用权罪的犯罪对象可以是国有土地、集体土地的使用权,也可以是私有的土地使用权;《刑法》第四百一十条非法低价出让国有土地使用权罪的犯罪对象是国有土地。

三、重点、疑难问题界定

违反土地管理法规的认定

《全国人民代表大会常务委员会关于〈中华人民共和国刑法〉第二百二十八条、第三百四十二条、第四百一十条的解释》(2009 年 8 月 27 日起施行 第十一届全国人民代表大会常务委员会第十次会议修正)

全国人民代表大会常务委员会讨论了刑法第二百二十八条、第三百四十二条、第四百一十条规定的“违反土地管理法规”和第四百一十条规定的“非法批准征收、征用、占用土地”的含义问题,解释如下:

刑法第二百二十八条、第三百四十二条、第四百一十条规定的“违反土地管理法规”,是指违反土地管理法、森林法、草原法等法律以及有关行政法规中关于土地管理的规定。

刑法第四百一十条规定的“非法批准征收、征用、占用土地”,是指非法批准征收、征用、占用耕地、林地等农用地以及其他土地。

以上规定在司法实务中的理解与适用①

《全国人民代表大会常务委员会关于〈中华人民共和国刑法〉第二百二十八条、第三百四十二条、第四百一十条的解释》中“土地管理法规”的含义是广义的,它不仅是指土地管理法中有关耕地的管理规定,而且还包括《森林法》《草原法》及行政法规中有关林地、草原的管理规定以及行政法规中关于土地管理的规定;“非法批准征用、占有土地”,是指国家机关工作人员违反《土地管理法》《森林法》《草原法》等法律以及有关行政法规中规定的关于占用、征用土地的严格审批程序,滥用职权批准占用或者征用耕地、林地、草原等家用地以及其他土地的行为。

---

① 参见黄太云:《〈中华人民共和国刑法修正案(二)〉和〈关于《中华人民共和国刑法》第二百二十八条、第三百四十二条、第四百一十条的解释〉的理解与适用》,载中华人民共和国最高人民法院刑事审判一、二、三、四、五庭主办:《中国刑事审判指导案例》(第 6 卷),法律出版社 2017 年版。

四、定罪量刑标准

（一）司法解释等相关规定

1.《最高人民法院关于审理破坏土地资源刑事案件具体应用法律若干问题的解释》（2000年6月22日起施行　法释〔2000〕14号）

第一条　以牟利为目的，违反土地管理法规，非法转让、倒卖土地使用权，具有下列情形之一的，属于非法转让、倒卖土地使用权"情节严重"，依照刑法第二百二十八条的规定，以非法转让、倒卖土地使用权罪定罪处罚：

（一）非法转让、倒卖基本农田五亩以上的；

（二）非法转让、倒卖基本农田以外的耕地十亩以上的；

（三）非法转让、倒卖其他土地二十亩以上的；

（四）非法获利五十万元以上的；

（五）非法转让、倒卖土地接近上述数量标准并具有其他恶劣情节的，如曾因非法转让、倒卖土地使用权受过行政处罚或者造成严重后果等。

第二条　实施第一条规定的行为，具有下列情形之一的，属于非法转让、倒卖土地使用权"情节特别严重"：

（一）非法转让、倒卖基本农田十亩以上的；

（二）非法转让、倒卖基本农田以外的耕地二十亩以上的；

（三）非法转让、倒卖其他土地四十亩以上的；

（四）非法获利一百万元以上的；

（五）非法转让、倒卖土地接近上述数量标准并具有其他恶劣情节，如造成严重后果等。

第八条　单位犯非法转让、倒卖土地使用权罪、非法占用耕地罪的定罪量刑标准，依照本解释第一条、第二条、第三条的规定执行。

第九条　多次实施本解释规定的行为依法应当追诉的，或者一年内多次实施本解释规定的行为未经处理的，按照累计的数量、数额处罚。

2.《最高人民检察院、公安部关于公安机关管辖的刑事案件立案追诉标准的规定(二)》(2022 年 5 月 15 日起施行 2022 年 4 月 6 日修订)

第七十二条[①] 〔非法转让、倒卖土地使用权案(刑法第二百二十八条)〕以牟利为目的,违反土地管理法规,非法转让、倒卖土地使用权,涉嫌下列情形之一的,应予立案追诉:

(一)非法转让、倒卖永久基本农田五亩以上的;

(二)非法转让、倒卖永久基本农田以外的耕地十亩以上的;

(三)非法转让、倒卖其他土地二十亩以上的;

(四)违法所得数额在五十万元以上的;

(五)虽未达到上述数额标准,但因非法转让、倒卖土地使用权受过行政处罚,又非法转让、倒卖土地的;

(六)其他情节严重的情形。

第八十一条 本规定中的"虽未达到上述数额标准",是指接近上述数额标准且已达到该数额的百分之八十以上的。

(二)定罪量刑对应表

表 14-7 非法转让、倒卖土地使用权罪定罪量刑对应表

非法转让、倒卖土地使用权罪		情节	单位犯罪
第一档	3 年以下有期徒刑或者拘役,并处或者单处非法转让、倒卖土地使用权价额 5% 以上 20% 以下罚金	(1)基本农田≥5 亩;(2)基本农田以外耕地≥10 亩;(3)其他土地≥20 亩;(4)非法获利≥50 万元;(5)大于上述数量标准 80% 并具有其他恶劣情节,如曾因非法转让、倒卖土地使用权受过行政处罚或者造成严重后果等	按个人犯罪标准
第二档	3 年以上 7 年以下有期徒刑,并处非法转让、倒卖土地使用权价额 5% 以上 20% 以下罚金	(1)基本农田≥10 亩;(2)基本农田以外耕地≥20 亩;(3)其他土地≥40 亩;(4)非法获利≥100 万元;(5)接近上述数量标准并具有其他恶劣情节,如造成严重后果等	按个人犯罪标准

① 该规定与修订前的"公通字〔2010〕23 号"文没有差别。

第七节　故意延误投递邮件罪

一、犯罪主体

邮政机构中的工作人员，其中具有公职人员身份的人员涉嫌该罪的归监察委员会管辖。

二、刑法规定

《刑法》

第三百零四条　邮政工作人员严重不负责任，故意延误投递邮件，致使公共财产、国家和人民利益遭受重大损失的，处二年以下有期徒刑或者拘役。

三、定罪量刑标准

（一）司法解释等相关规定

《最高人民检察院、公安部关于公安机关管辖的刑事案件立案追诉标准的规定（一）》（2008 年 6 月 25 日起施行　公通字〔2008〕36 号）

第四十五条　［故意延误投递邮件案（刑法第三百零四条）］邮政工作人员严重不负责任，故意延误投递邮件，涉嫌下列情形之一的，应予立案追诉：

（一）造成直接经济损失二万元以上的；

（二）延误高校录取通知书或者其他重要邮件投递，致使他人失去高校录取资格或者造成其他无法挽回的重大损失的；

（三）严重损害国家声誉或者造成其他恶劣社会影响的；

（四）其他致使公共财产、国家和人民利益遭受重大损失的情形。

(二)定罪量刑对应表

表 14-8 故意延误投递邮件罪定罪量刑对应表

故意延误投递邮件罪		情 节
第一档	2年以下有期徒刑或者拘役	(1)直接经济损失≥2万元;(2)延误高校录取通知书或者其他重要邮件投递,致使他人失去高校录取资格或者造成其他无法挽回的重大损失的;(3)严重损害国家声誉或者造成其他恶劣社会影响

第八节 泄露不应公开的案件信息罪,披露、报道不应公开的案件信息罪

一、犯罪主体

司法机关、国有媒体单位中的工作人员,其中具有公职人员身份的人员涉嫌该罪的归监察委员会管辖。

二、刑法规定

《刑法》

第三百零八条之一① 司法工作人员、辩护人、诉讼代理人或者其他诉讼参与人,泄露依法不公开审理的案件中不应当公开的信息,造成信息公开传播或者其他严重后果的,处三年以下有期徒刑、拘役或者管制,并处或者单处罚金。

有前款行为,泄露国家秘密的,依照本法第三百九十八条的规定定罪处罚。

公开披露、报道第一款规定的案件信息,情节严重的,依照第一款的规定处罚。

---

① 2015年11月1日起施行的《刑法修正案(九)》增设该条,增加两个罪名。

单位犯前款罪的，对单位判处罚金，并对其直接负责的主管人员和其他直接责任人员，依照第一款的规定处罚。

三、重点、疑难问题界定

不应公开的案件信息的认定

不应当公开的案件信息，是指公开以后可能对国家安全和利益、当事人受法律保护的隐私权、商业秘密造成损害，以及对涉案未成年人的身心健康造成不利影响的信息。包括案件涉及的国家秘密、个人隐私、商业秘密本身，也包括其他与案件有关不宜为诉讼参与人以外人员知悉的信息，如案件事实的细节，诉讼参与人在参加庭审时发表言论的具体内容，被性侵犯的被害人的个人信息等。对于未成年人犯罪案件，未成年犯罪嫌疑人、被告人的姓名、住所、照片、图像以及可能推断出该未成年人的资料，都属于不应当公开的信息。由于行为人的故意或者过失，造成不应当知悉有关案件信息的人员知悉有关案件信息的，即属于泄露该信息的行为。

四、定罪量刑标准

定罪量刑对应表

表 14－9 泄露不应公开的案件信息罪定罪量刑对应表

泄露不应公开的案件信息罪		情节
第一档	3 年以下有期徒刑、拘役或者管制，并处或者单处罚金	造成信息公开传播或者其他严重后果的，具体未规定

表 14－10 披露、报道不应公开的案件信息罪定罪量刑对应表

披露、报道不应公开的案件信息罪		情节	单位犯罪
第一档	3 年以下有期徒刑、拘役或者管制，并处或者单处罚金	造成信息公开传播或者其他严重后果的，具体未规定	对单位判处罚金

第九节 接送不合格兵员罪

一、犯罪主体

负责征兵工作的部门中的工作人员,其中具有公职人员身份的人员涉嫌该罪的归监察委员会管辖。

二、刑法规定

《刑法》

第三百七十四条 在征兵工作中徇私舞弊,接送不合格兵员,情节严重的,处三年以下有期徒刑或者拘役;造成特别严重后果的,处三年以上七年以下有期徒刑。

三、重点、疑难问题界定

(一)徇私的认定

在没有明确司法解释出台前,可参照国家机关工作人员渎职犯罪中关于徇私的认定,详见本书第七章“第一节滥用职权罪、玩忽职守罪”中关于“徇私的认定”的相关内容。

(二)接送不合格兵员罪的认定

【典型案例裁判指引 179】《刑事审判参考》第 237 号①李某宾徇私枉法、接送不合格兵员案:接送不合格兵员罪的“情节严重”的认定

接送不合格兵员罪,是指在征兵工作中徇私舞弊,接送不合格兵员,情节严重的行为。这里的“征兵”,是指依照《兵役法》的规定,征集公民到部队服现役。“在征兵工作中徇私舞弊,接送不合格兵员”,是指在征兵工作的兵役登记、体格检查、政治审查、审定新兵、交接兵员等过程中,徇私舞

---

① 参见中华人民共和国最高人民法院刑事审判一、二、三、四、五庭主办:《中国刑事审判指导案例》(第 6 卷),法律出版社 2017 年版,第 587 页。

弊，弄虚作假，欺骗组织，接受不符合政治、身体、年龄、文化等条件的公民或者将输送到部队。这里的“徇私”，不仅包括谋取私利，还应包括为徇私情。对那些虽没有明显谋取私利，但为了个人、亲属、朋友等私情的，也应属于徇私的范畴。

根据《刑法》第三百七十四条的规定，“情节严重”是构成接送不合格兵员罪的必要构成要件。“情节严重”，司法实践中主要是指接送不合格兵员人数较多；接送的兵员身体或政治条件严重不合格的；因接送不合格兵员影响部队完成重要任务或者造成其他严重后果及恶劣影响等情形。

从此案的情况看，被告人李某宾明知陈某全是涉嫌严重盗窃犯罪的犯罪嫌疑人，为徇私情，使陈某全这样一个有严重盗窃罪行的犯罪嫌疑人政审“合格”，混入部队，影响了征兵的质量，造成部队将兵员退回的严重后果，应当认定情节严重。被告人李某宾的行为，已构成接送不合格兵员罪。

四、定罪量刑标准

（一）司法解释等相关规定

《最高人民检察院、公安部关于公安机关管辖的刑事案件立案追诉标准的规定（一）》（2008年6月25日起施行　公通字〔2008〕36号）

第九十三条　［接送不合格兵员案（刑法第三百七十四条）］在征兵工作中徇私舞弊，接送不合格兵员，涉嫌下列情形之一的，应予立案追诉：

（一）接送不合格特种条件兵员一名以上或者普通兵员三名以上的；

（二）发生在战时的；

（三）造成严重后果的；

（四）其他情节严重的情形。

(二)定罪量刑对应表

表 14－11　接送不合格兵员罪定罪量刑对应表

接送不合格兵员罪		情　　节
第一档	3 年以下有期徒刑或者拘役	(1)接送不合格特种兵员≥1 名或普通兵员≥3 名;(2)发生在战时;(3)造成严重后果
第二档	3 年以上 7 年以下有期徒刑	未规定

第十五章　妨碍监委调查可能涉及的罪名释义及定罪量刑标准

（本章罪名非监委管辖，但在案件调查中可能会涉及）

第一节　洗钱罪

一、犯罪主体

掩饰、隐瞒贪污贿赂等犯罪所得及其产生收益的单位和自然人。

二、刑法规定

《刑法》

第一百九十一条[①]　为掩饰、隐瞒毒品犯罪、黑社会性质的组织犯

---

① 2006年6月29日起施行的《刑法修正案（六）》将洗钱范围增加了贪污贿赂犯罪等罪名的内容；2021年3月1日起施行的《刑法修正案（十一）》对该条款进行修改，《刑法修正案（十一）》新增“自洗钱”行为构成洗钱罪的规定，上游犯罪分子实施犯罪后，掩饰、隐瞒犯罪所得来源和性质的，不再作为后续处理赃款的行为被上游犯罪吸收，而是单独构成洗钱罪，加大了对从洗钱犯罪中获益最大的上游犯罪本犯的处罚力度，注意刑法从旧兼从轻原则在具体案件中的应用。《刑法修正案（十一）》修改前的条文内容如下：明知是毒品犯罪、黑社会性质的组织犯罪、恐怖活动犯罪、走私犯罪、贪污贿赂犯罪、破坏金融管理秩序犯罪、金融诈骗犯罪的所得及其产生的收益，为掩饰、隐瞒其来源和性质，有下列行为之一的，没收实施以上犯罪的所得及其产生的收益，处五年以下有期徒刑或者拘役，并处或者单处洗钱数额百分之五以上百分之二十以下罚金；情节严重的，处五年以上十年以下有期徒刑，并处洗钱数额百分之五以上百分之二十以下罚金：（一）提供资金帐户的；（二）协助将财产转换为现金、金融票据、有价证券的；（三）通过转帐或者其他结算方式协助资金转移的；（四）协助将资金汇往境外的；（五）以其他方法掩饰、隐瞒犯罪所得及其收益的来源和性质的。单位犯前款罪的，对单位判处罚金，并对其直接负责的主管人员和其他直接责任人员，处五年以下有期徒刑或者拘役；情节严重的，处五年以上十年以下有期徒刑。

罪、恐怖活动犯罪、走私犯罪、贪污贿赂犯罪、破坏金融管理秩序犯罪、金融诈骗犯罪的所得及其产生的收益的来源和性质,有下列行为之一的,没收实施以上犯罪的所得及其产生的收益,处五年以下有期徒刑或者拘役,并处或者单处罚金;情节严重的,处五年以上十年以下有期徒刑,并处罚金:

(一)提供资金帐户的;

(二)将财产转换为现金、金融票据、有价证券的;

(三)通过转帐或者其他支付结算方式转移资金的;

(四)跨境转移资产的;

(五)以其他方法掩饰、隐瞒犯罪所得及其收益的来源和性质的。

单位犯前款罪的,对单位判处罚金,并对其直接负责的主管人员和其他直接责任人员,依照前款的规定处罚。

三、重点、疑难问题界定

洗钱罪的认定

1.《最高人民法院、最高人民检察院关于办理洗钱刑事案件适用法律若干问题的解释》(2024年8月20日起施行 法释〔2024〕10号)[①]

第一条 为掩饰、隐瞒本人实施刑法第一百九十一条规定的上游犯罪的所得及其产生的收益的来源和性质,实施该条第一款规定的洗钱行为的,依照刑法第一百九十一条的规定定罪处罚。

第二条 知道或者应当知道是他人实施刑法第一百九十一条规定的上游犯罪的所得及其产生的收益,为掩饰、隐瞒其来源和性质,实施该条第一款规定的洗钱行为的,依照刑法第一百九十一条的规定定罪处罚。

---

① 办案中注意从旧兼从轻原则的运用,2024年8月20日起废止的《最高人民法院关于审理洗钱等刑事案件具体应用法律若干问题的解释》(2009年11月11日起施行 法释〔2009〕15号)有关内容在实际办案中可以用来参考。

第三条 认定“知道或者应当知道”①，应当根据行为人所接触、接收的信息，经手他人犯罪所得及其收益的情况，犯罪所得及其收益的种类、数额，犯罪所得及其收益的转移、转换方式，交易行为、资金账户等异常情况，结合行为人职业经历、与上游犯罪人员之间的关系以及其供述和辩解，同案人指证和证人证言等情况综合审查判断。有证据证明行为人确实不知道的除外。

将刑法第一百九十一条规定的某一上游犯罪的犯罪所得及其收益，认作该条规定的上游犯罪范围内的其他犯罪所得及其收益的，不影响“知道或者应当知道”的认定。

第五条 为掩饰、隐瞒实施刑法第一百九十一条规定的上游犯罪的所得及其产生的收益的来源和性质，实施下列行为之一的，可以认定为刑法第一百九十一条第一款第五项规定的“以其他方法掩饰、隐瞒犯罪所得及其收益的来源和性质”：

（一）通过典当、租赁、买卖、投资、拍卖、购买金融产品等方式，转移、转换犯罪所得及其收益的；

（二）通过与商场、饭店、娱乐场所等现金密集型场所的经营收入相混合的方式，转移、转换犯罪所得及其收益的；

（三）通过虚构交易、虚设债权债务、虚假担保、虚报收入等方式，转

① 2024年8月20日起废止的《最高人民法院关于审理洗钱等刑事案件具体应用法律若干问题的解释》中相应内容可供参考，其中第一条规定：刑法第一百九十一条、第三百一十二条规定的“明知”，应当结合被告人的认知能力，接触他人犯罪所得及其收益的情况，犯罪所得及其收益的种类、数额，犯罪所得及其收益的转换、转移方式以及被告人的供述等主、客观因素进行认定。具有下列情形之一的，可以认定被告人明知系犯罪所得及其收益，但有证据证明确实不知道的除外：（一）知道他人从事犯罪活动，协助转换或者转移财物的；（二）没有正当理由，通过非法途径协助转换或者转移财物的；（三）没有正当理由，以明显低于市场的价格收购财物的；（四）没有正当理由，协助转换或者转移财物，收取明显高于市场的“手续费”的；（五）没有正当理由，协助他人将巨额现金散存于多个银行账户或者在不同银行账户之间频繁划转的；（六）协助近亲属或者其他关系密切的人转换或者转移与其职业或者财产状况明显不符的财物的；（七）其他可以认定行为人明知的情形。被告人将刑法第一百九十一条规定的某一上游犯罪的犯罪所得及其收益误认为刑法第一百九十一条规定的上游犯罪范围内的其他犯罪所得及其收益的，不影响刑法第一百九十一条规定的“明知”的认定。

移、转换犯罪所得及其收益的;

(四)通过买卖彩票、奖券、储值卡、黄金等贵金属等方式,转换犯罪所得及其收益的;

(五)通过赌博方式,将犯罪所得及其收益转换为赌博收益的;

(六)通过"虚拟资产"交易、金融资产兑换方式,转移、转换犯罪所得及其收益的;

(七)以其他方式转移、转换犯罪所得及其收益的。

第六条 掩饰、隐瞒刑法第一百九十一条规定的上游犯罪的犯罪所得及其产生的收益,构成刑法第一百九十一条规定的洗钱罪,同时又构成刑法第三百一十二条规定的掩饰、隐瞒犯罪所得、犯罪所得收益罪的,依照刑法第一百九十一条的规定定罪处罚。

实施刑法第一百九十一条规定的洗钱行为,构成洗钱罪,同时又构成刑法第三百四十九条、第二百二十五条、第一百七十七条之一或者第一百二十条之一规定的犯罪的,依照处罚较重的规定定罪处罚。

第七条 认定洗钱罪应当以上游犯罪事实成立为前提。有下列情形的,不影响洗钱罪的认定:

(一)上游犯罪尚未依法裁判,但有证据证明确实存在的;

(二)有证据证明上游犯罪确实存在,因行为人逃匿未到案的;

(三)有证据证明上游犯罪确实存在,因行为人死亡等原因依法不予追究刑事责任的;

(四)有证据证明上游犯罪确实存在,但同时构成其他犯罪而以其他罪名定罪处罚的。

第八条 刑法第一百九十一条规定的"黑社会性质的组织犯罪的所得及其产生的收益",是指黑社会性质组织及其成员实施相关犯罪的所得及其产生的收益,包括黑社会性质组织的形成、发展过程中,该组织及组织成员通过违法犯罪活动聚敛的全部财物、财产性权益及其孳息、收益。

第十条 符合本解释第一条、第二条的规定,行为人如实供述犯罪事实,认罪悔罪,并积极配合追缴犯罪所得及其产生的收益的,可以从轻处罚;犯罪情节轻微的,可以依法不起诉或者免予刑事处罚。

第十一条　单位实施洗钱犯罪的，依照本解释规定的相应自然人犯罪的定罪量刑标准，对单位判处罚金，并对其直接负责的主管人员和其他直接责任人员定罪处罚。

第十二条　本解释所称“上游犯罪”，是指刑法第一百九十一条规定的毒品犯罪、黑社会性质的组织犯罪、恐怖活动犯罪、走私犯罪、贪污贿赂犯罪、破坏金融管理秩序犯罪、金融诈骗犯罪。

第十三条　本解释自 2024 年 8 月 20 日起施行。《最高人民法院关于审理洗钱等刑事案件具体应用法律若干问题的解释》（法释〔2009〕15 号）同时废止。

2.《最高人民法院、最高人民检察院关于办理非法从事资金支付结算业务、非法买卖外汇刑事案件适用法律若干问题的解释》（2019 年 2 月 1 日起施行　法释〔2019〕1 号）

第一条　违反国家规定，具有下列情形之一的，属于刑法第二百二十五条第三项规定的“非法从事资金支付结算业务”：

（一）使用受理终端或者网络支付接口等方法，以虚构交易、虚开价格、交易退款等非法方式向指定付款方支付货币资金的；

（二）非法为他人提供单位银行结算账户套现或者单位银行结算账户转个人账户服务的；

（三）非法为他人提供支票套现服务的；

（四）其他非法从事资金支付结算业务的情形。

第二条　违反国家规定，实施倒买倒卖外汇或者变相买卖外汇等非法买卖外汇行为，扰乱金融市场秩序，情节严重的，依照刑法第二百二十五条第四项的规定，以非法经营罪定罪处罚。

第五条　非法从事资金支付结算业务或者非法买卖外汇，构成非法经营罪，同时又构成刑法第一百二十条之一规定的帮助恐怖活动罪或者第一百九十一条规定的洗钱罪的，依照处罚较重的规定定罪处罚。

3.《最高人民法院、最高人民检察院关于办理窝藏、包庇刑事案件适用法律若干问题的解释》（2021 年 8 月 11 日起施行　法释〔2021〕16 号）

第七条　为帮助同一个犯罪的人逃避刑事处罚，实施窝藏、包庇行为，又实施洗钱行为，或者掩饰、隐瞒犯罪所得及其收益行为，或者帮助毁灭证据行为,或者伪证行为的,依照处罚较重的犯罪定罪,并从重处罚,不实行数罪并罚。

第八条 共同犯罪人之间互相实施的窝藏、包庇行为,不以窝藏、包庇罪定罪处罚,但对共同犯罪以外的犯罪人实施窝藏、包庇行为的,以所犯共同犯罪和窝藏、包庇罪并罚。

四、定罪量刑标准

(一)司法解释等相关规定

1.《最高人民法院、最高人民检察院关于办理洗钱刑事案件适用法律若干问题的解释》(2024年8月20日起施行 法释〔2024〕10号)

第四条 洗钱数额在五百万元以上的,且具有下列情形之一的,应当认定为刑法第一百九十一条规定的"情节严重":

(一)多次实施洗钱行为的;

(二)拒不配合财物追缴,致使赃款赃物无法追缴的;

(三)造成损失二百五十万元以上的;

(四)造成其他严重后果的。

二次以上实施洗钱犯罪行为,依法应予刑事处理而未经处理的,洗钱数额累计计算。

第九条 犯洗钱罪,判处五年以下有期徒刑或者拘役,并处或者单处罚金的,判处一万元以上罚金;判处五年以上十年以下有期徒刑的,并处二十万元以上罚金。

第十条 符合本解释第一条、第二条的规定,行为人如实供述犯罪事实,认罪悔罪,并积极配合追缴犯罪所得及其产生的收益的,可以从轻处罚;犯罪情节轻微的,可以依法不起诉或者免予刑事处罚。

第十一条 单位实施洗钱犯罪的,依照本解释规定的相应自然人犯罪的定罪量刑标准,对单位判处罚金,并对其直接负责的主管人员和其他直接责任人员定罪处罚。

2.《最高人民检察院、公安部关于公安机关管辖的刑事案件立案追诉标准的规定(二)》(2022 年 5 月 15 日起施行　2022 年 4 月 6 日修订)

第四十三条[①] 〔洗钱案(刑法第一百九十一条)〕为掩饰、隐瞒毒品犯罪、黑社会性质的组织犯罪、恐怖活动犯罪、走私犯罪、贪污贿赂犯罪、破坏金融管理秩序犯罪、金融诈骗犯罪的所得及其产生的收益的来源和性质,涉嫌下列情形之一的,应予立案追诉:

(一)提供资金账户的;

(二)将财产转换为现金、金融票据、有价证券的;

(三)通过转账或者其他支付结算方式转移资金的;

(四)跨境转移资产的;

(五)以其他方法掩饰、隐瞒犯罪所得及其收益的来源和性质的。

第八十三条　本规定中的立案追诉标准,除法律、司法解释、本规定中另有规定的以外,适用于相应的单位犯罪。

(二)定罪量刑对应表

表 15－1　洗钱罪定罪量刑对应表

洗钱罪		情节	单位犯罪
第一档	5 年以下有期徒刑或者拘役,并处或者单处 1 万元以上罚金	(1)提供资金账户;(2)协助将财产转换为现金、金融票据、有价证券;(3)通过转账或者其他结算方式协助资金转移;(4)协助将资金汇往境外;(5)以其他方法掩饰、隐瞒犯罪所得及其收益的来源和性质	按个人犯罪标准执行,对单位判处罚金

① 注意刑法从旧兼从轻原则。修订前的《最高人民检察院、公安部关于公安机关管辖的刑事案件立案追诉标准的规定(二)》(2010 年 5 月 7 日起施行)规定:“明知是毒品犯罪、黑社会性质的组织犯罪、恐怖活动犯罪、走私犯罪、贪污贿赂犯罪、破坏金融管理秩序犯罪、金融诈骗犯罪的所得及其产生的收益,为掩饰、隐瞒其来源和性质,涉嫌下列情形之一的,应予立案追诉:(一)提供资金账户的;(二)协助将财产转换为现金、金融票据、有价证券的;(三)通过转账或者其他结算方式协助资金转移的;(四)协助将资金汇往境外的;(五)以其他方法掩饰、隐瞒犯罪所得及其收益的来源和性质的。”

续表

洗钱罪		情节	单位犯罪
第二档	5年以上10年以下有期徒刑,并处20万元以上罚金	洗钱数额在500万元以上并具有以下情形:(一)多次实施洗钱行为的;(二)拒不配合财物追缴,致使赃款赃物无法追缴的;(三)造成损失二百五十万元以上的;(四)造成其他严重后果的	按个人犯罪标准执行,对单位判处罚金

第二节 掩饰、隐瞒犯罪所得、犯罪所得收益罪

一、犯罪主体

单位、自然人。

二、刑法规定

《刑法》

第三百一十二条[①] 明知是犯罪所得及其产生的收益而予以窝藏、转移、收购、代为销售或者以其他方法掩饰、隐瞒的,处三年以下有期徒刑、拘役或者管制,并处或者单处罚金;情节严重的,处三年以上七年以下有期徒刑,并处罚金。

单位犯前款罪的,对单位判处罚金,并对其直接负责的主管人员和其他直接责任人员,依照前款的规定处罚。

---

① 2006年6月29日起施行的《刑法修正案(六)》第一次对该条款进行修改,2007年11月6日起施行的《最高人民法院、最高人民检察院关于执行〈中华人民共和国刑法〉确定罪名的补充规定(三)》将原先该条罪名改为"掩饰、隐瞒犯罪所得、犯罪所得收益罪"。2009年2月28日起施行的《刑法修正案(七)》增设该条第二款即单位犯罪条款,司法实践中要以2006年6月29日和2009年2月28日为时间点,注意刑法从旧兼从轻原则在具体案件中的应用。

三、重点、疑难问题界定

掩饰、隐瞒犯罪所得、犯罪所得收益罪的认定

1.《最高人民法院关于审理掩饰、隐瞒犯罪所得、犯罪所得收益刑事案件适用法律若干问题的解释》①（2021 年 4 月 15 日起施行　法释〔2021〕8 号）

第四条　掩饰、隐瞒犯罪所得及其产生的收益的数额，应当以实施掩饰、隐瞒行为时为准。收购或者代为销售财物的价格高于其实际价值的，以收购或者代为销售的价格计算。

多次实施掩饰、隐瞒犯罪所得及其产生的收益行为，未经行政处罚，依法应当追诉的，犯罪所得、犯罪所得收益的数额应当累计计算。

第五条　事前与盗窃、抢劫、诈骗、抢夺等犯罪分子通谋，掩饰、隐瞒犯罪所得及其产生的收益的，以盗窃、抢劫、诈骗、抢夺等犯罪的共犯论处。

第六条　对犯罪所得及其产生的收益实施盗窃、抢劫、诈骗、抢夺等行为，构成犯罪的，分别以盗窃罪、抢劫罪、诈骗罪、抢夺罪等定罪处罚。

第七条　明知是犯罪所得及其产生的收益而予以掩饰、隐瞒，构成刑法第三百一十二条规定的犯罪，同时构成其他犯罪的，依照处罚较重的规定定罪处罚。

第八条　认定掩饰、隐瞒犯罪所得、犯罪所得收益罪，以上游犯罪事实成立为前提。上游犯罪尚未依法裁判，但查证属实的，不影响掩饰、隐瞒犯罪所得、犯罪所得收益罪的认定。

上游犯罪事实经查证属实，但因行为人未达到刑事责任年龄等原因依法不予追究刑事责任的，不影响掩饰、隐瞒犯罪所得、犯罪所得收益罪的

---

①　最高人民法院审判委员会第 1835 次会议通过的《最高人民法院关于修改〈关于审理掩饰、隐瞒犯罪所得、犯罪所得收益刑事案件适用法律若干问题的解释〉的决定》，删除了原规定中的第一条第一款第（一）项、第二款和第二条第二款规定的掩饰、隐瞒犯罪所得、犯罪所得收益罪的数额标准。今后人民法院审理掩饰、隐瞒犯罪所得、犯罪所得收益刑事案件，应综合考虑上游犯罪的性质、掩饰、隐瞒犯罪所得及其收益的情节、后果及社会危害程度等，依法定罪处罚。

认定。

第九条 盗用单位名义实施掩饰、隐瞒犯罪所得及其产生的收益行为,违法所得由行为人私分的,依照刑法和司法解释有关自然人犯罪的规定定罪处罚。

第十条 通过犯罪直接得到的赃款、赃物,应当认定为刑法第三百一十二条规定的“犯罪所得”。上游犯罪的行为人对犯罪所得进行处理后得到的孳息、租金等,应当认定为刑法第三百一十二条规定的“犯罪所得产生的收益”。

明知是犯罪所得及其产生的收益而采取窝藏、转移、收购、代为销售以外的方法,如居间介绍买卖,收受,持有,使用,加工,提供资金账户,协助将财物转换为现金、金融票据、有价证券,协助将资金转移、汇往境外等,应当认定为刑法第三百一十二条规定的“其他方法”。

第十一条 掩饰、隐瞒犯罪所得、犯罪所得收益罪是选择性罪名,审理此类案件,应当根据具体犯罪行为及其指向的对象,确定适用的罪名。

2.《最高人民法院、最高人民检察院关于办理洗钱刑事案件适用法律若干问题的解释》(2024年8月20日起施行 法释〔2024〕10号)

第六条 掩饰、隐瞒刑法第一百九十一条规定的上游犯罪的犯罪所得及其产生的收益,构成刑法第一百九十一条规定的洗钱罪,同时又构成刑法第三百一十二条规定的掩饰、隐瞒犯罪所得、犯罪所得收益罪的,依照刑法第一百九十一条的规定定罪处罚。

实施刑法第一百九十一条规定的洗钱行为,构成洗钱罪,同时又构成刑法第三百四十九条、第二百二十五条、第一百七十七条之一或者第一百二十条之一规定的犯罪的,依照处罚较重的规定定罪处罚。

3.《最高人民法院、最高人民检察院关于办理窝藏、包庇刑事案件适用法律若干问题的解释》(2021年8月11日起施行 法释〔2021〕16号)

第七条 为帮助同一个犯罪的人逃避刑事处罚,实施窝藏、包庇行为,又实施洗钱行为,或者掩饰、隐瞒犯罪所得及其收益行为,或者帮助毁灭证据行为,或者伪证行为的,依照处罚较重的犯罪定罪,并从重处罚,不实行数罪并罚。

第八条 共同犯罪人之间互相实施的窝藏、包庇行为,不以窝藏、包庇罪定罪处罚，但对共同犯罪以外的犯罪人实施窝藏、包庇行为的，以所犯共同犯罪和窝藏、包庇罪并罚。

4. 与监察委员会管辖罪名关联不大的掩饰、隐瞒犯罪所得、犯罪所得收益罪相关的司法解释有关条款本书不再引用

上述所称相关司法解释是指：2016 年 1 月 1 日起施行的《最高人民法院、最高人民检察院关于办理妨害文物管理等刑事案件适用法律若干问题的解释》、2011 年 9 月 1 日起施行的《最高人民法院、最高人民检察院关于办理危害计算机信息系统安全刑事案件应用法律若干问题的解释》、2007 年 5 月 11 日起施行的《最高人民法院、最高人民检察院关于办理与盗窃、抢劫、诈骗、抢夺机动车相关刑事案件具体应用法律若干问题的解释》、2007 年 1 月 19 日起施行的《最高人民法院、最高人民检察院关于办理盗窃油气、破坏油气设备等刑事案件具体应用法律若干问题的解释》等。

四、定罪量刑标准

（一）司法解释等相关规定

1.《最高人民法院关于审理掩饰、隐瞒犯罪所得、犯罪所得收益刑事案件适用法律若干问题的解释》①（2021 年 4 月 15 日起施行　法释〔2021〕8 号）

第一条　明知是犯罪所得及其产生的收益而予以窝藏、转移、收购、代为销售或者以其他方法掩饰、隐瞒，具有下列情形之一的，应当依照刑法第三百一十二条第一款的规定，以掩饰、隐瞒犯罪所得、犯罪所得收益罪定罪处罚：

（一）一年内曾因掩饰、隐瞒犯罪所得及其产生的收益行为受过行政

① 最高人民法院审判委员会第 1835 次会议通过的《最高人民法院关于修改〈关于审理掩饰、隐瞒犯罪所得、犯罪所得收益刑事案件适用法律若干问题的解释〉的决定》，删除了原规定中的第一条第一款第（一）项、第二款和第二条第二款规定的掩饰、隐瞒犯罪所得、犯罪所得收益罪的数额标准。今后人民法院审理掩饰、隐瞒犯罪所得、犯罪所得收益刑事案件，应综合考虑上游犯罪的性质、掩饰、隐瞒犯罪所得及其收益的情节、后果及社会危害程度等，依法定罪处罚。

处罚,又实施掩饰、隐瞒犯罪所得及其产生的收益行为的;

(二)掩饰、隐瞒的犯罪所得系电力设备、交通设施、广播电视设施、公用电信设施、军事设施或者救灾、抢险、防汛、优抚、扶贫、移民、救济款物的;

(三)掩饰、隐瞒行为致使上游犯罪无法及时查处,并造成公私财物损失无法挽回的;

(四)实施其他掩饰、隐瞒犯罪所得及其产生的收益行为,妨害司法机关对上游犯罪进行追究的。

人民法院审理掩饰、隐瞒犯罪所得、犯罪所得收益刑事案件,应综合考虑上游犯罪的性质、掩饰、隐瞒犯罪所得及其收益的情节、后果及社会危害程度等,依法定罪处罚。

司法解释对掩饰、隐瞒涉及计算机信息系统数据、计算机信息系统控制权的犯罪所得及其产生的收益行为构成犯罪已有规定的,审理此类案件依照该规定。

依照全国人民代表大会常务委员会《关于〈中华人民共和国刑法〉第三百四十一条、第三百一十二条的解释》,明知是非法狩猎的野生动物而收购,数量达到五十只以上的,以掩饰、隐瞒犯罪所得罪定罪处罚。

第二条 掩饰、隐瞒犯罪所得及其产生的收益行为符合本解释第一条的规定,认罪、悔罪并退赃、退赔,且具有下列情形之一的,可以认定为犯罪情节轻微,免予刑事处罚:

(一)具有法定从宽处罚情节的;

(二)为近亲属掩饰、隐瞒犯罪所得及其产生的收益,且系初犯、偶犯的;

(三)有其他情节轻微情形的。

第三条 掩饰、隐瞒犯罪所得及其产生的收益,具有下列情形之一的,应当认定为刑法第三百一十二条第一款规定的"情节严重":

(一)掩饰、隐瞒犯罪所得及其产生的收益价值总额达到十万元以上的;

(二)掩饰、隐瞒犯罪所得及其产生的收益十次以上,或者三次以上且价值总额达到五万元以上的；

（三）掩饰、隐瞒的犯罪所得系电力设备、交通设施、广播电视设施、公用电信设施、军事设施或者救灾、抢险、防汛、优抚、扶贫、移民、救济款物，价值总额达到五万元以上的；

（四）掩饰、隐瞒行为致使上游犯罪无法及时查处，并造成公私财物重大损失无法挽回或其他严重后果的；

（五）实施其他掩饰、隐瞒犯罪所得及其产生的收益行为，严重妨害司法机关对上游犯罪予以追究的。

司法解释对掩饰、隐瞒涉及机动车、计算机信息系统数据、计算机信息系统控制权的犯罪所得及其产生的收益行为认定“情节严重”已有规定的，审理此类案件依照该规定。

2.《最高人民法院、最高人民检察院关于常见犯罪的量刑指导意见（试行）》（2021 年 7 月 1 日起施行　法发〔2021〕21 号）

四、常见犯罪的量刑

（十九）掩饰、隐瞒犯罪所得、犯罪所得收益罪

1. 构成掩饰、隐瞒犯罪所得、犯罪所得收益罪的，根据下列情形在相应的幅度内确定量刑起点：

（1）犯罪情节一般的，在一年以下有期徒刑、拘役幅度内确定量刑起点。

（2）情节严重的，在三年至四年有期徒刑幅度内确定量刑起点。

2. 在量刑起点的基础上，根据犯罪数额等其他影响犯罪构成的犯罪事实增加刑罚量，确定基准刑。

3. 构成掩饰、隐瞒犯罪所得、犯罪所得收益罪的，根据掩饰、隐瞒犯罪所得及其收益的数额、犯罪对象、危害后果等犯罪情节，综合考虑被告人缴纳罚金的能力，决定罚金数额。

4. 构成掩饰、隐瞒犯罪所得、犯罪所得收益罪的，综合考虑掩饰、隐瞒犯罪所得及其收益的数额、危害后果、上游犯罪的危害程度等犯罪事实、量刑情节，以及被告人的主观恶性、人身危险性、认罪悔罪表现等因素，决定缓刑的适用。

(二)定罪量刑对应表

表 15 -2　掩饰、隐瞒犯罪所得、犯罪所得收益罪定罪量刑对应表

掩饰、隐瞒犯罪所得、犯罪所得收益罪		数额	妨害上游犯罪追究	其他	单位犯罪
第一档	3 年以下有期徒刑、拘役或者管制,并处或者单处罚金	无数额规定,但应综合考虑上游犯罪的性质、掩饰、隐瞒犯罪所得及其收益的情节、后果及社会危害程度等,依法定罪处罚。	(1)掩饰、隐瞒行为致使上游犯罪无法及时查处,并造成公私财物损失无法挽回的;(2)实施其他掩饰、隐瞒犯罪所得及其产生的收益行为,妨害司法机关对上游犯罪进行追究的	(1)一年内曾因掩饰、隐瞒犯罪所得及其产生的收益行为受过行政处罚,又实施该行为的;(2)掩饰、隐瞒的犯罪所得系电力设备、交通设施、广播电视设施、公用电信设施、军事设施或者救灾、抢险、防汛、优抚、扶贫、移民、救济款物的	按个人犯罪标准执行,对单位判处罚金
第二档	3 年以上 7 年以下有期徒刑,并处罚金	总额≥10 万元	(1)掩饰、隐瞒行为致使上游犯罪无法及时查处,并造成公私财物重大损失无法挽回或其他严重后果的;(2)实施其他掩饰、隐瞒犯罪所得及其产生的收益行为,严重妨害司法机关对上游犯罪予以追究的	(1)掩饰、隐瞒犯罪所得及其产生的收益 10 次以上,或者 3 次以上且价值总额≥5 万元;(2)掩饰、隐瞒的犯罪所得系电力设备、交通设施、广播电视设施、公用电信设施、军事设施或者救灾、抢险、防汛、优抚、扶贫、移民、救济款物的,价值总额≥5 万元	按个人犯罪标准执行,对单位判处罚金

第三节　隐匿、故意销毁会计凭证、会计账簿、财务会计报告罪

一、犯罪主体

单位、自然人。

二、刑法规定

《刑法》

第一百六十二条之一①　隐匿或者故意销毁依法应当保存的会计凭证、会计账簿、财务会计报告，情节严重的，处五年以下有期徒刑或者拘役，并处或者单处二万元以上二十万元以下罚金。

单位犯前款罪的，对单位判处罚金，并对其直接负责的主管人员和其他直接责任人员，依照前款的规定处罚。

三、重点、疑难问题界定

（一）隐匿、销毁会计凭证、会计账簿、财务会计报告罪的认定

1.《全国人民代表大会常务委员会法制工作委员会关于对“隐匿、销毁会计凭证、会计账簿、财务会计报告构成犯罪的主体范围”问题的答复意见》（2002年1月14日起施行　法工委复字〔2002〕3号）

根据全国人大常委会1999年12月25日刑法修正案第一条的规定，任何单位和个人在办理会计事务时对依法应当保存的会计凭证、会计账簿、财务会计报告，进行隐匿、销毁，情节严重的，构成犯罪，应当依法追究其刑事责任。

2.《公安部经济犯罪侦查局关于对隐匿销毁会计资料罪有关问题请示的答复》（2002年12月24日起施行　公经〔2002〕1605号）

一、根据2002年全国人大法制工作委员会对国家审计署有关请示的

① 1999年12月25日起施行的《刑法修正案》增设该条。

答复(〔2002〕3 号):隐匿、销毁会计凭证、会计账簿、财务会计报告,涉嫌犯罪的,应当由公安机关立案侦查。

二、根据《会计法》、《审计法》、《海关法》、《公司法》、《企业法》、《行政法》、《刑事诉讼法》等有关法律法规的规定,下列单位(人员)在执行公务中有权要求会计机构或会计人员提供会计资料:1. 依法实施监督检查的财政、审计、税务、人民银行、证券监管、保险监管、监察、党的纪律检查机关等监督检查机关(部门);2. 办理相关刑事案件的公安、司法机关;3. 上级主管部门、人民政府及其授权机构;4. 股东(大)会、董事会、监事会、职能监督部门或单位领导人、会计主管人员等;5. 法律法规规定的其他部门。

3. 是否构成隐匿、销毁会计凭证、会计账簿、财务会计报告罪的判断标准

【典型案例裁判指引 180】《刑事审判参考》第 1206 号[①]林某、金某隐匿会计凭证、会计账簿、财务会计报告,非法持有枪支、弹药案:隐匿会计凭证、会计账簿、财务会计报告罪以行为人是否为了逃避有关监督检查部门依法实施的监督检查作为是否构成犯罪的判断标准

对于何为"隐匿",《刑法》未作具体规定,目前也无司法解释涉及。从《会计法》规定的角度,可以窥见《刑法》设立该罪名的目的。《会计法》第三十五条规定:"各单位必须依照有关法律、行政法规的规定,接受有关监督检查部门依法实施的监督检查,如实提供会计凭证、会计账簿、财务会计报告和其他会计资料以及有关情况,不得拒绝、隐匿、谎报。"也就是说,为了逃避有关监督检查部门依法实施的监督检查而实施的隐匿,才可能构成《会计法》意义上的"隐匿"。由于隐匿会计凭证、会计账簿、财务报告罪属于行政犯而非自然犯,《刑法》规定的该罪中的"隐匿"宜参照有关行政法来理解。《会计法》规定的隐匿会计凭证、会计账簿、会计报告的目的是评价某一隐匿行为是否能够进入刑事处罚领域。因而,评价某一行为是否构成隐匿会计凭证、会计账簿、财务报告罪,首先需要判断行为人所实施的隐匿行为是否为了逃避有关监督检查部门依法实施的监督检查。

被告人林某、金某主观上没有为逃避有关主管部门的监督检查而隐匿

---

① 参见中华人民共和国最高人民法院刑事审判第一、二、三、四、五庭主办:《刑事审判参考》(总第 111 集),法律出版社 2018 年版,第 11 - 12 页。

会计凭证等资料的故意，客观上也没有实施隐匿的行为，故二被告人的行为不构成隐匿会计凭证、会计账簿、财务会计报告罪。

（二）故意隐匿、销毁“小金库”等账外资金的凭证、单据的构成隐匿、故意销毁会计凭证、会计账簿罪

【典型案例裁判指引181】**兰某宁故意销毁会计凭证、会计账簿，贪污、受贿案**[①]**：故意销毁账外资金的凭证、单据的，构成故意销毁会计凭证、会计账簿罪**

账外资金的会计资料与其他应当依法保存的会计资料一样，记载了一个单位一定时期的部分经营活动情况，都应当保存。销毁这些会计资料，就是销毁项目部这部分经营活动情况的真实、完整的书面记载，从而规避有关部门对此依法进行的监督检查。故意销毁账外资金的凭证、单据的，构成故意销毁会计凭证、会计账簿罪。

【典型案例裁判指引182】**郝某某、沈某某隐匿、故意销毁会计凭证、会计账簿、财务会计报告案**[②]**：“小金库”的账目反映了该单位的资金往来情况属于“依法应当保存”的会计资料**

私设“小金库”的行为因为违反了我国《会计法》的相关规定，隐匿了本单位的部分经营项目与资金往来，规避了国家对其正常的审核与监督，故该行为不合法。但是，“小金库”中涉及的会计资料也记载了单位特定时期的一部分经营活动和资金往来情况，这一违法账目与明账结合在一起，才构成该单位资金业务往来的全部记录。“小金库”的账目，也是业务的真实记录，反映了该单位的资金往来情况，应属于“依法应当保存”的会计资料。不能因为私设“小金库”的行为违法和“小金库”涉及的资金违法，就认为涉及该行为和资金的有关会计资料不应依法保存。因此，本院认为，“小金库”中的会计凭证和会计账簿应当属于“依法应当保存的”会计资料。被告人郝某某、沈某某故意销毁依法应当保存的会计凭证、会计

---

① 参见最高人民法院中国应用法学研究所编：《人民法院案例选》(2017年第2辑)，人民法院出版社2017年版，第1043页。

② 云南省文山市人民法院刑事判决书，(2017)云2601刑初57号。

账簿,情节严重的行为,构成故意销毁会计凭证、会计账簿罪。犯罪事实清楚,证据确实充分,本院予以确认并追究二被告人的刑事责任。

【典型案例裁判指引183】徐某和隐匿、故意销毁会计凭证、会计账簿、财务会计报告案①:以没有保留必要为由销毁小金库会计凭证构成故意销毁会计凭证罪

2008年以来,徐某和在担任建德市三都镇三江口村党总支书记期间,违反财务管理制度私设"小金库"。徐某和以没有保留必要为由,于2010年4月将"小金库"相关会计凭证予以销毁,涉及金额为人民币324,288.7元,后又于2013年12月再次将"小金库"相关会计凭证予以销毁,涉及金额为人民币2,589,035.34元,两次涉及金额合计为人民币2,913,324.04元。上诉人徐某和故意销毁依法应当保存的会计凭证,情节严重,其行为已构成故意销毁会计凭证罪。

四、定罪量刑标准

(一)司法解释等相关规定

《最高人民检察院、公安部关于公安机关管辖的刑事案件立案追诉标准的规定(二)》(2022年5月15日起施行 2022年4月6日修订)

第八条② 〔隐匿、故意销毁会计凭证、会计帐簿、财务会计报告案(刑法第一百六十二条之一)〕隐匿或者故意销毁依法应当保存的会计凭证、会计帐簿、财务会计报告,涉嫌下列情形之一的,应予立案追诉:

(一)隐匿、故意销毁的会计凭证、会计帐簿、财务会计报告涉及金额在五十万元以上的;

(二)依法应当向监察机关、司法机关、行政机关、有关主管部门等提供而隐匿、故意销毁或者拒不交出会计凭证、会计帐簿、财务会计报告的;

---

① 浙江省杭州市中级人民法院刑事裁定书,(2015)浙杭刑终字第676号。

② 注意刑法从旧兼从轻原则。修订前的《最高人民检察院、公安部关于公安机关管辖的刑事案件立案追诉标准的规定(二)》(2010年5月7日起施行)规定的立案追诉标准是:"(一)隐匿、故意销毁的会计凭证、会计账簿、财务会计报告涉及金额在五十万元以上的;(二)依法应当向司法机关、行政机关、有关主管部门等提供而隐匿、故意销毁或者拒不交出会计凭证、会计账簿、财务会计报告的;(三)其他情节严重的情形。"

（三）其他情节严重的情形。

第八十三条　本规定中的立案追诉标准，除法律、司法解释、本规定中另有规定的以外，适用于相应的单位犯罪。

（二）定罪量刑对应表

表15－3　隐匿、故意销毁会计凭证、会计账簿、财务会计报告罪定罪量刑对应表

隐匿、故意销毁会计凭证、会计账簿、财务会计报告罪		情节	单位犯罪
第一档	5年以下有期徒刑或者拘役，并处或者单处2万元以上20万元以下罚金	（1）涉及金额≥50万元；（2）依法应当向监察机关、司法机关、行政机关、有关主管部门等提供而隐匿、故意销毁或者拒不交出	按个人犯罪标准执行，对单位判处罚金

第四节　提供虚假证明文件罪、出具证明文件重大失实罪

一、犯罪主体

承担资产评估、验资、验证、会计、审计、法律服务、保荐、安全评价、环境影响评价、环境监测等职责的中介组织的工作人员。

二、刑法规定

《刑法》

第二百二十九条[①]　承担资产评估、验资、验证、会计、审计、法律服务、保荐、安全评价、环境影响评价、环境监测等职责的中介组织的人员故意提供虚假证明文件，情节严重的，处五年以下有期徒刑或者拘役，并处罚

① 2021年3月1日起施行的《刑法修正案（十一）》对第二百二十九条进行修改，注意刑法从旧兼从轻原则在具体案件中的应用。《刑法修正案（十一）》修改前的条文内容如下：承担资产评估、验资、验证、会计、审计、法律服务等职责的中介组织的人员故意提供虚假证明文件，情节严重的，处五年以下有期徒刑或者拘役，并处罚金。前款规定的人员，索取他人财物或者非法收受他人财物，犯前款罪的，处五年以上十年以下有期徒刑，并处罚金。第一款规定的人员，严重不负责任，出具的证明文件有重大失实，造成严重后果的，处三年以下有期徒刑或者拘役，并处或者单处罚金。

金;有下列情形之一的,处五年以上十年以下有期徒刑,并处罚金:

(一)提供与证券发行相关的虚假的资产评估、会计、审计、法律服务、保荐等证明文件,情节特别严重的;

(二)提供与重大资产交易相关的虚假的资产评估、会计、审计等证明文件,情节特别严重的;

(三)在涉及公共安全的重大工程、项目中提供虚假的安全评价、环境影响评价等证明文件,致使公共财产、国家和人民利益遭受特别重大损失的。

有前款行为,同时索取他人财物或者非法收受他人财物构成犯罪的,依照处罚较重的规定定罪处罚。

第一款规定的人员,严重不负责任,出具的证明文件有重大失实,造成严重后果的,处三年以下有期徒刑或者拘役,并处或者单处罚金。

第二百三十一条 单位犯本节第二百二十一条至第二百三十条规定之罪的,对单位判处罚金,并对其直接负责的主管人员和其他直接责任人员,依照本节各该条的规定处罚。

三、重点、疑难问题界定

提供虚假证明文件罪、出具证明文件重大失实罪的认定

1.《最高人民检察院关于公证员出具公证书有重大失实行为如何适用法律问题的批复》(2009 年 1 月 15 日起施行 高检发释字〔2009〕1 号)

《中华人民共和国公证法》施行以后,公证员在履行公证职责过程中,严重不负责任,出具的公证书有重大失实,造成严重后果的,依照刑法第二百二十九条第三款的规定,以出具证明文件重大失实罪追究刑事责任。

2.《最高人民法院、最高人民检察院关于办理妨害信用卡管理刑事案件具体应用法律若干问题的解释》①(2018 年 12 月 1 日起施行 法释〔2018〕19 号)

第四条第二款 承担资产评估、验资、验证、会计、审计、法律服务等职

① 2018 年 12 月 1 日起施行的《最高人民法院、最高人民检察院关于修改〈关于办理妨害信用卡管理刑事案件具体应用法律若干问题的解释〉的决定》,未对 2009 年 12 月 16 日起施行的《最高人民法院、最高人民检察院关于办理妨害信用卡管理刑事案件具体应用法律若干问题的解释》第四条内容进行修改。

责的中介组织或其人员，为信用卡申请人提供虚假的财产状况、收入、职务等资信证明材料，应当追究刑事责任的，依照刑法第二百二十九条的规定，分别以提供虚假证明文件罪和出具证明文件重大失实罪定罪处罚。

3.《最高人民检察院关于地质工程勘测院和其他履行勘测职责的单位及其工作人员能否成为刑法第二百二十九条规定的有关犯罪主体的批复》(2015 年 11 月 12 日起施行　高检发释字〔2015〕4 号)

地质工程勘测院和其他履行勘测职责的单位及其工作人员在履行勘察、勘查、测绘职责过程中，故意提供虚假工程地质勘察报告等证明文件，情节严重的，依照刑法第二百二十九条第一款和第二百三十一条的规定，以提供虚假证明文件罪追究刑事责任；地质工程勘测院和其他履行勘测职责的单位及其工作人员在履行勘察、勘查、测绘职责过程中，严重不负责任，出具的工程地质勘察报告等证明文件有重大失实，造成严重后果的，依照刑法第二百二十九条第三款和第二百三十一条的规定，以出具证明文件重大失实罪追究刑事责任。

4.《最高人民法院、最高人民检察院关于办理环境污染刑事案件适用法律若干问题的解释》(2023 年 8 月 15 日起施行　法释〔2023〕7 号)①

第十条　承担环境影响评价、环境监测、温室气体排放检验检测、排放报告编制或者核查等职责的中介组织的人员故意提供虚假证明文件，具有下列情形之一的，应当认定为刑法第二百二十九条第一款规定的“情节严重”：

（一）违法所得三十万元以上的；

（二）二年内曾因提供虚假证明文件受过二次以上行政处罚，又提供虚假证明文件的；

（三）其他情节严重的情形。

实施前款规定的行为，在涉及公共安全的重大工程、项目中提供虚假的环境影响评价等证明文件，致使公共财产、国家和人民利益遭受特别重

① 该司法解释把《最高人民法院、最高人民检察院关于办理环境污染刑事案件适用法律若干问题的解释》(2017 年 1 月 1 日起施行　法释〔2016〕29 号)予以废止，在具体办案过程中注意从旧兼从轻原则的适用。

大损失的,应当依照刑法第二百二十九条第一款的规定,处五年以上十年以下有期徒刑,并处罚金。

实施前两款规定的行为,同时索取他人财物或者非法收受他人财物构成犯罪的,依照处罚较重的规定定罪处罚。

5.《最高人民法院、最高人民检察院关于办理药品、医疗器械注册申请材料造假刑事案件适用法律若干问题的解释》①(2017 年 9 月 1 日起施行　法释〔2017〕15 号)

第一条　药物非临床研究机构、药物临床试验机构、合同研究组织的工作人员,故意提供虚假的药物非临床研究报告、药物临床试验报告及相关材料的,应当认定为刑法第二百二十九条规定的“故意提供虚假证明文件”。

实施前款规定的行为,具有下列情形之一的,应当认定为刑法第二百二十九条规定的“情节严重”,以提供虚假证明文件罪处五年以下有期徒刑或者拘役,并处罚金:

(一)在药物非临床研究或者药物临床试验过程中故意使用虚假试验用药品的;

(二)瞒报与药物临床试验用药品相关的严重不良事件的;

(三)故意损毁原始药物非临床研究数据或者药物临床试验数据的;

(四)编造受试动物信息、受试者信息、主要试验过程记录、研究数据、检测数据等药物非临床研究数据或者药物临床试验数据,影响药品安全性、有效性评价结果的;

(五)曾因在申请药品、医疗器械注册过程中提供虚假证明材料受过刑事处罚或者二年内受过行政处罚,又提供虚假证明材料的;

(六)其他情节严重的情形。

第二条　实施本解释第一条规定的行为,索取或者非法收受他人财物的,应当依照刑法第二百二十九条第二款规定,以提供虚假证明文件罪处

---

① 《最高人民法院、最高人民检察院关于办理危害药品安全刑事案件适用法律若干问题的解释》(2022 年 3 月 6 日起施行　高检发释字〔2022〕1 号)已经将该司法解释废止,但有关内容有参考意义。

五年以上十年以下有期徒刑，并处罚金；同时构成提供虚假证明文件罪和受贿罪、非国家工作人员受贿罪的，依照处罚较重的规定定罪处罚。

第四条　药品注册申请单位的工作人员指使药物非临床研究机构、药物临床试验机构、合同研究组织的工作人员提供本解释第一条第二款规定的虚假药物非临床研究报告、药物临床试验报告及相关材料的，以提供虚假证明文件罪的共同犯罪论处。

具有下列情形之一的，可以认定为前款规定的"指使"，但有相反证据的除外：

（一）明知有关机构、组织不具备相应条件或者能力，仍委托其进行药物非临床研究、药物临床试验的；

（二）支付的价款明显异于正常费用的。

药品注册申请单位的工作人员和药物非临床研究机构、药物临床试验机构、合同研究组织的工作人员共同实施第一款规定的行为，骗取药品批准证明文件生产、销售药品，同时构成提供虚假证明文件罪和生产、销售假药罪的，依照处罚较重的规定定罪处罚。

第五条　在医疗器械注册申请中，故意提供、使用虚假的医疗器械临床试验报告及相关材料的，参照适用本解释第一条至第四条规定。

第六条　单位犯本解释第一条至第五条规定之罪的，对单位判处罚金，并依照本解释规定的相应自然人犯罪的定罪量刑标准对直接负责的主管人员和其他直接责任人员定罪处罚。

第八条　对是否属于虚假的药物非临床研究报告、药物或者医疗器械临床试验报告及相关材料，是否影响药品或者医疗器械安全性、有效性评价结果，以及是否属于严重不良事件等专门性问题难以确定的，可以根据国家药品监督管理部门设置或者指定的药品、医疗器械审评等机构出具的意见，结合其他证据作出认定。

第九条　本解释所称"合同研究组织"，是指受药品或者医疗器械注册申请单位、药物非临床研究机构、药物或者医疗器械临床试验机构的委托，从事试验方案设计、数据统计、分析测试、监查稽查等与非临床研究或者临床试验相关活动的单位。

6.《最高人民法院、最高人民检察院关于办理危害生产安全刑事案件适用法律若干问题的解释(二)》(2022 年 12 月 19 日起施行　法释〔2022〕19 号)

第六条　承担安全评价职责的中介组织的人员提供的证明文件有下列情形之一的,属于刑法第二百二十九条第一款规定的“虚假证明文件”:

(一)故意伪造的;

(二)在周边环境、主要建(构)筑物、工艺、装置、设备设施等重要内容上弄虚作假,导致与评价期间实际情况不符,影响评价结论的;

(三)隐瞒生产经营单位重大事故隐患及整改落实情况、主要灾害等级等情况,影响评价结论的;

(四)伪造、篡改生产经营单位相关信息、数据、技术报告或者结论等内容,影响评价结论的;

(五)故意采用存疑的第三方证明材料、监测检验报告,影响评价结论的;

(六)有其他弄虚作假行为,影响评价结论的情形。

生产经营单位提供虚假材料、影响评价结论,承担安全评价职责的中介组织的人员对评价结论与实际情况不符无主观故意的,不属于刑法第二百二十九条第一款规定的“故意提供虚假证明文件”。

有本条第二款情形,承担安全评价职责的中介组织的人员严重不负责任,导致出具的证明文件有重大失实,造成严重后果的,依照刑法第二百二十九条第三款的规定追究刑事责任。

第九条　承担安全评价职责的中介组织犯刑法第二百二十九条规定之罪的,对该中介组织判处罚金,并对其直接负责的主管人员和其他直接责任人员,依照本解释第七条、第八条①的规定处罚。

---

① “本解释第七条、第八条的规定”参见本节“四、定罪量刑标准”“(一)司法解释等相关规定”中的具体内容。

四、定罪量刑标准

(一)司法解释等相关规定

1.《最高人民检察院、公安部关于公安机关管辖的刑事案件立案追诉标准的规定(二)》(2022 年 5 月 15 日起施行　2022 年 4 月 6 日修订)

第七十三条[①]　〔提供虚假证明文件案(刑法第二百二十九条第一款)〕承担资产评估、验资、验证、会计、审计、法律服务、保荐、安全评价、环境影响评价、环境监测等职责的中介组织的人员故意提供虚假证明文件,涉嫌下列情形之一的,应予立案追诉:

(一)给国家、公众或者其他投资者造成直接经济损失数额在五十万元以上的;

(二)违法所得数额在十万元以上的;

(三)虚假证明文件虚构数额在一百万元以上且占实际数额百分之三十以上的;

(四)虽未达到上述数额标准,但二年内因提供虚假证明文件受过二次以上行政处罚,又提供虚假证明文件的;

(五)其他情节严重的情形。

第七十四条　〔出具证明文件重大失实案(刑法第二百二十九条第三款)〕承担资产评估、验资、验证、会计、审计、法律服务、保荐、安全评价、环境影响评价、环境监测等职责的中介组织的人员严重不负责任,出具的证明文件有重大失实,涉嫌下列情形之一的,应予立案追诉:

(一)给国家、公众或者其他投资者造成直接经济损失数额在一百万元以上的;

(二)其他造成严重后果的情形。

第八十一条　本规定中的"虽未达到上述数额标准",是指接近上述数额标准且已达到该数额的百分之八十以上的。

---

① 注意刑法从旧兼从轻原则。见修订前的《最高人民检察院、公安部关于公安机关管辖的刑事案件立案追诉标准的规定(二)》(2010 年 5 月 7 日起施行)第八十一条、第八十二条。

第八十三条 本规定中的立案追诉标准,除法律、司法解释、本规定中另有规定的以外,适用于相应的单位犯罪。

2.《最高人民法院、最高人民检察院关于办理危害生产安全刑事案件适用法律若干问题的解释(二)》(2022 年 12 月 19 日起施行 法释〔2022〕19 号)

第七条 承担安全评价职责的中介组织的人员故意提供虚假证明文件,有下列情形之一的,属于刑法第二百二十九条第一款规定的“情节严重”:

(一)造成死亡一人以上或者重伤三人以上安全事故的;

(二)造成直接经济损失五十万元以上安全事故的;

(三)违法所得数额十万元以上的;

(四)两年内因故意提供虚假证明文件受过两次以上行政处罚,又故意提供虚假证明文件的;

(五)其他情节严重的情形。

在涉及公共安全的重大工程、项目中提供虚假的安全评价文件,有下列情形之一的,属于刑法第二百二十九条第一款第三项规定的“致使公共财产、国家和人民利益遭受特别重大损失”:

(一)造成死亡三人以上或者重伤十人以上安全事故的;

(二)造成直接经济损失五百万元以上安全事故的;

(三)其他致使公共财产、国家和人民利益遭受特别重大损失的情形。

承担安全评价职责的中介组织的人员有刑法第二百二十九条第一款行为,在裁量刑罚时,应当考虑其行为手段、主观过错程度、对安全事故的发生所起作用大小及其获利情况、一贯表现等因素,综合评估社会危害性,依法裁量刑罚,确保罪责刑相适应。

第八条 承担安全评价职责的中介组织的人员,严重不负责任,出具的证明文件有重大失实,有下列情形之一的,属于刑法第二百二十九条第三款规定的“造成严重后果”:

(一)造成死亡一人以上或者重伤三人以上安全事故的;

(二)造成直接经济损失一百万元以上安全事故的;

(三)其他造成严重后果的情形。

(二)定罪量刑对应表

表 15－4　提供虚假证明文件罪定罪量刑对应表

<table>
<tr><th colspan="2">提供虚假证明文件罪</th><th>情节</th><th>承担安全评价职责的中介组织的人员</th><th>单位犯罪</th></tr>
<tr><td>第一档</td><td>5 年以下有期徒刑或者拘役,并处罚金</td><td>(1)直接经济损失≥50 万元;(2)违法所得≥10 万元;(3)虚假证明文件虚构数≥100 万元且占实际数额≥30%;(4)未达到上述三项数额,但有索取或非法接受他人财物的,或者两年内因提供虚假证明文件受过行政处罚 2 次以上又提供虚假证明文件的行为之一的;(5)承担环境影响评价、环境监测、温室气体排放检验检测、排放报告编制或者核查等职责的中介组织的人员:违法所得≥30 万元</td><td>(1)死亡≥1 人或者重伤≥3 人安全事故;(2)直接经济损失≥50 万元;(3)违法所得≥10 万元;(4)两年内因提供虚假证明文件受过行政处罚 2 次以上又提供虚假证明文件的行为之一的</td><td rowspan="2">按个人犯罪标准执行,对单位判处罚金</td></tr>
<tr><td>第二档</td><td>5 年以上 10 年以下有期徒刑,并处罚金</td><td>(1)提供与证券发行相关的虚假的资产评估、会计、审计、法律服务、保荐等证明文件,情节特别严重的;
(2)提供与重大资产交易相关的虚假的资产评估、会计、审计等证明文件,情节特别严重的;
(3)在涉及公共安全的重大工程、项目中提供虚假的安全评价、环境影响评价等证明文件,致使公共财产、国家和人民利益遭受特别重大损失的。
有上述情形的同时索取他人财物或者非法收受他人财物构成犯罪的依照处罚较重的规定定罪处罚。</td><td>公共安全的重大工程:(1)死亡≥3 人或者重伤≥10 人安全事故;(2)直接经济损失≥500 万元;(3)其他致使公共财产、国家和人民利益遭受特别重大损失的情形</td></tr>
</table>

表 15－5 出具证明文件重大失实罪定罪量刑对应表

出具证明文件重大失实罪		情节	承担安全评价职责的中介组织的人员	单位犯罪
第一档	3 年以下有期徒刑或者拘役,并处或者单处罚金	经济损失≥100 万元	(1)死亡≥1人或者重伤≥3人安全事故;(2)直接经济损失≥100 万元	按个人犯罪标准执行,对单位判处罚金

第五节 伪证罪

一、犯罪主体

证人、鉴定人、记录人、翻译人。

二、刑法规定

《刑法》

第三百零五条 在刑事诉讼中,证人、鉴定人、记录人、翻译人对与案件有重要关系的情节,故意作虚假证明、鉴定、记录、翻译,意图陷害他人或者隐匿罪证的,处三年以下有期徒刑或者拘役;情节严重的,处三年以上七年以下有期徒刑。

三、定罪量刑标准

定罪量刑对应表

表 15－6 伪证罪定罪量刑对应表

伪证罪		情节
第一档	3 年以下有期徒刑或者拘役	具体未规定
第二档	3 年以上 7 年以下有期徒刑	情节严重,具体未规定

第六节　妨害作证罪,帮助毁灭、伪造证据罪

一、犯罪主体

自然人。

二、刑法规定

《刑法》

第三百零七条　以暴力、威胁、贿买等方法阻止证人作证或者指使他人作伪证的,处三年以下有期徒刑或者拘役;情节严重的,处三年以上七年以下有期徒刑。

帮助当事人毁灭、伪造证据,情节严重的,处三年以下有期徒刑或者拘役。

司法工作人员犯前两款罪的,从重处罚。

三、重点、疑难问题界定

通过伪造证据骗取法院民事裁判占有他人财物的行为的处理

1.《最高人民检察院法律政策研究室关于通过伪造证据骗取法院民事裁判占有他人财物的行为如何适用法律问题的答复》(2002 年 10 月 24 日起施行　〔2002〕高检研发第 18 号)

以非法占有为目的,通过伪造证据骗取法院民事裁判占有他人财物的行为所侵害的主要是人民法院正常的审判活动可以由人民法院依照民事诉讼法的有关规定作出处理,不宜以诈骗罪追究行为人的刑事责任。如果行为人伪造证据时,实施了伪造公司、企业、事业单位、人民团体印章的行为,构成犯罪的,应当依照刑法第二百八十条第二款的规定,以伪造公司、企业、事业单位、人民团体印章罪追究刑事责任;如果行为人有指使他人作伪证行为,构成犯罪的应当依照刑法第三百零七条第一款的规定,以妨害作证罪追究刑事责任。

2.《最高人民法院关于〈中华人民共和国刑法修正案(九)〉时间效力问题的解释》(2015年11月1日起施行 法释〔2015〕19号)

第七条 对于2015年10月31日以前以捏造的事实提起民事诉讼,妨害司法秩序或者严重侵害他人合法权益,根据修正前刑法应当以伪造公司、企业、事业单位、人民团体印章罪或者妨害作证罪等追究刑事责任的,适用修正前刑法的有关规定。但是,根据修正后刑法第三百零七条之一的规定处刑较轻的,适用修正后刑法的有关规定。

实施第一款行为,非法占有他人财产或者逃避合法债务,根据修正前刑法应当以诈骗罪、职务侵占罪或者贪污罪等追究刑事责任的,适用修正前刑法的有关规定。

四、定罪量刑标准

定罪量刑对应表

表15-7 妨害作证罪定罪量刑对应表

妨害作证罪		情节
第一档	3年以下有期徒刑或者拘役	具体未规定
第二档	3年以上7年以下有期徒刑	情节严重,具体未规定

表15-8 帮助毁灭、伪造证据罪定罪量刑对应表

帮助毁灭、伪造证据罪		情节
第一档	3年以下有期徒刑或者拘役	具体未规定

第七节 窝藏、包庇罪

一、犯罪主体

自然人。

二、刑法规定

《刑法》

第三百一十条　明知是犯罪的人而为其提供隐藏处所、财物，帮助其逃匿或者作假证明包庇的，处三年以下有期徒刑、拘役或者管制；情节严重的，处三年以上十年以下有期徒刑。

犯前款罪，事前通谋的，以共同犯罪论处。

三、定罪量刑标准

（一）司法解释等相关规定

《最高人民法院、最高人民检察院关于办理窝藏、包庇刑事案件适用法律若干问题的解释》（2021年8月11日起施行　法释〔2021〕16号）

第一条　明知是犯罪的人，为帮助其逃匿，实施下列行为之一的，应当依照刑法第三百一十条第一款的规定，以窝藏罪定罪处罚：

（一）为犯罪的人提供房屋或者其他可以用于隐藏的处所的；

（二）为犯罪的人提供车辆、船只、航空器等交通工具，或者提供手机等通讯工具的；

（三）为犯罪的人提供金钱的；

（四）其他为犯罪的人提供隐藏处所、财物，帮助其逃匿的情形。

保证人在犯罪的人取保候审期间，协助其逃匿，或者明知犯罪的人的藏匿地点、联系方式，但拒绝向司法机关提供的，应当依照刑法第三百一十条第一款的规定，对保证人以窝藏罪定罪处罚。

虽然为犯罪的人提供隐藏处所、财物，但不是出于帮助犯罪的人逃匿的目的，不以窝藏罪定罪处罚；对未履行法定报告义务的行为人，依法移送有关主管机关给予行政处罚。

第二条　明知是犯罪的人，为帮助其逃避刑事追究，或者帮助其获得从宽处罚，实施下列行为之一的，应当依照刑法第三百一十条第一款的规定，以包庇罪定罪处罚：

（一）故意顶替犯罪的人欺骗司法机关的；

（二）故意向司法机关作虚假陈述或者提供虚假证明，以证明犯罪的

人没有实施犯罪行为,或者犯罪的人所实施行为不构成犯罪的;

(三)故意向司法机关提供虚假证明,以证明犯罪的人具有法定从轻、减轻、免除处罚情节的;

(四)其他作假证明包庇的行为。

第三条 明知他人有间谍犯罪或者恐怖主义、极端主义犯罪行为,在司法机关向其调查有关情况、收集有关证据时,拒绝提供,情节严重的,依照刑法第三百一十一条的规定,以拒绝提供间谍犯罪、恐怖主义犯罪、极端主义犯罪证据罪定罪处罚;作假证明包庇的,依照刑法第三百一十条的规定,以包庇罪从重处罚。

第四条 窝藏、包庇犯罪的人,具有下列情形之一的,应当认定为刑法第三百一十条第一款规定的"情节严重":

(一)被窝藏、包庇的人可能被判处无期徒刑以上刑罚的;

(二)被窝藏、包庇的人犯危害国家安全犯罪、恐怖主义或者极端主义犯罪,或者系黑社会性质组织犯罪的组织者、领导者,且可能被判处十年有期徒刑以上刑罚的;

(三)被窝藏、包庇的人系犯罪集团的首要分子,且可能被判处十年有期徒刑以上刑罚的;

(四)被窝藏、包庇的人在被窝藏、包庇期间再次实施故意犯罪,且新罪可能被判处五年有期徒刑以上刑罚的;

(五)多次窝藏、包庇犯罪的人,或者窝藏、包庇多名犯罪的人的;

(六)其他情节严重的情形。

前款所称"可能被判处"刑罚,是指根据被窝藏、包庇的人所犯罪行,在不考虑自首、立功、认罪认罚等从宽处罚情节时应当依法判处的刑罚。

第五条 认定刑法第三百一十条第一款规定的"明知",应当根据案件的客观事实,结合行为人的认知能力,接触被窝藏、包庇的犯罪人的情况,以及行为人和犯罪人的供述等主、客观因素进行认定。

行为人将犯罪的人所犯之罪误认为其他犯罪的,不影响刑法第三百一十条第一款规定的"明知"的认定。

行为人虽然实施了提供隐藏处所、财物等行为,但现有证据不能证明行为人知道犯罪的人实施了犯罪行为的,不能认定为刑法第三百一十条第一款规定的“明知”。

第六条 认定窝藏、包庇罪,以被窝藏、包庇的人的行为构成犯罪为前提。

被窝藏、包庇的人实施的犯罪事实清楚,证据确实、充分,但尚未到案、尚未依法裁判或者因不具有刑事责任能力依法未予追究刑事责任的,不影响窝藏、包庇罪的认定。但是,被窝藏、包庇的人归案后被宣告无罪的,应当依照法定程序宣告窝藏、包庇行为人无罪。

第七条 为帮助同一个犯罪的人逃避刑事处罚,实施窝藏、包庇行为,又实施洗钱行为,或者掩饰、隐瞒犯罪所得及其收益行为,或者帮助毁灭证据行为,或者伪证行为的,依照处罚较重的犯罪定罪,并从重处罚,不实行数罪并罚。

第八条 共同犯罪人之间互相实施的窝藏、包庇行为,不以窝藏、包庇罪定罪处罚,但对共同犯罪以外的犯罪人实施窝藏、包庇行为的,以所犯共同犯罪和窝藏、包庇罪并罚。

(二)定罪量刑对应表

表 15－9 窝藏、包庇罪定罪量刑对应表

窝藏、包庇罪		情节
第一档	3年以下有期徒刑或者拘役	(1)故意顶替犯罪的人欺骗司法机关的;(2)故意向司法机关作虚假陈述或者提供虚假证明,以证明犯罪的人没有实施犯罪行为,或者犯罪的人所实施行为不构成犯罪的;(3)故意向司法机关提供虚假证明,以证明犯罪的人具有法定从轻、减轻、免除处罚情节的;(4)其他作假证明包庇的行为。
第二档	3年以上10年以下有期徒刑	(1)被窝藏、包庇的人可能被判处无期徒刑以上刑罚的;(2)被窝藏、包庇的人犯危害国家安全犯罪、恐怖主义或者极端主义犯罪,或者系黑社会性质组织犯罪的组织者、领导者,且可能被判处十年有期徒刑以上刑罚的;(3)被窝藏、包庇的人系犯罪集团的首要分子,且可能被判处十年有期徒刑以上刑罚的;(4)被窝藏、包庇的人在被窝藏、包庇期间再次实施故意犯罪,且新罪可能被判处五年有期徒刑以上刑罚的;(5)多次窝藏、包庇犯罪的人,或者窝藏、包庇多名犯罪的人的;(6)其他情节严重的情形。

第八节 侵犯公民个人信息罪

一、犯罪主体

单位、自然人。

二、刑法规定

《刑法》

第二百五十三条之一[①] 违反国家有关规定,向他人出售或者提供公民个人信息,情节严重的,处三年以下有期徒刑或者拘役,并处或者单处罚金;情节特别严重的,处三年以上七年以下有期徒刑,并处罚金。

违反国家有关规定,将在履行职责或者提供服务过程中获得的公民个人信息,出售或者提供给他人的,依照前款的规定从重处罚。

窃取或者以其他方法非法获取公民个人信息的,依照第一款的规定处罚。

单位犯前三款罪的,对单位判处罚金,并对其直接负责的主管人员和其他直接责任人员,依照各该款的规定处罚。

三、重点、疑难问题界定

(一)公民个人信息的认定

1.《最高人民法院、最高人民检察院关于办理侵犯公民个人信息刑事案件适用法律若干问题的解释》(2017 年 6 月 1 日起施行 法释〔2017〕10 号)

第一条 刑法第二百五十三条之一规定的"公民个人信息",是指以电子或者其他方式记录的能够单独或者与其他信息结合识别特定自

① 2009 年 2 月 28 日起施行的《刑法修正案(七)》增设该条,2015 年 11 月 1 日起施行的《刑法修正案(九)》对该条款进行修改,根据 2015 年 11 月 1 日起施行的《最高人民法院、最高人民检察院关于执行〈中华人民共和国刑法〉确定罪名的补充规定(六)》,将《刑法修正案(七)》中该条款罪名"出售、非法提供公民个人信息罪"和"非法获取公民个人信息罪"统一称为"侵犯公民个人信息罪"。

然人身份或者反映特定自然人活动情况的各种信息，包括姓名、身份证件号码、通信通讯联系方式、住址、账号密码、财产状况、行踪轨迹等。

第二条　违反法律、行政法规、部门规章有关公民个人信息保护的规定的，应当认定为刑法第二百五十三条之一规定的"违反国家有关规定"。

第三条　向特定人提供公民个人信息，以及通过信息网络或者其他途径发布公民个人信息的，应当认定为刑法第二百五十三条之一规定的"提供公民个人信息"。

未经被收集者同意，将合法收集的公民个人信息向他人提供的，属于刑法第二百五十三条之一规定的"提供公民个人信息"，但是经过处理无法识别特定个人且不能复原的除外。

第四条　违反国家有关规定，通过购买、收受、交换等方式获取公民个人信息，或者在履行职责、提供服务过程中收集公民个人信息的，属于刑法第二百五十三条之一第三款规定的"以其他方法非法获取公民个人信息"。

第八条　设立用于实施非法获取、出售或者提供公民个人信息违法犯罪活动的网站、通讯群组，情节严重的，应当依照刑法第二百八十七条之一的规定，以非法利用信息网络罪定罪处罚；同时构成侵犯公民个人信息罪的，依照侵犯公民个人信息罪定罪处罚。

第九条　网络服务提供者拒不履行法律、行政法规规定的信息网络安全管理义务，经监管部门责令采取改正措施而拒不改正，致使用户的公民个人信息泄露，造成严重后果的，应当依照刑法第二百八十六条之一的规定，以拒不履行信息网络安全管理义务罪定罪处罚。

第十一条　非法获取公民个人信息后又出售或者提供的，公民个人信息的条数不重复计算。

向不同单位或者个人分别出售、提供同一公民个人信息的，公民个人信息的条数累计计算。

对批量公民个人信息的条数，根据查获的数量直接认定，但是有证据证明信息不真实或者重复的除外。

以上规定在司法实务中的理解与适用[①]

公民个人信息的范围。根据《最高人民法院、最高人民检察院关于办理侵犯公民个人信息刑事案件适用法律若干问题的解释》第一条的规定,关于公民个人信息的外延,有以下几个具体问题值得注意:第一,公民个人信息,既包括中国公民的个人信息,也包括外国公民和其他无国籍人的个人信息。第二,公民个人信息须与特定自然人关联。这是公民个人信息所具有的关键属性。因此,经过处理无法识别特定个人且不能复原的信息,虽然也可能反映自然人活动情况,但与特定自然人无直接关联,不能成为公民个人信息的范畴。对于与特定自然人关联,可以是识别特定自然人身份,也可以是反映特定自然人活动情况。需要注意的是,无论是识别特定自然人身份,还是反映特定自然人活动情况,都应当是能够单独或者与其他信息结合所具有的功能。例如,身份证号码与公民个人身份一一对应,可以单独识别公民个人身份;而工作单位、家庭住址等无法单独识别公民个人身份,需要同其他信息结合才能识别公民个人身份。但是,上述两类信息无疑都属于公民个人信息的范畴。第三,与特定自然人关联的账号密码属于公民个人信息。对于账号密码能否纳入公民个人信息的范围,存在不同认识。经研究认为,当前账号密码往往绑定身份证号码、手机号码等特定信息,即使未绑定,非法获取账号密码后往往也会引发侵犯财产甚至人身的违法犯罪。因此,该解释第一条明确将账号密码列入公民个人信息的范围。

2.《关于公安机关处置信访活动中违法犯罪行为适用法律的指导意见》(2013 年 7 月 19 日起施行　公通字〔2013〕25 号)

三、对侵犯人身权利、财产权利违法犯罪行为的处理

4. 偷窥、偷拍、窃听、散布他人隐私,符合《治安管理处罚法》第四十二条第六项规定的,以侵犯隐私依法予以治安管理处罚;情节严重,符合《刑法》第二百五十三条之一第二款规定的,以非法获取公民个人信息罪追究刑事责任。

---

① 参见周加海、邹涛、喻海松:《〈关于办理侵犯公民个人信息刑事案件适用法律若干问题的解释〉的理解与适用》,载《人民司法》2017 年第 19 期。

3.《最高人民法院、最高人民检察院、公安部关于依法惩处侵害公民个人信息犯罪活动的通知》(2013 年 4 月 23 日起施行　公通字〔2013〕12 号)

二、正确适用法律,实现法律效果与社会效果的有机统一……出售、非法提供公民个人信息罪的犯罪主体,除国家机关或金融、电信、交通、教育、医疗单位的工作人员之外,还包括在履行职责或者提供服务过程中获得公民个人信息的商业、房地产业等服务业中其他企事业单位的工作人员。公民个人信息包括公民的姓名、年龄、有效证件号码、婚姻状况、工作单位、学历、履历、家庭住址、电话号码等能够识别公民个人身份或者涉及公民个人隐私的信息、数据资料……

(二)其他法律适用

1.《全国人民代表大会常务委员会关于加强网络信息保护的决定》(2012 年 12 月 28 日起施行　第十一届全国人民代表大会常务委员会第三十次会议通过)

一、国家保护能够识别公民个人身份和涉及公民个人隐私的电子信息。

任何组织和个人不得窃取或者以其他非法方式获取公民个人电子信息,不得出售或者非法向他人提供公民个人电子信息。

二、网络服务提供者和其他企业事业单位在业务活动中收集、使用公民个人电子信息,应当遵循合法、正当、必要的原则,明示收集、使用信息的目的、方式和范围,并经被收集者同意,不得违反法律、法规的规定和双方的约定收集、使用信息。

网络服务提供者和其他企业事业单位收集、使用公民个人电子信息,应当公开其收集、使用规则。

三、网络服务提供者和其他企业事业单位及其工作人员对在业务活动中收集的公民个人电子信息必须严格保密,不得泄露、篡改、毁损,不得出售或者非法向他人提供。

四、网络服务提供者和其他企业事业单位应当采取技术措施和其他必要措施,确保信息安全,防止在业务活动中收集的公民个人电子信息泄露、毁损、丢失。在发生或者可能发生信息泄露、毁损、丢失的情况时，应当立即采取补救措施。

五、网络服务提供者应当加强对其用户发布的信息的管理，发现法律、法规禁止发布或者传输的信息的，应当立即停止传输该信息，采取消除等处置措施，保存有关记录，并向有关主管部门报告。

六、网络服务提供者为用户办理网站接入服务，办理固定电话、移动电话等入网手续，或者为用户提供信息发布服务，应当在与用户签订协议或者确认提供服务时，要求用户提供真实身份信息。

七、任何组织和个人未经电子信息接收者同意或者请求，或者电子信息接收者明确表示拒绝的，不得向其固定电话、移动电话或者个人电子邮箱发送商业性电子信息。

八、公民发现泄露个人身份、散布个人隐私等侵害其合法权益的网络信息，或者受到商业性电子信息侵扰的，有权要求网络服务提供者删除有关信息或者采取其他必要措施予以制止。

九、任何组织和个人对窃取或者以其他非法方式获取、出售或者非法向他人提供公民个人电子信息的违法犯罪行为以及其他网络信息违法犯罪行为，有权向有关主管部门举报、控告；接到举报、控告的部门应当依法及时处理。被侵权人可以依法提起诉讼。

十、有关主管部门应当在各自职权范围内依法履行职责，采取技术措施和其他必要措施，防范、制止和查处窃取或者以其他非法方式获取、出售或者非法向他人提供公民个人电子信息的违法犯罪行为以及其他网络信息违法犯罪行为。有关主管部门依法履行职责时，网络服务提供者应当予以配合，提供技术支持。

国家机关及其工作人员对在履行职责中知悉的公民个人电子信息应当予以保密，不得泄露、篡改、毁损，不得出售或者非法向他人提供。

十一、对有违反本决定行为的，依法给予警告、罚款、没收违法所得、吊销许可证或者取消备案、关闭网站、禁止有关责任人员从事网络服务业务等处罚，记入社会信用档案并予以公布；构成违反治安管理行为的，依法给予治安管理处罚。构成犯罪的，依法追究刑事责任。侵害他人民事权益的，依法承担民事责任。

2.《最高人民法院、最高人民检察院、公安部关于依法惩处侵害公民个人信息犯罪活动的通知》(2013 年 4 月 23 日起施行　公通字〔2013〕12 号)

二、正确适用法律,实现法律效果与社会效果的有机统一……对使用非法获取的个人信息,实施其他犯罪行为,构成数罪的,应当依法予以并罚。单位实施侵害公民个人信息犯罪的,应当追究直接负责的主管人员和其他直接责任人员的刑事责任……

三、加强协作配合,确保执法司法及时高效。侵害公民个人信息犯罪网络覆盖面大,关系错综复杂。犯罪行为发生地、犯罪结果发生地、犯罪分子所在地等往往不在一地。同时,由于犯罪行为大多依托互联网、移动电子设备,通过即时通讯工具、电子邮件等多种方式实施,调查取证难度很大。各级公安机关、人民检察院、人民法院要在分工负责、依法高效履行职责的基础上,进一步加强沟通协调,通力配合,密切协作,保证立案、侦查、批捕、审查起诉、审判等各个环节顺利进行。对查获的侵害公民个人信息犯罪案件,公安机关要按照属地管辖原则,及时立案侦查,及时移送审查起诉。对于几个公安机关都有权管辖的案件,由最初受理的公安机关管辖。必要时,可以由主要犯罪地的公安机关管辖。对管辖不明确或者有争议的刑事案件,可以由有关公安机关协商。协商不成的,由共同的上级公安机关指定管辖……

3.《最高人民法院、最高人民检察院、公安部、国家安全部关于依法办理非法生产销售使用"伪基站"设备案件的意见》(2014 年 3 月 14 日起施行　公通字〔2014〕13 号)

近年来,各地非法生产、销售、使用"伪基站"设备违法犯罪活动日益猖獗,有的借以非法获取公民个人信息,有的非法经营广告业务,或者发送虚假广告,甚至实施诈骗等犯罪活动。"伪基站"设备是未取得电信设备进网许可和无线电发射设备型号核准的非法无线电通信设备,具有搜取手机用户信息,强行向不特定用户手机发送短信息等功能,使用过程中会非法占用公众移动通信频率,局部阻断公众移动通信网络信号。非法生产、销售、使用"伪基站"设备,不仅破坏正常电信秩序,影响电信运营商正常经营活动,危害公共安全,扰乱市场秩序,而且严重影响用户手机使用,损害公民财产权益,侵犯公民隐私,社会危害性严重……

一、准确认定行为性质

(二)非法使用“伪基站”设备干扰公用电信网络信号,危害公共安全的,依照《刑法》第一百二十四条第一款的规定,以破坏公用电信设施罪追究刑事责任;同时构成虚假广告罪、非法获取公民个人信息罪、破坏计算机信息系统罪、扰乱无线电通讯管理秩序罪的,依照处罚较重的规定追究刑事责任。

除法律、司法解释另有规定外,利用“伪基站”设备实施诈骗等其他犯罪行为,同时构成破坏公用电信设施罪的,依照处罚较重的规定追究刑事责任。

(三)明知他人实施非法生产、销售“伪基站”设备,或者非法使用“伪基站”设备干扰公用电信网络信号等犯罪,为其提供资金、场所、技术、设备等帮助的,以共同犯罪论处。

(四)对于非法使用“伪基站”设备扰乱公共秩序,侵犯他人人身权利、财产权利,情节较轻,尚不构成犯罪,但构成违反治安管理行为的,依法予以治安管理处罚。

4.《最高人民法院、最高人民检察院、公安部关于办理电信网络诈骗等刑事案件适用法律若干问题的意见》(2016 年 12 月 19 日起施行　法发〔2016〕32 号)

三、全面惩处关联犯罪

(二)违反国家有关规定,向他人出售或者提供公民个人信息,窃取或者以其他方法非法获取公民个人信息,符合刑法第二百五十三条之一规定的,以侵犯公民个人信息罪追究刑事责任。

使用非法获取的公民个人信息,实施电信网络诈骗犯罪行为,构成数罪的,应当依法予以并罚。

四、定罪量刑标准

（一）司法解释等相关规定

《最高人民法院、最高人民检察院关于办理侵犯公民个人信息刑事案件适用法律若干问题的解释》（2017 年 6 月 1 日起施行　法释〔2017〕10 号）

第五条　非法获取、出售或者提供公民个人信息，具有下列情形之一的，应当认定为刑法第二百五十三条之一规定的“情节严重”：

（一）出售或者提供行踪轨迹信息，被他人用于犯罪的；

（二）知道或者应当知道他人利用公民个人信息实施犯罪，向其出售或者提供的；

（三）非法获取、出售或者提供行踪轨迹信息、通信内容、征信信息、财产信息五十条以上的；

（四）非法获取、出售或者提供住宿信息、通信记录、健康生理信息、交易信息等其他可能影响人身、财产安全的公民个人信息五百条以上的；

（五）非法获取、出售或者提供第三项、第四项规定以外的公民个人信息五千条以上的；

（六）数量未达到第三项至第五项规定标准，但是按相应比例合计达到有关数量标准的；

（七）违法所得五千元以上的；

（八）将在履行职责或者提供服务过程中获得的公民个人信息出售或者提供给他人，数量或者数额达到第三项至第七项规定标准一半以上的；

（九）曾因侵犯公民个人信息受过刑事处罚或者二年内受过行政处罚，又非法获取、出售或者提供公民个人信息的；

（十）其他情节严重的情形。

实施前款规定的行为，具有下列情形之一的，应当认定为刑法第二百五十三条之一第一款规定的“情节特别严重”：

(一)造成被害人死亡、重伤、精神失常或者被绑架等严重后果的;

(二)造成重大经济损失或者恶劣社会影响的;

(三)数量或者数额达到前款第三项至第八项规定标准十倍以上的;

(四)其他情节特别严重的情形。

第六条　为合法经营活动而非法购买、收受本解释第五条第一款第三项、第四项规定以外的公民个人信息,具有下列情形之一的,应当认定为刑法第二百五十三条之一规定的"情节严重":

(一)利用非法购买、收受的公民个人信息获利五万元以上的;

(二)曾因侵犯公民个人信息受过刑事处罚或者二年内受过行政处罚,又非法购买、收受公民个人信息的;

(三)其他情节严重的情形。

实施前款规定的行为,将购买、收受的公民个人信息非法出售或者提供的,定罪量刑标准适用本解释第五条的规定。

第七条　单位犯刑法第二百五十三条之一规定之罪的,依照本解释规定的相应自然人犯罪的定罪量刑标准,对直接负责的主管人员和其他直接责任人员定罪处罚,并对单位判处罚金。

第十条　实施侵犯公民个人信息犯罪,不属于"情节特别严重",行为人系初犯,全部退赃,并确有悔罪表现的,可以认定为情节轻微,不起诉或者免予刑事处罚;确有必要判处刑罚的,应当从宽处罚。

第十二条　对于侵犯公民个人信息犯罪,应当综合考虑犯罪的危害程度、犯罪的违法所得数额以及被告人的前科情况、认罪悔罪态度等,依法判处罚金。罚金数额一般在违法所得的一倍以上五倍以下。

以上规定在司法实务中的理解与适用①

《最高人民法院、最高人民检察院关于办理侵犯公民个人信息刑事案件适用法律若干问题的解释》第五条第一款第八项对"将在履行职责或者

① 参见周加海、邹涛、喻海松:《〈关于办理侵犯公民个人信息刑事案件适用法律若干问题的解释〉的理解与适用》,载《人民司法》2017年第19期。

提供服务过程中获得的公民个人信息出售或者提供给他人”的情形认定为情节严重设置了特殊标准，规定此种情形下出售或者提供公民个人信息，认定情节严重的数量、数额标准减半计算。当然，对于此种情形，不宜再根据《刑法》第二百五十三条之一第二款的规定从重处罚，以免重复评价。

（二）定罪量刑对应表

表 15-10　侵犯公民个人信息罪定罪量刑对应表

侵犯公民个人信息罪		非法获取、出售或者提供	出售或者提供履职或者提供服务中获得的个人信息	被他人用于犯罪	其他	单位犯罪
第一档	3年以下有期徒刑或者拘役，并处或者单处罚金	（1）行踪轨迹信息、通信内容、征信信息、财产信息≥50条；（2）住宿信息、通信记录、健康生理信息、交易信息等其他可能影响人身、财产安全的公民个人信息≥500条；（3）前面两项规定以外的公民个人信息≥5000条；（4）数量未达到前面3项规定标准，但是按相应比例合计达到有关数量标准的；（5）违法所得≥5000元	标准按非法获取、出售或者提供个人信息数量一半标准执行，具体为：（1）行踪轨迹信息、通信内容、征信信息、财产信息≥25条；（2）住宿信息、通信记录、健康生理信息、交易信息等其他可能影响人身、财产安全的公民个人信息≥250条；（3）前面两项规定以外的公民个人信息≥2500条；（4）数量未达到前面3项规定标准，但是按相应比例合计达到有关数量标准的；（5）违法所得≥2500元	（1）出售或者提供行踪轨迹信息；（2）知道或者应当知道他人利用公民个人信息实施犯罪，向其出售或者提供的	曾因侵犯公民个人信息受过刑事处罚或者2年内受过行政处罚，又非法获取、出售或者提供公民个人信息的	按自然人犯罪标准执行，对单位判处罚金

续表

侵犯公民个人信息罪		非法获取、出售或者提供	出售或者提供履职或者提供服务中获得的个人信息	被他人用于犯罪	其他	单位犯罪
第二档	3 年以上 7 年以下有期徒刑,并处罚金	数量或数额达到第一档上列相关个人信息的 10 倍以上	数量或数额达到第一档上列相关个人信息的 10 倍以上	(1)造成被害人死亡、重伤、精神失常或者被绑架等严重后果的;(2)造成重大经济损失或者恶劣社会影响的		

第十六章　自首、立功、追诉时效

第一节　自首

一、刑法规定

《刑法》

第六十七条[①]　犯罪以后自动投案,如实供述自己的罪行的,是自首。对于自首的犯罪分子,可以从轻或者减轻处罚。其中,犯罪较轻的,可以免除处罚。

被采取强制措施的犯罪嫌疑人、被告人和正在服刑的罪犯,如实供述司法机关还未掌握的本人其他罪行的,以自首论。

犯罪嫌疑人虽不具有前两款规定的自首情节,但是如实供述自己罪行的,可以从轻处罚;因其如实供述自己罪行,避免特别严重后果发生的,可以减轻处罚。

二、重点、疑难问题界定

(一)自首的一般认定

1.《最高人民法院关于〈中华人民共和国刑法修正案(八)〉时间效力问题的解释》(2011 年 5 月 1 日起施行　法释〔2011〕9 号)

第四条　2011 年 4 月 30 日以前犯罪,虽不具有自首情节,但是如实供述自己罪行的,适用修正后刑法第六十七条第三款的规定。

第五条　2011 年 4 月 30 日以前犯罪,犯罪后自首又有重大立功表现

---

① 《刑法》第六十七条第三款为《刑法修正案(八)》增加,2011 年 5 月 1 日起施行。

的,适用修正前刑法第六十八条第二款的规定。

2.《最高人民法院关于处理自首和立功具体应用法律若干问题的解释》(1998年5月9日起施行 法释〔1998〕8号)

第一条 根据刑法第六十七条第一款的规定,犯罪以后自动投案,如实供述自己的罪行的,是自首。

(一)自动投案,是指犯罪事实或者犯罪嫌疑人未被司法机关发觉,或者虽被发觉,但犯罪嫌疑人尚未受到讯问、未被采取强制措施时,主动、直接向公安机关、人民检察院或者人民法院投案。

犯罪嫌疑人向其所在单位、城乡基层组织或者其他有关负责人员投案的;犯罪嫌疑人因病、伤或者为了减轻犯罪后果,委托他人先代为投案,或者先以信电投案的;罪行尚未被司法机关发觉,仅因形迹可疑,被有关组织或者司法机关盘问、教育后,主动交代自己的罪行的;犯罪后逃跑,在被通缉、追捕过程中,主动投案的;经查实确已准备去投案,或者正在投案途中,被公安机关捕获的,应当视为自动投案。

并非出于犯罪嫌疑人主动,而是经亲友规劝、陪同投案的;公安机关通知犯罪嫌疑人的亲友,或者亲友主动报案后,将犯罪嫌疑人送去投案的,也应当视为自动投案。

犯罪嫌疑人自动投案后又逃跑的,不能认定为自首。

(二)如实供述自己的罪行,是指犯罪嫌疑人自动投案后,如实交代自己的主要犯罪事实。

犯有数罪的犯罪嫌疑人仅如实供述所犯数罪中部分犯罪的,只对如实供述部分犯罪的行为,认定为自首。

共同犯罪案件中的犯罪嫌疑人,除如实供述自己的罪行,还应当供述所知的同案犯,主犯则应当供述所知其他同案犯的共同犯罪事实,才能认定为自首。

犯罪嫌疑人自动投案并如实供述自己的罪行后又翻供的,不能认定为自首;但在一审判决前又能如实供述的,应当认定为自首。

第二条 根据刑法第六十七条第二款的规定,被采取强制措施的犯罪嫌疑人、被告人和已宣判的罪犯,如实供述司法机关尚未掌握的罪行,与司法机关已掌握的或者判决确定的罪行属不同种罪行的，以自首论。

第三条　根据刑法第六十七条第一款的规定，对于自首的犯罪分子，可以从轻或者减轻处罚；对于犯罪较轻的，可以免除处罚。具体确定从轻、减轻还是免除处罚，应当根据犯罪轻重，并考虑自首的具体情节。

第四条　被采取强制措施的犯罪嫌疑人、被告人和已宣判的罪犯，如实供述司法机关尚未掌握的罪行，与司法机关已掌握的或者判决确定的罪行属同种罪行的，可以酌情从轻处罚；如实供述的同种罪行较重的，一般应当从轻处罚。

以上规定在司法实务中的理解与适用

自动投案并如实供述自己罪行后在一审翻供但二审又能如实供述不认定自首。①

1998年4月发布的《最高人民法院关于处理自首和立功具体应用法律若干问题的解释》规定："犯罪嫌疑人自动投案并如实供述自己的罪行后又翻供的，不能认定为自首，但在一审判决前又能如实供述的，应当认定为自首。"该解释之所以使用"一审判决前"，而没有选择使用"生效或终审判决前"的字眼，这绝非疏忽，而是有其内在法理精神支持的。其意就是要把被告人表明"如实供述自己的罪行"这一决定自首认定与否的认罪态度的时限界定在一审判决前。这是因为，首先，如果没有这样的时限界定，被告人一审供，二审翻，复核审再翻，法院的判决岂不是要随着被告人认罪态度的反复而不停地反复吗？倘若仅依据被告人主观认罪态度的变化，判决或裁定就随之变来变去，这不仅有损于判决或裁定的严肃性和权威性，也容易助长被告人能翻就翻，不能翻再供，肆意拖延诉讼，妄图规避法律的心态。其次，被告人认罪态度的变化，只是被告人主观方面的变化，绝非一审认定的事实、证据发生变化。在仅有被告人认罪态度变化而没有事实、证据变化的情况下，二审也没有变更一审正确判决的理由。最后，除自动投案外，被告人如实供述的认罪态度，也是成立自首的要件，它反映出被告

① 参见中华人民共和国最高人民法院刑事审判第一庭、第二庭：《刑事审判参考》(总第24辑)，法律出版社2002年版，第207－209页。

人主观恶性的深浅,以及被告人正确对待自己罪行和应得惩处的心理动机。把如实供述的最后期限划定在一审判决前,对被告人来说,时间上已经十分充裕,能否成立自首,关键就看被告人自己如何表现了。

3.《最高人民法院关于处理自首和立功若干具体问题的意见》①(2010年12月22日起施行 法发〔2010〕60号)

一、关于"自动投案"的具体认定

《解释》第一条第(一)项规定七种应当视为自动投案的情形,体现了犯罪嫌疑人投案的主动性和自愿性。根据《解释》第一条第(一)项的规定,犯罪嫌疑人具有以下情形之一的,也应当视为自动投案:(1)犯罪后主动报案,虽未表明自己是作案人,但没有逃离现场,在司法机关询问时交代自己罪行的;(2)明知他人报案而在现场等待,抓捕时无拒捕行为,供认犯罪事实的;(3)在司法机关未确定犯罪嫌疑人,尚在一般性排查询问时主动交代自己罪行的;(4)因特定违法行为被采取劳动教养、行政拘留、司法拘留、强制隔离戒毒等行政、司法强制措施期间,主动向执行机关交代尚未被掌握的犯罪行为的;(5)其他符合立法本意,应当视为自动投案的情形。

罪行未被有关部门、司法机关发觉,仅因形迹可疑被盘问、教育后,主动交代了犯罪事实的,应当视为自动投案,但有关部门、司法机关在其身上、随身携带的物品、驾乘的交通工具等处发现与犯罪有关的物品的,不能认定为自动投案。

交通肇事后保护现场、抢救伤者,并向公安机关报告的,应认定为自动投案,构成自首的,因上述行为同时系犯罪嫌疑人的法定义务,对其是否从宽、从宽幅度要适当从严掌握。交通肇事逃逸后自动投案,如实供述自己罪行的,应认定为自首,但应依法以较重法定刑为基准,视情决定对其是否从宽处罚以及从宽处罚的幅度。

① 该规定是对1998年5月9日起施行的《最高人民法院关于处理自首和立功具体应用法律若干问题的解释》(法释〔1998〕8号)在司法实践中碰到的若干问题提出的处理意见。

犯罪嫌疑人被亲友采用捆绑等手段送到司法机关，或者在亲友带领侦查人员前来抓捕时无拒捕行为，并如实供认犯罪事实的，虽然不能认定为自动投案，但可以参照法律对自首的有关规定酌情从轻处罚。

二、关于“如实供述自己的罪行”的具体认定

《解释》第一条第（二）项规定如实供述自己的罪行，除供述自己的主要犯罪事实外，还应包括姓名、年龄、职业、住址、前科等情况。犯罪嫌疑人供述的身份等情况与真实情况虽有差别，但不影响定罪量刑的，应认定为如实供述自己的罪行。犯罪嫌疑人自动投案后隐瞒自己的真实身份等情况，影响对其定罪量刑的，不能认定为如实供述自己的罪行。

犯罪嫌疑人多次实施同种罪行的，应当综合考虑已交代的犯罪事实与未交代的犯罪事实的危害程度，决定是否认定为如实供述主要犯罪事实。虽然投案后没有交代全部犯罪事实，但如实交代的犯罪情节重于未交代的犯罪情节，或者如实交代的犯罪数额多于未交代的犯罪数额，一般应认定为如实供述自己的主要犯罪事实。无法区分已交代的与未交代的犯罪情节的严重程度，或者已交代的犯罪数额与未交代的犯罪数额相当，一般不认定为如实供述自己的主要犯罪事实。

犯罪嫌疑人自动投案时虽然没有交代自己的主要犯罪事实，但在司法机关掌握其主要犯罪事实之前主动交代的，应认定为如实供述自己的罪行。

三、关于“司法机关还未掌握的本人其他罪行”和“不同种罪行”的具体认定

犯罪嫌疑人、被告人在被采取强制措施期间，向司法机关主动如实供述本人的其他罪行，该罪行能否认定为司法机关已掌握，应根据不同情形区别对待。如果该罪行已被通缉，一般应以该司法机关是否在通缉令发布范围内作出判断，不在通缉令发布范围内的，应认定为还未掌握，在通缉令发布范围内的，应视为已掌握；如果该罪行已录入全国公安信息网络在逃人员信息数据库，应视为已掌握。如果该罪行未被通缉、也未录入全国公安信息网络在逃人员信息数据库，应以该司法机关是否已实际掌握该罪行为标准。

犯罪嫌疑人、被告人在被采取强制措施期间如实供述本人其他罪行,该罪行与司法机关已掌握的罪行属同种罪行还是不同种罪行,一般应以罪名区分。虽然如实供述的其他罪行的罪名与司法机关已掌握犯罪的罪名不同,但如实供述的其他犯罪与司法机关已掌握的犯罪属选择性罪名或者在法律、事实上密切关联,如因受贿被采取强制措施后,又交代因受贿为他人谋取利益行为,构成滥用职权罪的,应认定为同种罪行。

七、关于自首、立功证据材料的审查

人民法院审查的自首证据材料,应当包括被告人投案经过、有罪供述以及能够证明其投案情况的其他材料。投案经过的内容一般应包括被告人投案时间、地点、方式等。证据材料应加盖接受被告人投案的单位的印章,并有接受人员签名。

人民法院审查的立功证据材料,一般应包括被告人检举揭发材料及证明其来源的材料、司法机关的调查核实材料、被检举揭发人的供述等。被检举揭发案件已立案、侦破,被检举揭发人被采取强制措施、公诉或者审判的,还应审查相关的法律文书。证据材料应加盖接收被告人检举揭发材料的单位的印章,并有接收人员签名。

人民法院经审查认为证明被告人自首、立功的材料不规范、不全面的,应当由检察机关、侦查机关予以完善或者提供补充材料。

上述证据材料在被告人被指控的犯罪一、二审审理时已形成的,应当经庭审质证。

八、关于对自首、立功的被告人的处罚

对具有自首、立功情节的被告人是否从宽处罚、从宽处罚的幅度,应当考虑其犯罪事实、犯罪性质、犯罪情节、危害后果、社会影响、被告人的主观恶性和人身危险性等。自首的还应考虑投案的主动性、供述的及时性和稳定性等。立功的还应考虑检举揭发罪行的轻重、被检举揭发的人可能或者已经被判处的刑罚、提供的线索对侦破案件或者协助抓捕其他犯罪嫌疑人所起作用的大小等。

具有自首或者立功情节的,一般应依法从轻、减轻处罚;犯罪情节较轻的,可以免除处罚。类似情况下,对具有自首情节的被告人的从宽幅度要适当宽于具有立功情节的被告人。

虽然具有自首或者立功情节，但犯罪情节特别恶劣、犯罪后果特别严重、被告人主观恶性深、人身危险性大，或者在犯罪前即为规避法律、逃避处罚而准备自首、立功的，可以不从宽处罚。

对于被告人具有自首、立功情节，同时又有累犯、毒品再犯等法定从重处罚情节的，既要考虑自首、立功的具体情节，又要考虑被告人的主观恶性、人身危险性等因素，综合分析判断，确定从宽或者从严处罚。累犯的前罪为非暴力犯罪的，一般可以从宽处罚，前罪为暴力犯罪或者前、后罪为同类犯罪的，可以不从宽处罚。

在共同犯罪案件中，对具有自首、立功情节的被告人的处罚，应注意共同犯罪人以及首要分子、主犯、从犯之间的量刑平衡。犯罪集团的首要分子、共同犯罪的主犯检举揭发或者协助司法机关抓捕同案地位、作用较次的犯罪分子的，从宽处罚与否应当从严掌握，如果从轻处罚可能导致全案量刑失衡的，一般不从轻处罚；如果检举揭发或者协助司法机关抓捕的是其他案件中罪行同样严重的犯罪分子，一般应依法从宽处罚。对于犯罪集团的一般成员、共同犯罪的从犯立功的，特别是协助抓捕首要分子、主犯的，应当充分体现政策，依法从宽处罚。

【典型案例裁判指引 184】《刑事审判参考》第 354 号[①]王某明盗窃案：口头或电话通知对方到案后对方如实供述犯罪事实的构成自首

传唤不属于强制措施。被传唤后归案符合《最高人民法院关于处理自首和立功具体应用法律若干问题的解释》第一条第一项规定的“在未受到讯问、未被采取强制措施之前”的时间范围。传唤和拘传不同，传唤是使用传票通知犯罪嫌疑人在具体时间自行到指定的地点接受讯问的诉讼行为，它强调被传唤人到案的自觉性，且传唤不得使用械具。经传唤归案的犯罪嫌疑人具有归案的自动性和主动性。犯罪嫌疑人经传唤后，自主选择的余地还是很大的，其可以选择归案，也可拒不到案甚至逃离，而其能主

① 参见中华人民共和国最高人民法院刑事审判一、二、三、四、五庭主办：《中国刑事审判指导案例》（第 4 卷），法律出版社 2012 年版，第 327 页。

动归案,就表明其有认罪悔改、接受惩罚的主观目的,即具有归案的自动性和主动性。

【典型案例裁判指引 185】《刑事审判参考》第 255 号[①]杜某斌、周某才抢劫案:自动投案后没有如实供述同案犯的不能认定为自首

单个自然人犯罪案件中,只要行为人自动投案后如实供述了自己实施的某一犯罪的主要事实,就成立自首。而在共同犯罪案件中,行为人在共同犯罪中所处的地位、所起的作用和参与犯罪的程度不同,成立自首所要求的"如实供述自己的罪行"的范围也是不同的。如就实行犯而言,有单独实行犯和共同实行犯之分。其中,单独实行犯是指行为人一人实施《刑法》分则规定的某个行为。因此,其所知道的同案犯主要是教唆犯或者帮助犯,在其自动投案后,如实供述了自己直接实施的犯罪行为,并交代其所知道的教唆犯或者帮助犯的犯罪行为,就应当认定为自首。但对于共同实行《刑法》分则规定的某个犯罪行为的共同实行犯而言,在其自动投案后如实供述自己的罪行时,必然要涉及与其一起实施犯罪的同案犯的犯罪行为。因此,共同实行犯成立自首,不仅要求其在自动投案后,如实供述自己直接实施的犯罪行为,还应如实供述与其共同实施犯罪的其他实行犯。否则,这种供述就是不彻底的、不如实的,因而不构成自首。

4.《最高人民法院关于被告人对行为性质的辩解是否影响自首成立问题的批复》(2004 年 4 月 1 日起施行　法释〔2004〕2 号)

根据刑法第六十七条第一款和最高人民法院《关于处理自首和立功具体应用法律若干问题的解释》第一条的规定,犯罪以后自动投案,如实供述自己的罪行的,是自首。被告人对行为性质的辩解不影响自首的成立。

(二)职务犯罪案件自首的特殊规定

1.《中华人民共和国监察法》(2018 年 3 月 20 日起施行　主席令第 3 号)

第三十一条第一项、第二项　涉嫌职务犯罪的被调查人主动认罪认

---

① 参见中华人民共和国最高人民法院刑事审判一、二、三、四、五庭主办:《中国刑事审判指导案例》(第 4 卷),法律出版社 2012 年版,第 107 页。

罚,有下列情形之一的,监察机关经领导人员集体研究,并报上一级监察机关批准,可以在移送人民检察院时提出从宽处罚的建议:

(一)自动投案,真诚悔罪悔过的;

(二)积极配合调查工作,如实供述监察机关还未掌握的违法犯罪行为的;

2.《中华人民共和国监察法实施条例》(2021年9月20日起施行　国家监委公告1号)

第二百一十三条　涉嫌职务犯罪的被调查人和涉案人员符合监察法第三十一条、第三十二条规定情形的,结合其案发前的一贯表现、违法犯罪行为的情节、后果和影响等因素,监察机关经综合研判和集体审议,报上一级监察机关批准,可以在移送人民检察院时依法提出从轻、减轻或者免除处罚等从宽处罚建议。报请批准时,应当一并提供主要证据材料、忏悔反思材料。

上级监察机关相关监督检查部门负责审查工作,重点审核拟认定的从宽处罚情形、提出的从宽处罚建议,经审批在十五个工作日以内作出批复。

第二百一十四条　涉嫌职务犯罪的被调查人有下列情形之一,如实交代自己主要犯罪事实的,可以认定为监察法第三十一条第一项规定的自动投案,真诚悔罪悔过:

(一)职务犯罪问题未被监察机关掌握,向监察机关投案的;

(二)在监察机关谈话、函询过程中,如实交代监察机关未掌握的涉嫌职务犯罪问题的;

(三)在初步核实阶段,尚未受到监察机关谈话时投案的;

(四)职务犯罪问题虽被监察机关立案,但尚未受到讯问或者采取留置措施,向监察机关投案的;

(五)因伤病等客观原因无法前往投案,先委托他人代为表达投案意愿,或者以书信、网络、电话、传真等方式表达投案意愿,后到监察机关接受处理的;

(六)涉嫌职务犯罪潜逃后又投案,包括在被通缉、抓捕过程中投案的;

(七)经查实确已准备去投案,或者正在投案途中被有关机关抓获的;

(八)经他人规劝或者在他人陪同下投案的;

(九)虽未向监察机关投案,但向其所在党组织、单位或者有关负责人员投案,向有关巡视巡察机构投案,以及向公安机关、人民检察院、人民法院投案的;

(十)具有其他应当视为自动投案的情形的。

被调查人自动投案后不能如实交代自己的主要犯罪事实,或者自动投案并如实供述自己的罪行后又翻供的,不能适用前款规定。

第二百一十五条 涉嫌职务犯罪的被调查人有下列情形之一的,可以认定为监察法第三十一条第二项规定的积极配合调查工作,如实供述监察机关还未掌握的违法犯罪行为:

(一)监察机关所掌握线索针对的犯罪事实不成立,在此范围外被调查人主动交代其他罪行的;

(二)主动交代监察机关尚未掌握的犯罪事实,与监察机关已掌握的犯罪事实属不同种罪行的;

(三)主动交代监察机关尚未掌握的犯罪事实,与监察机关已掌握的犯罪事实属同种罪行的;

(四)监察机关掌握的证据不充分,被调查人如实交代有助于收集定案证据的。

前款所称同种罪行和不同种罪行,一般以罪名区分。被调查人如实供述其他罪行的罪名与监察机关已掌握犯罪的罪名不同,但属选择性罪名或者在法律、事实上密切关联的,应当认定为同种罪行。

3.《最高人民法院、最高人民检察院关于办理职务犯罪案件认定自首、立功等量刑情节若干问题的意见》(2009 年 3 月 12 日起施行 法发〔2009〕13 号)

一、关于自首的认定和处理

根据刑法第六十七条第一款的规定,成立自首需同时具备自动投案和如实供述自己的罪行两个要件。犯罪事实或者犯罪分子未被办案机关掌握,或者虽被掌握,但犯罪分子尚未受到调查谈话、讯问,或者未被宣布采取调查措施或者强制措施时,向办案机关投案的,是自动投案。

在此期间如实交代自己的主要犯罪事实的,应当认定为自首。

犯罪分子向所在单位等办案机关以外的单位、组织或者有关负责人员投案的,应当视为自动投案。

没有自动投案,在办案机关调查谈话、讯问、采取调查措施或者强制措施期间,犯罪分子如实交代办案机关掌握的线索所针对的事实的,不能认定为自首。

没有自动投案,但具有以下情形之一的,以自首论:(1)犯罪分子如实交代办案机关未掌握的罪行,与办案机关已掌握的罪行属不同种罪行的;(2)办案机关所掌握线索针对的犯罪事实不成立,在此范围外犯罪分子交代同种罪行的。

单位犯罪案件中,单位集体决定或者单位负责人决定而自动投案,如实交代单位犯罪事实的,或者单位直接负责的主管人员自动投案,如实交代单位犯罪事实的,应当认定为单位自首。单位自首的,直接负责的主管人员和直接责任人员未自动投案,但如实交代自己知道的犯罪事实的,可以视为自首;拒不交代自己知道的犯罪事实或者逃避法律追究的,不应当认定为自首。单位没有自首,直接责任人员自动投案并如实交代自己知道的犯罪事实的,对该直接责任人员应当认定为自首。

对于具有自首情节的犯罪分子,办案机关移送案件时应当予以说明并移交相关证据材料。

对于具有自首情节的犯罪分子,应当根据犯罪的事实、性质、情节和对于社会的危害程度,结合自动投案的动机、阶段、客观环境,交代犯罪事实的完整性、稳定性以及悔罪表现等具体情节,依法决定是否从轻、减轻或者免除处罚以及从轻、减轻处罚的幅度。

三、关于如实交代犯罪事实的认定和处理

犯罪分子依法不成立自首,但如实交代犯罪事实,有下列情形之一的,可以酌情从轻处罚:(1)办案机关掌握部分犯罪事实,犯罪分子交代了同种其他犯罪事实的;(2)办案机关掌握的证据不充分,犯罪分子如实交代有助于收集定案证据的。

犯罪分子如实交代犯罪事实,有下列情形之一的,一般应当从轻处罚:(1)办案机关仅掌握小部分犯罪事实,犯罪分子交代了大部分未被掌握的同种犯罪事实的;(2)如实交代对于定案证据的收集有重要作用的。

四、关于赃款赃物追缴等情形的处理

贪污案件中赃款赃物全部或者大部分追缴的,一般应当考虑从轻处罚。

受贿案件中赃款赃物全部或者大部分追缴的,视具体情况可以酌定从轻处罚。

犯罪分子及其亲友主动退赃或者在办案机关追缴赃款赃物过程中积极配合的,在量刑时应当与办案机关查办案件过程中依职权追缴赃款赃物的有所区别。

职务犯罪案件立案后,犯罪分子及其亲友自行挽回的经济损失,司法机关或者犯罪分子所在单位及其上级主管部门挽回的经济损失,或者因客观原因减少的经济损失,不予扣减,但可以作为酌情从轻处罚的情节。

以上规定在司法实务中的理解与适用一①

关于自首的认定和处理。纪检监察部门的办案活动虽然不属于司法活动,但其所采取的调查谈话、调查措施与司法机关的讯问、强制措施的内容、目的、效果基本相同,两者具有可比性。鉴于纪检监察机关办案的特殊性,《最高人民法院、最高人民检察院关于办理职务犯罪案件认定自首、立功等量刑情节若干问题的意见》(以下简称《关于职务犯罪认定自首、立功等问题的意见》)对自动投案规定了具体的认定标准,即"犯罪事实或者犯罪分子未被办案机关掌握,或者虽被掌握,但犯罪分子尚未受到调查谈话、讯问,或者未被宣布采取调查措施或者强制措施时,向办案机关投案的,是自动投案"。在理解本规定时,应注意以下三点:

第一,犯罪事实、犯罪分子是否被掌握,犯罪分子是否被采取调查措施

① 参见刘为波:《〈关于办理职务犯罪案件认定自首、立功等量刑情节若干问题的意见〉的理解与适用》,载中华人民共和国最高人民法院刑事审判一、二、三、四、五庭主办:《中国刑事审判指导案例》(第6卷),法律出版社2017年版。

或者强制措施，是相对于办案机关而言的。这里的办案机关限定为纪检、监察、公安、检察等法定职能部门，为避免实践执行中可能产生的误解，《关于职务犯罪认定自首、立功等问题的意见》进一步明确："犯罪分子向所在单位等办案机关以外的单位、组织或者有关负责人员投案的，应当视为自动投案。"

第二，纪检、监察机关办案程序一般是先初步核实，后立案，再调查，依照有关规定，在初步核实阶段可以采取包括"两规"①在内的调查措施。因此，这里的"调查"，指的是措施意义上的调查，而非程序意义上的调查。

第三，"调查谈话"不同于诫勉谈话，一般指的是立案后依照有关调查程序进行的谈话。考虑到办案实践中立案情况较为复杂，为方便实务部门根据案件情况作出更为合理的认定取舍，故《关于职务犯罪认定自首、立功等问题的意见》对此未作进一步明确。

《关于职务犯罪认定自首、立功等问题的意见》特别规定"被宣布采取调查措施"，主要是考虑到调查措施与刑事司法中的强制措施有所不同，在被调查人对调查活动不知情的情况下，自动投案并如实交代罪行的，仍应认定为自首。在被宣布采取调查措施期间，被调查人已经知道对其采取调查活动的情况下则丧失自动投案的可能。

以上规定在司法实务中的理解与适用二②

审理刑事大案要案，经常会遇到自首的认定问题，特别是在职务、经济犯罪案件中，针对被告人在纪检监察机关采取"双规""两指"措施后如实交代自己罪行的，是否认定为自首，这个问题尤为普遍和突出，各地的做法也不统一。有些地方认定为自首，有些地方则没有认定。认定为自首的，主要是为了克服贪污贿赂犯罪中量刑规定的立法局限性，对被告人从宽处理。这些不同的做法，不仅反映了司法实践中认识上的分歧，而且影响了法律的统一适用。因此，必须加以规范统一。是否认定为自首，关键在于认定是否存在"自动投案"。"双规""两指"虽不属于刑事强制措施，但被

① 监察体制改革之后，随着《监察法》施行，"两规""两指"措施被"留置"措施取代。

② 2007年6月15日时任最高人民法院副院长熊选国《全面加强刑事大案要案审判工作为经济社会和谐稳定发展提供有力司法保障》的讲话节录。

采取“双规”“两指”措施的被告人,客观上失去了自动投案的条件。为了体现政策,不能简单地肯定或者否定,应当根据《刑法》关于自首的立法精神来掌握,具体情况具体分析。一般来讲,“双规”“两指”期间交代犯罪事实的分为以下四种情形:一是被告人被举报的犯罪事实比较清楚,也有一定的证据,被告人在纪检监察人员出示有关证据以后,才如实交代自己的犯罪事实;二是纪检监察部门虽事前掌握有关事实和证据,但尚未告知被“双规”“两指”的被告人时,被告人经过教育便主动如实交代了自己的犯罪事实;三是虽有举报,举报内容后来经查不实,但被“双规”“两指”的被告人却主动交代了不为纪检监察部门掌握的犯罪事实;四是虽有举报,但被“双规”“两指”的被告人在如实交代了被举报的犯罪事实以外,还主动交代了纪检监察部门和司法机关事前并不掌握的其他犯罪事实。第一种情形中,被告人不是自愿交代自己的罪行的,当然不能视为自动投案,不构成自首。第二种情形中,纪检监察部门事前掌握了被告人的犯罪事实,但尚未向其出示证据,对是否认定为自首实践中有两种意见:一种意见认为,纪检监察部门毕竟不是司法机关,对此种情形认定为投案自首有利于促使被告人改过自新,也有利于节约司法成本,可以视为自动投案,成立自首;另一种意见则认为,根据我国国情,中央确定的反腐败领导体制和工作机制是“党委统一领导、党政齐抓共管、纪委组织协调、部门各负其责、依靠群众的支持和参与”,纪委在查处腐败犯罪案件中起着至关重要的作用。在纪检监察部门已经掌握了行为人犯罪的一定线索和证据的前提下,对其采取“双规”“两指”措施,行为人如实交代其犯罪事实的,与司法机关掌握了犯罪嫌疑人犯罪的一定线索和证据,采取强制措施后,行为人如实交代其犯罪事实的,没有实质差别,不能认定为自首。我们认为,从《刑法》关于自首的规定看,不认定为自首的观点是妥当的,也符合当前我国司法实际情况。第三种情形符合投案自首的特征,应当认定为自首。第四种情形参照《最高人民法院关于处理自首和立功具体应用法律若干问题的解释》第二条的规定,如果其交代的其他犯罪事实与纪检监察部门事前掌握的不属同种罪行,应当认定为自首;如果属同种罪行,则不能认定为自首,但可视为坦白,量刑时予以考虑。

【典型案例裁判指引186】《刑事审判参考》第755号[1]刘某、姚某挪用公款案：职务犯罪案件中“办案机关掌握的线索”包括与查证犯罪事实有关联的线索

如何准确理解和把握“办案机关掌握的线索”范围，[2]就成为职务犯罪自首认定最关键的问题之一。“线索”本身是一个中性概念，线索不等于犯罪事实本身，有时甚至不能起到直接查证犯罪事实的作用。在刑事案件中，“线索”大致可以分为两种类型：一种是能够直接查证犯罪事实的线索；另一种是不能直接查证犯罪事实，但与查证犯罪事实有关联的线索。如果办案机关掌握了第一类线索，就应视为掌握了一定的犯罪事实，犯罪分子在被据此调查谈话时交代犯罪事实的，不能认定为自首；如果办案机关掌握了第二类线索，根据此类线索虽不能直接认定犯罪事实，但此类线索具有指向犯罪事实的作用。办案机关掌握此类线索后，能够研判行为人可能涉嫌的犯罪性质和类型。一般而言，办案机关找行为人调查谈话具有一定的针对性，行为人由此交代犯罪事实的，应当认定属于此线索针对的事实，不能认定为自首。

（三）自首、坦白、认罪认罚等情节的从宽处理规定

1.《中华人民共和国监察法》（2018年3月20日起施行　主席令第3号）

第三十一条第三项　涉嫌职务犯罪的被调查人主动认罪认罚，有下列情形之一的，监察机关经领导人员集体研究，并报上一级监察机关批准，可以在移送人民检察院时提出从宽处罚的建议：

（三）积极退赃，减少损失的；

---

① 参见中华人民共和国最高人民法院刑事审判一、二、三、四、五庭主办：《中国刑事审判指导案例》（第6卷），法律出版社2017年版，第186页。

② 《最高人民法院、最高人民检察院关于办理职务犯罪案件认定自首、立功等量刑情节若干问题的意见》第一条规定，没有自动投案，在办案机关调查谈话、讯问、采取调查措施或者强制措施期间，犯罪分子如实交代办案机关掌握的线索所针对的事实的，不能认定为自首。但办案机关所掌握线索针对的犯罪事实不成立，在此范围外犯罪分子交代同种罪行的，以自首论。

2.《中华人民共和国监察法实施条例》(2021 年 9 月 20 日起施行　国家监委公告 1 号)

第二百一十三条　涉嫌职务犯罪的被调查人和涉案人员符合监察法第三十一条、第三十二条规定情形的,结合其案发前的一贯表现、违法犯罪行为的情节、后果和影响等因素,监察机关经综合研判和集体审议,报上一级监察机关批准,可以在移送人民检察院时依法提出从轻、减轻或者免除处罚等从宽处罚建议。报请批准时,应当一并提供主要证据材料、忏悔反思材料。

上级监察机关相关监督检查部门负责审查工作,重点审核拟认定的从宽处罚情形、提出的从宽处罚建议,经审批在十五个工作日以内作出批复。

第二百一十六条　涉嫌职务犯罪的被调查人有下列情形之一的,可以认定为监察法第三十一条第三项规定的积极退赃,减少损失:

(一)全额退赃的;

(二)退赃能力不足,但被调查人及其亲友在监察机关追缴赃款赃物过程中积极配合,且大部分已追缴到位的;

(三)犯罪后主动采取措施避免损失发生,或者积极采取有效措施减少、挽回大部分损失的。

3.《最高人民法院、最高人民检察院关于常见犯罪的量刑指导意见(试行)》(2021 年 7 月 1 日起施行　法发〔2021〕21 号)

三、常见量刑情节的适用

(一)对于未成年人犯罪,综合考虑未成年人对犯罪的认知能力、实施犯罪行为的动机和目的、犯罪时的年龄、是否初犯、偶犯、悔罪表现、个人成长经历和一贯表现等情况,应当予以从宽处罚。

1. 已满十二周岁不满十六周岁的未成年人犯罪,减少基准刑的 30% - 60%;

2. 已满十六周岁不满十八周岁的未成年人犯罪,减少基准刑的 10% - 50%。

(二)对于已满七十五周岁的老年人故意犯罪,综合考虑犯罪的性质、情节、后果等情况,可以减少基准刑的 40% 以下;过失犯罪的,减少基准刑的 20%—50%。

（三）对于又聋又哑的人或者盲人犯罪，综合考虑犯罪性质、情节、后果以及聋哑人或者盲人犯罪时的控制能力等情况，可以减少基准刑的50%以下；犯罪较轻的，可以减少基准刑的50%以上或者依法免除处罚。

（四）对于未遂犯，综合考虑犯罪行为的实行程度、造成损害的大小、犯罪未得逞的原因等情况，可以比照既遂犯减少基准刑的50%以下。

（五）对于从犯，综合考虑其在共同犯罪中的地位、作用等情况，应当予以从宽处罚，减少基准刑的20%—50%；犯罪较轻的，减少基准刑的50%以上或者依法免除处罚。

（六）对于自首情节，综合考虑自首的动机、时间、方式、罪行轻重、如实供述罪行的程度以及悔罪表现等情况，可以减少基准刑的40%以下；犯罪较轻的，可以减少基准刑的40%以上或者依法免除处罚。恶意利用自首规避法律制裁等不足以从宽处罚的除外。

（七）对于坦白情节，综合考虑如实供述罪行的阶段、程度、罪行轻重以及悔罪表现等情况，确定从宽的幅度。

1. 如实供述自己罪行的，可以减少基准刑的20%以下；

2. 如实供述司法机关尚未掌握的同种较重罪行的，可以减少基准刑的10%—30%；

3. 因如实供述自己罪行，避免特别严重后果发生的，可以减少基准刑的30%—50%。

（八）对于当庭自愿认罪的，根据犯罪的性质、罪行的轻重、认罪程度以及悔罪表现等情况，可以减少基准刑的10%以下。依法认定自首、坦白的除外。

（十）对于退赃、退赔的，综合考虑犯罪性质，退赃、退赔行为对损害结果所能弥补的程度，退赃、退赔的数额及主动程度等情况，可以减少基准刑的30%以下；对抢劫等严重危害社会治安犯罪的，应当从严掌握。

（十一）对于积极赔偿被害人经济损失并取得谅解的，综合考虑犯罪性质、赔偿数额、赔偿能力以及认罪悔罪表现等情况，可以减少基准刑的40%以下；积极赔偿但没有取得谅解的，可以减少基准刑的30%以下；尽管没有赔偿，但取得谅解的，可以减少基准刑的20%以下。对抢劫、强奸等严重危害社会治安犯罪的，应当从严掌握。

(十二)对于当事人根据刑事诉讼法第二百八十八条达成刑事和解协议的,综合考虑犯罪性质、赔偿数额、赔礼道歉以及真诚悔罪等情况,可以减少基准刑的50%以下;犯罪较轻的,可以减少基准刑的50%以上或者依法免除处罚。

(十三)对于被告人在羁押期间表现好的,可以减少基准刑的10%以下。

(十四)对于被告人认罪认罚的,综合考虑犯罪的性质、罪行的轻重、认罪认罚的阶段、程度、价值、悔罪表现等情况,可以减少基准刑的30%以下;具有自首、重大坦白、退赃退赔、赔偿谅解、刑事和解等情节的,可以减少基准刑的60%以下,犯罪较轻的,可以减少基准刑的60%以上或者依法免除处罚。认罪认罚与自首、坦白、当庭自愿认罪、退赃退赔、赔偿谅解、刑事和解、羁押期间表现好等量刑情节不作重复评价。

4.《最高人民法院、最高人民检察院、公安部、国家安全部、司法部关于适用认罪认罚从宽制度的指导意见》(2019年10月11日起施行　高检发〔2019〕13号)

一、基本原则

1. 贯彻宽严相济刑事政策。落实认罪认罚从宽制度,应当根据犯罪的具体情况,区分案件性质、情节和对社会的危害程度,实行区别对待,做到该宽则宽,当严则严,宽严相济,罚当其罪。对可能判处三年有期徒刑以下刑罚的认罪认罚案件,要尽量依法从简从快从宽办理,探索相适应的处理原则和办案方式;对因民间矛盾引发的犯罪,犯罪嫌疑人、被告人自愿认罪、真诚悔罪并取得谅解、达成和解、尚未严重影响人民群众安全感的,要积极适用认罪认罚从宽制度,特别是对其中社会危害不大的初犯、偶犯、过失犯、未成年犯,一般应当体现从宽;对严重危害国家安全、公共安全犯罪,严重暴力犯罪,以及社会普遍关注的重大敏感案件,应当慎重把握从宽,避免案件处理明显违背人民群众的公平正义观念。

2. 坚持罪责刑相适应原则。办理认罪认罚案件,既要考虑体现认罪认罚从宽,又要考虑其所犯罪行的轻重、应负刑事责任和人身危险性的大小,依照法律规定提出量刑建议,准确裁量刑罚,确保罚当其罪,避免罪刑失衡。特别是对于共同犯罪案件,主犯认罪认罚,从犯不认罪认罚的，人民法院、人民检察院应当注意两者之间的量刑平衡，防止因量刑失当严重偏离一般的司法认知。

3. 坚持证据裁判原则。办理认罪认罚案件，应当以事实为根据，以法律为准绳，严格按照证据裁判要求，全面收集、固定、审查和认定证据。坚持法定证明标准，侦查终结、提起公诉、作出有罪裁判应当做到犯罪事实清楚，证据确实、充分，防止因犯罪嫌疑人、被告人认罪而降低证据要求和证明标准。对犯罪嫌疑人、被告人认罪认罚，但证据不足，不能认定其有罪的，依法作出撤销案件、不起诉决定或者宣告无罪。

4. 坚持公检法三机关配合制约原则。办理认罪认罚案件，公、检、法三机关应当分工负责、互相配合、互相制约，保证犯罪嫌疑人、被告人自愿认罪认罚，依法推进从宽落实。要严格执法、公正司法，强化对自身执法司法办案活动的监督，防止产生"权权交易"、"权钱交易"等司法腐败问题。

二、适用范围和适用条件

5. 适用阶段和适用案件范围。认罪认罚从宽制度贯穿刑事诉讼全过程，适用于侦查、起诉、审判各个阶段。

认罪认罚从宽制度没有适用罪名和可能判处刑罚的限定，所有刑事案件都可以适用，不能因罪轻、罪重或者罪名特殊等原因而剥夺犯罪嫌疑人、被告人自愿认罪认罚获得从宽处理的机会。但"可以"适用不是一律适用，犯罪嫌疑人、被告人认罪认罚后是否从宽，由司法机关根据案件具体情况决定。

6. "认罪"的把握。认罪认罚从宽制度中的"认罪"，是指犯罪嫌疑人、被告人自愿如实供述自己的罪行，对指控的犯罪事实没有异议。承认指控的主要犯罪事实，仅对个别事实情节提出异议，或者虽然对行为性质提出辩解但表示接受司法机关认定意见的，不影响"认罪"的认定。犯罪嫌疑人、被告人犯数罪，仅如实供述其中一罪或部分罪名事实的，全案不作"认罪"的认定，不适用认罪认罚从宽制度，但对如实供述的部分，人民检察院可以提出从宽处罚的建议，人民法院可以从宽处罚。

7. "认罚"的把握。认罪认罚从宽制度中的"认罚"，是指犯罪嫌疑人、被告人真诚悔罪,愿意接受处罚。“认罚”,在侦查阶段表现为表示愿意接受处罚;在审查起诉阶段表现为接受人民检察院拟作出的起诉或不起诉决定,认可人民检察院的量刑建议,签署认罪认罚具结书;在审判阶段表现为当庭确认自愿签署具结书,愿意接受刑罚处罚。

“认罚”考察的重点是犯罪嫌疑人、被告人的悔罪态度和悔罪表现,应当结合退赃退赔、赔偿损失、赔礼道歉等因素来考量。犯罪嫌疑人、被告人虽然表示“认罚”,却暗中串供、干扰证人作证、毁灭、伪造证据或者隐匿、转移财产,有赔偿能力而不赔偿损失,则不能适用认罪认罚从宽制度。犯罪嫌疑人、被告人享有程序选择权,不同意适用速裁程序、简易程序的,不影响“认罚”的认定。

三、认罪认罚后“从宽”的把握

8.“从宽”的理解。从宽处理既包括实体上从宽处罚,也包括程序上从简处理。“可以从宽”,是指一般应当体现法律规定和政策精神,予以从宽处理。但可以从宽不是一律从宽,对犯罪性质和危害后果特别严重、犯罪手段特别残忍、社会影响特别恶劣的犯罪嫌疑人、被告人,认罪认罚不足以从轻处罚的,依法不予从宽处罚。

办理认罪认罚案件,应当依照刑法、刑事诉讼法的基本原则,根据犯罪的事实、性质、情节和对社会的危害程度,结合法定、酌定的量刑情节,综合考虑认罪认罚的具体情况,依法决定是否从宽、如何从宽。对于减轻、免除处罚,应当于法有据;不具备减轻处罚情节的,应当在法定幅度以内提出从轻处罚的量刑建议和量刑;对其中犯罪情节轻微不需要判处刑罚的,可以依法作出不起诉决定或者判决免予刑事处罚。

9.从宽幅度的把握。办理认罪认罚案件,应当区别认罪认罚的不同诉讼阶段、对查明案件事实的价值和意义、是否确有悔罪表现,以及罪行严重程度等,综合考量确定从宽的限度和幅度。在刑罚评价上,主动认罪优于被动认罪,早认罪优于晚认罪,彻底认罪优于不彻底认罪,稳定认罪优于不稳定认罪。

认罪认罚的从宽幅度一般应当大于仅有坦白,或者虽认罪但不认罚的从宽幅度。对犯罪嫌疑人、被告人具有自首、坦白情节,同时认罪认罚的，应当在法定刑幅度内给予相对更大的从宽幅度。认罪认罚与自首、坦白不作重复评价。

对罪行较轻、人身危险性较小的，特别是初犯、偶犯，从宽幅度可以大一些；罪行较重、人身危险性较大的，以及累犯、再犯，从宽幅度应当从严把握。

六、强制措施的适用

19. 社会危险性评估。人民法院、人民检察院、公安机关应当将犯罪嫌疑人、被告人认罪认罚作为其是否具有社会危险性的重要考虑因素。对于罪行较轻、采用非羁押性强制措施足以防止发生刑事诉讼法第八十一条第一款规定的社会危险性的犯罪嫌疑人、被告人，根据犯罪性质及可能判处的刑罚，依法可不适用羁押性强制措施。

20. 逮捕的适用。犯罪嫌疑人认罪认罚，公安机关认为罪行较轻、没有社会危险性的，应当不再提请人民检察院审查逮捕。对提请逮捕的，人民检察院认为没有社会危险性不需要逮捕的，应当作出不批准逮捕的决定。

21. 逮捕的变更。已经逮捕的犯罪嫌疑人、被告人认罪认罚的，人民法院、人民检察院应当及时审查羁押的必要性，经审查认为没有继续羁押必要的，应当变更为取保候审或者监视居住。

八、审查起诉阶段人民检察院的职责

26. 权利告知。案件移送审查起诉后，人民检察院应当告知犯罪嫌疑人享有的诉讼权利和认罪认罚的法律规定，保障犯罪嫌疑人的程序选择权。告知应当采取书面形式，必要时应当充分释明。

27. 听取意见。犯罪嫌疑人认罪认罚的，人民检察院应当就下列事项听取犯罪嫌疑人、辩护人或者值班律师的意见，记录在案并附卷：

（一）涉嫌的犯罪事实、罪名及适用的法律规定；

（二）从轻、减轻或者免除处罚等从宽处罚的建议；

（三）认罪认罚后案件审理适用的程序；

（四）其他需要听取意见的情形。

人民检察院未采纳辩护人、值班律师意见的，应当说明理由。

28. 自愿性、合法性审查。对侦查阶段认罪认罚的案件,人民检察院应当重点审查以下内容:

(一)犯罪嫌疑人是否自愿认罪认罚,有无因受到暴力、威胁、引诱而违背意愿认罪认罚;

(二)犯罪嫌疑人认罪认罚时的认知能力和精神状态是否正常;

(三)犯罪嫌疑人是否理解认罪认罚的性质和可能导致的法律后果;

(四)侦查机关是否告知犯罪嫌疑人享有的诉讼权利,如实供述自己罪行可以从宽处理和认罪认罚的法律规定,并听取意见;

(五)起诉意见书中是否写明犯罪嫌疑人认罪认罚情况;

(六)犯罪嫌疑人是否真诚悔罪,是否向被害人赔礼道歉。

经审查,犯罪嫌疑人违背意愿认罪认罚的,人民检察院可以重新开展认罪认罚工作。存在刑讯逼供等非法取证行为的,依照法律规定处理。

29. 证据开示。人民检察院可以针对案件具体情况,探索证据开示制度,保障犯罪嫌疑人的知情权和认罪认罚的真实性及自愿性。

30. 不起诉的适用。完善起诉裁量权,充分发挥不起诉的审前分流和过滤作用,逐步扩大相对不起诉在认罪认罚案件中的适用。对认罪认罚后没有争议,不需要判处刑罚的轻微刑事案件,人民检察院可以依法作出不起诉决定。人民检察院应当加强对案件量刑的预判,对其中可能判处免刑的轻微刑事案件,可以依法作出不起诉决定。

对认罪认罚后案件事实不清、证据不足的案件,应当依法作出不起诉决定。

31. 签署具结书。犯罪嫌疑人自愿认罪,同意量刑建议和程序适用的,应当在辩护人或者值班律师在场的情况下签署认罪认罚具结书。犯罪嫌疑人被羁押的,看守所应当为签署具结书提供场所。具结书应当包括犯罪嫌疑人如实供述罪行、同意量刑建议、程序适用等内容,由犯罪嫌疑人、辩护人或者值班律师签名。

犯罪嫌疑人认罪认罚,有下列情形之一的,不需要签署认罪认罚具结书：

（一）犯罪嫌疑人是盲、聋、哑人，或者是尚未完全丧失辨认或者控制自己行为能力的精神病人的；

（二）未成年犯罪嫌疑人的法定代理人、辩护人对未成年人认罪认罚有异议的；

（三）其他不需要签署认罪认罚具结书的情形。

上述情形犯罪嫌疑人未签署认罪认罚具结书的，不影响认罪认罚从宽制度的适用。

32. 提起公诉。人民检察院向人民法院提起公诉的，应当在起诉书中写明被告人认罪认罚情况，提出量刑建议，并移送认罪认罚具结书等材料。量刑建议书可以另行制作，也可以在起诉书中写明。

33. 量刑建议的提出。犯罪嫌疑人认罪认罚的，人民检察院应当就主刑、附加刑、是否适用缓刑等提出量刑建议。人民检察院提出量刑建议前，应当充分听取犯罪嫌疑人、辩护人或者值班律师的意见，尽量协商一致。

办理认罪认罚案件，人民检察院一般应当提出确定刑量刑建议。对新类型、不常见犯罪案件，量刑情节复杂的重罪案件等，也可以提出幅度刑量刑建议。提出量刑建议，应当说明理由和依据。

犯罪嫌疑人认罪认罚没有其他法定量刑情节的，人民检察院可以根据犯罪的事实、性质等，在基准刑基础上适当减让提出确定刑量刑建议。有其他法定量刑情节的，人民检察院应当综合认罪认罚和其他法定量刑情节，参照相关量刑规范提出确定刑量刑建议。

犯罪嫌疑人在侦查阶段认罪认罚的，主刑从宽的幅度可以在前款基础上适当放宽；被告人在审判阶段认罪认罚的，在前款基础上可以适当缩减。建议判处罚金刑的，参照主刑的从宽幅度提出确定的数额。

34. 速裁程序的办案期限。犯罪嫌疑人认罪认罚，人民检察院经审查，认为符合速裁程序适用条件的，应当在十日以内作出是否提起公诉的决定；对可能判处的有期徒刑超过一年的，可以在十五日以内作出是否提起公诉的决定。

九、社会调查评估

35. 侦查阶段的社会调查。犯罪嫌疑人认罪认罚,可能判处管制、宣告缓刑的,公安机关可以委托犯罪嫌疑人居住地的社区矫正机构进行调查评估。

公安机关在侦查阶段委托社区矫正机构进行调查评估,社区矫正机构在公安机关移送审查起诉后完成调查评估的,应当及时将评估意见提交受理案件的人民检察院或者人民法院,并抄送公安机关。

36. 审查起诉阶段的社会调查。犯罪嫌疑人认罪认罚,人民检察院拟提出缓刑或者管制量刑建议的,可以及时委托犯罪嫌疑人居住地的社区矫正机构进行调查评估,也可以自行调查评估。人民检察院提起公诉时,已收到调查材料的,应当将材料一并移送,未收到调查材料的,应当将委托文书随案移送;在提起公诉后收到调查材料的,应当及时移送人民法院。

37. 审判阶段的社会调查。被告人认罪认罚,人民法院拟判处管制或者宣告缓刑的,可以及时委托被告人居住地的社区矫正机构进行调查评估,也可以自行调查评估。

社区矫正机构出具的调查评估意见,是人民法院判处管制、宣告缓刑的重要参考。对没有委托社区矫正机构进行调查评估或者判决前未收到社区矫正机构调查评估报告的认罪认罚案件,人民法院经审理认为被告人符合管制、缓刑适用条件的,可以判处管制、宣告缓刑。

38. 司法行政机关的职责。受委托的社区矫正机构应当根据委托机关的要求,对犯罪嫌疑人、被告人的居所情况、家庭和社会关系、一贯表现、犯罪行为的后果和影响、居住地村(居)民委员会和被害人意见、拟禁止的事项等进行调查了解,形成评估意见,及时提交委托机关。

十、审判程序和人民法院的职责

39. 审判阶段认罪认罚自愿性、合法性审查。办理认罪认罚案件,人民法院应当告知被告人享有的诉讼权利和认罪认罚的法律规定,听取被告人及其辩护人或者值班律师的意见。庭审中应当对认罪认罚的自愿性、具结书内容的真实性和合法性进行审查核实,重点核实以下内容:

（一）被告人是否自愿认罪认罚，有无因受到暴力、威胁、引诱而违背意愿认罪认罚；

（二）被告人认罪认罚时的认知能力和精神状态是否正常；

（三）被告人是否理解认罪认罚的性质和可能导致的法律后果；

（四）人民检察院、公安机关是否履行告知义务并听取意见；

（五）值班律师或者辩护人是否与人民检察院进行沟通，提供了有效法律帮助或者辩护，并在场见证认罪认罚具结书的签署。

庭审中审判人员可以根据具体案情，围绕定罪量刑的关键事实，对被告人认罪认罚的自愿性、真实性等进行发问，确认被告人是否实施犯罪，是否真诚悔罪。

被告人违背意愿认罪认罚，或者认罪认罚后又反悔，依法需要转换程序的，应当按照普通程序对案件重新审理。发现存在刑讯逼供等非法取证行为的，依照法律规定处理。

40. 量刑建议的采纳。对于人民检察院提出的量刑建议，人民法院应当依法进行审查。对于事实清楚，证据确实、充分，指控的罪名准确，量刑建议适当的，人民法院应当采纳。具有下列情形之一的，不予采纳：

（一）被告人的行为不构成犯罪或者不应当追究刑事责任的；

（二）被告人违背意愿认罪认罚的；

（三）被告人否认指控的犯罪事实的；

（四）起诉指控的罪名与审理认定的罪名不一致的；

（五）其他可能影响公正审判的情形。

对于人民检察院起诉指控的事实清楚，量刑建议适当，但指控的罪名与审理认定的罪名不一致的，人民法院可以听取人民检察院、被告人及其辩护人对审理认定罪名的意见，依法作出裁判。

人民法院不采纳人民检察院量刑建议的，应当说明理由和依据。

41. 量刑建议的调整。人民法院经审理，认为量刑建议明显不当，或者被告人、辩护人对量刑建议有异议且有理有据的，人民法院应当告知人民检察院，人民检察院可以调整量刑建议。人民法院认为调整后的量刑建议适当的，应当予以采纳；人民检察院不调整量刑建议或者调整后仍然明显不当的,人民法院应当依法作出判决。

适用速裁程序审理的,人民检察院调整量刑建议应当在庭前或者当庭提出。调整量刑建议后,被告人同意继续适用速裁程序的,不需要转换程序处理。

42. 速裁程序的适用条件。基层人民法院管辖的可能判处三年有期徒刑以下刑罚的案件,案件事实清楚,证据确实、充分,被告人认罪认罚并同意适用速裁程序的,可以适用速裁程序,由审判员一人独任审判。人民检察院提起公诉时,可以建议人民法院适用速裁程序。

有下列情形之一的,不适用速裁程序办理:

(一)被告人是盲、聋、哑人,或者是尚未完全丧失辨认或者控制自己行为能力的精神病人的;

(二)被告人是未成年人的;

(三)案件有重大社会影响的;

(四)共同犯罪案件中部分被告人对指控的犯罪事实、罪名、量刑建议或者适用速裁程序有异议的;

(五)被告人与被害人或者其法定代理人没有就附带民事诉讼赔偿等事项达成调解或者和解协议的;

(六)其他不宜适用速裁程序办理的案件。

43. 速裁程序的审理期限。适用速裁程序审理案件,人民法院应当在受理后十日以内审结;对可能判处的有期徒刑超过一年的,应当在十五日以内审结。

44. 速裁案件的审理程序。适用速裁程序审理案件,不受刑事诉讼法规定的送达期限的限制,一般不进行法庭调查、法庭辩论,但在判决宣告前应当听取辩护人的意见和被告人的最后陈述意见。

人民法院适用速裁程序审理案件,可以在向被告人送达起诉书时一并送达权利义务告知书、开庭传票,并核实被告人自然信息等情况。根据需要,可以集中送达。

人民法院适用速裁程序审理案件,可以集中开庭,逐案审理。人民检察院可以指派公诉人集中出庭支持公诉。公诉人简要宣读起诉书后,审判人员应当当庭询问被告人对指控事实、证据、量刑建议以及适用速裁程序的意见，核实具结书签署的自愿性、真实性、合法性，并核实附带民事诉讼赔偿等情况。

适用速裁程序审理案件，应当当庭宣判。集中审理的，可以集中当庭宣判。宣判时，根据案件需要，可以由审判员进行法庭教育。裁判文书可以简化。

45. 速裁案件的二审程序。被告人不服适用速裁程序作出的第一审判决提出上诉的案件，可以不开庭审理。第二审人民法院审查后，按照下列情形分别处理：

（一）发现被告人以事实不清、证据不足为由提出上诉的，应当裁定撤销原判，发回原审人民法院适用普通程序重新审理，不再按认罪认罚案件从宽处罚；

（二）发现被告人以量刑不当为由提出上诉的，原判量刑适当的，应当裁定驳回上诉，维持原判；原判量刑不当的，经审理后依法改判。

46. 简易程序的适用。基层人民法院管辖的被告人认罪认罚案件，事实清楚、证据充分，被告人对适用简易程序没有异议的，可以适用简易程序审判。

适用简易程序审理认罪认罚案件，公诉人可以简要宣读起诉书，审判人员当庭询问被告人对指控的犯罪事实、证据、量刑建议及适用简易程序的意见，核实具结书签署的自愿性、真实性、合法性。法庭调查可以简化，但对有争议的事实和证据应当进行调查、质证，法庭辩论可以仅围绕有争议的问题进行。裁判文书可以简化。

47. 普通程序的适用。适用普通程序办理认罪认罚案件，可以适当简化法庭调查、辩论程序。公诉人宣读起诉书后，合议庭当庭询问被告人对指控的犯罪事实、证据及量刑建议的意见，核实具结书签署的自愿性、真实性、合法性。公诉人、辩护人、审判人员对被告人的讯问、发问可以简化。对控辩双方无异议的证据，可以仅就证据名称及证明内容进行说明；对控辩双方有异议，或者法庭认为有必要调查核实的证据，应当出示并进行质证。法庭辩论主要围绕有争议的问题进行，裁判文书可以适当简化。

48.程序转换。人民法院在适用速裁程序审理过程中,发现有被告人的行为不构成犯罪或者不应当追究刑事责任、被告人违背意愿认罪认罚、被告人否认指控的犯罪事实情形的,应当转为普通程序审理。发现其他不宜适用速裁程序但符合简易程序适用条件的,应当转为简易程序重新审理。

发现有不宜适用简易程序审理情形的,应当转为普通程序审理。

人民检察院在人民法院适用速裁程序审理案件过程中,发现有不宜适用速裁程序审理情形的,应当建议人民法院转为普通程序或者简易程序重新审理;发现有不宜适用简易程序审理情形的,应当建议人民法院转为普通程序重新审理。

49.被告人当庭认罪认罚案件的处理。被告人在侦查、审查起诉阶段没有认罪认罚,但当庭认罪,愿意接受处罚的,人民法院应当根据审理查明的事实,就定罪和量刑听取控辩双方意见,依法作出裁判。

50.第二审程序中被告人认罪认罚案件的处理。被告人在第一审程序中未认罪认罚,在第二审程序中认罪认罚的,审理程序依照刑事诉讼法规定的第二审程序进行。第二审人民法院应当根据其认罪认罚的价值、作用决定是否从宽,并依法作出裁判。确定从宽幅度时应当与第一审程序认罪认罚有所区别。

十一、认罪认罚的反悔和撤回

51.不起诉后反悔的处理。因犯罪嫌疑人认罪认罚,人民检察院依照刑事诉讼法第一百七十七条第二款作出不起诉决定后,犯罪嫌疑人否认指控的犯罪事实或者不积极履行赔礼道歉、退赃退赔、赔偿损失等义务的,人民检察院应当进行审查,区分下列情形依法作出处理:

(一)发现犯罪嫌疑人没有犯罪事实,或者符合刑事诉讼法第十六条规定的情形之一的,应当撤销原不起诉决定,依法重新作出不起诉决定;

(二)认为犯罪嫌疑人仍属于犯罪情节轻微,依照刑法规定不需要判处刑罚或者免除刑罚的,可以维持原不起诉决定;

（三）排除认罪认罚因素后，符合起诉条件的，应当根据案件具体情况撤销原不起诉决定，依法提起公诉。

52. 起诉前反悔的处理。犯罪嫌疑人认罪认罚，签署认罪认罚具结书，在人民检察院提起公诉前反悔的，具结书失效，人民检察院应当在全面审查事实证据的基础上，依法提起公诉。

53. 审判阶段反悔的处理。案件审理过程中，被告人反悔不再认罪认罚的，人民法院应当根据审理查明的事实，依法作出裁判。需要转换程序的，依照本意见的相关规定处理。

54. 人民检察院的法律监督。完善人民检察院对侦查活动和刑事审判活动的监督机制，加强对认罪认罚案件办理全过程的监督，规范认罪认罚案件的抗诉工作，确保无罪的人不受刑事追究、有罪的人受到公正处罚。

以上规定在司法实务中的理解与适用[①]

"认罚"考察的重点是犯罪嫌疑人、被告人的悔罪态度和悔罪表现，因此，犯罪嫌疑人、被告人主动退赃退赔、积极赔偿损失等也是"认罚"的表现。相反，犯罪嫌疑人、被告人表面"认罚"，暗中却串供、干扰证人作证、毁灭及伪造证据或者隐匿、转移财产，有能力退赃退赔而不退赃退赔的，不能认定为"认罚"。当然，对于真诚悔罪愿意接受刑罚处罚，但确无能力退赃退赔的，仍可以适用认罪认罚从宽制度，但在实体从宽幅度上要与有退赃退赔、积极赔偿损失或者预交罚金表现的区分开来，严格把握。

【典型案例裁判指引187】欧某乐贩卖毒品案[②]：有两个以上减轻处罚情节可以直接减两档，无须逐级报最高人民法院核准

《刑法》第六十三条第一款是对减轻处罚的释义，应适用于一个减轻处罚情节。根据罪刑相适应原则，对被告人具有法定减轻或免除处罚情

① 参见杨立新：《关于认罪认罚从宽制度常见问题释疑》，载最高人民法院刑事审判第一、二、三、四、五庭编：《刑事审判参考》（总第127辑），人民法院出版社2021年版，第137页。

② 参见范冬明、魏海：《刑法第六十三条减轻处罚的正确适用》，载《人民司法》2020年第26期。

节,或者具有两个以上减轻处罚情节的,可不受在法定量刑幅度的下一个量刑幅度内判处刑罚的限制,可以在法定刑以下两个量刑幅度内判处刑罚。该条第二款特殊减轻处罚适用于没有《刑法》规定的减轻处罚情节的情况,对于依法可以在法定刑以下多档减轻处罚情节的案件,无须逐级报请最高人民法院核准。

第二节 立功

一、刑法规定

《刑法》

第六十八条[①] 犯罪分子有揭发他人犯罪行为,查证属实的,或者提供重要线索,从而得以侦破其他案件等立功表现的,可以从轻或者减轻处罚;有重大立功表现的,可以减轻或者免除处罚。

二、重点、疑难问题界定

(一)立功的一般认定

1.《最高人民法院关于〈中华人民共和国刑法修正案(八)〉时间效力问题的解释》(2011年5月1日起施行 法释〔2011〕9号)

第五条 2011年4月30日以前犯罪,犯罪后自首又有重大立功表现的,适用修正前刑法第六十八条第二款的规定。

2.《最高人民法院关于适用刑法时间效力规定若干问题的解释》[②](1997年10月1日起施行 法释〔1997〕5号)

第五条 1997年9月30日以前犯罪的犯罪分子,有揭发他人犯罪行为,或者提供重要线索,从而得以侦破其他案件等立功表现的,适用刑法第

① 2011年5月1日起施行的《刑法修正案(八)》删除了第二款"犯罪后自首又有重大立功表现的,应当减轻或者免除处罚。"根据司法解释,2011年4月30日以前犯罪,犯罪后自首又有重大立功,根据从旧兼从轻原则,适用已删除的该条款。

② 该解释条款适用于1997年《刑法》施行之前一直在逃未被抓获的犯罪嫌疑人。

六十八条的规定。

3.《最高人民法院关于处理自首和立功具体应用法律若干问题的解释》(1998 年 5 月 9 日起施行　法释〔1998〕8 号)

第五条　根据刑法第六十八条第一款的规定,犯罪分子到案后有检举、揭发他人犯罪行为,包括共同犯罪案件中的犯罪分子揭发同案犯共同犯罪以外的其他犯罪,经查证属实;提供侦破其他案件的重要线索,经查证属实;阻止他人犯罪活动;协助司法机关抓捕其他犯罪嫌疑人(包括同案犯);具有其他有利于国家和社会的突出表现的,应当认定为有立功表现。

第六条　共同犯罪案件的犯罪分子到案后,揭发同案犯共同犯罪事实的,可以酌情予以从轻处罚。

第七条　根据刑法第六十八条第一款的规定,犯罪分子有检举、揭发他人重大犯罪行为,经查证属实;提供侦破其他重大案件的重要线索,经查证属实;阻止他人重大犯罪活动;协助司法机关抓捕其他重大犯罪嫌疑人(包括同案犯);对国家和社会有其他重大贡献等表现的,应当认定为有重大立功表现。

前款所称"重大犯罪"、"重大案件"、"重大犯罪嫌疑人"的标准,一般是指犯罪嫌疑人、被告人可能被判处无期徒刑以上刑罚或者案件在本省、自治市、直辖市或者全国范围内有较大影响等情形。

【典型案例裁判指引 188】《刑事审判参考》第 499 号[①]吴某玉等抢劫、盗窃、窝藏案:如实供述揭发与本人犯罪行为具有某种关联性的他人犯罪行为不属于揭发"他人犯罪事实",不能认定为立功

实践中对于揭发与本人犯罪行为具有某种关联性的他人犯罪行为是否属于揭发型立功中的"他人犯罪行为",存在认识上的分歧。从《刑法》的规定来看,具有关联性质的他人犯罪行为主要包括以下几类:一是共同犯罪中的他人犯罪行为;二是具有对合关系的犯罪中的他人犯罪行为;三

① 参见中华人民共和国最高人民法院刑事审判一、二、三、四、五庭主办:《中国刑事审判指导案例》(第 4 卷),法律出版社 2012 年版,第 231 - 233 页。

是连累犯与基本犯中的他人犯罪行为。

揭发同案犯共同犯罪事实的不能认定为立功,但考虑到这种行为有利于司法机关对其他同案犯的查处,在量刑上可酌情从宽处理。

所谓具有对合关系的犯罪,是指双方主体各自实施的犯罪行为之间存在对应关系,共同促进双方犯罪行为的完成,缺少一方的犯罪行为,另一方的犯罪行为就无法实施或者完成。具有对合关系的犯罪既可能是同一罪名,也可能是不同罪名,这需要根据《刑法》分则的具体规定加以判定。前者如重婚罪、非法买卖制毒物品罪等,后者如行贿罪与受贿罪、非法出售增值税专用发票罪与非法购买增值税专用发票罪。对于存在对合关系的犯罪而言,一方犯罪的实施或者完成以另一方的对应行为为条件,如没有行贿,受贿就无法完成。具有对合关系的犯罪,其构成要件相互涵摄了对应方的犯罪行为,任何一方在如实供述本人犯罪事实时也必然涉及对应方的犯罪行为,揭发对应方的犯罪行为并未超出其如实供述的范围,因此也就不存在揭发他人犯罪的问题。如行贿人在交代犯罪事实时必然交代相对应的受贿人的受贿事实,其行为当然不构成立功。

连累犯①是指在犯罪构成上以基本犯的相关人或物为犯罪对象的一种事后帮助型犯罪。连累犯的存在与成立以他人犯有相关犯罪为必要条件,以基本犯的存在为前提,没有基本犯,也就没有连累犯。如本案中。同某潮事后窝藏抢劫犯吴某玉等,吴某玉等所犯抢劫罪为基本犯,同某潮所犯窝藏罪为连累犯,如果没有吴某玉等人所犯的抢劫罪,同某潮的窝藏罪也就不能成立。连累犯不同于共同犯罪,连累犯与基本犯既不存在共同的犯罪行为,也不存在共同的犯罪故意;连累犯也不同于存在对合关系的犯罪,连累犯事后帮助行为与基本犯的犯罪行为之间也不存在对应关系。如果连累犯与基本犯事前通谋,则超出了事后帮助的范围,应将连累犯以基本犯的共犯论处。那么,连累犯与基本犯相互揭发是否属于揭发“他人犯罪行为”,进而构成立功呢?我们认为,不能一概而论,应当区别不同情况进行认定:

一是基本犯揭发连累犯的。连累犯与基本犯存在的关联性体现在连

① 连累犯是指事前与他人没有通谋,在他人犯罪以后,明知他人是犯罪人,而故意以各种形式予以帮助的行为,罪名有洗钱罪,窝藏罪,包庇罪,掩饰、隐瞒犯罪所得、犯罪所得收益罪等。

累犯对基本犯的事后帮助上,连累犯是通过对基本犯提供销赃、窝藏、包庇等事后帮助行为,帮助基本犯的犯罪分子或者逃避法律制裁,或者利用其犯罪所得、维持其不法状态。应当说,连累犯对基本犯的事后帮助是通过基本犯的接受帮助行为来实现的,如果基本犯不接受帮助,连累犯就无法实施或者完成。据此,应当将基本犯接受连累犯帮助的行为视为不可罚的事后行为,基本犯在如实供述其基本犯罪事实时应当一并如实供述其接受连累犯所提供的帮助行为。所谓不可罚的事后行为,是指犯罪成立后,即使实施与该犯罪相关联的事后的一定违法行为,也不处罚的情况。对于基本犯而言,行为人在犯罪行为完成以后,为了利用或确保其犯罪行为的不法利益,往往会进行一系列的事后行为,如将赃物进行销售,寻求他人对其提供资助帮助其逃匿等。对于这些事后行为,由于基本犯的行为人是在一个犯罪故意的支配下实施的,这些事后行为未对基本犯罪行为侵害的法益予以加深,而且法律对基本犯罪行为的处罚,足以涵摄事后行为的不法内涵。也就是说,立法者在确立基本犯罪行为的法定刑时,就已将这些具有一定社会危害性的事后行为一并加以考虑,作为不可罚的事后行为对待,不再另行定罪处罚。从这个意义上讲,基本犯在如实供述其基本犯罪行为的同时,应当一并如实供述不可罚的事后行为。由于不可罚的事后行为与连累犯存在对应关系,故基本犯揭发连累犯的没有超出如实供述的范围,不属于揭发“他人犯罪事实”,不能认定为立功。此案中,如果吴某玉等人到案后揭发同某潮窝藏的犯罪事实,就不能认定有立功表现,但量刑时可酌情予以考虑。

二是连累犯揭发基本犯。对于连累犯揭发基本犯的,应当根据连累犯的犯罪构成是否能够涵摄基本犯的犯罪行为来判断。连累犯属于故意犯罪,从《刑法》所规定的各种连累犯的犯罪构成来看,无论是窝藏、包庇罪、洗钱罪,还是掩饰、隐瞒犯罪所得、犯罪所得收益罪、包庇毒品犯罪分子罪等,主观上都要求行为人明知行为对象系“犯罪的人”、“犯罪分子”或者“犯罪所得及其产生的收益”。但从《刑法》规定的情况来看,这种作为主观要件的明知包括两种情况:其一是确定性明知。这是指连累犯对基本犯的具体犯罪行为要有明确的认识。如洗钱罪,《刑法》第一百九十一条就明确规定,行为人主观必须“明知是毒品犯罪、黑社会性质的组织犯罪、恐怖活动犯罪、走私犯罪、贪污贿赂犯罪、破坏金融管理秩序犯罪、金融诈骗犯罪的所得及其产生的收益",才能构成本罪。之所以对部分连累犯规定确定性明知,往往是为了体现对这种连累犯进行重点惩处的刑事政策。包庇黑社会性质组织罪,拒绝提供间谍犯罪证据罪,包庇毒品犯罪分子罪,窝藏、转移、隐瞒毒赃罪等均属于这类连累犯。对于要求对基本犯确定性明知的连累犯而言,基本犯的具体犯罪行为就已经为连累犯的犯罪构成所涵摄,那么连累犯在如实供述其犯罪事实时就应当一并供述其所知的基本犯的具体犯罪事实,故其揭发基本犯的具体犯罪事实就属于如实供述的范围,而不属于揭发"他人犯罪行为",不能认定为立功。其二是概括性明知。这是指《刑法》规定连累犯主观上只需对行为对象具有概括性的认识,无须对基本犯的具体犯罪行为有明确的认识。对于窝藏、包庇罪等连累犯而言,只要求行为人主观上明知系"犯罪的人"、"犯罪分子"或"犯罪所得及其产生的收益"即可,即属于一种概括性的明知,不需要对基本犯的具体犯罪行为有明确的认识。掩饰、隐瞒犯罪所得、犯罪所得收益罪,帮助犯罪分子逃避处罚罪等属于此类连累犯。这类连累犯的犯罪构成并不能涵摄基本犯的具体犯罪行为,其并无如实供述基本犯的具体犯罪行为的义务。因此,对于这类连累犯而言,揭发基本犯的具体犯罪行为就超出了其如实供述的范围,属于揭发"他人犯罪行为",应当认定为立功。本案中,同某潮系窝藏犯,其只需如实供述明知吴某玉等人系犯罪人即可,至于吴某玉等人所犯何罪,则在所无论,其揭发吴某玉等人的具体抢劫犯罪行为超出了如实供述的范围,系"揭发他人犯罪行为",应当认定为立功。

4.《最高人民法院关于处理自首和立功若干具体问题的意见》①(2010年12月22日起施行　法发〔2010〕60号)

四、关于立功线索来源的具体认定

犯罪分子通过贿买、暴力、胁迫等非法手段,或者被羁押后与律师、亲友会见过程中违反监管规定,获取他人犯罪线索并"检举揭发"的,不能认定为有立功表现。

犯罪分子将本人以往查办犯罪职务活动中掌握的,或者从负有查办

① 该规定是对1998年5月9日起施行的《最高人民法院关于处理自首和立功具体应用法律若干问题的解释》在司法实践中碰到若干问题提出的处理意见。

犯罪、监管职责的国家工作人员处获取的他人犯罪线索予以检举揭发的，不能认定为有立功表现。

犯罪分子亲友为使犯罪分子“立功”，向司法机关提供他人犯罪线索、协助抓捕犯罪嫌疑人的，不能认定为犯罪分子有立功表现。

五、关于“协助抓捕其他犯罪嫌疑人”的具体认定

犯罪分子具有下列行为之一，使司法机关抓获其他犯罪嫌疑人的，属于《解释》第五条规定的“协助司法机关抓捕其他犯罪嫌疑人”：1. 按照司法机关的安排，以打电话、发信息等方式将其他犯罪嫌疑人（包括同案犯）约至指定地点的；2. 按照司法机关的安排，当场指认、辨认其他犯罪嫌疑人（包括同案犯）的；3. 带领侦查人员抓获其他犯罪嫌疑人（包括同案犯）的；4. 提供司法机关尚未掌握的其他案件犯罪嫌疑人的联络方式、藏匿地址的，等等。

犯罪分子提供同案犯姓名、住址、体貌特征等基本情况，或者提供犯罪前、犯罪中掌握、使用的同案犯联络方式、藏匿地址，司法机关据此抓捕同案犯的，不能认定为协助司法机关抓捕同案犯。

六、关于立功线索的查证程序和具体认定

被告人在一、二审审理期间检举揭发他人犯罪行为或者提供侦破其他案件的重要线索，人民法院经审查认为该线索内容具体、指向明确的，应及时移交有关人民检察院或者公安机关依法处理。

侦查机关出具材料，表明在三个月内还不能查证并抓获被检举揭发的人，或者不能查实的，人民法院审理案件可不再等待查证结果。

被告人检举揭发他人犯罪行为或者提供侦破其他案件的重要线索经查证不属实，又重复提供同一线索，且没有提出新的证据材料的，可以不再查证。

根据被告人检举揭发破获的他人犯罪案件，如果已有审判结果，应当依据判决确认的事实认定是否查证属实；如果被检举揭发的他人犯罪案件尚未进入审判程序，可以依据侦查机关提供的书面查证情况认定是否查证属实。检举揭发的线索经查确有犯罪发生，或者确定了犯罪嫌疑人，可能构成重大立功，只是未能将犯罪嫌疑人抓获归案的，对可能判处

死刑的被告人一般要留有余地,对其他被告人原则上应酌情从轻处罚。

被告人检举揭发或者协助抓获的人的行为构成犯罪,但因法定事由不追究刑事责任、不起诉、终止审理的,不影响对被告人立功表现的认定;被告人检举揭发或者协助抓获的人的行为应判处无期徒刑以上刑罚,但因具有法定、酌定从宽情节,宣告刑为有期徒刑或者更轻刑罚的,不影响对被告人重大立功表现的认定。

七、关于自首、立功证据材料的审查

人民法院审查的自首证据材料,应当包括被告人投案经过、有罪供述以及能够证明其投案情况的其他材料。投案经过的内容一般应包括被告人投案时间、地点、方式等。证据材料应加盖接受被告人投案的单位的印章,并有接受人员签名。

人民法院审查的立功证据材料,一般应包括被告人检举揭发材料及证明其来源的材料、司法机关的调查核实材料、被检举揭发人的供述等。被检举揭发案件已立案、侦破,被检举揭发人被采取强制措施、公诉或者审判的,还应审查相关的法律文书。证据材料应加盖接收被告人检举揭发材料的单位的印章,并有接收人员签名。

人民法院经审查认为证明被告人自首、立功的材料不规范、不全面的,应当由检察机关、侦查机关予以完善或者提供补充材料。

上述证据材料在被告人被指控的犯罪一、二审审理时已形成的,应当经庭审质证。

八、关于对自首、立功的被告人的处罚

对具有自首、立功情节的被告人是否从宽处罚、从宽处罚的幅度,应当考虑其犯罪事实、犯罪性质、犯罪情节、危害后果、社会影响、被告人的主观恶性和人身危险性等。自首的还应考虑投案的主动性、供述的及时性和稳定性等。立功的还应考虑检举揭发罪行的轻重、被检举揭发的人可能或者已经被判处的刑罚、提供的线索对侦破案件或者协助抓捕其他犯罪嫌疑人所起作用的大小等。

具有自首或者立功情节的,一般应依法从轻、减轻处罚;犯罪情节较轻的,可以免除处罚。类似情况下,对具有自首情节的被告人的从宽幅度要适当宽于具有立功情节的被告人。

虽然具有自首或者立功情节，但犯罪情节特别恶劣、犯罪后果特别严重、被告人主观恶性深、人身危险性大，或者在犯罪前即为规避法律、逃避处罚而准备自首、立功的，可以不从宽处罚。

对于被告人具有自首、立功情节，同时又有累犯、毒品再犯等法定从重处罚情节的，既要考虑自首、立功的具体情节，又要考虑被告人的主观恶性、人身危险性等因素，综合分析判断，确定从宽或者从严处罚。累犯的前罪为非暴力犯罪的，一般可以从宽处罚，前罪为暴力犯罪或者前、后罪为同类犯罪的，可以不从宽处罚。

在共同犯罪案件中，对具有自首、立功情节的被告人的处罚，应注意共同犯罪人以及首要分子、主犯、从犯之间的量刑平衡。犯罪集团的首要分子、共同犯罪的主犯检举揭发或者协助司法机关抓捕同案地位、作用较次的犯罪分子的，从宽处罚与否应当从严掌握，如果从轻处罚可能导致全案量刑失衡的，一般不从轻处罚；如果检举揭发或者协助司法机关抓捕的是其他案件中罪行同样严重的犯罪分子，一般应依法从宽处罚。对于犯罪集团的一般成员、共同犯罪的从犯立功的，特别是协助抓捕首要分子、主犯的，应当充分体现政策，依法从宽处罚。

【典型案例裁判指引189】《刑事审判参考》第331号①陆某、茅某君、石某伟抢劫案：带领侦查人员抓捕同案犯未果后电话劝说自首的属于有立功表现

《最高人民法院关于处理自首和立功具体应用法律若干问题的解释》第五条进一步明确，共同犯罪人协助司法机关抓捕同案犯的，属于有立功表现。这里的协助司法机关抓捕同案犯的行为，既指为司法机关抓捕同案犯提供重要线索的行为，也包括直接带着司法机关工作人员去抓捕同案犯的行为。但是否构成立功，应当以是否据此将同案犯抓捕归案为确认依据。司法实践中，对于向司法机关提供同案犯的藏匿地点、电话号码等线

① 参见中华人民共和国最高人民法院刑事审判一、二、三、四、五庭主办：《中国刑事审判指导案例》（第4卷），法律出版社2012年版，第153页。

索的,一般需以进一步实施了带领司法人员抓获同案犯的行为为认定立功的条件;如果所提供的线索十分清楚没有必要"带捉",且司法机关据此抓获了同案犯的,亦可以认定为具有立功表现。对于协助抓获同案犯的行为是否认定为立功表现,关键在于行为人在公安机关抓获同案犯的过程中是否确实起到了协助作用。这种协助作用包括经被告人当场指认、辨认同案犯而抓获的,带领公安人员前往抓获的,以及提供不为司法机关掌握或司法机关按正常工作程序无法掌握的同案犯的藏匿地点而抓获的,等等。只要行为人的行为对于司法机关抓获同案犯起到了协助作用,就应当认定行为人具有立功表现。

【典型案例裁判指引 190】《刑事审判参考》第 438 号[①]陈某嵘等贩卖、运输毒品案:协助司法机关稳住被监控的犯罪嫌疑人构成立功

对于已归案的犯罪分子协助公安机关抓捕其他犯罪嫌疑人,构成立功的条件有两个:一是客观上有协助公安机关抓捕其他犯罪嫌疑人的行为;二是协助行为对抓捕其他犯罪嫌疑人起到了作用。至于协助行为对于抓捕其他犯罪嫌疑人所起作用的大小,司法解释并未规定,也未要求。也就是说,对于已归案的犯罪分子协助抓获其他犯罪嫌疑人的,只要协助行为对抓捕其他犯罪嫌疑人确实起到了作用,无论所起作用的大小,都应认定为立功。换言之,协助行为对抓捕其他犯罪嫌疑人所起作用的大小,并不影响立功的成立。关于协助行为所起的作用大小,只是在认定构成立功的前提下,对被告人量刑时应当予以考虑的问题,即在决定是否给予被告人从轻、减轻或免除处罚以及从轻、减轻处罚的幅度时,应当予以考虑的因素。

【典型案例裁判指引 191】《刑事审判参考》第 1035 号[②]李某杰、刘某贩卖毒品案:立功等从轻处罚事实的认定是适用优势证明标准而不是严格证明标准

诸如立功等有利于被告人的量刑情节,通常由被告方提出。相应地,

---

① 参见中华人民共和国最高人民法院刑事审判一、二、三、四、五庭主办:《中国刑事审判指导案例》(第 5 卷),法律出版社 2012 年版,第 352 页。

② 参见中华人民共和国最高人民法院刑事审判第一、二、三、四、五庭主办:《刑事审判参考》(总第 100 集),法律出版社 2015 年版,第 101 页。

被告方通常会承担主要的证明责任。具体而言，被告方的这种证明责任需要达到优势证据的程度，并在达到这一程度之后，将证明责任再次转移给公诉方。公诉方此时要承担证明该项量刑情节不成立的责任，并需达到优势证据的程度。在被告方与公诉方的证明势均力敌的情况下，法庭通过对控辩双方量刑证据的权衡，最终裁断哪一方的证明达到了相对优势的程度。换言之，在存在两种相反的事实认定的可能下，只要其中一种事实存在的可能性具有证据上的相对优势，也就是相对另一种事实存在的可能性而言，该种事实成立的可能性更大一些，那么，法庭就该确信该种事实的成立，并将其作为裁判的依据。

5.《全国部分法院审理毒品犯罪案件工作座谈会纪要》（2008 年 12 月 1 日起施行　法〔2008〕324 号）

七、毒品案件的立功问题

共同犯罪中同案犯的基本情况，包括同案犯姓名、住址、体貌特征、联络方式等信息，属于被告人应当供述的范围。公安机关根据被告人供述抓获同案犯的，不应认定其有立功表现。被告人在公安机关抓获同案犯过程中确实起到协助作用的，例如，经被告人现场指认、辨认抓获了同案犯；被告人带领公安人员抓获了同案犯；被告人提供了不为有关机关掌握或者有关机关按照正常工作程序无法掌握的同案犯藏匿的线索，有关机关据此抓获了同案犯；被告人交代了与同案犯的联系方式，又按要求与对方联络，积极协助公安机关抓获了同案犯等，属于协助司法机关抓获同案犯，应认定为立功。

（二）职务犯罪案件立功的特殊规定

1.《中华人民共和国监察法》（2018 年 3 月 20 日起施行　主席令第 3 号）

第三十一条第四项　涉嫌职务犯罪的被调查人主动认罪认罚，有下列情形之一的，监察机关经领导人员集体研究，并报上一级监察机关批准，可以在移送人民检察院时提出从宽处罚的建议：

（四）具有重大立功表现或者案件涉及国家重大利益等情形的。

第三十二条　职务违法犯罪的涉案人员揭发有关被调查人职务违法

犯罪行为,查证属实的,或者提供重要线索,有助于调查其他案件的,监察机关经领导人员集体研究,并报上一级监察机关批准,可以在移送人民检察院时提出从宽处罚的建议。

2.《中华人民共和国监察法实施条例》(2021 年 9 月 20 日起施行 国家监委公告 1 号)

第二百一十三条 涉嫌职务犯罪的被调查人和涉案人员符合监察法第三十一条、第三十二条规定情形的,结合其案发前的一贯表现、违法犯罪行为的情节、后果和影响等因素,监察机关经综合研判和集体审议,报上一级监察机关批准,可以在移送人民检察院时依法提出从轻、减轻或者免除处罚等从宽处罚建议。报请批准时,应当一并提供主要证据材料、忏悔反思材料。

上级监察机关相关监督检查部门负责审查工作,重点审核拟认定的从宽处罚情形、提出的从宽处罚建议,经审批在十五个工作日以内作出批复。

第二百一十七条 涉嫌职务犯罪的被调查人有下列情形之一的,可以认定为监察法第三十一条第四项规定的具有重大立功表现:

(一)检举揭发他人重大犯罪行为且经查证属实的;

(二)提供其他重大案件的重要线索且经查证属实的;

(三)阻止他人重大犯罪活动的;

(四)协助抓捕其他重大职务犯罪案件被调查人、重大犯罪嫌疑人(包括同案犯)的;

(五)为国家挽回重大损失等对国家和社会有其他重大贡献的。

前款所称重大犯罪一般是指依法可能被判处无期徒刑以上刑罚的犯罪行为;重大案件一般是指在本省、自治区、直辖市或者全国范围内有较大影响的案件;查证属实一般是指有关案件已被监察机关或者司法机关立案调查、侦查,被调查人、犯罪嫌疑人被监察机关采取留置措施或者被司法机关采取强制措施,或者被告人被人民法院作出有罪判决,并结合案件事实、证据进行判断。

监察法第三十一条第四项规定的案件涉及国家重大利益,是指案件涉及国家主权和领土完整、国家安全、外交、社会稳定、经济发展等情形。

第二百一十八条 涉嫌行贿等犯罪的涉案人员有下列情形之一的,可以认定为监察法第三十二条规定的揭发有关被调查人职务违法犯罪行为，查证属实或者提供重要线索，有助于调查其他案件：

（一）揭发所涉案件以外的被调查人职务犯罪行为，经查证属实的；

（二）提供的重要线索指向具体的职务犯罪事实，对调查其他案件起到实质性推动作用的；

（三）提供的重要线索有助于加快其他案件办理进度，或者对其他案件固定关键证据、挽回损失、追逃追赃等起到积极作用的。

3.《最高人民法院、最高人民检察院关于办理职务犯罪案件认定自首、立功等量刑情节若干问题的意见》（2009 年 3 月 12 日起施行　法发〔2009〕13 号）

二、关于立功的认定和处理

立功必须是犯罪分子本人实施的行为。为使犯罪分子得到从轻处理，犯罪分子的亲友直接向有关机关揭发他人犯罪行为，提供侦破其他案件的重要线索，或者协助司法机关抓捕其他犯罪嫌疑人的，不应当认定为犯罪分子的立功表现。

据以立功的他人罪行材料应当指明具体犯罪事实；据以立功的线索或者协助行为对于侦破案件或者抓捕犯罪嫌疑人要有实际作用。犯罪分子揭发他人犯罪行为时没有指明具体犯罪事实的；揭发的犯罪事实与查实的犯罪事实不具有关联性的；提供的线索或者协助行为对于其他案件的侦破或者其他犯罪嫌疑人的抓捕不具有实际作用的，不能认定为立功表现。

犯罪分子揭发他人犯罪行为，提供侦破其他案件重要线索的，必须经查证属实，才能认定为立功。审查是否构成立功，不仅要审查办案机关的说明材料，还要审查有关事实和证据以及与案件定性处罚相关的法律文书，如立案决定书、逮捕决定书、侦查终结报告、起诉意见书、起诉书或者判决书等。

据以立功的线索、材料来源有下列情形之一的，不能认定为立功：（1）本人通过非法手段或者非法途径获取的；（2）本人因原担任的查禁犯罪等职务获取的；（3）他人违反监管规定向犯罪分子提供的；（4）负有查禁犯罪活动职责的国家机关工作人员或者其他国家工作人员利用职务便利提供的。

犯罪分子检举、揭发的他人犯罪,提供侦破其他案件的重要线索,阻止他人的犯罪活动,或者协助司法机关抓捕的其他犯罪嫌疑人,犯罪嫌疑人、被告人依法可能被判处无期徒刑以上刑罚的,应当认定为有重大立功表现。其中,可能被判处无期徒刑以上刑罚,是指根据犯罪行为的事实、情节可能判处无期徒刑以上刑罚。案件已经判决的,以实际判处的刑罚为准。但是,根据犯罪行为的事实、情节应当判处无期徒刑以上刑罚,因被判刑人有法定情节经依法从轻、减轻处罚后判处有期徒刑的,应当认定为重大立功。

对于具有立功情节的犯罪分子,应当根据犯罪的事实、性质、情节和对于社会的危害程度,结合立功表现所起作用的大小、所破获案件的罪行轻重、所抓获犯罪嫌疑人可能判处的法定刑以及立功的时机等具体情节,依法决定是否从轻、减轻或者免除处罚以及从轻、减轻处罚的幅度。

(三)立功情节的从宽处理规定

《最高人民法院、最高人民检察院关于常见犯罪的量刑指导意见(试行)》(2021年7月1日起施行 法发〔2021〕21号)

三、常见量刑情节的适用

(九)对于立功情节,综合考虑立功的大小、次数、内容、来源、效果以及罪行轻重等情况,确定从宽的幅度。

1. 一般立功的,可以减少基准刑的20%以下;

2. 重大立功的,可以减少基准刑的20%—50%;犯罪较轻的,减少基准刑的50%以上或者依法免除处罚。

以上规定在司法实务中的理解与适用①

最高人民法院刑事审判第四庭于2017年2月28日召开审判长联席会议,对具有重大立功表现,又不宜减轻或者免除处罚时,能否从轻处罚的问题进行了研究,认为:在一般情况下,犯罪分子具有重大立功表现,又不宜减轻或者免除处罚时,可以给予从轻处罚。

---

① 参见《被告人具有重大立功表现,不宜减轻或者免除处罚时,可否从轻处罚》,载最高人民法院刑事审判第一、二、三、四、五庭编:《刑事审判参考》(总第125辑),人民法院出版社2020年版,第194－196页。

在法律文书中可以表述为：被告人虽然具有重大立功表现，但根据本案的具体情况（具体案件中应说明什么具体情况），不宜减轻处罚或者免除处罚，但可从轻处罚。

【典型案例裁判指引 192】《刑事审判参考》第 1414 号[①]王某受贿案：认罚情节的认定

在犯罪嫌疑人、被告人自愿认罪认罚的情况下，办案机关应当告知犯罪嫌疑人、被告人"退赃退赔、赔偿损失、履行财产刑"是考察"认罚"情节的重要因素。在监察机关调查、公安机关侦查期间，应当对被调查人、犯罪嫌疑人的经济情况进行调查，及时收集固定相关证据；人民检察院应当对"被告人是否有能力退赃退赔、赔偿损失等"承担举证责任；被告人辩解自己"确无能力退赃退赔"的，可以举证证明；人民法院应当根据相关证据审查判断。在被告人未退赃退赔、赔偿损失、履行财产刑的情况下，人民检察院认定被告人有"认罚"情节但未提交被告人是否"确无能力退赃退赔"相关证据的，人民法院根据案件情况可以认定被告人具有"认罚"情节，可以依法适用认罪认罚案件的审理程序。但在实体从宽上应当考虑未退赃退赔、未赔偿损失、未履行财产刑的情节，严格把握从宽幅度。但是，人民法院审理发现被告人有能力退赃退赔、赔偿损失而不退赃退赔、赔偿损失的，甚至有隐匿转移财产行为的，不应认定具有"认罚"情节，因此，不按认罪认罚案件处理。人民法院对于"认罚"情节的否定，应当进行必要的法庭调查、法庭辩论，充分听取控辩双方的意见，并向被告人释明相应的法律后果。

第三节　追诉时效

一、刑法规定

《刑法》

第十二条　中华人民共和国成立以后本法施行以前的行为，如果当时

① 参见最高人民法院刑事审判第一、二、三、四、五庭编：《刑事审判参考》（总第 127 辑），人民法院出版社 2021 年版，第 131 – 132 页。

的法律不认为是犯罪的,适用当时的法律;如果当时的法律认为是犯罪的,依照本法总则第四章第八节的规定应当追诉的,按照当时的法律追究刑事责任,但是如果本法不认为是犯罪或者处刑较轻的,适用本法。

本法施行以前,依照当时的法律已经作出的生效判决,继续有效。

第八十七条 犯罪经过下列期限不再追诉:

(一)法定最高刑为不满五年有期徒刑的,经过五年;

(二)法定最高刑为五年以上不满十年有期徒刑的,经过十年;

(三)法定最高刑为十年以上有期徒刑的,经过十五年;

(四)法定最高刑为无期徒刑、死刑的,经过二十年。如果二十年以后认为必须追诉的,须报请最高人民检察院核准。

第八十八条 在人民检察院、公安机关、国家安全机关立案侦查或者在人民法院受理案件以后,逃避侦查或者审判的,不受追诉期限的限制。

被害人在追诉期限内提出控告,人民法院、人民检察院、公安机关应当立案而不予立案的,不受追诉期限的限制。

第八十九条 追诉期限从犯罪之日起计算;犯罪行为有连续或者继续状态的,从犯罪行为终了之日起计算。

在追诉期限以内又犯罪的,前罪追诉的期限从犯后罪之日起计算。

1979 年《刑法》

第七十七条① 在人民法院、人民检察院、公安机关采取强制措施以后,逃避侦查或者审判的,不受追诉期限的限制。

二、重点、疑难问题界定

(一)刑法及其相关修正案的时间效力

1.《最高人民法院关于适用刑法第十二条几个问题的解释》(1998 年 1 月 13 日起施行 法释〔1997〕12 号)

第一条 刑法第十二条规定的"处刑较轻",是指刑法对某种犯罪规定的刑罚即法定刑比修订前刑法轻。法定刑较轻是指法定最高刑较轻;如

① 该条款的追诉时效适用于现行《刑法》实施前已在逃到未被抓获的犯罪嫌疑人(1997 年 10 月 1 日以前在逃的犯罪嫌疑人,在 1997 年 10 月 1 日以后被抓获的)。

果法定最高刑相同，则指法定最低刑较轻。

第二条 如果刑法规定的某一犯罪只有一个法定刑幅度，法定最高刑或者最低刑是指该法定刑幅度的最高刑或者最低刑；如果刑法规定的某一犯罪有两个以上的法定刑幅度，法定最高刑或者最低刑是指具体犯罪行为应当适用的法定刑幅度的最高刑或者最低刑。

第三条 1997年10月1日以后审理1997年9月30日以前发生的刑事案件，如果刑法规定的定罪处刑标准、法定刑与修订前刑法相同的，应当适用修订前的刑法。

2.《最高人民检察院关于对跨越修订刑法施行日期的继续犯罪、连续犯罪以及其他同种数罪应如何具体适用刑法问题的批复》(1998年12月2日起施行 高检发释字〔1998〕6号)

对于开始于1997年9月30日以前，继续或者连续到1997年10月1日以后的行为，以及在1997年10月1日前后分别实施的同种类数罪，如果原刑法和修订刑法都认为是犯罪并且应当追诉，按照下列原则决定如何适用法律：

一、对于开始于1997年9月30日以前，继续到1997年10月1日以后终了的继续犯罪，应当适用修订刑法一并进行追诉。

二、对于开始于1997年9月30日以前，连续到1997年10月1日以后的连续犯罪，或者在1997年10月1日前后分别实施同种类数罪，其中罪名、构成要件、情节以及法定刑均没有变化的，应当适用修订刑法，一并进行追诉；罪名、构成要件、情节以及法定刑已经变化的，也应当适用修订刑法，一并进行追诉，但是修订刑法比原刑法所规定的构成要件和情节较为严格，或者法定刑较重的，在提起公诉时应当提出酌情从轻处理意见。

3.《最高人民法院关于〈中华人民共和国刑法修正案(八)〉时间效力问题的解释》(2011年5月1日起施行 法释〔2011〕9号)

第二条 2011年4月30日以前犯罪，判处死刑缓期执行的，适用修正前刑法第五十条的规定。

被告人具有累犯情节，或者所犯之罪是故意杀人、强奸、抢劫、绑架、放火、爆炸、投放危险物质或者有组织的暴力性犯罪，罪行极其严重，根据修正前刑法判处死刑缓期执行不能体现罪刑相适应原则，而根据修正后刑法判处死刑缓期执行同时决定限制减刑可以罚当其罪的,适用修正后刑法第五十条第二款的规定。

第六条 2011 年 4 月 30 日以前一人犯数罪,应当数罪并罚的,适用修正前刑法第六十九条的规定;2011 年 4 月 30 日前后一人犯数罪,其中一罪发生在 2011 年 5 月 1 日以后的,适用修正后刑法第六十九条的规定。

第七条 2011 年 4 月 30 日以前犯罪,被判处无期徒刑的罪犯,减刑以后或者假释前实际执行的刑期,适用修正前刑法第七十八条第二款、第八十一条第一款的规定。

4.《最高人民法院关于〈中华人民共和国刑法修正案(九)〉时间效力问题的解释》(2015 年 11 月 1 日起施行 法释〔2015〕19 号)

第二条 对于被判处死刑缓期执行的犯罪分子,在死刑缓期执行期间,且在 2015 年 10 月 31 日以前故意犯罪的,适用修正后刑法第五十条第一款的规定。

第三条 对于 2015 年 10 月 31 日以前一人犯数罪,数罪中有判处有期徒刑和拘役,有期徒刑和管制,或者拘役和管制,予以数罪并罚的,适用修正后刑法第六十九条第二款的规定。

第六条 对于 2015 年 10 月 31 日以前组织考试作弊,为他人组织考试作弊提供作弊器材或者其他帮助,以及非法向他人出售或者提供考试试题、答案,根据修正前刑法应当以非法获取国家秘密罪、非法生产、销售间谍专用器材罪或者故意泄露国家秘密罪等追究刑事责任的,适用修正前刑法的有关规定。但是,根据修正后刑法第二百八十四条之一的规定处刑较轻的,适用修正后刑法的有关规定。

第七条 对于 2015 年 10 月 31 日以前以捏造的事实提起民事诉讼,妨害司法秩序或者严重侵害他人合法权益,根据修正前刑法应当以伪造公司、企业、事业单位、人民团体印章罪或者妨害作证罪等追究刑事责任的,适用修正前刑法的有关规定。但是,根据修正后刑法第三百零七条之一的规定处刑较轻的,适用修正后刑法的有关规定。

实施第一款行为,非法占有他人财产或者逃避合法债务,根据修正前刑法应当以诈骗罪、职务侵占罪或者贪污罪等追究刑事责任的,适用修正前刑法的有关规定。

第八条　对于2015年10月31日以前实施贪污、受贿行为，罪行极其严重，根据修正前刑法判处死刑缓期执行不能体现罪刑相适应原则，而根据修正后刑法判处死刑缓期执行同时决定在其死刑缓期执行二年期满依法减为无期徒刑后，终身监禁，不得减刑、假释可以罚当其罪的，适用修正后刑法第三百八十三条第四款的规定。根据修正前刑法判处死刑缓期执行足以罚当其罪的，不适用修正后刑法第三百八十三条第四款的规定。

（二）立法解释、司法解释的时间效力

1.《最高人民检察院关于〈全国人民代表大会常务委员会关于《中华人民共和国刑法》第九十三条第二款的解释〉的时间效力的批复》（2000年6月29日起施行　高检发研字〔2000〕15号）

《全国人民代表大会常务委员会关于〈中华人民共和国刑法〉第九十三条第二款的解释》是对刑法第九十三条第二款关于“其他依照法律从事公务的人员”规定的进一步明确，并不是对刑法的修改。因此，该《解释》的效力适用于修订刑法的施行日期，其溯及力适用修订刑法第12条的规定。

2.《最高人民法院、最高人民检察院关于适用刑事司法解释时间效力问题的规定》（2001年12月17日起施行　高检发释字〔2001〕5号）

一、司法解释是最高人民法院对审判工作中具体应用法律问题和最高人民检察院对检察工作中具体应用法律问题所作的具有法律效力的解释，自发布或者规定之日起施行，效力适用于法律的施行期间。

二、对于司法解释实施前发生的行为，行为时没有相关司法解释，司法解释施行后尚未处理或者正在处理的案件，依照司法解释的规定办理。

三、对于新的司法解释实施前发生的行为，行为时已有相关司法解释，依照行为时的司法解释办理，但适用新的司法解释对犯罪嫌疑人、被告人有利的，适用新的司法解释。

四、对于在司法解释施行前已办结的案件，按照当时的法律和司法解释，认定事实和适用法律没有错误的，不再变动。

(三)追诉时效以立案侦查时的法律规定来认定

《最高人民法院关于被告人林少钦受贿请示一案的答复》(2017 年 2 月 13 日起施行 〔2016〕最高法刑他 5934 号)

追诉时效是依照法律规定对犯罪分子追究刑事责任的期限,在追诉时效期限内,司法机关应当依法追究犯罪分子刑事责任。对于法院正在审理的贪污贿赂案件,应当依据司法机关立案侦查时的法律规定认定追诉时效。依据立案侦查时的法律规定未过时效,且已经进入诉讼程序的案件,在新的法律规定生效后应当继续审理。

【典型案例裁判指引 193】《刑事审判参考》第 1296 号[①]林少钦受贿案:立案为追诉行为起点,立案后不再受追诉期限的限制

(1)追诉时效制度具有独立的程序价值,追诉行为开始后不再受追诉时效的限制。追诉行为一旦开始就具有独立的程序价值。无论从保护社会公众的信赖利益,还是从节约有限的司法资源的角度分析,追诉行为一旦已经开始,通常整个刑事诉讼程序发生法律效力,便不再受追诉时效期限的限制,也无须根据新生效的法律重新计算追诉期限,这符合追诉时效制度设计的本意。

(2)以刑事立案作为追诉行为的起点符合我国法律规定。我国《刑法》第八十九条只规定了追诉期限开始计算的日期,却没有规定追诉期限停止计算的日期,但事实上,已经立案侦查并进入诉讼程序的追诉行为不再受追诉期限的限制,符合司法解释的规定,也是司法实践中一以贯之的做法。最高人民法院印发的《关于执行刑法中若干问题的初步经验总结》(1981 年 11 月)提道:"根据刑法第七十八条的规定,追诉期限应当从犯罪构成之日起计算;如果犯罪行为有连续或者继续状态的,从犯罪行为终了之日起计算。在法定追诉期限内,自诉案件从自诉之日,公诉案件从采取强制措施之日都视为已被追诉,此后的侦查、起诉、审判时间不再受追诉期

---

① 参见中华人民共和国最高人民法院刑事审判第一、二、三、四、五庭主办:《刑事审判参考》(总第 117 集),法律出版社 2019 年版,第 94 - 97 页。

限的限制。”虽然该文件是立足于1979年《刑法》的规定，以采取强制措施之日作为公诉案件不受追诉期限限制的起点，但是明确了追诉行为的效力及于侦查、起诉、审判整个刑事诉讼程序。1982年8月19日，《最高人民检察院关于贪污罪追诉时效问题的复函》（已废止）指出：“检察机关决定立案时未过追诉期限的贪污犯罪，在立案以后的侦查、起诉或者判处时超过追诉期限的，不得认为是超过追诉时效的犯罪，应当继续依法追究。”这不仅明确规定了立案中止计算追诉期限的法律效力及于整个刑事诉讼程序，还明确规定及于“判处时”。2012年12月26日，《最高人民法院、最高人民检察院关于办理行贿刑事案件具体应用法律若干问题的解释》明确规定《刑法》第三百九十条第二款规定的“被追诉前”，是指检察机关对行贿人的行贿行为刑事立案前，再次明确指出立案是判定刑事追诉行为开始的标志性诉讼活动。

（3）已经立案侦查并进入诉讼程序的追诉行为不再受追诉期限的限制，没有违反有利于被告人的原则。《最高人民法院关于被告人林少钦受贿请示一案的答复》（〔2016〕最高法刑他5934号）指出：“追诉时效是依照法律规定对犯罪分子追究刑事责任的期限，在追诉时效期限内，司法机关应当依法追究犯罪分子刑事责任。对于法院正在审理的贪污贿赂案件，应当依据司法机关立案侦查时的法律规定认定追诉时效。依据立案侦查时的法律规定未过时效，且已经进入诉讼程序的案件，在新的法律规定生效后应当继续审理。”我们认为，该答复虽然是针对个案审理所作出的，不属于《最高人民法院关于司法解释工作的规定》第六条所规定的“解释”“规定”“批复”“决定”四种司法解释的形式之一，但是该答复进一步明确了对已经立案侦查并进入诉讼程序的追诉行为不受追诉期限的限制，符合司法解释的规定，对实践中明确追诉时效计算规则具有一定的独立意义，体现了有利于被告人原则在指导追诉时效规则和定罪量刑规则适用上应有的区别，对明确具体法律规定的含义和适用，以及其他类似案件的办理都同样具有指导意义。